Grundkurs Theoretische Informatik

Gottfried Vossen · Kurt-Ulrich Witt

Grundkurs Theoretische Informatik

Eine anwendungsbezogene Einführung –
Für Studierende in allen Informatik-
Studiengängen

6., erweiterte und überarbeitete Auflage

 Springer Vieweg

Gottfried Vossen
Westfälische Wilhelms-Universität Münster
Münster, Deutschland

Kurt-Ulrich Witt
Hochschule Bonn-Rhein-Sieg
Sankt Augustin, Deutschland

ISBN 978-3-8348-1770-9   ISBN 978-3-8348-2202-4   (eBook)
DOI 10.1007/978-3-8348-2202-4

Die Deutsche Nationalbibliothek verzeichnet diese Publikation in der Deutschen Nationalbibliografie; detaillierte bibliografische Daten sind im Internet über http://dnb.d-nb.de abrufbar.

Springer Vieweg
© Springer Fachmedien Wiesbaden GmbH 2000, 2002, 2004, 2006, 2011, 2016

Gedruckt auf säurefreiem und chlorfrei gebleichtem Papier

Springer Vieweg ist Teil von Springer Nature
Die eingetragene Gesellschaft ist Springer Fachmedien Wiesbaden GmbH
Die Anschrift der Gesellschaft ist: Abraham-Lincoln-Strasse 46, 65189 Wiesbaden, Germany

Inhaltsverzeichnis

Vorwort zur 1. Auflage

Wie gehen Sie vor, wenn Sie die Aufgabe bekommen, einen Fahrkartenautomaten zu realisieren, den Verbindungsaufbau zwischen vernetzten Rechnern zu spezifizieren, ein Bestellformular für eine Electronic Commerce-Anwendung festzulegen oder Geschäftsabläufe in Ihrer Unternehmung zu beschreiben? Setzen Sie sich gleich an einen Rechner und implementieren eine Software mit einem (mehr oder weniger geeigneten) Werkzeug (z.B. C++, Java, HTML) mit der Folge, dass Ihre Systemlösung vom Werkzeug abhängt und damit bei Versionen-, Release- oder Systemwechseln möglicherweise unbrauchbar wird, oder sind Sie an zeitinvarianten Konzepten zum Entwurf, zur Realisierung und zur Anwendung von Systemen interessiert, insbesondere an Anwendungssystem-unabhängigen und zeitinvarianten Methoden, Techniken und Werkzeugen für die Entwicklung von Systemen? Dann bietet Ihnen dieses Buch einen reichhaltigen Fundus. Es stellt nämlich nicht nur Grundelemente der Theoretischen Informatik vor, sondern es motiviert die Beschäftigung mit diesen Grundelementen durch praktische Problemstellungen und zeigt auf, wie diese mit Hilfsmitteln der Theorie gelöst werden können.

Dieser Ansatz unterscheidet das vorliegende Buch wesentlich von anderen Einführungen in die Grundlagen der Theoretischen Informatik, und wir Autoren, die sich eigentlich mit anderen Themenstellungen der Informatik befassen, glauben, in dieses Buch unsere Erfahrung im *Lehren* dieses Stoffes eingebracht zu haben: Speziell hat der eine von uns diesen Stoff über Jahre im Rahmen einer anwendungsorientierten Informatik-Ausbildung gelehrt sowie Fernstudienmaterialien zu diesem Thema für die wissenschaftliche Informatik-Weiterbildung Berufstätiger entwickelt und entsprechende Fernstudiengänge betreut. Der andere von uns ist an der Universität Münster an der Informatik-Ausbildung von Studierenden der Wirtschaftsinformatik beteiligt, die in der Regel wenig an theoretischen Grundlagen interessiert sind und die hauptsächlich die Anwendbarkeit abstrakter formaler Konzepte interessiert. Die Erfahrungen, die bei der Motivation dieser Klientel für die Beschäftigung mit diesem Stoff und für das Aufzeigen seiner praktischen Anwendbarkeit entstanden sind, sind in die Darstellungen dieses Buches eingeflossen.

Wir versuchen hier also nicht, einen aktuellen Abriss der neuesten Entwicklungen auf dem Gebiet der Theoretischen Informatik zu geben, sondern wir versuchen, ihren Gebrauch und damit die von ihr hevorgebrachten Entwicklungen angemessen durch konkrete Anwendungen zu motivieren und auch an diesen aufzuzeigen. Wir verstehen Automatentheorie (zusammen mit der Theorie der formalen Sprachen und der Komplexitäts- und Berechenbarkeitstheorie) weniger als eine Theorie, von der sich mehr oder weniger zufällig gezeigt hat, dass sie ganz brauchbar ist, sondern wir verstehen sie als eine Art „Baukasten", in welchem sich für eine Reihe von Fragestellungen das passende Werkzeug findet. Wir versuchen daher, die Ausführungen und Entwicklungen stets von den Anwendungen her zu motivieren, und wir bemühen uns, Fragestellungen, zu denen die Automatentheorie ein Werkzeug liefert, dann auch mit diesem anzugehen. Im Vergleich zu anderen Theorie-Lehrbüchern stehen somit also nicht nur die Präsentation der grundlegenden Begriffe der Theoretischen Informatik und deren Analyse im Mittelpunkt des Buches, sondern insbesondere auch die Konstruktion von Problemlösungen. Naturgemäß endet das nicht in Komplettlösungen, aber die Leserschaft wird nahe genug an solche herangeführt.

Inhaltlich folgen wir einem klassischen Präsentationsschema des Stoffes, welches vielfach in Lehrbüchern und Kursen bewährt ist: vom einfachen Automaten zum komplizierteren. Wir beginnen also mit endlichen Automaten und regulären Sprachen und arbeiten uns von dort die Chomsky-Hierarchie „hinauf" und schließen mit den Themen Berechenbarkeit und Komplexität. Dieser Strang wird laufend durch Anwendungen und Anwendungsbeispiele begleitet, denn diese sollen nicht erst dann behandelt werden, wenn die Theorie einigermaßen komplett vorgestellt und durchgearbeitet ist.

Münster und St. Augustin, im März 2000
G.V. und K.U.W.

Vorwort zur 2. Auflage

In der zweiten Auflage wurde eine Reihe von kleineren Fehlern verbessert; für Hinweise auf solche danken wir insbesondere unserem aufmerksamen Leser Dirk Hofmann. Darüber hinaus haben wir an verschiedenen Stellen Überarbeitungen vorgenommen und das Literaturverzeichnis aktualisiert.

Münster und Sankt Augustin, im Januar 2002
G.V. und K.U.W.

Vorwort zur 3. Auflage

Die dritte Auflage hat neben der Verbesserung einiger kleiner Fehler eine Reihe substanzieller Überarbeitungen und Ergänzungen erfahren. Das betrifft zum einen theoretische Darstellungen, zum anderen aber insbesonders auch deren praktische Anwendungen. Es zeigt sich immer mehr, dass Informations- und Kommunikationstechnologien und deren Anwendungen, wie z. B. die Mobilkommunikation oder elektronische Bezahlsysteme, nicht ohne Konzepte und Methoden auskommen, die eine handfeste theoretische Fundierung haben und die wesentliche, für den praktischen Gebrauch geforderte Eigenschaften dieser Systeme präzisieren und garantieren helfen.

So werden in zunehmendem Maße bei der Realisierung solcher Systeme approximative und probabilistische Ansätze verfolgt. Hierzu geben wir in dem neuen Kapitel 12 eine ausführliche Einführung in deren theoretische Grundlagen und zeigen an einer Reihe von praktischen Beispielen, wie diese angewendet werden.

Außerdem wird in Kapitel 9 das Thema „Universelle Turingmaschine" ausführlicher und formaler behandelt sowie eine Standardnummerierung für die berechenbaren Funktionen formal hergeleitet. Dies ermöglicht es, prägnanter als bisher auf die Bedeutung des utm- und des smn-Theorems für die Programmierung und für die prinzipielle Brauchbarkeit von Programmiersprachen einzugehen.

In Kapitel 11 werden einige weitere Standardkomplexitätsklassen betrachtet, so dass sich die Hierarchie dieser Klassen vervollständigt und sich insgesamt mit den in Kapitel 12 neu eingeführten probabilistischen Klassen am Ende ein vollständigerer Blick auf die derzeitig bekannten Beziehungen zwischen praktisch relevanten Komplexitätsklassen ergibt.

Schließlich haben wir in Kapitel 4 das Thema Web Services als weitere Anwendung endlicher Machinen neu aufgenommen.

Wie bereits früher danken wir an dieser Stelle zahlreichen aufmerksamen Studierenden, die uns immer wieder mit kritischen Fragen zum Text konfrontieren. Besonderer Dank gilt Herrn Dipl. Wirt. Inform. Peter Westerkamp, Münster, für seine Hilfe bei der Erstellung zahlreicher neuer Abbildungen.

Münster und Sankt Augustin, im Februar 2004
G.V. und K.-U.W.

Vorwort zur 4. Auflage

Zu allererst möchten wir uns bei allen aufmerksamen Lesern herzlich bedanken, zum Einen für das viele Lob, dass wir für dieses Buch immer wieder erhalten, und zum Anderen für Hinweise auf Fehler sowie für Anregungen zu Verbesserungen und Ergänzungen. Vieles davon ist in diese neue Auflage eingeflossen. Während Teil I inhaltlich stabil und deshalb nur redaktionell überarbeitet worden ist, sind die Teile II und III weiter ergänzt worden.

So wird im Teil II näher auf deterministische kontextfreie Sprachen eingegangen, insbesondere auf den Unterschied zwischen Akzeptieren mit Endzustand und Akzeptieren mit leerem Keller sowie auf die besondere Beziehung der Klasse der deterministisch kontextfreien Sprachen, die mit leerem Keller akzeptiert werden, zur Klasse der regulären Sprachen, die sich von den „üblichen" Teilmengenbeziehungen zwischen den anderen Sprachklassen unterscheidet.

Zur Äquivalenz von kontextfreien Grammatiken und Kellerautomaten hatten wir bisher nur eine Transformation von Grammatiken in Automaten angegeben, jetzt geben wir auch einen Algorithmus an, mit dem Kellerautomaten in äquivalente kontextfreie Grammatiken transformiert werden können. Zum besseren Verständnis der aufwändigen Konstruktion geben wir ein ausführliches Beispiel für die Anwendung dieses Algorithmus an.

Im Teil III stellen wir als weitere Berechnungskonzepte die primitiv-rekursiven und die μ-rekursiven Funktionen vor und erläutern deren Äquivalenz zur Loop- bzw. zur Turing-Berechenbarkeit. Außerdem geben wir für einige NP-vollständige Probleme, die bisher nur als solche aufgelistet waren, Beweise für deren NP-Vollständigkeit und damit Beispiele für Reduktionsbeweise an.

Das in der letzten Auflage hinzu gekommene Kapitel 12 zu approximativen und probabilistischen Algorithmen und deren Anwendungen haben wir überarbeitet und durch weitere, insbesondere für Anwendungen wichtige Ansätze ergänzt.

Zuletzt möchten wir Herrn Dr. Klockenbusch und seinem Team vom Vieweg-Verlag für die nachhaltige Unterstützung dieses Buches unseren Dank sagen.

Münster und Sankt Augustin, im Januar 2006
G.V. und K.-U.W.

Vorwort zur 5. Auflage

Auch zur vierten Auflage haben wir wieder eine Reihe von Rückmeldungen bekommen, die meisten davon sind sehr positiv. Darüber freuen wir uns sehr, und das motiviert uns zusätzlich, an weiteren Verbesserungen zu arbeiten. Trotz bereits mehrfacher Überarbeitung bleiben immer noch Fehler, orthografische, sprachliche, aber auch inhaltliche und mathematische. Hierzu haben wir wieder Hinweise und Vorschläge von Leserinnen und Lesern, Kolleginnen und Kollegen, insbesondere auch von Studierenden bekommen. Dafür möchten wir uns bei allen herzlich bedanken, und wir hoffen, dass auch diese neue Auflage wieder eine gute Resonanz finden wird.

Neben der Beseitigung von Fehlern und einigen kleineren redaktionellen Überarbeitungen gibt es in dieser Auflage drei substanzielle Ergänzungen.

Für die Minimierung endlicher Automaten wurde bisher nur ein Verfahren angegeben, ohne zu erklären, auf welcher Idee dieses beruht, und ohne einen Beweis für dessen Korrektheit. Im Kapitel 2 präsentieren wir jetzt den Satz von Myhill und Nerode, der zum einen eine algebraische Charakterisierung der regulären Sprachen angibt und der zum anderen die Grundlage für das Minimierungsverfahren liefert.

Die primitiv- und die μ-rekursiven Funktionen wurden bisher mehr oder weniger informell und beispielhaft als weiteres Berechenbarkeitskonzept eingeführt. In dieser Auflage werden die Definitionen und die jetzt zahlreichen Beispiele mathematisch präzise angegeben, insbesondere wird auch hier wieder streng zwischen Syntax und Semantik unterschieden. Damit bleiben wir auch bei diesem Konzept dem Vorgehen bei den anderen Berechenbarkeitskonzepten treu. Außerdem sieht man so deutlicher, dass die μ-rekursiven Funktionen als eine vollständige Programmiersprache verstanden werden können. Sie stellen damit eine, wenn nicht *die* theoretische Grundlage für existierende funktionale Programmiersprachen dar, die nicht nur in der akademischen Welt eine wichtige Rolle spielen, sondern in den letzten Jahren auch in praktischen Anwendungen an Bedeutung gewonnen haben.

Bisher wurde nur erwähnt, dass es entscheidbare Sprachen gibt, die nicht kontextsensitiv sind. In der neuen Auflage geben wir hierfür einen Beweis. Damit haben wir die Begründungen für die echten Inklusionen der behandelten „klassischen" Sprachklassen (reguläre, kontextfreie, kontextsensitive, entscheidbare, semi-entscheidbare, alle Sprachen) vervollständigt.

Münster und Sankt Augustin, im Februar 2011
G.V. und K.-U.W.

Vorwort zur 6. Auflage

Algorithmen ist eines der meist diskutierten Schlagwörter unserer Zeit. Sie steuern Geldtransfers und Börsenhandel, Vekehrsströme und Warenverkehr, Industrieroboter und medizinische Geräte, Flugzeuge und selbst fahrende Autos, soziale und institutionelle Netzwerke – die Liste ließe sich mit vielen weiteren Beispielen aus unserem Alltag fortsetzen. Entwicklerinnen und Entwickler von Systemen in diesen komplexen Anwendungsbereichen müssen die Grundlagen für deren Entwurf, Realisierung und Einsatz verstehen und kennen lernen, wie diese dabei angewendet werden können. Deshalb haben wir den Charakter dieses Lehrbuches als *anwendungsorientierte* Einführung in die theoretischen Grundlagen der Informatik weiter gestärkt. Zum einen stellen wir weitere Anwendungsmöglichkeiten für theoretische Konzepte vor, und zum anderen weisen wir deutlicher als bisher auf Grenzen von Algorithmen hin. So sind die Unentscheidbarkeit des Halteproblems und der Satz von Rice, den wir einschließlich wichtiger Konsequenzen in der vorliegenden Auflage ausführlicher als in den vorhergehenden Auflagen präsentieren, nicht nur theoretische Aussagen über Grenzen des mit Computern Machbaren, sondern decken auch grundsätzliche Problematiken auf, die Entscheidungen treffenden Systemen, wie etwa selbst fahrenden Autos, inhärent zu eigen sind.

Des Weiteren haben wir einige Konzepte und Begriffe klarer gefasst. So unterscheiden wir z.B. bei Turingautomaten deutlicher als bisher zwischen Entscheidern und Akzeptoren, und wir betrachten Platz-Komplexitätsklassen, darunter die aus Anwendungssicht interessante Klasse LOGPSPACE, die die Probleme beinhaltet, die mit logarithmischem Platzbedarf berechnet werden können, und ihre Beziehungen zu Zeit-Komplexitätsklassen ausführlicher als bisher.

Auch in den Abschnitten, in denen gezeigt wird, wie schwierige Probleme mithilfe von Heuristiken oder mithilfe von zufälligen Entscheidungen effizient gelöst werden können, versuchen wir, die grundlegenden Konzepte deutlicher als bisher herauszuarbeiten. Hinzugefügt haben wir Abschnitte über probabilistisch überprüfbare Beweise sowie über Bedeutungen der P-NP-Frage. Mit dem Konzept der probabilistisch überprüfbaren Beweise ist es möglich, eine Reihe von wichtigen Komplexitätsklassen aus einer einheitlichen Sicht heraus zu betrachten. Dabei ist interessant, dass auch hier zufällige Ereignisse von Bedeutung sind. Zur P-NP-Frage diskutieren wir, welche Bedeutung und welche Auswirkungen die Beantwortung dieser Frage haben könnte. Dabei spielt nicht nur eine Rolle, ob die Antwort „ja" oder „nein" lautet, sondern auch die Qualität der Antwort ist relevant. So könnte z.B. selbst eine – theoretisch bedeutsame – Nein-Antwort praktisch akzeptabel sein, wenn sich zeigen würde, dass schwierige Probleme mit sehr kleiner exponentieller („quasi-polynomieller") Laufzeit gelöst werden könnten. Andererseits wäre eine Ja-Antwort praktisch wenig hilfreich, wenn der Aufwand für die Lösung schwieriger Probleme zwar polynomiell, aber der Grad des die Laufzeit angebenden Polynoms sehr hoch wäre.

Nicht zuletzt haben wir die neue Auflage genutzt, um textliche und inhaltliche Fehler bzw. Ungenauigkeiten zu verbessern, die uns von aufmerksamen Leserinnen und Lesern der vorherigen Auflagen sowie von Studierenden unserer Kurse rückgemeldet wurden – allen sei an dieser Stelle dafür herzlich gedankt.

Münster und Sankt Augustin, im Juli 2016
G.V. und K.-U.W.

Kapitel 1

Einführung und Übersicht

1.1 Ausgangspunkte für das Themengebiet

Geht man davon aus, dass es *ein* Ziel der Informatik ist, Erkenntnisse, Methoden, Techniken und Werkzeuge zu liefern, mit denen Probleme mithilfe von Informationstechnik gelöst werden können, so sind zumindest die folgenden zwei Hilfsmittel vonnöten:

1. Sprachen, mit denen Probleme und Lösungsverfahren möglichst adäquat beschrieben werden können, sowie

2. Rechnersysteme, mit denen Problemdaten erfasst und verwaltet und auf denen die (als Software) formulierten Lösungsverfahren ausgeführt werden können.

Wir sehen hierbei von weiteren wichtigen Aspekten, wie z.B. geeigneten *Datenstrukturen* und vor allem *Algorithmen*, ab. Die beiden grundlegenden Hilfsmittel sind dann also: *Rechner* (Automaten, Maschinen) und *Sprachen*. Ihre grundlegenden Konzepte behandeln die Automatentheorie und die Theorie Formaler Sprachen. Diese Teilgebiete der Theoretischen Informatik beschäftigen sich unter anderem mit

- der formalen Beschreibung und Analyse abstrakter Rechnermodelle, ihrer Wirkungsweise, ihrer Zusammenhänge und ihrer Mächtigkeiten,

- der Definition, der Untersuchung und der Charakterisierung von Sprachklassen,

- der mathematischen Präzisierung von Begriffen wie *Berechenbarkeit* und *Komplexität*.

Durch abstrakte Beschreibungen von Rechnern und Programmen ist es möglich, grundlegende Anforderungen an und Konzepte für die Realisierung konkreter Rechner zu formulieren und zu analysieren. Abstrakte, maschinen*unabhängige* Beschreibungen dienen als Ausgangspunkte für die konzeptionelle Darstellung des Aufbaus und der Wirkungsweise von Informations- und Kommunikationssystemen auf unterschiedlichen Abstraktionsebenen.

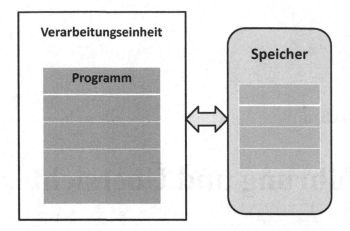

Bild 1.1: Grundlegende Komponenten abstrakter Rechnermodelle.

Bild 1.1 zeigt grundlegende Komponenten abstrakter Rechnermodelle: Ein Rechner besteht in dieser Vorstellung aus einer *Verarbeitungseinheit* sowie aus einem oder mehreren *Speichern* (die in dem Bild zu einem Speicher zusammengefasst sind). Ein Speicher besteht konzeptionell aus einer Folge von Speicherzellen. Die Verarbeitungseinheit enthält ein Programm, und sie kann auf Zellen der Speicher zugreifen. Die Ausführung eines Programmes besteht aus einer Folge von Ausführungen einzelner Programmschritte. Ein Programmschritt führt dabei in Abhängigkeit von Speicherzelleninhalten möglicherweise zu einer Veränderung derselben oder anderer Speicherzellen.

Unterschiedliche „Rechnertypen" ergeben sich unter anderem durch

- die Speicherkapazität: Besteht ein Speicher aus einer festen maximalen Anzahl von Zellen oder ist er unendlich groß, so dass er prinzipiell beliebig viele Daten aufnehmen kann?

- die Zugriffsarten: Kann die Verarbeitungseinheit nur lesend oder nur schreibend oder lesend und schreibend auf Speicherzellen zugreifen?

- die Zugriffsmöglichkeiten: Kann auf die Speicherzellen eines Speichers nur an einer bestimmten Stelle oder in einer bestimmten Reihenfolge zugegriffen werden, oder kann die Verarbeitungseinheit im Prinzip wahlfrei (über eine Adresse) auf jede Zelle eines Speichers zugreifen?

- den Determinismus der Programme: Kann nach Ausführung eines Programmschrittes höchstens ein nächster Schritt ausgeführt werden, oder besteht die Möglichkeit, aus einer Menge mit mehr als einem möglichen Folgeschritt einen auszuwählen?

- die Endebedingungen: Wann endet die Ausführung eines Programmes, z.B.

nach Abarbeitung eines Speicherinhaltes oder bei Erreichen eines bestimmten Speicherinhaltes?

Eine wesentliche Aufgabe wird es im Folgenden sein, einerseits die oben genannten Bestandteile eines Rechners (auf unterschiedliche, aber stets abstrakte Weisen) zu präzisieren und andererseits die aufgezählten Variationsmöglichkeiten zu untersuchen. Eine weitere wichtige Aufgabe ergibt sich aus der uns hier stets interessierenden Frage, welche *praktischen* Konsequenzen sich aus den jeweiligen Resultaten ergeben.

Es sei bemerkt, dass auch konkrete Rechner im Prinzip dem in Bild 1.1 gezeigten Aufbau mit CPU (Verarbeitungseinheit) und Speicher folgen, zudem verfügen sie über Möglichkeiten der Kommunikation von Daten und Programmen mit anderen Systemen und der „Außenwelt"; dabei kommen natürlich spezifische Verarbeitungsprinzipien (z.B. nach von Neumann) zur Anwendung und Technologien zum Einsatz.

1.2 Anwendungen theoretischer Erkenntnisse

Die Erkenntnisse und Methoden der Automatentheorie und der Theorie Formaler Sprachen sind nicht nur aus theoretischer Sicht interessant, sondern ebenso für alle anderen Teilgebiete der Informatik (Praktische, Technische, Angewandte Informatik) wichtig. So liefern endliche Automaten z.B. grundlegende Konzepte für den Entwurf von Schaltwerken und -netzen, für dynamische Modelle im objektorientierten Softwareentwurf sowie für den Entwurf von Dialogschnittstellen. Kontextfreie Sprachen und Kellerautomaten sind die Grundlage für den Entwurf von Programmiersprachen, den Bau von Compilern und Compiler-Generatoren (wie z.B. die Unix-Werkzeuge lex und yacc) oder für Datenaustauschformate wie XML.

Das Studium der Automatentheorie und der Formalen Sprachen vermittelt also nicht nur Erkenntnisse und Methoden, mit denen abstrakte Rechnermodelle und die Syntax und Sematik von (Programmier-) Sprachen beschrieben und untersucht werden können, sondern sie vermittelt auch von konkreten Systemen und Sprachen unabhängige Methoden und Techniken für den Entwurf, die Implementierung und die Anwendung von Informationssystemen. Man erhält ein vertieftes Verständnis von existierenden Methoden und Techniken zur Konzeption und zur Realisierung von Systemen, und man lernt, diese zu klassifizieren, zu bewerten und gegeneinander abzugrenzen. Insofern ist das hier behandelte Themengebiet von grundsätzlicher Bedeutung für alle Teilbereiche der Informatik und keineswegs nur für den „Kerninformatiker" wichtig und interessant. Selbst dann, wenn die hier vermittelten Techniken und Methoden in der Praxis eines am Thema interessierten Anwenders in direkter Form nicht anwendbar sind, so kann es doch von Bedeutung sein, von ihrer Existenz zu wissen oder sich einiger Ergebnisse aus diesem Bereich bewusst zu sein:

Der *Wirtschaftsinformatiker*, der im Rahmen einer Logistik-Anwendung ein Traveling-Salesman-Problem zu lösen hat, wird nicht länger nach einem exakten Algorithmus suchen, wenn er weiß, dass seine Chancen, einen solchen zu finden, gering sind (weil die Komplexitätstheorie hierzu entsprechende Aussagen macht). Er wird sich aber augenblicklich für Näherungslösungen interessieren, bei denen zwar ein gewisser Fehler in Kauf genommen werden muss, dafür die Lösung aber „schnell" hergestellt werden kann. Der *Geoinformatiker*, der einen Feldversuch zu instrumentieren und den Versuchsaufbau zu verifizieren hat, wird es möglicherweise leicht finden, dies zu tun, wenn ihm das Konzept der endlichen Automaten geläufig ist.

Auf Beispiele dieser Art werden wir im Laufe des Textes an vielen Stellen eingehen, um die *Anwendbarkeit* der Ergebnisse von Automatentheorie und Formalen Sprachen zu verdeutlichen.

1.3 Stoffübersicht und -abgrenzung

Der vorliegende Text gliedert sich in die folgenden Teile:

1. Endliche Automaten und reguläre Sprachen (Kapitel 2 – 4),

2. Kontextfreie Sprachen und Kellerautomaten, (Kapitel 5 – 7)

3. Berechenbarkeit und Komplexität. (ab Kapitel 8)

In Kapitel 2 betrachten wir endliche Automaten. Endliche Automaten sind abstrakte Modelle für Rechner mit *endlichem* Speicher. Die Komponenten dieser Automaten und ihre Arbeitsweise werden mithilfe elementarer mathematischer Begriffe formal beschrieben. Außerdem werden einige Varianten endlicher Automaten vorgestellt und deren Äquivalenzen nachgewiesen. Konzepte endlicher Automaten haben vielfältige Anwendungen in der Praktischen, Technischen und Angewandten Informatik. Anhand von Beispielen werden Einsatzmöglichkeiten bei der Lösung von Problemen in diesen Bereichen vorgestellt.

Kapitel 3 behandelt reguläre Ausdrücke, Typ-3-Grammatiken und Eigenschaften regulärer Sprachen und führt damit in zwei weitere Konzepte zur Beschreibung der Klasse der regulären Sprachen ein (reguläre Ausdrücke und Typ-3-Grammatiken). Beide Konzepte sind wichtige Hilfsmittel in der Praktischen und in der Angewandten Informatik, etwa im Compilerbau und in der Softwaretechnik. Darüber hinaus beschäftigt sich das Kapitel mit den grundlegenden Eigenschaften regulärer Sprachen, wie z.B. der Abgeschlossenheit dieser Sprachklasse gegenüber Mengenoperationen, und Entscheidbarkeitsfragen, wie z.B. der Frage, ob das Wortproblem für reguläre Sprachen entscheidbar ist. Es werden ferner die Grenzen regulärer Konzepte diskutiert.

Kapitel 4 handelt von endlichen Maschinen, das sind endliche Automaten, die mit einer Ausgabefunktion versehen sind. Diese Maschinen können also rechnen. Es werden zwei Varianten, Moore- und Mealy-Maschinen, vorgestellt und deren Unterschiede und Gemeinsamkeiten untersucht. Im Vordergrund der Betrachtung steht dabei die Verwendung der Maschinen als formale Problemlösungsmethode. Endliche Automaten und Maschinen modellieren sequentielle Zustandsübergänge. Parallele Modellierungsmöglichkeiten ergeben sich durch „Zusammenschalten" von endlichen Automaten. Wir stellen beispielhaft zwei Konzepte zur Modellierung paralleler Zustandsübergänge vor: zellulare Automaten zur Modellierung synchroner und Petri-Netze zur Modellierung asynchroner paralleler Zustandsübergänge. Ferner behandeln wir Anwendungen von endlichen Maschinen, insbesondere von deren Verallgemeinerungen, so genannten endlichen Transducern, in Bereichen wie Software- bzw. Systementwurf, Geschäftsprozessmodellierung und elektronischer Handel (E-Commerce).

Kapitel 5 betrachtet eine die regulären Sprachen echt umfassende Klasse von Sprachen, die kontextfreien Sprachen. Diese Klasse hat in der Praktischen Informatik eine große Bedeutung. Fast alle verfügbaren Programmiersprachen, wie z.B. FORTRAN, COBOL, PL/I, PASCAL, C++ und JAVA, sind mithilfe kontextfreier Konzepte definiert und implementiert. In diesem Kapitel werden Typ-3-Grammatiken zu Typ-2-Grammatiken erweitert und mit ihnen die Klasse der kontextfreien Sprachen festgelegt.

In Kapitel 6 werden endliche Automaten um einen unendlichen Speicher, den Kellerspeicher, zu Kellerautomaten erweitert, von denen drei Varianten betrachtet werden. Wie bei den regulären Sprachen werden Äquivalenzen dieser Konzepte untersucht sowie wesentliche Eigenschaften kontextfreier Sprachen gezeigt. In Kapitel 7 wird die Bedeutung der Konzepte kontextfreier Sprachen für den Compilerbau, d.h. für die Syntaxdefinition von Programmiersprachen und die Übersetzung von Programmen, behandelt.

Kapitel 8 stellt zwei neue Klassen von Sprachen vor: die Klasse der kontextsensitiven (Typ-1-) Sprachen und die Klasse der rekursiv-aufzählbaren (Typ-0-) Sprachen, deren wesentliche Eigenschaften untersucht werden. Es werden Automaten vorgestellt, die diese Sprachen akzeptieren, die sogenannten Turingautomaten. Diese können – wie endliche Automaten – nicht nur als Sprachakzeptoren betrachtet werden, sondern nach Erweiterung um eine Ausgabe – wie endliche Maschinen – als Berechner von Funktionen. In Kapitel 9 wird die Turing-Berechenbarkeit als eine der ersten mathematischen Formalisierungen und Präzisierungen des Begriffs Berechenbarkeit vorgestellt, und es werden andere Ansätze wie Loop-, While- und Goto-Berechenbarkeit sowie die partiell-rekursiven Funktionen betrachtet, und es werden die Zusammenhänge zwischen diesen verschiedenen Ansätzen untersucht..

Nachdem der Berechenbarkeitsbegriff bekannt ist, werden in Kapitel 10 *nicht* berechenbare Probleme und deren Bedeutung für die Praxis vorgestellt. In Kapitel 11 werden die Grundlagen der Komplexitätstheorie eingeführt. Es zeigt sich dort, dass es Probleme gibt, welche prinzipiell berechenbar sind, aber praktisch als unlösbar gelten, weil die Laufzeit ihrer Berechnung unakzeptabel lange dauern würde. Dies wird in Kapitel 12 aufgegriffen, und es werden verschiedene Möglichkeiten der Abhilfe aufgezeigt: approximative Algorithmen und probabilistische Verfahren sowie einige Anwendungen dieser Konzepte.

1.4 Externe Lernhilfen und Web-Seiten

Wenngleich der vorliegende Text als traditionelles Lehrbuch konzipiert wurde, kann man bei seinem Studium im Sinne eines multimedialen Unterrichts auf zahlreiche externe Lernhilfen zurückgreifen, von denen einige wesentliche hier genannt seien.

Wie zu fast allen Themen gibt es auch zur Theoretischen Informatik zahlreiche Web-Seiten im Internet, auf denen weitere Informationen sowie Links und Referenzen auf andere Seiten zu finden sind. Ein guter Ausgangspunkt ist die Seite sigact.acm.org/

der *ACM SIGACT* (Special Interest Group on Algorithms and Computation Theory), die Seite

eatcs.org/

der *European Association for Theoratical Computer Science* sowie der Eintrag zu *Theoretical Computer Science* in der englischen Ausgabe der Wikipedia, also

en.wikipedia.org/wiki/Theoretical_computer_science

der auch zahlreiche weiterführende Links enthält. Zu zahlreichen Stichworten der Theoretischen Informatik (z.B. „finite automata" oder „Turing") lässt sich auch die *Stanford Encyclopedia of Philosophy* durchsuchen, die man unter

plato.stanford.edu

findet. Eine interessante Seite, auf der Fragen zur Theoretischen Informatik gestellt und beantwortet werden können, ist

cstheory.stackexchange.com

Über Theoretische Informatik kann man sich auch in diversen Blogs informieren; hierzu verweisen wir auf

feedworld.net/toc,

den *Theory of Computing Blog Aggregator*, der u.a. den Blog von Richard Lipton

rjlipton.wordpress.com/

umfasst. Ein spezialisierter Blog, der sich nur mit Komplexität beschäftigt, findet sich unter

blog.computationalcomplexity.org

Für weitere Links raten wir, eine Suchmaschine wie Google mit dem gewünschten Begriff zu füttern (z.B. „Turing"), und das Ergebnis wird überraschen.

In den letzten Jahren haben Forschungs- und Entwicklungsarbeiten zu den Themen Implementieren und Testen von Automaten, Experimentieren mit Automaten, interaktive Visualisierung und Animationen von bzw. mithilfe von Automaten sowie Lehr- und Lernsoftware zu Automaten stark zugenommen. Als (ältere) Referenz sei beispielhaft die spezielle Ausgabe *Implementing Automata* des Journals *Theoretical Computer Science, Volume 231, Number 1, January 2000* erwähnt.

Eher für die Lehrenden sei an dieser Stelle hingewiesen auf das *Formal Languages and Automata Package* (FLAP) der Duke University, welches man unter der Adresse www.jflap.org findet.

1.5   Allgemeine Bibliographische Hinweise

Eine moderne Motivation zur Beschäftigung mit Konzepten der Theoretischen Informatik findet sich bei Molina (2015) oder Thomas (2010). Wir geben an dieser Stelle ansonsten nur Hinweise auf Standardwerke zu den im Buch behandelten Themen. In all diesen Werken werden die Chomsky-Hierarchie, die wesentlichen entsprechenden Automatentypen sowie Grundlagen der Berechenbarkeit und der Komplexitätstheorie behandelt. Einige Darstellungen im Buch lehnen sich an die entsprechenden Darstellungen in diesen Büchern an. In den bibliografischen Hinweisen zu den einzelnen Kapiteln werden wir diese Bücher dann – abgesehen von einigen speziellen Hinweisen – nicht mehr gesondert erwähnen.

An deutschsprachiger Literatur seien Erk und Priese (2009), Floyd und Beigel (1996), Hromkovic (2014), Schöning (2009) sowie Wegener (2005a, 2005b) genannt. An englischsprachiger Literatur erwähnen wir Hopcroft und Ullman (1979) sowie die Neuauflage dieses Klassikers von Hopcroft et al. (2013), ferner Kozen (1997), Lewis und Papadimitriou (1998), Moret (1998), Sipser (2006) und Sudkamp (2006), für fortgeschrittene Leser ferner das Kompendium über formale Sprachen von Rozenberg und Salomaa (1997) oder auch die unterhaltsame (und inzwischen in deutscher Übersetzung erschienene) Darstellung von Harel (2003). Rodger (1999) beschreibt die JAVA-Version des Lehrsystems FLAP.

Teil I

Endliche Automaten und reguläre Sprachen

Kapitel 2

Endliche Automaten

In diesem Kapitel stellen wir besonders einfache abstrakte Rechnermodelle vor, die so genannten *endlichen Automaten*. „Endlichkeit" bezieht sich dabei auf die Gedächtnisleistung (Speicherkapazität) der Automaten, die im Allgemeinen auf nur endlich viele unterscheidbare Zustände beschränkt ist. Wir werden an diesem Modell eine Reihe typischer Fragestellungen studieren, die von spezifischem, aber auch von allgemeinem Interesse sind; sie lassen sich fast alle in dieser oder ähnlicher Form auch für andere Automatentypen untersuchen. Dies betrifft z.B. Determinismus, Varianten von Automaten oder Redundanzen und deren Beseitigung. Des Weiteren werden wir diese Automaten als Erkennungsmechanismen für eine bestimmte Klasse von Sprachen, nämlich die Klasse der *regulären* Sprachen, kennen lernen.

Neben dieser eher technischen Sicht dessen, was endliche Automaten formal leisten, betrachten wir auch deren *Anwendungen*, z.B. in der Softwaretechnik. Es ist in der Tat so, dass sich viele Realweltgegebenheiten, ja sogar Rechner selbst, mit endlichen Automaten beschreiben lassen, so dass dieses Modell häufig für formale Betrachtungen realer Gegebenheiten bereits völlig ausreicht.

2.1   Deterministische endliche Automaten

Einen *endlichen Automaten* können wir uns als eine „Black Box" vorstellen, in die wir etwas eingeben können und die sich aufgrund einer Folge von Eingaben in einem entsprechenden Zustand befindet (siehe Bild 2.1). In Abhängigkeit von ihrem jeweiligen Zustand und einer erfolgten Eingabe geht sie in einen Folgezustand über. Befindet sich die Black Box nach der Abarbeitung der Eingabefolge in einem ausgezeichneten Zustand, einem so genannten Endzustand, dann handelt es sich um eine von ihr akzeptierte Folge, falls sie sich nicht in einem Endzustand befindet, hat sie die Eingabe nicht akzeptiert.

Wir wollen endliche Automaten anhand eines konkreten Beispiels zum Systementwurf kennen lernen und aus diesem Beispiel die formalen Definitionen ableiten.

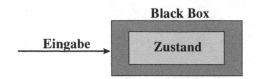

Bild 2.1: Endlicher Automat als Black Box.

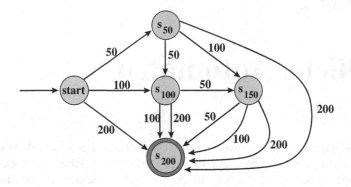

Bild 2.2: Zustandsdiagramm des Eintrittsautomaten $A_{Eintritt}$.

2.1.1   Beispiel: Der Automat $A_{Eintritt}$

Es soll ein Automat hergestellt werden, der den Eintritt, z.B. in ein Schwimmbad, kontrolliert. Der Eintritt ins Schwimmbad möge € 2.00 kosten, und der Automat soll als Geldstücke 50-Cent-, 1-Euro- und 2-Euro-Stücke akzeptieren. Nach Eingabe einer Geldstückfolge im Gesamtwert von mindestens € 2.00 öffnet der Automat die Eintrittsschranke, vorher nicht.

Ohne an konkrete Hardware (technische Apparate) und Software zu denken, kann man sich den Eintrittsautomaten als Black Box vorstellen, in welche Geldstücke einzuwerfen sind, und die nach Einwurf einer Folge von Geldstücken im Wert von mindestens € 2.00 in einen akzeptierenden Endzustand geht, was in der realen technischen Lösung dann die Öffnung der Schranke bewirken soll.

Die Verarbeitung möglicher Eingabefolgen können wir uns mithilfe eines *Zustandsdiagramms* veranschaulichen (siehe Bild 2.2): Zu Beginn befindet sich der Automat im Zustand *start*. Bei Eingabe von 50 Cents geht der Automat in den Zustand s_{50} über, um sich zu merken, dass bereits 50 Cents eingegeben worden sind. Entsprechend geht er bei Eingabe von 1 Euro in den Zustand s_{100} sowie bei Eingabe von 2 Euro in den Zustand s_{200} über. In analoger Weise gibt das Diagramm die anderen möglichen Zustandsübergänge an. Eine Folge von Geldstücken mit demselben Gesamtwert „landet" dabei sinnvollerweise im selben Zustand. Die im Zustandsdiagramm veranschaulichten Zustandsübergänge können auch als *Programm* des Automaten verstanden werden.

Die Folgen von Eingaben, die im Endzustand s_{200} enden, repräsentieren Geldstückfolgen, die mindestens den Gesamtwert € 2.00 haben. Dabei ist unser Automat so angelegt, dass er Überbezahlungen stillschweigend akzeptiert. Wir werden später zeigen, wie mithilfe endlicher Automaten mit Ausgabe, mit so genannten *endlichen Maschinen*, ein „benutzerfreundlicher" Eintrittsautomat modelliert werden kann, der nicht nur akzeptiert, sondern eine Eintrittskarte und zuviel gezahltes Geld zurückgibt und außerdem das noch einzuwerfende Geld anzeigt.

In einem Zustandsdiagramm werden Zustände durch Kreise und Zustandsübergänge durch Pfeile dargestellt, der Startzustand wird durch einen eingehenden Pfeil, Endzustände werden durch Doppelkreise gekennzeichnet.

Im Sinne abstrakter Rechnermodelle (siehe Kapitel 1.1) besitzt unser Eintrittsautomat zwei Speicher: ein (nach rechts unbeschränktes) *Eingabeband*, auf dem die Eingabefolgen, die Geldstückfolgen, geschrieben werden, und das für jede Eingabefolge von der Verarbeitungseinheit von links nach rechts gelesen wird, sowie einen Zustandsspeicher mit nur einer Speicherzelle, in welcher der jeweils aktuelle Zustand des Automaten geschrieben wird. Auf das Eingabeband hat der Automat nur lesenden Zugriff und zwar ausschließlich von links nach rechts sequentiell, auf den Zustandsspeicher hat er lesenden und schreibenden Zugriff.

In Bild 2.3 ist das Zustandsdiagramm von $A_{Eintritt}$ in Form einer *Zustandstabelle* dargestellt. Der Automat befindet sich im Startzustand und soll die Eingabefolge $\underline{50}\,\underline{100}\,\underline{50}$ verarbeiten. Wir unterstreichen die Eingabesymbole, um zu verdeutlichen, dass es sich um atomare Symbole handelt. Die Eingabefolge $\underline{50}\,\underline{100}\,\underline{50}$ besteht aus den drei Symbolen $\underline{50}$, $\underline{100}$ und noch einmal $\underline{50}$, während z.B. die Folge 5010050 (die unser Automat nicht verarbeiten könnte) aus sieben Symbolen besteht, wobei 0, 1 und 5 die atomaren Symbole sind.

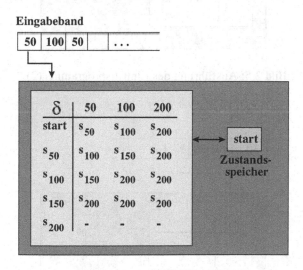

Bild 2.3: Startkonfiguration von $A_{Eintritt}$.

Die Ausführung eines Programmschrittes, d.h. ein Zustandsübergang, findet folgendermaßen statt: Befindet sich der Automat im Zustand s und der Lesekopf über einer Eingabebandzelle mit Inhalt a, dann geht der Automat in den Zustand über, der

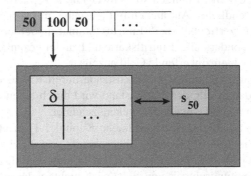

Bild 2.4: Ausführung des Eintrittsprogramms (1).

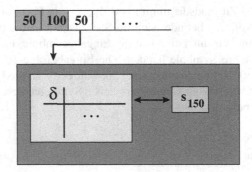

Bild 2.5: Ausführung des Eintrittsprogramms (2).

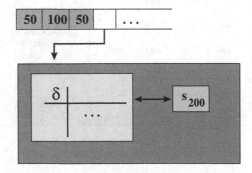

Bild 2.6: Ausführung des Eintrittsprogramms (3).

in der Tabelle in Zeile s und Spalte a steht. Außerdem wird der Lesekopf auf dem Eingabeband auf die nächste Zelle bewegt. Die Bilder 2.4, 2.5 und 2.6 zeigen die weitere Ausführung des Eintrittsprogramms.

Ist die Eingabefolge komplett gelesen, d.h. der Lesekopf befindet sich auf der Speicherzelle hinter der Eingabefolge (siehe Bild 2.6), und beinhaltet der Zustandsspeicher einen Endzustand, dann ist die Eingabefolge vom Automaten *akzeptiert*, in allen anderen Fällen ist die Eingabefolge nicht akzeptiert. So wird von unserem Eintrittsautomat die Folge $\underline{50}\,\underline{100}\,\underline{50}$ akzeptiert, weil nach Verarbeitung dieser Folge der Automat sich im Endzustand s_{200} befindet.

Die Menge aller von einem Automaten akzeptierten Folgen heißt die *Sprache* des Automaten. Die Sprache unseres Eintrittsautomaten ist die folgende Menge von Geldstückfolgen: $\{\underline{50}\,\underline{50}\,\underline{50}\,\underline{50}, \underline{50}\,\underline{50}\,\underline{50}\,\underline{100}, \underline{50}\,\underline{50}\,\underline{50}\,\underline{200}, \underline{50}\,\underline{50}\,\underline{100}, \underline{50}\,\underline{50}\,\underline{200}, \underline{50}\,\underline{100}\,\underline{50},$ $\underline{50}\,\underline{100}\,\underline{100}, \underline{50}\,\underline{100}\,\underline{200}, \underline{50}\,\underline{200}, \underline{100}\,\underline{50}\,\underline{50}, \underline{100}\,\underline{50}\,\underline{100}, \underline{100}\,\underline{50}\,\underline{200}, \underline{100}\,\underline{100}, \underline{100}\,\underline{200},$ $\underline{200}\}$.

Unser Eintrittsautomat ist ein Beispiel für einen endlichen Automaten. Wir wollen nun mithilfe mathematischer Begriffe Automaten dieser Art sowie ihre Wirkungsweise formal beschreiben.

2.1.2 Alphabete, Wörter, Sprachen

Ein endlicher Automat verarbeitet Wörter, d.h. endliche Zeichenfolgen, die aus atomaren Symbolen gebildet sind, wie z.B. die Folge $\underline{100}\,\underline{50}\,\underline{200}$ von Symbolen für Geldstücke. Die (Eingabe-) Wörter, die ein endlicher Automat verarbeiten soll, stellen wir uns auf einem nach rechts offenen (Eingabe-) Speicher, dem Eingabeband, geschrieben vor. Ein „Lesekopf" lese das Eingabewort symbolweise von links nach rechts.

Alphabete

Die Symbole, aus denen Eingabewörter bestehen können, fassen wir in einer Menge, dem *Eingabealphabet*, zusammen. Dabei wollen wir nur endliche Eingabealphabete zulassen. Ihre Elemente heißen Symbole oder Buchstaben. Zur Bezeichnung von Eingabealphabeten wird zumeist das Symbol Σ benutzt. Das Eingabealphabet unseres Eintrittsautomaten ist also: $\Sigma = \{\underline{50}, \underline{100}, \underline{200}\}$.

Falls wir kein konkretes, sondern allgemein ein Alphabet Σ betrachten, dann benennen wir dessen Buchstaben in der Regel mit a oder mit $a_1, a_2, \ldots, a_n$:

$$\Sigma = \{a_1, a_2, \ldots, a_n\}, \, n \geq 0$$

$n = 0$ bedeutet, dass Σ leer ist: $\Sigma = \emptyset$. Dabei soll durch die Reihenfolge der Aufzählung der Buchstaben auf Σ eine (lexikografische oder alphabetische) Ordnung festgelegt sein: $a_i < a_{i+1}, 1 \leq i \leq n - 1$. Zur Bezeichnung von Buchstaben verwenden wir neben a in der Regel weitere Buchstaben vom Anfang des deutschen Alphabetes: $b, c, d, \ldots$

Wörter

Die endlich langen Zeichenfolgen, die über einem Alphabet Σ gebildet werden können, heißen *Wörter über* Σ. Wörter entstehen, indem Symbole oder bereits erzeugte Wörter aneinandergereiht (miteinander verkettet, konkateniert) werden. Σ^*, die Menge aller Wörter, die über dem Alphabet Σ gebildet werden kann, ist wie folgt definiert:

(1) Jeder Buchstabe $a \in \Sigma$ ist auch ein Wort über Σ, d.h. $a \in \Sigma^*$.

(2) Werden bereits konstruierte Wörter hintereinandergeschrieben, entstehen neue Wörter, d.h. sind $v, w \in \Sigma^*$, dann ist auch ihre Verkettung (Konkatenation) $vw \in \Sigma^*$.

(3) ε, das *leere Wort*, ist ein Wort über (jedem Alphabet) Σ, d.h. es gilt immer $\varepsilon \in \Sigma^*$. ε ist ein definiertes Wort ohne „Ausdehnung". Es hat die Eigenschaft: $\varepsilon w = w \varepsilon = w$ für alle $w \in \Sigma^*$.

Mit Σ^+ bezeichnen wir die Menge aller Wörter über Σ ohne das leere Wort, d.h. $\Sigma^+ = \Sigma^* - \{\varepsilon\}$.

Im algebraischen Sinne bildet die Rechenstruktur $(\Sigma^+, \circ)$ für ein Alphabet Σ und die (Konkatenations-) Operation $\circ : \Sigma^* \times \Sigma^* \to \Sigma^*$ definiert durch $v \circ w = vw$ eine *Halbgruppe*, denn die Konkantenation ist eine assoziative Operation: für alle Wörter $u, v, w \in \Sigma^*$ gilt $u \circ (v \circ w) = (u \circ v) \circ w$. Wegen der in der obigen Definition festgelegten Eigenschaft (3) bildet die Struktur $(\Sigma^*, \circ)$ ein *Monoid* mit dem *Einselement* ε. Die Konkatenation von Wörtern ist über Alphabeten mit mehr als einem Buchstaben nicht kommutativ.

Allgemein notieren wir Wörter in der Regel mit Buchstaben vom Ende des deutschen Alphabetes: u, v, w, x, y, z. Wenn wir im Folgenden ein Wort w buchstabenweise notieren, $w = w_1 \ldots w_n$, $n \geq 0$, sind die w_i Buchstaben, also $w_i \in \Sigma$, $1 \leq i \leq n$. $n = 0$ bedeutet, dass w das leere Wort ist: $w = \varepsilon$.

Beispiel 2.1. **a)** Sei $\Sigma = \{a, b\}$, dann ist

$$\Sigma^* = \{\varepsilon, a, b, aa, ab, ba, bb, aaa, aab, aba, abb, baa, bab, bba, bbb, \ldots\}$$

b) Beim Eintrittsautomat ist das Eingabealphabet $\Sigma = \{\underline{50}, \underline{100}, \underline{200}\}$. Σ^* stellt die Menge aller endlichen Geldstückfolgen dar, die mit 50-Cent-, 1-Euro- und 2-Euro-Stücken gebildet werden können einschließlich der leeren Folge. $\square$

Folgerung 2.1. Ist ein Alphabet Σ nicht leer, dann besitzt Σ^* unendlich viele Wörter; ist dagegen $\Sigma = \emptyset$, dann ist $\Sigma^* = \{\epsilon\}$. $\square$

Ist

$$w = \underbrace{v\,v \ldots v}_{n\text{-}mal}$$

dann schreiben wir abkürzend $w = v^n$. v^n heißt die *n-te Potenz* von v. Es ist $v^0 = \varepsilon$. In Beispiel 2.1 a) können wir Σ^* also auch wie folgt schreiben:

$$\Sigma^* = \left\{\varepsilon, a, b, a^2, ab, ba, b^2, a^3, a^2b, aba, ab^2, ba^2, bab, b^2a, b^3, \ldots\right\}$$

Die n-te Potenz eines Wortes v kann auch rekursiv definiert werden: Es ist $v^0 = \varepsilon$ sowie $v^{n+1} = v^n \circ v$ für $n \geq 0$.

Ist $w \in \Sigma^*$ ein Wort der Form $w = xyz$ mit $x, y, z \in \Sigma^*$, dann heißt x *Präfix*, y *Infix* und z *Postfix*, *Suffix* oder *Rest* von w. Man beachte, dass diese Definition die Spezialfälle zulässt, dass x oder y oder z leer sein können. So ist wegen $w = \varepsilon w \varepsilon$ ein Wort w sowohl Präfix als auch Infix als auch Postfix von sich selbst, oder für $w = xy$ mit $x, y \in \Sigma^+$ ist x sowohl Präfix als auch Infix und y ist sowohl Infix als auch Postfix von w.

Falls x ein Präfix von w ist und $x \neq w$ gilt, dann heißt x *echter Präfix* von w. Entsprechende Definitionen gelten für *echter Infix* bzw. *echter Postfix*.

$Pref(w) = \{x \mid x$ ist Präfix von $w\}$ ist die Menge der Präfixe von w; entsprechend können die Menge $Inf(w)$ der Infixe bzw. die Menge $Suf(w)$ der Suffixe von w definiert werden. Es gilt also z.B.

$$Pref(aba) = \{\varepsilon, a, ab, aba\}$$
$$Inf(aba) = \{\varepsilon, a, b, ab, ba, aba\}$$
$$Suf(aba) = \{\varepsilon, a, ba, aba\}$$

Wortfunktionen

Auf Wörtern lassen sich eine Reihe von Funktionen definieren, welche sich in Anwendungen z.B. als *Textverarbeitungsfunktionen* wiederfinden. Man denke etwa an einen Editor, welcher es gestattet, nach einem Wort zu suchen. Der Editor fasst eine Textdatei als *einen* (langen) Byte-String auf und sucht darin einen bestimmten Teil- oder Substring. Diese Problemstellung lässt sich formal beschreiben mit der Funktion[1]

$$substr : \Sigma^+ \times \Sigma^+ \to \{0, 1\}$$

definiert durch

$$substr(w, v) = \begin{cases} 1, & \text{falls } v \text{ Infix von } w \text{ ist} \\ 0, & \text{sonst} \end{cases}$$

Diese Funktion testet, ob v ein *Teilwort* (englisch: *substring*) von w ist. Es gilt z.B.

$$substr(ababba, abb) = 1 \text{ sowie } substr(ababba, aa) = 0$$

In Abschnitt 2.6.2 wird ein Algorithmus angegeben, der mithilfe endlicher Automaten das Problem der Teilworterkennung effizient löst. Dort wird die folgende Variante der Funktion *substr* berechnet:[2] $substr : \Sigma^* \times \mathbb{N}_0 \times \mathbb{N}_0 \to \Sigma^*$ definiert durch

$$substr(w_1 \ldots w_n, i, l) = \begin{cases} w_i \ldots w_{i+l-1}, & i + l - 1 \leq n \\ \bot, & \text{sonst} \end{cases}$$

---

[1] „1" steht für die Antwort *ja*, „0" steht für *nein*.

[2] Wir bezeichnen mit $\mathbb{N}_0$ die Menge der natürlichen Zahlen einschließlich 0, d.h. $\mathbb{N}_0 = \{0, 1, 2, 3, \ldots\}$, und mit $\mathbb{N}$ die Menge der natürlichen Zahlen ohne 0: $\mathbb{N} = \{1, 2, 3, \ldots\}$.

$substr(w, i, l)$ liefert das Infix von w der Länge l ab dem i-ten Buchstaben von w, falls ein solches existiert.[3]

Die *Länge eines Wortes* kann durch die Funktion $\ell : \Sigma^* \to \mathbb{N}_0$ definiert durch $\ell(\varepsilon) = 0$ und $\ell(wa) = \ell(w) + 1$ für $w \in \Sigma^*$ und $a \in \Sigma$ berechnet werden, die einem Wort über Σ die Anzahl seiner Buchstaben als Länge zuordnet: Das leere Wort hat die Länge 0; die Länge eines Wortes, das mindestens einen Buchstaben a sowie ein – möglicherweise leeres – Präfix w enthält, wird berechnet, indem zur Länge des Präfixes eine 1 addiert wird. Die Länge des Wortes aba über $\Sigma = \{a, b\}$ berechnet sich also rekursiv mit der Funktion ℓ wie folgt:

$$\ell(aba) = \ell(ab) + 1 = \ell(a) + 1 + 1 = \ell(\varepsilon) + 1 + 1 + 1 = 0 + 1 + 1 + 1 = 3$$

Eine andere gängige Bezeichnung für die Länge $\ell(w)$ eines Wortes w ist $|w|$. Offensichtlich gilt für $x, y \in \Sigma^*$:

$$\ell(xy) = \ell(x) + \ell(y) \text{ bzw. } |xy| = |x| + |y|$$

Die Funktion

$$anzahl : \Sigma^* \times \Sigma \to \mathbb{N}_0$$

zählt, wie oft ein Buchstabe in einem Wort vorkommt. Sie ist definiert durch

$$anzahl(\varepsilon, b) = 0 \text{ für alle } b \in \Sigma$$

und

$$anzahl(wa, b) = \begin{cases} anzahl(w, b) + 1, & a = b \\ anzahl(w, b), & a \neq b \end{cases} \text{ für } a, b \in \Sigma, \ w \in \Sigma^*$$

Im leeren Wort kommt kein Buchstabe vor. Stimmt der zu zählende Buchstabe mit dem letzten Buchstaben des zu untersuchenden Wortes überein, wird er gezählt, und die Anzahl muss noch für das Wort ohne den letzten Buchstaben bestimmt werden. Ist der zu zählende Buchstabe verschieden vom letzten Buchstaben, muss nur im Wort ohne den letzten Buchstaben gezählt werden. Es gilt z.B.:

$$anzahl(01010, 1) = anzahl(0101, 1) = anzahl(010, 1) + 1 = anzahl(01, 1) + 1$$
$$= anzahl(0, 1) + 1 + 1 = anzahl(\varepsilon, 1) + 1 + 1 = 0 + 1 + 1$$
$$= 2$$

Eine andere Notation für $anzahl(w, a)$ ist auch $|w|_a$.

Die Anwendung $tausche(w, a, b)$ der Funktion $tausche : \Sigma^* \times \Sigma \times \Sigma \to \Sigma^*$ ersetzt jedes Vorkommen des Buchstabens a im Wort w durch den Buchstaben b. Formal kann $tausche$ definiert werden durch

$$tausche(\varepsilon, a, b) = \varepsilon$$

---

[3]Für eine Funktion f schreiben wir $f(x) = \perp$, falls f für das Argument x nicht definiert ist, d.h. falls x nicht zum Definitionsbereich von f gehört: $x \notin Def(f)$.

und

$$tausche(cw, a, b) = \begin{cases} b \circ tausche(w, a, b), & \text{falls } c = a \\ c \circ tausche(w, a, b), & \text{falls } c \neq a \end{cases}$$

für $c \in \Sigma$ und $w \in \Sigma^*$. Es gilt z.B. für $\Sigma = \{1, 2, 3\}$:

$$tausche(12322, 2, 1) = 1 \circ tausche(2322, 2, 1) = 1 \circ 1 \circ tausche(322, 2, 1)$$
$$= 11 \circ 3 \circ tausche(22, 2, 1) = 113 \circ 1 \circ tausche(2, 2, 1)$$
$$= 1131 \circ 1 \circ tausche(\varepsilon, 2, 1) = 11311 \circ \varepsilon$$
$$= 11311$$

Wir wollen nun noch Ordnungen für Wörter festlegen. Enthält ein geordnetes Alphabet Σ nur einen Buchstaben, ist eine „natürliche" Ordnung der Wörter von Σ^* durch die Länge der Wörter gegeben. Wenn $|\Sigma| \geq 2$ ist, sind folgende beiden Ordnungen von Interesse:

- Die *lexikografische Ordnung* $\leq \subseteq \Sigma^* \times \Sigma^*$ ist definiert durch: Es gilt $v \leq w$ genau dann, wenn $v \in Pref(w)$ oder $v = \alpha a \beta$ und $w = \alpha b \gamma$ mit $\alpha, \beta, \gamma \in \Sigma^*$ und $a, b \in \Sigma$ mit $a < b$ ist.

- Die *längenlexikografische Ordnung* $\prec \subseteq \Sigma^* \times \Sigma^*$ ist definiert durch: Es gilt $v \prec w$ genau dann, wenn $|v| < |w|$ oder wenn $|v| = |w|$ und $v \leq w$ ist.

Beispiel 2.2. Sei $\Sigma = \{a, b, c\}$ ein geordnetes Alphabet mit $a < b < c$, dann gilt: $aba \leq ac$, $ac \prec aba$ und $cc \prec aaa$, während $aca \prec aba$, $bb \leq b$ und $bb \prec b$ nicht zutreffen. □

Formale Sprachen

Wir kommen jetzt auf Sprachen als Ganzes zurück und betrachten *Operationen* auf diesen. Sei Σ ein Alphabet, dann heißt jede Menge $L \subseteq \Sigma^*$ eine *(formale) Sprache* über Σ. Sprachen sind also Mengen von Wörtern und können somit mit den üblichen Mengenoperationen wie Vereinigung, Durchschnitt, Differenz miteinander verknüpft werden. Wir wollen für Sprachen eine weitere Verknüpfung einführen: die Konkatenation. Seien L_1 und L_2 zwei Sprachen über Σ, dann ist die *Konkatenation* $L_1 \circ L_2$ von L_1 und L_2 definiert durch

$$L_1 \circ L_2 = \{vw \mid v \in L_1, w \in L_2\}$$

Es werden also alle Wörter aus L_1 mit allen Wörtern aus L_2 konkateniert. Gelegentlich lassen wir wie bei der Konkatenation von Wörtern auch bei der Konkatenation von Sprachen das Konkatenationssymbol $\circ$ weg, d.h. anstelle von $L_1 \circ L_2$ schreiben wir $L_1 L_2$. Seien $L_1 = \{\varepsilon, ab, abb\}$ und $L_2 = \{b, ba\}$ zwei Sprachen über dem Alphabet $\Sigma = \{a, b\}$, dann ist

$$L_1 \circ L_2 = \{b, ba, abb, abba, abbb, abbba\}$$

sowie

$$L_2 \circ L_1 = \{b, bab, babb, ba, baab, baabb\}$$

Folgerung 2.2. Allgemein gilt: Falls $\varepsilon \in L_1$ ist, dann ist $L_2 \subseteq L_1 \circ L_2$, bzw. umgekehrt, falls $\varepsilon \in L_2$ ist, dann ist $L_1 \subseteq L_1 \circ L_2$. $\square$

Die *n-te Potenz* einer Sprache $L \subseteq \Sigma^*$ ist festgelegt durch: $L^0 = \{\varepsilon\}$ sowie $L^{n+1} = L^n \circ L$ für $n \geq 0$. Sei $L = \{a, ab\}$, dann ist

$$L^0 = \{\varepsilon\}$$
$$L^1 = L^0 \circ L = \{\varepsilon\} \circ \{a, ab\} = \{a, ab\} = L$$
$$L^2 = L^1 \circ L = \{a, ab\} \circ \{a, ab\} = \{a^2, a^2 b, aba, (ab)^2\}$$
$$L^3 = L^2 \circ L = \{a^2, a^2 b, aba, (ab)^2\} \circ \{a, ab\}$$
$$= \{a^3, a^3 b, a^2 ba, a^2 bab, aba^2, aba^2 b, (ab)^2 a, (ab)^3\}$$
$$\vdots$$

Das *Kleene-Stern-Produkt*[4] L^* einer Sprache L ist die Vereinigung aller ihrer Potenzen L^n, $n \geq 0$:

$$L^* = \bigcup_{n \geq 0} L^n = L^0 \cup L^1 \cup L^2 \cup L^3 \cup \ldots$$

Das Kleene-Stern-Produkt von L ohne das leere Wort notieren wir mit L^+, d.h. es ist

$$L^+ = \bigcup_{n \geq 1} L^n = L^* - L^0$$

Als weitere Operation auf Sprachen führen wir die *Spiegelung* ein. Zunächst definieren wir die Spiegelung von Wörtern: Sei Σ ein Alphabet, dann ist $sp : \Sigma^* \to \Sigma^*$ definiert durch $sp(\varepsilon) = \varepsilon$ und $sp(wa) = a \circ sp(w)$ für $w \in \Sigma^*$ und $a \in \Sigma$: Die Spiegelung des leeren Wortes ist trivialerweise das leere Wort, die Spiegelung eines nicht leeren Wortes erhält man, indem man den letzten Buchstaben nach vorne schreibt und mit dem Rest genauso verfährt, bis der Rest leer geworden ist. Berechnen wir als Beispiel die Spiegelung des Wortes aab:

$$sp(aab) = b\, sp(aa) = ba\, sp(a) = baa\, sp(\varepsilon) = baa\varepsilon = baa$$

Wir verallgemeinern die Spiegelung von Wörtern auf Sprachen:[5] Die Funktion

$$SP : 2^{\Sigma^*} \to 2^{\Sigma^*}$$

sei definiert durch

$$SP(L) = \{sp(w) \mid w \in L\}$$

$SP(L)$ enthält alle gespiegelten Wörter von L.

Eine Sprache $L \subseteq \Sigma^*$ heißt *präfixfrei* (hat die *Präfixeigenschaft*) genau dann, wenn für alle Wörter $w \in L$ gilt: Ist x ein echter Präfix von w, dann ist $x \notin L$. Von einem Wort $w \in L$ darf also kein echtes Präfix Wort der Sprache sein.

---

[4]Benannt nach Stephen C. Kleene (1909 – 1998), amerikanischer Mathematiker und Logiker, der fundamentale Beiträge zur Logik und zu theoretischen Grundlagen der Informatik geliefert hat.

[5]2^M sei die Potenzmenge der Menge M, d.h. die Menge aller Teilmengen der Menge M. 2^{Σ^*} ist also die Menge aller Sprachen, die über dem Alphabet Σ gebildet werden können.

Beispiel 2.3. Betrachten wir als Beispiele die Sprachen

$$L_1 = \{a^n b^n \mid n \geq 0\} \text{ und } L_2 = \{w \in \{a,b\}^* \mid |w|_a = |w|_b\}$$

L_1 hat die Präfixeigenschaft, denn für jedes Wort $w = a^n b^n$ sind alle echten Präfixe $x = a^n b^i$ mit $n > i$ sowie $x = a^j$ für $j \geq 0$ keine Wörter von L_1. L_2 ist nicht präfixfrei, denn z.B. ist $w = abab \in L_2$ und $x = ab \in L_2$. $\square$

Satz 2.1. Eine Sprache $L \subseteq \Sigma^*$ ist präfixfrei genau dann, wenn $L \cap (L \circ \Sigma^+) = \emptyset$ ist.

Beweis „⇒": Wir nehmen an, es sei $L \cap (L \circ \Sigma^+) \neq \emptyset$. Dann gibt es ein Wort $w \in L \cap (L \circ \Sigma^+)$, d.h. es ist $w \in L$ und $w \in (L \circ \Sigma^+)$. Aus der zweiten Eigenschaft folgt, dass es ein $x \in L$ und ein $y \in \Sigma^+$ geben muss mit $w = xy$. Somit gibt es also einen echten Präfix x von w, der in L enthalten ist. Das bedeutet aber einen Widerspruch dazu, dass L präfixfrei ist. Damit ist unsere Annahme falsch, d.h. wenn L präfixfrei ist, dann ist $L \cap (L \circ \Sigma^+) = \emptyset$.

„⇐": Sei nun $L \cap (L \circ \Sigma^+) = \emptyset$. Wir nehmen nun an, dass L nicht präfixfrei ist. Es gibt also ein Wort $w \in L$ mit einem echten Präfix $x \in L$, d.h. es gibt ein $y \in \Sigma^+$ mit $w = xy$. Damit gilt, dass $w \in L \cap (L \circ \Sigma^+)$, d.h. dass $L \cap (L \circ \Sigma^+) \neq \emptyset$ ist, was ein Widerspruch zur Voraussetzung $L \cap (L \circ \Sigma^+) = \emptyset$ ist. Unsere Annahme ist also falsch, L muss also präfixfrei sein.

Damit haben wir insgesamt die Behauptung des Satzes bewiesen. $\square$

2.1.3 Zustände und Zustandsübergänge

Der andere Speicher eines endlichen Automaten neben dem Eingabeband ist der Zustandsspeicher. Er besteht aus nur einer Speicherzelle, dessen Inhalt der jeweils aktuelle Zustand des Automaten ist. Der aktuelle Zustand kann als Repräsentant oder als Merker für die bisherige Verarbeitung eines Eingabewortes angesehen werden.

Die möglichen Zustände eines Automaten fassen wir in der Zustandsmenge des Automaten zusammen. Zustandsmengen werden allgemein in der Regel mit S bezeichnet. Es werden nur endlich viele Zustände zugelassen, d.h. S ist immer eine endliche Menge. Deswegen heißen die hier betrachteten Automaten *endliche* Automaten. Der Eintrittsautomat hat z.B. die Zustandsmenge

$$S = \{start, s_{50}, s_{100}, s_{150}, s_{200}\}$$

Zu Beginn der Verarbeitung einer Eingabefolge befindet sich ein Automat immer in einem ausgezeichneten Zustand, dem *Startzustand*. Der Eintrittsautomat $A_{Eintritt}$ hat den Startzustand *start*.

Ein Automat akzeptiert eine Eingabefolge, falls er sich, beginnend im Startzustand, nach Verarbeitung der kompletten Eingabefolge in einem Endzustand befindet. Die *Endzustände* eines Automaten werden in der Menge $F \subseteq S$ zusammengefasst. Die Menge der Endzustände des Eintrittsautomaten $A_{Eintritt}$ ist $F = \{s_{200}\}$, der Automat enthält also nur einen Endzustand.

Ein Automat geht in Abhängigkeit seines aktuellen Zustandes sowie des nächsten zu verarbeitenden Symbols der Eingabefolge in einen neuen Zustand über. Diese Verhaltensweise, das „Programm", kann durch die *Zustandsüberführungsfunktion*

$$\delta : S \times \Sigma \rightarrow S$$

festgelegt werden. $\delta(s, a) = s'$ bedeutet, dass der Automat, wenn er sich im Zustand s und der Lesekopf sich unter einer Eingabe-Speicherzelle mit dem Inhalt a befindet, in den Zustand s' übergeht.

Die Zustandsüberführungsfunktion wird wegen besserer Lesbarkeit zumeist in Form einer Zustandstabelle (siehe Bild 2.3) oder in Form eines Zustandsdiagramms (siehe Bild 2.2) dargestellt.

2.1.4 Deterministische endliche Automaten und reguläre Sprachen

Wir haben nun alle Komponenten, die einen endlichen Automaten festlegen, formal beschrieben. Die folgende Definition fasst diese Festlegungen zusammen:

Definition 2.1. Ein *deterministischer endlicher (Zustands-) Automat* (auch: *endlicher Akzeptor*) A ist festgelegt durch $A = (\Sigma, S, \delta, s_0, F)$. Dabei ist Σ das Eingabealphabet und S die Zustandsmenge von A, $s_0 \in S$ ist der Startzustand, $F \subseteq S$ die Menge der Endzustände und $\delta : S \times \Sigma \rightarrow S$ die Zustandsüberführungsfunktion von A.   □

Es sei bemerkt, dass δ keine totale Funktion sein muss, d.h. δ muss nicht für alle Paare $(s, a) \in S \times \Sigma$ definiert sein. Wir werden später sehen, wie ein partiell definierter endlicher Automat zu einem äquivalenten total definierten erweitert werden kann.

A heißt deterministisch, weil zu einem Zustand und einem Eingabesymbol höchstens ein Folgezustand existieren kann (δ ist eine Funktion). Falls aus dem Zusammenhang klar ist, dass ein endlicher Automat deterministisch ist, lassen wird dieses Adjektiv weg.

Gemäß Definition 2.1 wird unser Eintrittsautomat $A_{Eintritt}$ also formal wie folgt notiert:

$$A_{Eintritt} = (\{\underline{50}, \underline{100}, \underline{200}\}, \{start, s_{50}, s_{100}, s_{150}, s_{200}\}, \delta, start, \{s_{200}\})$$

wobei δ durch die Zustandstabelle in Bild 2.3 bzw. durch das Zustandsdiagramm in Bild 2.2 gegeben ist. $A_{Eintritt}$ ist nicht total, denn δ ist z.B. für $(s_{200}, \underline{50})$ nicht definiert.

Wir können einen endlichen Automaten A als ein Programm auffassen, das Deklarationen umfasst für mögliche Eingaben (Σ), für Verarbeitungszustände (S), für Programmstart (s_0) und für Programmende (F) sowie Anweisungen (δ) zur Verarbeitung eines Eingabewortes. Die Anweisungen, d.h. die Zustandsübertragungsfunktion, können wir auch als Menge von Tripeln schreiben:

$$\delta = \{(s, a, s') \mid \delta(s, a) = s'\}$$

Das Tripel (s, a, s') kann als „Programmzeile" des Programms δ von A aufgefasst werden.

Verhalten von Automaten

Wir wollen nun die Verhaltensweise eines Automaten A betrachten, d.h. wir wollen formal beschreiben, wie A das Programm δ auf einem Eingabewort ausführt. Wir werden zwei Ansätze zeigen, um die Programmausführung zu beschreiben: Einer benutzt die von Buchstaben auf Wörter erweiterte Zustandsüberführungsfunktion, der andere den Begriff der Konfiguration.

Sei $A = (\Sigma, S, \delta, s_0, F)$ ein endlicher Automat. Wir erweitern die Zustandsüberführungsfunktion δ auf

$$\delta^* : S \times \Sigma^* \to S$$

definiert durch

$$\delta^*(s, \varepsilon) = s \text{ für alle } s \in S$$

sowie durch

$$\delta^*(s, aw) = \delta^*(\delta(s, a), w) \text{ für alle } a \in \Sigma \text{ und } w \in \Sigma^*$$

δ^* beschreibt die schrittweise Abarbeitung eines Wortes v beginnend im Zustand s: Ist $v = \varepsilon$, findet keine Verarbeitung statt, A bleibt im Zustand s. Ist $v = aw$, wird der Folgezustand $\delta(s, a)$ für den ersten Buchstaben a von v berechnet, und es muss dann noch δ^* für diesen Folgezustand und den Rest w von v berechnet werden. Ist der Rest das leere Wort, ist die Berechnung fertig. $\delta^*(s, v) = s'$ bedeutet, dass, wenn A sich im Zustand s befindet, er sich nach Abarbeitung des Wortes v im Zustand s' befindet.

Beispiel 2.4. Wir wollen eine Berechnung des Eintrittsautomaten $A_{Eintritt}$ ausführen, und zwar für den Zustand s_{50} und das Wort $\underline{50}\,\underline{50}\,\underline{100}$:

$$\delta^*(s_{50}, \underline{50}\,\underline{50}\,\underline{100}) = \delta^*(\delta(s_{50}, \underline{50}), \underline{50}\,\underline{100}) = \delta^*(s_{100}, \underline{50}\,\underline{100})$$
$$= \delta^*(\delta(s_{100}, \underline{50}), \underline{100}) = \delta^*(s_{150}, \underline{100})$$
$$= \delta^*(s_{150}, \underline{100}\varepsilon) = \delta^*(\delta(s_{150}, \underline{100}), \varepsilon)$$
$$= \delta^*(s_{200}, \varepsilon)$$
$$= s_{200} \qquad \qquad \square$$

Konfigurationen und Konfigurationsübergänge

Eine Konfiguration k_A eines Automaten beschreibt den aktuellen Stand der Verarbeitung einer Eingabefolge durch A. (Falls aus dem Zusammenhang klar ist, auf welchen Automaten A sich eine Konfiguration k_A bezieht, lassen wir im Folgenden den Index A weg und schreiben nur k.) Dieser wird durch zwei Aspekte festgelegt: zum einen durch den aktuellen Zustand von A, zum anderen durch das noch zu verarbeitende Suffix des Eingabewortes. Eine Konfiguration kann also durch ein Paar $k = (s, v)$ mit $s \in S$ und $v \in \Sigma^*$ beschrieben werden: s ist der aktuelle Zustand, v der noch zu verarbeitende Rest des Eingabewortes (der Lesekopf befindet sich unter dem ersten Buchstaben von v). Die Menge K aller prinzipiell möglichen Konfigurationen ist die Menge aller Paare von Zuständen und Wörtern: $K = S \times \Sigma^*$.

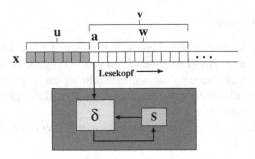

Bild 2.7: Konfiguration eines endlichen Automaten.

Ein Übergang von einer Konfiguration $k = (s, aw)$ zu einer (Folge-) Konfiguration $k' = (s', w)$ kann stattfinden, falls die Zustandsüberführung $\delta(s, a) = s'$ existiert,
wobei $s, s' \in S$, $w \in \Sigma^*$ und $a \in \Sigma$ ist (siehe Bild 2.7).

Ein Konfigurationsübergang von $k = (s, w)$ zu $k' = (s', w')$ wird formal durch

$$(s, w) \vdash (s', w')$$

notiert. Die Abarbeitung eines eingegebenen Wortes $x = x_1 x_2 \ldots x_r$ durch einen
endlichen Automaten A können wir nun durch eine Folge von Konfigurationsübergängen darstellen:

$$(s_0, x_1 x_2 \ldots x_r) \vdash (s_1, x_2 \ldots x_r) \vdash \ldots \vdash (s_r, \varepsilon)$$

Dabei muss gelten: $\delta(s_i, x_{i+1}) = s_{i+1}$, $0 \leq i < r$. Ist $s_r \in F$, dann wird das Wort x
von A akzeptiert, sonst nicht. Für unseren Eintrittsautomaten $A_{Eintritt}$ gilt also z.B.:

$$(start, \underline{50}\,\underline{100}\,\underline{50}) \vdash (s_{50}, \underline{100}\,\underline{50}) \vdash (s_{150}, \underline{50}) \vdash (s_{200}, \varepsilon)$$

Das Wort $\underline{50}\,\underline{100}\,\underline{50}$ wird vom Eintrittsautomaten akzeptiert, da er sich nach Abarbeitung dieses Wortes in einem Endzustand befindet.

$\vdash$ ist eine Relation über der Menge aller möglichen Konfigurationen $K = S \times \Sigma^*$:

$$\vdash\, \subseteq (S \times \Sigma^*) \times (S \times \Sigma^*)$$

definiert durch

$$(s, aw) \vdash (s', w) \text{ genau dann, wenn } \delta(s, a) = s', a \in \Sigma, w \in \Sigma^*$$

$\vdash^*$ bezeichnet die reflexiv-transitive Hülle der Relation $\vdash$. Diese ist rekursiv definiert
durch: Es gilt $k \vdash^* k$ für alle $k \in K$, und $k \vdash^* k'$, falls ein $k'' \in K$ existiert mit
$k \vdash^* k''$ und $k'' \vdash k'$. Das heißt, wenn es eine Folge von Konfigurationsübergängen

$$k_1 \vdash k_2 \vdash \ldots \vdash k_n, n \geq 1$$

gibt, dann gilt:

$$k_1 \vdash^* k_n$$

Oben haben wir gesehen, dass für $A_{Eintritt}$

$$(start, \underline{50}\,\underline{100}\,\underline{50}) \vdash (s_{50}, \underline{100}\,\underline{50}) \vdash (s_{150}, \underline{50}) \vdash (s_{200}, \varepsilon)$$

gilt, und damit gilt auch

$$(start, \underline{50}\,\underline{100}\,\underline{50}) \vdash^* (s_{200}, \varepsilon)$$

δ^* und $\vdash^*$ sind offensichtlich verwandte Beschreibungen der Arbeitsweise eines endlichen Automaten. Es lässt sich sehr leicht begründen, dass

$$\delta^*(s, w) = s' \text{ genau dann gilt, wenn } (s, w) \vdash^* (s', \varepsilon)$$

gilt. So gilt für $A_{Eintritt}$ z.B.:

$$\delta^*(start, \underline{50}\,\underline{100}\,\underline{50}) = s_{200}$$

und

$$(start, \underline{50}\,\underline{100}\,\underline{50}) \vdash^* (s_{200}, \varepsilon)$$

δ^* beschreibt das Verhalten eines Automaten A: Für den Zustand s und das Wort w ist $\delta^*(s, w)$ der Zustand, in dem sich A nach Abarbeitung von w befindet (falls dieser Zustand existiert). $\vdash^*$ beschreibt den Prozess, d.h. die Konfigurationsfolge, die ein Automat beginnend in einem Zustand bei Anliegen eines Wortes durchläuft. Man kann δ^* als die *funktionale Semantik* eines Automaten bezeichnen, $\vdash^*$ als *operationale Semantik*. Bei endlichen Automaten stimmen diese Semantiken überein.

Reguläre Sprachen

Die Menge aller Eingabewörter w, die einen Automaten A von der Startkonfiguration (s_0, w) in endlich vielen Schritten in eine Endkonfiguration (s, ε), $s \in F$, überführen, heißt die von A akzeptierte Sprache.

Definition 2.2. a) Sei $A = (\Sigma, S, \delta, s_0, F)$ ein endlicher Automat. Dann heißt die Sprache $L(A) = \{w \in \Sigma^* \mid (s_0, w) \vdash^* (s, \varepsilon), s \in F\}$ die von A *akzeptierte Sprache*.

b) Eine Sprache $L \subseteq \Sigma^*$ heißt *regulär*, falls es einen endlichen Automaten A gibt, der L akzeptiert, d.h. für den $L = L(A)$ gilt.

c) Sei Σ ein Alphabet. Dann bezeichne DFA_Σ die Klasse der von endlichen Automaten akzeptierten Sprachen über Σ, und REG_Σ bezeichne die Klasse der regulären Sprachen über Σ. (*DFA* ist eine Abkürzung für *Deterministic Finite Automaton*). Wegen b) gilt: $DFA_\Sigma = REG_\Sigma$.

d) Zwei endliche Automaten A und A' heißen *äquivalent*, falls sie dieselbe Sprache akzeptieren, d.h. falls $L(A) = L(A')$ ist. $\qquad\square$

Nach der obigen Bemerkung über die Verwandtschaft von δ^* und $\vdash^*$ können wir in a) $L(A)$ auch definieren durch:

$$L(A) = \{w \in \Sigma^* \mid \delta^*(s_0, w) \in F\}$$

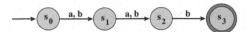

Bild 2.8: Zustandsdiagramm für die Dreiergruppen.

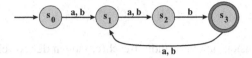

Bild 2.9: Zustandsdiagramm für Folgen von Dreiergruppen.

Beispiel 2.5. **a)** $L(A_{Eintritt})$, die Sprache des Eintrittsautomaten, hatten wir bereits am Ende von Abschnitt 2.1.1 angegeben.

b) Wir wollen zur Sprache

$$L_{3b} = \left\{ w \in \{a, b\}^* \mid w = w_1 \ldots w_n,\ w_i \in \{a, b\},\ w_{3i} = b,\ 1 \le i \le n,\ n \ge 0 \right\}$$

einen endlichen Automaten A_{3b} konstruieren, der L_{3b} akzeptiert, d.h. für den $L_{3b} = L(A_{3b})$ gilt. Dazu schauen wir uns zunächst die Bestandteile und die Struktur der Wörter von L an:

(1) L_{3b} enthält alle Wörter über $\{a, b\}$, bei denen jeder dritte Buchstabe, d.h. deren dritter, sechster, neunter usw. Buchstabe b ist.

(2) Wir können ein Wort aus L_{3b} also in Dreiergruppen von Buchstaben einteilen, deren jeweils letzter Buchstabe ein b sein muss, die beiden ersten Buchstaben können jeweils a oder b sein.

(3) Die letzte Gruppe muss nicht aus drei Buchstaben bestehen, da die Gesamtlänge des Wortes kein Vielfaches von drei sein muss.

Diese Analyse führt zu folgenden Konstruktionsüberlegungen (d.h. zur Synthese des gesuchten Automaten):

1. Gemäß Beobachtung (2) wird eine Dreiergruppe, deren letzter Buchstabe nicht a ist, von dem Automaten in Bild 2.8 erkannt.

2. Nach dem Akzeptieren einer Dreiergruppe beginnt eine neue. Dazu führen wir einen Zustandsübergang von s_3 nach s_1 ein (siehe Bild 2.9).

3. Beobachtung (3) besagt, dass ein Wort aus L_{3b} jede Länge haben kann (auch die Längen 0, 1 oder 2, denn der dritte Buchstabe dieser Wörter ist nicht a). Wenn alle Zustände Endzustände sind, akzeptiert der Automat Wörter jeder Länge.

Wir erhalten also als Ergebnis unserer Konstruktion den Automaten

$$A_{3b} = (\{a, b\},\ \{s_0, s_1, s_2, s_3\},\ \delta,\ s_0,\ \{s_0, s_1, s_2, s_3\})$$

wobei δ durch das Zustandsüberführungsdiagramm in Bild 2.10 definiert ist. Es gilt offensichtlich: $L_{3b} = L(A_{3b})$. □

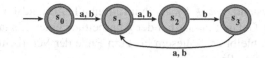

Bild 2.10: Zustandsdiagramm für A_{3b}.

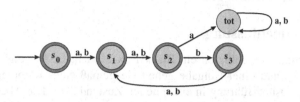

Bild 2.11: Zustandsdiagramm für A_{3b}^{total}.

2.1.5 Vollständige Automaten

Die Definition endlicher Automaten (Definition 2.1) erfordert nicht, dass die Zustandsüberführung total definiert sein muss, d.h. δ muss nicht für alle Paare von Zuständen und Eingabebuchstaben definiert sein. So ist zum Beispiel δ aus obigem Beispiel 2.5 b) nicht total definiert, denn für die Eingabe a ist im Zustand s_2 kein Folgezustand definiert. Wir nennen einen endlichen Automaten $A = (\Sigma, S, \delta, s_0, F)$ *vollständig*, falls δ total definiert ist: $Def(\delta) = S \times \Sigma$.

Wie lässt sich eine *Vervollständigung* des Automaten A_{3b} aus Beispiel 2.5 b) erreichen? Wir führen einen neuen Zustand *tot* ein („toter" Zustand), der Folgezustand des fehlenden Übergangs vom Zustand s_2 bei Eingabe a wird. Für den neuen Zustand müssen wir ebenfalls alle prinzipiell möglichen Zustandsübergänge definieren, sonst wäre der neue Automat nicht vollständig. Wir nehmen als Folgezustand für *tot* für alle Eingaben natürlich *tot* selbst. Durch diese Transformation erhalten wir den Automaten (siehe Bild 2.11).

$$A_{3b}^{total} = (\{a, b\}, \{s_0, s_1, s_2, s_3, tot\}, \delta_{total}, s_0, \{s_0, s_1, s_2, s_3\})$$

Es gilt offensichtlich, dass A_{3b} und A_{3b}^{total} äquivalent sind, sie akzeptieren dieselbe Sprache.

Die beispielhaft durchgeführte Transformation eines nicht vollständigen in einen vollständigen Automaten lässt sich offensichtlich verallgemeinern: Jeder Automat lässt sich in einen äquivalenten vollständigen Automaten transformieren. Wir geben dazu eine allgemeine Transformation an: Sei $A = (\Sigma, S, \delta, s_0, F)$ ein beliebiger endlicher Automat. Wir konstruieren einen äquivalenten vollständigen Automaten A_{total} zu A wie folgt:

$$A_{total} = (\Sigma, S \cup \{tot\}, \delta_{total}, s_0, F), \ tot \notin S$$

wobei δ_{total} definiert ist durch:

$$\delta_{total}(s, a) = \begin{cases} \delta(s, a), & \text{falls } \delta \text{ auf } (s, a) \text{ definiert ist} \\ tot, & \text{sonst} \end{cases}$$

tot ist ein neuer Zustand ($tot \notin S$). Zu ihm führen alle Zustandsübergänge, die in A nicht definiert sind. Gelangt A_{total} bei der Abarbeitung eines Eingabewortes einmal in den Zustand *tot*, bleibt er in diesem bis zum Ende der Verarbeitung, denn es gilt $\delta_{total}(tot, a) = tot$ für alle $a \in \Sigma$.

Offensichtlich gilt für das Ergebnis dieser allgemeinen Transformation: A_{total} ist vollständig und äquivalent zu A.

2.1.6 Zusammenfassung

Endliche Automaten modellieren ein Black-Box-Modell: In Abhängigkeit ihres aktuellen Zustandes und einer Eingabe gehen sie gemäß einer festgelegten, deterministischen Zustandsüberführung in einen neuen Zustand über. Die Abarbeitung eines Eingabewortes, einer endlichen Folge von Eingabesymbolen, geschieht durch einen Prozess, der durch eine Folge von Konfigurationsübergängen formal beschrieben werden kann. Ist der Automat nach vollständiger Abarbeitung des Eingabewortes in einem Endzustand, dann akzeptiert der Automat dieses Wort. Kann er ein Eingabewort nicht komplett abarbeiten, oder ist er nach seiner Abarbeitung nicht in einem Endzustand, akzeptiert er das Wort nicht. Die Menge aller von einem endlichen Automaten akzeptierten Wörter stellt die von ihm akzeptierte Sprache dar. Von endlichen Automaten akzeptierte Sprachen heißen reguläre Sprachen. Jeder endliche Automat kann zu einem äquivalenten totalen transformiert werden.

2.2 Nichtdeterministische endliche Automaten

Die im vorherigen Abschnitt betrachteten Automaten sind *deterministisch*, denn in jedem Zustand gibt es für jedes Eingabesymbol höchstens einen (in einem vollständigen Automaten genau einen) Folgezustand. In diesem Abschnitt betrachten wir demgegenüber *nichtdeterministische* endliche Automaten, in denen es zu einem Zustand und einem Eingabesymbol mehrere Folgezustände geben kann, und wir untersuchen, wie sich diese Änderung auf die „Mächtigkeit" auswirkt: Akzeptieren nichtdeterministische endliche Automaten mehr oder weniger oder andere Sprachen als deterministische? Es wird sich zeigen, dass die Klasse der akzeptierten Sprachen für beide Automatentypen identisch ist; wir werden in nachfolgenden Kapiteln sehen, dass dies bei anderen Automatentypen bzw. Sprachklassen nicht der Fall ist.

2.2.1 Definitionen

Wir betrachten zunächst ein Beispiel: Sei L_1 die Sprache, die alle Bitfolgen enthält, deren drittletztes Bit eine 0 ist:

$$L_1 = \{w \in \{0,1\}^* \mid w = u0v, \ u \in \{0,1\}^* \ v \in \{00,01,10,11\}\}$$

Bei dem Versuch, einen endlichen Automaten zu konstruieren, der L_1 akzeptiert, stößt man auf das folgende Problem: Falls der Automat eine 0 liest, müsste er wissen, ob es das drittletzte Bit des Eingabewortes ist oder nicht. Falls ja, müsste er in einen Zustand

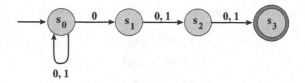

Bild 2.12: Zustandsdiagramm für A_1.

verzweigen, von dem aus die beiden restlichen Bits akzeptiert würden, falls nein, in einen Zustand verzweigen, von dem aus weiter Nullen und Einsen akzeptiert würden. Für den Zustand, in dem eine 0 gelesen wird, müssten also zwei Folgezustände existieren. Das Zustandüberführungsdiagramm in Bild 2.12 stellt einen nichtdeterministischen endlichen Automaten A_1 dar, der die Sprache L_1 akzeptiert. Die Zustandsübergänge bilden nun keine Funktion mehr, sondern eine Relation, da der Zustand s_0 für die Eingabe 0 zwei Folgezustände hat, nämlich s_0 und s_1.

Definition 2.3. Ein *nichtdeterministischer endlicher Automat* $A = (\Sigma, S, \delta, S_0, F)$ besteht aus dem Eingabealphabet Σ, der Zustandsmenge S, der Menge der Startzustände $S_0 \subseteq S$, der Menge der Endzustände $F \subseteq S$ und der Zustandsüberführungsrelation $\delta \subseteq S \times \Sigma \times S$. $\qquad \square$

δ ist eine Menge von Tripeln

(Zustand, Eingabesymbol, Folgezustand)

Das Zustandsdiagramm in Bild 2.12 stellt den nichtdeterministischen Automaten

$$A_1 = (\{0,1\},\ \{s_0, s_1, s_2, s_3\},\ \delta,\ \{s_0\},\ \{s_3\})$$

mit

$$\delta = \{(s_0, 0, s_0), (s_0, 0, s_1), (s_0, 1, s_0), (s_1, 0, s_2), (s_1, 1, s_2), (s_2, 0, s_3), (s_2, 1, s_3)\}$$

dar. Alternativ zur Mengendarstellung kann δ analog zum deterministischen Fall auch als Zustandstafel notiert werden:

δ	s_0	s_1	s_2	s_3
0	$\{s_0, s_1\}$	$\{s_2\}$	$\{s_3\}$	-
1	$\{s_0\}$	$\{s_2\}$	$\{s_3\}$	-

Wenn man die Folgezustände eines Zustandes für ein Eingabesymbol zusammenfasst zu einer Menge, dann lässt sich die Zustandsüberführung wieder als Funktion, und zwar als mengenwertige Funktion, definieren:

$$\delta : S \times \Sigma \to 2^S$$

Die Zustandsüberführung unseres Beispiels wird dann so notiert:

$$\delta(s_0, 0) = \{s_0, s_1\}$$
$$\delta(s_1, 0) = \{s_2\}$$
$$\delta(s_2, 0) = \{s_3\}$$
$$\delta(s_3, 0) = \{\}$$
$$\delta(s_0, 1) = \{s_0\}$$
$$\delta(s_1, 1) = \{s_2\}$$
$$\delta(s_2, 1) = \{s_3\}$$
$$\delta(s_3, 1) = \{\}$$

Eine Konfiguration $k = (s, v)$ eines nichtdeterministischen Automaten beschreibt wie im deterministischen Fall den aktuellen Zustand s sowie das noch zu verarbeitende Suffix v des Eingabewortes. Ein Konfigurationsübergang von $k = (s, aw)$ zu $k' = (s', w)$, notiert durch

$$(s, aw) \vdash (s', w)$$

kann stattfinden, falls $(s, a, s') \in \delta$, $a \in \Sigma$, $w \in \Sigma^*$. Die von einem nichtdeterministischen Automaten A akzeptierte Sprache $L(A)$ wird analog zum deterministischen Fall definiert durch:

$$L(A) = \{w \in \Sigma^* \mid (s_0, w) \vdash^* (s, \varepsilon), s_0 \in S_0, s \in F\}$$

Wir wollen mit NFA_Σ die Klasse der von nichtdeterministischen endlichen Automaten akzeptierten Sprachen über dem Alphabet Σ bezeichnen, wobei NFA eine Abkürzung für *Nondeterministic Finite Automata* ist.

Wir wollen nun die Konfigurationsübergänge beim Akzeptieren von Wörtern betrachten. Als Beispiel nehmen wir das Wort 1100011 aus der obigen Sprache L_1 der Bitfolgen, deren drittletztes Bit 0 ist. Wird 1100011 von dem Automaten A_1 (siehe Bild 2.12), den wir zu L_1 konstruiert haben, akzeptiert, d.h. gilt 1100011 $\in L(A_1)$? Dazu müssen wir laut Definition überprüfen, ob $(s_0, 1100011) \vdash^* (s_3, \varepsilon)$ gilt:

$$
\begin{aligned}
(s_0, 1100011) &\vdash (s_0, 100011) & &\text{da } (s_0, 1, s_0) \in \delta \\
&\vdash (s_0, 00011) & &\text{da } (s_0, 1, s_0) \in \delta \\
&\vdash (s_0, 0011) & &\text{da } (s_0, 0, s_0) \in \delta \\
&\vdash (s_0, 011) & &\text{da } (s_0, 0, s_0) \in \delta \\
&\vdash (s_0, 11) & &\text{da } (s_0, 0, s_0) \in \delta & (2.1) \\
&\vdash (s_0, 1) & &\text{da } (s_0, 1, s_0) \in \delta \\
&\vdash (s_0, \varepsilon) & &\text{da } (s_0, 1, s_0) \in \delta
\end{aligned}
$$

Das Eingabewort ist abgearbeitet, es ist aber kein Endzustand erreicht. Trotzdem ist die Frage „1100011 $\in L(A_1)$?" noch nicht beantwortet, da wir in (2.1) eine nichtdeterministische Wahl getroffen haben, die zur Nichtakzeptanz führt. Wir führen ein so genanntes *Backtracking* durch, d.h. wir kehren an die letzte Entscheidungsstelle (2.1) zurück und wählen dort (2.2) eine andere Möglichkeit:

$$
\begin{aligned}
(s_0, 1100011) &\vdash (s_0, 100011) & & \text{da } (s_0, 1, s_0) \in \delta \\
&\vdash (s_0, 00011) & & \text{da } (s_0, 1, s_0) \in \delta \\
&\vdash (s_0, 0011) & & \text{da } (s_0, 0, s_0) \in \delta \\
&\vdash (s_0, 011) & & \text{da } (s_0, 0, s_0) \in \delta \\
&\vdash (s_1, 11) & & \text{da } (s_0, 0, s_1) \in \delta & (2.2) \\
&\vdash (s_2, 1) & & \text{da } (s_1, 1, s_2) \in \delta \\
&\vdash (s_3, \varepsilon), & & \text{da } (s_2, 1, s_3) \in \delta
\end{aligned}
$$

Das Wort ist wiederum abgearbeitet, und jetzt ist ein Endzustand erreicht. Es gibt also eine Konfigurationsfolge, die zu einem akzeptierenden Zustand führt, d.h. 1100011 wird von A_1 akzeptiert.

Um festzustellen, ob ein Wort von einem nichtdeterministischen Automaten akzeptiert wird, muss man mindestens eine Konfigurationsfolge finden, bei der das Wort abgearbeitet und ein Endzustand erreicht wird. Nur dann, wenn *alle* Konfigurationsfolgen, bei denen das Wort abgearbeitet wird, *nicht* in einem Endzustand enden, wird das Wort nicht akzeptiert. Im Unterschied dazu reicht im deterministischen Fall in jedem Fall der Test *einer* Konfigurationsfolge, um die Frage nach der Akzeptanz zu beantworten.

Im deterministischen Fall haben wir zur Klärung der Akzeptanz außer dem Durchlaufen der Konfigurationsfolge

$$
(s_0, w) \vdash^* (s, \varepsilon)
$$

auch die Möglichkeit, $\delta^*(s_0, w)$ zu berechnen. Dazu haben wir $\delta : S \times \Sigma \to S$ zu $\delta^* : S \times \Sigma^* \to S$ erweitert. Wir wollen nun analog dazu im nichtdeterministischen Fall die mengenwertige Zustandsüberführung

$$
\delta : S \times \Sigma \to 2^S
$$

auf

$$
\delta^* : 2^S \times \Sigma^* \to 2^S
$$

erweitern. Dabei definieren wir δ^* so, dass für ein Wort w alle Zustände bei der Berechnung von $\delta^*(R, w)$ für eine Zustandsmenge $R \subseteq S$ gleichzeitig (parallel) bestimmt werden, die die durch Backtracking entstehenden Konfigurationsfolgen durchlaufen:

$$
\delta^*(R, \varepsilon) = R \text{ für alle } R \subseteq S
$$

und

$$
\delta^*(R, aw) = \delta^* \left(\bigcup_{s \in R} \delta(s, a), w \right) \text{ für } a \in \Sigma \text{ und } w \in \Sigma^*
$$

Befinden wir uns aktuell bei der Berechnung von δ^* bei den Zuständen der Menge R, und ist der nächste Buchstabe ein a, bestimmen wir für jeden Zustand $s \in R$ alle möglichen Nachfolgezustände $\delta(s, a)$. Diese bilden die neue aktuelle Zustandsmenge, die Ausgangspunkt für die weitere Berechnung für den noch anstehenden Eingaberest w ist. Ist das Wort abgearbeitet ($w = \varepsilon$), ist die erreichte Zustandsmenge das Endergebnis. Enthält sie mindestens einen Endzustand, gehört das Eingabewort zur Sprache des Automaten, denn dann gibt es mindestens eine akzeptierende Konfigurationsfolge. Enthält die berechnete Zustandsmenge keinen Endzustand, dann gehört das Wort nicht zur Sprache.

Wir wollen mit obigem Beispielwort 1100011 die parallele Berechnung der Folge der Zustandsmengen für A_1 durchführen:

$$\delta^*(\{s_0\}, 1100011)$$

$$= \delta^* \left(\bigcup_{s \in \{s_0\}} \delta(s, 1), 100011 \right) = \delta^*(\delta(s_0, 1), 100011)$$

$$= \delta^*(\{s_0\}, 100011)$$

$$= \delta^* \left(\bigcup_{s \in \{s_0\}} \delta(s, 1), 00011 \right) = \delta^*(\delta(s_0, 1), 00011)$$

$$= \delta^*(\{s_0\}, 00011)$$

$$= \delta^* \left(\bigcup_{s \in \{s_0\}} \delta(s, 0), 0011 \right) = \delta^*(\delta(s_0, 0), 0011)$$

$$= \delta^*(\{s_0, s_1\}, 0011)$$

$$= \delta^* \left(\bigcup_{s \in \{s_0, s_1\}} \delta(s, 0), 011 \right) = \delta^*(\delta(s_0, 0) \cup \delta(s_1, 0), 011)$$

$$= \delta^*(\{s_0, s_1\} \cup \{s_2\}, 011)$$

$$= \delta^*(\{s_0, s_1, s_2\}, 011)$$

$$= \delta^* \left(\bigcup_{s \in \{s_0, s_1, s_2\}} \delta(s, 0), 11 \right) = \delta^*(\delta(s_0, 0) \cup \delta(s_1, 0) \cup \delta(s_2, 0), 11)$$

$$= \delta^*(\{s_0, s_1\} \cup \{s_2\} \cup \{s_3\}, 11)$$

$$= \delta^*(\{s_0, s_1, s_2, s_3\}, 11)$$

$$= \delta^* \left(\bigcup_{s \in \{s_0, s_1, s_2, s_3\}} \delta(s, 1), 1 \right)$$

$$= \delta^*(\delta(s_0, 1) \sqcup \delta(s_1, 1) \sqcup \delta(s_2, 1) \sqcup \delta(s_3, 1), 1)$$

$$= \delta^*(\{s_0\} \cup \{s_2\} \cup \{s_3\} \cup \{\}, 1)$$

$$= \delta^*(\{s_0, s_2, s_3\}, 1)$$

$$= \delta^* \left(\bigcup_{s \in \{s_0, s_2, s_3\}} \delta(s, 1), \varepsilon \right) = \delta^*(\delta(s_0, 1) \cup \delta(s_2, 1) \cup \delta(s_3, 1), \varepsilon)$$

$$= \delta^*(\{s_0\} \cup \{s_3\} \cup \{\}, \varepsilon)$$

$$= \delta^*(\{s_0, s_3\}, \varepsilon)$$

$$= \{s_0, s_3\}$$

Die berechnete Zustandsmenge enthält mit s_3 einen Endzustand, 1100011 wird also akzeptiert. Alle möglichen Konfigurationsfolgen, die bei der Verarbeitung der Eingabe 1100011 möglich sind, werden auf einmal, parallel, durchlaufen. Als Ergebnis werden alle Zustände berechnet, bei deren Erreichen das Eingabewort komplett abgearbeitet ist. Ist ein Endzustand darunter, wird das Wort akzeptiert, denn dann gibt es mindestens eine akzeptierende Konfigurationsfolge.

Die von einem nichtdeterministischen Automaten A akzeptierte Sprache $L(A)$ können wir somit auch mit Hilfe von δ^* definieren:

$$L(A) = \{w \in \Sigma^* \mid \delta^*(S_0, w) \cap F \neq \emptyset\}$$

2.2.2　Äquivalenz von deterministischen und nichtdeterministischen endlichen Automaten

Nachdem wir für endliche Automaten zwei Varianten, die deterministische und die nichtdeterministische, eingeführt haben, stellt sich – zumindest aus theoretischer Sicht – die Frage nach ihrer Äquivalenz: Gilt $DFA_\Sigma = NFA_\Sigma$, d.h. akzeptieren beide Varianten dieselbe Klasse von Sprachen? Falls nein, gilt dann $DFA_\Sigma \subset NFA_\Sigma$ oder $NFA_\Sigma \subset DFA_\Sigma$, d.h. sind die nichtdeterministischen Automaten mächtiger als die deterministischen oder umgekehrt? Oder sind die Klassen verschieden, enthalten aber Sprachen, die beiden angehören: $DFA_\Sigma \cap NFA_\Sigma \neq \emptyset$, oder sind die Klassen disjunkt, d.h. es gibt keine Sprache, die beiden Klassen angehört: $DFA_\Sigma \cap NFA_\Sigma = \emptyset$.

Sehr schnell kann man einsehen, dass $DFA_\Sigma \subseteq NFA_\Sigma$ gelten muss, denn jeder deterministische Automat kann als nichtdeterministischer aufgefasst werden: In jedem Zustand gibt es für jedes Eingabesymbol höchstens einen Folgezustand. Determinismus kann als „Spezialfall" von Nichtdeterminismus angesehen werden.

Formal können wir zu einem gegebenen deterministischen Automaten $A = (\Sigma, S, \delta, s_0, F)$ wie folgt einen äquivalenten nichtdeterministischen A_{nd} konstruieren:

$$A_{nd} = (\Sigma, S, \delta_{nd}, \{s_0\}, F)$$

mit

$$\delta_{nd}(s, a) = \begin{cases} \{s'\}, & \text{falls } \delta(s, a) = s' \\ \emptyset, & \text{sonst} \end{cases}$$

Es ist offensichtlich, dass $L(A_{nd}) = L(A)$ gilt, denn es gilt $\delta_{nd}^*(\{s_0\}, w) \cap F \neq \emptyset$ genau dann, wenn $\delta^*(s_0, w) \in F$ ist.

Wie steht es nun mit der Umkehrung? Gilt auch $NFA_\Sigma \subseteq DFA_\Sigma$, oder gibt es eine Sprache L über Σ mit $L \in NFA_\Sigma$ und $L \notin DFA_\Sigma$?

Betrachten wir zunächst noch einmal die eingangs von Abschnitt 2.2.1 als Beispiel verwendete Sprache L_1 aller Bitfolgen, deren drittletztes Bit 0 ist. Wir haben schnell einen nichtdeterministischen Automaten gefunden, der diese Sprache akzeptiert. Gibt es auch einen deterministischen? Das Problem ist, dass wir, falls wir bei der Verarbeitung einer Bitfolge einer 0 begegnen, erst nach den darauf folgenden beiden Bits wissen, ob die 0 das drittletzte Bit war. In dieser Überlegung liegt bereits der Lösungsansatz: Wir merken uns in den Zuständen des zu konstruierenden Automaten die jeweils zuletzt gelesenen drei Bits. Da es acht Dreiergruppen von Bits gibt, benötigen wir acht Zustände. Das nächste gelesene Bit führt in den entsprechenden Folgezustand über. Zum Merken der Dreiergruppe abc, $a, b, c \in \{0, 1\}$, benutzen wir den Zustand s_{abc}. Alle Zustände s_{0bc} sind Endzustände (das drittletzte Bit war eine 0), s_{111} ist Startzustand (unter den letzten drei Bits war keine Null).

Der folgende deterministische Automat A_{1_d} (siehe Bild 2.13) akzeptiert genau die Sprache L_1:

$$A_{1_d} = (\{0, 1\}, \{s_{000}, s_{001}, s_{010}, s_{011}, s_{100}, s_{101}, s_{110}, s_{111}\},$$
$$\delta, s_{111}, \{s_{000}, s_{001}, s_{010}, s_{011}\})$$

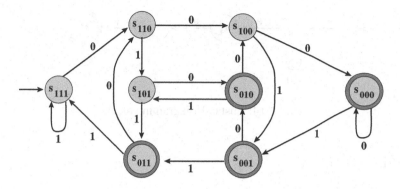

Bild 2.13: Zustandsdiagramm von A_{1_d}.

Für die Sprache der Bitfolgen, deren drittletztes Bit eine 0 ist, haben wir also auch einen deterministischen Automaten gefunden. Es gilt sogar allgemein: Zu jedem nichtdeterministischen Automaten existiert ein äquivalenter deterministischer. Der folgende Satz fasst die Äquivalenz deterministischer und nichtdeterministischer endlicher Automaten zusammen; sein Beweis ist konstruktiv insofern, als er eine Methode zur Herleitung eines deterministischen Automaten aus bzw. zu einem gegebenen nichtdeterministischen enthält.

Satz 2.2. Sei Σ ein Alphabet. Dann gilt: $DFA_\Sigma = NFA_\Sigma$.

Beweis Dass $DFA_\Sigma \subseteq NFA_\Sigma$ gilt, haben wir bereits oben begründet. Dort haben wir auch ein allgemeines Verfahren zur Transformation eines deterministischen in einen äquivalenten nichtdeterministischen Automaten angegeben.

Wir zeigen nun $NFA_\Sigma \subseteq DFA_\Sigma$, indem wir ein allgemeines Verfahren angeben, mit dem zu einem nichtdeterministischen Automaten ein äquivalenter deterministischer konstruiert werden kann: Sei also $A = (\Sigma, S, \delta, S_0, F)$ ein nichtdeterministischer Automat und die Zustandsüberführung als mengenwertige Funktion gegeben: $\delta : S \times \Sigma \to 2^S$.

Die Grundidee ist, dass alle nichtdeterministisch möglichen, mit Backtracking durchlaufbaren, quasi parallelen Konfigurationsübergänge zu einer Berechnung zusammengefasst werden (siehe Abschnitt 2.2.1, Definition und Beispiel zu δ^*). Wir fassen diese Übergänge jeweils zu einem Übergang zusammen. Die Zustände bestehen dann aus Mengen von Zuständen. Die Menge aller möglichen Zustände des deterministischen Automaten ist also die Menge aller Teilmengen von S, d.h. die Potenzmenge 2^S von S; wegen dieser Überlegung wird die Konstruktion auch *Potenzmengenkonstruktion* genannt. Startzustand des deterministischen Automaten wird die Startzustandsmenge von A, und Endzustände werden die Teilmengen von S, die mindestens einen Endzustand von A enthalten. Insgesamt ergibt sich der deterministische Automat A_d zu A wie folgt:

$$A_d = (\Sigma, 2^S, \delta_d, s_0^d, F_d)$$

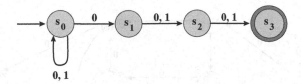

Bild 2.14: Zustandsdiagramm von A.

Dabei ist:

$$\delta_d(R, a) = \bigcup_{s \in R} \delta(s, a) \tag{2.3}$$

$$s_0^d = S_0$$

$$F_d = \{R \subseteq S \mid R \cap F \neq \emptyset\}$$

Das angegebene Verfahren ist korrekt: Es liefert zu jedem nichtdeterministischen Automaten A einen äquivalenten deterministischen Automaten A_d. Einen Beweis, dass $L(A) = L(A_d)$ gilt, geben wir hier nicht an, sondern verweisen auf die einschlägige Literatur. □

Beispiel 2.6. Wir wollen die Potenzmengenkonstruktion am Beispiel des Automaten durchführen, der die Sprache der Bitfolgen, deren drittletztes Bit eine 0 ist, akzeptiert:

$$A = (\{0, 1\}, \{s_0, s_1, s_2, s_3\}, \delta, \{s_0\}, \{s_3\})$$

wobei δ durch das Zustandsdiagramm in Bild 2.14 gegeben ist. Für A_d geben wir eine Konstruktion gemäß dem vorgestellten allgemeinen Verfahren an. Dabei wird δ_d schrittweise gemäß (2.3) festgelegt:

1. Wir beginnen mit dem Startzustand $s_0^d = \{s_0\}$:

$$\delta_d(\{s_0\}, 0) = \bigcup_{s \in \{s_0\}} \delta(s, 0) = \delta(s_0, 0) = \{s_0, s_1\}$$

$$\delta_d(\{s_0\}, 1) = \bigcup_{s \in \{s_0\}} \delta(s, 1) = \delta(s_0, 1) = \{s_0\}$$

Wir erhalten zwei Ergebniszustände $\{s_0, s_1\}$ und $\{s_0\}$, wovon der erste neu ist.

2. Wir machen mit dem in 1. erhaltenen neuen Zustand weiter:

$$\delta_d(\{s_0, s_1\}, 0) = \bigcup_{s \in \{s_0, s_1\}} \delta(s, 0) = \delta(s_0, 0) \cup \delta(s_1, 0) = \{s_0, s_1\} \cup \{s_2\}$$
$$= \{s_0, s_1, s_2\}$$
$$\delta_d(\{s_0, s_1\}, 1) = \bigcup_{s \in \{s_0, s_1\}} \delta(s, 1) = \delta(s_0, 1) \cup \delta(s_1, 1) = \{s_0\} \cup \{s_2\}$$
$$= \{s_0, s_2\}$$

Wir erhalten zwei neue Zustände: $\{s_0, s_1, s_2\}$ und $\{s_0, s_2\}$.

3. Wir machen mit diesen beiden Zuständen weiter:

$$\delta_d(\{s_0, s_1, s_2\}, 0) = \bigcup_{s \in \{s_0, s_1, s_2\}} \delta(s, 0)$$
$$= \delta(s_0, 0) \cup \delta(s_1, 0) \cup \delta(s_2, 0) = \{s_0, s_1\} \cup \{s_2\} \cup \{s_3\}$$
$$= \{s_0, s_1, s_2, s_3\}$$
$$\delta_d(\{s_0, s_1, s_2\}, 1) = \bigcup_{s \in \{s_0, s_1, s_2\}} \delta(s, 1) = \delta(s_0, 1) \cup \delta(s_1, 1) \cup \delta(s_2, 1)$$
$$= \{s_0\} \cup \{s_2\} \cup \{s_3\} = \{s_0, s_2, s_3\}$$
$$\delta_d(\{s_0, s_2\}, 0) = \bigcup_{s \in \{s_0, s_2\}} \delta(s, 0) = \delta(s_0, 0) \cup \delta(s_2, 0) = \{s_0, s_1\} \cup \{s_3\}$$
$$= \{s_0, s_1, s_3\}$$
$$\delta_d(\{s_0, s_2\}, 1) = \bigcup_{s \in \{s_0, s_2\}} \delta(s, 1) = \delta(s_0, 1) \cup \delta(s_2, 1) = \{s_0\} \cup \{s_3\}$$
$$= \{s_0, s_3\}$$

4. Alle im 3. Schritt berechneten Zustände sind neue Zustände. Wir bestimmen in der entstandenen Reihenfolge ihre Folgezustände.

$$\delta_d(\{s_0, s_1, s_2, s_3\}, 0) = \bigcup_{s \in \{s_0, s_1, s_2, s_3\}} \delta(s, 0)$$
$$= \delta(s_0, 0) \cup \delta(s_1, 0) \cup \delta(s_2, 0) \cup \delta(s_3, 0)$$
$$= \{s_0, s_1\} \cup \{s_2\} \cup \{s_3\} \cup \{\} = \{s_0, s_1, s_2, s_3\}$$
$$\delta_d(\{s_0, s_1, s_2, s_3\}, 1) = \bigcup_{s \in \{s_0, s_1, s_2, s_3\}} \delta(s, 1)$$
$$= \delta(s_0, 1) \cup \delta(s_1, 1) \cup \delta(s_2, 1) \cup \delta(s_3, 1)$$
$$= \{s_0\} \cup \{s_2\} \cup \{s_3\} \cup \{\}$$
$$= \{s_0, s_2, s_3\}$$

$$\delta_d(\{s_0, s_2, s_3\}, 0) = \bigcup_{s \in \{s_0, s_2, s_3\}} \delta(s, 0) = \delta(s_0, 0) \cup \delta(s_2, 0) \cup \delta(s_3, 0)$$

$$= \{s_0, s_1\} \cup \{s_3\} \cup \{\} = \{s_0, s_1, s_3\}$$

$$\delta_d(\{s_0, s_2, s_3\}, 1) = \bigcup_{s \in \{s_0, s_2, s_3\}} \delta(s, 1)$$

$$= \delta(s_0, 1) \cup \delta(s_2, 1) \cup \delta(s_3, 1) = \{s_0\} \cup \{s_3\} \cup \{\}$$

$$= \{s_0, s_3\}$$

$$\delta_d(\{s_0, s_1, s_3\}, 0) = \bigcup_{s \in \{s_0, s_1, s_3\}} \delta(s, 0)$$

$$= \delta(s_0, 0) \cup \delta(s_1, 0) \cup \delta(s_3, 0) = \{s_0, s_1\} \cup \{s_2\} \cup \{\}$$

$$= \{s_0, s_1, s_2\}$$

$$\delta_d(\{s_0, s_1, s_3\}, 1) = \bigcup_{s \in \{s_0, s_1, s_3\}} \delta(s, 1)$$

$$= \delta(s_0, 1) \cup \delta(s_1, 1) \cup \delta(s_3, 1) = \{s_0\} \cup \{s_2\} \cup \{\}$$

$$= \{s_0, s_2\}$$

$$\delta_d(\{s_0, s_3\}, 0) = \bigcup_{s \in \{s_0, s_3\}} \delta(s, 0) = \delta(s_0, 0) \cup \delta(s_3, 0) = \{s_0, s_1\} \cup \{\}$$

$$= \{s_0, s_1\}$$

$$\delta_d(\{s_0, s_3\}, 1) = \bigcup_{s \in \{s_0, s_3\}} \delta(s, 1) = \delta(s_0, 1) \cup \delta(s_3, 1) = \{s_0\} \cup \{\}$$

$$= \{s_0\}$$

5. Es sind keine neuen Zustände entstanden. Die Konstruktion ist fertig. Von den sechzehn Elementen von $2^{\{s_0, s_1, s_2, s_3\}}$ werden tatsächlich nur acht benötigt. Es ergibt sich der zu A äquivalente deterministische Automat

$$\begin{aligned}
A_d = (\{0, 1\}, \\
\{\{s_0\}, \{s_0, s_1\}, \{s_0, s_1, s_2\}, \{s_0, s_2\}, \\
\{s_0, s_1, s_2, s_3\}, \{s_0, s_2, s_3\}, \{s_0, s_1, s_3\}, \{s_0, s_3\}\}, \\
\delta_d, \{s_0\}, \\
\{\{s_0, s_1, s_2, s_3\}, \{s_0, s_2, s_3\}, \{s_0, s_1, s_3\}, \{s_0, s_3\}\})
\end{aligned}$$

Man kann zeigen, dass dieser Automat isomorph zum deterministischen Automaten A_{1_d} ist, den wir für die Sprache der Bitfolgen, deren drittletztes Bit 0 ist, konstruiert haben (siehe Bild 2.13). Isomorph bedeutet, dass die Automaten identisch sind bis auf die Bezeichnung der Zustände. Isomorphie von Automaten betrachten wir im Abschnitt 2.5 noch näher.   □

Wie man an dem obigen Beispiel sieht, kann die ausführliche Konstruktion von δ_d eine mühsame Schreibarbeit bedeuten. Man kann die Konstruktion pragmatischer mithilfe

δ_d	0	1
$\{\,s_0\,\}$	$\{\,s_0, s_1\,\}$	$\{\,s_0\,\}$
$\{\,s_0, s_1\,\}$	$\{\,s_0, s_1, s_2\,\}$	$\{\,s_0, s_2\,\}$
$\{\,s_0, s_1, s_2\,\}$	$\{\,s_0, s_1, s_2, s_3\,\}$	$\{\,s_0, s_2, s_3\,\}$
$\{\,s_0, s_2\,\}$	$\{\,s_0, s_1, s_3\,\}$	$\{\,s_0, s_3\,\}$
$\{\,s_0, s_1, s_2, s_3\,\}$	$\{\,s_0, s_1, s_2, s_3\,\}$	$\{\,s_0, s_2, s_3\,\}$
$\{\,s_0, s_2, s_3\,\}$	$\{\,s_0, s_1, s_3\,\}$	$\{\,s_0, s_3\,\}$
$\{\,s_0, s_1, s_3\,\}$	s_0, s_1, s_2	$\{\,s_0, s_2\,\}$
$\{\,s_0, s_3\,\}$	$\{\,s_0, s_1\,\}$	$\{\,s_0\,\}$

Tabelle 2.1: Tabellendarstellung für die Konstruktion des Automaten A_d.

einer Zustandstabelle darstellen, wobei die i-te Zeile der Tabelle den i-ten Schritt der Konstruktion abbildet. Dabei schreibt man als Zeilenüberschrift die Zustandsmenge hin, zu der im i-ten Schritt die Folgezustandsmengen konstruiert werden sollen, und als Spaltenüberschriften die Eingabesymbole. Die Folgeszustandsmengen berechnet man dann gemäß (2.3) „im Kopf" und trägt das Ergebnis an der entsprechenden Stelle in die Tabelle ein. Tabelle 2.1 stellt die Konstruktion aus Beispiel 2.6 in dieser Art und Weise dar.

2.2.3 Zusammenfassung

Nichtdeterministische endliche Automaten lassen in einem Zustand für eine Eingabe mehrere Folgezustände zu. Bei der sequentiellen Abarbeitung von Eingabewörtern zur Feststellung, ob sie akzeptiert werden oder nicht, kann Backtracking nötig sein. Die parallele Abarbeitung eines Wortes führt alle möglichen sequentiellen Konfigurationsfolgen gleichzeitig aus. Mithilfe der Potenzmengenkonstruktion können nichtdeterministische in äquivalente deterministische Automaten transformiert werden. Nichtdeterministische und deterministische endliche Automaten akzeptieren dieselbe Klasse von Sprachen, die Klasse der regulären Sprachen.

2.3   Endliche Automaten mit ε-Übergängen

In diesem Abschnitt betrachten wir eine weitere Variante endlicher Automaten: Es werden ε-Übergänge zugelassen, d.h. Zustandswechsel, ohne dass ein Buchstabe gelesen wird. Der Lesekopf bleibt bei einem solchen Übergang also stehen.

2.3.1 Definitionen

Dass die Möglichkeit von ε-Übergängen die Konstruktion eines Automaten erleichtern kann, soll folgendes Beispiel zeigen: Sei L_{abc} die Sprache, deren Wörter aus einer beliebig langen Folge von a's, gefolgt von einer beliebig langen Folge von b's, gefolgt von einer beliebig langen Folge von c's besteht. Formal können wir diese Sprache wie

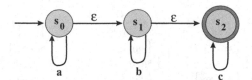

Bild 2.15: Zustandsdiagramm von A_{abc}.

folgt notieren:

$$L_{abc} = \left\{ a^i b^j c^k \mid i, j, k \geq 0 \right\}$$

Der Automat (siehe Bild 2.15)

$$A_{abc} = (\{a, b, c\}, \{s_0, s_1, s_2\}, \delta, \{s_0\}, \{s_2\})$$

akzeptiert L_{abc}. Im Startzustand s_0 werden die beliebig vielen a's erkannt, in s_1 die b's und in s_2 die c's. Zwischen den Zuständen sind „Spontanübergänge" möglich, bei denen kein Buchstabe akzeptiert wird. Insbesondere dadurch berücksichtigt dieses Zustandsübergangsdiagramm in einfacher Weise, dass ein Wort aus L_{abc} nicht notwendigerweise a's, b's und c's enthalten muss.

Definition 2.4. Ein endlicher ε-*Automat* ist definiert durch $A = (\Sigma, S, \delta, S_0\ F)$. Dabei sind Σ, S, S_0 und F wie bei nichtdeterministischen Automaten festgelegt, und δ ist eine Zustandsüberführungsrelation, die auch ε-Übergänge zulässt:

$$\delta \subseteq S \times (\Sigma \cup \{\varepsilon\}) \times S \qquad \square$$

Eine Konfiguration $k = (s, w)$ zeigt wie bisher den aktuellen Stand der Bearbeitung eines Eingabewortes an: s ist der aktuelle Zustand und w das noch zu bearbeitende Suffix des Eingabewortes. Die Konfigurationsübergangsrelation $\vdash$ muss allerdings die ε-Übergänge berücksichtigen:

$$(s, aw) \vdash (s', w) \text{ genau dann, wenn } (s, a, s') \in \delta, \ a \in \Sigma \cup \{\varepsilon\}, \ w \in \Sigma^*$$

Die von einem ε-Automaten A akzeptierte Sprache $L(A)$ ist analog zum nichtdeterministischen Fall definiert durch:

$$L(A) = \{w \in \Sigma^* \mid (s_0, w) \vdash^* (s, \varepsilon), \ s_0 \in S_0, \ s \in F\}$$

Mit εFA_Σ bezeichnen wir die Klasse der Sprachen über Σ, die von ε-Automaten akzeptiert werden.

2.3.2 Äquivalenz von ε-Automaten zu nichtdeterministischen endlichen Automaten

Auch für die ε-Variante stellt sich die Frage ihrer Mächtigkeit im Vergleich zu den beiden anderen vorher betrachteten Varianten. Gilt $\varepsilon FA_\Sigma = NFA_\Sigma$ und damit $\varepsilon FA_\Sigma = DFA_\Sigma$? Der folgende Satz beantwortet diese Frage.

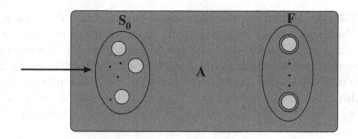

Bild 2.16: Schematische Darstellung eines endlichen Automaten A.

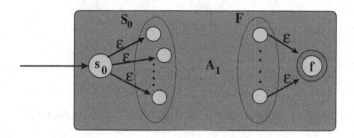

Bild 2.17: Ergebnis der Transformation nach dem ersten Schritt: A_1.

Satz 2.3. Sei Σ ein Alphabet. Dann gilt: $\varepsilon FA_\Sigma = NFA_\Sigma$.

Beweis Jeder nichtdeterministische Automat ist auch ein (spezieller) ε-Automat, nämlich ein ε-Automat ohne ε-Übergänge. Es gilt also: $NFA_\Sigma \subseteq \varepsilon FA_\Sigma$.

Um zu zeigen, dass auch $\varepsilon FA_\Sigma \subseteq NFA_\Sigma$ gilt, geben wir ein allgemeines Verfahren an, mit dem ein ε-Automat in einen äquivalenten nichtdeterministischen Automaten transformiert werden kann. Sei also $A = (\Sigma,\ S,\ \delta,\ S_0,\ F)$ ein ε-Automat. Die Transformation erfolgt in vier Schritten:

1. Wir transformieren A in einen Automaten mit genau einem Startzustand s_0 und mit genau einem Endzustand f, wobei s_0 und f zwei neue Zustände sind. Von s_0 führen wir zu jedem bisherigen Startzustand $s \in S_0$ einen ε-Übergang ein. Analog führen wir von jedem bisherigen Endzustand $s \in F$ einen ε-Übergang zum neuen Endzustand f ein.

   Die Bilder 2.16 und 2.17 stellen diese Transformation schematisch dar. Formal erhalten wir als Zwischenergebnis den offensichtlich zu A äquivalenten Automaten

   $$A_1 = (\Sigma,\ S_1,\ \delta_1,\ \{s_0\},\ \{f\})$$

   mit $S_1 = S \cup \{s_0, f\}$, $s_0 \notin S$, $f \notin S$ und

   $$\delta_1 = \delta \cup \{(s_0, \varepsilon, s) \mid s \in S_0\} \cup \{(s, \varepsilon, f) \mid s \in F\}$$

   Es werden also zunächst ε-Übergänge hinzugefügt.

2. Als Nächstes eliminieren wir alle ε-Zykel aus A_1. Ein ε-Zykel ist eine Folge von Zuständen $s_1, s_2, \ldots, s_m$, $m > 1$, so dass von s_1 nach s_2, von s_2 nach s_3, $\ldots$, von s_{m-1} nach s_m sowie von s_m zurück nach s_1 jeweils nur ein ε-Übergang führt. Alle diese Zustände nehmen wir aus S_1 heraus und fügen dafür einen neuen Zustand s_ε hinzu. Alle Übergänge, die vorher in die s_i, $1 \leq i \leq m$, geführt haben bzw. von ihnen ausgegangen sind, werden auf s_ε gerichtet bzw. von s_ε ausgeführt. Bild 2.18 stellt diese Transformation schematisch dar.

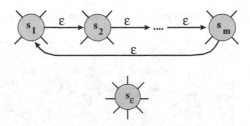

Bild 2.18: ε-Zykel und seine Reduktion auf einen Zustand.

Falls alle ε-Zykel eliminiert sind, löschen wir noch alle Übergänge (s, ε, s), d. h. ε-Übergänge, die von einem Zustand in sich selbst führen. Das Ergebnis der bisherigen ε-Elimination sei der Automat A_2.

3. In diesem Schritt fügen wir für alle weiteren ε-Übergänge einen „echten" Übergang ein: Gibt es einen ε-Übergang von einem Zustand s' zu einem Zustand s, d.h. es gilt $(s', \varepsilon, s) \in \delta_2$, und geht von s ein a-Übergang zu einem Zustand t, d.h. es gilt $(s, a, t) \in \delta_2$, dann fügen wir in δ_2 den neuen Übergang (s', a, t) ein. Dies führen wir so lange durch, bis keine neuen Übergänge hinzukommen.

Die Bilder 2.19 und 2.20 veranschaulichen diese Transformation. Der resultierende Automat heiße A_3.

4. Zum Schluss bestimmen wir die Endzustandsmenge und eliminieren alle noch verbliebenen ε-Übergänge.

Die Endzustandsmenge besteht bisher aus dem im 1. Schritt neu eingeführten Zustand f. Die endgültige Zustandsmenge F' besteht aus allen Zuständen, von denen aus f über eine Folge von ε-Übergängen erreichbar ist, d.h.

$$F' = \{ t \in S_3 \mid (t, \varepsilon) \vdash^* (f, \varepsilon) \}$$

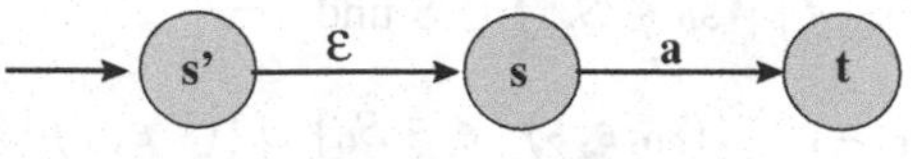

Bild 2.19: ε-Übergang.

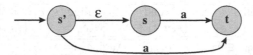

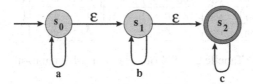

Bild 2.20: Einfügen eines direkten Übergangs für den ε-Übergang.

Bild 2.21: Zustandsdiagramm von A_{abc}.

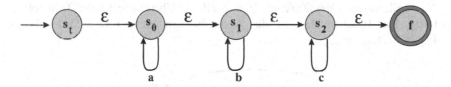

Bild 2.22: Zustandsdiagramm von A_1.

Nach der Bestimmung von F' eliminieren wir den Zustand f aus S_3 sowie alle noch existierenden ε-Übergänge. Der resultierende Automat sei mit A_4 bezeichnet.

Es gilt: $L(A_4) = L(A)$ (ohne Beweis). $\square$

Als Beispiel transformieren wir den zu Beginn des Abschnittss konstruierten ε-Automaten A_{abc} (siehe Bild 2.21), der die Sprache L_{abc} akzeptiert, gemäß dem vorgestellten Verfahren in einen äquivalenten Automaten ohne ε-Übergänge. Im 1. Schritt fügen wir den Startzustand s_t, den Endzustand f sowie einen ε-Übergang von s_t zum vorherigen Startzustand s_0 und einen ε-Übergang vom vorherigen Endzustand s_2 nach f ein. Das Zustandsdiagramm des Ergebnisautomaten A_1 zeigt Bild 2.22. Der 2. Schritt entfällt, weil A_1 keine ε-Zykel enthält, d.h. es ist $A_2 = A_1$. Im 3. Schritt fügen wir für ε-Übergänge „echte" Übergänge ein. Wir initialisieren δ_3 mit δ_2 ($\delta_3 := \delta_2$) und erzeugen die weiteren Elemente von δ_3 schrittweise: Ist $(s', \varepsilon, s) \in \delta_3$ und $(s, a, t) \in \delta_3$, dann wird (s', a, t) zu δ_3 hinzugefügt: $\delta_3 := \delta_3 \cup \{(s', a, t)\}$. Tabelle 2.2 zeigt die verschiedenen Teilschritte.

Im 4. Schritt bestimmen wir die Endzustände und eliminieren alle ε-Übergänge. Endzustände werden die Zustände, von denen es eine Folge von ε-Übergängen zum Endzustand f gibt. In unserem Beispiel trifft das für jeden Zustand zu, d.h. s_t, s_0, s_1 und s_2 sind Endzustände.

Falls $(s', \varepsilon, s) \in \delta_3$	und $(s, a, t) \in \delta_3$	füge (s', a, t) in δ_3 ein: $\delta_3 := \delta_3 \cup \{(s', a, t)\}$
$(s_t, \varepsilon, s_0) \in \delta_3$	$(s_0, a, s_0) \in \delta_3$	$\delta_3 := \delta_3 \cup \{(s_t, a, s_0)\}$
$(s_0, \varepsilon, s_1) \in \delta_3$	$(s_1, b, s_1) \in \delta_3$	$\delta_3 := \delta_3 \cup \{(s_0, b, s_1)\}$
$(s_1, \varepsilon, s_2) \in \delta_3$	$(s_2, c, s_2) \in \delta_3$	$\delta_3 := \delta_3 \cup \{(s_1, c, s_2)\}$
$(s_t, \varepsilon, s_0) \in \delta_3$	$(s_0, b, s_1) \in \delta_3$	$\delta_3 := \delta_3 \cup \{(s_t, b, s_1)\}$
$(s_0, \varepsilon, s_1) \in \delta_3$	$(s_1, c, s_2) \in \delta_3$	$\delta_3 := \delta_3 \cup \{(s_0, c, s_2)\}$
$(s_t, \varepsilon, s_0) \in \delta_3$	$(s_0, c, s_2) \in \delta_3$	$\delta_3 := \delta_3 \cup \{(s_t, c, s_2)\}$

Tabelle 2.2: Schritt 3 bei der ε-Elimination

Nach Elimination des Zustands f und aller ε-Übergänge ist die Transformation fertig. Das Ergebnis A_4 stellt das Zustandsdiagramm in Bild 2.23 dar. Es gilt: $L(A_4) = L(A_{abc}) = L_{abc}$.

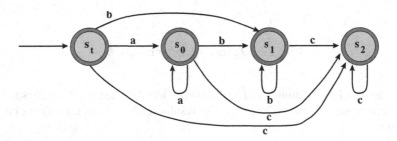

Bild 2.23: Zustandsdiagramm von A_4.

Wir werden im Abschnitt 3.1.3 sehen, dass ε-Übergänge hilfreich bei der modularen Zusammensetzung von endlichen Automaten sind. An unserer Beispielsprache L_{abc} können wir bereits die Grundidee nachvollziehen. L_{abc} lässt sich darstellen als Konkatenation von drei einfachen Sprachen:

$$L_{abc} = \{a^i \mid i \geq 0\} \circ \{b^j \mid j \geq 0\} \circ \{c^k \mid k \geq 0\} = \{a\}^* \circ \{b\}^* \circ \{c\}^*$$

Die Sprachen $\{a\}^*$, $\{b\}^*$ und $\{c\}^*$ werden von Automaten mit den in Bild 2.24 dargestellten Zustandsdiagrammen akzeptiert. Das „Hintereinanderschalten" dieser drei Automaten mithilfe von ε-Übergängen ergibt unseren Automaten A_{abc} (siehe Bild 2.21).

Folgerung 2.3. Aus dem Schritt 1 des Beweises von Satz 2.3 folgt unmittelbar, dass jeder endliche Automat in einen äquivalenten transformiert werden kann, der genau einen Start- und genau einen Endzustand hat. $\square$

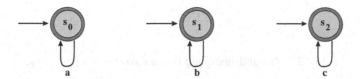

Bild 2.24: Zustandsdiagramme für $\{a\}^*$, $\{b\}^*$ und $\{c\}^*$.

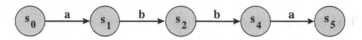

Bild 2.25: Zustandsdiagramm, das das Wort *abba* erkennt.

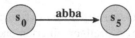

Bild 2.26: Ein Übergang, der das Wort *abba* erkennt.

2.3.3 Zusammenfassung

Endliche Automaten mit ε-Übergängen erlauben Zustandsübergänge ohne Verarbeiten (Lesen) eines Eingabesymbols. Sie sind äquivalent zu endlichen Automaten ohne ε-Übergänge. ε-Übergänge eignen sich zum modularen Zusammenschalten von endlichen Automaten.

2.4 Verallgemeinerte endliche Automaten

Wir wollen endliche Automaten dahingehend erweitern, dass Zustandsübergänge nicht nur für Symbole, sondern auch für Wörter definiert werden können. Betrachten wir als Beispiel einen Ausschnitt eines Zustandsdiagramms wie etwa in Bild 2.25 dargestellt. Dieses Teildiagramm ist sicherlich äquivalent zu dem in Bild 2.26 gezeigten Übergang.

2.4.1 Definitionen

Definition 2.5. Sei Σ ein Alphabet. Dann heißt $A = (\Sigma,\ S,\ \delta_*,\ s_0\ F)$ mit $s_0 \in S$, $F \subseteq S$ sowie $\delta_* \subseteq S \times \Sigma^* \times S$ mit $|\delta_*| < \infty$ *verallgemeinerter endlicher Automat* über Σ. □

Da Σ^* für $|\Sigma| \neq \emptyset$ unendlich ist, müssen wir für die Zustandsüberführungen bei verallgemeinerten endlichen Automaten im Gegensatz zu den bisher betrachteten fordern, dass es nur endliche viele Übergänge geben darf.

Die Definitionen von Konfigurationsübergängen muss ebenfalls verallgemeinert werden:

$$(s, vw) \vdash^* (s'w) \text{ genau dann, wenn } (s, v, s') \in \delta_*,\ v, w \in \Sigma^*$$

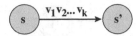

Bild 2.27: Zustandsübergang für das Wort $v = v_1v_2 \ldots v_k$.

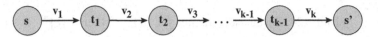

Bild 2.28: Zustandsübergangsfolge für das Wort $v = v_1v_2 \ldots v_k$.

Analog zu den anderen Varianten ist $L(A) = \{w \in \Sigma^* \mid (s_0, w) \vdash^* (s, \varepsilon), \ s \in F\}$ die von A akzeptierte Sprache.

Mit GFA_Σ (GFA steht für *Generalized Finite Automata*) bezeichnen wir die Klasse der Sprachen über Σ, die von verallgemeinerten endlichen Automaten akzeptiert werden.

2.4.2 Äquivalenz von verallgemeinerten und endlichen Automaten

Die Frage, die wir uns jetzt wieder stellen, ist natürlich die nach der Äquivalenz: Gilt $GFA_\Sigma = \varepsilon FA_\Sigma$, d.h. sind die verallgemeinerten Automaten äquivalent zu den anderen Varianten? Jeder endliche ε-Automat ist ein spezieller verallgemeinerter Automat. Es gilt also $\varepsilon FA_\Sigma \subseteq GFA_\Sigma$. Der folgende Satz besagt, dass auch die Umkehrung $GFA_\Sigma \subseteq \varepsilon FA_\Sigma$ gilt.

Satz 2.4. Zu jedem verallgemeinerten endlichen Automaten existiert ein äquivalenter endlicher Automat.

Beweis Wir geben ein allgemeines Verfahren an, mit dem zu jedem verallgemeinerten Automaten ein äquivalenter endlicher Automat konstruiert werden kann. Sei $A = (\Sigma, S, \delta_*, s_0 \ F)$ ein verallgemeinerter Automat. Für jedes Wort $v = v_1v_2 \ldots v_k \in \Sigma^+$, $k \geq 2$, mit $\delta_*(s, v) = s'$, führen wir $k - 1$ neue Zustände $t_1, \ldots, t_{k-1}$, $k \geq 2$, ein sowie die Zustandsüberführungen $\delta(s, v_1) = t_1$, $\delta(t_i, v_{i+1}) = t_{i+1}$, $1 \leq i \leq k - 2$, und $\delta(t_{k-1}, v_k) = s'$. Der Übergang in Bild 2.27 wird also transformiert in die Übergangsfolge in Bild 2.28. $\qquad\square$

Verallgemeinerte endliche Automaten lassen Zustandsübergänge nicht nur für Symbole, sondern auch für Wörter zu. Diese Möglichkeit erlaubt in manchen Fällen eine effizientere Darstellung der Automaten. Verallgemeinerte endliche Automaten sind äquivalent zu den anderen Varianten endlicher Automaten.

2.4.3 Weitere Varianten endlicher Automaten

Wir haben bisher vier Konzepte zur Charakterisierung regulärer Sprachen kennen gelernt: deterministische, nichtdeterministische endliche Automaten, endliche Automaten mit ε-Übergängen sowie verallgemeinerte endliche Automaten. Wir haben gezeigt, dass alle diese Konzepte äquivalent sind:

$$REG_\Sigma = DFA_\Sigma = NFA_\Sigma = \varepsilon FA_\Sigma = GFA_\Sigma$$

Wenn wir einen Automaten eines bestimmten Typs konstruieren sollen, können wir also zunächst – möglicherweise abhängig von der Aufgabenstellung – einen Automaten eines „leichter" konstruierbaren Typs erstellen und diesen dann in die gewünschte Variante transformieren. So ist es z.B. nahe liegend, zu den Bitfolgen, deren drittletztes Bit 0 ist, den nichtdeterministischen Automaten in Bild 2.12 zu konstruieren und nicht den deterministischen in Bild 2.13.

Für die Transformationen zwischen den Varianten stehen Programme zur Verfügung, welche die vorgestellten Verfahren implementieren, so dass die Transformationen nicht per Hand vorgenommen werden müssen.

Es gibt noch weitere Typen endlicher Automaten, z.B. stochastische Automaten, Fuzzy-Automaten und endliche Zweiweg-Automaten. Bei stochastischen Automaten sind den Zustandsübergängen Wahrscheinlichkeiten zugeordnet. Bei Fuzzy-Automaten sind die Übergänge mit einer „unscharfen" Bewertung versehen. Zweiweg-Automaten können den Lesekopf auch nach links bewegen.

Zustände können auch durch n-Tupel dargestellt werden. Diese Möglichkeit ist von Nutzen, wenn Zustände durch n unterschiedliche Merkmale gekennzeichnet sind. So kann z.B. ein Angestellter durch Merkmale wie Name, Anschrift, Familienstand, Qualifikation, Gehaltsgruppe etc. beschrieben sein. Eine Heirat führt dann durch Änderungen der Merkmale Name, Familienstand, Gehaltsgruppe zu einem neuen Zustand.

Sind solche Merkmalsbeschreibungen sogar Vektoren, und bildet die Menge der Merkmalsvektoren einen Vektorraum, können Zustandänderungen durch lineare Abbildungen beschrieben sein. Dabei kann zwischen diskreten und stetigen Abbildungen unterschieden werden. Anwendungen findet man in vielen Ingenieurbereichen.

Mit all diesen Typen werden wir uns hier nicht weiter beschäftigen, sondern verweisen auf die Literatur. Es sollte nur auf die Vielfältigkeit der Theorie und der Anwendung von Automaten verwiesen werden, die weit über den hier dargestellten Standardstoff im Informatik-Grundstudium hinausgeht.

2.5 Minimierung endlicher Automaten

In diesem Abschnitt lernen wir Verfahren zur Minimierung von endlichen Automaten kennen. Wir werden sehen, dass man zu jedem endlichen Automaten einen äquivalenten minimalen Automaten konstruieren kann. Dabei heißt minimal: minimale Anzahl von Zuständen.

Definition 2.6. Sei L eine reguläre Sprache über dem Alphabet Σ ($L \in REG_\Sigma$) und A ein endlicher Automat über Σ, der L akzeptiert, d.h. $L = L(A)$. A heißt *minimaler Automat* (für L), falls es keinen Automaten A' mit weniger Zuständen ($|S'| < |S|$) gibt, der L akzeptiert. $\qquad\square$

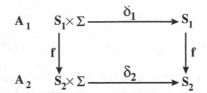

Bild 2.29: Isomorphie von A_1 und A_2.

2.5.1　Isomorphie endlicher Automaten

Der minimale Automat ist sogar eindeutig in dem Sinne, dass sich minimale Automaten untereinander höchstens in der Bezeichnung ihrer Zustände unterscheiden, d.h. ihre Eingabesymbole sind gleich, die Anzahl ihrer Zustände ist gleich, die Anzahl der Endzustände ist gleich und die Zustandsüberführungen sind gleich, wenn bei deren Vergleich die unterschiedlichen Benennungen der Zustände berücksichtigt werden.

Diese Art der Gleichheit, die so genannte *Strukturgleichheit*, wollen wir formal definieren.

Definition 2.7. Seien $A_1 = (\Sigma, S_1, \delta_1, s_{0_1}, F_1)$ und $A_2 = (\Sigma, S_2, \delta_2, s_{0_2}, F_2)$ deterministische endliche Automaten über Σ mit $|S_1| = |S_2|$. A_1 und A_2 heißen *isomorph* genau dann, wenn es eine bijektive Abbildung $f : S_1 \to S_2$ gibt, für die

$$f(\delta_1(s,a)) = \delta_2(f(s),a), \ s \in S_1, \ a \in \Sigma \qquad (2.4)$$

sowie

$$f(F_1) = F_2 \qquad (2.5)$$

gilt. Wir notieren die *Isomorphie* von A_1 und A_2 mit: $A_1 \cong A_2$. □

Die Bedingung (2.4) legt fest, dass die Zustandsübergänge in beiden Automaten gleich sind, dabei können die sich entsprechenden Zustände unterschiedlich benannt sein: Die Bijektion f ordnet jedem Zustand aus S_1 eineindeutig einen Zustand aus S_2 zu, beschreibt also die Umbenennung der Zustände. Die Gleichung (2.4) fordert, dass, wenn in A_1 ein Zustandsübergang vom Zustand s mit Eingabe a ausgeführt und der Folgezustand umbenannt wird, derselbe Zustand erreicht wird, als wenn s umbenannt und in A_2 der a-Übergang von dieser Umbenennung aus durchgeführt wird. Es gilt also:

$$\delta_1(s,a) = s' \text{ genau dann, wenn } \delta_2(f(s),a) = f(s')$$

Das Funktionsdiagramm in Bild 2.29 veranschaulicht die mathematische Beschreibung der Strukturgleichheit. Die Bedingung (2.4) wird auch dadurch ausgedrückt, dass man sagt, dass *das Diagramm kommutiert*: Der Weg im Uhrzeigersinn, d.h. Zustandsübergang in A_1 und anschließend Umbenennung, liefert dasselbe Ergebnis wie der Weg entgegen dem Uhrzeigersinn, d.h. zuerst Umbenennung und dann Übergang in A_2.

Die Bedingung (2.5) fordert, dass genau die Endzustände von A_1 in die Endzustände von A_2 umbenannt werden.

2.5.2 Der Satz von Myhill und Nerode

Wir lernen zunächst eine weitere – eine algebraische – Charakterisierung der Klasse der regulären Sprachen kennen. Diese dient dann als Grundlage für ein weiteres Verfahren zur Minimierung von endlichen Automaten.

Es sei Σ ein Alphabet und $L \subseteq \Sigma^*$ eine Sprache. Wir definieren die Relation $R_L \subseteq \Sigma^* \times \Sigma^*$ durch

$$x\, R_L\, y \text{ genau dann, wenn für alle } z \in \Sigma^* \text{ gilt } xz \in L \text{ gdw. } yz \in L \qquad (2.6)$$

Diese Relation ist eine Äquivalenzrelation, denn sie ist

- reflexiv: Offensichtlich gilt $xz \in L$ gdw. $xz \in L$ für jedes $x \in \Sigma^*$ und jedes $z \in \Sigma^*$, d.h. für alle $x \in \Sigma^*$ gilt $x\, R_L\, x$;

- symmetrisch: Es sei $x\, R_L\, y$, dann ist $xz \in L$ gdw. $yz \in L$ für alle $z \in \Sigma^*$ und damit $yz \in L$ gdw. $xz \in L$ für alle $z \in \Sigma^*$, somit gilt $y\, R_L\, x$;

- transitiv: Es sei $u\, R_L\, v$ und $v\, R_L\, w$, d.h. $uz \in L$ gdw. $vz \in L$ und $vz \in L$ gdw. $wz \in L$ für alle $z \in \Sigma^*$, woraus $uz \in L$ gdw. $wz \in L$ für alle $z \in \Sigma^*$ folgt und damit $u\, R_L\, w$.

Es sei $A = (\Sigma, S, \delta, s_0, F)$ ein deterministischer endlicher Automat. Wir definieren die Relation R_A durch

$$x\, R_A\, y \text{ genau dann, wenn } \delta^*(s_0, x) = \delta^*(s_0, y) \qquad (2.7)$$

Es ist leicht einzusehen, dass auch die Relation R_A eine Äquivalenzrelation ist. $x\, R_A\, y$ bedeutet, dass der Automat A beim Abarbeiten der Wörter x und y denselben Zustand erreicht. Daraus folgt, dass zu jedem vom Startzustand s_0 aus erreichbaren Zustand von A genau eine Äquivalenzklasse existiert. Die Anzahl der Äquivalenzklassen von R_A, der so genannte *Index* von R_A, ist also endlich.

R_A hat zudem die definierende Eigenschaft (2.6) von R_L, denn es gilt: Ist $x\, R_A\, y$, dann ist $xz\, R_A\, yz$ für alle $z \in \Sigma^*$, weil

$$\delta^*(s_0, xz) = \delta^*(\delta^*(s_0, x), z) = \delta^*(\delta^*(s_0, y), z) = \delta^*(s_0, yz)$$

und damit die Bedingung (2.7) für xz und yz erfüllt ist, also $xz\, R_A\, yz$ für alle $z \in \Sigma^*$ gilt.

Die Relationen R_L und R_A sind so genannte *Rechtskongruenzen*. Das bedeutet, dass sie Äquivalenzrelationen sind, die verträglich mit der Konkatenation von Wörtern von rechts sind. Jeder deterministische endliche Automat A über dem Alphabet Σ induziert also die Rechtskongruenz R_A über Σ^*.

Der folgende *Satz von Myhill und Nerode* stellt den Zusammenhang zwischen R_L und R_A für $L = L(A)$ her.

Satz 2.5. Σ sei ein Alphabet und $L \subseteq \Sigma^*$ eine Sprache. Dann sind die folgenden drei Aussagen äquivalent:

a) $L \in REG_\Sigma$;

b) L ist die Vereinigung von Äquivalenzklassen einer Rechtskongruenz auf Σ^* mit endlichem Index;

c) Der Index von R_L ist endlich.

Beweis „**a)** $\Rightarrow$ **b)**“: Da $L \in REG_\Sigma$ ist, gibt es einen deterministischen endlichen Automaten A mit $L = L(A)$. Wir haben schon festgestellt, dass R_A eine Rechtskongruenz auf Σ^* mit endlichem Index darstellt. Die Äquivalenzklassen von R_A sind durch die von s_0 erreichbaren Zustände festgelegt; jeder dieser Zustände legt genau eine Äquivalenzklasse fest. Die Endzustände von A legen die Klassen fest, die genau die Wörter von L enthalten.

„**b)** $\Rightarrow$ **c)** “: Sei R irgendeine Rechtskongruenz auf Σ^* mit endlichem Index, deren Äquivalenzklassen vereinigt L ergeben. Falls $x \, R \, y$ gilt, dann gilt auch $xz \, R \, yz$ für alle $z \in \Sigma^*$, weil R rechtskongruent ist. Daraus folgt, dass $xz \in L$ ist genau dann, wenn $yz \in L$ ist. Somit gilt $x \, R_L \, y$. Wir haben also gezeigt, dass aus $x \, R \, y$ folgt $x \, R_L \, y$. Daraus folgt, dass die Äquivalenzklasse von x bezüglich R in der Äquivalenzklasse von x bezüglich R_L enthalten ist: $[x]_R \subseteq [x]_{R_L}$. Jede Äquivalenzklasse von R ist also in einer Äquivalenzklasse von R_L enthalten: R ist eine Verfeinerung von R_L. Es folgt, dass der Index von R_L nicht größer sein kann als der von R, und da der Index von R endlich ist, ist somit der Index von R_L ebenfalls endlich.

„**c)** $\Rightarrow$ **a)**“: Die Rechtskongruenz R_L auf Σ^* habe einen endlichen Index $k \geq 1$. Es gibt also endlich viele, nämlich k Repräsentanten $x_1, x_2, \ldots, x_k \in \Sigma^*$ mit

$$\Sigma^* = [x_1]_{R_L} \cup [x_2]_{R_L} \cup \ldots \cup [x_k]_{R_L}$$

und

$$[x_i]_{R_L} \cap [x_j]_{R_L} = \emptyset \text{ für } 1 \leq i, j \leq k \text{ und } i \neq j$$

Wir konstruieren den Automaten

$$A_{R_L} = (\Sigma, S, \delta, s_0, F)$$

mit

$$S = \left\{ [x_1]_{R_L}, [x_2]_{R_L}, \ldots, [x_k]_{R_L} \right\}$$
$$\delta \left([x]_{R_L}, a \right) = [xa]_{R_L}$$
$$s_0 = [\varepsilon]_{R_L}$$
$$F = \left\{ [x]_{R_L} \mid x \in L \right\}$$

Wir zeigen nun, dass für diesen Automaten A_{R_L} gilt $L = L(A_{R_L})$:

$$x \in L(A_{R_L}) \text{ genau dann, wenn } \delta^*(s_0, x) \in F$$
$$\text{genau dann, wenn } \delta^*([\varepsilon]_{R_L}, x) \in F$$
$$\text{genau dann, wenn } [x]_{R_L} \in F$$
$$\text{genau dann, wenn } x \in L$$

Damit haben wir im Ringschluss „a) $\Rightarrow$ b) $\Rightarrow$ c) $\Rightarrow$ a)" die Äquivalenz der Aussagen a), b) und c) gezeigt. $\qquad\qquad\square$

Aus der Äquivalenz der Aussagen a) und b) folgt unmittelbar eine weitere Charakterisierung der Klasse der regulären Sprachen.

Folgerung 2.4. Es sei Σ ein Alphabet. Dann ist $L \in REG_\Sigma$ genau dann, wenn R_L endlichen Index hat. $\qquad\qquad\square$

Beispiel 2.7. a) Wir betrachten die Sprache aller Bitfolgen, die mit 1 enden und mindestens die Länge 2 haben:

$$L = \{\, w1 \mid w \in \{0,1\}^+ \,\}$$

Wir betrachten die Relation R_L und stellen fest, dass $x \, R_L \, y$ genau dann gilt, wenn

- x und y die Länge 0 haben, also gleich dem leeren Wort sind, oder

- x und y die Länge 1 haben oder mindestens die Länge 2 haben und auf 0 enden, oder

- x und y mindestens die Länge 2 haben und auf 1 enden.

Es gilt also

$$[\varepsilon]_{R_L} = \{\,\varepsilon\,\}$$
$$[0]_{R_L} = \{\, 0, 1, 00, 10, 000, 010, 100, 110,$$
$$\qquad 0000, 0010, 0100, 0110, 1000, 1010, 1100, 1110, \ldots \,\}$$
$$[01]_{R_L} = \{\, 01, 11, 001, 011, 101, 111,$$
$$\qquad 0001, 0011, 0101, 0111, 1001, 1011, 1101, 1111, \ldots \,\}$$

sowie

$$\{0,1\}^* = [\varepsilon]_{R_L} \cup [0]_{R_L} \cup [01]_{R_L}$$

Der Index von R_L ist gleich 3, also endlich. Damit wissen wir, dass L regulär ist.

Mit der Konstruktion aus dem Beweis von Satz 2.5 erhalten wir folgenden deterministischen endlichen Automaten für die Sprache L:

$$A_{R_L} = (\{0,1\}, \{[\varepsilon]_{R_L}, [0]_{R_L}, [01]_{R_L}\}, \delta, [\varepsilon]_{R_L}, \{[01]_{R_L}\})$$

mit der Zustandsüberführung

$$\delta([\varepsilon]_{R_L},0) = [0]_{R_L}$$
$$\delta([\varepsilon]_{R_L},1) = [0]_{R_L}$$
$$\delta([0]_{R_L},0) = [0]_{R_L}$$
$$\delta([0]_{R_L},1) = [01]_{R_L}$$
$$\delta([01]_{R_L},0) = [0]_{R_L}$$
$$\delta([01]_{R_L},1) = [01]_{R_L}$$

b) Wir betrachten die Sprache $L = \{\, a^n b^n \mid n \geq 1 \,\}$ und bestimmen die Äquivalenzklassen von R_L:

$$[ab]_{R_L} = L$$
$$[a^2b]_{R_L} = \{\, a^2b, a^3b^2, a^4b^3, \dots \,\}$$
$$[a^3b]_{R_L} = \{\, a^3b, a^4b^2, a^5b^3, \dots \,\}$$
$$\vdots$$

Allgemein gilt für $k \geq 1$:

$$[a^ib]_{R_L} = \{\, a^{i+n-1}b^n \mid i \geq 1 \,\}$$

Für $r \neq s$ stehen die Wörter a^rb und a^sb nicht in Relation, denn für $z = b^{r-1}$ gilt $a^rbz \in L$, aber $a^sbz \notin L$. Damit sind die Äquivalenzklassen $[a^ib]_{R_L}$ für alle $i \geq 1$ voneinander verschieden, d.h. es gibt unendlich viele Äquivalenzklassen, der Index von R_L ist also unendlich. Es folgt, dass L keine reguläre Sprache ist.

Im Abschnitt 3.3.2 werden wir mit einer weiteren Methode feststellen, dass die Sprache L nicht regulär ist.   □

2.5.3 Verfahren zur Minimierung endlicher Automaten

Der folgende Satz ist eine Folgerung aus dem Satz von Myhill und Nerode. Er besagt, dass der Automat A_{R_L} ein minimaler Automat für die Sprache L ist.

Satz 2.6. Sei Σ ein Alphabet und $L \in REG_\Sigma$. Dann ist der mit dem Verfahren im Beweis von Satz 2.5 für L konstruierte Automat A_{R_L} der bis auf Isomorphie minimale Automat für L.

Beweis Aus dem Beweis von Satz 2.5 folgt, dass für jeden deterministischen endlichen Automaten A für L gilt: $R_A \subseteq R_L = R_{A_{R_L}}$. Die Anzahl der Zustände von A ist also größer oder gleich der Anzahl der Zustände von A_{R_L}. Somit ist die Anzahl der Zustände von A_{R_L} minimal in Bezug auf L.

Jetzt überlegen wir noch, dass es zu A_{R_L} keinen strukturell verschiedenen Automaten geben kann, der ebenfalls minimal für L ist. Wenn nämlich A schon minimal ist, dann folgt $R_A = R_L$ und damit $R_A = R_{A_{R_L}}$, woraus sich die Strukturgleichheit von A und A_{R_L} ergibt. □

Wir gehen im Folgenden davon aus, dass ein zu minimierender deterministischer endlicher Automat $A = (\Sigma, S, \delta, s_0, F)$ nur erreichbare Zustände enthält. Ein Zustand $s \in S$ ist erreichbar, wenn es ein Wort $w \in \Sigma^*$ gibt mit $\delta^*(s_0, w) = s$. Nicht erreichbare Zustände sind überflüssig, sie haben keine Bedeutung für die vom Automaten A akzeptierte Sprache $L(A)$. Ein minimaler Automat kann niemals unerreichbare Zustände enthalten. Nicht erreichbare Zustände können also eliminiert werden.

Die Äquivalenzklassenkonstruktion aus dem Satz von Myhill und Nerode ist die Grundlage für das folgende Verfahren zur Bestimmung des Minimalautomaten zu einem gegebenen deterministischen endlichen Automaten $A = (\Sigma, S, \delta, s_0, F)$.
Dieses Verfahren wird auch *Markierungsalgorithmus* genannt:

1. Bilde eine Tabelle für alle Zustandspaare $\{ s, t \}$, $s, t \in S$, $s \neq t$.

2. Markiere alle Paare $\{ s, t \}$ mit $s \notin F$ und $t \in F$.

3. Teste für jedes noch nicht markierte Paar $\{ s, t \}$ und jedes $a \in \Sigma$, ob das Paar $\{ \delta(s, a), \delta(t, a) \}$ schon markiert ist. Falls ja, dann markiere das Paar $\{ s, t \}$.

4. Führe Schritt 3. so lange aus, bis die Markierungen sich nicht mehr ändern.

5. Bilde für jeden Zustand s die Menge $S = \{ s \} \cup \{ t \mid \{ s, t \}$ ist unmarkiert $\}$, d.h. der Zustand s wird mit allen Zuständen t zu einem Zustand zusammengefasst, für die $\{ s, t \}$ nicht markiert ist. Wir nennen diese Mengen Blöcke, Π sei die Menge dieser Blöcke. Wir erhalten als minimalen Automaten

$$A_{min} = (\Sigma, \Pi, \delta_{min}, S_0, \{ S \in \Pi \mid S \cap F \neq \emptyset \})$$

mit

$$\delta_{min}(S, a) = \bigcup_{s \in S} \delta(s, a)$$

Beispiel 2.8. Wir wenden das Verfahren auf den Automaten

$$A = (\{ 0, 1 \}, \{ s_0, s_1, s_2, s_3, s_4 \}, \delta, s_0, \{ s_3, s_4 \})$$

an, dessen Zustandsdiagramm in Bild 2.30 dargestellt ist. Dieser Automat akzeptiert die Sprache

$$L = \{ w1 \mid w \in \{ 0, 1 \}^+ \}$$

aus Beispiel 2.7 a).
Im ersten Schritt stellen wir die Tabelle

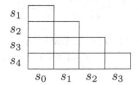

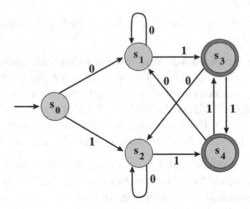

Bild 2.30: Ein zu minimierender Automat.

auf.

Der zweite Schritte führt zu den Markierungen

s_1				
s_2				
s_3	$\star$	$\star$	$\star$	
s_4	$\star$	$\star$	$\star$	
	s_0	s_1	s_2	s_3

Jetzt führen wir die Schritte 3. und 4. durch. Betrachten wir zuerst das unmarkierte Paar $\{\, s_0, s_2 \,\}$, dann ist das Paar $\{\, \delta(s_0, 0), \delta(s_2, 0) \,\} = \{\, s_1, s_2 \,\}$ nicht markiert, aber das Paar $\{\, \delta(s_0, 1), \delta(s_2, 1) \,\} = \{\, s_2, s_4 \,\}$ ist markiert, also wird $\{\, s_0, s_2 \,\}$ markiert. Die Tabelle hat somit folgendes Aussehen:

s_1				
s_2	$\star$			
s_3	$\star$	$\star$	$\star$	
s_4	$\star$	$\star$	$\star$	
	s_0	s_1	s_2	s_3

Als nächstes betrachten wir das Paar $\{\, s_0, s_1 \,\}$. Das Paar $\{\, \delta(s_0, 0), \delta(s_1, 0) \,\} = \{\, s_1, s_2 \,\}$ ist nicht markiert, das Paar $\{\, \delta(s_0, 1), \delta(s_1, 1) \,\} = \{\, s_2, s_3 \,\}$ ist hingegen markiert. Damit wird auch $\{\, s_0, s_1 \,\}$ markiert, und wir erhalten die folgende Tabelle:

s_1	$\star$			
s_2	$\star$			
s_3	$\star$	$\star$	$\star$	
s_4	$\star$	$\star$	$\star$	
	s_0	s_1	s_2	s_3

Jetzt betrachten wir das Paar $\{\, s_1, s_2 \,\}$. Die Paare $\{\, \delta(s_1, 0), \delta(s_2, 0) \,\} = \{\, s_1, s_2 \,\}$ und $\{\, \delta(s_1, 1), \delta(s_2, 1) \,\} = \{\, s_3, s_4 \,\}$ sind nicht markiert, also wird auch $\{\, s_1, s_2 \,\}$ nicht markiert.

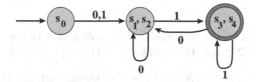

Bild 2.31: Zustandsdiagramm des zu A minimalen Automaten A_{min}.

Es bleibt noch das Paar $\{\, s_3, s_4 \,\}$. Sowohl $\{\, \delta(s_3, 0), \delta(s_4, 0) \,\} = \{\, s_1, s_2 \,\}$ als auch $\{\, \delta(s_3, 1), \delta(s_3, 1) \,\} = \{\, s_3, s_4 \,\}$ sind nicht markiert, also wird auch $\{\, s_3, s_4 \,\}$ nicht markiert.

Damit ergibt sich keine Änderung der Markierung. Die beiden Paare $\{\, s_1, s_2 \,\}$ und $\{\, s_3, s_4 \,\}$ bleiben unmarkiert und werden jeweils zu einem Zustand verschmolzen.

Im fünften Schritt erhalten wir so die Zustandsmengen

$$ S_0 = \{\, s_0 \,\}, \quad S_1 = \{\, s_1, s_2 \,\}, \quad S_3 = \{\, s_3, s_4 \,\} $$

und damit den Automaten

$$ A_{min} = (\{\, 0, 1 \,\}, \{\, S_0, S_1, S_3 \,\}, \delta_{min}, S_0, \{\, S_3 \,\}) $$

mit

$$ \delta_{min}(S_0, 0) = S_1 \qquad \delta_{min}(S_1, 0) = S_1 \qquad \delta_{min}(S_3, 0) = S_1 $$
$$ \delta_{min}(S_0, 1) = S_1 \qquad \delta_{min}(S_1, 1) = S_3 \qquad \delta_{min}(S_3, 1) = S_3 $$

Bild 2.31 zeigt das Zustandsdiagramm dieses Automaten. Dieser Automat ist isomorph zu dem Automaten A_{R_L} aus Beispiel 2.7 a). $\square$

Falls am Ende des Markierungsalgorithmus alle Paare markiert sind, bedeutet dies, dass der ursprüngliche Automat bereits minimal ist.

Wir wollen noch eine Variante des Markierungsalgorithmus betrachten, welche schrittweise die Zustandsmenge und die Überführungsfunktion des minimalen Automaten A_{min} zu einem gegebenen vollständigen deterministischen Automaten A konstruiert. Dabei wird in jedem i-ten Schritt eine disjunkte Zerlegung

$$ \Pi_i = \{ S_{i1}, S_{i2}, \ldots, S_{ik_i} \}, \quad k_i \geq 1 $$

von S erzeugt. Wir nennen die Elemente S_{ij}, $1 \leq j \leq k_i$, von Π_i Blöcke. Dabei ist Π_{i+1} feiner als Π_i, d.h. es ist $k_{i+1} \geq k_i$ und zu jedem Block $S \in \Pi_{i+1}$ existiert ein Block $S' \in \Pi_i$ mit $S \subseteq S'$. Die Elemente von Π_i sind die Zustände im i-ten Schritt, auf denen die i-te Zustandsüberführung δ_i definiert wird.

Das Verfahren endet, wenn im Schritt $i + 1$ keine neue Partition mehr entsteht, d.h. falls $\Pi_{i+1} = \Pi_i$ ist. Das Verfahren endet auf jeden Fall, wenn die feinste Zerlegung, die überhaupt möglich ist, erreicht wird. Die feinste Zerlegung ist die, die als Blöcke alle einelementigen Teilmengen von S enthält. In diesem Fall ist der Automat A bereits minimal.

Wir stellen jetzt das Verfahren vor:

1. Wir zerlegen die Zustandsmenge S in zwei disjunkte Teilmengen: $S_{11} = F$ und $S_{12} = S - F$. Die erste Partition ist also: $\Pi_1 = \{S_{11}, S_{12}\} = \{F, S - F\}$.

2. Sei $\Pi_i = \{S_{i1}, S_{i2}, \ldots, S_{ik_i}\}$, $k_i \geq 0$. Bilde die Partition Π_{i+1} gemäß folgender Bedingung: Zwei Zustände s und s' gehören genau dann zum selben Block in Π_{i+1}, falls für jedes $a \in \Sigma$ gilt: $\delta_i(s, a)$ und $\delta_i(s', a)$ gehören zum selben Block in Π_i.

3. Falls $\Pi_{i+1} = \Pi_i$ ist, dann ist Π_i die Zustandsmenge des minimalen Automaten. Falls $\Pi_{i+1} \neq \Pi_i$ ist, wird die Konstruktion bei Schritt 2 fortgesetzt.

Wenn das Verfahren mit Erreichen der Endebedingung $\Pi_{i+1} = \Pi_i$ endet, dann ist Π_i die Zustandsmenge von A_{min}. δ_{min} ist durch δ_i gegeben, der Startzustand von A_{min} ist der Block von Π_i, der den Startzustand s_0 von A enthält, und die Endzustandsmenge von A_{min} besteht aus allen Blöcken von Π_i, die mindestens einen Endzustand von A enthalten.

Wir wollen als Beispiel wieder den in Bild 2.30 gezeigten Automaten

$$A = (\{0, 1\}, \ \{s_0, s_1, s_2, s_3, s_4\}, \ \delta, \ s_0, \ \{s_3, s_4\})$$

minimieren und führen die obige Konstruktion schrittweise aus:

*   Die Endzustandsmenge ist $F = \{s_3, s_4\}$. Damit ergeben sich die Blöcke der ersten Partition: $S_{11} = \{s_3, s_4\}$ und $S_{12} = S - F = \{s_0, s_1, s_2\}$, also

    $$\Pi_1 = \{\{s_3, s_4\}, \ \{s_0, s_1, s_2\}\}$$

    Zur Überprüfung der Bedingung, die im nächsten Schritt die Zerlegung bestimmt, benutzen wir die folgende Zustandstabelle, deren Einträge sich wie folgt ergeben: Für Zustand s und Eingabe a tragen wir den Block S_{ij} ein, falls $\delta(s, a) \in S_{ij}$ ist.

	S_{11}		S_{12}		
	s_3	s_4	s_0	s_1	s_2
0	S_{12}	S_{12}	S_{12}	S_{12}	S_{12}
1	S_{11}	S_{11}	S_{12}	S_{11}	S_{11}

*   Wenn wir die Zustandstabelle betrachten, sehen wir, dass für den Block S_{11} gilt: Alle Zustände aus S_{11} haben bei Eingabe von 0 Folgezustände, die in demselben Block, nämlich in S_{12}, liegen. Ebenso haben alle Zustände aus S_{11} bei Eingabe von 1 Folgezustände aus demselben Block, nämlich aus S_{11}. S_{11} braucht also nicht weiter zerlegt zu werden und bleibt als Block in Π_2 erhalten, wir bezeichnen ihn dort mit S_{21}.

    Während alle Zustände aus S_{12} bei Eingabe von 0 Folgezustände aus demselben Block, nämlich aus S_{12}, haben, ist das bei Eingabe von 1 nicht der Fall: Der

Folgezustand von s_0 liegt in S_{12}, die Folgezustände von s_1 und s_2 liegen im Block S_{11}. Deshalb teilen wir S_{12} auf in die Blöcke $S_{22} = \{s_0\}$ und $S_{23} = \{s_1, s_2\}$. Wir erhalten also die neue Zerlegung

$$\Pi_2 = \{\{s_3, s_4\}, \{s_0\}, \{s_1, s_2\}\}$$

- Π_2 ist verschieden von Π_1, wir müssen also mit Schritt 2 des Verfahrens fortfahren. Dazu benutzen wir analog zu oben die Zustandstabelle bezüglich Π_2.

	S_{21}		S_{22}	S_{23}	
	s_3	s_4	s_0	s_1	s_2
0	S_{23}	S_{23}	S_{23}	S_{23}	S_{23}
1	S_{21}	S_{21}	S_{23}	S_{21}	S_{21}

- Wir stellen fest, dass für jeden Block gilt, dass für jeden seiner Zustände für jede Eingabe der Folgezustand jeweils in demselben Block liegt. Es entstehen also keine neuen Blöcke, d.h. es ist $\Pi_3 = \Pi_2$.

- Das Verfahren endet. Der zu A minimale Automat A_{min} ergibt sich als

$$A_{min} = (\{0, 1\}, \{S_{21}, S_{22}, S_{23}\}, \delta_{min}, S_{22}, \{S_{21}\})$$

wobei δ_{min} durch die obige Zustandstabelle gegeben ist. Dieser Automat ist derselbe, den wir durch den Markierungsalgorithmus erhalten haben und dessen Zustandsdiagramm in Bild 2.31 dargestellt ist.

Zu jedem deterministischen endlichen Automaten A existiert also ein äquivalenter minimaler Automat A_{min}. Minimal heißt: Es gibt keinen zu A äquivalenten deterministischen endlichen Automaten, der weniger Zustände als A_{min} hat. A_{min} ist eindeutig, wenn man von der Bezeichnung seiner Zustände absieht, denn alle minimalen Automaten zu A sind isomorph zueinander.

Bei nichtdeterministischen endlichen Automaten gilt diese Eigenschaft nicht. Als Beispiel betrachten wir die beiden nichtdeterministischen endlichen Automaten in Bild 2.32 für die Sprache L aus Beispiel 2.7 a). Beide Automaten sind minimal für L, aber nicht isomorph.

2.6 Anwendungen endlicher Automaten

In diesem Abschnitt stellen wir einige Anwendungen endlicher Automaten vor. Wir tun dies exemplarisch anhand typischer Bereiche aus der Informatik, wobei unsere Auswahl nicht vollständig sein kann, allerdings die Spannweite erkennen lassen soll, welche in der Verwendung endlicher Automaten gegeben ist: Sie reicht z.B. von der Beschreibung von Rechnersystemen und deren Systemprogrammierung über die Teilworterkennung bis hin zur Spezifikation und Verifikation von objektorientierten Entwürfen sowie der Modellierung von Kommunikationsabläufen zwischen Systemen oder zwischen Menschen und Maschinen.

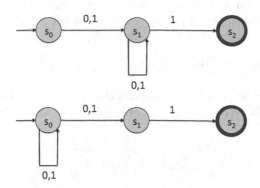

Bild 2.32: Zwei nicht isomorphe nicht deterministische endliche Automaten für die Sprache $L = \{\, w1 \mid w \in \{\, 0, 1 \,\}^+ \,\}$ mit minimaler Anzahl von Zuständen.

2.6.1 Rechnersysteme und Systemprogrammierung

Prinzipiell lässt sich jedes (sequentielle) Rechnersystem als endlicher Automat modellieren, sofern man gewisse Abstraktionen vornimmt: Wir sehen ab von Möglichkeiten zur Ein- bzw. Ausgabe (von Daten oder Programmen); auch mache man sich klar, dass ein endlicher Automat in der bisher betrachteten From *genau eine* Aufgabe ausführen kann, die quasi fest verdrahtet wird. Er ist also *nicht programmierbar*, d. h. durch Austausch eines Programm zur Ausführung einer neuen Aufgabe zu bewegen. Auch ein parallel arbeitendes System geht offensichtlich über die Modellierungsmöglichkeiten eines endlichen Automaten hinaus. Ein sequentieller Rechner ist auf der Ebene der reinen Hardware als ein synchron (also getaktet) arbeitendes *Schaltwerk* beschreibbar, welches aus einem Schaltnetz (der CPU) zur Berechnung von Schalt- oder Booleschen Funktionen sowie aus Speicherelementen besteht. Jeder mögliche Speicherinhalt, alle Speicher eines Rechnersystems (CPU-Register, Haupt-, Cache-, Sekundärspeicher) umfassend, stellt einen möglichen Zustand dar; mögliche Veränderungen des Inhaltes, welche sich aus Berechnungen oder Schaltvorgängen im Rechner ergeben, sind die Zustandsübergänge. Eingabe- sowie Ausgabedaten werden im Allgemeinen so codiert, dass sie in dualer Form vorliegen; ein Startzustand ist z.B. dadurch gekennzeichnet, dass er alle Speicherinhalte bis auf die Eingabedaten löscht; ein Endzustand ist erreicht, wenn das Schaltwerk eine aktuelle Rechnung beendet hat. Wir werden in Kapitel 4 auf diese Analogie genauer eingehen, wenn uns nämlich Automaten *mit Ausgabe* zur Verfügung stehen.

Das Betriebssystem eines Rechners organisiert Programm*ausführungen* im Allgemeinen als *Prozesse*, welche unter anderem abwechselnd die CPU des betreffenden Rechners belegen. Es lassen sich dann verschiedene (aber nur endliche viele) Prozess*zustände* unterscheiden in Abhängigkeit davon, ob ein Prozess aktuell Zugriff auf die CPU hat, also de facto in Ausführung („running") ist, ob er auf die Zuteilung der

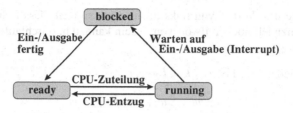

Bild 2.33: Prozesszustände und -übergänge.

CPU wartet („ready") oder auf Ein- oder Ausgabe von bzw. nach außen (etwa Lesen vom oder Schreiben in den Hauptspeicher) wartet („blocked"). Derartige Prozesszustände und mögliche Zustandsübergänge sind in Bild 2.33 gezeigt; offensichtlich kann dieses Diagramm je nach Bedarf der Modellierung verfeinert oder erweitert und sogar an andere Situationen innerhalb eines Betriebssystems angepasst werden.

2.6.2 Teilworterkennung

Wenn man, z.B. zum Schreiben eines Programmtextes, ein Textverarbeitungssystem oder einen Editor benutzt, macht man meist von den Funktionen dieses Systems zum Suchen (`search`) oder Ändern (`replace`, `replace all`) von Wörtern Gebrauch. Um ein Wort zu ändern, muss es zunächst gefunden werden; wir wollen uns hier auf das Suchproblem beschränken. Konkret wollen wir das folgende Problem untersuchen: Gegeben sei ein Text w, gesucht sind die Stelle oder die Stellen, an der bzw. an denen ein Text v in w vorkommt. Beide Texte seien Wörter über einem Alphabet Σ (z.B. die Menge der ASCII-Symbole).

Das Problem kann auf Bilder (Muster) verallgemeinert werden. Das Problem, ein Teilbild in einem Bild zu suchen, ist ein grundlegendes Problem der Mustererkennung und der Bildverarbeitung. Das Problem wird auch *Pattern-Matching-Problem* genannt. Wir wollen das Pattern-Matching-Problem nur für den linearen Fall, d.h. für Wörter über einem Alphabet Σ betrachten. Es lässt sich durch die Funktion

$$pm : \Sigma^* \times \Sigma^* \to 2^{\mathbb{N}_0}$$

definiert durch

$$pm(w, v) = \{i \mid substr(w, i, i + |v| - 1) = v\}$$

formal beschreiben. $pm(w, v)$ gibt die Stellen (Indizes) von w an, an denen v in w vorkommt. Es gilt also z.B.

$$pm(aabaaa, aa) = \{1, 4, 5\}$$

Wir wollen uns ein Verfahren überlegen, welches für den Fall, dass v ein Teilwort von w ist, die Stelle des ersten Vorkommens bestimmt. Sei dazu $w = w_1 \ldots w_k$, $v = v_1 \ldots v_l$, $w_i, v_j \in \Sigma$, $1 \leq i \leq k$, $1 \leq j \leq l$, $k, l \geq 0$. Ein naives Verfahren ist das folgende:

- Durchlaufe das Wort w von links nach rechts so weit, dass v aufgrund seiner Länge prinzipiell noch Teilwort von w sein kann, d.h. durchlaufe w von w_1 bis maximal w_{k-l+1}.

- Prüfe bei jedem w_i, $1 \leq i \leq k - l + 1$, ob

$$w_i \dots w_{i+l-1} = v_1 \dots v_l \tag{2.8}$$

ist. Falls ja, kommt v in w erstmalig ab der Stelle i vor, d.h.

$$substr(w, i, i + l - 1) = v$$

und i ist die kleinste Zahl mit dieser Eigenschaft. Falls (2.8) nicht gilt, d.h. es gibt ein j mit $w_{i+j-1} \neq v_j$, $1 \leq j \leq l$, muss die Prüfung (2.8) ab dem nächsten Buchstaben w_{i+1} von w durchgeführt werden.

Folgende Darstellung veranschaulicht das Verfahren:

$$w_1 \dots w_{i-1} \quad \begin{matrix} v_1 \dots v_l \\ w_i \dots w_{i+l-1} \end{matrix} \quad w_{i+l} \dots w_k$$

Eine programmiersprachliche Formulierung (PASCAL-ähnlich) des Verfahrens lautet wie folgt:

```
for i := 1 to k - l + 1 do begin
    nochgleich := true;
    j := 1;
    while (j ≤ l) and nochgleich do
        if w_{i+j-1} ≠ v_j then nochgleich := false
        else j := j + 1;
    if nochgleich then write('v kommt an der Stelle', i, 'in w vor')
end;
```

Welchen Aufwand (Anzahl der Vergleiche) hat dieses Verfahren im schlimmsten Fall (englisch: worst case)? Der schlimmste Fall liegt dann vor, wenn v nicht in w vorkommt. Dann muss für alle w_i, $1 \leq i \leq k - l + 1$, also $k - l + 1$-mal, der Vergleich (2.8) durchgeführt werden. Dieser Vergleich bedeutet für alle j, $1 \leq j \leq l$, w_{i+j-1} mit v_j zu vergleichen. Das sind l Vergleiche. Insgesamt müssen also $(k - l + 1) \cdot l$ Vergleiche durchgeführt werden. In der Regel wird l, die Länge des gesuchten Wortes, im Verhältnis zu k, der Länge des zu durchsuchenden Wortes, sehr klein sein, so dass $(k - l + 1) \cdot l$ ungefähr gleich $k \cdot l = |w| \cdot |v|$ ist.

Im Fall der erfolgreichen Suche wird im Mittel (englisch: average case) die Hälfte der Buchstaben $w_1 \dots, w_{k-l+1}$ durchlaufen werden, d.h. die Anzahl der Vergleiche ist dann ungefähr gleich $\frac{k \cdot l}{2} = \frac{1}{2}|w| \cdot |v|$.

Es gibt wesentlich effizientere Verfahren, das Pattern-Matching-Problem mit weniger Vergleichen zu lösen. Wir stellen eines vor, welches das Problem mithilfe endlicher Automaten löst.

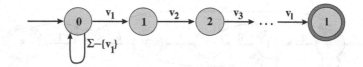

Bild 2.34: Automat, der $v = (\Sigma - \{v_1\})^* \{v_1 \ldots v_l\}$ akzeptiert.

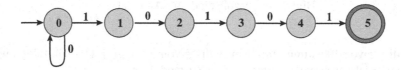

Bild 2.35: Automat A_v, der $\{0\}^* \{10101\}$ akzeptiert.

Zunächst konstruieren wir zum gesuchten Wort $v = v_1 \ldots v_l$ den deterministischen endlichen Automaten A_v mit dem Zustandsdiagramm in Bild 2.34. Es gilt $L(A_v) = (\Sigma - \{v_1\})^* \circ \{v\}$.

Im nächsten Schritt vervollständigen wir A_v so, dass gilt: Verarbeitet A_v das Wort $w = w_1 \ldots w_k$, dann ist A_v im Zustand j, $1 \le j \le l$, genau dann, wenn die letzten j von A_v gelesenen Buchstaben von w mit den ersten j Buchstaben von v übereinstimmen und es keinen Index kleiner als j mit dieser Eigenschaft gibt. Es liegt also folgende Situation vor:

$$w = w_1 \ldots w_{i-1} v_1 \ldots v_j w_{i+j} \ldots w_k$$

Es ist also $w_i \ldots w_{i+j-1} = v_1 \ldots v_j$. Liest A_v den nächsten Buchstaben w_{i+j} von w, gibt es zwei Möglichkeiten:

1. $w_{i+j} = v_{j+1}$, d.h. der nächste Buchstabe von w stimmt mit dem nächsten Buchstaben von v überein: A_v geht in den Zustand $j + 1$ über;

2. $w_{i+j} \ne v_{j+1}$: A_v geht in den Zustand $r \le j$ über, wobei r die größte Zahl ist, so dass $v_1 \ldots v_r$ Suffix von $v_1 \ldots w_{j+1}$ ist. Denn offensichtlich stimmen dann die letzten r von w gelesenen Buchstaben mit den ersten r von v überein, und r ist der größte Index mit dieser Eigenschaft.

Wir wollen das vorgestellte Verfahren an einem Beispiel durchführen. Sei $\Sigma = \{0, 1\}$ ein Alphabet und das zu suchende Wort $v = 10101$.

Im ersten Schritt erhalten wir A_v, der $\{0\}^* \{10101\}$ akzeptiert (siehe Bild 2.35). Jetzt müssen wir A_v vervollständigen: Zustand 0 ist bereits vervollständigt. Wird im Zustand 1 eine 1 gelesen, wurde bis dahin 11 gelesen. Das größte Suffix von 11, das mit v am Anfang übereinstimmt, ist 1. Bei Eingabe von 1 geht A_v in den Zustand 1 über. Also fügen wir zu A_v einen 1-Übergang vom Zustand 1 zu sich selbst hinzu.

Wird im Zustand 2 eine 0 gelesen, wurde bis dahin 100 gelesen. Kein Suffix von 100 stimmt mit irgendeinem Anfangsstück von v überein (anders ausgedrückt: Nur

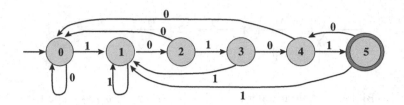

Bild 2.36: Vervollständigter Automat A_v.

das Suffix ε von 100 stimmt mit dem Präfix ε von v überein). Deshalb führen wir in A_v einen 0-Übergang vom Zustand 2 zum Zustand 0 ein.

Das Endergebnis der Vervollständigung von A_v zeigt Bild 2.36. Die Vervollständigung von Zustand 5 geschieht wie folgt: Wird eine 1 gelesen, ist das bis dahin gelesene Wort 101011. Nur die letzte 1 davon stimmt mit einem Präfix von v, nämlich mit 1, überein. 1 wird im Zustand 1 erkannt, also fügen wir einen 1-Übergang von Zustand 5 zum Zustand 1 ein. Wird im Zustand 5 eine 0 gelesen, wurde bis dahin 101010 gelesen. Das größte Suffix davon, das mit einem Anfangsstück von v übereinstimmt, ist 1010. Dieses Wort wird im Zustand 4 erkannt, also enthält A_v einen 0-Übergang vom Zustand 5 zum Zustand 4.

Mithilfe des zu einem Muster v konstruierten Automaten A_v wird nicht nur die erste, sondern jede Stelle im Wort w gefunden, an der v vorkommt. Dazu wird ein Zähler vor Beginn der Eingabe von w in A_v auf den Wert $-|v|+1$ gesetzt. Der Zähler wird beim Abarbeiten von w bei jedem Zustandsübergang um eins erhöht. Immer dann, wenn der Endzustand erreicht wird, gibt der Zähler eine Stelle in w an, an der v vorkommt, und alle diese Stellen werden aufsteigend angegeben.

Wie hoch ist der Aufwand für dieses Verfahren? Das Verfahren besteht aus zwei Teilen: die Konstruktion von A_v und das Abarbeiten von Wörtern w durch A_v. Zu einem gegebenen Muster v kann der Automat A_v in $c\cdot|v|$ Schritten konstruiert werden. Dabei ist c eine positive reellwertige Konstante, die weder von der Länge von v noch von den Längen der Wörter w abhängt. Das Abarbeiten eines Wortes w durch A_v benötigt genau $|w|$ Schritte. Damit benötigt das vorgestellte Verfahren $c \cdot |v| + |w|$ Schritte, was in der Regel wesentlich weniger als beim eingangs betrachteten naiveren Verfahren mit dem Aufwand $\frac{1}{2} \cdot |v| \cdot |w|$ ist.

Das Ausgangsproblem der Betrachtungen dieses Abschnitts, ein Wort oder einen Text v in einem gegebenen Text w zu suchen, lässt sich nicht nur auf die Mustererkennung und Bildverarbeitung verallgemeinern, sondern auch auf das *Suchen im Web*. Auch hier geht es darum, ein vorgegebenes Wort in einer Menge von HTML-Dokumenten zu finden (bzw. sämtliche Vorkommen aufzufinden), um die gefundenen Dokumente (oder zumindest deren Web-Adressen) dann in einer bestimmten Reihenfolge auszugeben.

Eine weitere Anwendung, die sich formal in völlig analoger Weise formulieren lassen, ist die lexikalische Analyse eines Compilers für eine Programmiersprache.

2.6.3   Weitere Anwendungen

In allen Bereichen der Softwaretechnik, z.B. in der Anforderungsanalyse, beim Softwareentwurf, bei der Spezifikation, bei der Implementierung, finden ebenfalls Methoden und Techniken Anwendung, die mittelbar oder unmittelbar endliche Automaten als Hilfsmittel verwenden.

Bei der dynamischen Modellierung verwenden gängige objektorientierte Methoden wie UML (Unified Modeling Language) Zustandsdiagramme. Zustandsübergänge repräsentieren dabei Ereignisse, die – möglicherweise abhängig von einer Bedingung – einen Zustandswechsel bewirken.

Unser Eingangsbeispiel in diesem Kapitel, der Eintrittsautomat $A_{Eintritt}$, ist ein Beispiel für die Modellierung eines Mensch-Maschine-Dialogs. Viele Softwareprojekte beinhalten die Gestaltung von Mensch-Computer-Schnittstellen. Zur Modellierung von Dialogabläufen eignen sich so genannte *Interaktionsdiagramme* (kurz: IAD). Interaktionsdiagramme sind Erweiterungen von endlichen Automaten. Sie bestehen aus Zuständen, die die Situationen beschreiben, in denen das System auf Eingaben wartet, Zustandsübergängen, welche so genannte virtuelle Tasten repräsentieren, die den weiteren Ablauf eines Dialogs steuern, und Aktionen, die bei Zustandsübergängen ausgeführt werden. Bild 2.37 beschreibt den Dialog mit dem Eintrittsautomaten mithilfe eines Interaktionsdiagramms, wobei Zustände durch Kreise und Aktionen durch Rechtecke dargestellt sind.

Das Konzept der endlichen Automaten findet also vielfältige Anwendungen bei Problemlösungen in unterschiedlichen Bereichen der Praktischen, der Angewandten und der Technischen Informatik. Beispiele sind: Das Pattern-Matching-Problem in der Textverarbeitung (allgemeiner: Mustererkennung und -verarbeitung), die Modellierung von Zuständen und Zustandsüberführungen in der Systemprogrammierung, die dynamische Modellierung in der objektorientierten Softwareentwicklung, die Beschreibung von Mensch-Computer-Dialogen.

2.7   Bibliographische Hinweise und Ergänzungen

Wie am Ende von Kapitel 1 bereits erwähnt, findet man weitere Darstellungen zu endlichen Automaten in den dort genannten Lehrbüchern zur Automatentheorie; diese generellen Literaturhinweise werden daher an dieser Stelle nicht mehr wiederholt.

Oberschelp und Vossen (2006) verwenden endliche Automaten zur Beschreibung von Rechnern mit endlichem Speicher und zeigen damit, dass das Konzept der endlichen Automaten zu diesem Zweck (wenigstens im Prinzip) ausreicht; man vergleiche hierzu auch Kapitel 4. Die bekanntesten Verfahren zur Teilworterkennung bzw. zum Pattern Matching stammen von Boyer und Moore (1977) sowie von Knuth et al. (1977); man vergleiche hierzu auch die Darstellung bei Ottmann und Widmayer (2011). Hitz et al. (2005) behandelt die heute weit verbreitete Modellierungssprache UML.

Neben den hier beschriebenen endlichen Automaten werden in der Literatur auch Automaten auf *unendlichen* Wörtern sowie *Baumautomaten* untersucht. Bei der ers-

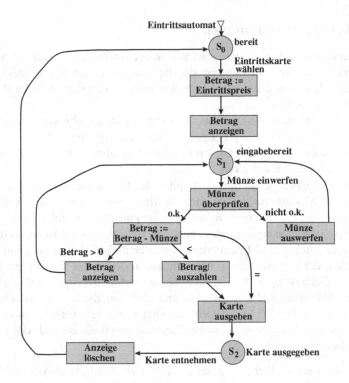

Bild 2.37: Interaktionsdiagramm für den Eintrittsautomaten.

teren Kategorie, auch *Büchi-Automaten* genannt, handelt es sich um nichtdeterminis-tische endliche Automaten, die unendlich lange Wörter, so genannte ω-*Wörter*, er-kennen können. Ein solcher Automat *erkennt* ein ω-Wort, falls der Automat beim Abarbeiten des Wortes (im üblichen Sinne) eine Folge von Zuständen durchläuft, in welcher ein Endzustand unendlich oft vorkommt. Baumautomaten operieren auf (bi-nären) Bäumen, deren sämtliche Knoten mit Buchstaben aus oder Wörtern über einem gegebenen Alphabet beschriftet sind. Sie verallgemeinern sequentielle Automaten der in diesem Kapitel betrachteten Art dadurch, dass sie ausgehend von der Wurzel des Baumes die Pfade zu den Blättern *parallel* durchlaufen. Sowohl für Büchi- wie für Baumautomaten sind eine Reihe der Resultate über (gewöhnliche) endliche Automa-ten ebenfalls nachweisbar; das gleiche gilt für die von diesen Automaten erkannten Sprachen im Vergleich zu den regulären Sprachen. Des Weiteren gibt es tiefer gehende Beziehungen zwischen Aspekten der mathematischen Logik und endlichen Automa-ten sowie zwischen endlichen Automaten, (unendlichen) Spielen und der Verifikation reaktiver Systeme. Einen Einstieg in alle diese Thematiken findet man etwa bei Tho-mas (1990, 1997, 1999, 2002) und Grädel et al (2002). Man vergleiche hierzu auch die Einführung von Thomas (2010) in das Themenheft zur Theoretischen Informa-tik des Informatik-Spektrums sowie die Übersicht von Björklund et al. (2010) in die Zusammenhänge zwischen Automaten und mathematischer Logik.

2.8 Übungen

2.1 Erweitern Sie den Eintrittsautomaten $A_{Eintritt}$ aus Abschnitt 2.1.1 so, dass dieser neben Münzen auch EC-Karten akzeptiert.

2.2 Konstruieren Sie in Analogie zum Automaten $A_{Eintritt}$ einen Automaten A_{Geld}, der die Funktionsweise moderner Bankautomaten auf abstrakter Ebene nachbildet (d.h. Ausgabe von Geldscheinen in Stückelung 5, 10, 20, 50, 100 und 200 Euro bis zu einem Limit von 1.000 bzw. 200 Euro pro Tag bei Karten des eigenen oder eines fremden Geldinstituts, ferner Karteneinzug nach dreimaliger Eingabe einer falschen PIN).

2.3 a) `integer`-Zahlen in einer Programmiersprache müssen syntaktisch eindeutig definiert werden, damit der Compiler überprüfen kann, ob eine Zeichenfolge eine syntaktisch korrekt gebildete `integer`-Zahl ist. In der Programmiersprache PASCAL bestehen `integer`-Zahlen aus Ziffernfolgen ohne führende Nullen, mit oder ohne Vorzeichen. Geben Sie einen endlichen Automaten an, der die Menge der syntaktisch korrekten PASCAL-`integer`-Zahlen akzeptiert.

b) Erweitern Sie Ihren Automaten aus a) zu einem Automaten, der `real`-Zahlen akzeptiert. Eine `real`-Zahl besteht aus einer `integer`-Zahl, die einen Dezimal- und einen Exponentialanteil haben kann (beide oder einer von beiden kann fehlen). Der Dezimalanteil beginnt mit einem Punkt, dem eine beliebige nicht leere Ziffernfolge folgen muss. Der Exponentialanteil beginnt mit dem Symbol `E`, dem eine `integer`-Zahl folgen muss.

2.4 Konstruieren Sie endliche Automaten, die die folgende Sprachen L_1, L_2, L_3 über dem Alphabet $\{a, b, c\}$ akzeptieren:

  a) L_1 enthält alle Wörter, die mindestens einmal das Suffix abc besitzen;

  b) L_2 enthält alle Wörter, die genau einmal das Suffix abc enthalten;

  c) L_3 enthält alle Wörter, die das Suffix abc nicht enthalten.

2.5 Konstruieren Sie einen endlichen Automaten, der die Sprache

$$L = \{w \in \{a, b\}^* \mid |w|_a = 2i, |w|_b = 3j, i, j \geq 0\}$$

akzeptiert.

2.6 a) Für $c \in \mathbb{N}$ sei $L_c = \{w \in \{a, b\}^* \mid a^c \text{ ist nicht Infix von } w\}$. Geben Sie eine formale Definition für eine Familie von vollständigen Automaten A_c an mit $L_c = L(A_c)$.

b) Für $c \in \mathbb{N}$ sei $L_c = \{w \in \{a, b\}^* \mid a^c \text{ ist Infix von } w\}$. Geben Sie eine formale Definition für eine Familie von vollständigen Automaten A_c an mit $L_c = L(A_c)$.

2.7 *ISBN 10*-Nummern[6] sind alle Folgen $x_1 \ldots x_{10}$ der Länge 10 über dem Alphabet $\{0, 1, \ldots, 9, X\}$, die genau die folgenden Eigenschaften erfüllen:

   (1) $x_i \in \{0, 1, \ldots, 9\}$, $1 \leq i \leq 9$: Die ersten 9 Ziffern dürfen nicht X sein.

   (2) $x_{10} \in \{0, 1, \ldots, 9, X\}$: x_{10} kann auch X sein. X steht für die „Ziffer" 10.

   (3) Es muss $\sum_{i=1}^{10} i \cdot x_i = 0\,(11)$ gelten: Die Summe der mit der Stelle gewichteten Ziffern muss durch 11 teilbar sein.

Konstruieren Sie einen endlichen Automaten, der gerade die *ISBN 10*-Nummern akzeptiert.

2.8 Zeichnen Sie das Zustandsdiagramm des gemäß der allgemeinen Konstruktion von Satz 2.2 konstruierten Automaten A_d. Vergleichen Sie dieses mit dem in Bild 2.13 dargestellten Zustandsdiagramm des unmittelbar vor dem Satz 2.2 konstruierten deterministischen Automaten A_{1_d} für die Sprache der Bitfolgen mit drittletztem Bit gleich 0.

2.9 Konstruieren Sie zu dem nichtdeterministischen endlichen Automaten

$$A = (\{a, b\}, \{p, q, r\}, \delta, p, \{r\})$$

mit

δ	p	q	r
a	$\{p, q\}$	$\{p, q, r\}$	$\{\}$
b	$\{r\}$	$\{\}$	$\{q, r\}$

einen äquivalenten deterministischen.

2.10 Konstruieren Sie zu dem nichtdeterministischen endlichen Automaten

$$A = (\{a\}, \{0, 1, 2, 3, 4, 5\}, \delta, 0, \{0, 2, 5\})$$

mit

δ	0	1	2	3	4	5
a	$\{1, 3\}$	$\{2\}$	$\{1, 3\}$	$\{4\}$	$\{5\}$	$\{1, 3\}$

einen äquivalenten deterministischen.

2.11 Minimieren Sie den Automaten

$$A = (\{0, 1\}, \{s_0, s_1, s_2, s_3, s_4\}, \delta, s_0, \{s_4\})$$

mit dem in Bild 2.38 dargestellten Zustandsdiagramm. Beschreiben Sie $L(A)$ umgangssprachlich, und geben Sie $L(A)$ formal an.

---

[6]*ISBN* ist eine Abkürzung für „International Standard Book Number".

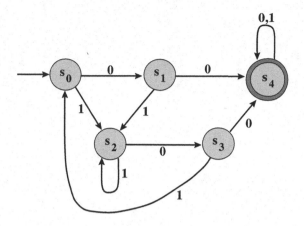

Bild 2.38: Zustandsdiagramm von A.

2.12 Minimieren Sie den endlichen Automaten

$$A = (\{\, a, b, c \,\}, \{\, s_0, s_a, s_c, s_{aa}, s_{cc}, g_{ac}, u_{ac} \,\}, \delta, s_0, \{\, s_0, s_{aa}, s_{cc}, g_{ac} \,\})$$

mit

δ	s_0	s_a	s_c	s_{aa}	s_{cc}	g_{ac}	u_{ac}
a	s_a	s_{aa}	g_{ac}	s_a	u_{ac}	u_{ac}	g_{ac}
b	s_0	s_a	s_c	s_{aa}	s_{cc}	g_{ac}	u_{ac}
c	s_c	g_{ac}	s_{cc}	u_{ac}	s_c	u_{ac}	g_{ac}

Kapitel 3

Reguläre Sprachen

In diesem Kapitel beschäftigen wir uns weiter mit der Klasse der *regulären Sprachen*. Während wir in Kapitel 2 nur *akzeptierende* Konzepte für diese Klasse, nämlich Varianten von endlichen Automaten, betrachtet haben, führen wir jetzt zwei weitere Konzepte zur Beschreibung dieser Sprachklasse ein: *reguläre Ausdrücke* und *Typ-3-Grammatiken*.

Ein regulärer Ausdruck ist ein Muster für die Wörter einer regulären Sprache. Eine Typ-3-Grammatik gibt Regeln an, mit denen die Wörter einer regulären Sprache erzeugt werden können. Reguläre Ausdrücke stellen also ein beschreibendes Konzept, Typ-3-Grammatiken ein erzeugendes Konzept für reguläre Sprachen dar.

Sowohl reguläre Ausdrücke als auch Typ-3-Grammatiken sind wichtige Hilfsmittel in der Praktischen und in der Angewandten Informatik, etwa im Compilerbau und in der Softwaretechnik. So werden reguläre Ausdrücke z.B. zur formalen Beschreibung von zulässigen Eingaben für Dialogmasken verwendet. Es gibt Werkzeuge, die aus der formalen Beschreibung in Form regulärer Ausdrücke automatisch eine Software zur Überprüfung der syntaktischen Korrektheit der Benutzereingaben, sogenannte Scanner, generieren.

Des Weiteren beschäftigen wir uns in diesem Kapitel mit den grundlegenden Eigenschaften regulärer Sprachen, wie z.B. der Abgeschlossenheit dieser Sprachklasse gegenüber Mengenoperationen. Wir untersuchen, ob die Vereinigung, der Durchschnitt usw. von zwei regulären Sprachen wieder reguläre Sprachen sind. Weiterhin beschäftigen wir uns mit Entscheidbarkeitsfragen, z.B. mit der Frage, ob das Wortproblem für reguläre Sprachen entscheidbar ist, d.h., ob es ein allgemeines Verfahren gibt, das immer die Frage beantwortet, ob ein Wort w in einer regulären Sprache L enthalten ist oder nicht; die Beantwortung dieser Frage hat wichtige Konsequenzen für die Praktische Informatik. Zum Schluss werden wir die Grenzen der regulären Konzepte aufzeigen; insbesondere werden wir zeigen, dass es bereits sehr einfache Sprachen gibt, die nicht regulär sind.

3.1 Reguläre Ausdrücke

In diesem Abschnitt führen wir reguläre Ausdrücke als beschreibendes Konzept für reguläre Sprachen ein. Wir zeigen die Äquivalenz von regulären Ausdrücken und endlichen Automaten und deuten beispielhaft praktische Anwendungsmöglichkeiten regulärer Ausdrücke an.

3.1.1 Definitionen und Eigenschaften

„Wandern" wir, beginnend beim Startzustand, durch einen endlichen Automaten A, bis wir einen Endzustand erreichen, und schreiben die Buchstaben der Übergänge, denen wir dabei gefolgt sind, hintereinander, erhalten wir ein Wort $w \in L(A)$. Während einer solchen Wanderung können wir die folgenden drei Operationen durchführen:

- Wir schreiben Buchstaben hintereinander, d.h. wir *konkatenieren* Wörter.

- Bei Zuständen, von denen mehrere Übergänge ausgehen, müssen wir eine Auswahl treffen, d.h. wir *selektieren* den weiteren Weg.

- Bei einigen Zuständen kehren wir zu vorher besuchten Zuständen zurück und erzeugen ein von diesem Zustand aus erzeugtes Teilwort nochmals. Wir können diesen Vorgang mehrmals *wiederholen* und das Teilwort beliebig oft erzeugen.

Aus diesen Beobachtungen mutmaßen wir, dass sich die Wörter regulärer Sprachen über einem Alphabet Σ bilden lassen, indem man die Operationen *Konkatenation*, *Selektion* und *Wiederholung* auf die Buchstaben von Σ anwendet. Wir wollen diese Idee formalisieren. Dazu führen wir für die genannten Operationen Symbole ein:

- Den *Konkatenationsoperator* bezeichnen wir mit •,

- den *Selektionsoperator* mit |,

- den *Wiederholungsoperator* mit ⊗.

Außer diesen Operatoren benötigen wir noch

- den *Nulloperator* Λ und

- den *Einsoperator* E

sowie Klammern [und]. Im Folgenden enthalte das Alphabet Σ weder die Operator- noch die Klammersymbole.

Definition 3.1. Sei Σ ein Alphabet. Die Menge der *regulären Ausdrücke* $REXP_\Sigma$ über Σ ist genau die Menge der Wörter über $\Sigma \cup \{\Lambda, E, \bullet, |, \otimes, [,]\}$, die mithilfe folgender Regeln gebildet werden können:

(1) Der *Nulloperator* ist ein regulärer Ausdruck: $\Lambda \in REXP_\Sigma$.

(2) Der *Einsoperator* ist ein regulärer Ausdruck: $E \in REXP_\Sigma$.

(3) Jeder Buchstabe von Σ ist ein regulärer Ausdruck: $a \in REXP_\Sigma$ für alle $a \in \Sigma$.

(4) Sind α und β reguläre Ausdrücke, $\alpha, \beta \in REXP_\Sigma$, dann ist auch

  (a) $[\alpha \bullet \beta]$ ein regulärer Ausdruck: $[\alpha \bullet \beta] \in REXP_\Sigma$,

  (b) $[\alpha|\beta]$ ein regulärer Ausdruck: $[\alpha|\beta] \in REXP_\Sigma$,

  (c) $\alpha^\otimes$ ein regulärer Ausdruck: $\alpha^\otimes \in REXP_\Sigma$. $\qquad\square$

Beispiel 3.1. Sei $\Sigma = \{0, 1\}$. Es gilt $\gamma = [0 \bullet [0|1]^\otimes] \in REXP_\Sigma$, denn γ lässt sich mit den obigen Regeln bilden: Nach Regel (3) sind 0 und 1 reguläre Ausdrücke. Mit Regel (4b) ist $[0|1]$ ein regulärer Ausdruck, mit Regel (4c) ist $[0|1]^\otimes$ und mit (4a) ist $[0 \bullet [0|1]^\otimes]$ ein regulärer Ausdruck. $\qquad\square$

Ein regulärer Ausdruck über einem Alphabet Σ ist ein Muster für eine Menge von Wörtern, die sich durch Anwendung der Operatorsymbole auf die Buchstaben von Σ ergeben. Betrachten wir den Ausdruck $\gamma = [0 \bullet [0|1]^\otimes]$ aus Beispiel 3.1: Er legt alle Bitfolgen fest, die mit einer 0 beginnen, gefolgt von einer beliebigen Folge von Nullen oder Einsen, also z.B. $0, 00, 01, 000, 001, 010, 011, \ldots$.

Formal definieren wir die Bedeutung (*Semantik*) eines regulären Ausdrucks durch eine Funktion

$$L : REXP_\Sigma \to 2^{\Sigma^*}$$

die jedem regulären Ausdruck über Σ eine Sprache über Σ zuordnet. Diese Zuordnung, auch *Interpretation* genannt, geschieht nach folgenden Vorschriften:

(1) $L(\Lambda) = \emptyset$: Λ definiert die leere Sprache.

(2) $L(E) = \{\varepsilon\}$: E legt die Sprache fest, die nur das leere Wort enthält.

(3) $L(a) = \{a\}$ für alle $a \in \Sigma$: Jeder Buchstabe aus Σ beschreibt jeweils die Sprache, die nur ihn selbst als einziges Wort enthält.

(4) Sind $\alpha, \beta \in REXP_\Sigma$, dann gilt:

  (a) $L([\alpha \bullet \beta]) = L(\alpha) \circ L(\beta)$: Der Konkatenation regulärer Ausdrücke wird die Konkatenation ihrer Sprachen zugeordnet.

  (b) $L([\alpha|\beta]) = L(\alpha) \cup L(\beta)$: Der Selektion (oder Auswahl) regulärer Ausdrücke wird die Vereinigung ihrer Sprachen zugeordnet.

  (c) $L(\alpha^\otimes) = (L(\alpha))^*$: Der Wiederholungsoperator wird durch das Kleene-Stern-Produkt interpretiert.

Definition 3.2. a) Sei Σ ein Alphabet, $\alpha \in REXP_\Sigma$ und L die oben definierte Interpretation regulärer Ausdrücke, dann heißt $L(\alpha)$ die von α *definierte Sprache*.

b) Zwei reguläre Ausdrücke $\alpha, \beta \in REXP_\Sigma$ heißen *äquivalent*, falls $L(\alpha) = L(\beta)$ ist. Wir notieren die Äquivalenz von zwei regulären Ausdrücken $\alpha, \beta \in REXP_\Sigma$ mit $\alpha \equiv \beta$.

c) $LREXP_\Sigma$ sei die *Klasse der durch reguläre Ausdrücke* über Σ definierbaren Sprachen. $\qquad\square$

Beispiel 3.2. Wir bestimmen die durch den regulären Ausdruck $\gamma = [0 \bullet [0|1]^{\otimes}] \in$ $REXP_{\{0,1\}}$ aus Beispiel 3.1 definierte Sprache:

$$
\begin{aligned}
L(\gamma) &= L([0 \bullet [0|1]^{\otimes}]) \\
&= L(0) \circ L([0|1]^{\otimes}) && \text{(nach Regel 4a)} \\
&= L(0) \circ (L([0|1]))^* && \text{(nach Regel 4c)} \\
&= L(0) \circ (L(0) \cup L(1))^* && \text{(nach Regel 4b)} \\
&= \{0\} \circ (\{0\} \cup \{1\})^* && \text{(nach Regel 3)} \\
&= \{0\}\{0,1\}^*
\end{aligned}
$$

$L(\gamma)$ ist die Menge aller Bitfolgen, die mit 0 beginnen. $\qquad\Box$

Wir werden im Folgenden in regulären Ausdrücken anstelle der Operatorsymbole die Symbole ihrer Interpretationen verwenden: runde Klammern anstelle von eckigen, $\circ$ anstelle von $\bullet$, $*$ anstelle von $\otimes$ und ε anstelle von E sowie $\emptyset$ anstelle von Λ; | ersetzen wir nicht. In der Regel lassen wir sogar wie bisher das Konkatenationssymbol zwischen Wörtern weg und schreiben vw anstelle von $v \circ w$. Damit notieren wir reguläre Ausdrücke wie sonst üblich und wie in den meisten Literaturstellen zu diesem Thema (einige Literaturstellen verwenden $+$ oder $\cup$ für |). Den Ausdruck $[0 \bullet [0|1]^{\otimes}] \in REXP_{\{0,1\}}$ aus Beispiel 3.1 notieren wir jetzt also $(0(0|1)^*)$. Dabei sollte uns aber bewusst sein, dass die Symbole in regulären Ausdrücken nichts anderes als Buchstaben von Wörtern sind, denen durch die Semantikfunktion L ihre Bedeutung als Menge oder als Mengenverknüpfung zugeordnet wird. Um diesen Unterschied deutlich zu machen, haben wir zunächst unterschiedliche Symbole für Operatoren und die sie interpretierenden Mengen bzw. Mengenverknüpfungen gewählt. Streng genommen hätten wir auch für die Elemente aus Σ als reguläre Ausdrücke eine eigenständige Notation wählen müssen (einige Literaturstellen notieren für $a \in \Sigma$ als regulären Ausdruck $\underline{a}$).

„Rechenregeln" für reguläre Ausdrücke

Mit regulären Ausdrücken lässt sich – vergleichbar zu Ausdrücken in der Zahlenarithmetik – „rechnen". Die beiden arithmetischen Ausdrücke $x + y$ und $y + x$ sind äquivalent, denn ihr Wert ist gleich: $x + y = y + x$, in der Zahlenarithmetik gilt das Kommutativgesetz. Analog gilt das Kommutativgesetz für den |-Operator bei regulären Ausdrücken: Sind α und β zwei reguläre Ausdrücke, dann sind die beiden Ausdrücke $(\alpha \mid \beta)$ und $(\beta \mid \alpha)$ äquivalent, denn es gilt $L(\alpha \mid \beta) = L(\beta \mid \alpha)$.

Wir listen im Folgenden elementare Äquivalenzen für reguläre Ausdrücke auf und betrachten Analogien zu arithmetischen Ausdrücken, indem wir die Gesetze, die für den |-Operator gelten, mit denen vergleichen, die für die Addition gelten, und die, die für $\circ$ gelten, mit denen vergleichen, die für die Multiplikation gelten.

(1) $\emptyset$ ist das *Einselement (neutrale Element) bezüglich des |-Operators*: Für jeden regulären Ausdruck α gilt

$$(\emptyset \mid \alpha) \equiv \alpha \equiv (\alpha \mid \emptyset)$$

denn es ist

$$L(\emptyset \mid \alpha) = L(\emptyset) \cup L(\alpha) = \emptyset \cup L(\alpha)$$
$$= L(\alpha)$$
$$= L(\alpha) \cup \emptyset = L(\alpha) \cup L(\emptyset)$$
$$= L(\alpha \mid \emptyset)$$

$\emptyset$ hat bezüglich $\mid$ dieselbe Eigenschaft, die die 0 bezüglich der Addition hat: Für jede Zahl x gilt: $0 + x = x = x + 0$. 0 ist das Einselement (neutrale Element) der Addition.

(2) ε ist das *Einselement (neutrale Element) bezüglich des $\circ$-Operators*: Für jeden regulären Ausdruck α gilt

$$(\varepsilon \circ \alpha) \equiv \alpha \equiv (\alpha \circ \varepsilon)$$

denn es ist

$$L(\varepsilon \circ \alpha) = L(\varepsilon) \circ L(\alpha) = \{\varepsilon\} \circ L(\alpha)$$
$$= L(\alpha)$$
$$= L(\alpha) \circ \{\varepsilon\} = L(\alpha) \circ L(\varepsilon)$$
$$= L(\alpha \circ \varepsilon)$$

ε hat bezüglich $\circ$ dieselbe Eigenschaft, die die 1 bezüglich der Multiplikation hat: Für jede Zahl x gilt: $1 \cdot x = x = x \cdot 1$. 1 ist das Einselement der Multiplikation.

(3) $\emptyset$ ist ein *Annihilator für den $\circ$-Operator*: Für jeden regulären Ausdruck α gilt

$$(\emptyset \circ \alpha) \equiv \emptyset \equiv (\alpha \circ \emptyset)$$

denn es ist

$$L(\emptyset \circ \alpha) = L(\emptyset) \circ L(\alpha) = \emptyset \circ L(\alpha)$$
$$= \emptyset$$
$$= L(\alpha) \circ \emptyset = L(\alpha) \circ L(\emptyset)$$
$$= L(\alpha \circ \emptyset)$$

$\emptyset$ verhält sich somit bezüglich $\circ$ wie die 0 bezüglich der Multiplikation: Für jede Zahl x gilt: $0 \cdot x = 0 = x \cdot 0$. 0 ist ein Annihilator für die Multiplikation.

(4) Der $\mid$-Operator ist *kommutativ*: Sind α und β zwei reguläre Ausdrücke, dann gilt

$$(\alpha \mid \beta) \equiv (\beta \mid \alpha)$$

denn es gilt

$$L(\alpha \mid \beta) = L(\alpha) \cup L(\beta) = L(\beta) \cup L(\alpha) = L(\beta \mid \alpha)$$

Der $\mid$-Operator ist also kommutativ wie die Addition von zwei Zahlen x und y: $x + y = y + x$.

(5) Der $|$-Operator ist *assoziativ*: Sind α, β und γ drei reguläre Ausdrücke, dann gilt

$$((\alpha \mid \beta) \mid \gamma) \equiv (\alpha \mid (\beta \mid \gamma))$$

denn es ist

$$L((\alpha \mid \beta) \mid \gamma) = L(\alpha \mid \beta) \cup L(\gamma) = (L(\alpha) \cup L(\beta)) \cup L(\gamma)$$
$$= L(\alpha) \cup (L(\beta) \cup L(\gamma)) = L(\alpha) \cup L(\beta \mid \gamma)$$
$$= L(\alpha \mid (\beta \mid \gamma))$$

Der $|$-Operator ist also assoziativ wie die Addition von drei Zahlen x, y und z: $((x + y) + z) = (x + (y + z))$.

(6) Ebenso ist der $\circ$-Operator *assoziativ*: Sind α, β und γ drei reguläre Ausdrücke, dann gilt

$$((\alpha \circ \beta) \circ \gamma) \equiv (\alpha \circ (\beta \circ \gamma))$$

denn es gilt

$$L((\alpha \circ \beta) \circ \gamma) = L(\alpha \circ \beta) \circ L(\gamma) = (L(\alpha) \circ L(\beta)) \circ L(\gamma)$$
$$= L(\alpha) \circ (L(\beta) \circ L(\gamma)) = L(\alpha) \circ L(\beta \circ \gamma)$$
$$= L(\alpha \circ (\beta \circ \gamma))$$

Der $\circ$-Operator ist also assoziativ wie die Multiplikation von drei Zahlen x, y und z: $((x \cdot y) \cdot z) = (x \cdot (y \cdot z))$.

(7) In der Zahlenarithmetik gelten Distributivgesetze für Addition und Multiplikation (Ausklammern gemeinsamer Faktoren):

$$((x + y) \cdot z) = (x \cdot z + y \cdot z)$$
$$(x \cdot (y + z)) = (x \cdot y + x \cdot z)$$

Entsprechende *Distributivgesetze* gelten bei regulären Ausdrücken für $|$ und $\circ$: Sind α, β und γ drei reguläre Ausdrücke, dann gilt

$$((\alpha \mid \beta) \circ \gamma) \equiv ((\alpha \circ \gamma) \mid (\beta \circ \gamma))$$
$$(\alpha \circ (\beta \mid \gamma)) \equiv ((\alpha \circ \beta) \mid (\alpha \circ \gamma))$$

Wir zeigen nur, dass das zweite Distributivgesetz gilt, die Gültigkeit des ersten lässt sich analog zeigen.

$$L(\alpha \circ (\beta \mid \gamma) = L(\alpha) \circ L(\beta \mid \gamma) = L(\alpha) \circ (L(\beta) \cup L(\gamma))$$
$$= (L(\alpha) \circ L(\beta)) \cup (L(\alpha) \circ L(\gamma)) = L(\alpha \circ \beta) \cup L(\alpha \circ \gamma)$$
$$= L((\alpha \circ \beta) \mid (\alpha \circ \gamma))$$

(8) Eine Eigenschaft, die für den |-Operator bei regulären Ausdrücken gilt, in der Zahlenarithmetik aber nicht gilt, ist die *Idempotenz*: Für jeden regulären Ausdruck α gilt

$$(\alpha \mid \alpha) \equiv \alpha$$

denn es ist

$$L(\alpha \mid \alpha) = L(\alpha) \cup L(\alpha) = L(\alpha)$$

Für Zahlen $x \neq 0$ gilt die Idempotenz nicht: $x + x \neq x$.

(9) Eine Eigenschaft, die in der Zahlenarithmetik gilt, deren Analogon bei regulären Ausdrücken aber nicht gilt, ist die Kommutativität der Multiplikation: Für beliebige Zahlen x und y gilt: $x \cdot y = y \cdot x$. Für reguläre Ausdrücke α und β gilt hingegen im Allgemeinen nicht die Kommutativität des ∘-Operators.

Ist z.B. $\alpha = a$ und $\beta = b$ für zwei verschiedene Symbole a und b aus dem zugrunde liegenden Alphabet, dann sind $(\alpha \circ \beta)$ und $(\beta \circ \alpha)$ nicht äquivalent, denn es ist

$$
\begin{aligned}
L(\alpha \circ \beta) &= L(\alpha) \circ L(\beta) = L(a) \circ L(b) = \{a\} \circ \{b\} \\
&= \{ab\} \\
&\neq \{ba\} \\
&= \{b\} \circ \{a\} = L(b) \circ L(a) = L(\beta) \circ L(\alpha) \\
&= L(\beta \circ \alpha)
\end{aligned}
$$

Wenn beide Ausdrücke gleich sind oder mindestens einer der beiden Ausdrücke $\emptyset$ oder ε ist, dann gilt allerdings die Kommutativität für den ∘-Operator:

$$\alpha \circ \emptyset \equiv \emptyset \circ \alpha$$
$$\alpha \circ \varepsilon \equiv \varepsilon \circ \alpha$$

Wir wollen noch drei Äquivalenzen mit dem ∗-Operator zeigen, die keine Entsprechungen in der Zahlenarithmetik haben.

(10) Es gilt

$$\emptyset^* \equiv \varepsilon$$

denn es ist

$$L(\emptyset^*) = (L(\emptyset))^* = \emptyset^* = \{\varepsilon\} = L(\varepsilon)$$

(11) Für jeden regulären Ausdruck α gilt

$$(\alpha \circ (\alpha)^*) \equiv ((\alpha)^* \circ \alpha)$$

denn es ist

$$L(\alpha \circ (\alpha)^*) = L(\alpha) \circ (L(\alpha))^* = (L(\alpha))^+ = (L(\alpha))^* \circ L(\alpha) = L((\alpha)^* \circ \alpha)$$

Für $(\alpha \circ (\alpha)^*)$ bzw. für $(\alpha)^* \circ \alpha)$ notieren wir auch α^+.

(12) Für jeden regulären Ausdruck α gilt

$$((\alpha)^+ \mid \varepsilon) \equiv (\alpha)^*$$

denn es ist

$$L((\alpha)^+ \mid \varepsilon) = L(\alpha^+) \cup L(\varepsilon) = (L(\alpha))^+ \cup \{\varepsilon\} = (L(\alpha))^* = L((\alpha)^*)$$

Die gezeigten Äquivalenzen für reguläre Ausdrücke mit den Operatoren | und ∘ gelten, weil für ihre Interpretationen die entsprechenden Gesetze für Mengen gelten.

3.1.2 Anwendung regulärer Ausdrücke: Syntaxprüfung von Programmeingaben

Bevor wir uns der Frage widmen, welche Beziehungen zwischen endlichen Automaten und regulären Ausdrücken bestehen, wollen wir an einem Beispiel praktische Einsatzmöglichkeiten regulärer Ausdrücke aufzeigen.

Im Rahmen eines Softwareprojektes sollen Eingabefelder für Kontostände entworfen werden. Neben Eingabefeldern für Kontonummern und für Daten zu Kontoinhabern sei ein Eingabefeld für Ein- und Auszahlungen vorgesehen. Die Eingaben in dieses Feld müssen laut Auftraggeber folgende Gestalt haben:

> Zunächst ist die Eingabe der Währung erforderlich. Als Währungsangaben sind zugelassen: € (Euro), $ (US-Dollar) und £ (Englisches Pfund). Hinter der Währungsangabe folgt der Betrag. Der Betrag kann mit den Vorzeichen + oder - beginnen, muss aber kein Vorzeichen haben. Der Betrag besteht aus einem ganzzahligen Anteil und einem Dezimalteil, die durch einen Punkt getrennt werden. Der ganzzahlige Anteil kann beliebig lang sein, darf aber keine führenden Nullen besitzen. Der Dezimalteil hat genau zwei Stellen. Der Dezimalteil kann fehlen. Fehlt er, dann fehlt auch der Dezimalpunkt.

Für diese umgangssprachlich gegebene Beschreibung der Menge der syntaktisch korrekten Eingaben soll eine formale Spezifikation erstellt werden. Ein geeignetes Hilfsmittel dazu sind reguläre Ausdrücke. Wir wollen schrittweise und systematisch aus der umgangssprachlichen Formulierung einen regulären Ausdruck *zahlung* herleiten, so dass $L(zahlung)$ genau die zulässigen Ein- und Auszahlungen enthält:

(1) Jedes Wort, d.h. jede Zahlung, besteht im Prinzip aus drei Teilen: Währungsangabe, Vorzeichen und Betrag. Mit entsprechenden Teilausdrücken *waehrung*, *vorzeichen* und *betrag* gilt dann:

$$einzahlung = waehrung \circ vorzeichen \circ betrag$$

Im Folgenden kümmern wir uns nacheinander um die genauere Spezifikation der drei Teilausdrücke.

(2) *waehrung* steht für die Wörter €, $ und £, d.h. für die Sprache { €, $, £ }: $L(waehrung) = $ { €, $, £ }. Diese wird exakt definiert durch den regulären Ausdruck

$$waehrung = (€ \mid \$ \mid £)$$

(3) *vorzeichen* steht für + und −. Das Vorzeichen kann aber auch fehlen. Die Sprache für *vorzeichen* muss also auch das leere Wort enthalten, $L(vorzeichen) = $ { +, −, ε }, damit durch Konkatenation mit den Wörten aus $L(betrag)$ Beträge ohne Vorzeichen erzeugt werden können. Wir „verfeinern" *vorzeichen* also zu dem regulären Ausdruck

$$vorzeichen = (+ \mid - \mid \varepsilon)$$

(4) *betrag* steht für den Betrag, der aus ganzzahligem Teil und Dezimalteil, getrennt durch einen Dezimalpunkt, besteht. Dezimalteil und Punkt können fehlen. Diese Struktur des Betrages merken wir uns mit dem Hilfsausdruck

$$betrag = ganz(\varepsilon \mid dez)$$

ε steht für den fehlenden Dezimalteil.

(5) Da der ganzzahlige Anteil keine führenden Nullen besitzen darf, ist er entweder nur 0 oder er beginnt mit einer Ziffer ungleich 0, der beliebig viele Ziffern folgen können. Wir können $\mathbb{Z}$ also exakt spezifizieren durch

$$ganz = (0 \mid (1 \mid 2 \mid 3 \mid 4 \mid 5 \mid 6 \mid 7 \mid 8 \mid 9)(0 \mid 1 \mid 2 \mid 3 \mid 4 \mid 5 \mid 6 \mid 7 \mid 8 \mid 9)^*)$$

Der Dezimalteil besteht aus genau zwei Ziffern. Wir spezifizieren *dez* durch

$$dez = (0 \mid 1 \mid 2 \mid 3 \mid 4 \mid 5 \mid 6 \mid 7 \mid 8 \mid 9)(0 \mid 1 \mid 2 \mid 3 \mid 4 \mid 5 \mid 6 \mid 7 \mid 8 \mid 9)$$

(6) Durch Zusammensetzen der Teilausdrücke bekommen wir den gewünschten Ausdruck:

$$
\begin{aligned}
einzahlung = \ & (€ \mid \$ \mid £) \circ \\
& (+ \mid - \mid \varepsilon) \circ \\
& (0 \mid (1 \mid 2 \mid 3 \mid 4 \mid 5 \mid 6 \mid 7 \mid 8 \mid 9)(0 \mid 1 \mid 2 \mid 3 \mid 4 \mid 5 \mid 6 \mid 7 \mid 8 \mid 9)^*) \circ \\
& (\varepsilon \mid . (0 \mid 1 \mid 2 \mid 3 \mid 4 \mid 5 \mid 6 \mid 7 \mid 8 \mid 9)(0 \mid 1 \mid 2 \mid 3 \mid 4 \mid 5 \mid 6 \mid 7 \mid 8 \mid 9))
\end{aligned}
$$

Das dem Ausdruck zugrunde liegende Alphabet ist:

$$\{ €, \$, £, +, -, ., 0, 1, 2, 3, 4, 5, 6, 7, 8, 9 \}$$

Im Beispiel ist die umgangssprachliche Formulierung schon sehr exakt. In der täglichen Softwareengineeringpraxis ist das selten der Fall. Hier hilft der Schritt der Formalisierung sehr, denn für die Formalisierung müssen die Beschreibungen unweigerlich präzisiert werden. Die Präzisierung macht in der Regel eine Rücksprache mit den

Auftraggebenden bzw. Anwendenden notwendig, um Ungenauigkeiten oder Unvollständigkeiten zu klären. Reguläre Definitionen, welche wir in Abschnitt 7.4 einführen werden, unterstützen das oben gezeigte systematische Vorgehen der schrittweisen Verfeinerung bei der formalen Spezifikation einer Sprache unmittelbar.

Eine weitere Anwendung regulärer Ausdrücke, Scanner-Generatoren, betrachten wir im übernächsten Abschnitt. Scanner-Generatoren ermöglichen die automatische Generierung von Software, in diesem Fall Scannern, die z.B. in Dialogprogramme zur syntaktischen Überprüfung von Benutzereingaben eingebunden werden können.

3.1.3 Äquivalenz von endlichen Automaten und regulären Ausdrücken

Die zu Beginn dieses Kapitels beschriebene „Wanderung" durch einen Automaten lässt bereits vermuten, dass endliche Automaten und reguläre Ausdrücke äquivalent sind, d.h. dass $LREXP_\Sigma = REG_\Sigma$ gilt. Dass diese Vermutung tatsächlich gültig ist, besagen die folgenden beiden Sätze.

Satz 3.1. Zu jedem endlichen Automaten A über Σ existiert ein regulärer Ausdruck α über Σ, so dass $L(A) = L(\alpha)$ gilt.

Beweis Es sei $A = (\Sigma, \{ s_1, s_2, \ldots, s_n \}, \delta, s_1, F)$. Wir konstruieren rekursiv Wortmengen $R(i, j, k)$, die jeweils alle Wörter enthalten, die in A vom Zustand s_i in den Zustand s_j führen und dabei nur Zustände s_q mit $q \leq k$ durchlaufen. Zwei Folgerungen können unmittelbar aus dieser Definition gezogen werden:

1. Es gilt: $R(i, j, k - 1) \subseteq R(i, j, k)$.

2. $R(i, j, n)$ ist die Menge aller Wörter, die A vom Zustand s_i in den Zustand s_j überführen:
$$R(i, j, n) = \{ w \mid \delta^*(s_i, w) = s_j \}$$

Die rekursive Konstruktion der Mengen $R(i, j, k)$ geschieht nach folgenden Vorschriften:

(1) $R(i, j, 0)$ enthält alle Buchstaben aus Σ, die A von s_i nach s_j überführen, und, falls $i = j$ ist, noch zusätzlich das leere Wort.

$$R(i, j, 0) = \begin{cases} \{ a \mid \delta(s_i, a) = s_j \}, & i \neq j \\ \{ a \mid \delta(s_i, a) = s_i \} \cup \{ \varepsilon \}, & i = j \end{cases}$$

(2) $R(i, j, k)$ enthält $R(i, j, k - 1)$ (siehe erste Folgerung oben) sowie alle Wörter, die man erhält, wenn man vom Zustand s_i zum Zustand s_k geht, dann alle möglichen Schleifen von s_k zu sich selbst beliebig (aber endlich) oft durchläuft und schließlich von s_k zu s_j geht, wobei in allen drei Fällen nur Zustände s_q mit $q \leq k - 1$ durchlaufen werden dürfen:

$$R(i, j, k) = R(i, j, k - 1) \cup R(i, k, k - 1) \circ R(k, k, k - 1)^* \circ R(k, j, k - 1)$$

Diese Vorschrift systematisiert und formalisiert das in der Einleitung von Abschnitt 3.1.1 zum „Wandern" durch einen endlichen Automaten Geschriebene, was zur Definition regulärer Ausdrücke führte. Es gilt dann:

$$L(A) = \bigcup_{s_j \in F} R(1, j, n)$$

Aus der Konstruktion der Mengen $R(i, j, k)$ gemäß den Definitionen (1) und (2) erhält man leicht die entsprechenden regulären Ausdrücke und damit den gesuchten regulären Ausdruck α. □

Wir betrachten ein Beispiel zu Satz 3.1 : Sei L die Sprache aller Bitfolgen, die mit 0 beginnen:

$$L = \{\, 0w \mid w \in \{0,1\}^* \,\} = \{0\} \circ \{0,1\}^*$$

Der Automat

$$A = (\{\, 0,1 \,\}, \{\, s_1, s_2 \,\}, \delta, s_1, \{\, s_2 \,\}) \text{ mit } \delta = \{\, (s_1, 0, s_2), (s_2, 0, s_2), (s_2, 1, s_2) \,\}$$

akzeptiert L. Wir wenden nun das obige Verfahren auf A an:

$$
\begin{aligned}
R(1,1,0) &= \{\, a \mid \delta(s_1, a) = s_1 \,\} \cup \{\varepsilon\} = \emptyset \cup \{\varepsilon\} \\
&= \{\varepsilon\} \\
R(1,2,0) &= \{\, a \mid \delta(s_1, a) = s_2 \,\} \\
&= \{\, 0 \,\} \\
R(2,1,0) &= \{\, a \mid \delta(s_2, a) = s_1 \,\} \\
&= \emptyset \\
R(2,2,0) &= \{\, a \mid \delta(s_2, a) = s_2 \,\} \cup \{\varepsilon\} = \{\, 0,1 \,\} \cup \{\varepsilon\} \\
&= \{\, \varepsilon, 0, 1 \,\} \\
R(1,1,1) &= R(1,1,0) \cup R(1,1,0) \circ R(1,1,0)^* \circ R(1,1,0) \\
&= \{\varepsilon\} \cup \{\varepsilon\} \circ \{\varepsilon\}^* \circ \{\varepsilon\} \\
&= \{\varepsilon\} \\
R(1,2,1) &= R(1,2,0) \cup R(1,1,0) \circ R(1,1,0)^* \circ R(1,2,0) \\
&= \{0\} \cup \{\varepsilon\} \circ \{\varepsilon\}^* \circ \{0\} \\
&= \{0\} \\
R(2,1,1) &= R(2,1,0) \cup R(2,1,0) \circ R(1,1,0)^* \circ R(1,1,0) \\
&= \emptyset \cup \emptyset \circ \{\varepsilon\}^* \circ \{\varepsilon\} \\
&= \emptyset \\
R(2,2,1) &= R(2,2,0) \cup R(2,1,0) \circ R(1,1,0)^* \circ R(1,2,0) \\
&= \{\, \varepsilon, 0, 1 \,\} \cup \emptyset \circ \{\varepsilon\}^* \circ \{0\} \\
&= \{\, \varepsilon, 0, 1 \,\}
\end{aligned}
$$

Bild 3.1: Automat, der die leere Sprache akzeptiert.

Bild 3.2: Automat, der die Sprache $\{\varepsilon\}$ akzeptiert.

$$R(1,2,2) = R(1,2,1) \cup R(1,2,1) \circ R(2,2,1)^* \circ R(2,2,1)$$
$$= \{\,0\,\} \cup \{\,0\,\} \circ \{\,\varepsilon,0,1\,\}^* \circ \{\,\varepsilon,0,1\,\}$$
$$= \{\,0\,\} \circ \{\,0,1\,\}^*$$

Es gilt $L(A) = R(1,2,2)$, und der gesuchte reguläre Ausdruck ist: $\alpha = 0(0 \mid 1)^*$.

Satz 3.2. Zu jedem regulären Ausdruck α über Σ existiert ein endlicher Automat A über Σ, so dass $L(\alpha) = L(A)$ gilt.

Beweis Wir führen den Beweis, indem wir ein allgemeines Verfahren angeben, mit dem zu jedem regulären Ausdruck ein äquivalenter ε-Automat konstruiert werden kann. Aus diesem kann dann mit in Kapitel 2 vorgestellten Verfahren ein Automat der gewünschten Variante erzeugt werden.

Sei also $\alpha \in REXP_\Sigma$. α ist gemäß den in Definition 3.1 festgelegten Regeln aufgebaut. Dieser rekursive Aufbau bestimmt die schrittweise Konstruktion des Automaten A:

(1) Sei $\alpha = \emptyset$, dann besteht A nur aus dem Startzustand und besitzt keine Zustandsübergänge (siehe Bild 3.1):

$$A = (\Sigma, \{\,s_0\,\}, \emptyset, s_0, \{\,\})$$

(2) Sei $\alpha = \varepsilon$, dann besteht A nur aus dem Startzustand, der auch Endzustand ist, und A besitzt ebenfalls keine Zustandsübergänge (siehe Bild 3.2):

$$A = (\Sigma, \{\,s_0\,\}, \emptyset, s_0, \{\,s_0\,\})$$

(3) Sei $\alpha = a$, $a \in \Sigma$, dann besteht A aus dem Startzustand, einem davon verschiedenen Endzustand sowie aus einem a-Übergang vom Start- zum Endzustand (siehe Bild 3.3):

$$A = (\Sigma, \{\,s_0, s_1\,\}, \{\,(s_0, a, s_1)\,\}, s_0, \{\,s_1\,\})$$

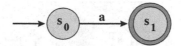

Bild 3.3: Automat, der die Sprache $\{a\}$ akzeptiert.

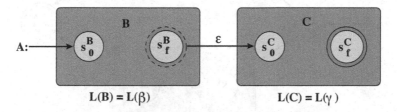

Bild 3.4: „Konkatenation" der Automaten B und C.

(4) Seien $\beta, \gamma \in REXP_\Sigma$ sowie B und C zwei ε-Automaten mit $L(\beta) = L(B)$ bzw. $L(\gamma) = L(C)$. B und C seien so konstruiert, dass sie jeder nur einen Start- und einen Endzustand besitzen[1] und ihre Zustandsmengen disjunkt sind:

$$B = (\Sigma, S_B, \delta_B, s_0^B, \{ s_f^B \}), \ C = (\Sigma, S_C, \delta_C, s_0^C, \{ s_f^C \}) \text{ mit } S_B \cap S_C = \emptyset$$

(a) Sei $\alpha = \beta\gamma$, dann konstruieren wir A durch „Hintereinanderschalten" von B und C durch einen ε-Übergang vom Endzustand von B zum Startzustand von C (siehe Bild 3.4). Startzustand von A wird der Startzustand von B, Endzustand von A wird der Endzustand von C.

Formal ist A wie folgt definiert:

$$A = (\Sigma, S_B \cup S_C, \delta_B \cup \delta_C \cup \{ (s_f^B, \varepsilon, s_0^C) \}, s_0^B, \{ s_f^C \})$$

Es gilt $L(A) = L(B) \circ L(C)$.

(b) Sei $\alpha = \beta \mid \gamma$, dann konstruieren wir A durch „Parallelschalten" von B und C. Wir führen einen neuen Startzustand $s_0^A \notin S_B \cup S_C$ und einen neuen Endzustand $s_f^A \notin S_B \cup S_C$ ein sowie ε-Übergänge von s_0^A zu den Startzuständen von B und C sowie von den Endzuständen von B und C zum neuen Endzustand s_f^A (siehe Bild 3.5).

Formal ist A wie folgt definiert:

$$\begin{aligned} A = (\Sigma, S_B \cup S_C \cup \{ s_0^A, s_f^A \}, \\ \delta_B \cup \delta_C \cup \{ (s_0^A, \varepsilon, s_0^B), (s_0^A, \varepsilon, s_0^C), (s_f^B, \varepsilon, s_f^A), (s_f^C, \varepsilon, s_f^A) \}, \\ s_0^A, \{ s_f^A \}) \end{aligned}$$

Es gilt $L(A) = L(B) \cup L(C)$.

---

[1]Jeder Automat kann mithilfe von ε-Übergängen äquivalent in einen Automaten umgewandelt werden, der nur einen Start- und einen Endzustand hat (siehe Schritt 1 im Beweis von Satz 2.3 sowie Bilder 2.16 und 2.17).

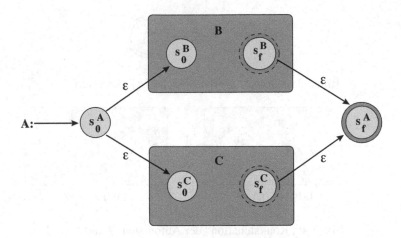

Bild 3.5: „Parallelschalten" der Automaten B und C.

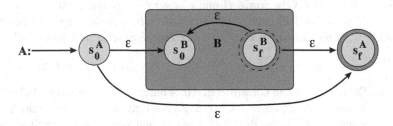

Bild 3.6: „Kleene-Stern-Produkt" des Automaten B.

(c) Sei $\alpha = \beta^*$, dann konstruieren wir A dadurch (siehe Bild 3.6), dass wir B so verändern, dass B beliebig oft durchlaufen werden kann. Wir führen einen neuen Startzustand $s_0^A \notin S_B$ und einen neuen Endzustand $s_f^A \notin S_B$ ein sowie ε-Übergänge

* von s_0^A zum Startzustand von B und vom Endzustand von B zum neuen Endzustand s_f^A,

* vom ehemaligen Endzustand s_f^B zum ehemaligen Startzustand s_0^B, um das mehrmalige Durchlaufen zu gewährleisten,

* vom neuen Startzustand s_0^A zum neuen Endzustand s_f^A, um zu gewährleisten, dass ε akzeptiert wird, denn ε ist immer Element des Kleene-Stern-Produktes einer Sprache.

Formal ist A wie folgt definiert:

$$A = (\Sigma, S_B \cup \{\, s_0^A, s_f^A \,\},$$
$$\delta_B \cup \{(s_0^A, \varepsilon, s_0^B), (s_f^B, \varepsilon, s_f^A), (s_f^B, \varepsilon, s_0^B), (s_0^A, \varepsilon, s_f^A)\}, s_0^A, \{s_f^A\})$$

Es gilt $L(A) = L(B)^*$ (ebenfalls ohne Beweis, siehe Literatur).   □

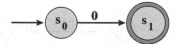

Bild 3.7: Automat, der die Sprache {0} akzeptiert.

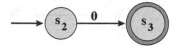

Bild 3.8: Weiterer Automat, der die Sprache {0} akzeptiert.

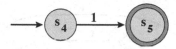

Bild 3.9: Automat, der die Sprache {1} akzeptiert.

Beispiel 3.3. Wir wenden das Verfahren auf den regulären Ausdruck $(0(0|1)^*)$ aus Beispiel 3.1 an. Dabei geben wir jeweils nur die Zustandsdiagramme der Automaten an.

- Gemäß (1) konstruieren wir für das erste Vorkommen des regulären Ausdrucks 0 den Automaten in Bild 3.7 und für das zweite Vorkommen den Automaten in Bild 3.8 sowie für den regulären Ausdruck 1 den Automaten in Bild 3.9.

- Zum Ausdruck $(0|1)$ konstruieren wir gemäß (4b) den Automaten in Bild 3.10 und daraus gemäß (4c) zu $(0|1)^*$ den Automaten in Bild 3.11.

- Zu guter Letzt setzen wir den Automaten zum Gesamtausdruck $(0(0|1)^*)$ gemäß (4a) zusammen (siehe Bild 3.12).

Mit den Verfahren zur ε-Eliminierung und zur Minimierung aus Kapitel 2 erreichen wir einen endlichen deterministischen Automaten, der isomorph ist zu

$$A = (\{0,1\}, \{s_0, s_1\}, \delta, s_0, \{s_1\})$$

wobei δ durch das Zustandsdiagramm in Bild 3.13 definiert ist. $\qquad\square$

3.1.4 Anwendung: Scanner-Generatoren

Betrachten wir noch einmal das kleine Softwareengineering-Beispiel aus Abschnitt 3.1.2 und nehmen wir an, es sollten in diesem Projekt zwanzig Masken entworfen werden, wobei jede Maske im Schnitt zehn Eingabefelder habe. Es wären dann nicht nur zweihundert reguläre Ausdrücke zu konstruieren, sondern auch zweihundert Prozeduren zu programmieren, welche die Eingaben daraufhin überprüfen, ob sie den

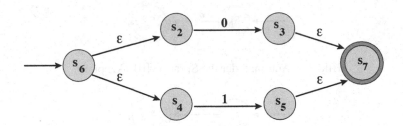

Bild 3.10: Parallelschalten der Automaten der Bilder 3.8 und 3.9.

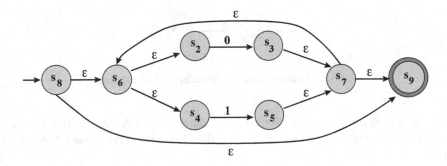

Bild 3.11: „Kleene-Stern-Produkt" des Automaten in Bild 3.10.

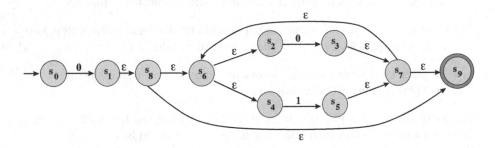

Bild 3.12: Hintereinanderschalten der Automaten der Bilder 3.7 und 3.11.

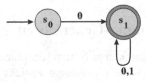

Bild 3.13: Zustandsdiagramm von A.

Spezifikationen genügen. Diese Aufgabe würde sicherlich erleichtert durch ein Werkzeug, das aus jedem beliebigen regulären Ausdruck α automatisch die Prozedur P_α erzeugt, die testet, ob ein Wort w zu $L(\alpha)$ gehört oder nicht. Solche Prozeduren wollen wir *Scanner* nennen, eine weitere Bezeichnung ist *Lexical Analyzer*.

Im vorigen Abschnitt haben wir ein allgemeines Verfahren vorgestellt, das einen regulären Ausdruck α in einen äquivalenten endlichen Automaten A_α transformiert. Dieses Verfahren ist die Grundlage für das gesuchte Werkzeug, das wir *Scanner-Generator*, abgekürzt *SG*, nennen wollen. Sei $\alpha \in REXP_\Sigma$, dann erzeugt *SG* aus α die Prozedur P_α, also

$$SG(\alpha) = P_\alpha$$

so dass

$$P_\alpha(w) = \begin{cases} true, & \text{falls } w \in L(\alpha) \\ false, & \text{sonst} \end{cases}$$

wobei im *false*-Fall P_α zusätzliche Informationen, z.B. die Stelle im Wort, an der ein Fehler vorliegt, mitteilen sollte. P_α ist eine Prozedur, die A_α realisiert.

Ein bekannter Scanner-Generator ist `lex`, welcher zum Umfang der Funktionalitäten des Betriebssystems UNIX gehört. Eine `lex`-Spezifikation besteht aus drei Teilen: Deklarationen, Übersetzungsregeln und Hilfsprozeduren. Ein Bestandteil der Deklarationen sind reguläre Ausdrücke. Folgendes Beispiel zeigt reguläre Ausdrücke in `lex` zur Definition von Bezeichnern (alphanumerische Zeichenketten, die mit einem Alphazeichen beginnen):

```
buchstabe   [A-Za-z]
ziffer      [0-9]
bezeichner  {buchstabe}({buchstabe} | {ziffer})*
```

Dies entspricht in unserer Notation den Ausdrücken

$$buchstabe = (A| \ldots |Z|a| \ldots |z)$$
$$ziffer = (0| \ldots |9)$$
$$bezeichner = buchstabe(buchstabe \mid ziffer)^*$$

Weitere Deklarationen, Übersetzungsregeln und Hilfsprozeduren, in C geschrieben, dienen dazu, im Bedarfsfall nach dem Erkennen von Symbolen durch den Scanner weitere Aktionen durchzuführen.

Die `lex`-Spezifikation wird in ein C-Programm übersetzt, das eine aus den regulären Ausdrücken generierte Zustandstabelle (die Zustandstabelle von A_α), eine in C geschriebene Standardroutine, die die Zustandsübergänge gemäß Tabelle durchführt, sowie die Übersetzungsregeln und Hilfsprozeduren enthält. Die Gesamtheit des so erzeugten C-Quellcodes wird dann mit dem C-Compiler in ein ausführbares Objektprogramm, den Scanner (entspricht der oben in den allgemeinen Betrachtungen P_α genannten Prozedur), übersetzt.

`lex` entsprechende Werkzeuge gibt es auch auf anderen Plattformen, z.B. `flex` unter WINDOWS.

Neben `lex` gibt es noch andere UNIX-Kommandos, wie z.B. `awk`, `grep` und `egrep`, die reguläre Ausdrücke verwenden. So steht `grep` für *globally search for regular expressions and print*. Das Kommando

```
grep  '.*a.*a.*a.*'usr/dict/words
```

findet und druckt alle Zeilen aus der angegebenen Datei, die drei a's enthalten. Der Punkt „." ist ein „Wildcard"-Symbol, das für alle Symbole des Alphabets steht. Ist z.B. $\Sigma = \{a, b, \ldots, z\}$, so entspricht `.*a.*a.*a.*` dem folgenden regulären Ausdruck über Σ:

$$(a|b|\ldots|z)^*a(a|b|\ldots|z)^*a(a|b|\ldots|z)^*a(a|b|\ldots|z)^*$$

Heute stellen zahlreiche Programmiersprachen Werkzeuge bzw. Funktionen bereit, mit denen reguläre Ausdrücke zum Suchen und Ersetzen von Zeichenketten verwendet werden können, u.a. Java, Python, Ruby, C oder Perl. Dabei werden überwiegend die *Perl Compatible Regular Expressions* (PCRE) verwendet, die sich an letzterer Sprache orientieren.

3.1.5   Zusammenfassung

Reguläre Ausdrücke sind ein beschreibendes Konzept für reguläre Sprachen – äquivalent zu endlichen Automaten. Ein regulärer Ausdruck gibt die elementaren Grundmuster der Wörter einer Sprache an sowie Operatoren für Konkatenation, Auswahl und Wiederholung dieser Muster, um die Wörter zu bilden. Reguläre Ausdrücke finden Anwendung in der Praktischen und in der Angewandten Informatik: Reguläre Ausdrücke und der Algorithmus zur Transformation regulärer Ausdrücke in endliche Automaten bilden die Grundlage für Scanner und Scanner-Generatoren. In der Softwaretechnik werden reguläre Ausdrücke benutzt z.B. zur Beschreibung der Syntax von Eingabefeldern in Dialogmasken und Formularen. Die Software, welche die Korrektheit der Eingaben überprüft, der Scanner, kann mithilfe von Scanner-Generatoren automatisch erzeugt werden, muss also nicht von den Softwareentwickelnden für jeden einzelnen Fall selbst programmiert werden.

3.2   Typ-3-Grammatiken

Ein endlicher Automat definiert eine Sprache durch Akzeptieren ihrer Wörter. Ein regulärer Ausdruck definiert eine Sprache, indem er Grundmuster für die Wörter der Sprache beschreibt und Operatoren enthält, die die Zusammensetzung der Wörter aus den Grundmustern festlegen.

Neben akzeptierenden und beschreibenden Konzepten zur Definition von Sprachen wollen wir noch ein weiteres Konzept, nämlich das Erzeugen von Wörtern einer Sprache, betrachten. Ein erzeugendes Konzept für Sprachen stellen Grammatiken dar. Grammatiken geben Regeln an, mit denen aus einem Startwort alle Wörter der Sprache hergeleitet werden können.

3.2.1 Rechtslineare Grammatiken

Als ersten Grammatiktyp wollen wir rechtslineare Grammatiken betrachten. Mit diesen Grammatiken werden Wörter buchstabenweise von links nach rechts erzeugt. Im Vergleich zum „Abarbeiten eines Buchstaben a in einem Automaten durch die Überführung $\delta(s,a) = t$ wird in einer rechtslinearen Grammatik der Buchstabe a durch eine Produktionsregel $s \rightarrow at$ „erzeugt". Rein schematisch betrachtet schreiben wir jetzt Überführungen nur anders hin: $s \rightarrow at$ anstelle von $\delta(s,a) = t$

Definition 3.3. Sei Σ ein Alphabet. Eine *rechtslineare Grammatik* $G = (\Sigma, N, P, S)$ über Σ besteht aus dem *Terminalalphabet* Σ, dem davon disjunkten *Nonterminalalphabet* N, einer Relation $P \subseteq N \times (\Sigma N \cup \Sigma \cup \{\varepsilon\})$ sowie dem *Startsymbol* $S \in N$. Die Elemente $p = (l, r) \in P$ heißen *Produktionen* oder *Regeln*, dementsprechend heißt P die *Produktionenmenge* bzw. die *Regelmenge* von G. l heißt die *linke*, r die *rechte Seite* der Regel p. Im Folgenden notieren wir eine Regel (l, r) in der Form $l \rightarrow r$ mit der umgangssprachlichen Bedeutung „l geht über in r" oder „l wird ersetzt durch r". □

Beispiel 3.4. $G = (\{0, 1\}, \{S, A, B\}, P, S)$ mit

$$P = \{ S \rightarrow 0S,\ S \rightarrow 1S,\ S \rightarrow 0A,$$
$$A \rightarrow 0B,\ A \rightarrow 1B,$$
$$B \rightarrow 0,\ B \rightarrow 1 \}$$

ist eine rechtslineare Grammatik mit den Terminalsymbolen 0 und 1, den Nonterminalsymbolen S, A und B, der Regelmenge P und dem Startsymbol S. □

Zur kürzeren und übersichtlicheren Darstellung von Regeln ist es üblich, die rechten Seiten von Regeln mit gleicher linker Seite zusammenzufassen, d.h. anstelle von

$$\alpha \rightarrow \beta_1,\ \alpha \rightarrow \beta_2,\ \ldots,\ \alpha \rightarrow \beta_k$$

schreiben wir

$$\alpha \rightarrow \beta_1 \mid \beta_2 \mid \ldots \mid \beta_k$$

Wir benutzen also das Symbol $\mid$ für den „Oder-Operator" bei regulären Ausdrücken, um auch bei der Anwendung von Regeln „Oder", d.h. Alternativen, auszudrücken. Die linke Seite α kann durch die rechte Seite β_1 oder β_2 usw. ersetzt werden. Die Regeln aus der Grammatik G im Beispiel 3.4 notieren wir also wie folgt:

$$S \rightarrow 0S \mid 1S \mid 0A$$
$$A \rightarrow 0B \mid 1B$$
$$B \rightarrow 0 \mid 1$$

Wie werden nun Wörter mithilfe einer Grammatik erzeugt? Dazu führen wir den Begriff der *Ableitung* ein: Ein Wort wird aus dem Startsymbol S durch eine Folge von Regelanwendungen aus P erzeugt.

Ein *Ableitungsschritt* mit der rechtslinearen Grammatik $G = (\Sigma, N, P, S)$ ist eine Relation

$$\Rightarrow \,\subseteq\, \Sigma^* N \times \Sigma^* (N \cup \{\varepsilon\})$$

definiert durch

$$uA \Rightarrow uw \text{ genau dann, wenn } A \to w \in P$$

wobei $u \in \Sigma^*$, $A \in N$ und $w \in \Sigma\, N \cup \Sigma \cup \{\varepsilon\}$ ist. Wenn wir also bereits das Wort uA abgeleitet haben, können wir, falls es eine Regel $A \to w$ in P gibt, A durch w ersetzen und erhalten als Ergebnis dieses Ableitungsschrittes das Wort uw. Enthält dieses Wort wieder ein Nonterminalsymbol und gibt es eine Regel mit diesem Nonterminal als linke Seite, können wir es durch die rechte Seite dieser Regel ersetzen.

Dieser Ableitungsprozess lässt sich so lange fortsetzen, bis das dahin abgeleitete Wort kein Nonterminalsymbol mehr enthält, d.h. keine Regel mehr anwendbar ist, oder bis das bis dahin abgeleitete Wort ein Nonterminal enthält, zu dem keine Regel mit diesem Nonterminal als linker Seite in P existiert. Im ersten Fall gehört das Wort zu der von G über Σ erzeugten Sprache $L(G)$, im zweiten Fall nicht.

Eine *Ableitung* (ein Ableitungsprozess, eine Ableitungsfolge) in G lässt sich also formalisieren durch die reflexiv transitive Hülle $\Rightarrow^*$ der Relation $\Rightarrow$. Die von G erzeugte Sprache $L(G)$ ist definiert durch:

$$L(G) = \{\, w \in \Sigma^* \mid S \Rightarrow^* w \,\}$$

$L(G)$ ist die Menge der Terminalwörter, die aus dem Startsymbol in endlich vielen Schritten abgeleitet werden können.

Zwei Grammatiken G_1 und G_2 heißen – unabhängig von ihrem Typ – äquivalent, falls sie dieselbe Sprache erzeugen, d.h. falls $L(G_1) = L(G_2)$ gilt.

Beispiel 3.5. Wir wollen ein Wort mit der Grammatik G aus Beispiel 3.4 ableiten:

- Wir müssen mit dem Startsymbol S beginnen, haben damit das Wort S „abgeleitet".

- Wir schauen in der Regelmenge P nach, ob eine Regel mit der linken Seite S existiert. Es gibt drei solche Regeln, wir wählen die Regel $S \to 0S$. Anwendung dieser Regel auf das bisher abgeleitete Wort bedeutet das Ersetzen von S durch $0S$.

- Im abgeleiteten Wort kommt wieder das Nonterminal S vor. Wir wenden diesmal die Regel $S \to 1S$ an, ersetzen also S durch $1S$ und erhalten das Wort $01S$. Nochmaliges Anwenden dieser Regel erzeugt das Wort $011S$.

- Anwenden der Regel $S \to 0A$ liefert das Wort $0110A$. Mit der Regel $A \to 1B$ kommen wir zu $01101B$.

- Anwenden der Regel $B \to 0$ liefert das Terminalwort 011010.

Formal wird dieser Ableitungsprozess beschrieben durch:

$$S \Rightarrow 0S \qquad\qquad \text{(mit Regel } S \to 0S)$$
$$\Rightarrow 01S \qquad\qquad \text{(mit Regel } S \to 1S)$$
$$\Rightarrow 011S \qquad\qquad \text{(mit Regel } S \to 1S)$$
$$\Rightarrow 0110A \qquad\qquad \text{(mit Regel } S \to 0A)$$
$$\Rightarrow 01101B \qquad\qquad \text{(mit Regel } A \to 1B)$$
$$\Rightarrow 011010 \qquad\qquad \text{(mit Regel } B \to 0)$$

Es gilt also $S \Rightarrow^* 011010$ und damit $011010 \in L(G)$.

Man kann zeigen, dass $L(G)$ die Menge aller Bitfolgen ist, deren drittletztes Bit eine 0 ist. Diese Sprache kennen wir als durchgängiges Beispiel in Abschnitt 2.2. □

Eine Sprache über $L \subseteq \Sigma^*$ heißt *rechtslinear*, falls eine rechtslineare Grammatik G über Σ existiert mit $L = L(G)$. Wir wollen mit ReL_Σ die Klasse der rechtslinearen Sprachen über Σ bezeichnen.

Gemäß Definition 3.3 ist die linke Seite einer rechtslinearen Grammatik immer ein Nonterminal und die rechte Seite ein Wort aus $\Sigma\, N \cup \Sigma \cup \{\varepsilon\}$, d.h. es sind drei Arten rechtslinearer Regeln zugelassen:

(1) $A \to aB$ zum Erzeugen neuer Buchstaben am rechten Ende des abzuleitenden Wortes,

(2) $A \to a$ als terminierende Regel zum Erzeugen des letzten Buchstabens sowie

(3) $A \to \varepsilon$ als terminierende Regel ohne Erzeugen eines Buchstabens.

Dabei ist $A, B \in N$ sowie $a \in \Sigma$.

Vereinfachung von Grammatiken

Es ist einsichtig, dass man zu jeder rechtslinearen Grammatik G eine äquivalente rechtslineare Grammatik G' konstruieren kann, die nur Regeln der Art (1) und (3) enthält. Die rechten Seiten der Regeln sind dann also Wörter aus $\Sigma N \cup \{\varepsilon\}$. Wie ersetzt man die Regeln der Art (2), ohne dass sich die erzeugte Sprache ändert?

Wir führen ein neues Nichtterminal C und die Regel $C \to \varepsilon$ ein und ersetzen alle Regeln der Art $A \to a$ durch die Regel $A \to aC$.

Beispiel 3.6. Wir wollen die Grammatik G aus Beispiel 3.4 auf diese Art transformieren. In G existieren zwei Regeln der Art (2): $B \to 0$ und $B \to 1$. Wir führen das neue Nonterminal C und die Regel $C \to \varepsilon$ ein und ersetzen $B \to 0$ durch $B \to 0C$ sowie $B \to 1$ durch $B \to 1C$. Als Ergebnis erhalten wir die zu G äquivalente Grammatik $G^{(1)} = (\{0, 1\}, \{S, A, B, C\}, P^{(1)}, S)$ mit

$$P^{(1)} = \{\, S \to 0S \mid 1S \mid 0A,$$
$$A \to 0B \mid 1B,$$
$$B \to 0C \mid 1C$$
$$C \to \varepsilon \,\}$$

□

Im Folgenden können wir also nach Bedarf Regeln der Art (2) zulassen oder auch nicht.

Wir wollen noch eine Vereinfachung rechtslinearer Grammatiken betrachten, die ihre Generierungsmächtigkeit nicht einschränkt: Jede rechtslineare Sprache kann durch eine rechtslineare Grammatik erzeugt werden, die – außer der Regel $S \to \varepsilon$ für den Fall, dass $\varepsilon \in L(G)$ ist, – nur eine weitere Regel der Art (3) besitzt.

Nehmen wir an, die rechtslineare Grammatik G enthalte die Regeln

$$A_1 \to a_1 B_1, \ldots, A_k \to a_k B_k, \ k \geq 0$$

sowie die Regeln

$$B_1 \to \varepsilon, \ldots, B_k \to \varepsilon \text{ mit } A_i, B_i \in N, a_i \in \Sigma, 1 \leq i \leq k$$

dann führen wir ein neues Nonterminal T ein sowie die neuen Regeln

$$A_1 \to a_1 T, \ldots, A_k \to a_k T \text{ sowie } T \to \varepsilon$$

Die Regeln $B_1 \to \varepsilon, \ldots, B_k \to \varepsilon$ können dann eliminiert werden, ebenso die dann noch (gegebenenfalls außer $S \to \varepsilon$) verbleibenden ε-Regeln

Beispiel 3.7. Wir vereinfachen wir die Grammatik $G = (\{0, 1\}, \{S, A, B\}, P, S)$ mit

$$
\begin{aligned}
P = \{ & S \to 0S \mid 1S \mid 0A, \\
& A \to 0B \mid 1B \mid \varepsilon, \\
& B \to 0S \mid \varepsilon \}
\end{aligned}
$$

mit diesem Verfahren:

- G enthält die Regeln $S \to 0A$ und $A \to \varepsilon$. Dazu führen wir die Regel $S \to 0T$ ein.

- G enthält die Regeln $A \to 0B \mid 1B$ und $B \to \varepsilon$. Dazu führen wir die Regeln $A \to 0T \mid 1T$ ein.

- Zudem benötigen wir die neue (einzige) terminierende Regel $T \to \varepsilon$.

- Die alten terminierenden Regeln $A \to \varepsilon$ und $B \to \varepsilon$ werden eliminiert.

Wir erhalten so die Grammatik $G' = (\{0, 1\}, \{S, A, B, T\}, P', S)$ mit

$$
\begin{aligned}
P' = \{ & S \to 0S \mid 1S \mid 0A \mid 0T, \\
& A \to 0B \mid 1B \mid 0T \mid 1T, \\
& B \to 0S, \\
& T \to \varepsilon \}
\end{aligned}
$$

die zu G äquivalent ist.   □

3.2.2 Linkslineare Grammatiken

Die rechtslinearen Grammatiken heißen rechtslinear, weil die Wörter von links nach rechts buchstabenweise erzeugt werden. In jedem Ableitungsschritt kommt höchstens ein Terminal hinzu, und zwar nur am rechten Ende des abzuleitenden Wortes. Wir wollen nun den gegenteiligen Fall betrachten: linkslineare Grammatiken.

Definition 3.4. Sei Σ ein Alphabet. Eine *linkslineare Grammatik* $G = (\Sigma, N, P, S)$ über dem Alphabet Σ besteht aus dem Terminalalphabet Σ, dem davon disjunkten Nonterminalalphabet N, einer Relation $P \subseteq N \times (N\Sigma \cup \Sigma \cup \{\varepsilon\})$ sowie dem Startsymbol $S \in N$. $\square$

Beispiel 3.8. $\tilde{G} = (\{0, 1\}, \{S, A, B\}, \tilde{P}, S)$ mit

$$\tilde{P} = \{\, S \to S0,\ S \to S1,\ S \to A0,$$
$$A \to B0,\ A \to B1,$$
$$B \to 0,\ B \to 1\,\}$$

ist eine linkslineare Grammatik. $\square$

Ein Ableitungsschritt mit einer linkslinearen Grammatik ist analog zum rechtslinearen Fall festgelegt durch die Relation

$$\Rightarrow\ \subseteq N\,\Sigma^* \times (N \cup \{\varepsilon\})\,\Sigma^*$$

definiert durch

$$Au \Rightarrow wu \text{ genau dann, wenn } A \to w \in P$$

ist mit $u \in \Sigma^*$, $A \in N$ und $w \in N\Sigma \cup \Sigma \cup \{\varepsilon\}$.

Mit einer linkslinearen Grammatik werden also Wörter buchstabenweise von rechts nach links erzeugt. Bei einem abzuleitenden Wort wird ein neuer Buchstabe vorne hinzugefügt.

Beispiel 3.9. Wir wollen ein Wort mit der Grammatik $\tilde{G}$ aus Beispiel 3.8 ableiten:

$$S \Rightarrow S0 \Rightarrow S10 \Rightarrow S110 \Rightarrow A0110 \Rightarrow B10110 \Rightarrow 010110$$

Es gilt also $S \Rightarrow^* 010110$, d.h. $010110 \in L(\tilde{G})$. Man kann zeigen, dass $\tilde{G}$ die Menge aller Bitfolgen erzeugt, deren drittes Bit eine 0 ist. $\square$

Wir bezeichnen mit LiL_Σ die Klasse der linkslinearen Sprachen über Σ. Analog zum rechtslinearen Fall kann man auch bei linkslinearen Grammatiken auf die Regeln der Art $A \to a$, $A \in N$, $a \in \Sigma$, verzichten.

3.2.3 Äquivalenz rechtslinearer und linkslinearer Grammatiken

Wenn wir die Sprachen vergleichen, die von den in den Beispielen 3.4 bzw. 3.8 angegebenen Grammatiken erzeugt werden, fällt auf, dass die Wörter der einen Sprache Spiegelbilder der anderen sind (siehe Beispiele 3.5 und 3.9). Hiervon ausgehend kann man sich leicht überlegen, dass zu jeder rechtslinearen Grammatik G eine linkslineare Grammatik $\tilde{G}$ existiert mit $L(G) = SP(L(\tilde{G}))$. Es reicht, die Regeln der Art $A \to aB$ in G durch die Regeln der Art $A \to Ba$ zu ersetzen, Regeln anderer Art bleiben erhalten. Umgekehrt erhält man zu jeder linkslinearen Grammatik G eine rechtslineare Grammatik $\tilde{G}$, die genau die gespiegelten Wörter erzeugt. Genau in dieser Art gehen die Regeln der Grammatiken G aus Beispiel 3.4 und $\tilde{G}$ aus Beispiel 3.8 auseinander hervor. Offensichtlich gilt also $L(G) = SP(L(\tilde{G}))$ und $L(\tilde{G}) = SP(L(G))$ für unsere Beispiele, und allgemein gilt

$$ReL_\Sigma = SP(LiL_\Sigma) \text{ und } LiL_\Sigma = SP(ReL_\Sigma)$$

Die Frage ist, ob auch $ReL_\Sigma = LiL_\Sigma$ gilt; die folgenden beiden Sätze beantworten diese Frage.

Satz 3.3. Zu jeder rechtslinearen Grammatik über Σ existiert eine äquivalente linkslineare.

Beweis Sei $G = (\Sigma, N, P, S)$ eine rechtslineare Grammatik, die nur Regeln der Art (1) und (3) enthält sowie – gegebenenfalls außer $S \to \varepsilon$ – nur eine ε-Regel $T \to \varepsilon$. Wir geben ein allgemeines Verfahren an, mit dem G in eine äquivalente linkslineare Grammatik G' transformiert werden kann.

Dazu überlegen wir zunächst, wie Wörter, die mit G von links nach rechts abgeleitet werden, von rechts nach links, also „rückwärts" erzeugt werden können: Jede Ableitung eines Wortes w in G endet mit der Anwendung der Regel $T \to \varepsilon$. Hier muss in G' der Ableitungsprozess von w beginnen, d.h. T wird Startsymbol, und die Regel $T \to \varepsilon$ wird eliminiert. Alle anderen Regeln $A \to aB$ müssen „rückwärts" ausgeführt werden, d.h. $A \to aB$ wird transformiert zu $B \to Aa$. Als terminierende Regel fügen wir $S \to \varepsilon$ hinzu, denn die Ableitung in G' endet dort, wo die Ableitung in G beginnt. Enthält G die Regel $S \to \varepsilon$, $L(G)$ also das leere Wort, dann fügen wir wieder die Regel $T \to \varepsilon$ zu G' hinzu.   □

Beispiel 3.10. Die rechtslineare Grammatik G' aus Beispiel 3.7 enthält nur Regeln vom Typ (1) und nur eine terminierende ε-Regel, $T \to \varepsilon$. Wir können also obiges Verfahren anwenden: $T \to \varepsilon$ wird eliminiert, alle anderen Regeln werden „umgedreht" und die Regel $S \to \varepsilon$ wird hinzugefügt. Als Ergebnis erhalten wir die Grammatik $G'' = (\{0, 1\}, \{S, A, B, T\}, P'', T)$ mit

$$
\begin{aligned}
P'' = \{\, & T \to S0 \mid A0 \mid A1, \\
& A \to S0, \\
& B \to A0 \mid A1, \\
& S \to S0 \mid S1 \mid B0 \mid \varepsilon \,\}
\end{aligned}
$$

die äquivalent zur Grammatik G' ist..   □

Satz 3.4. Zu jeder linkslinearen Grammatik über Σ existiert eine äquivalente rechtslineare.

Der Beweis folgt analog zum Beweis von Satz 3.3.   □

Rechts- und linkslineare Grammatiken erzeugen also dieselbe Sprachklasse, d.h. es gilt $ReL_\Sigma = LiL_\Sigma$. Die Elemente dieser Sprachklasse wollen wir *Typ-3-Sprachen* nennen, rechts- und linkslineare Grammatiken dementsprechend *Typ-3-Grammatiken*. Mit $TYP3_\Sigma$ bezeichnen wir die Klasse aller Typ-3-Sprachen über Σ.

3.2.4 Verallgemeinerte Typ-3-Grammatiken

Endliche Automaten haben wir dadurch verallgemeinert, dass wir mehrbuchstabige Übergänge erlaubt haben (siehe Abschnitt 2.4). Die Automaten gewinnen dadurch nicht an Mächtigkeit, man spart dadurch aber Zustände und Übergänge ein. In analoger Weise verallgemeinern wir jetzt Typ-3-Grammatiken, indem wir Regeln zulassen, die mehrbuchstabige Wörter erzeugen.

Die Menge aller Bitfolgen, deren drittletztes Bit eine 0 ist, lässt sich formal auch wie folgt notieren:

$$L = \{\, w \in \{0,1\}^* \mid w = uv,\ u \in \{0,1\}^*,\ v \in \{000,001,010,011\}\,\} \qquad (3.1)$$

In den bisherigen Grammatiken für diese Sprache (siehe Beispiele 3.4, 3.5, 3.6, 3.8 und 3.9) wurden jeweils die drei letzten Bits durch einzelne Regeln erzeugt.

Folgende Grammatik, die sich unmittelbar aus der formalen Beschreibung (3.1) dieser Sprache ergibt, erzeugt die vier möglichen Folgen der letzten Bits jeweils auf einen Schlag:

$$G^{(2)} = (\{\, 0,1 \,\}, \{\, S, T \,\}, P^{(2)}, S)$$

mit

$$P^{(2)} = \{\, S \to 0S \mid 1S \mid 000T \mid 001T \mid 010T \mid 011T,\ T \to \varepsilon \,\}$$

$G^{(2)}$ ist eine rechtslineare Grammatik mit Regeln, die bei einem Ableitungsschritt nicht nur einen Terminalbuchstaben erzeugen, sondern ein Terminalwort.

Rechtslineare Grammatiken, die Regeln der Art $A \to uB$ enthalten, und linkslineare Grammatiken, die Regeln der Art $A \to Bu$ enthalten, mit $A, B \in N$ sowie $u \in \Sigma^+$, heißen *verallgemeinerte Typ-3-Grammatiken*. Die Klasse der über dem Alphabet Σ mit verallgemeinerten Typ-3-Grammatiken erzeugbaren Sprachen wollen wir mit $GTYP3_\Sigma$ bezeichnen.

Es liegt nahe zu vermuten, dass $TYP3_\Sigma = GTYP3_\Sigma$ gilt. Da jede Typ-3-Grammatik bereits eine verallgemeinerte Typ-3-Grammatik ist, gilt auf jeden Fall $TYP3_\Sigma \subseteq GTYP3_\Sigma$. Um zu zeigen, dass auch $GTYP3_\Sigma \subseteq TYP3_\Sigma$ gilt, müssen wir ein Verfahren zur Transformation verallgemeinerter rechtslinearer Regeln in rechtslineare finden, d.h. zur Simulation einer Regel der Art $A \to uB$ durch Regeln der Art $A \to aB$, $A, B \in N, u \in \Sigma^+, a \in \Sigma$.

Wir lösen das Problem, indem wir Regeln zur buchstabenweisen Erzeugung von u angeben. Sei $u = a_1 a_2 \ldots a_k$, $k \geq 2$, dann führen wir $k - 1$ neue Nonterminale $C_1, \ldots, C_{k-1}$ ein und ersetzen die Regel $A \to uB$ durch die Regeln $A \to a_1 C_1$, $C_1 \to a_2 C_2$, ..., $C_{k-2} \to a_{k-1} C_{k-1}$ und $C_{k-1} \to a_k B$.

Wenden wir dieses Verfahren auf die obige Grammatik $G^{(2)}$ an, müssen wir die Regeln $S \to 000T$, $S \to 001T$, $S \to 010T$ und $S \to 011T$ transformieren. Bei der Regel $S \to 000T$ entspricht S dem Symbol A aus dem Verfahren, T entspricht B und $u = 000$, d.h. $k = 3$ und $a_1 = a_2 = a_3 = 0$. Wir führen die zwei neuen Nonterminale C_{11}, C_{12} ein und ersetzen die Regel $S \to 000T$ durch die Regeln $S \to 0C_{11}$, $C_{11} \to 0C_{12}$ und $C_{12} \to 0T$. Entsprechend führen wir für die Regel $S \to 001T$ die neuen Nonterminale C_{21}, C_{22} ein und ersetzen die Regel durch die Regeln $S \to 0C_{21}$, $C_{21} \to 0C_{22}$ und $C_{22} \to 1T$. Für $S \to 010T$ führen wir die neuen Nonterminale C_{31}, C_{32} ein und ersetzen die Regel durch die Regeln $S \to 0C_{31}$, $C_{31} \to 1C_{32}$ und $C_{32} \to 0T$. Zu guter Letzt führen wir für $S \to 011T$ die neuen Nonterminale C_{41}, C_{42} ein und ersetzen die Regel durch die Regeln $S \to 0C_{41}$, $C_{41} \to 1C_{42}$ und $C_{42} \to 1T$.

Wir erhalten somit die zu $G^{(2)}$ äquivalente rechtslineare Grammatik

$$G^{(3)} = (\{0,1\}, \{S, C_{11}, C_{12}, C_{21}, C_{22}, C_{31}, C_{32}, C_{41}, C_{42}, T\}, P^{(3)}, S)$$

mit der Produktionsmenge

$$\begin{aligned}
P^{(3)} = \{\ & S \to 0S \mid 1S \mid 0C_{11} \mid 0C_{21} \mid 0C_{31} \mid 0C_{41}, \\
& C_{11} \to 0C_{12},\ C_{12} \to 0T, \\
& C_{21} \to 0C_{22},\ C_{22} \to 1T, \\
& C_{31} \to 1C_{32},\ C_{32} \to 0T, \\
& C_{41} \to 1C_{42},\ C_{42} \to 1T, \\
& T \to \varepsilon\ \}
\end{aligned}$$

3.2.5 Äquivalenz von endlichen Automaten und Typ-3-Grammatiken

Wir wollen als Nächstes zeigen, dass $REG_\Sigma = TYP3_\Sigma$ gilt, d.h. alle Sprachen, die von endlichen Automaten akzeptiert werden, können von Typ-3-Grammatiken erzeugt werden, und alle Sprachen, die von Typ-3-Grammatiken erzeugt werden, können von endlichen Automaten akzeptiert werden. Mit anderen Worten: Endliche Automaten und Typ-3-Grammatiken legen dieselbe Sprachklasse fest. Auf diese Vermutung kann man kommen, wenn man sich überlegt, dass ein Zustandsübergang $\delta(s, a) = s'$ als Regel $s \to as'$ und eine Regel $A \to aB$ als Zustandsüberführung $\delta(A, a) = B$ notiert werden kann. Auf diese „Verwandtschaft" zwischen rechtslinearen Regeln und Zustandsüberführungen haben wir schon am Beginn von Abschnitt 3.2.1 hingewiesen.

Die Nonterminale einer Grammatik können auch als Zustände bezeichnet werden. Man merkt sich mit einem Nonterminal einen Erzeugungszustand des abzuleitenden Wortes, von dem aus in einem „Zustandsübergang" ein neues Symbol erzeugt wird. Beim äquivalenten Automaten müsste entsprechend das Symbol akzeptiert werden. Diese Überlegung ist Grundlage des Beweises der folgenden beiden Sätze, welche die Gleichheit $REG_\Sigma = TYP3_\Sigma$ zeigen.

Satz 3.5. Zu jeder Typ-3-Grammatik G über dem Alphabet Σ existiert ein endlicher Automat A über Σ mit $L(G) = L(A)$.

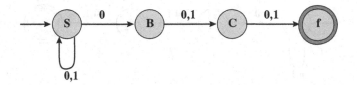

Bild 3.14: Zustandsdiagramm des Automaten aus Beispiel 3.11.

Beweis Sei $G = (\Sigma, N, P, S)$ eine rechtslineare Grammatik, die nur Regeln der Art $A \to aB$ und Regeln der Art $A \to \varepsilon$, $A, B \in N$, $a \in \Sigma$, enthält. Wir konstruieren daraus den nichtdeterministischen endlichen Automaten

$$A = (\Sigma, N, \delta, S, F)$$

Die Zustandsmenge von A besteht also aus den Nonterminalen von G. Das Startsymbol S von G wird Startzustand von A. Die Endzustandsmenge F von A enthält alle Nonterminale aus G, zu denen eine ε-Regel in P existiert, denn mit diesen Regeln enden ja die Ableitungen der Wörter von $L(G)$. Es ist also

$$F = \{ B \in N \mid B \to \varepsilon \in P \} \qquad (3.2)$$

Die Zustandsübergänge in A ergeben sich aus den entsprechenden Regeln in G wie folgt:

(1) Falls a mit G erzeugt wird, muss a in A akzeptiert werden, d.h., falls $B \to aC \in P$ ist, dann ist $(B, a, C) \in \delta$.

(2) Eine (terminierende) ε-Regel $B \to \varepsilon$ in G benötigt keine Entsprechung in A, da B wegen der Festlegung (3.2) Endzustand ist.

δ ergibt sich also formal durch $\delta = \{ (B, a, C) \mid B \to aC \in P \}$. ⊔

Beispiel 3.11. Wir konstruieren nach dem obigen Verfahren einen Automaten zu der Grammatik $G = (\{ 0, 1 \}, \{ S, B, C, f \}, P, S)$ mit

$$\begin{aligned}
P = \{ S &\to 0S \mid 1S \mid 0B, \\
B &\to 0C \mid 1C, \\
C &\to 0f \mid 1f, \\
f &\to \varepsilon \}
\end{aligned}$$

die die Menge aller Bitfolgen erzeugt, deren drittletztes Bit 0 ist. Es ergibt sich der Automat $A = (\{ 0, 1 \}, \{ S, B, C, f \}, \delta, S, \{f\})$, wobei δ festgelegt ist durch das Zustandsdiagramm in Bild 3.14. Es gilt: $L(A) = L(G)$. □

Satz 3.6. Zu jedem endlichen Automaten A über dem Alphabet Σ existiert eine rechtslineare Grammatik G über Σ mit $L(A) = L(G)$.

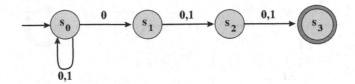

Bild 3.15: Zustandsdiagramm des Automaten aus Beispiel 3.12.

Beweis Sei $A = (\Sigma, S, \delta, s_0, F)$ ein endlicher Automat. Wir konstruieren daraus die rechtslineare Grammatik $G = (\Sigma, S, P, s_0)$. Die Nonterminalmenge von G besteht also aus den Zuständen von A. Der Startzustand s_0 von A wird Startsymbol von G. Die Regeln von G ergeben sich aus den entsprechenden Zustandsübergängen in A wie folgt:

(1) Falls $\delta(s, a) = s'$ ist, dann ist $s \to as' \in P$;

(2) falls $s \in F$ ist, dann ist $s \to \varepsilon \in P$.

Es ist also: $P = \{ s \to as' \mid \delta(s, a) = s' \} \cup \{ s \to \varepsilon \mid s \in F \}$ □

Beispiel 3.12. Wir konstruieren nach dem obigen Verfahren eine Grammatik zu dem Automaten $A = (\{0, 1\}, \{s_0, s_1, s_2, s_3\}, \delta, s_0, \{s_3\})$, wobei δ gegeben ist durch das Zustandsdiagramm in Bild 3.15. A ist äquivalent zu dem im Beispiel 3.11 konstruierten Automaten. Die Konstruktion aus dem Beweis von Satz 3.6 ergibt die Grammatik $G = (\{0, 1\}, \{s_0, s_1, s_2, s_3\}, P, s_0)$ mit

$$
\begin{aligned}
P = \{\ & s_0 \to 0s_0 \mid 1s_0 \mid 0s_1, \\
& s_1 \to 0s_2 \mid 1s_2, \\
& s_2 \to 0s_3 \mid 1s_3, \\
& s_3 \to \varepsilon\ \}
\end{aligned}
$$

Es gilt: $L(G) = L(A)$. □

3.2.6 Zusammenfassung

Typ-3-Grammatiken, d.h. rechtslineare und linkslineare Grammatiken sowie ihre verallgemeinerten Varianten, erzeugen Wörter, ausgehend von einem Startsymbol, mit Hilfe von Ersetzungsregeln buchstabenweise von links nach rechts bzw. von rechts nach links. Sie sind untereinander äquivalente erzeugende Konzepte für reguläre Sprachen, äquivalent zu endlichen Automaten und zu regulären Ausdrücken.

3.3 Eigenschaften regulärer Sprachen

Bisher haben wir folgende äquivalente Konzepte zur Beschreibung regulärer Sprachen kennengelernt:

- *akzeptierendes Konzept:* endliche Automaten, nichtdeterministische endliche Automaten, Automaten mit ε-Übergängen, verallgemeinerte endliche Automaten (siehe Kapitel 2);

- *beschreibendes Konzept:* reguläre Ausdrücke (siehe Abschnitt 3.1);

- *erzeugendes Konzept:* Typ-3-Grammatiken (rechtslineare, linkslineare, verallgemeinerte rechtslineare, verallgemeinerte linkslineare Grammatiken, siehe Abschnitt 3.2);

- *algebraisches Konzept:* als Vereinigung von Äquivalenzklassen einer Rechtskongruenz mit endlichem Index (siehe Abschnitt 2.5.2).

Auf weitere Konzepte werden wir nicht eingehen.

Als Abschluss zum Thema reguläre Sprachen wollen wir uns mit ihren wichtigsten Eigenschaften beschäftigen: Abschlusseigenschaften, Pumping-Lemma, Entscheidbarkeitsfragen und Grenzen.

3.3.1 Abschlusseigenschaften von REG_Σ

Als Erstes wollen wir zeigen, dass alle „trivialen" Sprachen über einem Alphabet Σ reguläre Sprachen sind.

Satz 3.7. Sei Σ ein Alphabet, dann gilt:

(1) $\emptyset \in REG_\Sigma$, d.h. die leere Sprache ist regulär,

(2) $\Sigma \in REG_\Sigma$, d.h. das Alphabet ist selbst eine reguläre Sprache,

(3) $\Sigma^* \in REG_\Sigma$, d.h. die Menge aller Wörter ist eine reguläre Sprache,

(4) $\{w\} \in REG_\Sigma$ für alle $w \in \Sigma^*$, d.h. jede aus einem Wort bestehende Sprache ist regulär,

(5) $L \in REG_\Sigma$ für jede endliche Sprache $L \subseteq \Sigma^*$, d.h. jede endliche Sprache ist regulär.

Beweis Wir wollen versuchen, für jede Behauptung einen möglichst einfachen Beweis zu finden. Dazu versuchen wir, für jede Sprache einen beschreibenden regulären Ausdruck oder einen akzeptierenden endlichen Automaten oder eine erzeugende Typ-3-Grammatik zu finden.

(1) Der reguläre Ausdruck $\emptyset$ beschreibt die leere Sprache, denn es gilt $L(\emptyset) = \emptyset$ (siehe Kapitel 3.1). Also ist $\emptyset$ eine reguläre Sprache.

(2) Sei $\Sigma = \{a_1, a_2, \ldots, a_n\}$, $n \geq 0$, dann ist $\alpha = (a_1|a_2|\ldots|a_n)$ ein regulärer Ausdruck, und es gilt

$$L(\alpha) = L(a_1|a_2|\ldots|a_n) = L(a_1) \cup L(a_2) \cup \ldots \cup L(a_n)$$
$$= \{a_1\} \cup \{a_2\} \cup \ldots \cup \{a_n\} = \{a_1, a_2, \ldots, a_n\}$$
$$= \Sigma$$

Also ist Σ eine reguläre Sprache.

(3) Sei α der reguläre Ausdruck aus (2). Wir setzen $\beta = (\alpha)^*$ Es gilt mit (2):

$$L(\beta) = L((\alpha)^*) = (L(\alpha))^* = \Sigma^*$$

Also ist Σ^* eine reguläre Sprache.

(4) Sei w ein Wort über Σ, etwa $w = x_1 x_2 \ldots x_k \in \Sigma^*$, $x_i \in \Sigma$, $1 \leq i \leq k$, $k \geq 0$. Für den regulären Ausdruck $\gamma = (x_1 x_2 \ldots x_k)$ gilt:

$$L(\gamma) = L(x_1 x_2 \ldots x_k) = L(x_1) \circ L(x_2) \circ \ldots \circ L(x_k)$$
$$= \{x_1\} \circ \{x_2\} \circ \ldots \circ \{x_k\} = \{x_1 x_2 \ldots x_k\}$$
$$= \{w\}$$

Also ist $\{w\}$ eine reguläre Sprache.

(5) Sei L eine endliche Sprache über Σ, etwa $L = \{w_1, w_2, \ldots, w_m\} \subset \Sigma^*$, $w_i \in \Sigma^*$, $1 \leq i \leq m$. Nach (4) ist jede Sprache $\{w_i\}$, $1 \leq i \leq m$, eine reguläre Sprache. Es gibt also reguläre Ausdrücke γ_i mit $L(\gamma_i) = w_i$, $1 \leq i \leq m$. Für den regulären Ausdruck $\gamma = (\gamma_1|\gamma_2|\ldots|\gamma_m)$ gilt:

$$L(\gamma) = L(\gamma_1|\gamma_2|\ldots|\gamma_m) = L(\gamma_1) \cup L(\gamma_2) \cup \ldots \cup L(\gamma_m)$$
$$= \{w_1\} \cup \{w_2\} \cup \ldots \cup \{w_m\} = \{w_1, w_2, \ldots, w_m\}$$
$$= L$$

Also ist L eine reguläre Sprache.   □

Bemerkung 3.1. Die Fälle (1), (2) und (4) sind Spezialfälle von (5). Wir hätten also nur (5) beweisen müssen. Die Aussagen (1), (2) und (4) folgen dann aus der Aussage (5).   □

Als Nächstes zeigen wir, dass die Klasse REG_Σ der regulären Sprachen über einem Alphabet abgeschlossen ist gegenüber allen gängigen Operationen, d.h. werden zwei reguläre Sprachen mit einer solchen Operation miteinander verknüpft, so ist das Ergebnis wieder eine reguläre Sprache

Satz 3.8. Sei Σ ein Alphabet, und seien $L, L_1, L_2 \in REG_\Sigma$, dann gilt:

(1) $L_1 \cup L_2 \in REG_\Sigma$, d.h. die Vereinigung regulärer Sprachen ist regulär,

(2) $L_1 - L_2 \in REG_\Sigma$, d.h. die Differenz regulärer Sprachen ist regulär,

(3) $\Sigma^* - L \in REG_\Sigma$, d.h. das Komplement einer regulären Sprache ist regulär,

(4) $L_1 \cap L_2 \in REG_\Sigma$, d.h. der Durchschnitt regulärer Sprachen ist regulär,

(5) $L_1 \circ L_2 \in REG_\Sigma$, d.h. die Konkatenation regulärer Sprachen ist regulär,

(6) $L^* \in REG_\Sigma$, d.h. das Kleene-Stern-Produkt einer regulären Sprache ist regulär,

(7) $SP(L) \in REG_\Sigma$, d.h. die Spiegelung einer regulären Sprache ist regulär.

Beweis Wir wollen wieder versuchen, für jede Behauptung einen möglichst einfachen Beweis zu finden. Da L, L_1, L_2 als regulär vorausgesetzt sind, wissen wir,

- dass es sowohl reguläre Ausdrücke $\alpha, \alpha_1, \alpha_2 \in REXP_\Sigma$ gibt mit $L = L(\alpha)$, $L_1 = L(\alpha_1)$ und $L_2 = L(\alpha_2)$,

- als auch (vollständige) endliche Automaten $A = (\Sigma, S_A, \delta_A, s_{A0}, F_A)$, $A_1 = (\Sigma, S_1, \delta_1, s_{10}, F_1)$, $A_2 = (\Sigma, S_2, \delta_2, s_{20}, F_2)$ über Σ mit $L = L(A)$, $L_1 = L(A_1)$ und $L_2 = L(A_2)$,

- sowie Typ-3-Grammatiken $G = (\Sigma, N, P, C)$, $G_1 = (\Sigma, N_1, P_1, C_1)$, $G_2 = (\Sigma, N_2, P_2, C_2)$ über Σ mit $L = L(G)$, $L_1 = L(G_1)$ und $L_2 = L(G_2)$.

Wir konstruieren jetzt für jede Verknüpfung einen regulären Ausdruck oder einen endlichen Automaten oder eine Typ-3-Grammatik, welche die durch die Verknüpfung entstehende Sprache definiert.

(1) Wir konstruieren den regulären Ausdruck $\beta = (\alpha_1 | \alpha_2)$. Es gilt:

$$L(\beta) = L(\alpha_1 | \alpha_2) = L(\alpha_1) \cup L(\alpha_2) = L_1 \cup L_2$$

Wir haben also einen regulären Ausdruck gefunden, der die Vereinigung von L_1 und L_2 beschreibt. Also ist die Vereinigung eine reguläre Sprache.

(2) $L_1 - L_2$ ist die Menge aller Wörter, die in L_1 enthalten sind, aber nicht in L_2. Damit also ein Wort $w \in \Sigma^*$ in $L_1 - L_2$ enthalten ist, muss es von A_1 akzeptiert werden, aber nicht von A_2. Wir konstruieren einen endlichen Automaten B, der das gleichzeitige Durchlaufen der Automaten A_1 und A_2 mit dem Wort w simuliert. Falls dieser Paralleldurchlauf in A_1 in einem Endzustand landet, aber nicht in A_2, genau dann ist w von B akzeptiert.

Da B alle möglichen Paralleldurchläufe durch A_1 und A_2 simulieren soll, muss er für jedes Paar von Zuständen aus A_1 und A_2 einen Zustand haben. Wir wählen: $S_B = S_1 \times S_2$ sowie als Startzustand (s_{10}, s_{20}). Ein simultaner Übergang heißt: Befindet sich A_1 im Zustand s_1 und geht mit a nach s_2 über, und befindet sich A_2 im Zustand t_1 und geht mit a in t_2 über, dann muss B von (s_1, t_1) mit a nach (s_2, t_2) übergehen. Es gilt also:

$$\delta_B((s_1, t_1), a) = (\delta_1(s_1, a), \delta_2(t_1, a)) = (s_2, t_2)$$

Es bleibt also noch, die Endzustände von B festzulegen. Wir haben schon überlegt, dass ein Wort w von B akzeptiert werden muss, falls w von A_1 akzeptiert wird, d.h. falls $\delta_1^*(s_{10}, w) \in F_1$ ist, und w nicht von A_2 akzeptiert wird, d.h. falls $\delta_2^*(s_{20}, w) \notin F_2$ ist. Daraus folgt unmittelbar, dass wir als Endzustandsmenge $F_B = F_1 \times (S_2 - F_2)$ wählen müssen. Insgesamt erhalten wir also:

$$B = (\Sigma, S_1 \times S_2, \delta_B, (s_{10}, s_{20}), F_1 \times (S_2 - F_2))$$

mit

$$\delta_B((s, t), a) = (\delta_1(s, a), \delta_2(t, a))$$

Es gilt dann

$$\delta_B^*((s, t), w) = (\delta_1^*(s, w), \delta_2^*(t, w))$$

und damit

$$
\begin{aligned}
w \in L_1 - L_2 \;&\Leftrightarrow\; w \in L_1 \text{ und } w \notin L_2 \\
&\Leftrightarrow\; \delta_1^*(s_{10}, w) \in F_1 \text{ und } \delta_2^*(s_{20}, w) \notin F_2 \\
&\Leftrightarrow\; \delta_1^*(s_{10}, w) \in F_1 \text{ und } \delta_2^*(s_{20}, w) \in S_2 - F_2 \\
&\Leftrightarrow\; \delta_B^*((s_{10}, s_{20}), w) \in F_B
\end{aligned}
$$

Es gilt also $L(B) = L_1 - L_2$, $L_1 - L_2$ ist also regulär.

(3) Nach Satz 3.7 (3) ist Σ^* regulär. Wegen der gerade bewiesenen Aussage (2) von Satz 3.8 ist die Differenz regulärer Sprachen wieder regulär. Also ist $\Sigma^* - L$ regulär.

(4) Nach den DeMorganschen Regeln gilt für drei Mengen X, Y und Z mit der Voraussetzung $X, Y \subseteq Z$:

$$Z - (X \cap Y) = (Z - X) \cup (Z - Y) \text{ und } Z - (X \cup Y) = (Z - X) \cap (Z - Y)$$

Außerdem gilt:

$$X \cap Y = Z - (Z - (X \cap Y))$$

Diese Regeln angewendet auf die beiden Sprachen $L_1, L_2 \subseteq \Sigma^*$ liefert:

$$
\begin{aligned}
L_1 \cap L_2 &= \Sigma^* - (\Sigma^* - (L_1 \cap L_2)) \\
&= \Sigma^* - ((\Sigma^* - L_1) \cup (\Sigma^* - L_2))
\end{aligned}
$$

Nach (3) wissen wir, dass $\Sigma^* - L_1$ und $\Sigma^* - L_2$ reguläre Sprachen sind. Ihre Vereinigung ist nach (1) ebenfalls regulär. Subtrahiert man diese reguläre Sprache von Σ^*, ist nach (3) die Differenz auch regulär. Also ist der Durchschnitt zweier Sprachen regulär.

(5) Wir setzen $\alpha = (\alpha_1 \alpha_2)$. Dann gilt:

$$L(\alpha) = L(\alpha_1 \alpha_2) = L(\alpha_1) \circ L(\alpha_2) = L_1 \circ L_2$$

Also ist $L_1 \circ L_2$ regulär.

(6) Wir setzen $\beta = (\alpha)^*$. Dann gilt:

$$L(\beta) = L((\alpha)^*) = (L(\alpha))^* = L^*$$

L^* ist also regulär.

(7) $SP(L)$ enthält genau alle Spiegelbilder der Wörter von L. Ist also ein Wort $w = x_1 x_2 \ldots x_n \in L$, $x_i \in \Sigma$, $1 \leq i \leq n$, $n \geq 0$, dann ist $\tilde{w} = sp(w) = x_n \ldots x_1 \in SP(L)$.

Sei $A = (\Sigma, S, \delta, s_0, F)$ ein vollständiger deterministischer endlicher Automat, der L akzeptiert: $L = L(A)$. Wir müssen einen endlichen Automaten $\tilde{A}$ konstruieren, der $\tilde{w}$, d.h. „w rückwärts gelesen", akzeptiert. Beim Akzeptieren von $\tilde{w}$ beginnen wir also bei dem Endzustand von A, in dem w akzeptiert wird, und durchlaufen A in umgekehrter Richtung, bis wir den Startzustand erreichen.

Die Zustandsmenge von $\tilde{A}$ ist die Zustandsmenge von A. Startzustände von $\tilde{A}$ sind alle Endzustände von A. Einziger Endzustand von $\tilde{A}$ ist s_0, der Startzustand von A. Die Zustandsübergänge von $\tilde{A}$ ergeben sich durch Umkehrung der Übergänge von A. Insgesamt erhalten wir also:

$$\tilde{A} = (\Sigma, S, \tilde{\delta}, F, \{s_0\})$$

mit

$$\tilde{\delta} = \{ (s', a, s) \mid \delta(s, a) = s' \}$$

Offensichtlich gilt: $SP(L) = L(\tilde{A})$, d.h. $SP(A)$ ist regulär.

Der Automat $\tilde{A}$ ist im Übrigen nichtdeterministisch: Er besitzt eine Startzustandsmenge, und er besitzt in der Regel nichtdeterministische Zustandsübergänge: Wenn man in A von mehreren Zuständen, z.B. $s_1, s_2, \ldots, s_k$ mit a zum Zustand s kommt, also $\delta(s_i, a) = s$, $1 \leq i \leq k$, gilt, dann hat $\tilde{A}$ von s aus k a-Übergänge nach $s_1, s_2, \ldots, s_k$: $(s, a, s_i) \in \tilde{\delta}$, $1 \leq i \leq k$. $\qquad \square$

Im Beweis von Satz 3.8 wurden nur in den Beweisen der Aussagen (2) und (7) endliche Automaten konstruiert, um die Regularität von Sprachen zu zeigen. Wir wollen im Folgenden auch für alle anderen Verknüpfungen sowie für die trivialen Sprachen aus Satz 3.7 endliche Automaten konstruieren.

Offensichtlich wird die leere Sprache von jedem Automaten A mit leerer Endzustandsmenge akzeptiert: Der Automat

$$A = (\Sigma, S, \delta, s_0, \{\})$$

akzeptiert die leere Sprache, ebenso jeder Automat A ohne Zustandsübergänge:

$$A = (\Sigma, S, \emptyset, s_0, F)$$

Ein minimaler Automat, der die Sprache Σ akzeptiert, ist (siehe Bild 3.16):

$$A = (\Sigma, \{ s_0, s_1 \}, \delta, s_0, \{s_1\}) \text{ mit } \delta(s_0, a) = s_1, \text{ für alle } a \in \Sigma$$

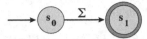

Bild 3.16: Automat, der die Sprache Σ akzeptiert.

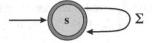

Bild 3.17: Automat, der die Sprache Σ^* akzeptiert.

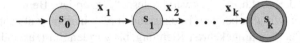

Bild 3.18: Automat, der die Sprache $\{x_1 x_2 \ldots x_k\}$ akzeptiert.

Σ^* wird von folgendem Automaten akzeptiert (siehe Bild 3.17):

$$A = (\Sigma, \{s\}, \delta, s, \{s\}) \text{ mit } \delta(s,a) = s, \text{ für alle } a \in \Sigma$$

Sei $w = x_1 x_2 \ldots x_k$, $x_i \in \Sigma$, $1 \le i \le k$, $k \ge 0$. Dann wird $\{w\}$ akzeptiert von (siehe Bild 3.18)

$$A = (\Sigma, \{s_0, s_1, \ldots, s_k\}, \delta, s_0, \{s_k\})$$

mit

$$\delta(s_i, x_{i+1}) = s_{i+1}, \ 0 \le i \le k-1$$

Sei $L = \{w_1, w_2, \ldots, w_m\}$, $m \ge 1$. Nach der letzten Konstruktion gibt es für jede Sprache $\{w_i\}$ einen endlichen Automaten

$$A_i = (\Sigma, S_i, \delta_i, s_{i0}, \{s_{ik_i}\})$$

mit $\{w_i\} = L(A_i)$, $1 \le i \le m$. Alle Zustandsmengen seien paarweise disjunkt. Wir definieren einen endlichen Automaten A, der von einem neuen Startzustand s_1, $s_1 \notin S_1 \cup S_2 \cup \ldots \cup S_m$, mit ε-Übergängen zu allen Startzuständen der Automaten $A_i, 1 \le i \le m$, verzweigt, und der von allen Endzuständen dieser Automaten je einen ε-Übergang zu dem neuen Endzustand $s_f \notin S_1 \cup S_2 \cup \ldots \cup S_m$ hat. Insgesamt ist A also definiert durch:

$$A = (\Sigma, \{s_1, s_f\} \cup S_1 \cup S_2 \cup \ldots \cup S_m,$$
$$\bigcup_{i=1}^{m} \{(s_1, \varepsilon, s_{i0})\} \cup \bigcup_{i=1}^{m} \delta_i \cup \bigcup_{i=1}^{m} \{(s_{ik_i}, \varepsilon, s_f)\},$$
$$s_1, \{s_f\})$$

Die schematische Darstellung des Zustandsdiagramms zeigt Bild 3.19.

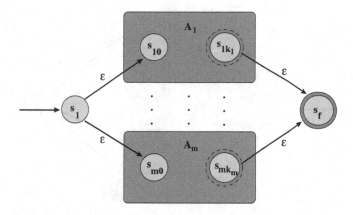

Bild 3.19: Automat, der die Sprache $\{\,w_1,\ldots,w_m\,\}$ akzeptiert.

Für die Konstruktion eines Automaten, der die Vereinigung zweier regulärer Sprachen L_1 und L_2 akzeptiert, verwenden wir die Idee zur Konstruktion des Automaten, der eine endliche Sprache, d.h. eine endliche Menge von Wörtern akzeptiert, die auch als endliche Vereinigung von Mengen mit je einem Wort betrachtet werden kann:

$$\{\,w_1,w_2,\ldots,w_m\,\} = \{w_1\} \cup \{w_2\} \cup \ldots \cup \{w_m\}$$

Seien $A_1 = (\Sigma, S_1, \delta_1, s_{10}, F_1)$ und $A_2 = (\Sigma, S_2, \delta_2, s_{20}, F_2)$ endliche Automaten mit $L_1 = L(A_1)$ bzw. $L_2 = L(A_2)$. S_1 und S_2 seien disjunkt, $S_1 \cap S_2 = \emptyset$, und $s_0, s_f \notin S_1 \cup S_2$ zwei neue Zustände, dann akzeptiert der Automat

$$A = (\Sigma, \{s_0, s_f\} \cup S_1 \cup S_2,$$
$$\{(s_0, \varepsilon, s_{10}), (s_0, \varepsilon, s_{20})\} \cup \delta_1 \cup \delta_2 \cup \bigcup_{s \subset F_1} \{(s, \varepsilon, s_f)\} \cup \bigcup_{s \in F_2} \{(s, \varepsilon, s_f)\},$$
$$s_0, \{s_f\})$$

die Sprache $L_1 \cup L_2$ (siehe Bild 3.20).

Eine andere Idee, einen Automaten A für $L_1 \cup L_2$ zu konstruieren, ist, die Überlegungen des Beweises von Satz 3.7 (2) zu verwenden: Wir konstruieren eine „Parallelschaltung" der Automaten A_1 und A_2, die ein paralleles Abarbeiten eines Wortes w von A_1 und A_2 simuliert.[2] w ist in $L_1 \cup L_2$ enthalten, falls w Element von L_1 oder Element von L_2 oder Element von beiden Sprachen ist. Die Parallelschaltung von A_1 und A_2 muss also nach Abarbeitung des Wortes w in einen Zustand (t_1, t_2) kommen, so dass $t_1 \in F_1$ ist, d.h. w ist in L_1 enthalten, oder dass $t_2 \in F_2$ ist, d.h. w ist in L_2 enthalten, oder dass $t_1 \in F_1$ und $t_2 \in F_2$ sind, d.h. w ist in L_1 und in L_2 enthalten. Endzustandsmenge von A sind also alle Paare von Zuständen, deren erste oder deren zweite Komponente (oder deren beider Komponenten) ein Endzustand von A_1 bzw.

---

[2]Da die Grundlage für das Parallelschalten das kartesische Produkt der Zustandsmengen der beiden Automaten ist, spricht man auch von *Produktautomaten*.

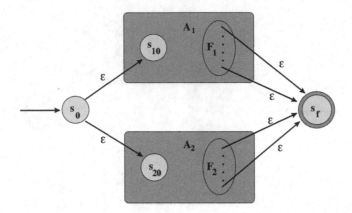

Bild 3.20: Automat, der die Sprache $L_1 \cup L_2$ akzeptiert.

von A_2 ist. Daraus folgt, dass wir als Endzustandsmenge von A

$$F = (F_1 \times S_2) \cup (S_1 \times F_2) \cup (F_1 \times F_2)$$
$$= (F_1 \times S_2) \cup (S_1 \times F_2)$$

setzen; $F_1 \times F_2$ ist sowohl Teilmenge von $F_1 \times S_2$ als auch von $S_1 \times F_2$.

Die Konstruktion des Automaten A erfolgt also genau wie im Beweis des Satzes 3.7 (2), nur die Endzustandsmenge ändert sich:

$$A = (\Sigma, S_1 \times S_2, \delta, (s_{10}, s_{20}), (F_1 \times S_2) \cup (S_1 \times F_2))$$

mit

$$\delta((s, t), a) = (\delta_1(s, a), \delta_2(t, a))$$

Es gilt dann:

$$
\begin{aligned}
w \in L_1 \cup L_2 \quad &\Leftrightarrow \quad w \in L_1 \text{ oder } w \in L_2 \\
&\Leftrightarrow \quad \delta_1^*(s_{10}, w) \in F_1 \text{ oder } \delta_2^*(s_{20}, w) \in F_2 \\
&\Leftrightarrow \quad \delta^*((s_{10}, s_{20}), w) \in (F_1 \times S_2) \cup (S_1 \times F_2) \\
&\Leftrightarrow \quad w \in L(A)
\end{aligned}
$$

Dieselbe Idee können wir verwenden, um einen Automaten für $L_1 \cap L_2$ zu konstruieren: Es ist $w \in L_1 \cap L_2$, falls $w \in L_1$ und $w \in L_2$ ist. Der zu konstruierende Automat A für $L_1 \cap L_2$ muss also w genau dann akzeptieren, wenn w von A_1 und von A_2 akzeptiert wird, d.h. falls bei Abarbeitung von w sowohl A_1 als auch A_2 in einem Endzustand landen. Die Endzustandsmenge F muss also alle Paare von Endzuständen von A_1 und A_2 enthalten: $F = F_1 \times F_2$. Damit ergibt sich A wie folgt:

$$A = (\Sigma, S_1 \times S_2, \delta, (s_{10}, s_{20}), F_1 \times F_2)$$

mit

$$\delta((s, t), a) = (\delta_1(s, a), \delta_2(t, a))$$

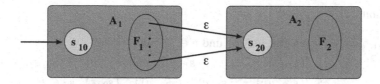

Bild 3.21: Automat, der $L_1 \circ L_2$ akzeptiert.

Es gilt dann:

$$
\begin{aligned}
w \in L_1 \cap L_2 \quad &\Leftrightarrow \quad w \in L_1 \text{ und } w \in L_2 \\
&\Leftrightarrow \quad \delta_1^*(s_{10}, w) \in F_1 \text{ und } \delta_2^*(s_{20}, w) \in F_2 \\
&\Leftrightarrow \quad \delta^*((s_{10}, s_{20}), w) \in (F_1 \times F_2) \\
&\Leftrightarrow \quad w \in L(A)
\end{aligned}
$$

Sei $A = (\Sigma, S, \delta, s_0, F)$ ein vollständiger deterministischer endlicher Automat mit $L = L(A)$. Konstruieren wir nun einen Automaten $\overline{A}$ mit $L(\overline{A}) = \Sigma^* - L$. Da der Automat A vollständig ist, arbeitet er alle Wörter aus Σ^* komplett ab: Gehört ein Wort w zu L, dann endet die Abarbeitung von w in einem Endzustand von A, also in einem Zustand aus F. Gehört w nicht zu L, dann endet die Abarbeitung in einem Nichtendzustand, also in einem Zustand aus $S - F$.

Falls $w \notin L$ ist, ist $w \in \Sigma^* - L$, bzw. falls $w \in L$ ist, ist $w \notin \Sigma^* - L$, d.h. alle Wörter, die von A akzeptiert werden, dürfen von $\overline{A}$ nicht akzeptiert werden, und alle Wörter, die von A nicht akzeptiert werden, müssen von $\overline{A}$ akzeptiert werden. Wir brauchen also nur in A die Endzustandsmenge F durch ihr Komplement $S - F$ zu ersetzen. $\overline{A}$ ist somit definiert durch:

$$
\overline{A} = (\Sigma, S, \delta, s_0, S - F)
$$

Es gilt dann:

$$
\begin{aligned}
w \in \Sigma^* - L \quad &\Leftrightarrow \quad w \in \Sigma^* \text{ und } w \notin L \\
&\Leftrightarrow \quad \delta^*(s_0, w) \notin F \\
&\Leftrightarrow \quad \delta^*(s_0, w) \in S - F \\
&\Leftrightarrow \quad w \in L(\overline{A})
\end{aligned}
$$

Die Konstruktion eines Automaten A zur Erkennung der Konkatenation $L_1 \circ L_2$ von L_1 und L_2 erfolgt durch „Hintereinanderschaltung" der beiden Automaten A_1 und A_2, die L_1 bzw. L_2 akzeptieren: Von jedem Endzustand von A_1 „springen" wir mit einem ε-Übergang zum Startzustand von A_2. Startzustand von A wird der Startzustand von A_1, Endzustandsmenge wird F_2. Wir erhalten also den Automaten (siehe Bild 3.21)

$$
A = (\Sigma, S_1 \cup S_2, \delta_1 \cup \{\, (s, \varepsilon, s_{20}) \mid s \in F_1 \,\} \cup \delta_2, s_{10}, F_2)
$$

Es gilt dann:

$$
\begin{aligned}
w \in L_1 \circ L_2 \quad &\Leftrightarrow \quad \text{es gibt } u \in L_1 \text{ und } v \in L_2 \text{ mit } w = uv \\
&\Leftrightarrow \quad (s_{10}, u) \vdash^* (s_1, \varepsilon),\ s_1 \in F_1 \text{ und } (s_{20}, v) \vdash^* (s_2, \varepsilon),\ s_2 \in F_2 \\
&\Leftrightarrow \quad (s_{10}, uv) \vdash^* (s_1, v) \vdash (s_{20}, v) \vdash^* (s_2, \varepsilon),\ s_2 \in F_2 \\
&\Leftrightarrow \quad (s_{10}, w) \vdash^* (s_2, \varepsilon),\ s_2 \in F_2 \\
&\Leftrightarrow \quad w \in L(A)
\end{aligned}
$$

Sei $A = (\Sigma, S, \delta, s_0, F)$ der Automat, der L akzeptiert. Durch „Hintereinander-schalten" von A mit sich selbst erhalten wir einen Automaten A^* zur Erkennung von L^*: Nachdem A ein Wort akzeptiert hat, also in einem Endzustand gelandet ist, kann ein weiteres Wort von L beginnend beim Startzustand akzeptiert werden. Dies erreichen wir, indem wir von allen Endzuständen von A einen ε-Übergang zum Startzustand einfügen.

L^* enthält auf jeden Fall das leere Wort – auch wenn es nicht in L enthalten ist. Wir müssen also sicherstellen, dass das leere Wort von A^* akzeptiert wird. Dazu darf man nicht einfach einen ε-Übergang vom Startzustand in einen Endzustand führen, denn dann würde A^* auch Wörter akzeptieren, die in s_0 abgearbeitet sind, und wenn s_0 kein Endzustand ist, gehören diese Wörter nicht zu L. Um sicher zu stellen, dass keine unzulässigen Wörter akzeptiert werden, müssen wir einen neuen Startzustand $s_0' \notin S$ und einen neuen Endzustand $s_\varepsilon \notin S$ hinzufügen. A^* ist insgesamt definiert durch:

$$
\begin{aligned}
A^* = (\ &\Sigma, S \cup \{\, s_0', s_\varepsilon \,\}, \\
&\delta \cup \{\, (s_0', \varepsilon, s_0), (s_0, \varepsilon, s_\varepsilon) \,\} \cup \{\, (s, \varepsilon, s_0) \mid s \in F \,\}, \\
&s_0', F \cup \{s_\varepsilon\})
\end{aligned}
$$

3.3.2 Das Pumping-Lemma für reguläre Sprachen

Das Pumping-Lemma gibt eine notwendige Eigenschaft für reguläre Sprachen an, d.h. jede reguläre Sprache hat diese Eigenschaft. Diese Eigenschaft ist aber nicht hinreichend, d.h. es gibt Sprachen, die nicht regulär sind, obwohl sie diese Eigenschaft erfüllen. So können wir das Pumping-Lemma nicht benutzen, um zu zeigen, dass eine Sprache regulär ist. Wir können allerdings mit seiner Hilfe zeigen, dass eine Sprache *nicht* regulär ist. Das werden wir im folgenden Abschnitt praktizieren; in diesem Abschnitt geben wir das Lemma und seinen Beweis an.

Satz 3.9. (Pumping-Lemma für reguläre Sprachen) Sei L eine reguläre Sprache. Dann gibt es eine Zahl $n \in \mathbb{N}$, so dass sich alle Wörter $x \in L$ mit $|x| \geq n$ zerlegen lassen in $x = uvw$ so, dass gilt:

(1) $|v| \geq 1$,

(2) $|uv| \leq n$,

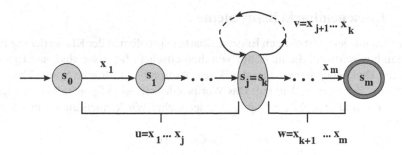

Bild 3.22: Abarbeiten des Wortes $x = uvw$.

(3) $uv^i w \in L$, für alle $i \in \mathbb{N}_0$.

Zu jeder regulären L Sprache gibt es also eine Zahl, die so genannte *Pumping-Lemma-Zahl*, so dass alle Wörter, deren Länge größer oder gleich dieser Zahl ist, in drei Teile aufgeteilt werden können, und zwar derart, dass alle Wörter, die durch beliebig oftmaliges Wiederholen („Aufpumpen") des mittleren Teils entstehen, ebenfalls Wörter der Sprache sind.

Beweis Sei $L \in REG_\Sigma$. Dann gibt es einen endlichen Automaten A mit $L = L(A)$. Sei n die Anzahl der Zustände von A, und $x \in L$ mit $|x| \geq n$. Es sei $x = x_1 x_2 \ldots x_m$, $x_i \in \Sigma$, $1 \leq i \leq m$, $m \geq n$. Da $x \in L(A)$ ist, gibt es eine Folge von Zustandsübergängen $\delta(s_i, x_{i+1}) = s_{i+1}$, $0 \leq i \leq m-1$, wobei s_0 Startzustand und s_m Endzustand ist.

Da A nur n verschiedene Zustände hat, können unter den $n+1$ Zuständen s_0, $s_1, \ldots, s_n$ nicht alle verschieden sein, mindestens zwei von diesen Zuständen müssen dieselben sein. Es gibt also mindestens zwei verschiedene Indizes j und k mit $0 \leq j < k \leq n$ und $s_j = s_k$. Das Abarbeiten des Wortes x veranschaulicht Bild 3.22. Wir setzen:

- $u = x_1 \ldots x_j$,

- $v = x_{j+1} \ldots x_k$ und

- $w = x_{k+1} \ldots x_m$

Es gilt: $|v| \geq 1$, da $k > j$ ist, und $|uv| \leq n$, da $k \leq n$ ist. Damit haben wir eine Zerlegung von x, welche die Punkte (1) und (2) des Lemmas erfüllt.

Wir müssen noch zeigen, dass die Zerlegung auch den Punkt (3) erfüllt, was anschaulich (siehe Bild 3.22) klar ist: Die „Schleife" $s_j, s_{j+1}, \ldots, s_k$, kann beliebig oft durchlaufen werden, bei jedem Durchlauf wird das Teilwort v abgearbeitet, bei i Durchläufen also v^i. Damit akzeptiert der Automat, da s_0 Start und s_m Endzustand ist, jedes Wort $uv^i w$, $i \geq 0$. □

Wir werden in den nächsten beiden Abschnitten das Pumping-Lemma verwenden, um ein Entscheidbarkeitsproblem zu lösen bzw. um die Grenzen endlicher Automaten aufzuzeigen.

3.3.3   Entscheidbarkeitsprobleme

Wir werden uns jetzt mit einigen Entscheidbarkeitsproblemen der Klasse der regulären Sprachen beschäftigen, die nicht nur von theoretischem Interesse sind, sondern auch praktische Bedeutung haben. So ist z.B. das Wortproblem für eine Sprachklasse von eminenter praktischer Bedeutung. Das Wortproblem für eine Sprachklasse $\mathcal{L}_\Sigma$ lautet: Sei $L \in \mathcal{L}_\Sigma$ und $w \in \Sigma^*$, gilt $w \in L$ oder nicht? Wir können dieses Problem als Funktion

$$test : \Sigma^* \times \mathcal{L}_\Sigma \to \{0, 1\}$$

formulieren, wobei $test$ definiert ist durch

$$test(w, L) = \begin{cases} 1, & \text{falls } w \in L \\ 0, & \text{falls } w \notin L \end{cases}$$

Anstelle von $test(w, L)$ schreiben wir auch $w \overset{?}{\in} L$.

Ist das Wortproblem für die Sprachklasse $\mathcal{L}_\Sigma$ entscheidbar, dann gibt es zu jeder Sprache $L \in \mathcal{L}_\Sigma$ ein Verfahren C_L, welches die Funktion

$$\chi_L : \Sigma^* \to \{0, 1\}$$

definiert ist durch

$$\chi_L(w) = \begin{cases} 1, & \text{falls } w \in L \\ 0, & \text{falls } w \notin L \end{cases}$$

berechnet.[3]

C_L kann als Komponnente eines Compilers für L betrachtet werden. Wenn man ein Programm in einer Programmiersprache schreibt, dann stellt dieses Programm ein Wort w über einem vorgegebenen Alphabet dar. Dieses Alphabet enthält neben Buchstaben und Ziffern zum Bilden von Bezeichnern bzw. von Zahlen Zeichen für Operatoren, z.B. $+$ und $-$, es enthält Sondersymbole zur Klammerung und Interpunktion sowie Schlüsselwörter, z.B. `begin` und `end` zur Auszeichnung bestimmter Programmteile. Die Menge aller syntaktisch korrekten Programme über dem Alphabet bildet die Programmiersprache L. Man ruft den Compiler mit der Zeichenkette (dem Wort), die (das) man programmiert hat, auf. Der Compiler meldet unter anderem, ob die Zeichenkette ein ausführbares Programm ist, also zu L gehört.

Ist das Wortproblem für eine Sprachklasse $\mathcal{L}_\Sigma$ entscheidbar, dann ist sie also u.a. geeignet für die Definition von Programmiersprachen, denn für alle Sprachen dieser Klasse gibt es dann ja einen Compiler. Ist das Wortproblem für $\mathcal{L}_\Sigma$ nicht entscheidbar, dann ist diese Klasse im Allgemeinen nicht für die Definition von Programmiersprachen geeignet, denn dann gibt es nicht zu allen Sprachen in $\mathcal{L}_\Sigma$ einen Compiler. Die Entscheidbarkeit des Wortproblems für eine Sprachklasse ist also von fundamentaler praktischer Relevanz.

Wir werden im Folgenden sehen, dass das Wortproblem und weitere Probleme für die Klasse der regulären Sprachen entscheidbar sind. Dabei wollen wir zum jetzigen

---

[3] χ_L heißt charakteristische Funktion von L (siehe Kapitel 10).

Zeitpunkt ein Problem als entscheidbar betrachten, falls wir auf informeller, plausibler Weise ein Verfahren zu seiner Lösung angeben können. Wir werden in Kapitel 10 den Begriff der Entscheidbarkeit von Sprachen formal präzisieren und verwenden.

Das Wortproblem für die Sprachklasse REG_Σ lässt sich analog zur obigen allgemeinen Formulierung wie folgt formalisieren:

$$test : \Sigma^* \times REG_\Sigma \to \{0, 1\}$$

definiert durch

$$test(w, L) = \begin{cases} 1, & \text{falls } w \in L \\ 0, & \text{falls } w \notin L \end{cases}$$

Die weiteren Entscheidbarkeitsprobleme, die wir im Folgenden auflisten, formalisieren wir an dieser Stelle nicht.

Satz 3.10. Seien L, L_1 und L_2 reguläre Sprachen über Σ. Die folgenden Probleme sind entscheidbar, d.h. es gibt Algorithmen zur Lösung dieser Probleme:

(1) das Wortproblem: $w \overset{?}{\in} L$,

(2) das Leerheitsproblem: $L \overset{?}{=} \emptyset$,

(3) das Endlichkeitsproblem: $|L| \overset{?}{<} \infty$,

(4) das Durchschnittsproblem: $L_1 \cap L_2 \overset{?}{=} \emptyset$,

(5) das Äquivalenzproblem: $L_1 \overset{?}{=} L_2$.

Beweis Da L, L_1 und L_2 reguläre Sprachen sind, gibt es endliche Automaten A, A_1 und A_2 mit $L = L(A)$, $L_1 = L(A_1)$ bzw. $L_2 = L(A_2)$.

(1) $w \in \Sigma^*$ ist ein Element von L, falls w von A akzeptiert wird, d.h. falls gilt: $\delta^*(s_0, w) \in F$. Ein Algorithmus, der das Wortproblem löst, muss genau diesen Test ausführen. Eine programmiersprachenähnliche Formulierung dieses Verfahrens ist:

```
algorithm wordproblem(w : Σ*; A : DFA_Σ) : { ja, nein }
    if δ*(s₀, w) ∈ F:
        Ausgabe: ja,
    else:
        Ausgabe: nein.
```

Der Algorithmus erhält als Eingabe das zu testende Wort und den endlichen Automaten, der die Sprache akzeptiert. Er führt den Automaten auf dem Wort aus. Er gibt *ja* aus, falls der Automat das Wort akzeptiert, ansonsten *nein*. Der Algorithmus `wordproblem` entspricht im Übrigen der Prozedur P_α, die der Scanner-Generator aus einem zu A äquivalenten regulären Ausdruck α erzeugt (siehe Abschnitt 3.1.4).

(2) Wann gilt $L(A) = \emptyset$? A akzeptiert kein Wort, falls die Endzustandsmenge leer ist, oder falls es im Zustandsdiagramm zu keinem Endzustand einen Weg vom Startzustand aus gibt. Diese Tests implementiert der folgende Algorithmus

```
algorithm empty(A : DFAΣ) : { ja,nein }
    if F = ∅:
        Ausgabe: ja,
    elseif:
        existiert kein Weg von s0 zu einem s ∈ F,
        Ausgabe: ja,
    else:
        Ausgabe: nein.
```

(3) Wir müssen die Frage beantworten, wann $L(A)$ nur endlich viele Wörter enthält. Das ist der Fall, falls A nicht unendlich viele Wörter akzeptiert. Wann akzeptiert ein endlicher Automat unendlich viele Wörter? Zur Beantwortung dieser Frage benutzen wir das Pumping-Lemma: Wenn es ein Wort x mit einer Länge größer oder gleich der Anzahl der Zustände von A gibt, lässt es sich zerlegen in $x = uvw$ und $uv^iw \in L$ für alle $i \geq 0$, d.h. L enthält mindestens die unendlich vielen Wörter uv^iw, $i \geq 0$.

Wenn wir also nur ein Wort $x \in \Sigma^*$ finden, dessen Länge größer oder gleich der Anzahl n der Zustände von A ist und das von A akzeptiert wird, wissen wir, dass A unendlich viele Wörter akzeptiert. Um ein solches Wort zu finden, müssen wir also alle Wörter aus Σ^* mit der Mindestlänge n testen, ob sie von A akzeptiert werden. Die Anzahl dieser Wörter ist aber unendlich. Die Terminierung unseres Algorithmus wäre nicht gesichert.

Folgende Überlegung zeigt, dass wir nur Wörter bis zur Länge $2n - 1$ testen müssen: Wird nämlich ein Wort z mit $|z| = m \geq 2n$ von A akzeptiert, dann ist bei seiner Abarbeitung eine Schleife mindestens zweimal durchlaufen worden, die im „schlimmsten" Fall alle n Zustände enthält. Dann wird aber auch das Teilwort von z akzeptiert, das entsteht, wenn diese Schleife nur einmal durchlaufen wird. Dieses Wort hat eine Länge zwischen n und $2n - 1$ und es gehört zu $L(A)$.

Im schlimmsten Fall brauchen also nur alle Wörter x von Σ^* mit $n \leq |x| < 2n$ getestet werden. Das sind nur endlich viele. Damit ist die Terminierung unseres Algorithmus gesichert.

```
algorithm finite(A : DFAΣ) : { ja,nein }
    for all w ∈ Σ* with |S| ≤ |w| ≤ 2 · |S| − 1 do
        if wordproblem(w,A) = ja,
            Ausgabe: ja,
        exit,
    endfor,
    Ausgabe: nein.
```

(4) Wir wissen, dass REG_Σ abgeschlossen gegen Durchschnitt ist. $L_3 = L_1 \cap L_2$ ist also eine reguläre Sprache. Wir haben in Abschnitt 3.3.1 ein Verfahren kennen gelernt zur Konstruktion eines Automaten A_3 mit $L_3 = L(A_3)$. Für diesen Automaten rufen wir den Algorithmus zur Lösung des Leerheitsproblems auf: `empty`(A_3).

(5) Zum Test, ob zwei Mengen L_1 und L_2 gleich sind, betrachten wir

$$L_3 = (L_1 \cap (\Sigma^* - L_2)) \cup ((\Sigma^* - L_1) \cap L_2)$$

Offensichtlich gilt $L_1 = L_2$ genau dann, wenn $L_3 = \emptyset$ ist. Nach Satz 3.8 ist L_3 regulär. Auf L_3 können wir nun wieder das Verfahren zur Lösung des Leerheitsproblems anwenden. □

Die oben angegebenen Verfahren zur Lösung der Entscheidbarkeitsprobleme zeigen, dass diese Probleme prinzipiell lösbar sind; es gibt aber durchaus effizientere Verfahren zu ihrer Lösung als die dort angegebenen.

3.3.4 Grenzen endlicher Automaten

Gibt es Sprachen, die nicht regulär sind? Zu jeder regulären Sprache gibt es einen endlichen Automaten, der diese akzeptiert. Äquivalent zu der eingangs gestellten Frage ist also die Frage: Gibt es Sprachen, die nicht von endlichen Automaten akzeptiert werden können?

Durch welche wesentliche Eigenschaft sind endliche Automaten charakterisiert? Das wesentliche Charakteristikum ist der endliche Speicher (in der Literatur auch als „endliches Gedächtnis" bezeichnet), weswegen diese Automaten ja gerade *endlich* genannt werden. Jeder endliche Automat besitzt nur endlich viele Zustände, kann sich also nur endlich viele Situationen merken.

Wenn wir eine Sprache angeben können, die nicht mit endlichem Speicher akzeptiert werden kann, haben wir obige Frage beantwortet. Eine Sprache, bei deren Akzeptieren jeder endliche Automat, habe er auch noch so viele Zustände, überfordert ist, müsste z.B. die Eigenschaft haben, dass der hintere Teil ihrer Wörter im Aufbau vom vorderen Teil abhängt, die Anzahl der Zustände aber zu gering ist, um sich den Aufbau des vorderen Teils zu merken. Es gibt eine sehr einfache Sprache dieser Art:

$$L = \{ a^n b^n \mid n \geq 1 \}$$

In Beispiel 2.7 b) haben wir bereits mithilfe des Satzes von Myhill und Nerode gezeigt, dass diese Sprache nicht regulär ist. Jetzt beweisen wir diese Eigenschaft mithilfe des Pumping-Lemmas.

Dazu nehmen wir an, dass L regulär ist. Dann gibt es einen endlichen Automaten A, der L akzeptiert. A habe k Zustände. Da A alle Wörter $a^n b^n$, $n \geq 1$, erkennt, muss er auch die Wörter $x = a^n b^n$ mit $n \geq k$ erkennen. Dabei muss A eine Schleife durchlaufen. Diese kann beliebig oft durchlaufen werden. Dabei werden aber Wörter akzeptiert, die nicht von der Form $a^n b^n$ und damit keine Wörter von L sind.

Wir wollen diese Überlegungen mithilfe des Pumping-Lemmas präzisieren: Wir nehmen an, L sei regulär. Dann muss L das Pumping-Lemma erfüllen, d.h. es gibt eine Zahl k, so dass für alle Wörter $x \in L$ mit $|x| \geq k$ eine Zerlegung $x = uvw$ existiert, für die die drei Bedingungen aus dem Pumping-Lemma erfüllt sind.

Wir wählen $x = a^k b^k$, d.h. $|x| = |a^k b^k| = 2k > k$. Da $|uv| \leq k$ ist, kann uv nur aus a's bestehen. Es gilt also:

(1) $u = a^p$ mit $p < k$, da $|v| > 1$,

(2) $v = a^q$ mit $q \geq 1$ und $p + q \leq k$,

(3) $w = a^r b^k$ mit $p + q + r = k$.

Wir haben also x wie folgt zerlegt:

$$x = \underbrace{a^p}_{u}\, \underbrace{a^q}_{v}\, \underbrace{a^r b^k}_{w}$$

Nach dem Pumping-Lemma muss für jedes $i \geq 0$

$$uv^i w \in \{\, a^n b^n \mid n \geq 1 \,\}$$

sein. Wählen wir $i = 0$, dann gilt

$$uv^0 w = a^p (a^q)^0 a^r b^k = a^p a^r b^k$$

Nach (3) ist $p + q + r = k$ und wegen (2) ist $q \geq 1$. Daraus folgt, dass $p + r < k$ ist, und damit ist

$$uv^0 w \notin \{\, a^n b^n \mid n \geq 1 \,\}$$

was einen Widerspruch zum Pumping-Lemma bedeutet. Unsere Annahme, dass L regulär ist, muss also falsch sein.

Wir haben also mithilfe des Pumping-Lemmas nachgewiesen, dass die Sprache L nicht regulär ist, d.h. es gibt weder einen endlichen Automaten, der L akzeptiert, noch einen regulären Ausdruck, der L beschreibt, noch eine Typ-3-Grammatik, die L erzeugt.

Nur, wenn wir mit $i = 1$ „pumpen", ist das (unveränderte) Wort in der Sprache. Das zeigen auch schon die Äquivalenzklassen von R_L im Beispiel 2.7 b): Die Klassen sind

$$\left[a^i b\right]_{R_L} = \{\, a^{i+n-1} b^n \mid i \geq 1 \,\}$$

d.h. für $i = 1$ gilt

$$[ab]_{R_L} = \left[a^1 b\right]_{R_L} = \{a^n b^n \mid n \geq 1\} = L$$

und die Wörter aller anderen Äquivalenzklassen, die durch $i \geq 2$ festgelegt sind, gehören nicht zu L.

Die Tatsache, dass L nicht regulär ist, ist nicht nur theoretisch interessant, sondern hat auch praktische Konsequenzen: Man kann die Wörter $a^n b^n$ als Abstraktionen von ineinander geschachtelten Strukturen betrachten, wie z.B. geklammerte arithmetische Ausdrücke oder Blockstrukturen in Programmiersprachen (etwa durch `begin` und `end` begrenzte Verbundanweisungen in PASCAL oder durch { und } eingeklammerte Blöcke in C und Java). Reguläre Ausdrücke oder Typ-3-Grammatiken reichen also nicht aus, um diese Programmiersprachenelemente zu beschreiben, und ein Compiler muss mächtiger als endliche Automaten sein, um die syntaktische Korrektheit von Programmen, in denen geklammerte Ausdrücke oder Blockstrukturen vorkommen, zu prüfen.

Auch mithilfe der Abschlusseigenschaften regulärer Sprachen kann man die Nicht-Regularität von Sprachen zeigen. Dazu betrachten wir folgendes Beispiel: Die Sprache

$$L = \{\, w \in \{a, b\}^* \mid |w|_a = |w|_b \,\}$$

enthält alle Wörter, welche dieselbe Anzahl a's und b's enthalten. Es gilt:

1. Die Sprache $\{a\}^* \{b\}^*$ ist regulär sowie

2. $\{\, a^n b^n \mid n \geq 0 \,\} = L \cap \{a\}^* \{b\}^*$.

Wäre L regulär, dann müsste, weil die Klasse der regulären Sprachen über $\{a, b\}$ abgeschlossen gegenüber Durchschnitt ist, $\{\, a^n b^n \mid n \geq 0 \,\}$ ebenfalls regulär sein. Dies ist aber ein Widerspruch zu der oben bewiesenen Tatsache, dass $\{\, a^n b^n \mid n \geq 0 \,\}$ nicht regulär ist. Die Annahme, dass L regulär ist, muss also falsch sein, d.h. L ist nicht regulär.

Aus diesem Beispiel kann man folgende allgemeine Methode zum Beweis ableiten, dass eine Sprache L nicht regulär ist: Nehme an, dass $L \in REG_\Sigma$ ist. Finde zu L geeignete Sprachen $L' \in REG_\Sigma$ und $L'' \notin REG_\Sigma$ sowie eine Operation op, gegenüber der REG_Σ abgeschlossen ist, mit

$$L'' = L \; op \; L'$$

Wegen des Abschlusses von REG_Σ gegen op müsste folgen, dass L'' regulär ist. Da das aber nicht der Fall ist, folgt, dass die Annahme, dass L regulär ist, falsch ist.

Wir möchten wie schon in der Einleitung von Abschnitt 3.3.2 noch einmal darauf hinweisen, dass das Pumping-Lemma notwendige Eigenschaften für reguläre Sprachen angibt, keine hinreichenden. Man kann das Lemma also nur anwenden um zu zeigen, dass Sprachen *nicht* regulär sind. Es kann nicht angewendet werden um zu zeigen, dass Sprachen regulär sind.

Es gibt allerdings auch nicht reguläre Sprachen, bei denen die Anwendung des Pumping-Lemmas versagt, d.h. es gibt Sprachen, die nicht regulär sind und trotzdem das Pumping-Lemma erfüllen. Ein Beispiel ist die Sprache

$$L = \{\, c^l a^n b^n \mid l, n \geq 0 \,\} \cup \{a, b\}^*$$

Diese Sprache ist nicht regulär, denn die Wörter $c^l a^n b^n$ können, wie wir oben gesehen haben, nicht mit „regulären" Mitteln beschrieben werden. $\{a, b\}^*$ ist eine reguläre

Sprache, erüllt also das Pumping-Lemma. Aber auch die Wörter $c^l a^n b^n$, $l, n \geq 0$, erfüllen das Lemma. Sei $k \geq 1$ die Pumping-Lemma-Zahl von L und $x = c^l a^n b^n \in L$ mit $l \geq 1$ und $|x| \geq k$. Dann erfüllt etwa die Zerlegung $x = uvw$ mit $u = \varepsilon$, $v = c$ und $w = c^{l-1} a^n b^n$ die Eigenschaften (1) – (3): $|v| = |c| = 1$, $|uv| = |c| = 1 \leq k$ und $uv^i w = c^i c^{l-1} a^n b^n = c^{i+l-1} a^n b^n \in L$ für alle $i \in \mathbb{N}_0$.

3.4 Bibliographische Hinweise und Ergänzungen

Endliche Automaten, reguläre Ausdrücke und Typ-3-Grammatiken spielen, wie an entsprechenden Stellen erwähnt, eine wichtige Rolle im Compilerbau. Das Standardwerk von Aho et al. (2014) über Compilerbau behandelt diese Konzepte und zeigt ihre Relevanz für den Compilerbau. Dort wird auch auf Scanner-Generatoren und `lex` eingegangen. Im Web findet man ausführliche Tutorials über reguläre Ausdrücke z.B. unter

> `www.regular-expressions.info.`

Auf der Seite

> `http://www.regexpal.com/;`

kann man den Umgang mit regulären Ausdrücken in Javascript oder PCRE üben. Ein umfassendes Buch zum Thema reguläre Ausdrücke ist Goyvaerts und Levithan (2012).

Unter den Operatoren regulärer Ausdrücke ist die Stern-Operation die wichtigste. Reguläre Ausdrücke ohne Stern-Operation definieren *endliche* Sprachen, und ein natürliches Maß für die Komplexität eines regulären Ausdrucks ist die Anzahl geschachtelter Sterne darin; man bezeichnet diese Anzahl als die *Sternhöhe* des betreffenden Ausdrucks. Fragestellungen, welche die Sternhöhe betreffen, gehören zu den besonders interessanten in der Theorie formaler Sprachen, und es gibt hier sogar nach wie vor ungelöste Probleme. Eine Einführung in diese Thematik gibt Yu (1997).

Das betrachtete Beispiel einer Sprache, die nicht regulär ist, aber das Pumpung-Lemma erfüllt, ist Schöning (2009) entnommen.

Eine Alternative zu Grammatiken wie den regulären, bei denen pro Ableitungsschritt stets *genau eine* Regel angewendet wird, bieten die so genannten *Lindenmayer-Systeme* oder kurz *L-Systeme*. Bei diesen handelt es sich um *parallele* Ersetzungssysteme, bei denen in jedem Ableitungsschritt gleichzeitig *sämtliche* anwendbaren Regeln angewendet werden. Dadurch wächst ein in Ableitung befindliches Wort im Allgemeinen an vielen Stellen gleichzeitig (und kann schnell größere Längen erreichen). L-Systeme wurden 1968 von A. Lindenmayer zur Modellierung von Wachstumsvorgängen in biologischen Organismen vorgeschlagen; sie wurden seither intensiv untersucht. Eine Übersicht findet man bei Kari et al. (1997) sowie bei Paun und Salomaa (1997).

3.5 Übungen

3.1 Beschreiben Sie den endlichen Automaten A_{Geld} aus Aufgabe 2.2 durch einen regulären Ausdruck.

3.2 Zeigen Sie, dass $[b^\otimes \bullet [[a^\otimes | b]^\otimes \bullet a]] \in REXP_{\{a,b\}}$ gilt.

Versuchen Sie eine „Interpretation" dieses regulären Ausdrucks anzugeben.

3.3 Berechnen Sie die Sprache, die durch den regulären Ausdruck

$$\alpha = [b^\otimes \bullet [[a^\otimes | b]^\otimes \bullet a]]$$

aus Aufgabe 3.2 definiert wird.

3.4 Es seien α und β reguläre Ausdrücke. Zeigen oder widerlegen Sie:

(i) $(\alpha \mid \alpha^*) \equiv \alpha^*$

(ii) $(\varepsilon \mid \alpha^*) \equiv \alpha^*$

(iii) $(\alpha \mid \beta)^* \equiv (\alpha^* \mid \beta^*)$

Falls eine Äquivalenz allgemein nicht gilt, überlegen Sie, ob Sie für spezielle α oder β gilt.

3.5 Zeigen Sie die Kommutativität des ∘-Operators (vgl. Abschnitt 3.1.1) unter der Voraussetzung, dass beide Ausdrücke gleich sind oder mindestens einer der beiden Ausdrücke $\emptyset$ oder ε ist.

3.6 Konstruieren Sie mit dem im Beweis von Satz 3.2 angegebenen Verfahren zu dem regulären Ausdruck, der als Ergebnis des Softwareengineering-Beispiels in Abschnitt 3.2 die Menge aller syntaktisch korrekten Zahlungen spezifiziert, einen äquivalenten endlichen Automaten.

3.7 Geben sie einen regulären Ausdruck an, der den strukturellen Aufbau deutscher KFZ-Kennzeichen formal spezifiziert: ein-, zwei- oder dreibuchstabige Kürzel, gefolgt von einem Bindestrich, gefolgt von einer ein- oder zweielementigen Buchstabenkombination, gefolgt von einer höchstens vierstelligen Zahl ungleich Null und ohne führende Nullen. Zwischen den vier genannten Teilen befindet sich jeweils ein Blank (leerer Zwischenraum).

3.8 Sei Σ ein Alphabet. Auf der Menge $REXP_\Sigma$ der regulären Ausdrücke über Σ sei die Relation $\leq \subseteq REXP_\Sigma \times REXP_\Sigma$ definiert durch

$$\alpha \leq \beta \text{ genau dann, wenn } L(\alpha) \subseteq L(\beta)$$

ist.

Für die folgenden Aufgaben sei $\alpha, \beta, \gamma, \delta \in REXP_\Sigma$. Zeigen Sie:

a) es gilt $\alpha \leq \beta$ genau dann, wenn $(\alpha | \beta) \equiv \beta$ ist;

b) ist $\alpha \leq \beta$, dann gilt $(\alpha|\beta)^* \equiv (\alpha^*|\beta^*)$ (vergleiche Teil (iii) von Aufgabe 3.4);

c) $\alpha \leq (\alpha \mid \beta)$;

d) ist $\alpha \leq \beta$, dann gilt $(\alpha \mid \gamma) \leq ()\beta \mid \gamma)$ sowie $(\gamma \mid \alpha) \leq (\gamma \mid \beta)$;

e) ist $\alpha \leq \beta$ und $\gamma \leq \delta$, dann gilt $(\alpha \mid \gamma) \leq (\beta \mid \delta)$;

f) $\alpha \leq \alpha\beta^*$ und $\alpha \leq \beta^*\alpha$.

3.9 Begründen Sie, warum die von einer Typ-3-Grammatik $G = (\Sigma, N, P, S)$ erzeugte Sprache das leere Wort nur dann enthält, falls P die Regel $S \rightarrow \varepsilon$ enthält.

3.10 Führen Sie die Beweise für die Aussagen in den Sätzen 3.7 und 3.8 noch einmal, und zwar indem Sie für jeden Fall eine Typ-3-Grammatik konstruieren.

3.11 Sei Σ ein Alphabet. Eine Abbildung $h : \Sigma^* \rightarrow \Sigma^*$ mit der Eigenschaft

$$h(vw) = h(v)h(w) \text{ für alle } v, w \in \Sigma^*$$

heißt Homomorphismus über Σ.

a) Zeigen Sie: Für jeden Homomorphismus $h : \Sigma^* \rightarrow \Sigma^*$ gilt: $h(\varepsilon) = \varepsilon$.

b) Wir erweitern Homomorphismen von Wörtern auf Sprachen: Sei h ein Homomorphismus über Σ, dann ist $h' : 2^{\Sigma^*} \rightarrow 2^{\Sigma^*}$ definiert durch

$$h'(L) = \{ h(w) \mid w \in L \}$$

Zeigen Sie: REG_Σ ist abgeschlossen gegenüber Homomorphismusbildung, d.h. ist $L \in REG_\Sigma$, dann ist auch $h'(L) \in REG_\Sigma$ für jeden Homomorphismus h über Σ.

3.12 Eine Grammatik $G = (\Sigma, N, P, S)$ heiße Typ-2.5-Grammatik, falls

$$P \subseteq N \times (N\Sigma \cup \Sigma N \cup \{\varepsilon\})$$

ist. Typ-2.5-Grammatiken können also sowohl links- als auch rechtslineare Regeln enthalten. Sei $TYP2.5_\Sigma$ die Klasse der Sprachen über Σ, die durch Typ-2.5-Grammatiken erzeugt werden können. Es ist klar, dass $TYP3_\Sigma \subseteq TYP2.5_\Sigma$ gilt. Gilt auch die Umkehrung $TYP2.5_\Sigma \subseteq TYP3_\Sigma$ (und damit die Gleichheit)?

3.13 Sei Σ ein Alphabet, und die Funktion $shuffle : \Sigma^* \times \Sigma^* \rightarrow \Sigma^*$ sei für alle $v, w \in \Sigma^*$ und $a, b \in \Sigma$ definiert durch

$$shuffle(\varepsilon, w) = w$$
$$shuffle(v, \varepsilon) = v$$
$$shuffle(av, bw) = ab \circ shuffle(v, w)$$

a) Es sei $\Sigma = \{ a, b \}$. Berechnen Sie schrittweise $shuffle(ab, ba)$, $shuffle(ab, baba)$ sowie $shuffle(aaaa, bb)$.

b) Sei Σ ein Alphabet, und die Funktion *Shuffle* $: 2^{\Sigma^*} \times 2^{\Sigma^*} \to 2^{\Sigma^*}$ sei definiert durch

$$Shuffle(L_1, L_2) = \{\, shuffle(v, w) \mid v, \in L_1,\ w \in L_2 \,\}$$

Beweisen Sie: REG_Σ ist abgeschlossen gegenüber der Operation *Shuffle*, d.h., sind L_1 und L_2 reguläre Sprachen, dann ist auch $Shuffle(L_1, L_2)$ regulär.

3.14 Sei $\Sigma = \{\, 0, 1 \,\}$. Für die Sprache $L \subseteq \Sigma^*$ sei $L' = \{\, xy \mid x1y \in L \,\}$. L' entsteht also aus L, indem in jedem Wort in L genau eine 1 weggelassen wird und dabei alle Möglichkeiten berücksichtigt werden (für das Wort $101 \in L$ gehören also die Wörter 01 und 10 zu L'. Beweisen Sie: Für jede reguläre Sprache $L \subseteq \Sigma^*$ ist auch die Sprache L' regulär.

3.15 Wir haben mit $L = \{\, a^k b^k \mid k \geq 0 \,\}$ bisher eine nicht reguläre Sprache über dem Alphabet $\{a, b\}$ kennengelernt. Begründen Sie (mithilfe von L), dass es unendlich viele nicht reguläre Sprachen über $\{a, b\}$ gibt.

3.16 Sind die Sprachen

a) $L_1 = \{\, a^m b^n \mid m, n \in \mathbb{N}_0,\ m + n \leq 1000 \,\}$,

b) $L_2 = \{\, a^m b^n \mid m, n \in \mathbb{N}_0,\ m - n \leq 1000 \,\}$,

c) $L_3 = \{\, a^m a^n \mid m, n \geq 0,\ m = n \,\}$,

d) $L_4 = \{\, a^m \# a^n \mid m, n \geq 0,\ m = n \,\}$,

e) $L_5 = \{\, a^{k^2} \mid k \geq 0 \,\}$,

f) $L_6 = \{\, a^{n!} \mid n \geq 0 \,\}$,

g) $L_7 = \{\, v \# w \mid v, w \in \{a, b\}^*,\ |v|_a = |w|_b \,\}$,

h) $L_8 = \{\, vw \mid v, w \in \{a, b\}^*,\ |v|_a = |w|_b \,\}$

regulär? Beweisen Sie Ihre Antworten.

3.17 Sei A ein endlicher Automat, dessen Zustandsmenge n Elemente habe. Zeigen Sie, dass gilt: Es ist $L(A) \neq \emptyset$ genau dann, wenn A ein Wort x akzeptiert mit $|x| < n$.

Kapitel 4

Endliche Maschinen und Automatennetze

In diesem Kapitel kehren wir zunächst zu endlichen Automaten zurück. Ein endlicher Automat akzeptiert eine reguläre Sprache, erzeugt aber keinerlei Ausgabe. Wir werden endliche Automaten jetzt mit einer Ausgabefunktion versehen. Endliche Automaten mit Ausgabe heißen *endliche Maschinen*. Wir werden zwei Arten endlicher Maschinen, Moore-Maschinen und Mealy-Maschinen, betrachten. Dabei stehen nicht so sehr theoretische Aspekte im Mittelpunkt unserer Betrachtungen, sondern praktische Anwendungen. Diese Maschinen haben z.B. eine große Bedeutung beim Entwurf von Schaltwerken bzw. von ganzen Rechnern. Auf diesen Zusammenhang gehen wir genauer ein, bevor wir endliche Maschinen zu *endlichen Transducern* erweitern, mit welchen im Wesentlichen Funktionen berechnet werden können.

Endliche Automaten und Maschinen modellieren sequentielle Zustandsübergänge, können jedoch auch durch *Komposition* zur Modellierung paralleler Übergänge verwendet werden. Wir werden zwei Konzepte zur Modellierung paralleler Zustandsübergänge einführend und beispielhaft betrachten: zellulare Automaten und Petri-Netze. Zellulare Automaten (auch: Mosaikautomaten, Polyautomaten) modellieren *synchrone* parallele Zustandsübergänge, d.h. eine Menge von Zuständen erfährt (in gewissen Zeittakten) eine gleichzeitige Änderung. Petri-Netze modellieren demgegenüber *asynchrone* parallele Zustandsübergänge: Zustandsübergänge finden statt, falls bestimmte Bedingungen erfüllt sind, eine (zeitliche) Synchronisation ist dabei nicht vorgesehen.

Schließlich betrachten wir exemplarische Anwendungen endlicher Maschinen in der Informatik: Software- und Systementwurf, Workflow-Management, elektronischer Handel. Wir werden insbesondere versuchen zu zeigen, welche Zugänge man zu diesen Gebieten mithilfe der genannten Varianten endlicher Maschinen finden bzw. schaffen kann.

4.1 Endliche Maschinen

Wir erweitern die aus Kapitel 2 bekannten endlichen Automaten um eine Ausgabe und gelangen so zu endlichen Maschinen. Wir betrachten zwei Varianten dieser Maschinen: *Mealy-Maschinen* und *Moore-Maschinen*. Beide Varianten finden vielfältige Anwendungen in Bereichen der Praktischen, der Technischen und der Angewandten Informatik. Wir werden beispielhaft Einsatzmöglichkeiten vorstellen. Wir zeigen, dass Probleme, die mit Mealy-Maschinen gelöst werden können, auch mit Moore-Maschinen gelöst werden können, und dass auch die Umkehrung gilt. Beide Varianten sind also in einem noch zu definierenden Sinne äquivalent. Wir zeigen weiterhin, wie endliche Maschinen durch endliche Automaten simuliert werden können. Zum Schluss werden die Grenzen endlicher Maschinen aufgezeigt. Neben einer intuitiven Begründung für Grenzen geben wir für ein Multiplikationsproblem einen Beweis an, der deutlich macht, dass dieses Problem nicht mit endlichen Maschinen gelöst werden kann.

4.1.1 Erweiterung des endlichen Automaten $A_{Eintritt}$

Zu Beginn von Kapitel 2 haben wir in das Thema „endliche Automaten" mithilfe eines Beispiels zur Modellierung eines Eintrittsautomaten eingeführt. Der konstruierte Automat $A_{Eintritt}$ modellierte das Problem nur unzureichend: Er gab zuviel gezahltes Geld nicht zurück und er kehrte vom Endzustand nicht in den Startzustand zurück. Als Benutzende des Eintrittsautomaten könnten wir uns zudem wünschen, dass der Automat in einem Display das noch zu zahlende Geld anzeigt und nach dem Bezahlen von mindestens € 2.00 nicht nur zuviel gezahltes Geld, sondern auch eine Eintrittskarte oder einen Zahlungsbeleg ausgibt.

Um unseren Automaten $A_{Eintritt}$ entsprechend benutzungsfreundlicher zu gestalten (seine „Usability" zu erhöhen), versehen wir ihn mit einer Ausgabe. Ausgegeben werden sollen:

- der noch zu zahlende Betrag, dafür sehen wir die Symbole $\underline{-50}$, $\underline{-100}$, $\underline{-150}$, $\underline{-200}$ vor;

- die Eintrittskarte bzw. die Eintrittskarte und zuviel gezahltes Geld, das modellieren wir mit den Symbolen *Karte*, *Karte* $+ 50$, *Karte* $+ 100$, *Karte* $+ 150$.

Diese Ausgabesymbole fassen wir in dem Ausgabealphabet Δ zusammen:

$$\Delta = \{\, \underline{-50}, \underline{-100}, \underline{-150}, \underline{-200}, \textit{Karte}, \textit{Karte} + 50, \textit{Karte} + 100, \textit{Karte} + 150 \,\}$$

Das Eingabealphabet des Automaten $A_{Eintritt}$ ergänzen wir um das Symbol

KarteNehmen,

das die Benutzeraktion der Eintrittskartenentnahme aus dem Eintrittsautomaten repräsentieren soll. Das Ausgabeverhalten des Schwimmbadautomaten formalisieren wir mit einer Ausgabefunktion λ, die jedem Zustand und jeder Eingabe eine Ausgabe zuordnet:

$$\lambda : S \times \Sigma \to \Delta$$

Dabei bedeutet $\lambda(s, a) = b$, dass der Automat im Zustand s bei der Eingabe a die Ausgabe b macht. Das Ausgabeverhalten unseres Eintrittsautomaten beschreibt folgende Tabelle:

λ	50	100	200	*KarteNehmen*
start	-150	-100	*Karte*	-
s_{50}	-100	-50	*Karte* $+ 50$	-
s_{100}	-50	*Karte*	*Karte* $+ 100$	-
s_{150}	*Karte*	*Karte* $+ 50$	*Karte* $+ 150$	-
s_{200}	-	-	-	-200

Zur anschaulichen Darstellung der Ausgabe erweitern wir die Zustandsdiagramme, indem wir an die Übergänge neben dem Eingabesymbol auch das Ausgabesymbol notieren. Gibt es z.B. einen a-Übergang von s nach s', $\delta(s, a) = s'$, bei dem die Ausgabe b erfolgt, d.h. es ist $\lambda(s, a) = b$, dann schreiben wir an den Pfeil von s nach s': $a \mid b$ oder $a\,/\,b$. Das Diagramm in Bild 4.1 modelliert die benutzungsfreundliche Variante des Eintrittsautomaten.

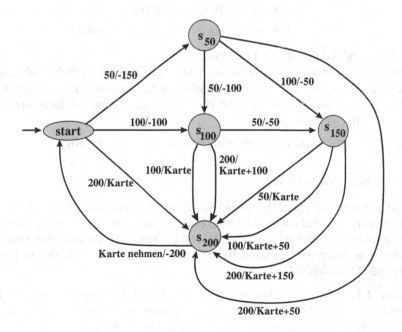

Bild 4.1: Eintrittsautomat mit Ausgabe: $M_{Eintritt}$.

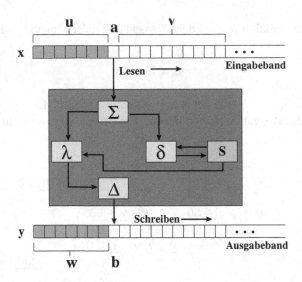

Bild 4.2: „Architektur" einer endlichen Maschine.

Formal notieren wir diese Version als endliche Maschine:

$$M_{Eintritt} = (\{\,\underline{50}, \underline{100}, \underline{200}, \underline{KarteNehmen}\,\},$$
$$\{-50, -100, -150, -200, Karte, Karte + 50,$$
$$Karte + 100, Karte + 150\},$$
$$\{\,start, s_{50}, s_{100}, s_{150}, s_{200}\,\}, \delta, \lambda, start)$$

Dabei sind δ und λ durch Bild 4.1 gegeben.

Eine Endzustandsmenge ist nicht von Interesse, da es bei endlichen Maschinen nicht um das Akzeptieren von Sprachen geht, sondern um das Transformieren von Eingabewörtern in Ausgabewörter. Endliche Maschinen akzeptieren keine Sprachen, sondern berechnen Funktionen.

Die allgemeine „Architektur" einer endlichen Maschine zeigt Bild 4.2.

4.1.2 Mealy-Maschinen

Als erste Variante endlicher Maschinen betrachten wir sogenannte *Mealy-Maschinen*. Die im vorigen Abschnitt entwickelte Maschine $M_{Eintritt}$ zur Modellierung eines Eintrittsautomaten ist ein Beispiel für eine Mealy-Maschine. Die Komponenten einer solchen Maschine haben wir an diesem Beispiel schrittweise entwickelt. Daraus können wir folgende Definition ableiten:

Definition 4.1. Eine *Mealy-Maschine* $M = (\Sigma, \Delta, S, \delta, \lambda, s_0)$ besteht aus dem Eingabealphabet Σ, dem Ausgabealphabet Δ, der endlichen Zustandsmenge S, der Zustandsüberführungsfunktion $\delta : S \times \Sigma \to S$, der Ausgabefunktion $\lambda : S \times \Sigma \to \Delta$ und dem Startzustand $s_0 \in S$. $\square$

Konfigurationen und Konfigurationsübergänge

Analog zu den endlichen Automaten beschreiben wir die Arbeitsweise endlicher Maschinen mithilfe von Konfigurationen und Konfigurationsübergängen: Sei M eine Mealy-Maschine. Eine *Konfiguration* von M

$$k_M = (s, v, w) \in S \times \Sigma^* \times \Delta^*$$

besteht zu jedem Zeitpunkt aus dem aktuellen Zustand s der Maschine, dem noch zu verarbeitenden Suffix v des Eingabewortes sowie dem bisher erzeugten Präfix w des Ausgabewortes (siehe Bild 4.2). Die Konfigurationsübergänge von M sind definiert durch die Relation

$$\vdash_M \subseteq (S \times \Sigma^* \times \Delta^*) \times (S \times \Sigma^* \times \Delta^*)$$

die durch δ und λ festgelegt ist. Es gilt

$$(s, av, w) \vdash_M (s', v, wb) \text{ genau dann, wenn } \delta(s, a) = s' \text{ und } \lambda(s, a) = b$$

gilt für $a \in \Sigma, v \in \Sigma^*, b \in \Delta, w \in \Delta^*$ (siehe Bild 4.2). Mit $\vdash_M^*$ notieren wir die reflexiv transitive Hülle von $\vdash_M$. Im Folgenden lassen wir wie bei endlichen Automaten den Index M bei Konfigurationen und bei Konfigurationsübergängen weg, wenn klar ist, auf welche Maschine sie sich beziehen.

Beispiel 4.1. Wir betrachten eine Folge von Konfigurationsübergängen der Maschine $M_{Eintritt}$:

$$(start, \underline{50}\,\underline{100}\,\underline{100}, \varepsilon) \vdash (s_{50}, \underline{100}\,\underline{100}, -150)$$
$$\vdash (s_{150}, \underline{100}, -150\,-50)$$
$$\vdash (s_{200}, \varepsilon, -150\,-50\,Karte + 50)$$

Es gilt somit: $(start, \underline{50}\,\underline{100}\,\underline{100}, \varepsilon) \vdash^* (s_{200}, \varepsilon, -150\,-50\,Karte + 50)$

Diese Konfigurationsübergangsfolge modelliert also, dass bei der Eingabe von einem 50-Cent-Stück und zwei 1-Euro-Stücken als Ausgabe die beiden jeweils noch zu zahlenden Beträge von € 1.50 bzw. von € 0.50 und zum Schluss die Eintrittskarte sowie € 0.50 Rückgeld erfolgen. □

Eine Konfigurationsfolge beschreibt damit den Prozess, den eine endliche Maschine ausführt, wenn ihr „Programm", definiert durch δ und λ, mit einer Konfiguration gestartet wird. Die Semantik endlicher Maschinen wird durch Konfigurationsübergänge operational definiert, d.h. die Berechnung des Ausgabewortes aus dem Eingabewort erfolgt schrittweise gemäß den einzelnen „Operationen" („Anweisungen"), die durch δ und λ festgelegt sind.

Berechnungen von Mealy-Maschinen

Wir können die Semantik endlicher Maschinen auch funktional definieren. Dazu ordnen wir jeder endlichen Maschine M eine Funktion

$$f_M : \Sigma^* \to \Delta^*$$

zu, die durch die durch M festgelegte Zuordnung von Eingabewörtern zu Ausgabe-
wörtern definiert ist. Um diese Überlegung formal zu präzisieren, erweitern wir zunächst die Ausgabefunktion λ von Buchstaben auf Wörter: Wir definieren die Funktion

$$\lambda^* : S \times \Sigma^* \to \Delta^*$$

durch

$$\lambda^*(s, \varepsilon) = \varepsilon$$
$$\lambda^*(s, av) = \lambda(s, a) \circ \lambda^*(\delta(s, a), v), \ a \in \Sigma, v \in \Sigma^*$$

Dem leeren Wort ordnet λ^* also in jedem Zustand das leere Wort zu. Befindet sich die
Maschine im Zustand s und beginnt das nicht leere noch zu verarbeitende Wort mit
dem Buchstaben a, dann erfolgt die durch die Maschine festgelegte Ausgabe $\lambda(s, a)$
für diesen Zustand und diesen Buchstaben, und das Ausgabewort für den Folgezustand
$\delta(s, a)$ und den verbliebenen Rest v, also $\lambda^*(\delta(s, a), v)$, muss noch berechnet und an
$\lambda(s, a)$ angehängt werden.

Beispiel 4.2. Wir berechnen λ^* der Maschine $M_{Eintritt}$ für die Startkonfiguration aus
Beispiel 4.1:

$$
\begin{aligned}
\lambda^*(start, \underline{50}\,\underline{100}\,\underline{100}) &= \lambda(start, \underline{50}) \circ \lambda^*(\delta(start, \underline{50}), \underline{100}\,\underline{100}) \\
&= \underline{-150} \circ \lambda^*(s_{50}, \underline{100}\,\underline{100}) \\
&= \underline{-150} \circ \lambda(s_{50}, \underline{100}) \circ \lambda^*(\delta(s_{50}, \underline{100}), \underline{100}) \\
&= \underline{-150}\,\underline{-50} \circ \lambda^*(s_{150}, \underline{100}) \\
&= \underline{-150}\,\underline{-50} \circ \lambda(s_{150}, \underline{100}) \circ \lambda^*(\delta(s_{150}, \underline{100}), \varepsilon) \\
&= \underline{-150}\,\underline{-50}\,\underline{Karte + 50} \circ \lambda^*(s_{200}, \varepsilon) \\
&= \underline{-150}\,\underline{-50}\,\underline{Karte + 50}
\end{aligned}
$$

$M_{Eintritt}$ berechnet also zum Eingabewort $\underline{50}\,\underline{100}\,\underline{100}$ das Ausgabewort

$$\underline{-150}\,\underline{-50}\,\underline{Karte + 50} \qquad\qquad \square$$

Definition 4.2. Sei $M = (\Sigma, \Delta, S, \delta, \lambda, s_0)$ eine Mealy-Maschine. Die Funktion

$$f_M : \Sigma^* \to \Delta^*$$

definiert durch

$$f_M(x) = \lambda^*(s_0, x)$$

heißt die von M berechnete (Wort-) Funktion. $\qquad\qquad \square$

Beispiel 4.2. (Fortsetzung) Für die Maschine $M_{Eintritt}$ gilt also:

$$f_{M_{Eintritt}}(\underline{50}\,\underline{100}\,\underline{100}) = \lambda^*(s_0, \underline{50}\,\underline{100}\,\underline{100}) = \underline{-150}\,\underline{-50}\,\underline{Karte + 50} \qquad \square$$

Dass die weiter oben mithilfe von Konfigurationsfolgen definierte operationale
Semantik von Mealy-Maschinen dieselbe ist wie die in diesem Abschnitt definierte
funktionale Semantik, besagt folgender Satz:

Satz 4.1. Sei M eine Mealy-Maschine. Dann gilt

$$f_M(x) = y \text{ genau dann, wenn } (s_0, x, \varepsilon) \vdash^* (s, \varepsilon, y)$$

gilt, wobei s irgendein Zustand ist. □

Mealy-berechenbare Probleme

Im vorigen Abschnitt haben wir die von Mealy-Maschinen berechneten Funktionen definiert. In diesem Abschnitt werden wir festlegen, was ein Mealy-berechenbares Problem ist.

Betrachten wir als Beispielproblemstellung die duale Addition add_{dual}. Diese Problemstellung lässt sich wie folgt formalisieren:

$$add_{dual} = (\mathbb{B}^+ \times \mathbb{B}^+, \mathbb{B}^+, plus)$$

mit $\mathbb{B} = \{0, 1\}$ und $plus : \mathbb{B}^+ \times \mathbb{B}^+ \to \mathbb{B}^+$ definiert durch

$$plus(x, y) = z \text{ genau dann, wenn } wert(x) + wert(y) = wert(z)$$

Dabei ist $wert$ die Funktion, die jeder Dualzahl ihren Wert zuweist. Also

$$wert : \mathbb{B}^+ \to \mathbb{N}_0$$

mit

$$wert(x_{n-1} \ldots x_1 x_0) = \sum_{i=0}^{n-1} x_i \cdot 2^i, \ n \geq 1$$

Wir suchen eine Mealy-Maschine M_{add}, die das Problem add_{dual}, die Addition von zwei Dualzahlen, löst. Dazu müssen wir zunächst überlegen, wie wir die zwei zu addierenden Dualzahlen so codieren, dass sie als Eingabewort auf das Eingabeband von M_{add} geschrieben werden können.

Die Addition zweier Bitfolgen $x = x_{n-1} \ldots x_0$ und $y = y_{m-1} \ldots y_0$, $m, n \geq 1$, geschieht von rechts nach links unter Berücksichtigung von Überträgen. Wir wollen das mit einem Beispiel veranschaulichen. Es sei $x = 1110$ und $y = 11100$. Dann ist:

$$
\begin{array}{rcl @{\qquad} rcl}
x & = & 001110 & wert(x) & = & 14 \\
y & = & 011100 & wert(y) & = & 28 \\
\hline
x + y & = & 101010 & wert(x+y) & = & 42
\end{array}
$$

Zum Rechnen haben wir also x und y längenmäßig angeglichen und beiden eine führende Null hinzugefügt. Für die Eingabe von M_{add} müssen wir Paare von Bits als Eingabesymbole betrachten, da diese Paare, unter Berücksichtigung der Überträge, die Ausgabe bedingen. Wir wählen also als Eingabealphabet von M_{add} alle möglichen Paare von Bits:

$$\Sigma = \{\, \underline{00}, \underline{01}, \underline{10}, \underline{11} \,\}$$

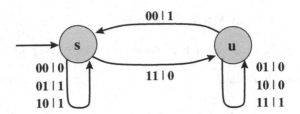

Bild 4.3: Zustandsdiagramm für M_{add}.

Die längenmäßig angeglichenen und um eine führende Null ergänzten Bitfolgen $x =$ 001110 und $y = 011100$ werden zu dem Eingabewort

$$\underline{00}\,\underline{01}\,\underline{11}\,\underline{11}\,\underline{10}\,\underline{00}$$

codiert. Da eine endliche Maschine Eingabewörter von links nach rechts verarbeitet, müssen wir das obige Eingabewort noch spiegeln:

$$\underline{00}\,\underline{10}\,\underline{11}\,\underline{11}\,\underline{01}\,\underline{00}$$

Sei s der Startzustand von M_{add}, dann muss gelten:

$$\lambda^*(s, \underline{00}\,\underline{01}\,\underline{11}\,\underline{11}\,\underline{10}\,\underline{00}) = 010101$$

Wenn wir neben dem Startzustand s, der für „kein Übertrag" steht, noch einen Zustand u zum Merken des Übertrags benutzen, muss M_{add} folgendes Verfahren realisieren: Im Zustand s wird bei Eingabe von $\underline{00}$ eine 0 ausgegeben, bei Eingabe von $\underline{01}$ und bei Eingabe von $\underline{10}$ eine 1, und M_{add} bleibt in diesen Fällen im Zustand s, da kein Übertrag entsteht. Bei Eingabe von $\underline{11}$ wird eine 0 ausgegeben, und M_{add} wechselt in den Zustand u. Im Zustand u wird bei Eingabe von $\underline{11}$ eine 1 ausgegeben, bei Eingabe von $\underline{01}$ und bei Eingabe von $\underline{10}$ eine 0, und M_{add} bleibt im Zustand u, da jeweils wieder ein Übertrag entsteht. Bei Eingabe von $\underline{00}$ wird eine 1 ausgegeben, und M_{add} wechselt in den Zustand s. M_{add} ist also definiert durch

$$M_{add} = (\{\,\underline{00},\underline{01},\underline{10},\underline{11}\,\}, \{\,0,1\,\}, \{\,s,u\,\}, \delta, \lambda, s)$$

wobei δ und λ durch das Diagramm in Bild 4.3 gegeben sind.

Wie die Eingabe ist auch die Ausgabe von links nach rechts zu lesen. Sie muss noch decodiert, d.h. gespiegelt werden.

Um das Problem $add_{dual} = (\mathbb{B}^+ \times \mathbb{B}^+, \mathbb{B}^+, plus)$ mit der Maschine M_{add} zu lösen, müssen wir also

1. die Menge der Problemstellungen $\mathbb{B}^+ \times \mathbb{B}^+$ durch Eingabewörter von M_{add} codieren. Diese Eingabecodierung lässt sich als Funktion

$$\alpha : \mathbb{B}^+ \times \mathbb{B}^+ \to \{\,\underline{00},\underline{01},\underline{10},\underline{11}\,\}^+$$

definiert durch

$$\alpha(x_{n-1}\dots x_0, y_{m-1}\dots y_0) = \underline{x_0 y_0}\dots\underline{x_{n+(m\ominus n)}y_{m+(n\ominus m)}},\ m,n \geq 1$$

formalisieren. Dabei ist die modifizierte Differenz $k \ominus l$ für natürliche Zahlen k und l die übliche Differenz $k - l$, falls $k \geq l$ ist. Ist $k < l$, dann ist $k \ominus l = 0$. Es gilt also:

$$k \ominus l = \begin{cases} k - l, & \text{falls } k \geq l \\ 0, & \text{sonst} \end{cases}$$

Für die Codierung α gilt weiter: $x_{n+(m \ominus n)} = 0$ und $y_{m+(n \ominus m)} = 0$ (beiden Zahlen hinzugefügte führende 0), sowie $x_i = 0$ für $n \leq i \leq n + (m \ominus n) - 1$, falls $m > n$, bzw. $y_i = 0$ für $m \leq i \leq m + (n \ominus m) - 1$, falls $n > m$, zur längenmäßigen Anpassung.

2. Anschließend führen wir die Maschine M_{add} aus, berechnen also die Funktion $f_{M_{add}}$ auf dem codierten Eingabewort.

3. Zum Schluss muss das Ergebnis decodiert werden. Das Ergebnis hat die Gestalt $z = z_0 \dots z_k$ mit $k = n$, falls $n \geq m$ ist, bzw. mit $k = m$, falls $m \geq n$ ist. Decodieren heißt: Spiegeln von z und Streichen aller führenden Nullen von $sp(z)$.

Diese Decodierung lässt sich durch die Funktion $\beta : \mathbb{B}^+ \to \mathbb{B}^+$ mit

$$\beta(z_0 \dots z_k) = z_l \dots z_0, \quad \text{falls } z_l = 1 \text{ und } z_i = 0 \text{ für } l + 1 \leq i \leq k$$

formalisieren.

Wir haben also das Problem add_{dual} mit der Mealy-Maschine M_{add} gelöst, denn es gilt:

$$plus(x, y) = \beta(f_{M_{add}}(\alpha(x, y)))$$

Wir wollen die am Additionsproblem von Bitfolgen beispielhaft eingeführten Begriffe verallgemeinern. Allgemein notieren wir ein Problem durch

$$\pi = (\mathcal{F}, \mathcal{A}, p)$$

Dabei ist $\mathcal{F}$ die Menge der Frage- oder Problemstellungen und $\mathcal{A}$ die Menge der Antworten. p ist die Problemspezifikation

$$p : \mathcal{F} \to \mathcal{A}$$

die jeder Frage die richtige Antwort zuweist. In unserem obigen Beispiel ist die Menge der Fragestellungen die Menge aller Paare von Bitfolgen:

$$\mathcal{F} = \mathbb{B}^+ \times \mathbb{B}^+$$

Die Menge aller möglichen Antworten ist die Menge der Bitfolgen $\mathcal{A} = \mathbb{B}^+$. Das Additionsproblem ist durch die Funktion $p = plus$ spezifiziert; sie ordnet jedem Paar von Bitfolgen seine Summe zu.

Definition 4.3. Sei $\pi = (\mathcal{F}, \mathcal{A}, p)$ ein Problem. π wird von einer Mealy-Maschine $M_\pi = (\Sigma, \Delta, S, \delta, \lambda, s_0)$ gelöst, falls es eine Eingabecodierung $\alpha : \mathcal{F} \to \Sigma^*$ und eine Ausgabecodierung $\beta : \Delta^* \to \mathcal{A}$ gibt, so dass

$$p(x) = \beta(f_{M_\pi}(\alpha(x)))$$

gilt. Ein Problem heißt *Mealy-berechenbar*, falls es eine Mealy-Maschine gibt, die das Problem löst.   □

Als weiteres Beispiel zur Mealy-Berechenbarkeit betrachten wir das Problem der Addition natürlicher Zahlen:

$$ADD = (\mathbb{N}_0 \times \mathbb{N}_0, \mathbb{N}_0, sum)$$

mit $sum(x, y) = x + y$. Wir konstruieren eine Mealy-Maschine, die das Problem ADD löst. Wir gehen analog zur Konstruktion der Maschine M_{add} vor. Um die Addition stellenweise (ziffernweise) durchführen zu können, wählen wir als Eingabealphabet die Menge aller möglichen Ziffernpaare:

$$\Sigma = \{0, 1, \ldots, 9\} \times \{0, 1, \ldots, 9\}$$

Die stellenweise Addition ergibt als Ergebnis jeweils eine Ziffer, also wählen wir als Ausgabealphabet $\Delta = \{0, 1, \ldots, 9\}$. Als Zustände benötigen wir wieder zwei: $S = \{s, u\}$. In s erfolgt die Addition ohne Übertrag, d.h. wenn die Summe der Ziffern kleiner 10 ist, in u erfolgt die Addition mit Übertrag, d.h. wenn die Summe von Ziffern und Übertrag größer oder gleich 10 ist. Die Zustandsübertragung ergibt sich somit wie folgt:

$$\delta(s, (x, y)) = \begin{cases} s, & x + y < 10 \\ u, & x + y \geq 10 \end{cases}$$

$$\delta(u, (x, y)) = \begin{cases} s, & x + y + 1 < 10 \\ u, & x + y + 1 \geq 10 \end{cases}$$

Die Ausgabefunktion λ ist wie folgt definiert:[1]

$$\lambda(t, (x, y)) = \begin{cases} x + y \,(10), & t = s \\ (x + y + 1)\,(10), & t = u \end{cases}$$

Die Ein- und Ausgabecodierungen

$$\alpha : \mathbb{N}_0 \times \mathbb{N}_0 \to (\{0, 1, \ldots, 9\} \times \{0, 1, \ldots, 9\})^+$$

und

$$\beta : \{0, 1, \ldots, 9\}^+ \to \mathbb{N}_0$$

---

[1] Für $b \in \mathbb{Z}$ und $m \in \mathbb{N}$ bedeutet $b\,(m)$ den Rest, der bei Division von b durch m bleibt (b *modulo* m).

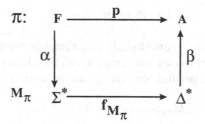

Bild 4.4: Mealy-Berechenbarkeit.

legen wir analog zu den Codierungen der Bitfolgen fest: Wir ergänzen die kürzere Zahl um führende Nullen, bis sie dieselbe Länge wie die längere hat. Zu beiden fügen wir noch eine führende Null hinzu. Beide Zahlen werden dann gespiegelt und stellenweise zu Ziffernpaaren zusammengefasst. Die Ausgabecodierung spiegelt die berechnete Zahl in die natürliche Schreibweise zurück und streicht eventuell vorhandene führende Nullen. Wir erhalten also die Mealy-Maschine

$$M_{ADD} = (\{0, 1, \ldots, 9\} \times \{0, 1, \ldots, 9\}, \{0, 1, \ldots, 9\}, \{s, u\}, \delta, \lambda, s)$$

M_{ADD} berechnet das Problem ADD, denn es gilt:

$$sum(x, y) = x + y = \beta(f_{M_{ADD}}(\alpha(x, y)))$$

Die Addition natürlicher Zahlen ist also Mealy-berechenbar.

Das (kommutierende) Funktionsdiagramm in Bild 4.4 veranschaulicht die Problemlösung mit Mealy-Maschinen.

4.1.3 Ein formales Vorgehensmodell bei der Problemlösung

An den Problemen add_{dual} und ADD haben wir bespielhaft eine Vorgehensweise vorgestellt, die eine fundamentale Vorgehensweise der Informatik, insbesondere der Praktischen und der Angewandten Informatik, z.B. in der Softwaretechnik, darstellt: Ein Problem wird zunächst auf einem hohen, problemnahen Abstraktionsniveau spezifiziert, und es wird auf diesem Niveau eine Lösungsverfahren angegeben. Dieses ist in der Regel nicht ablauffähig auf einem Rechner, sondern muss auf einem anderen (systemnäheren) Abstraktionsniveau detaillierter spezifiziert werden. Auch die so erhaltene Spezifikation mag noch zu abstrakt für eine Implementierung sein, so dass weitere Transformationsschritte nötig sind – so lange, bis ein auf einer (realen) Maschine ausführbares Programm spezifiziert ist.

Betrachten wir als Beispiel wieder die Addition natürlicher Zahlen: Auf einem problemnahen Abstraktionsniveau lässt es sich wie im vorigen Abschnitt spezifizieren:

$$ADD = (\mathbb{N}_0 \times \mathbb{N}_0, \mathbb{N}_0, sum) \text{ mit } sum(x, y) = x + y$$

Für die Operation $+$ kennen wir einen Algorithmus: „Addieren nach Adam Riese". Diesen haben wir in der Lösung mithilfe der Mealy-Maschine M_{ADD}, d.h. in der

Form eines Programms – in der (Programmier-) Sprache der Mealy-Maschinen –, formuliert.

Da wir das Problem auf einem Digitalrechner implementieren wollen, muss es auf ein Problem transformiert werden, das mithilfe von Bitfolgen formuliert ist. Hier können wir z.B. die Problemspezifikation add_{dual} aus dem vorigen Abschnitt verwenden:

$$add_{dual} = (\mathbb{B}^+ \times \mathbb{B}^+, \mathbb{B}^+, plus)$$

wobei *plus* definiert ist durch

$$plus(x, y) = z \text{ genau dann, wenn } wert(x) + wert(y) = wert(z)$$

ist. *wert*, die Funktion, die jeder Dualzahl ihren Wert zuweist, spezifiziert dabei die Korrektheit der Transformation.

Die Lösung dieses Problems haben wir ebenfalls im vorigen Abschnitt entwickelt: die Mealy-Maschine M_{add}. Die Transformation von Mealy-Maschinen mit den Bits 0 und 1 als Ein- und Ausgabesymbole in ein Maschinenprogramm (Mikroprogramm) für die Ausführung der Addition auf einer konkreten Hardware (reale Maschine) kann automatisch vonstatten gehen mit Hilfe eines entsprechenden Softwarewerkzeugs.

Das kommutierende Diagramm in Bild 4.5 veranschaulicht unsere Vorgehensweise. Wir haben das Anwendungsproblem und seine Lösung in drei Schritten so transformiert, dass das Problem auf der Ebene der realen Maschine gelöst werden kann. Die drei oberen Ebenen nennt man abstrakte Maschinen, denn die auf ihnen formulierten Probleme und Lösungsverfahren sind nicht unmittelbar auf einem Prozessor ablauffähig. Genau genommen stellt unsere vierte Ebene auch keine reale Maschine dar, sondern ebenfalls noch eine abstrakte. Die tatsächliche reale Maschine ist die Hardware, auf der das Lösungsverfahren in Form von physikalischen (elektronischen) Vorgängen ausgeführt wird. Tatsächlich müssten im Beispiel noch weitere Ebenen folgen, wir wollen uns aber mit den vier vorgestellten begnügen und die Maschinenprogrammebene als real bezeichnen.

Das obige Beispiel betrifft ein Problem aus der Systemprogrammierung: die Implementierung der Addition natürlicher Zahlen. In der Softwaretechnik, d.h. bei der Entwicklung großer Programmsysteme zur Lösung komplexer Anwendungsprobleme gehen wir davon aus, dass uns höhere Programmiersprachen zur Verfügung stehen, die uns z.B. die Addition natürlicher Zahlen als Sprachelement zur Verfügung stellen. Die Transformationen in die oben angesprochenen Ebenen werden dann automatisch von Systemprogrammen (Compiler, Betriebssystem) durchgeführt. Softwareentwickler und -entwicklerinnen sind eher mit höheren Abstraktionsebenen und deren Transformation beschäftigt, ausgehend von einer informellen Problembeschreibung schrittweise zu einer Spezifikation, die dann unmittelbar in einer Programmiersprache oder mit einer Anwendungssoftware (z.B. Datenbankmanagementsystem, Tabellenkalkulationssystem) implementiert werden kann.

Um die Korrektheit des schrittweisen Vorgehens über mehrere Abstraktionsebenen zu garantieren, ist die Kommutativität der Transformationen sicherzustellen (siehe Bild 4.6).

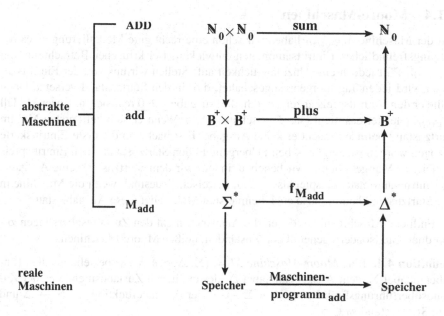

Bild 4.5: Vorgehensmodell bei der Problemlösung am Beispiel der Addition.

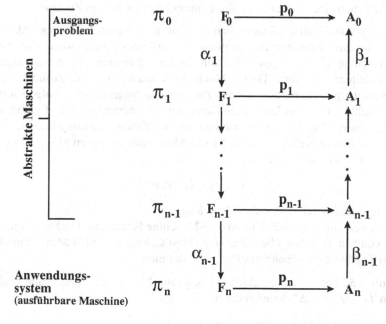

Bild 4.6: Allgemeines Vorgehensmodell bei der Systementwicklung.

4.1.4 Moore-Maschinen

Mit der Maschine $M_{Eintritt}$ haben wir schon eine recht gute Modellierung eines benutzungsfreundlichen Eintrittsautomaten entwickelt. Bei kritischer Betrachtung von $M_{Eintritt}$ fällt jedoch eine Unzulänglichkeit auf: Stellen wir uns vor, der Eintrittsautomat wird jeden Tag morgens angeschaltet, d.h. in den Startzustand versetzt. Dann sollte er den Eintrittspreis anzeigen, d.h. die Ausgabe -200 realisieren. Unser Modell $M_{Eintritt}$ leistet das nicht (siehe Abschnitt 4.1.1). Wenn er sich zum ersten Mal im Startzustand befindet, macht er keine Ausgabe. Erst nachdem die erste Eintrittskarte gezogen worden ist, zeigt er – beim Übergang in den Startzustand – den Eintrittspreis an. Diesen Mangel können wir beheben, indem wir dem Startzustand eine Ausgabe, im Eintrittsautomatenbeispiel also -200, zuweisen. Jedesmal, wenn die Maschine in den Startzustand kommt, also auch beim ersten Mal, findet diese Ausgabe statt.

Endliche Maschinen, bei denen die Ausgaben nicht den Zustandsübergängen zugeordnet sind, sondern generell den Zuständen, heißen Moore-Maschinen.

Definition 4.4. Eine *Moore-Maschine* $M = (\Sigma, \Delta, S, \delta, \lambda, s_0)$ besteht aus dem Eingabealphabet Σ, dem Ausgabealphabet Δ, der endlichen Zustandsmenge S, der Zustandsüberführungsfunktion $\delta : S \times \Sigma \to S$, der Ausgabefunktion $\lambda : S \to \Delta$ und dem Startzustand $s_0 \in S$. □

Bei der Moore-Maschine erfolgt also eine Ausgabe allein abhängig vom Zustand, im Gegensatz zur Mealy-Maschine, bei der eine Ausgabe außer vom Zustand auch von der Eingabe abhängt. Im Diagramm einer Moore-Maschine notieren wir die Ausgabe, die bei Erreichen eines Zustandes erfolgt, unmittelbar an diesem Zustand.

Das Diagramm in Bild 4.7 modelliert den Eintrittsautomaten als Moore-Maschine. Man beachte, dass dabei eine Aufsplittung des Zustandes s_{200} notwendig ist. Bei der Mealy-Maschine $M_{Eintritt}$ gibt es bei den Zustandsübergängen nach s_{200} insgesamt vier verschiedene Ausgaben. Da bei Moore-Maschinen bei jedem Zustand nur eine Ausgabe erfolgen kann, müssen wir den Zustand s_{200} für jede dieser Aufgaben vorsehen. In Abschnitt 4.1.5 werden wir ein allgemeines Verfahren zur Transformation von Mealy- in Moore-Maschinen kennenlernen, das auf Zustandssplitting basiert.

Konfigurationsübergänge sind bei Moore-Maschinen analog zu Mealy-Maschinen definiert. Ein Konfigurationsübergang

$$(s, av, w) \vdash (s', v, wb)$$

findet statt, falls $\delta(s, a) = s'$ und $\lambda(s') = b$ ist.

Wir wollen nun die durch eine Moore-Maschine berechnete Funktion definieren. Mithilfe von Ein- und Ausgabecodierungen lässt sich dann wie bei Mealy-Maschinen der Begriff „Moore-berechenbares Problem" definieren.

Definition 4.5. Sei $M = (\Sigma, \Delta, S, \delta, \lambda, s_0)$ eine Moore-Maschine. Dann heißt die Funktion $f_M : \Sigma^* \to \Delta^*$ definiert durch

$$f_M(x) = y \text{ genau dann, wenn } (s_0, x, \varepsilon) \vdash^* (s, \varepsilon, y)$$

ist, die von M berechnete Funktion. □

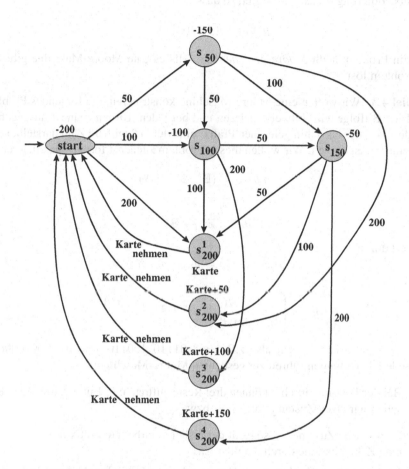

Bild 4.7: Eintrittsautomat modelliert als Moore-Maschine.

Moore-berechenbare Probleme

Die Definition der Moore-Berechenbarkeit erfolgt analog zur Definition der Mealy-Berechenbarkeit (siehe Definiton 4.3):

Definition 4.6. Sei $\pi = (\mathcal{F}, \mathcal{A}, p)$ ein Problem. π wird von einer Moore-Maschine $M_\pi = (\Sigma, \Delta, S, \delta, \lambda, s_0)$ gelöst, falls es eine Eingabecodierung $\alpha : \mathcal{F} \to \Sigma^*$ und eine Ausgabecodierung $\beta : \Delta^* \to \mathcal{A}$ gibt, so dass

$$p(x) = \beta(f_{M_\pi}(\alpha(x)))$$

gilt. Ein Problem heißt *Moore-berechenbar*, falls es eine Moore-Maschine gibt, die das Problem löst. □

Beispiel 4.3. Wir wollen eine Moore-Maschine konstruieren, die folgendes Problem löst: Eine Bitfolge wird bitweise gelesen und bei jedem Bit wird eine 1 ausgegeben, falls der Wert des bis dahin gelesenen Präfix' eine durch 3 teilbare Zahl darstellt, sonst wird eine 0 ausgegeben. Wir wollen diesen Problem zunächst formal spezifizieren:

$$teilbar3 = (\mathbb{B}^*, \mathbb{B}^*, div3)$$

mit

$$div3 : \mathbb{B}^* \to \mathbb{B}^*$$

definiert durch

$$div3(x_n \ldots x_1) = y_1 \ldots y_n, \ n \geq 0$$

wobei

$$y_i = \begin{cases} 1, & wert(x_n \ldots x_{n-i+1}) = 0 \, (3) \\ 0, & sonst \end{cases}$$

für $1 \leq i \leq n$ ist.[2] Es gilt also z.B. $div3(0111011001101) = 1010000000001$. Folgende Überlegungen führen zur gesuchten Moore-Maschine:

- Bei der Division durch 3 können drei Reste auftreten: 0, 1 und 2. Für jeden Rest sehen wir einen Zustand vor: s_0, s_1 bzw. s_2.

- Sind wir im Zustand s_0, so stellt der bisher verarbeitete Präfix u der Eingabe x eine Zahl k dar, die durch 3 teilbar ist.

  Ist das nächste Bit eine 0, d.h. das verarbeitete Präfix hat die Gestalt $u' = u0$, dann ist sein Wert $2k$. Da k durch 3 teilbar ist, ist auch $2k$ durch 3 teilbar, also bleiben wir im Zustand s_0.

  Ist das nächste Bit eine 1, d.h. das verarbeitete Präfix hat die Gestalt $u' = u1$, dann ist sein Wert $2k+1$. Da k durch 3 teilbar ist, ist auch $2k$ durch 3 teilbar, und $2k + 1$ liefert bei Division durch 3 den Rest 1. Also gehen wir in den Zustand s_1 über.

---

[2]Für $a, b \in \mathbb{Z}$ und $m \in \mathbb{N}$ bedeutet $a = b\,(m)$, dass a und b bei Division durch m denselben Rest haben (a *ist gleich b modulo m*).

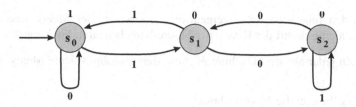

Bild 4.8: Moore-Maschine, die das Problem *teilbar3* löst.

- Sind wir im Zustand s_1, dann hat der Wert des bis dahin gelesenen Präfix' u bei Division durch 3 den Rest 1. Dieser Wert lässt sich darstellen als $k + 1$, wobei k durch 3 teilbar ist. Ist das nächste Bit eine 0, also das verarbeitete Präfix ist $u' = u0$, so stellt u' den Wert $2(k + 1) = 2k + 2$ dar. k ist durch 3 teilbar, damit auch $2k$. Dann ergibt $2k + 2$ bei Division durch 3 den Rest 2. Deshalb gehen wir in den Zustand s_2 über.

  Ist das nächste Bit eine 1, also das verarbeitete Präfix ist $u' = u1$, so stellt u' den Wert $2(k + 1) + 1 = 2k + 3$ dar. k ist durch 3 teilbar, damit auch $2k$ und damit auch $2k + 3$, weshalb wir in den Zustand s_0 übergehen.

- Sind wir im Zustand s_2, dann hat der Wert des bis dahin gelesenen Präfix' u bei Division durch 3 den Rest 2. Dieser Wert lässt sich darstellen als $k + 2$, wobei k durch 3 teilbar ist. Ist das nächste Bit eine 0, also das verarbeitete Präfix ist $u' = u0$, so stellt u' den Wert $2(k + 2) = 2k + 4 = 2k + 3 + 1$ dar. $2k + 3$ ist teilbar durch 3, damit ergibt $2k + 4$ bei Division durch 3 den Rest 1. Deshalb gehen wir in den Zustand s_1 über.

  Ist das nächste Bit eine 1, also das verarbeitete Präfix ist $u' = u1$, so stellt u' den Wert $2(k + 2) + 1 = 2k + 5 = 2k + 3 + 2$ dar. Bei Division dieser Zahl entsteht der Rest 2, also bleiben wir im Zustand s_2.

Die durch das Diagramm in Bild 4.8 gegebene Moore-Maschine realisiert das geschilderte Verfahren. Diese Maschine berechnet das Problem *teilbar3*. □

Moore-Maschinen stellen also wie Mealy-Maschinen eine Erweiterung endlicher Automaten um eine Ausgabefunktion dar. Bei Moore-Maschinen erfolgt die Ausgabe allein abhängig vom erreichten Zustand.

4.1.5 Äquivalenz von Mealy- und Moore-Berechenbarkeit

Es liegt nahe zu vermuten, dass Funktionen, die Mealy-berechenbar sind auch von Moore-Maschinen berechnet werden können, und dass umgekehrt, Moore-berechenbare Funktionen auch Mealy-berechenbar sind.

Definition 4.7. Eine Mealy-Maschine $ME = (\Sigma, \Delta, S_{ME}, \delta_{ME}, \lambda_{ME}, s_{ME})$ und eine Moore-Maschine $MO = (\Sigma, \Delta, S_{MO}, \delta_{MO}, \lambda_{MO}, s_{MO})$ heißen äquivalent genau dann, wenn $f_{ME}(x) = f_{MO}(x)$ für alle $x \in \Sigma^*$ gilt. □

Die beiden folgenden Sätze zeigen, dass die Klasse der Mealy-berechenbaren Funktionen identisch mit der Klasse der Moore-berechenbaren Funktionen ist.

Satz 4.2. Zu jeder Moore-Maschine MO existiert eine äquivalente Mealy-Maschine ME_{MO}.

Beweis Gegeben sei die Moore-Maschine

$$MO = (\Sigma, \Delta, S_{MO}, \delta_{MO}, \lambda_{MO}, s_{MO}).$$

MO macht beim Übergang vom Zustand s zum Zustand s' mit dem Buchstaben a, d. h. wenn $\delta_{MO}(s, a) = s'$ gilt, die Ausgabe $\lambda_{MO}(s') = \lambda_{MO}(\delta_{MO}(s, a))$. Diese Ausgabe soll bei der Mealy-Maschine beim a-Übergang von s nach s' gemacht werden: Wir ziehen die Ausgabe, die im Zustand s' gemacht wird, auf jeden Übergang zu s' vor. Diese Überlegungen führen zur Mealy-Maschine

$$ME_{MO} = (\Sigma, \Delta, S_{MO}, \delta_{MO}, \lambda_{MO}, s_{MO})$$

mit

$$\lambda_{ME}(s, a) = \lambda_{MO}(\delta_{MO}(s, a))$$

Es ändert sich also nur die Ausgabefunktion; die Äquivalenz von MO und ME_{MO} ist offensichtlich.   □

Satz 4.3. Zu jeder Mealy-Maschine ME existiert eine äquivalente Moore-Maschine MO_{ME}.

Beweis Gegeben sei jetzt die Mealy-Maschine

$$ME = (\Sigma, \Delta, S_{ME}, \delta_{ME}, \lambda_{ME}, s_{ME}).$$

Umgekehrt zur Konstruktion im Beweis von Satz 4.2 vorzugehen, d.h. die Ausgaben der Zustandsübergänge auf den Folgezustand zu schieben, führt nicht zum Ziel, wie bereits an der Moore-Maschine für den Eintritt in Bild 4.7 zu erkennen ist: Dort haben wir den Zustand s_{200} in vier Zustände aufgesplittet, da in der Mealy-Maschine bei den Übergängen zu s_{200} insgesamt vier unterschiedliche Ausgaben gemacht werden.

Allgemein gilt: Gibt es in ME etwa die Zustandsübergänge $\delta_{ME}(t_1, a) = t$ mit Ausgabe $\lambda_{ME}(t_1, a) = c$ sowie $\delta_{ME}(t_2, b) = t$ mit Ausgabe $\lambda_{ME}(t_2, b) = d$ mit $c \neq d$, würde das Schieben der Ausgaben auf den Folgezustand t dort verschiedene Ausgaben c und d bewirken. Ist t noch Folgezustand von weiteren Übergängen (wie z.B. s_{200} in $M_{Eintritt}$), können auch noch weitere Ausgaben bei t hinzukommen. Eine Moore-Maschine kann aber nur eine Ausgabe je Zustand haben.

Wir lösen dieses Problem, indem wir die Zustände aufspalten: Jeder Zustand s wird in die Zustände (s, e), $e \in \Delta$, aufgespalten. Im Zustand (s, e) erfolgt die Ausgabe e. Für die beiden obigen Beispiele gilt dann: Es gibt die Zustände (t, c) sowie (t, d) und der a-Übergang führt zu (t, c) und der b-Übergang führt zu (t, d). Aus diesen Überlegungen folgt die Konstruktion folgender Moore-Maschine:

$$MO_{ME} = (\Sigma, \Delta, S_{ME} \times \Delta, \delta_{MO}, \lambda_{MO}, (s_{ME}, o)), \ o \in \Delta \text{ beliebig}$$

Dabei macht MO_{ME} bei jedem Zustand gerade die Ausgabe, die dort „gespeichert" ist:

$$\lambda_{MO}((s,c)) = c$$

Für den Startzustand gibt es so viele Kandidaten, wie Δ Elemente hat: (s_{ME}, o) für alle $o \in \Delta$. Davon kann irgendeiner als Startzustand ausgewählt werden, da die Ausgabe am Startzustand für die geforderte Äquivalenz der beiden Maschinen keine Bedeutung hat.

Es fehlt noch die Definition von δ_{MO}. Mithilfe des Beispiels aus unseren Vorüberlegungen haben wir festgelegt: Ist $\delta_{ME}(t_1, a) = t$ mit Ausgabe $\lambda_{ME}(t_1, a) = c$, gibt es einen a-Übergang zu $(t, c) = (\delta_{ME}(t_1, a), \lambda_{ME}(t_1, a))$. Dieser a-Übergang muss für alle Aufspaltungen von t_1, d.h. für alle (t_1, e), $e \in \Delta$, erfolgen. Deshalb definieren wir δ_{MO} durch:

$$\delta_{MO}((s,e), a) = (\delta_{ME}(s,a), \lambda_{ME}(s,a)) \text{ für alle } e \in \Delta$$

Die Ausgabesymbole nehmen also keinen Einfluss auf die Zustandsübertragung. $\quad\square$

Beispiel 4.4. Bei der Übertragung von Nachrichten über ein elektronisches Medium werden diese in der Regel als Bitfolgen codiert. Bei der Übertragung der Bitfolgen können Fehler auftreten: Bits können „kippen", d.h. aus einer 0 wird eine 1 oder umgekehrt. Die sogenannte Paritätsbitprüfung hilft bei der Fehlererkennung: Der zu übertragenden Bitfolge wird eine 1 hinzugefügt, falls die Anzahl der Einsen in der Bitfolge ungerade ist; ist die Anzahl gerade, wird eine 0 angefügt. Die Bitfolge mit dem Paritätsbit (auch Prüfbit genannt) hat also immer eine gerade Anzahl von Einsen (gerade Parität).

Wir wollen zunächst eine Mealy-Maschine konstruieren, die das Problem des Anfügens von Prüfbits löst. Das Problem können wir wie folgt formal spezifizieren:

$$pruefbit = (\{0,1\}^*, \{0,1\}^*, pb)$$

mit

$$pb(w) = \begin{cases} w1, & \text{falls } |w|_1 = 2k+1 \\ w0, & \text{falls } |w|_1 = 2k \end{cases}, \; k \in \mathbb{N}_0$$

Wir legen eine Eingabecodierung fest, die an jede Eingabe das Symbol p anhängt als Platzhalter für das Prüfbit: $\alpha : \{0,1\}^* \to \{0,1,p\}^*$ definiert durch $\alpha(w) = wp$. Die Ausgabecodierung ändert die Ausgabe der Mealy-Maschine nicht: $\beta : \{0,1\}^* \to \{0,1\}^*$ definiert durch $\beta(v) = v$.

Nun zur Mealy-Maschine: Wir benötigen zwei Zustände g und u. Die Maschine verbleibt in g, solange die Anzahl der Einsen gerade ist; sie verbleibt in u, solange die Anzahl der Einsen ungerade ist. Ist das nächste Bit eine 1, wird in den jeweils anderen Zustand gewechselt. Tritt im Zustand g der Platzhalter p auf, wird 0 ausgegeben, da die Anzahl der Einsen gerade ist, und die Maschine vebleibt im Zustand g. Tritt im Zustand u der Platzhalter p auf, wird 1 ausgegeben und in den Zustand g übergegangen. Das Diagramm in Bild 4.9 stellt die gesuchte Mealy-Maschine

$$ME = (\{0,1,p\}, \{0,1\}, \{g,u\}, \delta_{ME}, \lambda_{ME}, g)$$

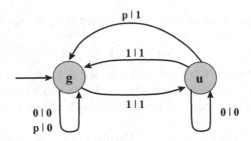

Bild 4.9: Mealy-Maschine, die das Paritätsbit anfügt.

dar. Es gilt offensichtlich:

$$pb(w) = \beta(f_{ME}(\alpha(w)))$$

Wir konstruieren als Nächstes mit dem oben vorgestellten Verfahren eine zu ME äquivalente Moore-Maschine MO: Die Zustandsmenge von MO ergibt sich durch Aufspaltung der Zustände von ME durch Δ: $\{(g,0),(g,1),(u,0),(u,1)\}$. Als Startzustand wählen wir $(g,0)$ ($(g,1)$ kann ebenfalls gewählt werden). Die Ausgabefunktion λ_{MO} gibt zu jedem Zustand das dort „gespeicherte" Ausgabesymbol aus:

$$\lambda_{MO}(g,0) = \lambda_{MO}(u,0) = 0 \text{ sowie } \lambda_{MO}(g,1) = \lambda_{MO}(u,1) = 1$$

δ_{MO} ergibt sich gemäß der allgemeinen Vorschrift:

$$\delta_{MO}((s,e),a) = (\delta_{ME}(s,a), \lambda_{ME}(s,a)) \text{ für alle } e \in \Delta$$

Angewendet auf unseren Fall erhalten wir:

$$
\begin{array}{lcll}
\delta_{MO}((g,0),0) & = & (\delta_{ME}(g,0), \lambda_{ME}(g,0)) & = & (g,0) \\
\delta_{MO}((g,0),1) & = & (\delta_{ME}(g,1), \lambda_{ME}(g,1)) & = & (u,1) \\
\delta_{MO}((g,0),p) & = & (\delta_{ME}(g,p), \lambda_{ME}(g,p)) & = & (g,0) \\
\hline
\delta_{MO}((g,1),0) & = & (\delta_{ME}(g,0), \lambda_{ME}(g,0)) & = & (g,0) \\
\delta_{MO}((g,1),1) & = & (\delta_{ME}(g,1), \lambda_{ME}(g,1)) & = & (u,1) \\
\delta_{MO}((g,1),p) & = & (\delta_{ME}(g,p), \lambda_{ME}(g,p)) & = & (g,0) \\
\hline
\delta_{MO}((u,0),0) & = & (\delta_{ME}(u,0), \lambda_{ME}(u,0)) & = & (u,0) \\
\delta_{MO}((u,0),1) & = & (\delta_{ME}(u,1), \lambda_{ME}(u,1)) & = & (g,1) \\
\delta_{MO}((u,0),p) & = & (\delta_{ME}(u,p), \lambda_{ME}(u,p)) & = & (g,1) \\
\hline
\delta_{MO}((u,1),0) & = & (\delta_{ME}(u,0), \lambda_{ME}(u,0)) & = & (u,0) \\
\delta_{MO}((u,1),1) & = & (\delta_{ME}(u,1), \lambda_{ME}(u,1)) & = & (g,1) \\
\delta_{MO}((u,1),p) & = & (\delta_{ME}(u,p), \lambda_{ME}(u,p)) & = & (g,1)
\end{array}
$$

Das Diagramm in Bild 4.10 stellt die Maschine MO dar.   □

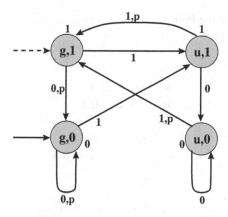

Bild 4.10: Moore-Maschine, die das Paritätsbit anfügt.

4.1.6 Grenzen endlicher Maschinen

Da, wie wir gezeigt haben, Mealy- und Moore-Maschinen äquivalent zu endlichen Automaten sind, besitzen diese endlichen Maschinen die gleiche beschränkte Problemlösungsfähigkeit wie endliche Automaten. In Abschnitt 3.3.4 haben wir gesehen, dass endliche Automaten wegen ihres endlichen Gedächtnisses z.B. die strukturell einfache Sprache $\{a^n b^n \mid n \geq 0\}$ nicht erkennen können. Damit ist prinzipiell klar, dass endliche Maschinen ebenfalls nur eine beschränkte Problemlösungsfähigkeit besitzen.

Wir wollen mithilfe des Problems der Multiplikation von natürlichen Zahlen ein weiteres Beispiel für die Unzulänglichkeit endlicher Gedächtnisse angeben. Dazu nehmen wir an, dass die Mealy-Maschine

$$M = (\{0, 1, \ldots, 9\} \times \{0, 1, \ldots, 9\}, \{0, 1, \ldots, 9\}, \{s_1, s_2, \ldots, s_m\}, \delta, \lambda, s_1)$$

korrekt multipliziert, d.h. wenn $x \cdot y = z$ ist für $x, y \in \mathbb{N}$, sowie wenn $x = x_1 x_2 \ldots x_k$ und $y = y_1 y_2 \ldots y_k$ mit $x_i, y_i \in \{0, 1, \ldots 9\}$, $1 \leq i \leq k$, die Zifferndarstellungen von x und y sind, und $z = z_1 z_2 \ldots z_l$ für $z_j \in \{0, 1, \ldots, 9\}$, $1 \leq j \leq l$, die Ziffern-darstellung von z ist, dann gilt

$$f_M((x_k, y_k) \ldots (x_2, y_2)(x_1, y_1)) = z_l \ldots z_2 z_1$$

Die Zahlen werden als Ein- und Ausgabewörter wie bei der Additionsmaschine in Abschnitt 4.1.3 dargestellt. Damit die Multiplikanten gleich lang sind, wird der kürzere mit entsprechend vielen führenden Nullen aufgefüllt.

Wir wählen die Zahl $x = 10^n$ mit $n \geq m+1$. Da M eine Multiplikationsmaschine ist, muss sie $x \cdot x = 10^{2n}$ korrekt berechnen können. Das Eingabewort für M für diese Berechnung ist:

$$\alpha(x, x) = \tilde{x} = \underbrace{(0, 0) \ldots (0, 0)}_{n\text{-}mal}(1, 1)$$

Wir betrachten zunächst die Folge der Zustände $s_{i_0}, s_{i_1}, s_{i_2}, \ldots$, die M bei der Verarbeitung von $\tilde{x}$ durchläuft:

$$s_{i_0} = s_1$$
$$s_{i_1} = \delta(s_{i_0}, (0,0))$$
$$s_{i_2} = \delta(s_{i_1}, (0,0))$$
$$\vdots$$
$$s_{i_m} = \delta(s_{i_{m-1}}, (0,0))$$
$$\vdots$$
$$s_{i_n} = \delta(s_{i_{n-1}}, (0,0))$$
$$s_{i_{n+1}} = \delta(s_{i_n}, (1,1))$$

Da $n \geq m+1$ ist, muss unter den Zuständen $s_{i_j}, 0 \leq j \leq n$, mindestens ein Zustand s mehrfach vorkommen. Es gibt also mindestens ein q und ein r, $0 \leq q, r \leq m$, mit $q < r$ (ebenso könnte $r < q$ gewählt werden), so dass $s = s_{i_q} = s_{i_r}$. Wir setzen $p = r - q$; es ist $p > 0$, da $r > q$.

Da für die Ausgabefunktion λ von M $\lambda(t, (0,0)) = 0$ für alle $t \in S$ gelten muss, finden die Konfigurationsübergänge

$$(s_1, \tilde{x}, \varepsilon) \vdash^* (s_{i_r}, \tilde{x}_R, \underbrace{0 \ldots 0}_{q\text{-}mal}\underbrace{0 \ldots 0}_{p\text{-}mal}) \vdash^* (s, \varepsilon, \underbrace{0 \ldots 0}_{q\text{-}mal}\underbrace{0 \ldots 0}_{p\text{-}mal} R)$$

und

$$(s_{i_r}, \tilde{x}_R, \varepsilon) \vdash^* (s, \varepsilon, R)$$

statt. Dabei ist $\tilde{x}_R$ das noch zu multiplizierende Suffix von $\tilde{x}$, und R ist das Ergebnis dieser Multiplikation.

Für die Decodierung β gilt:

$$\beta(f_M(\tilde{x})) = \beta(\underbrace{0 \ldots 0}_{q\text{-}mal}\underbrace{0 \ldots 0}_{p\text{-}mal} R) \tag{4.1}$$

$$= 10^{q+p} \cdot \beta(R) \tag{4.2}$$

Da M laut Annahme korrekt multipliziert, muss

$$\beta(f_M(\tilde{x})) = x \cdot x \tag{4.3}$$

sein, und damit wegen (4.1) und (4.2)

$$x \cdot x = 10^{q+p} \cdot \beta(R) \tag{4.4}$$

Wir wählen nun die Zahl $x' = 10^p \cdot x = 10^p \cdot 10^n = 10^{n+p}$. Da M korrekt multipliziert, muss M auch das Produkt $x' \cdot x'$ korrekt berechnen. Dabei ist die Eingabe von

M:

$$\alpha(x', x') = \tilde{x}'$$

$$= \underbrace{\underbrace{(0,0)\dots(0,0)}_{q\text{-}mal}\underbrace{(0,0)\dots(0,0)}_{p\text{-}mal}}_{(n+p)\text{-}mal}\underbrace{(0,0)\dots(0,0)}_{p\text{-}mal}\underbrace{(0,0)\dots(0,0)}_{(n-(p+q))\text{-}mal}(1,1)$$

Es muss gelten:

$$\beta(f_M(\tilde{x}')) = x' \cdot x' = 10^p \cdot x \cdot 10^p \cdot x = x \cdot x \cdot 10^{2p}$$

Mit (4.3) folgt daraus

$$\beta(f_M(\tilde{x}')) = \beta(f_M(\tilde{x})) \cdot 10^{2p} \tag{4.5}$$

Andererseits gilt aber auch

$$(s_1, \tilde{x}', \varepsilon) \vdash^* (s, \varepsilon, \underbrace{0\dots0}_{q\text{-}mal}\underbrace{0\dots0}_{p\text{-}mal}\underbrace{0\dots0}_{p\text{-}mal} R)$$

und damit

$$\beta(f_M(\tilde{x}')) = 10^{q+2p} \cdot \beta(R) = 10^{q+p} \cdot \beta(R) \cdot 10^p$$

Hieraus folgt mit (4.2):

$$\beta(f_M(\tilde{x}')) = \beta(f_M(\tilde{x})) \cdot 10^p \tag{4.6}$$

Da $p > 0$ ist, folgt unmittelbar aus den Gleichungen (4.5) und (4.6)

$$\beta(f_M(\tilde{x}')) \neq \beta(f_M(\tilde{x}')),$$

was offensichtlich einen Widerspruch darstellt.

Im Gegensatz zur Addition von zwei natürlichen Zahlen, bei der die Größe des Übertrags unabhängig von der Größe der Summanden ist, nämlich höchstens 1, ist der Übertrag bei der Multiplikation abhängig von der Größe der Faktoren, er wächst mit deren Größe.

Wenn die Anzahl der Zustände für das Merken des Übertrags zu klein ist, werden Zustände – im Beweis die Schleife der Länge $p = r - q > 0$ von $s = s_{i_q} = s_{i_r}$ zu sich selbst – mehrmals durchlaufen. Diese Schleife kann dann unabhängig von der Eingabe beliebig oft durchlaufen werden und führt zu falschen Ergebnissen. Im Beweis erhalten wir $x' \cdot x' = x \cdot x \cdot 10^p$ (siehe (4.6)) und $x' \cdot x' = x \cdot x \cdot 10^{2p}$ (siehe (4.5)). Man kann sich überlegen, dass man $x' \cdot x' = x \cdot x \cdot 10^{s \cdot p}$ für alle $s \geq 0$ herleiten kann (vergleiche Pumping-Lemma für reguläre Sprachen, Abschnitt 3.3.2).

Multiplikationen von Zahlen, deren Größe beschränkt ist, können dagegen mit endlichen Maschinen ausgeführt werden, da hierfür ein endliches Gedächtnis ausreicht. Der größte mögliche Übertrag überschreitet eine vom größten Faktor abhängige Länge nicht.

Tabelle 4.1: Boolesche Addition, Multiplikation und Negation.

x	y	$x+y$	$x \cdot y$	$\overline{x}$
0	0	0	0	1
0	1	1	0	1
1	0	1	0	0
1	1	1	1	0

Im Übrigen hat jedes real existierende Rechnersystem, wie groß seine Speicherkapazität auch sein mag, stets ein endliches Gedächtnis und kann deshalb im Prinzip als endliche Maschine modelliert werden. Kein reales Rechnersystem kann die Sprache $\{\, a^n b^n \mid n \geq 0 \,\}$ erkennen oder alle möglichen Paare natürlicher Zahlen multiplizieren, das n bzw. die Zahlen müssen nur groß genug gewählt werden. Existierende Rechnersysteme werden trotzdem Universalrechner genannt, da man mit ihnen durch angemessene Programmierung alle praktisch lösbaren Probleme lösen kann. Die Begriffe Universalmaschine und praktische Lösbarkeit werden in den Kapiteln 9 – 11 genauer behandelt. Bis dahin begnügen wir uns mit einer intuitiven Vorstellung dieser Begriffe.

4.2   Mealy-Maschinen und Schaltwerke

Wir gehen als Nächstes auf einen wichtigen Zusammenhang zwischen endlichen Maschinen, genauer Mealy-Maschinen, und realen Rechnern ein, der oben bereits angedeutet wurde und der auch an unsere Überlegungen aus Abschnitt 4.1.2 anknüpft: Im Rechnerentwurf beschäftigt man sich mit dem Aufbau konkreter Rechner aus elektronischen Bauteilen, wobei man insbesondere *Schaltelemente* („Logik-Elemente") sowie *Speicherelemente* benötigt. Da man die von einem realen Rechner zu bewältigenden Aufgaben formal durch *Schaltfunktionen* beschreiben kann, die sich ihrerseits durch (sogar nur zweistellige) *Boolesche Funktionen* realisieren lassen, kann man hier auf vergleichsweie einfache Grundbausteine zurückgreifen. Jede Boolesche Funktion ist nämlich darstellbar allein unter Verwendung der Operationen *Disjunktion* (Boolesche Addition, kurz $+$), *Konjunktion* (Boolesche Multiplikation, kurz $\cdot$) sowie *Negation*, deren Definitionen in Tabelle 4.1 angegeben sind, so dass lediglich für diese Operationen Schaltelemente, sogenannte *Gatter*, benötigt werden.[3] Aus diesen Schaltelementen werden je nach Aufgabenstellung größere Schaltnetze geeignet zusammengesetzt.

Bild 4.11 zeigt eine gängige symbolische Darstellung für diese Gatter. Als Beispiel betrachten wir einen Ringzähler $\Re$ für vierstellige Dualzahlen, der durch folgende Schaltfunktion definiert ist:

$$\Re : \mathbb{B}^4 \to \mathbb{B}^4$$

---

[3]Es gibt noch andere Mengen von Operationen, mit denen sämtliche Boolesche Funktionen darstellbar sind; darauf gehen wir hier nicht ein.

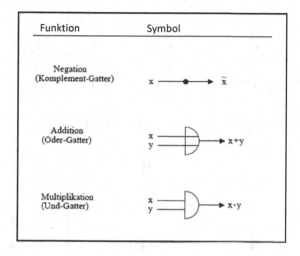

Bild 4.11: Gatter zur Realisierung Boolescher Funktionen.

definiert durch

$$\Re(d(i)) = d(i + 1 \bmod 16)$$

Dabei sei $\mathbb{B} = \{0, 1\}$ und $d(i) = x_3 x_2 x_1 x_0$ die (vierstellige) Dualdarstellung von $i \in \{0, \ldots, 15\}$. Die vierstellige Ausgabe dieser Funktion ist realisierbar über vier Boolesche Funktionen $y_3, \ldots, y_0$ (mit jeweils einstelliger Ausgabe); für diese Booleschen Funktionen sind sodann Darstellungen zu ermitteln, etwa über die *Disjunktive* oder die *Konjunktive Normalform* sowie deren Optimierungen, welche sich dann unmittelbar in ein Schaltnetz wie das in in Bild 4.12 gezeigte umsetzen lassen. So erhält man hier zum Beispiel

$$y_0 = \overline{x}_0$$

oder

$$y_1 = \overline{x}_0 x_1 + x_0 \overline{x}_1.$$

Gibt man z.B. $x_3 = 0, x_2 = 1, x_1 = 1, x_0 = 0$ in die in Bild 4.12 gezeigte Box $\Re$ ein, kann man (nach einer gewissen Zeit) an den Outputs $y_3 = 0, y_2 = 1, y_1 = 1, y_0 = 1$ ablesen.

Allerdings kann man die Schaltung in dieser Form noch nicht benutzen, denn die Aufgabe eines „Ringzählers" besteht per definitionem darin, (zyklisch) bis 15 zu zählen, sodann alle Outputs auf 0 zu setzen, erneut bis 15 zu zählen usw. Dazu ist es offensichtlich erforderlich, aktuelle Ausgaben als nächste Eingaben aufzufassen, d. h. die Outputs mit den Inputs zu verbinden. Dies wird erreicht durch die Einführung von (getakteten) *Delays* bzw. von *Speicherelementen*. Wir vervollständigen die in Bild 4.12 angegebene Schaltung daher durch vier (1-Bit-) Delays, in denen ein gerade erzeugter Output gespeichert wird, um nach dem nächsten Takt als neuer Input zu dienen; das Ergebnis dieser Erweiterung ist in Bild 4.13 gezeigt.

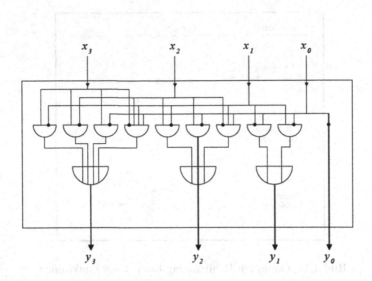

Bild 4.12: Ringzähler $\Re$ für vierstellige Dualzahlen.

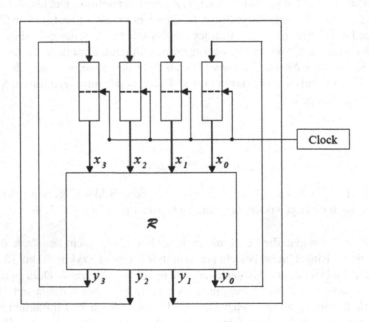

Bild 4.13: 4-Bit-Ringzähler mit Speicherelementen.

Durch die Erweiterung von Schaltnetzen, die nur aus Gattern bzw. höher integrierten Schalt-Bausteinen bestehen, um Delays bzw. Speicherbausteine entstehen *Schaltwerke*, und für diese lässt sich eine formale Beschreibungsmöglichkeit angeben, welche von den „Zuständen" eines Delays wesentlich Gebrauch macht: Betrachtet man den Inhalt eines Speichers, so kann ein Delay als 1-Bit-Speicher die beiden Zustände 0 und 1 annehmen. Daher ist ein Schaltwerk W durch eine Mealy-Maschine M_W beschreibbar, die folgende Komponenten hat: $M_W = (\Sigma, \Delta, S, \delta, \lambda, s_0)$ mit

$$\delta : S \times (\Sigma \cup \{\varepsilon\}) \to S \times (\Delta \cup \{\varepsilon\})$$

Der Zusatz $\{\varepsilon\}$ zu Σ bzw. Δ bedeutet, dass wahlweise bei einem Übergang kein Input verbraucht wird bzw. kein Output erzeugt wird.

Hat W etwa n Delays, so ist das n-Tupel der Zustände dieser Delays der aktuelle Zustand von W. Eingaben in bzw. Ausgaben von W sind Worte über Σ bzw. Δ. Befindet sich M_W im Zustand s und ist für $x \in \Sigma \cup \{\varepsilon\}$

$$\delta(s, x) = (s', y),$$

so geht die Maschine als nächstes in den Zustand s' über und gibt y aus.

Wesentliches Merkmal ist auch hier die *endliche* Gedächtnisleistung, welche die Maschine durch ihre nur endlich vielen Zustände besitzt: Durch den Übergang in einen bestimmten Zustand „merkt" sich die Maschine eine bestimmte Situation; dieses Merken aber bedeutet im entsprechenden Schaltwerk gerade „speichern in den Delays".

Im Beispiel unseres Ringzählers lässt sich der um Delays $D_3, \ldots, D_0$ erweiterte Ringzähler $\Re$ wie folgt als Mealy-Maschine beschreiben:

$$M_\Re = (\Sigma_\Re, \Delta_\Re, S_\Re, \delta_\Re, \lambda_\Re, s_\Re) \text{ mit:}$$

1. Jeder Zustand s von $S_\Re$ hat die Form $s = (d_3, d_2, d_1, d_0)$; dabei ist d_i der Zustand von D_i.

2. $\Sigma_\Re = \Delta_\Re = \emptyset$; der Ringzähler arbeitet „autonom", d. h. er hat weder Ein- noch Ausgabe.

3. $s_\Re$ ist daher beliebig wählbar, etwa $s_\Re = (0, 0, 0, 0)$.

4. Die Zustandsüberführungsfunktion $\delta_\Re$ ist definiert durch $\delta_\Re(s, \varepsilon) := (\Re(s), \varepsilon)$; $\Re$ wurde weiter oben angegeben.   □

Offensichtlich ist ein Ringzähler nur für bestimmte praktische Anwendungen (z.B. zum Zählen von Takten zur Verzögerung einer Operation, die auf das Ergebnis einer anderen wartet) verwendbar, da seine Funktionalität stark eingeschränkt ist. Allerdings stellt er ein Schaltelement dar, das aus Gattern „integriert" aufgebaut werden kann. Weitere solche für den Entwurf von Rechnern relevante Komponenten sind z.B. Multiplexer sowie Halb- oder Volladdierer. Aus letzteren lassen sich *Addierwerke* aufbauen, die durch eine entsprechende Steuerung auch andere Grundrechenarten ausführen können. Man benötigt daneben *Register* zur Aufnahme von Operanden, bei welchen es sich um nichts anderes als aus Delays zusammengesetzte Speicher handelt (so ergeben etwa 32 Delays der hier beschriebenen Art offensichtlich ein 32-Bit-Register);

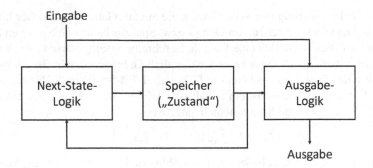

Bild 4.14: Prinzip eines sequentiellen Rechners.

in diesen werden die Ein- und Ausgaben von Rechenoperationen abgelegt. Da das Grundprinzip der sequentiellen Maschine bei allen diesen Betrachtungen jedoch nicht verändert wurde, sollte einleuchten, dass die Komplexität eines realen Rechners als Schaltwerk daher für eine Beschreibbarkeit durch Mealy-Maschinen keine Einschränkung darstellt. Wir können also festhalten, dass sich *jedes Schaltwerk* durch eine Mealy-Maschine $M = (\Sigma, \Delta, S, \delta, \lambda, s_0)$ beschreiben lässt, deren Übergangsfunktion die spezielle Funktion des Schaltwerks beschreibt. Die Berechnung des Folgezustands eines aktuellen Zustands erfolgt dabei wie in Bild 4.14 gezeigt durch die Next-State-Logik, die Berechnung der Ausgabe durch die *Ausgabe-Logik*. Dieses Vorgehen wird durch das in Bild 4.14 gezeigte „Prinzip-Schaltbild" des (klassischen) sequentiellen Rechners wiedergegeben.

Wie wir weiter oben gesehen haben (vgl. Abschnitt 4.1.2), können Mealy-Maschinen auch addieren und damit eine der zentralen Grundfunktionen eines realen Rechners ausführen. Eine Mealy-Maschine erzeugt in Abhängigkeit vom aktuellen Zustand und gegebenenfalls von (weiterer) externer Eingabe eine bestimmte Ausgabe und erreicht einen neuen Zustand; siehe Bild 4.14. Da jede endliche Maschine diesem Prinzip folgt, ist eine zentrale Anwendung hierfür auch umgekehrt ein realer Rechner, und zwar in der Form, dass eine *Kontrolleinheit* eine andere Funktionseinheit des Rechners (etwa die eigentliche „Recheneinheit") steuert. Man spricht hier von der CPU (*Central Processing Unit*) eines Rechners, die generell aus einer ALU (*Arithmetic Logical Unit*) und einer Steuereinheit besteht.

Wenngleich das Modell der Mealy-Maschine aufgrund seiner Universalität für theoretische Zwecke ausreicht, ist es dennoch für die Beschreibung der in konkreten Rechnern ablaufenden Vorgänge nicht geeignet, und zwar aus folgenden Gründen: Zum einen ist die Darstellung der Behandlung von Daten de facto unzureichend, denn für einen endlichen Automaten bzw. für eine Mealy-Maschine gibt es zu jedem Zeitpunkt nur *einen* Input. Demgegenüber verarbeitet ein realer Rechner im Allgemeinen eine große Menge von Daten; diese werden gespeichert und nach einem gewissen Schema rechnerintern zwischen verschiedenen Modulen hin und her transportiert. Zum anderen kann ein realer Rechner durch eine Programmsteuerung sein Verhalten ändern, die Funktionsweise einer Mealy-Maschine hingegen ist fest vorgegeben.

Wir werden in Teil III sehen, dass man durch eine Erweiterung des theoretischen Modellkonzeptes „endlicher Automat" zwar manchen dieser Aspekte modellieren kann – dies führt insbesondere auf das Rechnermodell *Turingmaschine*; jedoch lässt sich auch mit diesen Modellen die volle Flexibilität eines realen Rechners höchstens im Prinzip, aber nicht de facto nachbilden.

4.3 Endliche Transducer

Mealy- bzw. Moore-Maschinen lassen sich im Unterschied zu der hier praktizierten Vorgehensweise auch als Spezialfälle eines allgemeineren Konzeptes einführen, auf welches wir hier kurz eingehen, da es sich weiter unten als relevant z.B. im Zusammenhang mit Grundlagenuntersuchungen im elektronischen Handel herausstellen wird. Wir führen dieses Konzept allerdings nicht in der ansonsten praktizierten Breite ein, da wir es außerhalb dieses Kapitels nicht weiter verwenden werden.

Wir haben in Kapitel 3 im Zusammenhang mit den regulären Sprachen bereits spezielle Grammatiken kennen gelernt, solche vom Typ 3. Wenn man die Unterscheidung zwischen Terminalen und Nonterminalen fallen lässt, erhält man ein so genanntes *Semi-Thue-System*:[4] Ein Semi-Thue-System ist ein Paar $T = (\Sigma, P)$, wobei Σ ein Alphabet und P eine endliche Menge von Produktionen oder Regeln der Form $u \rightarrow v$ mit $u, v \in \Sigma^*$ ist.

Man beachte, dass die Unterschiede zwischen Grammatiken der bisher betrachteten Art und Semi-Thue-Systemen im Wesentlichen formaler Natur, weniger jedoch inhaltlicher Art sind, denn Grammatiken bieten durch ihre explizite Unterscheidung von Terminalen und Nonterminalen sowie durch die explizite Auszeichnung eines Startsymbols etwas mehr Komfort. Als einfaches Beispiel eines Semi-Thue-Systems betrachten wir $T = (\Sigma, P)$ mit $\Sigma = \{ S, L, K, W, B, a, b \}$, wobei P die folgenden Regeln enthalte:

$$S \rightarrow LaK$$
$$aK \rightarrow WbbK$$
$$aW \rightarrow Wbb$$
$$LWb \rightarrow LaB$$
$$LWb \rightarrow aB$$
$$Bb \rightarrow aB$$
$$BK \rightarrow K$$
$$BK \rightarrow \varepsilon$$

Wenn man den bisher bereits verwendeten Ableitungsbegriff „$\Rightarrow$" sinngemäß auch hier einsetzt, gilt z.B. $LaKaKaK \Rightarrow LWbbKaKaK$ oder $S \Rightarrow LaK \Rightarrow LWbbK \Rightarrow LaBbK \Rightarrow \ldots \Rightarrow aaaaBK \Rightarrow aaaa$. Fragt man sich nun, was sich alles aus dem

---

[4]Axel Thue (1863 - 1922) war ein norwegischer Mathematiker, der wichtige Beiträge zur Kombinatorik und zur Zahlentheorie geliefert hat.

Symbol S ableiten lässt (welches hier die Rolle eines Startsymbols spielen kann), so interessiert man sich de facto für eine Charakterisierung der Menge

$$L = \{\, w \in \Sigma^* \mid S \Rightarrow^* w \,\}$$

Man kann für das oben betrachtete Beispiel dann zeigen, dass

$$L = \{\, a^{2^n} \mid n \geq 1 \,\}$$

gilt. Man erkennt an diesem Beispiel den Zusammenhang zu formalen Sprachen im bisher betrachteten Sinne und deren Grammatiken: In einer Grammatik wird ein Startsymbol ausgezeichnet, in einem allgemeinen Semi-Thus-System kann dagegen im Prinzip jedes Symbol des Alphabets bzw. jede linke Seite einer Regel als Startsymbol bzw. Anfang einer Ableitung dienen. Ferner werden, wie bereits erwähnt, in Grammatiken Terminale von Nonterminalen unterschieden.

Wir gehen noch einen Schritt weiter und erweitern Semi-Thue-Systeme um die Möglichkeit einer Ausgabe. Ein *endlicher Transducer* (auch „Transduktor" genannt) ist im Prinzip die grammatikalische Version eines Automaten, bei welcher Zustandsinformation in Ableitungen hinein codiert wird und welcher Buchstaben einlesen und Wörter ausgeben kann. Formal handelt es sich bei einem solchen Transducer um ein Semi-Thue-System $T = (\Sigma, P)$, bei welchem sich das Alphabet Σ aus drei disjunkten Teilen zusammensetzt: einem Eingabealphabet A, einem „Zustandsalphabet" Z und einem Ausgabealphabet B. In Z wird weiter ein Anfangszustand z_0 sowie eine Menge $F \subseteq Z$ von Endzuständen ausgezeichnet. Produktionen in P haben die Form

$$ia \rightarrow wj$$

mit $i, j \in Z$, $a \in A$ sowie $w \in B^*$. Informal soll eine solche Regel bedeuten, dass im Zustand i bei Einlesen des Symbols a das Wort w ausgegeben und der Folgezustand j erreicht wird. Man beachte bei dieser Festlegung den engen Zusammenhang, der zwischen dem Ableiten in einer Grammatik und dem Erkennen durch einen Automaten zum Ausdruck gebracht wird. Dies in einem einzigen Formalismus unterzubringen ist aufgrund unserer bereits angestellten Überlegungen, die ja die Äquivalenz endlicher Automaten und regulärer Sprachen zum Inhalt hatten, nahe liegend.

Jeder (deterministische) endliche Transducer T berechnet nun in kanonischer Weise eine partielle Funktion f_T, welche definiert ist durch

$$f_T(v) = w \text{ genau dann, wenn } z_0 v \Rightarrow^* wi$$

für einen Endzustand $i \in F$. Wir wollen es damit hinsichtlich der Beschreibung von Transducern bewenden lassen, weisen allerdings noch auf die folgenden Zusammenhänge hin:

1. Mealy-Maschinen sind endliche Transducer, in deren Regeln die Ausgabewörter w sämtlich die Länge 1 haben.

2. Endliche Automaten sind endliche Transducer ohne Ausgabe, d.h. in allen Regeln ist das Ausgabewort leer.

Gerade diese Zusammenhänge legen es nahe, endliche Transducer, obwohl als Verallgemeinerungen von Semi-Thue-Systemen auffassbar, als „Automaten" zu betrachten,
deren Übergangsfunktion wie üblich mit δ und deren Ausgabefunktion mit λ bezeichnet wird; es gilt dann für jede Regel der Form $ia \to wj$: $\delta(i, a) = j$ und $\lambda(i, a) = w$.
Wie bereits erwähnt, gehen wir in Abschnitt 4.5 auf Anwendungen von Transducern,
z.B. im Electronic Commerce, ein.

4.4 Beispiele für Automatennetze

Endliche Automaten und Maschinen modellieren *sequentielle* Zustandsübergänge.
Durch geeignete *Komposition* können sie jedoch auch zur Modellierung *paralleler*
Übergänge verwendet werden. Wir stellen zwei Konzepte zur Modellierung paralleler
Zustandsübergänge vor: zellulare Automaten und Petri-Netze.

4.4.1 Synchrone Automaten: Zellulare Automaten

Zellulare Automaten (auch: Mosaikautomaten, Polyautomaten) haben einen Ursprung
in der Modellierung von (Nerven-, Gehirn-) Zellstrukturen. Zellen können Zustände
annehmen und sind mit Nachbarzellen verbunden. In Abhängigkeit ihres eigenen Zustandes und der Zustände ihrer Nachbarn gehen sie in einen Folgezustand über. Die
Zustandsübergänge aller Zellen finden jeweils gleichzeitig, getaktet, also synchron,
statt.

Beispiel: „Spiel des Lebens"

Als anschauliches Beispiel eines zellularen Automaten dient uns das folgende Spiel:
Auf einem zweidimensionalen Gitter befinden sich lebende und tote Zellen. Jede Zelle
hat acht Nachbarzellen, vier an jeder Seite und vier an jeder Ecke:

Wenn wir die Zellen durch Paare ganzer Zahlen „adressieren", dann hat die Zelle (i, j)
die Nachbarn

$$N(i, j) = \{ (i-1, j-1), (i-1, j), (i-1, j+1),$$
$$(i, j-1), (i, j+1),$$
$$(i+1, j-1), (i+1, j), (i+1, j+1) \}$$

Die Spielregeln für das Life-Spiel sind:

- Das Spiel findet in Zeittakten statt. Zu jedem Zeittakt geht jede Zelle in einen Folgezustand über.

- Hat eine lebende Zelle weniger als zwei oder mehr als drei lebende Nachbarn, dann stirbt sie (wegen „Einsamkeit" bzw. wegen „Überbevölkerung").

- Hat eine tote Zelle drei lebende Nachbarn, wird sie lebendig.

- Alle anderen Zellen behalten ihren Zustand.

Wir wollen lebende Zellen durch eine 1 und tote durch eine 0 repräsentieren. Betrachten wir die folgende Startkonfiguration (Startmuster) c_0:

0	0	0	0	0
0	0	1	0	0
0	1	0	0	0
0	1	1	1	0
0	0	0	0	0
0	0	0	0	0

Nach dem ersten Zeittakt ergibt sich die Folgekonfiguration c_1:

0	0	0	0	0
0	0	0	0	0
0	1	0	1	0
0	1	1	0	0
0	0	1	0	0
0	0	0	0	0

Nach dem zweiten Zeittakt ergibt sich die Konfiguration c_2:

0	0	0	0	0
0	0	0	0	0
0	1	0	0	0
0	1	0	1	0
0	1	1	0	0
0	0	0	0	0

Offensichtlich lassen sich eine Reihe weiterer Konfigurationsübergänge durchführen.

Allgemein werden zellulare Automaten in n-dimensionalen Gittern betrachtet; wir werden uns allerdings auf ein- und zweidimensionale (wie beim Spiel des Lebens) beschränken.

Definitionen

Ein *zellularer Automat* $\mathcal{A}$ wird festgelegt durch

$$\mathcal{A} = (A, d, N, \delta, c_0, \bot)$$

Dabei ist A eine endliche Zustandsmenge. Für die Zustandsmenge wird nicht wie bei endlichen Automaten und Maschinen der Bezeichner S gewählt, sondern der Bezeichner A, da bei zellularen Automaten jede Zelle einen Automaten darstellt, der jeweils durch seinen aktuellen Zustand repräsentiert wird.

$\bot$ ist der Ruhezustand, in dem sich alle Zellen befinden, deren Automaten aktuell an keinen Zustandsüberführungen teilnehmen. Für unser Spiel des Lebens gilt: $A = \{0, 1, \bot\}$. In unserem Beispiel haben wir die ruhenden Automaten außerhalb des 0-Rahmens, der sogenannten *Retina*, nicht dargestellt.

d gibt die Dimension des Gitters (des zellularen Raumes) an. Wir werden nur Beispiele mit $d = 1$ oder $d = 2$ betrachten, d.h. die Gitter $G^{(1)} = \mathbb{Z}$ bzw. $G^{(2)} = \mathbb{Z} \times \mathbb{Z}$. Hier bezeichnet $\mathbb{Z} = \{\dots, -2, -1, 0, 1, 2, \dots\}$ die Menge der ganzen Zahlen.

N legt die Nachbarschaft für jede Zelle fest. Prinzipiell können verschiedene Zellen unterschiedliche Nachbarschaften haben. Wir werden uns auf eine für alle Zellen gleiche Nachbarschaft beschränken, und zwar auf das sogenannte Moore-Raster, d.h. im eindimensionalen Fall

$$N^{(1)}(i) = \{(i - 1, i + 1)\}$$

und im zweidimensionalen Fall

$$\begin{aligned}
N^{(2)}(i, j) &= \{(k, l) \mid |i - k| \le 1 \text{ und } |j - l| \le 1\} - \{(i, j)\} \\
&= \{(i - 1, j - 1), (i - 1, j), (i - 1, j + 1), \\
&\quad (i, j - 1), (i, j + 1), \\
&\quad (i + 1, j - 1), (i + 1, j), (i + 1, j + 1)\}
\end{aligned}$$

$N^{(2)}$ wird im Spiel des Lebens verwendet.

Wir schreiben die Nachbarschaften einer Zelle als Tupel und ordnen die Zelle in der „Mitte" ein:

$$N^{(1)}(i) = \langle i - 1, i, i + 1 \rangle$$

heißt eindimensionaler,

$$\begin{aligned}
N^{(2)}(i, j) = \langle &(i - 1, j - 1), (i - 1, j), (i - 1, j + 1), \\
&(i, j - 1), (i, j), (i, j + 1), \\
&(i + 1, j - 1), (i + 1, j), (i + 1, j + 1) \rangle
\end{aligned}$$

heißt zweidimensionaler Nachbarschaftsindex.

Ist $c^{(k)} : G^{(k)} \to A$, $k = 1, 2$, irgendeine Konfiguration, dann sei

$$c(N^{(1)}(i)) = \langle c(i - 1), c(i), c(i + 1) \rangle$$

bzw.

$$c(N^{(2)}(i,j)) = \langle\, c(i-1,j-1), c(i-1,j), c(i-1,j+1),$$
$$c(i,j-1), c(i,j), c(i,j+1),$$
$$c(i+1,j-1), c(i+1,j), c(i+1,j+1)\, \rangle$$

$c_0^{(k)} : G^{(k)} \to A$, $k = 1, 2$, ist die Startkonfiguration (das Startmuster), die jeder Zelle (jedem Automaten) einen Zustand zuweist, wobei nur endlich vielen Zellen nicht der Ruhezustand $\perp$ zugeordnet ist.

δ legt die möglichen Zustandsübergänge fest: In Abhängigkeit ihres eigenen Zustandes und der Zustände ihrer Nachbarn geht eine Zelle in einen Folgezustand über. Bei unseren festen Nachbarschaften gilt also: $\delta^{(1)} : A^3 \to A$ im eindimensionalen und $\delta^{(2)} : A^9 \to A$ im zweidimensionalen Fall.

$\delta^{(k)}$, $k = 1, 2$, legt die Konfigurationsübergänge fest: Sei

$$c_t^{(k)} : G^{(k)} \to A, \ k = 1, 2$$

die Konfiguration zum Zeitpunkt t, dann ergibt sich die Folgekonfiguration

$$c_{t+1}^{(k)} : G^{(k)} \to A, \ k = 1, 2$$

wie folgt:

$$c_{t+1}^{(1)}(i) = \delta^{(1)}(c_t^{(1)}(N^{(1)}(i)))$$

im eindimensionalen und

$$c_{t+1}^{(2)}(i,j) = \delta^{(2)}(c_t^{(2)}(N^{(2)}(i,j)))$$

im zweidimensionalen Fall.

Zellulare Automaten definieren durch lokale Zustandsänderungen globale Muster. Fragen, mit denen sich die Theorie zellularer Automaten beschäftigt, sind unter anderem:

- Wiederholen sich Muster oder Teilmuster in der Folge der Konfigurationen? Mit welcher Periode treten sich wiederholende Muster auf? Treten sich wiederholende Muster immer an derselben Stelle im Gitter auf, oder wandern (gleiten) sie durch das Gitter?

- Wann wird eine Konfigurationsfolge stationär, d.h. ab welchem Zeitpunkt bleibt sie unverändert?

- Können sich zellulare Automaten mit unterschiedlichem Nachbarschaftsindex gegenseitig simulieren?

- Mit welchem („einfachsten", „kleinsten") Nachbarschaftsindex lassen sich alle anderen simulieren?

- Zellulare Automaten können zur Definition von Sprachen verwendet werden. Welche Sprachklasse wird dadurch festgelegt?

- Zellulare Automaten können mit Ein- und Ausgabe versehen werden, welche Funktionenklassen werden von welchen Typen zellularer Automaten berechnet?

Anwendungen finden Konzepte zellularer Automaten z.B.

- in der Biologie zur Beschreibung und zur Analyse von Zellwachstum, zur Modellierung von Populationen (Räuber-Beute-Systeme, vergleiche Spiel des Lebens);

- in der Soziologie und in den Wirtschaftswissenschaften zur Beschreibung und Analyse des Verhaltens von sozialen Gruppen bzw. von Unternehmen und Unternehmensgruppen sowie bei der Untersuchung von Phänomenen der Informationsausbreitung bzw. des Verbreitens von Gerüchten in sozialen Netzwerken;

- in der Netzwerkthorie zur Modellierung dynamischer Prozesse bei der Auswahl von Geschäftspartnern;

- im Marketing zur Untersuchung von Diffusionsmodellen für neue Produkte;

- in der Physik zur Beschreibung und Analyse von Kristallwachstum;

- in der Informatik bei der Entwicklung paralleler Rechnerarchitekturen (z.B. Feldrechner) und bei der Entwicklung paralleler Algorithmen (zum Beispiel systolische Algorithmen) sowie bei der Beschreibung und Verarbeitung von Mustern.

Das Firing-Squad-Synchronization-Problem

Wir wollen zum Schluss noch ein Problem betrachten, das sowohl von theoretischem als auch von praktischem Interesse ist: das *Firing-Squad-Synchronization-Problem*. Wir wollen das Problem für den eindimensionalen Fall betrachten:

Gegeben sei eine Reihe von beliebig, aber endlich vielen endlichen Automaten. Bis auf die beiden Automaten an den Enden der Reihe seien alle Automaten gleich, d.h. sie sollen dieselbe Zustandsüberführung besitzen. Der Folgezustand dieser Automaten hängt vom eigenen Zustand und den Zuständen seiner beiden Nachbarn ab. Einer der Endautomaten ist der so genannte *Master*. Das Problem ist, Zustände und Übergänge der Automaten so zu definieren, dass der Master sie veranlassen kann, zum selben Zeitpunkt in einem speziellen Zustand, dem Feuerzustand, zu sein. Keiner der Automaten darf diesen Zustand vorher angenommen haben. Am Anfang seien alle Automaten außer dem Master im selben Startzustand.

Das Firing-Squad-Synchronization-Problem wurde ursprünglich in einer militärischen Variante geschildert: Die Automaten sind Soldaten, der Master ist der General, der am Ende einer Angriffslinie steht und erreichen möchte, dass alle Soldaten zum selben Zeitpunkt feuern und dass keiner vorher feuert.

Eine Lösungsidee ist die folgende: Bestimme den mittleren Automaten der Reihe, anschließend die mittleren der beiden Hälften, dann der Viertel usw., bis alle Automaten mittlere geworden sind, dann können sie feuern.

Wie können die mittleren Automaten bestimmt werden? Der Masterautomat, der sich am linken Ende befinden soll, sendet eine Nachricht s_1 nach rechts, die in jedem Takt von den Automaten nach rechts weitergegeben wird. Außerdem sendet er eine Nachricht s_2 hinterher, die aber erst jeweils nach drei Takten von den Automaten weitergegeben wird. (s_1 wird also dreimal so schnell weiter gereicht wie s_2.)

Trifft s_1 am anderen Ende an, sendet der Endautomat ein Signal s_3 zurück, welches bei jedem Takt weitergegeben wird (damit dieselbe Geschwindigkeit wie s_1 hat). Da s_1 und s_3 dreimal so schnell sind wie s_2, treffen sich s_2 und s_3 beim mittleren bzw. bei den beiden mittleren Automaten. Denn s_1 und s_3 legen drei halbe Strecken – s_1 die ganze hin und s_3 die halbe zurück – in derselben Zeit zurück wie s_2 die halbe. Die mittleren Automaten gehen in den Masterzustand über, übernehmen die Rolle des Masters und senden jeweils die Signale s_1 und s_2 in beide Richtungen.

Tabelle 4.2 zeigt die Konfigurationsfolge von der Startkonfiguration bis zur Feuerkonfiguration für ein Beispiel mit zehn Automaten, wobei nur Zustandsänderungen eingetragen sind. Tabelle 4.3 enthält auch die sich nicht ändernden Zustände.

Neben den erwähnten Zuständen m, s_1, s_2, s_3 benötigt man noch weitere, z.B. die, die mit den Indizes a, b, c gekennzeichnet sind, zum Zählen der drei Takte. Es sei bemerkt, dass es andere, effizientere Lösungen des Firing-Squad-Synchronization-Problems gibt.

4.4.2   Asynchrone Automaten: Petri-Netze

In seiner Dissertation *Kommunikation mit Automaten* hat C. A. Petri 1962 den Grundstein für die Petri-Netz-Theorie gelegt, die mittlerweile sehr umfangreich ist und viele praktische Anwendungen gefunden hat. Petri-Netze können insofern als Verallgemeinerung von endlichen Automaten aufgefasst werden, als dass sie eine asynchrone Parallelschaltung von Automaten darstellen. Wir geben in diesem Abschnitt einen kleinen Einblick in diese Theorie und deuten einige Anwendungsmöglichkeiten an.

Grundlegende Definitionen

Als einführendes Beispiel wollen wir versuchen, eine Situation, die vielfältig in Anwendungsproblemen vorkommt, zu modellieren: das Konkurrieren mehrerer Aktivitäten um gemeinsame Ressourcen. Eine konkrete Problemstellung dieser Art ist die Synchronisation von Prozessen in der Systemprogrammierung. Beispiele hierfür sind: Mehrere Benutzende arbeiten zur gleichen Zeit mit derselben Software, etwa mit einem Compiler oder einem Datenbankmanagementsystem; mehrere Programme werden von einem Prozessor (CPU) quasi gleichzeitig ausgeführt; mehrere Prozessoren benutzen dieselben Peripheriegeräte (Drucker, Sekundärspeicher).

Konkret betrachten wir folgende Problemstellung: Zwei Prozesse P_1 und P_2 benutzen für die Ausgabe von Daten denselben Drucker D. Zu einer Zeit kann nur ein Prozess den Drucker für sich in Anspruch nehmen. Diese Art Problemstellung wird

Tabelle 4.2: Konfigurationsfolge vom Start zum Feuern (nur Zustandsänderungen).

t	1	2	3	4	5	6	7	8	9	10
0	m_a									
1	m_b	s_1								
2	m_c		s_1							
3		s_{2a}		s_1						
4		s_{2b}			s_1					
5		s_{2c}				s_1				
6			s_{2a}				s_1			
7			s_{2b}					s_1		
8			s_{2c}						s_1	
9				s_{2a}						s_{1m}
10				s_{2b}					s_3	
11				s_{2c}				s_3		
12					s_{2a}		s_3			
13					s_{2b}	s_3				
14					m_a	m_a				
15				s_3	m_b	m_b	s_1			
16			s_3		m_c	m_c	s_1			
17		s_3		s_{4a}			s_{2a}		s_1	
18	s_{3m}			s_{4b}			s_{2b}			s_{1m}
19		s_1		s_{4c}			s_{2c}		s_3	
20			m_a					m_a		
21		s_3	m_b	s_1			s_3	m_b	s_1	
22	s_{3m}		m_c		s_{1m}	s_{3m}		m_c		s_{1m}
23		m_a		m_a			m_a	m_a		
24	F	F	F	F	F	F	F	F	F	F

Tabelle 4.3: Vollständige Konfigurationsfolge vom Start zum Feuern.

t	1	2	3	4	5	6	7	8	9	10
0	m_a	s_0	s_0	s_0	s_0	s_0	s_0	s_0	s_0	s_0
1	m_b	s_1	s_0	s_0	s_0	s_0	s_0	s_0	s_0	s_0
2	m_c	s_0	s_1	s_0	s_0	s_0	s_0	s_0	s_0	s_0
3	s_{0m}	s_{2a}	s_0	s_1	s_0	s_0	s_0	s_0	s_0	s_0
4	s_{0m}	s_{2b}	s_0	s_0	s_1	s_0	s_0	s_0	s_0	s_0
5	s_{0m}	s_{2c}	s_0	s_0	s_0	s_1	s_0	s_0	s_0	s_0
6	s_{0m}	s_0	s_{2a}	s_0	s_0	s_0	s_1	s_0	s_0	s_0
7	s_{0m}	s_0	s_{2b}	s_0	s_0	s_0	s_0	s_1	s_0	s_0
8	s_{0m}	s_0	s_{2c}	s_0	s_0	s_0	s_0	s_0	s_1	s_0
9	s_{0m}	s_0	s_0	s_{2a}	s_0	s_0	s_0	s_0	s_0	s_{1m}
10	s_{0m}	s_0	s_0	s_{2b}	s_0	s_0	s_0	s_0	s_3	s_{0m}
11	s_{0m}	s_0	s_0	s_{2c}	s_0	s_0	s_0	s_3	s_0	s_{0m}
12	s_{0m}	s_0	s_0	s_0	s_{2a}	s_0	s_3	s_0	s_0	s_{0m}
13	s_{0m}	s_0	s_0	s_0	s_{2b}	s_3	s_0	s_0	s_0	s_{0m}
14	s_{0m}	s_0	s_0	s_0	m_a	m_a	s_0	s_0	s_0	s_{0m}
15	s_{0m}	s_0	s_0	s_3	m_b	m_b	s_1	s_0	s_0	s_{0m}
16	s_{0m}	s_0	s_3	s_0	m_c	m_c	s_0	s_1	s_0	s_{0m}
17	s_{0m}	s_3	s_0	s_{4a}	s_{0m}	s_{0m}	s_{2a}	s_0	s_1	s_{0m}
18	s_{3m}	s_0	s_0	s_{4b}	s_{0m}	s_{0m}	s_{2b}	s_0	s_0	s_{1m}
19	s_{0m}	s_1	s_0	s_{4c}	s_{0m}	s_{0m}	s_{2c}	s_0	s_3	s_{0m}
20	s_{0m}	s_0	m_a	s_0	s_{0m}	s_{0m}	s_0	m_a	s_0	s_{0m}
21	s_{0m}	s_3	m_b	s_1	s_{0m}	s_{0m}	s_3	m_b	s_1	s_{0m}
22	s_{3m}	s_0	m_c	s_0	s_{1m}	s_{3m}	s_0	m_c	s_0	s_{1m}
23	s_{0m}	m_a	s_{0m}	m_a	s_{0m}	s_{0m}	m_a	s_{0m}	m_a	s_{0m}
24	F	F	F	F	F	F	F	F	F	F

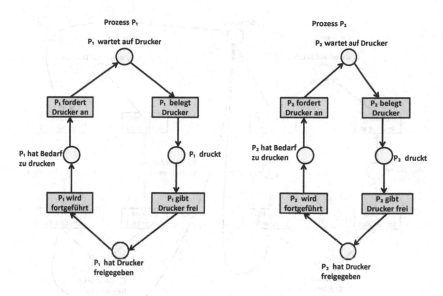

Bild 4.15: Zustandsdiagramme zweier Prozesse.

auch das Problem des *gegenseitigen Ausschlusses* (englisch: *mutual exclusion*) genannt. Die Abläufe der beiden Prozesse für sich können wir durch zwei endliche Automaten modellieren, deren Zustandsdiagramme Bild 4.15 zeigt. In den Diagrammen stellen die Kreise, wie gewohnt, Zustände dar. Die Zustandsübergänge repräsentieren Aktivitäten der Prozesse und werden durch Balken oder Rechtecke dargestellt.

Die beiden Prozesse laufen parallel und unabhängig voneinander ab. Nur dann, wenn sie die gemeinsame Ressource Drucker benutzen wollen, beeinflussen sie sich gegenseitig. Diese gegenseitige Beeinflussung modellieren wir durch einen Zustand, den wir *Semaphor* (griechisch für Signal) nennen und der den Drucker repräsentiert. Das Diagramm in Bild 4.16 stellt diese Situation dar; es zeigt ein Beispiel für ein *unmarkiertes* Petri-Netz.

Ein unmarkiertes Petri-Netz besteht aus zwei Arten von Knoten: Knoten, die durch Kreise repräsentiert sind und die *Stellen*, Bedingungen, Zustände oder Voraussetzungen genannt werden, sowie Knoten, die durch Rechtecke dargestellt sind und die *Transitionen*, Ereignisse oder (speziell im Zusammenhang von Prozessen) Aktivitäten genannt werden. Knoten sind durch Pfeile miteinander verbunden, sie repräsentieren die Beziehungen zwischen Stellen und Transitionen. Pfeile gehen nur von Stellen zu Transitionen oder von Transitionen zu Stellen, weder Stellen noch Transitionen sind unter sich durch Pfeile verbunden. Ein Petri-Netz stellt also aus graphentheoretischer Sicht einen *bipartiten* Graphen dar.

Die folgende Definition formalisiert den Begriff des unmarkierten Petri-Netzes.

Definition 4.8. $N = (S, T, F)$ heißt ein *(unmarkiertes) Petri-Netz*, falls gilt: S und T sind zwei endliche, disjunkte Mengen, *Stellen* bzw. *Transitionen* genannt, und die

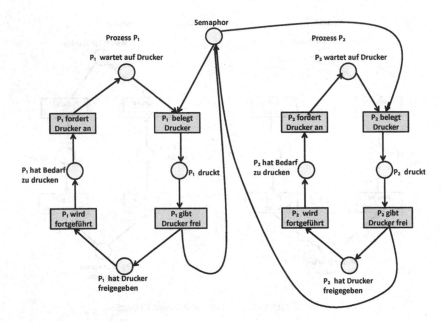

Bild 4.16: Zwei konkurrierende Prozesse.

Flussrelation F ist definiert durch

$$F \subseteq (S \times T) \cup (T \times S)$$

Die Menge der Stellen $pre(t)$, von denen ein Pfeil zur Transition t führt, heißt *Vorbereich* von t, formal

$$pre(t) = \{\, s \in S \mid (s,t) \in F \,\}$$

Die Menge der Stellen $post(t)$, zu denen ein Pfeil von der Transition t führt, heißt *Nachbereich* von t, formal

$$post(t) = \{\, s \in S \mid (t,s) \in F \,\} \qquad \qquad \square$$

Ein unmarkiertes Petri-Netz modelliert eine statische Sicht von *Prozessen*. Es werden die aktiven Elemente (Transitionen) und die passiven Elemente (Stellen) sowie ihre Beziehungen dargestellt. Petri-Netze bieten zudem die Möglichkeit, eine dynamische Sicht zu modellieren, d.h. die Prozess*abläufe*. Das geschieht mithilfe sogenannter *Token* oder Marken, mit denen Stellen belegt sein können.

Sind alle Stellen aus dem Vorbereich einer Transition mit mindestens einem Token belegt, dann kann diese Transition *schalten* (auch: *feuern*). Das Schalten einer Transition bewirkt das Wegnehmen je eines Tokens von allen Stellen ihres Vorbereichs und das Hinzufügen je eines Tokens zu allen Stellen ihres Nachbereichs.

Wir betrachten die in Bild 4.17 dargestellte Markierung unseres obigen Beispielnetzes: Die Stellen *Semaphor*, P_1 *hat Bedarf zu drucken* und P_2 *hat Drucker freigegeben* seien je mit einem Token belegt. Beide Transitionen P_1 *fordert Drucker an*

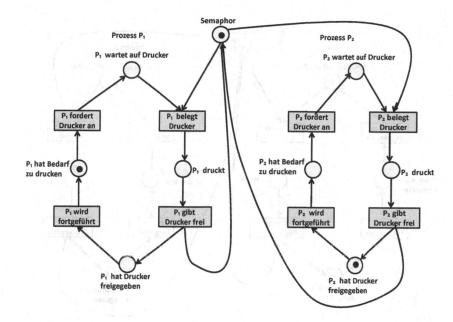

Bild 4.17: Eine Markierung des Beispielnetzes.

und P_2 *wird fortgeführt* können schalten, da jeweils ihre einzige Vorbedingung erfüllt ist. Schaltet die Transition P_1 *fordert Drucker an*, gelangt das Netz in den in Bild 4.18 dargestellten Zustand. Jetzt kann neben der Transition P_2 *wird fortgeführt* auch die Transition P_1 *belegt Drucker* schalten, denn beide Vorbedingungen, P_1 *wartet auf Drucker* und *Semaphor* (Drucker steht zur Verfügung) sind erfüllt. Feuert diese Transition, dann hat das Netz den in Bild 4.19 gezeigten Zustand. Jetzt sollen nacheinander die Transitionen P_2 *wird fortgeführt* und P_2 *fordert Drucker an* schalten. Das Netz hat dann den in Bild 4.20 dargestellten Zustand. Die Transition P_2 *belegt Drucker* kann nicht schalten, da auf *Semaphor* kein Token liegt (Drucker steht nicht zur Verfügung). Erst wenn die Transition P_1 *gibt Drucker frei* geschaltet hat, kann P_2 den Drucker belegen (siehe Bild 4.21).

Wir wollen die beispielhaft gezeigte Modellierung von Prozessabläufen noch formal definieren.

Definition 4.9. Sei $N = (S, T, F)$ ein unmarkiertes Petri-Netz. Dann heißt $P = (N, \mu)$ (oder $P = (S, T, F, \mu)$) mit $\mu : S \rightarrow \mathbb{N}_0$ ein *markiertes* Petri-Netz. μ heißt *Markierung* oder *Zustand* von P. Gilt $\mu(s) = k$, dann ist die Stelle s mit k Token belegt.

Gilt $\mu(s) \leq 1$ für alle $s \in S$, d.h. jede Stelle hat höchstens einen Token, dann wird P auch *Bedingungs-Ereignis-Netz* genannt. Eine Stelle kann dann als Bedingung betrachtet werden. Ist sie mit einem Token belegt, wird sie als erfüllt angesehen, sonst als nicht erfüllt. Der Token entspricht dem Wahrheitswert *wahr*.

Eine initiale Markierung eines Netzes wollen wir mit μ^0 bezeichnen. Folgemarkie-

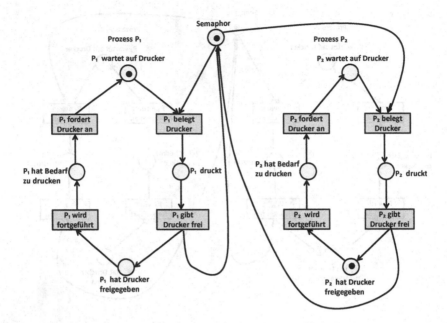

Bild 4.18: Zustand des Beispielnetzes nach Schalten der Transition P_1 *fordert Drucker an*.

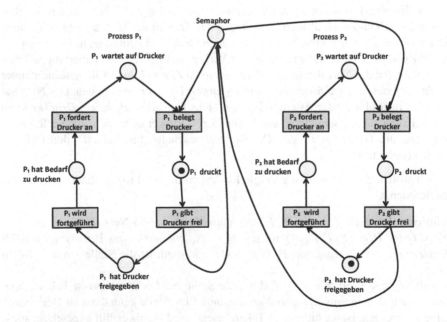

Bild 4.19: Zustand des Beispielnetzes nach Schalten der Transition P_1 *belegt Drucker*.

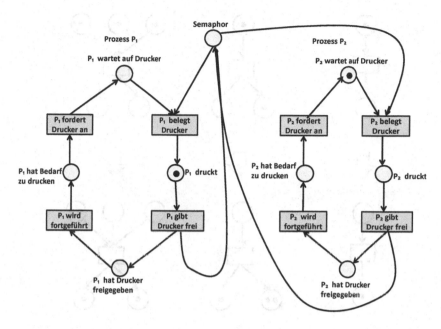

Bild 4.20: Zustand des Beispielnetzes nach Schalten der Transitionen P_2 *wird fortge-führt* und P_2 *fordert Drucker an.*

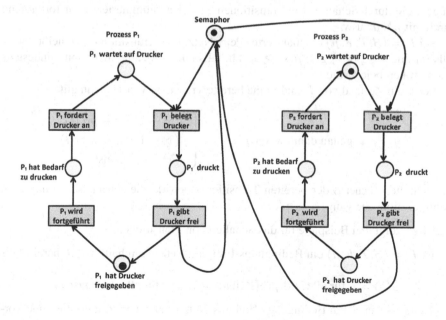

Bild 4.21: Zustand des Beispielnetzes nach Schalten der Transition P_1 *gibt Drucker frei.*

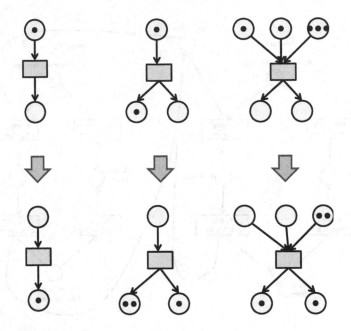

Bild 4.22: Drei Beispiele für das Schalten von Transitionen.

rungen, die durch Schalten von Transitionen entstehen, nummerieren wir fortlaufend durch mit μ^1, μ^2 usw.

Sei $P = (S, T, F, \mu)$ ein markiertes Petri-Netz. Eine Transition $t \in T$ heißt *bereit*, falls für alle $s \in pre(t)$ gilt: $\mu(s) \geq 1$, d.h. falls alle Vorbedingungen mit mindestens einem Token belegt sind.

Sei μ ein Zustand von P und t eine bereite Transition von P, dann gilt

$$\mu \vdash_t \mu' \text{ genau dann, wenn } \mu'(x) = \begin{cases} \mu(x) - 1, & x \in pre(t) \\ \mu(x) + 1, & x \in post(t) \\ \mu(x), & \text{sonst} \end{cases}$$

Das Schalten (Feuern) der bereiten Transition t bewirkt die Zustandsänderung (den Konfigurationsübergang) $\mu \vdash_t \mu'$.   □

Bild 4.22 zeigt drei Beispiele für das Schalten von Transitionen.

Ist $P = (S, T, F, \mu)$ ein Bedingungs-Ereignis-Netz, dann heißt $t \in T$ bereit, falls gilt:

$$\mu(s) = 1 \text{ für alle } s \in pre(t) \text{ und } \mu(s) = 0 \text{ für alle } s \in post(t)$$

Ein Ereignis t in einem Bedingungs-Ereignis-Netz ist also bereit, falls alle seine Vorbedingungen erfüllt und alle seine Nachbedingungen nicht erfüllt sind. Das Ereignis im mittleren Netz in Bild 4.22 ist also – vorausgesetzt, das Netz ist ein Bedingungs-Ereignis-Netz – nicht bereit, da eine Nachbedingung mit einem Token belegt ist. Nach dem Schalten eines bereiten Ereignisses t sind alle Vorbedingungen nicht erfüllt und alle Nachbedingungen erfüllt.

Gilt für eine Zustandsfolge $\mu^0, \mu^1, \dots, \mu^n$ und Transitionen $t_1, \dots, t_n$

$$\mu^{i-1} \vdash_{t_i} \mu^i,\ 1 \leq i \leq n,\ n \geq 0$$

dann schreiben wir

$$\mu^0 \vdash^* \mu^n$$

Der Zustand eines Petri-Netzes ist nicht zu vergleichen mit dem Zustand eines endlichen Automaten, eher zu vergleichen mit der Konfiguration eines Automaten. Völlig verschieden ist der Zeitbegriff in beiden Konzepten. Endliche Automaten arbeiten rein sequentiell: Getaktet durch einen Zeitgeber führen sie zu jedem Takt einen Zustandsübergang aus, sie sind synchronisiert. Petri-Netze können zu einem bestimmten Zeitpunkt eine Transition schalten, sie müssen aber nicht. Sie arbeiten asynchron. Zu einem Zeitpunkt können mehrere Transitionen bereit sein. Nur eine davon kann zu einer Zeit schalten. Welche schalten soll, kann im Netz nicht modelliert werden. Die Auswahl geschieht durch Eingriff von außen.

Petri-Netze eignen sich insbesondere für die Modellierung paralleler, nebenläufiger Prozesse. In unserem Beispiel, das die gemeinsame Nutzung eines Druckers von zwei Prozessen modelliert, kann jeder Prozess weitgehend für sich laufen. Ihre Transitionen können unabhängig voneinander, insbesondere auch zeitlich unabhängig, also *asynchron*, schalten. Nur bei der Nutzung des Druckers können sie in Berührung kommen. Darauf gehen wir im nächsten Abschnitt noch ein.

4.4.3 Anwendungen und Varianten von Petri-Netzen

Petri-Netze eignen sich neben der Modellierung von Prozessen zur Analyse von Systemen. Es gibt Verfahren, mit denen festgestellt werden kann, ob ein Netz, ausgehend von einer Initialmarkierung, in einen unerwünschten Zustand gerät. Wird ein solcher Zustand festgestellt, müssen in dem modellierten System Maßnahmen zu dessen Verhinderung oder zu dessen Beseitigung implementiert werden.

Betrachten wir noch einmal das Netz im vorigen Abschnitt, das die gemeinsame Nutzung eines Druckers durch zwei Prozesse modelliert. Sind die Stellen P_1 *wartet auf Drucker*, P_2 *wartet auf Drucker* und *Semaphor* mit einem Token belegt, befindet sich das Netz in einer *Konfliktsituation*. Beide Transitionen, P_1 *belegt Drucker* und P_2 *belegt Drucker*, könnten feuern, doch nur eine darf tatsächlich feuern. Die Konfliktauflösung ist nicht im Netz selbst modellierbar, sondern muss – wie die oben erwähnte Auswahl einer Transition aus mehreren bereiten, nicht in Konflikt stehenden Transitionen – von außen geregelt werden.

Es gibt Verfahren, mit denen festgestellt werden kann, ob Netze, ausgehend von einer Initialmarkierung, in eine Konfliktsituation geraten können. Kann ein Konflikt auftreten, muss in dem modellierten System ein Verfahren implementiert werden, das Konflikte verhindert oder das Konflikte erkennt und auflöst.

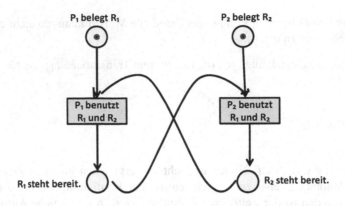

Bild 4.23: Verklemmung der Prozesse P_1 und P_2.

Eine weitere Systemeigenschaft, die mithilfe von Netzen prinzipiell entdeckt werden kann, ist die *Verklemmung* (englisch: *Deadlock*) von parallelen, nebenläufigen Prozessen. Eine Verklemmung tritt auf, wenn zwei (oder mehr) Prozesse auf eine Ressource warten, die der jeweils andere Prozess gerade in Beschlag hat. Das Netz in Bild 4.23, welches Teil eines größeren Netzes sein könnte, stellt diese Situation dar. Für dieses (Teil-) Netz existiert kein Folgezustand, weil für beide Transitionen die Vorbedingung, die die Ressource darstellt, die gerade der andere Prozess benutzt, nie erfüllt werden kann.

Eine dritte anwendungsrelevante Systemeigenschaft ist die *Lebendigkeit*. Eine Transition t eines Netzes $P = (S, T, F, \mu^0)$ ist *lebendig* bezüglich der Initialmarkierung μ^0, falls es einen Folgezustand μ von μ^0 gibt, d.h. es gilt $\mu^0 \vdash^* \mu$, in dem t bereit ist. Ein Netz heißt *lebendig*, wenn diese Eigenschaft für alle seine Transitionen gilt, d.h., ausgehend von einer Initialmarkierung, kann nach endlich vielen Schritten jede Transition mindestens einmal schalten. Transitionen, die diese Eigenschaft nicht haben, also „tot" sind, haben offensichtlich (bezüglich der Initialmarkierung) keine Bedeutung für das modellierte System. In dem in Bild 4.24 dargestellten Netz in Initialmarkierung kann die Transition t_3 nie schalten, sie ist tot.

Als Beispiel zur Lebendigkeit betrachten wir die Denksportaufgabe, in der eine Strategie zu entwickeln ist für einen Mann, der mit einem Wolf, einer Ziege und einem Kohlkopf mit einem Boot einen Fluss überqueren möchte und dabei im Boot noch höchstens einen seiner „Gefährten" mitnehmen kann. Außerdem darf er Wolf und Ziege sowie Ziege und Kohlkopf nicht ohne seine Aufsicht an einem Ufer zurücklassen, da sonst der Wolf die Ziege bzw. die Ziege den Kohlkopf frisst. Wir modellieren eine Lösungsstrategie als Petri-Netz; Bild 4.25 zeigt ein Netz für die Übersetzstrategie des Mannes. Dabei ist von den beiden Alternativen, die der Mann hat, nachdem er die Ziege übergesetzt hat, nämlich den Wolf oder den Kohlkopf als Nächstes überzusetzen, nur die letztere berücksichtigt. Durch das Tokenspiel kann man leicht nachvollziehen, dass nur dann, wenn bei der Initialmarkierung die Stellen *Wolf*, *Ziege*, *Kohlkopf* und *Boot für Ziege bereit* mit einem Token belegt werden, das Netz lebendig ist bzw. der

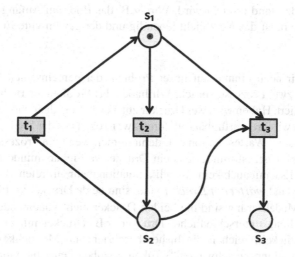

Bild 4.24: Netz mit toter Transition t_3.

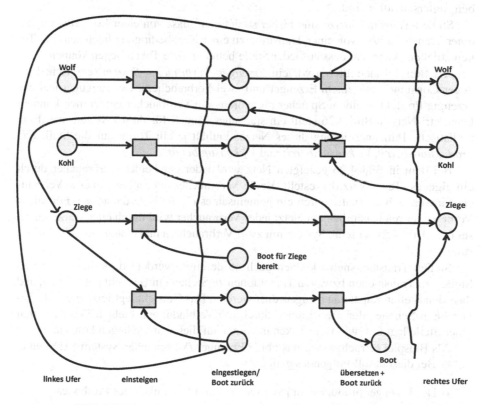

Bild 4.25: Das Wolf-Ziege-Kohlkopf-Problem als Petri-Netz.

gewünschte Endzustand erreicht wird. Wird z.B. das Boot am Anfang für Wolf oder Kohlkopf markiert, ist das Netz nicht lebendig und der gewünschte Endzustand wird nicht erreicht.

Kommen wir noch einmal auf unser Problem der gemeinsamen Nutzung eines Druckers durch zwei Prozesse zurück. Wir haben das Problem als Bedingungs-Ereignis-Netz modelliert. Haben wir zwei Drucker zur Verfügung, dann modellieren wir das Problem, indem wir ihre Verfügbarkeit durch zwei Token auf der Stelle *Semaphor* darstellen. Es tritt keine Wartesituation auf, denn immer, wenn ein Prozessor im Zustand *wartet auf Drucker* ist, ist mindestens ein Drucker verfügbar (mindestens ein Token auf *Semaphor*). Es kann auch keine Konfliktsituation mehr auftreten, denn wenn beide Prozesse im Zustand *wartet auf Drucker* sind, sind beide Drucker verfügbar.

Bei dieser Modellierung sind die beiden Drucker nicht voneinander unterscheidbar. Zur Darstellung unterschiedlicher Drucker, z.B. Drucker mit unterschiedlicher Druckgeschwindigkeit, reichen die bisher beschriebenen Möglichkeiten nicht aus, denn unsere einfarbigen („schwarzen") Token erlauben keine individuellen Markierungen. Für solche Fälle stellt die Petri-Netz-Theorie eine Erweiterung der Stellen-Transitionsnetze zur Verfügung: *gefärbte* Netze, bei denen die Token (z.B. durch Farben) unterscheidbar sind.

Stellen-Transitionsnetze sind bisher so definiert, dass von einer Vorbedingung zu einer Transition bzw. von einer Transition zu einer Nachbedingung höchstens ein Token „fließen" kann und dass auf jeder Stelle beliebig viele Token liegen können.

Als Beispiel modellieren wir ein *Erzeuger-/Verbraucher-System* (englisch: Producer-Consumer) mit einem Erzeuger und zwei Verbrauchern. Der Erzeuger legt das erzeugte Produkt in einem Speicher ab, woraus die Verbraucher entnehmen können. Das Petri-Netz in Bild 4.26 stellt ein statisches Modell für dieses System dar. Eine realistische Initialmarkierung dieses Netzes enthält je ein Token auf die Stellen E *produktionsbereit*, V_1 *konsumbereit* und V_2 *konsumbereit*.

Bei dem in Bild 4.26 gezeigten Netz wird jeder der beiden Verbraucher durch ein eigenes (Teil-) Netz dargestellt. Beide Verbraucher oder allgemeiner k Verbraucher lassen sich alternativ durch ein gemeinsames (Teil-) Netz darstellen. Für alle k Verbraucher reicht nämlich ein Netz; jeder Verbraucher wird durch eine Marke repräsentiert. Bild 4.27 zeigt ein System mit zwei Verbrauchern und eine mögliche Markierung.

Stellen-Transitionsnetze können auch so definiert werden, dass die Flüsse von Stellen zu Transitionen bzw. von Transitionen zu Stellen ein Gewicht bekommen, und dass den Stellen Kapazitäten zugeordnet werden. Das Gewicht legt fest, wie viele Token beim Schalten der Transitionen durch die Verbindungen fließen. Die Kapazität einer Stelle legt fest, wie viele Token maximal auf dieser Stelle liegen können.

Als Beispiel betrachten wir das obige Erzeuger-/Verbraucher-System (Abbildung 4.27). Bei diesem soll Folgendes gelten:

- Der Erzeuger produziert in jedem Schritt drei Exemplare des Produktes.

- Der Erzeuger kann maximal dreißig Produkte für die Speicherung vorhalten.

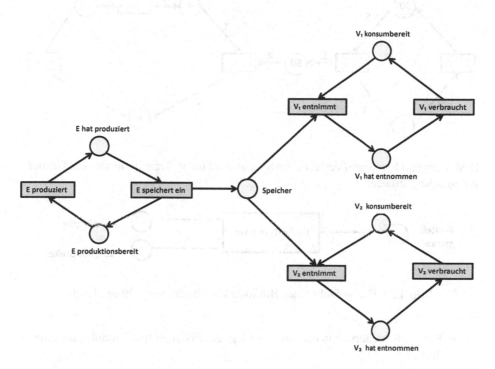

Bild 4.26: Ein Erzeuger-/Verbraucher-System mit zwei Verbrauchern als Bedingungs-Ereignisnetz.

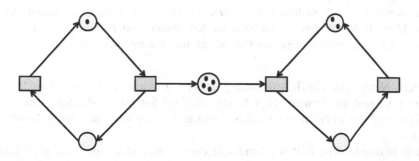

Bild 4.27: Ein Erzeuger-/Verbraucher-System mit zwei Verbrauchern als Stellen-Transitionsnetz.

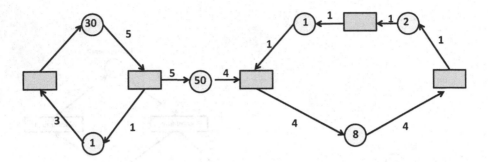

Bild 4.28: Ein Erzeuger-/Verbraucher-System als Stellen-Transitionsnetz mit Gewichten und Kapazitäten.

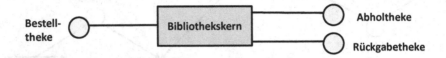

Bild 4.29: Grobe Sicht einer Bibliothek als Bedingungs-Ereignisnetz.

- Bei der Speicherung in den Speicher legt der Erzeuger fünf Produkte auf einmal dort ab.

- Der Speicher kann maximal fünfzig Produkte aufnehmen.

- Höchstens ein Verbraucher darf zur Entnahme aus dem Speicher bereit stehen.

- Jeder Verbraucher entnimmt vier Produkte aus dem Speicher.

Das Netz in Bild 4.28 modelliert dieses Erzeuger-/Verbraucher-System als Stellen-Transitionsnetz mit Gewichten und Kapazitäten. Gewichte und Kapazitäten sind dabei als Zahlen an den Verbindungen bzw. an den Stellen notiert. Das Markenspiel auf einem Stellen-Transitionsnetz mit Gewichten und Kapazitäten muss diese natürlich beachten.

Petri-Netze finden auch Anwendung in der Softwaretechnik, speziell in der Systemanalyse und im Entwurf. Es gibt verschiedene Softwarewerkzeuge, welche die Analyse und den Entwurf mit Petri-Netzen unterstützen und diese sogar simulieren können.

Die in den Bildern 4.29, 4.30 und 4.31 dargestellten Diagramme zeigen beispielhaft einen Ausschnitt aus einem Systementwurf im Bibliotheksbereich. Ausgehend von einem groben Stellen-Transitionsnetz (Bild 4.29) verfeinert man schrittweise zu einem Prädikat-Ereignisnetz (Bild 4.31), welches den Fluss von Informationen zeigt sowie Bedingungen für das Eintreten von Ereignissen, die den Informationsfluss auslösen und steuern.

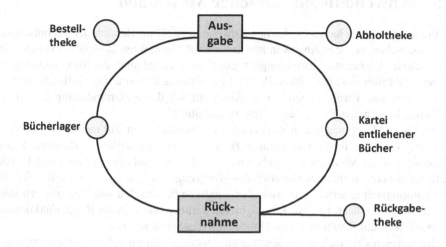

Bild 4.30: Verfeinerung des Ereignisses *Bibliothekskern*.

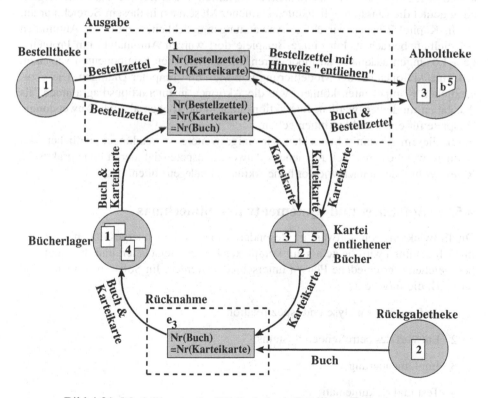

Bild 4.31: Modellierung der Bibliothek als Prädikats-Ereignisnetz.

4.5 Anwendungen endlicher Maschinen

Endliche Maschinen haben ein breites Anwendungsfeld im Bereich der Technischen, der Praktischen und der Angewandten Informatik. In einigen Beispielen haben wir in Abschnitt 4.1 bereits Anwendungsmöglichkeiten angedeutet: Addition natürlicher Zahlen, Addition von Dualzahlen, Paritätsbitergänzung und -prüfung, Teilbarkeitstest, Eintrittsautomat. Ferner haben wir in Abschnitt 4.2 den Zusammenhang zwischen endlichen Maschinen und realen Rechnern diskutiert.

Endliche Maschinen liegen Werkzeugen zur Spezifikation, zur automatischen Generierung und zum Testen von Schaltwerken zugrunde. Mit diesen Werkzeugen kann z.B. eine endliche Maschine angegeben werden, die ein gegebenes Problem löst. Durch Aufruf einer entsprechenden Funktion des Werkzeugs wird daraus ein logisches Schaltnetz automatisch generiert, das etwa als Grundlage für den Bau von Hardware zu seiner Realisierung dient. Die Werkzeuge bieten darüber hinaus in der Regel Funktionen zur Analyse, zum Testen und zum Optimieren des Schaltnetzes.

Im Bereich der Nachrichtenübertragung, wenn es darum geht, Bitfolgen zu analysieren oder in andere Zeichenfolgen zu übersetzen, kommen endliche Maschinen ebenfalls zur Anwendung, und zwar als Hilfsmittel bei der Spezifikation von Protokollen oder beim Entwurf entsprechender Verfahren. Unser Beispiel zur Prüfbitergänzung deutet die Einsatzmöglichkeiten endlicher Maschinen in diesem Bereich nur an.

In Kapitel 2 haben wir einige Anwendungsmöglichkeiten endlicher Automaten beispielhaft betrachtet. Für einige Beispiele dort wurden Automaten, um Probleme oder Lösungen adäquater zu modellieren, mit zusätzlichen Komponenten versehen, z.B. mit Aktionen bei der Modellierung von Mensch-Computer-Dialogen. Diese zusätzlichen Komponenten können, wie die Aktionen in Interaktionsdiagrammen, als Ausgaben modelliert werden. Interaktionsdiagramme können also als Anwendungsbeispiele für endliche Maschinen gelten.

In diesem Abschnitt betrachten wir einige weitere Anwendungen endlicher Maschinen, welche deren weit reichendes Anwendungspotenzial, deren hohe praktische Relevanz und deren nach wie vor hohe Aktualität belegen sollen.

4.5.1 Software- und Systementwurf. Statecharts

Die Entwicklung von Software im Besonderen sowie von rechnergestützten Systemen im Allgemeinen wird heute als ein komplexer Prozess verstanden und durchgeführt, bei welchem verschiedene Phasen unterschieden werden. Im Software-Entwurf sind dies z.B. die folgenden:

1. Anforderungsanalyse und -spezifikation,

2. Entwurf des betreffenden Systems,

3. Implementierung,

4. Test und Dokumentation,

5. Einsatz und Wartung.

In jeder dieser Phasen kommen heute unterschiedliche Paradigmen und Werkzeuge zum Einsatz, etwa die *Objektorientierung* oder Werkzeuge wie die bereits beschriebenen Petri-Netze oder *Entity-Relationship-Diagramme*. Parallel zu den Entwicklungsphasen werden dabei auch unterschiedliche *Sichten* auf das betreffende System unterschieden, etwa eine *Datensicht*, eine *Funktionssicht* oder eine *Benutzersicht*. Daneben werden dynamische Aspekte des Systems, welche also dessen Verhalten zur Laufzeit betreffen modelliert und untersucht, wobei ebenfalls Petri-Netze, aber auch Regelsysteme oder Automaten verwendet werden. Letzteres ist insbesondere dann der Fall, wenn eine algorithmische Sicht im Vordergrund der Betrachtungen steht.

Endliche Automaten und endliche Maschinen, insbesondere Mealy- sowie Moore-Maschinen, sind in ihrer oben beschriebenen Form zur Modellierung und Beschreibung von Systemen, in denen diverse Zustände unterschieden werden müssen, zwar grundsätzlich geeignet, jedoch werden sie bei „großen" Systemen (z.B. solchen mit mehreren tausend Zuständen) unübersichtlich und schwer handhabbar. Es ist dann eine Strukturierung notwendig, wie sie z.B. in Form der von David Harel vorgeschlagenen *Statecharts* gegeben ist. Ein Statechart ist ein hybrider Automat, der sowohl pro Zustand als auch pro Zustandsübergang eine Ausgabe produzieren kann. Einen bestimmten Zustand erreicht man über spezielle Eintrittsaktionen, ebenso werden beim Verlassen eines Zustands Austrittsaktionen vorgenommen. Innerhalb eines Zustands sind z.B. Schleifen möglich, d.h. bestimmte Aktionen werden so lange ausgeführt, bis der betreffende Zustand verlassen wird. Wesentlich bei Statecharts ist die Möglichkeit der hierarchischen Strukturierung von Zuständen, d.h. Zustände können ineinander geschachtelt werden, und es sind nebenläufige („parallele") Zustände möglich, die gleichzeitig erreicht bzw. durchlaufen werden.

Als Beispiel eines Statcharts zeigt Abbildung 4.32 ein Zustandsübergangsdiagramm zum Thema „Kaffeepause". Die Ausführung dieses Charts beginnt mit Eintreten in den Zustand „Forscher ausgebrannt". Es kann dann die Transition zum Zustand „Forscher macht Kaffeepause" feuern, wodurch gleichzeitig die Komponentenzustände „Wasser kochen" und „Strichliste vorher" erreicht werden. Von diesen aus werden parallel weitere Übergänge durchgeführt, wobei außer der Transition „Strich hinzugefügt" keine weiteren Transitionsbeschriftungen gezeigt sind. Man beachte an dieser Stelle, dass der Sinn eines Statecharts darin besteht, die erreichbaren bzw. zu durchlaufenden Zustände und damit den Kontrollfluss eines Systems zu beschreiben, nicht jedoch die Aktivitäten, die zu diesen Zuständen führen. Letzterem Zweck dienen so genannte *Activity Charts*, welche die Datenflussbeschreibung eines Systems enthalten.

Es sollte dann einleuchten, dass im Kontext eines Systems, für welches Teilaspekte über Statecharts modelliert werden, das entwickelte automatentheoretische Instrumentarium ausgesprochen relevant ist, etwa zur Beantwortung der Frage, ob sich unter den modellierten Zustände redundante befinden oder solche, die nicht erreichbar sind. Die oben beschriebenen Techniken zur Durchführung von Tests auf gegebenen endlichen Automaten sowie zu deren Minimierung kommen dann zum Einsatz.

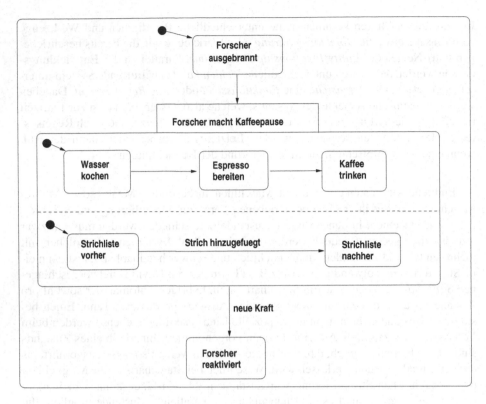

Bild 4.32: Statechart-Beispiel „Kaffeepause".

4.5.2 Modellierung von (Geschäfts-) Prozessen

In betrieblichen Anwendungen interessiert man sich heute vielfach für eine *Prozessorientierung* und damit für eine *dynamische* Sicht auf Unternehmensanwendungen. Man dokumentiert die Abläufe in einer Unternehmung als *Geschäftsprozesse*, durch welche diese transparent gemacht, in einen organisatorischen Kontext eingeordnet und einer Simulation, Reorganisation bzw. Optimierung zugänglich werden. Geschäftsprozesse bestehen aus Aktivitäten, Tasks oder Aufgaben, welche Daten, Objekte oder allgemeiner Dokumente unterschiedlicher Form zwischen Verarbeitungsstationen gemäß vorgegebener Regeln transportieren. Die Einzelaufgaben oder -schritte eines Prozesses hängen über einen Daten- sowie einen Kontrollfluss zusammen; es gibt für einzelne Tasks im Allgemeinen Ein- sowie Ausgabeparameter und dazwischen Übergangsbedingungen. Beispiele für Geschäftsprozesse sind Kreditanfragen sowie -bearbeitungen in Banken, die Bearbeitung von Versicherungsfällen oder Reisekostenerstattungen; allgemeiner lassen sich auch z.B. Laborexperimente oder Feldstudien in naturwissenschaftlichen Umgebungen als Prozesse (aber nicht als Geschäftsprozesse) beschreiben.

Die oben bereits beschriebenen Modellierungsmittel der Petri-Netze sowie der

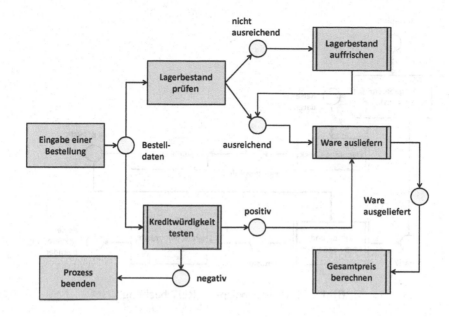

Bild 4.33: Prozessbeispiel „Bestellung".

State- und Activitycharts können (wie auch verschiedene andere, etwa BPMN, kurz für *Business Process Model and Notation*) zur Beschreibung von Prozessen verwendet werden, wodurch sich auch in der Prozessmodellierung automatentheoretische Konzepte wiederfinden. Bild 4.33 zeigt als erstes Beispiel einen Bestellprozess in Form eines Petri-Netzes. Zunächst erfolgt eine Eingabe der Bestellung; sodann wird das Lager angefragt und die Kreditwürdigkeit des Kunden geprüft. Gegebenenfalls wird das bestellte Teil nachgeordert, schließlich ausgeliefert und in Rechnung gestellt. Wenngleich dieser Prozess zunächst ähnlich aussicht wie die in Abschnitt 4.3.2 behandelten Netze, ergeben sich hier jedoch einige wesentliche Unterschiede, die eine Verallgemeinerung der Stellen-Transitionsnetze auf sogenannte *höhere* Petri-Netze erfordern: Erstens sind hier gelegentlich Entscheidungen zu fällen (im Beispiel bei der Prüfung des Lagerbestands und dem Feststellen der Kreditwürdigkeit), was in der Praxis durch Oder-Aktivitäten bewerkstelligt wird, die jedoch schwierig zu modellieren sind. Zweitens bedürfen einige der Aktivitäten einer Verfeinerung (was in den die Aktivitäten darstellenden Rechtecken jeweils durch die Doppelberandung angedeutet ist), denn es handelt sich de facto nicht um einfache Aktivitäten, sondern um Subprozesse (z. B. *Ware ausliefern* oder *Lagerbestand auffrischen*), die ihrerseits aus mehreren Schritten bestehen. Schließlich sei bemerkt, dass sich bei einem Geschäftsprozess in den Stellen eines Netzes keine einfachen Token mehr befinden, sondern Datenobjekte oder allgemeiner Dokumente (wie z. B. eine *Bestellung*). Das in Bild 4.33 gezeigte Netz ließe sich im übrigen weiter vervollständigen, etwa um Lagerbestandsauffrischung über verschiedene Lieferanten, Lagerverwaltung, Interaktion mit Herstellern bzw. Zulieferern, Buchhaltung oder sogar das gesamte *Supply Chain Management* des betreffen-

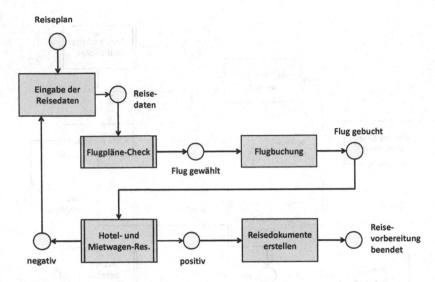

Bild 4.34: Prozessbeispiel „Reisebuchung".

den Unternehmens (vgl. Aufgabe 4.11).

Das Petri-Netz in Bild 4.34 zeigt einen Reisebuchungsprozess, bei welchem wieder bestimmte Aktivitäten aus Unteraktivitäten bestehen und es ferner dazu kommen kann, dass Reisedaten aufgrund nicht verfügbarer Hotels oder Mietwagen korrigiert werden müssen. Dieser Prozess kann als Beschreibung dessen angesehen werden, was ein Reisebüro als Reaktion auf den Reisewunsch eines Kunden unternimmt; die einzelnen Aktivitäten werden dann im Reisebüro unmittelbar ausgeführt. Man kann sich auch vorstellen, dass einzelne Aktivitäten an externe Ausführungseinheiten oder Dienste (im Sinne eines „Outsourcing") übergeben werden; diese Vorstellung liegt den sogenannten *Web Services* zugrunde: Bei Einsatz eines solchen Service nimmt in unserem Beispiel das Reisebüro etwa eine Flugbuchung nicht mehr selbst vor, sondern veranlasst diese Buchung bei einem externen „Provider" (z.B. direkt bei einer Fluggesellschaft), der die erfolgreiche Buchung dann an das Reisebüro oder den Kunden direkt bestätigt.

Im *Business Process Management* (BPM) geht es grundsätzlich um die koordinierte Ausführung unterschiedlicher, zusammenhängender Aufgaben durch verschiedene Ausführungseinheiten. Die einzelnen Aufgaben sind zu Prozessen, Teil- oder Subprozessen zusammengefasst, und in den meisten Anwendungen laufen viele solche Prozesse zeitgleich ab. Prozess-Management befasst sich dann mit der Spezifikation, Definition, Implementierung, Koordination, Ausführungskontrolle und Evolution von Prozessen im Unternehmen. Tasks bzw. Aktivitäten müssen in Abhängigkeit von der Ressourcenverfügbarkeit und vorgegebenen Ausführungsrestriktionen zum Ablauf gebracht werden, wobei man sich als Anwender eine hohe Effizienzsteigerung erhofft, ferner z.B. schnellere Reaktion auf Kundenwünsche, geringere Fehlerraten, verbesserte Transparenz bei der Steuerung von Geschäftsprozessen und höhere Flexibilität bei

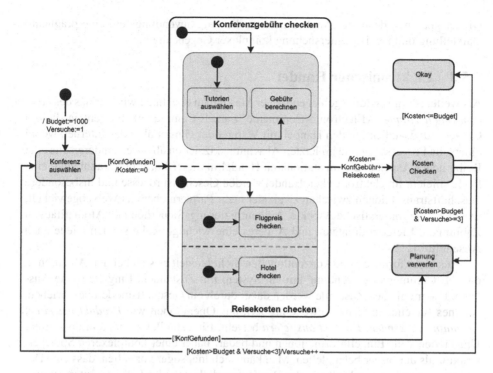

Bild 4.35: Prozessbeispiel „Planung einer Konferenzreise".

deren Veränderung. Es leuchtet ein, dass auch hier ein hoher Modellierungsbedarf besteht, denn man muss ja vor Einsatz von BPM die auszuführenden Prozesse zunächst beschreiben.

Als letztes Beispiel zeigt Bild 4.35 einen Planungsprozess für eine Konferenzreise in Form eines Statecharts. Hierbei wird unterstellt (wie in wissenschaftlichen Einrichtungen üblich), dass für solche Reisen ein limitiertes Budget zur Verfügung steht, welches auf den Wert 1000 initialisiert sei. Der Wissenschaftler gebe sich drei Versuche, eine passende, für ihn interessante Konferenz zu finden, die im Rahmen des Budgets besucht werden könnte. Zunächst wird eine Konferenz ausgewählt; sodann werden (in parallel laufenden Aktivitäten) die Konferenzgebühren sowie die Reisekosten ermittelt. Erstere ergeben sich aus der Gebühr für Tutorien sowie der eigentlichen Tagungsgebühr; letztere setzen sich aus Flugpreis und Hotelkosten zusammen. Die Summe der ermittelten Kosten wird mit dem Budget verglichen; ist die Reise im vorgegebenen Rahmen realisierbar, wird sie gebucht, anderenfalls startet ein neuer Versuch (mit einer anderen Konferenz) bzw. die Planung wird verworfen.

Aus einer abstrakten Modellierungssicht ist ein Prozess zunächst ein Graph, dessen Knoten Aktivitäten und dessen Kanten Abläufe repräsentieren. Die *Ausführung* eines Prozesses ist dann eine endliche Maschine, die bei entsprechender Eingabe die vorgedachten Zuständsübergänge durchführen und eine Ausgabe erzeugen kann. Zur Modellierung und Verifikation von Prozessmodellen sind Automatenkonzepte daher

wieder geeignet, denn sie erlauben auch in diesem Anwendungsfeld eine prägnante
Darstellung und präzise Untersuchung komplexer Gegebenheiten.

4.5.3 Elektronischer Handel

Als weiteres Anwendungsgebiet endlicher Maschinen erwähnen wir hier das des *elek-
tronischen Handels* (Electronic Commerce, kurz E-Commerce). Es geht in diesem
Gebiet grundsätzlich um den Handel mit Waren oder Gütern über das Internet, wobei
einerseits Prozesse wie die im letzten Abschnitt skizzierten ablaufen, andererseits eine
Reihe neuer Aspekte, die im stationären Handel in dieser Form unbekannt sind, eine
Rolle spielen. Im elektronischen Handel werden Geschäftsprozesse und insbesondere
Geschäftstransaktionen zwischen zwei oder mehr Partnern über das Web abgewickelt,
wobei z.B. kryptografische Aspekte, Authentifizierung, Sicherheit und Atomarität von
Zahlungen, Liefermodulatäten und Anderes eine wichtige Rolle spielen (siehe auch
Abschnitte 12.2 - 4).

Aus einer formalen und konzeptionellen Sicht handelt es sich bei den Abläufen in
einer E-Commerce-Anwendung um ein System mit Zuständen, Eingabe sowie Ausgabe. Die möglichen Zustände werden dabei durch ein Geschäftsmodell beschrieben,
welches für eine einfache Anwendung z.B. aus Operationen wie *Produkt bestellen,
Rechnung versenden, Produkt ausliefern* besteht. Ein aktueller Zustand umfasst unter
Umständen viele Einzelinformationen und bedarf daher einer komplexeren Speicher-
struktur als der bisher behandelten. Man kann sich hier sogar vorstellen, dass eine Datenbank eingesetzt wird (was in der Praxis natürlich stets der Fall ist). Interaktionen
des Systems mit der Aussenwelt werden durch Eingaben beschrieben, die zu Veränderungen an gespeicherten Zuständen (also z.B. neuen Eintragungen in der Datenbank)
führen. Die Applikation antwortet darauf mit Ausgabestrukturen, die ebenfalls in der
Datenbank protokolliert werden.

Abgesehen von der Möglichkeit, komplexe Zustandsinformation zu speichern,
reicht für ein derartiges Szenario die Funktionalität eines endlichen Transducers aus,
da sich die wesentlichen operativen Aspekte durch eine Zustandsübergangsfunktion δ
sowie durch eine Ausgabefunktion λ beschreiben lassen.

Als Beispiel betrachten wir eine Situation, in der ein Kunde elektronisch eine Bestellung aufgeben kann, eine Rechnung geschickt bekommt, diese bezahlt, woraufhin
die Ware ausgeliefert wird. In Abschnitt 4.3 haben wir Zustandsübergänge von Transducern in der Form

$$iv \to wj$$

beschrieben; dabei sind i und j Zustände sowie v Eingabewort und w Ausgabewort. In
unserem Beispiel sollen Zustände durch Prädikate (entsprechend etwa den Relationen
bzw. Tabellen in einer relationalen Datenbank) dargestellt werden, und Eingabe- bzw.
Ausgabewörter repräsentieren Aktionen. So bedeutet etwa der Transducerübergang

```
< preis(X,Y), nichtbezahlt(K,X) > ∘ < bestellen(K,X) >
    → < sendeRechnung(K,X,Y) > ∘ < offen(K,X,Y) >,
```

dass, wenn im Zustand „Y ist der Preis von Artikel X und Kunde K hat X noch nicht
bezahlt" die (Eingabe-) Aktion „K bestellt X" erfolgt, dann die (Ausgabe-) Aktion „K

wird entsprechende Rechnung zugeschickt" stattfindet und der Zustand „Rechnung offen" (in der Datenbank) erreicht wird. Der Zustandsübergang

$$< \texttt{offen(K,X,Y)} > \circ < \texttt{bezahlen(K,X,Y)} >$$
$$\rightarrow < \texttt{ausliefern(K,X)} > \circ < \texttt{bezahlt(K,X)} >$$

beschreibt, dass das Bezahlen der offenen Rechnung von K für X und die Auslieferung der Ware an K erfolgen.

In einer detaillierteren Betrachtung (zum Zwecke eines verfeinerten Entwurfsschrittes) hängen an den Zuständen bzw. an den Aktionen noch weitere zu berücksichtigende Aspekte (z.B. Datenbankanfragen und -manipulationen, Bonitätsprüfungen, Authentifizierungen). Wenn man unterstellt, dass alle Aktionen und Operationen, insbesondere die Ausgabeoperationen sowie bezahlen in einer *Log-Datei* protokolliert werden, so erlaubt die (hier nur angedeutete) automatentheoretische Repräsentation der E-Commerce-Anwendung es, spezifische Fragestellungen genauer zu untersuchen, wie z.B.:

1. Gültigkeit von Einträgen in die Log-Datei: Man möchte testen, ob eine gegebene Sequenz von Log-Einträgen durch eine Eingabesequenz erzeugbar ist. Auf diese Weise kann etwa ein Lieferant die von Kunden ausgeführten Transaktionen validieren.

2. Erreichbarkeit von Geschäftszielen: Die meisten Geschäftsmodelle sind auf bestimmte Ziele hin ausgerichtet, etwa dass ein Produkt unter gewissen Bedingungen ausgeliefert wird. Man will dann überprüfen können, ob ein gegebener Transducer vordefinierte Geschäftsziele tatsächlich erreichen kann.

3. Temporale Eigenschaften: Zwischen bestimmten Aktivitäten und Ereignissen, etwa dem Eingang einer Zahlung und der Auslieferung eines Produkts, bestehen häufig temporale (zeitliche) Abhängigkeiten, die man verifizieren können möchte.

4.6 Bibliographische Hinweise und Ergänzungen

Bei der Darstellung des Zusammenhangs zwischen Mealy-Maschinen und Schaltwerken folgen wir Oberschelp und Vossen (2006), wo man auch die Grundlagen zu Booleschen Funktionen, Schaltnetzen und Schaltwerken sowie grundlegender Rechnerarchitektur findet, auf die hier Bezug genommen wird.

Zelluare Automaten wurden ursprünglich von John von Neumann, auf den auch das Konzept der „von Neumann-Architektur" für Rechner zurückgeht, 1966 in einer Arbeit mit dem Titel *Theory of Self-Reproducing Automata* beschrieben; diese wurde von Arthur W. Burks zum Abdruck in einem Buch editiert. Grundlegende Aspekte zellularer Automaten werden von Vollmar (1979) behandelt. Interessante, unterhaltsame Artikel zu diesem Thema sind Hayes (1988) sowie Dewdney (1988). Wolfram (1986, 1994) sind Sammlungen grundlegender Arbeiten zu diesem Thema, in denen auch Anwendungen z.B. in der Komplexitätstheorie diskutiert werden. Zellulare Automaten werden als Werkzeug auch in einer Reihe praktischerer Anwendungen eingesetzt, darunter in der rechenorientierten Soziologie (*computational sociology*), vgl. Bainbridge (2007), für Diffusionsmodelle im Marketing, vgl. Fibich et al. (2010) oder Guseo und Guidolin (2010), oder zur Analyse sozialer Netzwerke, vgl. Zimbres et al. (2008) sowie Zimbres und de Oliveira (2009). Kemper (2006) untersucht nichtlineare Wachstumseffekte in Netzwerken mit Hilfe zellularer Automaten.

Einführende Artikel bzw. Bücher zu Theorie und Anwendungen von Petri-Netzen sind Petri (1962), Peterson (1977) sowie Reisig (2010). Die Bilder 4.29, 4.30 und 4.31 sind einem früheren Lehrbuch von W. Reisig entnommen. Schönthaler et al. (2011) beschreiben die Modellierung von Geschäftsprozessen mit höheren Netzen sowie mit der Horus-Methode.

Statecharts gehen auf Harel (1987) zurück; sie sind heute im Softwarentwurf verbreitet, da eine ihrer Varianten Teil der *Unified Modeling Language* (UML) geworden ist. Zum Umgang mit Statecharts kann das von Harel und Naamad (1996) beschriebene Werkzeug *Statemate* eingesetzt werden. Einführungen in das Anwendnungsgebiet Workflow-Management findet man u.a. bei Weske (2012) sowie Weske et al. (2006). Überlegungen zum Einsatz von Transducern bei der Behandlung von Korrektheits- und Verifikationsfragen stellen z.B. Abiteboul et al. (2000) an. Eine Einführung in das hier nur erwähnte Gebiet der Web Services geben Alonso et al. (2011).

4.7   Übungen

4.1   Betrachten Sie die zu Beginn dieses Kapitels behandelte Maschine $M_{Eintritt}$:

   (i)   Bestimmen Sie die Konfigurationfolge, die mit der Konfiguration

$$(s_0, \underline{100}\,\underline{200}\,\underline{KarteNehmen}, \varepsilon)$$

   beginnt.

   (ii)   Berechnen Sie $\lambda^*(s_0, \underline{100}\,\underline{200}\,\underline{KarteNehmen})$.

   (iii)   Berechnen Sie für den Eintrittsautomaten in Moore-Form (siehe Bild 4.7) $f_M(\underline{50}\,\underline{100}\,\underline{100}\,\underline{KarteNehmen})$.

4.2   Berechnen Sie mit der Moore-Maschine aus Bild 4.8 den Wert von

$$f(0111011001101).$$

   Überprüfen Sie, dass

$$f(0111011001101) = div3(0111011001101)$$

   gilt.

4.3   Konstruieren Sie eine endliche Maschine, die folgendes Problem löst: In einer Bitfolge sollen die Einsen von links nach rechts gezählt werden. Immer dann, wenn die Anzahl der Einsen gerade ist, soll das Symbol „|" ausgegeben werden, wenn die Anzahl ungerade ist, soll das gerade aktuelle Bit aus der Eingabe ausgegeben werden. So muss die Maschine z.B. die Bitfolge 0111011001101 in das Ausgabewort ||1|10|100|10| übersetzen.

4.4 Konstruieren Sie die Zeitanzeige einer Digitaluhr mithilfe einer endlichen Maschine. Die Uhr soll Stunden $\{0, 1, \ldots, 23\}$ und Minuten $\{00, 01, \ldots, 59\}$ anzeigen. Das minutenweise Anzeigen der Zeit wird durch einen Signalstrom veranlasst, der durch eine beliebig lange Folge von Einsen modelliert werden soll.

4.5 In der Signal- und Bildverarbeitung benötigt man Rauschfilter, um z.B. „Schmutz" zu beseitigen. In unserem Fall sei ein Schwarz-Weiß-Bild durch eine Folge von Nullen und Einsen codiert. In der Regel sind größere zusammenhängende Regionen schwarz oder weiß, sehr selten nur einzelne Pixel. Durch Flecken oder Staub können aber einzelne Pixel verfälscht sein. Es ist sinnvoll, derartige Sequenzen zu „glätten" und die Anzahl farblich verschiedener Regionen im Bild zu verringern, um „tatsächliche" Farbregionen zu zu rekonstruieren. Konstruieren Sie eine endliche Maschine M, die eine 0-1-Eingabefolge auf diese Art glättet: Ein Farbwechsel findet nur dann statt, wenn mindestens zwei aufeinander folgende Bits gleich sind. Es muss also z.B. gelten:

$$f_M(01) = 00$$
$$f_M(10) = 11$$
$$f_M(001) = 000$$
$$f_M(010) = 000$$
$$f_M(011) = 001$$
$$f_M(1010010) = 1111000$$

4.6 Geben Sie ein Verfahren an, um eine Moore-Maschine durch einen endlichen Automaten zu simulieren, sowie ein Verfahren zur Simulation eines endlichen Automaten durch eine Moore-Maschine. Hinweis: Die Simulationen erfolgen vollkommen analog zu den Simulationen von Mealy-Maschinen durch endliche Automaten bzw. von endlichen Automaten mit Mealy-Maschinen.

4.7 Konstruieren Sie zu der Mealy-Maschine M_{add} aus Abschnitt 4.1.2, die das Additionsproblem von Bitfolgen löst, eine äquivalente Moore-Maschine.

4.8 Geben Sie die Zustandsüberführung für das Life-Spiel an. Berechnen Sie dann ausgehend von unserem Beispielstartmuster für das Life-Spiel eingangs von Abschnitt 4.4.1 die Folgekonfigurationen gemäß ihrer Definition.

4.9 Diskutieren Sie, wieso der in Bild 4.36 gezeigte endliche Automat eine Lösung für das Wolf-Ziege-Kohlkopf-Problem darstellt.

Vergleichen und bewerten Sie die beiden Modellierungen des Wolf-Ziege-Kohlkopf-Problems durch ein Bedingungs-Ereignis-Netz (siehe Bild 4.25) bzw. durch einen endlichen Automaten (siehe Bild 4.36).

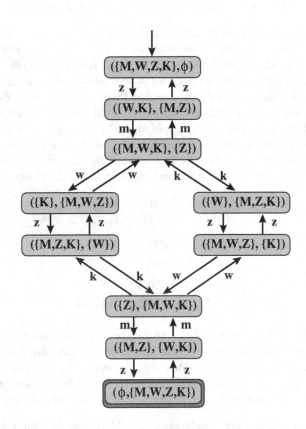

Bild 4.36: Das Wolf-Ziege-Kohlkopf-Problem als endlicher Automat.

4.10 Geben Sie formale Definitionen an für Stellen-Transitions-Netze mit Gewichten und Kapazitäten sowie für das Schalten von Transitionen (Zustandsübergänge) in solchen Netzen.

4.11 Vervollständigen Sie das in Bild 4.33 gezeigte Petri-Netz um die Einzelheiten des Subprozesses *Lagerbestand auffrischen*, der verschiedene Lieferanten zulassen soll. Ergänzen Sie das Netz ferner um die (komplexen) Aktivitäten *Lagerverwaltung, Interaktion mit Herstellern bzw. Zulieferern* sowie um *Buchhaltung*.

Teil II

Kontextfreie Sprachen und Kellerautomaten

Kapitel 5

Kontextfreie Sprachen

In den bisherigen Kapiteln haben wir uns hauptsächlich mit der Klasse der regulären Sprachen beschäftigt. Dabei haben wir bereits gesehen, dass es Sprachen – sogar strukturell sehr einfache Sprachen – gibt, die nicht dieser Klasse angehören. Es gibt also Sprachen, die nicht mit endlichen Automaten akzeptiert, nicht mit regulären Ausdrücken beschrieben und nicht mit Typ-3-Grammatiken erzeugt werden können.

In diesem Kapitel erweitern wir Typ-3-Grammatiken zu Typ-2-Grammatiken. Wir erhalten dadurch eine die regulären Sprachen umfassende Klasse von Sprachen, die *kontextfreien* Sprachen. Diese Klasse hat in der Praktischen Informatik eine sehr große Bedeutung. Fast alle verfügbaren Programmiersprachen, wie z.B. PL/I, C oder JAVA, sind mithilfe kontextfreier Konzepte definiert und implementiert.

Im nächsten Kapitel werden wir endliche Automaten um einen unendlichen Speicher, den Kellerspeicher, zu Kellerautomaten erweitern, von denen wir drei Varianten betrachten. Wir werden – wie bei den regulären Sprachen – Äquivalenzen dieser Konzepte und ihre Bedeutung für die Klasse der kontextfreien Sprachen untersuchen sowie wesentliche Eigenschaften der kontextfreien Sprachen betrachten.

Im Kapitel 7 werden wir aufzeigen, welche Bedeutung die Konzepte der kontextfreien Sprachen für den Compilerbau, d.h. für die Syntaxdefinition von Programmiersprachen und für die Übersetzung von Programmen haben. Des Weiteren gehen wir beispielhaft auf die Verwendung dieser Konzepte im Softwareentwurf und bei Dokumentenbeschreibungssprachen ein.

5.1 Kontextfreie Grammatiken

In diesem Abschnitt führen wir kontextfreie Grammatiken und die Klasse der kontextfreien Sprachen ein. Kontextfreie Grammatiken und spezielle Formen ihrer Darstellung spielen eine wichtige Rolle bei der syntaktischen Definition und der Implementierung von Programmiersprachen.

5.1.1   Beispiele und Definitionen

In Abschnitt 3.3.4 haben wir gezeigt, dass die Sprache $L = \{\, a^n b^n \mid n \geq 0 \,\}$ nicht regulär ist. Mit einer Typ-3-Grammatik kann L also nicht erzeugt werden. Mit diesen Grammatiken kann beim Erzeugen eines Wortes nicht kontrolliert werden, dass die Anzahl der a's und b's gleich ist.

Bei Anwendung einer Typ-3-Regel kann höchstens ein Terminalsymbol erzeugt werden. Wenn wir diese Einschränkung aufgeben und zulassen, dass eine Regel mehr als ein Terminalsymbol erzeugen kann, so lässt sich eine Grammatik angeben, die L erzeugt. Wenn wir nämlich eine Regel hätten, mit der wir jeweils gleichzeitig ein a und ein b erzeugen könnten und bei ihrer Anwendung alle a's vor den b's blieben, könnten wir alle Wörter von L erzeugen. Die folgende Regel leistet das Gewünschte:

$$S \to aSb$$

Führen wir mit dieser Regel mehrere Ableitungsschritte aus, so erhalten wir:

$$S \Rightarrow aSb \Rightarrow aaSbb \Rightarrow aaaSbbb \ldots$$

Es gilt also $S \Rightarrow^* a^n S b^n$ für alle $n \geq 1$. Zur Terminierung benötigen wir noch die Regel $S \to \varepsilon$. Insgesamt erhalten wir also die Grammatik

$$G = (\{\, a, b \,\}, \{S\}, \{\, S \to aSb \mid \varepsilon \,\}, S)$$

Diese Grammatik erzeugt die Sprache L, denn es ist $L(G) = \{\, a^n b^n \mid n \geq 0 \,\}$.

Definition 5.1. Eine Grammatik $G = (\Sigma, N, P, S)$ mit dem Terminalalphabet Σ, dem davon disjunkten Nichtterminalalphabet N, der endlichen Produktionsmenge P und dem Startsymbol $S \in N$ heißt *kontextfrei* über Σ, falls die Regelmenge

$$P \subseteq N \times (\Sigma \cup N)^*$$

mit $|P| < \infty$ ist. Eine Sprache L heißt *kontextfrei* über Σ, falls es eine kontextfreie Grammatik G über Σ mit $L = L(G)$ gibt. kfS_Σ bezeichne die Klasse aller kontextfreien Sprachen über Σ.

Kontextfreie Grammatiken und Sprachen heißen auch *Typ-2-Grammatiken* bzw. *Typ-2-Sprachen*: $TYP2_\Sigma = kfS_\Sigma$. $\square$

Beispiel 5.1. Wir wollen eine Grammatik konstruieren, die alle arithmetischen Ausdrücke erzeugt. Wir bezeichen die Menge aller arithmetischen Ausdrücke mit *Arith*. Als Stellvertreter für Variablen und Konstanten (Zahlen) in diesen Ausdrücken wollen wir den Bezeichner a wählen. Beispiele für Elemente aus *Arith* sind: $a, a + a, a * a$, $a + (a + a), a * (((a - a)/a) - ((a + a) * a))$.

Zunächst überlegen wir uns das Terminalalphabet: Die Wörter aus *Arith* bestehen aus dem Symbol a als Bezeichner für Variablen und Konstanten, aus den Klammersymbolen (und) sowie aus den Operationssymbolen $+, -, *$ und $/$. Wir benutzen den Buchstaben E (für „expression") als Hilfssymbol für Ausdrücke und O als Hilfssymbol für Operatoren. Damit bilden wir folgende Regeln:

(1) $E \to a$ zum Erzeugen des Bezeichners a,

(2) $O \to + \mid - \mid * \mid /$ zum Erzeugen der Operatorsymbole,

(3) $E \to E\,O\,E$ zum Verknüpfen von zwei Ausdrücken sowie

(4) $E \to (E)$ zum Einklammern eines Ausdrucks.

Insgesamt ergibt sich die folgende Grammatik G_{Arith}:

$$G_{Arith} = (\{\,a, (,), +, -, *, /\,\}, \{\,E, O\,\}, P, E)$$

mit der Regelmenge $P = \{\,E \to a \mid E\,O\,E \mid (E), , O \to + \mid - \mid * \mid /\,\}$.

Es lässt sich zeigen, dass $L(G_{Arith}) = Arith$ gilt. Wir wollen das letzte der oben aufgezählten Beispiele für arithmetische Ausdrücke

$$a * (((a - a)/a) - ((a + a) * a))$$

mit der Grammatik G_{Arith} ableiten:

$$
\begin{aligned}
E &\Rightarrow E\,O\,E \\
&\Rightarrow E * E \\
&\Rightarrow E * (E) \\
&\Rightarrow E * (E\,O\,E) \\
&\Rightarrow E * (E - E) \\
&\Rightarrow E * (E - (E)) \\
&\Rightarrow E * (E - (E\,O\,E)) \\
&\Rightarrow E * (E - (E * E)) \\
&\Rightarrow E * (E - ((E) * E)) \\
&\Rightarrow E * (E - ((E\,O\,E) * E)) \\
&\Rightarrow E * (E - ((E + E) * E)) \\
&\Rightarrow E * ((E) - ((E + E) * E)) \\
&\Rightarrow E * ((E\,O\,E) - ((E + E) * E)) \\
&\Rightarrow E * ((E / E) - ((E + E) * E)) \\
&\Rightarrow E * (((E) / E) - ((E + E) * E)) \\
&\Rightarrow E * (((E\,O\,E) / E) - ((E + E) * E)) \\
&\Rightarrow E * (((E - E) / E) - ((E + E) * E)) \\
&\Rightarrow^* a * (((a - a) / a) - ((a + a) * a))
\end{aligned}
$$

$\square$

Das Adjektiv *kontextfrei* ist für Typ-2-Grammtiken bzw. -Sprachen gerechtfertigt, weil bei der Ableitung die Ersetzung der linken Seite, die ja nur aus einem Nichtterminal besteht, unabhängig vom Kontext des bereits abgeleiteten Wortes, d.h. unabhängig von den links und rechts von ihr stehenden Teilwörtern ist.

Jede Typ-3-Grammatik ist ebenfalls kontextfrei. Somit ist die Klasse der regulären Sprachen über einem Alphabet Σ eine Teilklasse der Klasse der kontextfreien Sprachen über Σ: $REG_\Sigma \subseteq kfS_\Sigma$. Falls Σ mehr als ein Symbol enthält, ist die Teilklassenbeziehung sogar echt. Der folgende Satz beschreibt die Beziehung zwischen REG_Σ und kfS_Σ genauer.

Satz 5.1. a) Sei Σ ein Alphabet mit $|\Sigma| \leq 1$, dann gilt $REG_\Sigma = kfS_\Sigma$.

b) Sei Σ ein Alphabet mit $|\Sigma| \geq 2$, dann gilt $REG_\Sigma \subset kfS_\Sigma$.

Beweis a) Ist $\Sigma = \emptyset$, dann gibt es nur zwei Sprachen über Σ: $L_1 = \emptyset$ und $L_2 = \{\varepsilon\}$. Beide Sprachen sind regulär und kontextfrei. Es gilt also: $REG_\emptyset = \{\emptyset, \{\varepsilon\}\} = kfS_\emptyset$.

Für den Beweis, dass $REG_{\{a\}} = kfS_{\{a\}}$ für jedes Symbol a gilt, verweisen wir auf die bibliografischen Hinweise in Abschnitt 7.6.

b) Da jede reguläre Grammatik auch kontextfrei ist, gilt auf jeden Fall $REG_\Sigma \subseteq kfS_\Sigma$. In Abschnitt 3.3.4 haben wir gezeigt, dass die Sprache $L = \{a^n b^n \mid n \geq 0\}$ nicht regulär ist, eingangs dieses Kapitels haben wir gezeigt, dass L kontextfrei ist. Es gilt also $L \notin REG_{\{a,b\}}$ und $L \in kfS_{\{a,b\}}$, woraus sofort $REG_{\{a,b\}} \subset kfS_{\{a,b\}}$ folgt, und daraus $REG_\Sigma \subset kfS_\Sigma$ für alle Σ mit $|\Sigma| \geq 2$. $\qquad\Box$

5.1.2 Normalformen

Die rechten Seiten kontextfreier Regeln können beliebige Wörter über Nichtterminal- und Terminalalphabet sein. Wir werden zwei Einschränkungen für die rechten Seiten kontextfreier Produktionen einführen, ohne die Mächtigkeit kontextfreier Grammatiken wesentlich einzuschränken: die Chomsky-Normalform und die Greibach-Normalform.

Vereinfachungen kontextfreier Grammatiken

Bevor wir die Normalformen betrachten, geben wir drei Verfahren an, mit denen Grammatiken „verschlankt" werden können:

1. Eliminierung von ε-Regeln, mit der kontextfreie Grammatiken ε-frei gemacht werden können;

2. Eliminierung nutzloser Symbole, das sind Symbole, die für die Erzeugung von terminalen Wörtern keine Rolle spielen;

3. Eliminierung von Kettenregeln, die keinen Beitrag zum Erzeugen von Wörtern liefern.

Eliminierung von ε-Regeln

Definition 5.2. Eine kontextfreie Grammatik $G = (\Sigma, N, P, S)$ heißt ε-*frei*, falls P keine Regeln der Art $A \rightarrow \varepsilon$, $A \in N$, enthält. $\qquad\Box$

Im Beweis des folgenden Satzes geben wir ein Verfahren an, mit dem jede kontextfreie Grammatik G ε-frei gemacht werden kann. Für die entstehende Grammatik $G_{\varepsilon\text{-}frei}$ gilt dann: $L(G_{\varepsilon\text{-}frei}) = L(G) - \{\varepsilon\}$. Für die Erzeugung einer kontextfreien Sprache, die nicht das leere Wort enthält, sind also keine ε-Produktionen nötig.

Satz 5.2. Zu jeder kontextfreien Grammatik $G = (\Sigma, N, P, S)$ kann eine ε-freie kontextfreie Grammatik $G_{\varepsilon\text{-}frei}$ konstruiert werden, so dass $L(G_{\varepsilon\text{-}frei}) = L(G) - \{\varepsilon\}$ gilt.

Beweis Die Transformation von G in $G_{\varepsilon\text{-}frei}$ erfolgt in fünf Schritten:

1. Wir bestimmen alle Nichtterminale von G, die linke Seite einer ε-Regel sind:

$$N_1 = \{A \in N \mid A \to \varepsilon\}$$

2. Jetzt bestimmen wir alle Nichtterminale, aus denen das leere Wort ableitbar ist. Dazu gehen wir von den Nichtterminalen in N_1 aus, die unmittelbar ins leere Wort abgeleitet werden können, und bestimmen „rückwärts" die Nichtterminale, aus denen Wörter über N_1 abgeleitet werden können. Da diese nach 1. ins leere Wort abgeleitet werden können, erhalten wir so alle Nichtterminale, die ins leere Wort abgeleitet werden können.

```
repeat
    N₂ := N₁;
    N₁ := N₁ ∪ {A ∈ N | A → ω, ω ∈ N₁*}
until N₁ = N₂
```

Es gilt $A \in N_2$ genau dann, wenn $A \Rightarrow^* \varepsilon$ gilt.

3. Für jede Regel, deren rechte Seite ein Nichtterminal aus N_2 enthält, fügen wir eine Regel hinzu ohne dieses Nichtterminal. Gilt also $A \to \omega_1 B \omega_2$ und $B \in N_2$, d.h. $B \Rightarrow^* \varepsilon$, dann gilt auch $A \Rightarrow^* \omega_1 \omega_2$. Um diese Ableitung zu erhalten, wenn die ε-Regeln eliminiert sind und damit $B \Rightarrow^* \varepsilon$ nicht mehr möglich ist, fügen wir die Regel $A \to \omega_1 \omega_2$ hinzu.

```
P₁ := P;
repeat
    P₂ := P₁;
    for each A → ω₁Bω₂ ∈ P₂ do
        if B ∈ N₂ then
            P₁ := P₁ ∪ {A → ω₁ω₂}
        endif
    endfor
until P₁ = P₂
```

4. Wir eliminieren alle ε-Regeln:

$$P_2 := P_1 - \{r \in P_1 \mid r = A \to \varepsilon\}$$

5. Die gesuchte Grammatik $G_{\varepsilon\text{-}frei}$ ist definiert durch

$$G_{\varepsilon\text{-}frei} = (\Sigma, N, P_2, S)$$

Für die konstruierte Grammatik gilt: $L(G_{\varepsilon\text{-}frei}) = L(G) - \{\varepsilon\}$.   □

Ist ε nicht in der von G erzeugten Sprache enthalten, $\varepsilon \notin L(G)$, dann sind also G und $G_{\varepsilon\text{-}frei}$ äquivalent. Falls $\varepsilon \in L(G)$ ist, müssen wir $G_{\varepsilon\text{-}frei}$ noch ergänzen, um das leere Wort zu erzeugen. Das kann wie folgt geschehen: Wir fügen ein neues Startsymbol $S' \notin N$ sowie die Regeln $S' \to S \mid \varepsilon$ hinzu und erhalten damit die Grammatik

$$G' = (\Sigma, N \cup \{S'\}, P_2 \cup \{ S' \to S \mid \varepsilon \}, S'), \ S' \notin N$$

So kann also zu einer kontextfreien Grammtik G, deren Sprache das leere Wort enthält, immer eine äquivalente kontextfreie Grammatik konstruiert werden, die nur eine ε-Regel enthält, und diese Regel hat als linke Seite das Startsymbol der neuen Grammatik. Bei Bedarf gehen wir davon aus, dass eine kontextfreie Grammatik von dieser Art ist.

Eliminierung nutzloser Symbole

Sei $G = (\Sigma, N, P, S)$ eine kontextfreie Grammatik. Ein Nichtterminal $A \in N$ ist nützlich für G, falls mit seiner Hilfe mindestens ein Terminalwort erzeugt werden kann, d.h. es muss mindestens eine Ableitung der Art

$$S \Rightarrow^* \omega_1 A \omega_2 \Rightarrow^* w$$

geben mit $\omega_1, \omega_2 \in (\Sigma \cup N)^*$, $w \in \Sigma^*$. Nützlichkeit eines Nichtterminals A heißt also, dass

(1) aus A ein Terminalwort ableitbar ist,

(2) A Buchstabe in einer Zeichenkette sein muss, die von S aus ableitbar ist.

Die Transformation einer kontextfreien Grammatik $G = (\Sigma, N, P, S)$ mit $L(G) \neq \emptyset$ in eine äquivalente kontextfreie Grammatik $G'' = (\Sigma'', N'', P'', S)$ ohne nutzlose Symbole geschieht in zwei Schritten:

1. Wir bestimmen die Teilmenge $N' \subseteq N$ von Nichtterminalen, die der Bedingung (1) genügen:

    (i) Wir initialisieren N' mit allen Nichtterminalen, aus denen direkt ein Terminalwort ableitbar ist:

    $$N' = \{ A \in N \mid A \to w \in P, \ w \in \Sigma^* \}$$

    (ii) Solange, wie es Regeln $A \to X_1 X_2 \ldots X_k$ gibt, so dass jedes X_i, $1 \leq i \leq k$, entweder ein Terminalsymbol oder ein Nichtterminal in N' ist, fügen wir A zu N' hinzu, denn für alle diese Nichtterminale gilt, dass sie in ein Terminalwort ableitbar sind.

(iii) Den Schritt (ii) führen wir so lange aus, bis kein neues Nichtterminal zu N' hinzukommt.

(iv) Wir erhalten eine Grammatik $G' = (\Sigma', N', P', S)$ mit $\Sigma' = \Sigma$, N' als Ergebnis von (i) – (iii) sowie $P' = \{ A \to \alpha \in P \mid A \in N' \}$, die äquivalent zu G ist und der Bedingung (1) genügt.

2. Wir bestimmen die Teilmenge $N'' \cup \Sigma'' \subseteq N' \cup \Sigma'$ von Nichtterminalen und Terminalen, die der Bedingung (2) genügen:

   (i) Wir initialisieren N'' mit S und setzen $\Sigma'' = \emptyset$.

   (ii) Für jedes A in N'' betrachten wir jede Regel $A \to \omega \in P'$ und fügen jedes in ω vorkommende Nichtterminal zu N'' sowie jedes in ω vorkommende Terminal zu Σ'' hinzu.

   (iii) Den Schritt (ii) führen wir so lange aus, bis kein neues Nichtterminal zu N'' und kein neues Terminal zu Σ'' hinzukommt.

   (iv) Wir erhalten die gesuchte Grammatik $G'' = (\Sigma'', N'', P'', S)$ mit N'' und Σ'' als Ergebnis von (i) – (iii) sowie $P'' = \{ A \to \omega \in P' \mid \omega \in (N'' \cup \Sigma'')^* \}$, die äquivalent zu G ist und den Bedingungen (1) und (2) genügt.

Kontextfreie Grammatiken ohne nutzlose Symbole heißen auch *reduziert*. Wir wollen im Folgenden davon ausgehen, dass kontextfreie Grammatiken reduziert sind.

Eliminierung von Kettenregeln

Kettenregeln sind Regeln der Art $A \to B$ mit $A, B \in N$. Diese Regeln tragen zur Erzeugung eines Wortes nichts bei. Sei $G = (\Sigma, N, P, S)$ eine ε-freie reduzierte kontextfreie Grammatik. Wir eliminieren die Kettenregeln in drei Schritten:

1. Als erstes entfernen wir Zykel: Gibt es $B_1, B_2, \ldots, B_k \in N$, $k \geq 2$, mit $B_i \to B_{i+1}$, $1 \leq i \leq k - 1$, und $B_k \to B_1$, dann entfernen wir alle B_i, $1 \leq i \leq k$, aus N und fügen dafür ein neues Nichtterminal B zu N hinzu. In allen Regeln in P ersetzen wir dann jedes B_i durch B. Die so erhaltene Grammatik ist offensichtlich äquivalent zu G.

2. N habe nun s Elemente. Diese bezeichnen wir mit $A_1, A_2, \ldots, A_s$ und zwar so, dass gilt: Ist $A_i \to A_j$, dann ist $i < j$. Diese Nummerierung der Nichtterminale ist möglich, weil es keine Zykel mehr gibt.

3. Gibt es nun eine Regel $A_i \to A_j$ mit $i < j$, dann kann jede Regel $A_j \to \omega$ ersetzt werden durch die Regel $A_i \to \omega$. Dieses Ersetzen führen wir nun für alle A_j aus, indem wir mit dem höchsten Index beginnen und rückwärts bis zu A_1 gehen:

```
for i := s − 1 to 1 do
   for all j > i do
      streiche A_i → A_j;
      if existiert A_j → ω then
         füge A_i → ω hinzu
      endif
   endforall
endfor
```

Die Chomsky-Normalform

Definition 5.3. Sei $G = (\Sigma, N, P, S)$ eine kontextfreie Grammatik. G ist in *Chomsky-Normalform* (abgekürzt: CNF), falls

$$P \subseteq N \times ((N \circ N) \cup \Sigma)$$

gilt. Kontextfreie Regeln in Chomsky-Normalform haben somit die Gestalt

$$A \to BC \quad \text{oder} \quad A \to a$$

mit $A, B, C \in N$ und $a \in \Sigma$. Ihre rechten Seiten bestehen also entweder aus genau zwei Nichtterminalsymbolen oder aus genau einem Terminalsymbol. □

Der folgende Satz besagt, dass – bis auf eine unwesentliche Ausnahme – CNF-Grammatiken dieselbe Klasse von Sprachen erzeugen wie allgemeine kontextfreie Grammatiken.

Satz 5.3. Zu jeder kontextfreien Grammatik $G = (\Sigma, N, P, S)$ mit $\varepsilon \notin L(G)$ existiert eine äquivalente Grammatik G' in Chomsky-Normalform.

Beweis Wir gehen davon aus, dass G ε-frei, reduziert und ohne Kettenregeln ist. Wir betrachten nur die Regeln, die nicht in Chomsky-Normalform sind. Sie haben die Gestalt

$$A \to X_1 X_2 \dots X_m, \ m \geq 2 \tag{5.1}$$

mit $X_i \in N \cup \Sigma$, $1 \leq i \leq m$. Diese Regeln formen wir jeweils in zwei Schritten in Regeln in Chomsky-Normalform um:

1. Ist $X_i \in \Sigma$, dann ersetzen wir in jeder Regel der Art (5.1) X_i durch ein neues Nichtterminal C_{X_i} und fügen die Produktion $C_{X_i} \to X_i$ zu P sowie C_{X_i} zu N hinzu.

2. Alle Regeln, die jetzt noch nicht in Chomsky-Normalform sind, haben die Gestalt

$$A \to B_1 B_2 \dots B_m, \ m \geq 3$$

mit $B_i \in N, 1 \le i \le m$. Jede Regel dieser Art ersetzen wir durch die folgende Regelmenge:

$$A \to B_1 D_1,$$
$$D_1 \to B_2 D_2,$$
$$\vdots$$
$$D_{m-3} \to B_{m-2} D_{m-2},$$
$$D_{m-2} \to B_{m-1} B_m$$

Dabei sind die D_i, $1 \le i \le m-2$, neue Nichtterminalsymbole, mit denen jeweils noch der Rest $B_i \ldots B_m$ gemerkt wird.

Für die resultierende Grammatik G' gilt offensichtlich: G' ist in CNF und äquivalent zu G, d.h. $L(G') = L(G)$. $\qquad\square$

Beispiel 5.2. Wir wollen die kontextfreie Grammatik

$$G = (\{\, a, b \,\}, \{\, S, A, B \,\}, P, S)$$

mit den Regeln

$$P = \{\, S \to bA \mid aB,$$
$$A \to bAA \mid aS \mid a,$$
$$B \to aBB \mid bS \mid b\}$$

in Chomsky-Normalform transformieren. G ist ε-frei, reduziert und ohne Kettenregeln. Die Regeln $A \to a$ und $B \to b$ sind in Chomsky-Normalform.

Wir wenden den ersten Schritt der Transformation aus dem Beweis von Satz 5.3 auf die anderen Regeln an:

alte Regeln	neue Regeln
$S \to bA$	$S \to C_b A,\ C_b \to b$
$S \to aB$	$S \to C_a B,\ C_a \to a$
$A \to bAA$	$A \to C_b AA,\ C_b \to b$
$A \to aS$	$A \to C_a S,\ C_a \to a$
$B \to aBB$	$B \to C_a BB,\ C_a \to a$
$B \to bS$	$B \to C_b S,\ C_b \to b$

Alle Regeln bis auf $A \to C_b AA$ und $B \to C_a BB$ sind in Chomsky-Normalform. Auf diese wenden wir die Transformation des zweiten Schrittes aus dem Beweis an:

Regeln	werden ersetzt durch
$A \to C_b AA$	$A \to C_b D_1,\ D_1 \to AA$
$B \to C_a BB$	$B \to C_a E_1,\ E_1 \to BB$

Insgesamt erhalten wir die Grammatik

$$G = (\{\, a, b \,\}, \{\, S, A, B, C_a, C_b, D_1, E_1 \,\}, P', S)$$

mit der Regelmenge

$$
\begin{aligned}
P' = \{\, & S \to C_b A \mid C_a B, \\
& C_b \to b, \\
& C_a \to a, \\
& A \to C_b D_1 \mid C_a S \mid a, \\
& B \to C_a E_1 \mid C_b S \mid b, \\
& D_1 \to AA, \\
& E_1 \to BB \,\}
\end{aligned}
$$

$\square$

Die Greibach-Normalform

Definition 5.4. Sei $G = (\Sigma, N, P, S)$ eine kontextfreie Grammatik. G ist in *Greibach-Normalform* (abgekürzt: GNF), falls

$$P \subseteq N \times (\Sigma \circ N^*)$$

gilt. Kontextfreie Regeln in Greibach-Normalform haben also die Gestalt

$$A \to a B_1 \dots B_m, \; m \geq 0 \tag{5.2}$$

mit $A, B_i \in N, 1 \leq i \leq m$ und $a \in \Sigma$. $\square$

Falls in (5.2) $m \leq 1$ ist, dann handelt es sich um Typ-3-Regeln. Grammatiken in Greibach-Normalform können also als unmittelbare Verallgemeinerung von rechtslinearen Grammatiken aufgefasst werden.

Ein Beispiel für eine Grammatik in Greibach-Normal ist die Grammatik G in Beispiel 5.2.

Satz 5.4. Zu jeder kontextfreien Grammatik $G = (\Sigma, N, P, S)$ mit $\varepsilon \notin L(G)$ existiert eine äquivalente Grammatik G' in Greibach-Normalform.

Den Beweis wollen wir an dieser Stelle nicht führen, wir kommen im Beweis von Satz 6.3 hierauf zurück. $\square$

Es kann auch gezeigt werden, dass Satz 5.4 gültig bleibt, wenn man die Anzahl der Nichtterminale in den rechten Seiten von GNF-Regeln auf höchstens zwei beschränkt. Die Regeln haben dann also die Gestalt: $A \to a B_1 \dots B_m$ mit $0 \leq m \leq 2$, d.h. $A \to a$, $A \to a B_1$ oder $A \to a B_1 B_2$ mit $A, B_1, B_2 \in N$, $a \in \Sigma$. Hier wird deutlich, dass sich die oben schon erwähnte unmittelbare Verallgemeinerung rechtslinearer zu kontextfreien Grammatiken allein auf die Möglichkeit reduzieren lässt, neben rechtslinearen Regeln noch Regeln der Art $A \to aBC$ verwenden zu können.

5.2 Eigenschaften kontextfreier Sprachen

In diesem Abschnitt beschäftigen wir uns mit Eigenschaften der Klasse der kontextfreien Sprachen. Zunächst werden wir uns mit dem Konzept der Mehrdeutigkeit beschäftigen, sodann untersuchen wir die Abschlusseigenschaften dieser Klasse, stellen ein Pumping-Lemma für diese Klasse vor und zeigen mit seiner Hilfe, dass es Sprachen gibt, die nicht kontextfrei sind.

5.2.1 Mehrdeutigkeit

Als einführendes Beispiel betrachten wir die kontextfreie Grammatik

$$G = (\{a, b\}, \{S, A\}, P, S)$$

mit der Regelmenge

$$P = \{\, S \rightarrow aAS \mid a,$$
$$A \rightarrow SbA \mid SS \mid ba \,\}$$

Dann ist die Ableitung

$$S \Rightarrow aAS \Rightarrow aSbAS \Rightarrow aabAS \Rightarrow aabbaS \Rightarrow aabbaa$$

eine sogenannte Linksableitung. Eine Ableitung ist eine *Linksableitung*, falls in jedem Ableitungsschritt das am weitesten links stehende Nichtterminal ersetzt wird. Entsprechend ist eine Ableitung eine *Rechtsableitung*, falls zu jedem Ableitungsschritt das am weitesten rechts stehende Nichtterminal ersetzt wird. Die Rechtsableitung

$$S \Rightarrow aAS \Rightarrow aAa \Rightarrow aSbAa \Rightarrow aSbbaa \Rightarrow aabbaa$$

leitet dasselbe Wort wie die obige Linksableitung ab.

Mithilfe von sogenannten *Ableitungsbäumen* lassen sich Ableitungen kontextfreier Grammatiken oftmals hilfreich veranschaulichen.

Definition 5.5. Sei $G = (\Sigma, N, P, S)$ eine kontextfreie Grammatik. Ein Baum t_G heißt *Ableitungsbaum* (auch: *Parse Tree*) über G, falls er folgenden Bedingungen genügt:

(1) Die Wurzel von t_G ist mit S markiert;

(2) jeder innere Knoten ist mit Nichtterminalen markiert;

(3) jedes Blatt ist mit einem Symbol aus $N \cup \Sigma \cup \{\varepsilon\}$ markiert;

(4) wenn ein innerer Knoten mit $A \in N$ markiert ist und seine Nachfolger von links nach rechts mit $X_1, X_2, \ldots, X_k \in N \cup \Sigma \cup \{\varepsilon\}$, $k \geq 1$, markiert sind, dann muss $A \rightarrow X_1 X_2 \ldots X_k \in P$ sein. $\qquad\square$

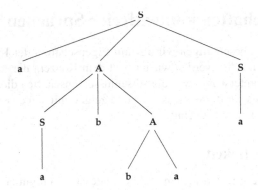

Bild 5.1: Ableitungsbaum für die Linksableitung von $aabbaa$.

Als Beispiel zeigt Bild 5.1 einen Ableitungsbaum für die oben angegebene Linksableitung des Wortes $aabbaa$.

Betrachten wir als weiteres Beispiel die Grammatik

$$G = (\{\, a, b, c \,\}, \{\, S, A, B \,\}, P, S)$$

mit der Regelmenge

$$P = \{\, S \to aB \mid Ac,$$
$$A \to ab,$$
$$B \to bc \,\}$$

$L(G)$ enthält nur ein einziges Wort, nämlich abc. Dieses kann sowohl mit der Ableitung

$$S \Rightarrow Ac \Rightarrow abc$$

als auch mit der Ableitung

$$S \Rightarrow aB \Rightarrow abc$$

erzeugt werden. Bild 5.2 zeigt die Ableitungsbäume dieser beiden Ableitungen, sie sind verschieden.

Definition 5.6. Eine kontextfreie Grammatik heißt *mehrdeutig*, falls es für mindestens ein Wort $w \in L(G)$ zwei (oder mehr) verschiedene Ableitungsbäume gibt.   □

Die Grammatik im letzten Beispiel ist also mehrdeutig. Betrachten wir als weiteres Beispiel die Grammatik G_{Arith} aus Beispiel 5.1; wie man sich leicht überlegt, ist diese ebenfalls mehrdeutig: Man betrachte z.B. das Wort $a * a + a$. Es lässt sich ableiten durch zwei verschiedene Linksableitungen, zum einen durch

$$E \Rightarrow EOE \Rightarrow aOE \Rightarrow a * E \Rightarrow a * EOE \Rightarrow a * aOE \Rightarrow a * a + E$$
$$\Rightarrow a * a + a$$

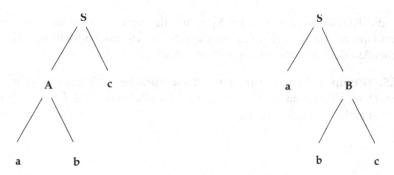

Bild 5.2: Verschiedene Ableitungsbäume für das Wort abc.

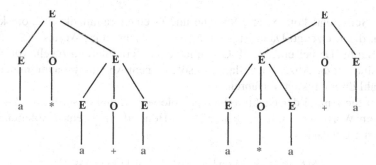

Bild 5.3: Verschiedene Ableitungsbäume für das Wort $a * a + a$.

und zum anderen durch

$$E \Rightarrow E\,O\,E \Rightarrow E\,O\,E\,O\,E \Rightarrow a\,O\,E\,O\,E \Rightarrow a * E\,O\,E \Rightarrow a * a\,O\,E$$
$$\Rightarrow a * a + E$$
$$\Rightarrow a * a + a$$

Bild 5.3 zeigt die beiden zugehörigen Ableitungsbäume.

Wir werden in Kapitel 7 im Zusammenhang mit Anwendungen kontextfreier Grammatiken und Sprachen auf mehrdeutige Grammatiken zurückkommen.

5.2.2 Das Pumping-Lemma für kontextfreie Sprachen

In Abschnitt 3.3.2 haben wir die Gültigkeit des Pumping-Lemmas für reguläre Sprachen gezeigt. Das Lemma besagt, dass Wörter regulärer Sprachen, wenn sie eine bestimmte Länge überschreiten, so in drei Teile zerlegt werden können, dass auch die Wörter zur Sprache gehören, die entstehen, wenn man den Mittelteil beliebig oft wiederholt. Die Bedingungen des Pumping-Lemmas sind notwendig aber nicht hinreichend. Man kann das Lemma also benutzen, um zu zeigen, dass eine Sprache nicht regulär ist, man kann es nicht benutzen, um zu zeigen, dass eine Sprache regulär ist.

Für die Klasse der kontextfreien Sprachen liegt eine analoge Situation vor: Es gibt ebenfalls ein Pumping-Lemma für diese Sprachen, das notwendige, aber keine hinreichenden Bedingungen für deren Wörter festlegt.

Satz 5.5. (Pumping-Lemma für kontextfreie Sprachen) Sei L eine kontextfreie Sprache. Dann gibt es eine Zahl $n \in \mathbb{N}$, so dass für alle Wörter $z \in L$ mit $|z| \geq n$ gilt: z lässt sich zerlegen in $z = uvwxy$ mit

(1) $|vx| \geq 1$,

(2) $|vwx| \leq n$,

(3) für alle $i \geq 0$ gilt: $uv^i wx^i y \in L$.

Beweis Sei L eine kontextfreie Sprache und G eine Grammatik in Chomsky-Normalform, die L erzeugt. Dann ist jeder Ableitungsbaum eines Wortes $z \in L(G)$ ein binärer Baum. Da bei einer CNF-Grammatik die Terminierungsregeln von der Art $A \to a$ sind, ist die Anzahl der Blätter in solch einem Ableitungsbaum immer gleich der Anzahl ihrer direkten Vorfahren.

Sei m die Anzahl der Nichtterminalsymbole von G, und es sei $n = 2^m + 1$. Wir wählen ein Wort $z \in L$ mit $|z| \geq n$. Für die Höhe $h(t_G(z))$ eines Ableitungsbaum $t_G(z)$ von z gilt dann

$$h(t_G(z)) \geq \lceil \log n \rceil = \lceil \log(2^m + 1) \rceil = m + 1$$

Auf einem Pfad in $t_G(z)$ von der Wurzel S zu einem Blatt a (Buchstabe von z) dieser Länge liegen somit $m + 2$ Knoten, d.h. außer dem Terminal a also $m + 1$ Nichtterminale. Da G nur m Nichtterminale enthält, muss auf diesem Pfad mindestens ein Nichtterminal A mehr als einmal vorkommen. Die Ableitung von z kann also wie folgt eingeteilt werden:

$$S \Rightarrow^* \omega_1 A \omega_2 \Rightarrow^* \omega_1 \omega_3 A \omega_4 \omega_2 \Rightarrow^* uvwxy \tag{5.3}$$

Dabei enthält w den Buchstaben a, bei dem der Pfad, beginnend bei S und über die beiden A laufend, ended, und die beiden mit A markierten Knoten auf diesem Pfad seien so weit wie möglich unten im Baum gewählt, d.h. so weit wie möglich nahe an dem Buchstaben a.

Da G kontextfrei ist, muss in (5.3) gelten

$$\omega_1 \Rightarrow^* u$$
$$\omega_3 \Rightarrow^* v$$
$$A \Rightarrow^* w$$
$$\omega_4 \Rightarrow^* x$$
$$\omega_2 \Rightarrow^* y$$

mit $\omega_1, \omega_2, \omega_3, \omega_4 \in (N \cup \Sigma)^*$, $A \in N$, $u, v, w, x, y \in \Sigma^*$.

Da G kontextfrei ist, sind die obigen Ableitungen der Teilwörter unabhängig voneinander. Es gilt also auch die Ableitung

$$S \Rightarrow^* uAy \Rightarrow^* uvAxy \Rightarrow^* uvwxy \qquad (5.4)$$

woraus sich die Zerlegung $z = uvwxy$ ergibt. Für diese Zerlegung gelten die Eigenschaften (1) – (3):

1. Da das erste A in der Ableitung von z mit einer Regel der Art $A \to BC$ beginnt, gilt $BC \Rightarrow^* vAx$ und damit $B \Rightarrow^* v$ und $C \Rightarrow^* Ax$ oder $B \Rightarrow^* vA$ und $C \Rightarrow^* x$. Für beide Fälle folgt, da G in Chomsky-Normalform ist, dass v und x nicht beide leer sein können. Es ist also $|vx| \geq 1$, womit z die geforderte Eigenschaft (1) erfüllt.

2. Da in der Ableitung (5.3) bzw. in der Ableitung (5.4) die beiden mit A markierten Knoten so gewählt wurden, dass sie möglichst nahe an den Blättern von $t_G(z)$ liegen, hat der Teilbaum für die Ableitung $A \Rightarrow^* vwx$ höchstens eine Höhe von $m + 1$, sonst gäbe es zwei Vorkommen eines Nichtterminals, die näher an den Blättern liegen würden, ein Widerspruch dazu, dass wird bereits die beiden Vorkommen eines Nichtterminals, nämlich A, gewählt haben, die am nächsten an den Blättern liegen. Es folgt, dass die Länge von vwx höchstens 2^m sein kann. Da $n > 2^m$ ist, folgt die Eigenschaft (2).

3. Die Ableitung $A \Rightarrow^* vAx$ kann beliebig oft durchgeführt werden. Damit gilt $A \Rightarrow^* v^i Ax^i$ für alle $i \geq 0$, woraus unmittelbar die für z geforderte Bedingung (3) folgt. $\qquad\square$

Beispiel 5.3. Mithilfe des Pumping-Lemmas werden wir jetzt zeigen, dass die Sprache

$$L = \{\, a^k b^k c^k \mid k \geq 0 \,\}$$

nicht kontextfrei ist. Wir nehmen an, dass L kontextfrei ist. Dann gibt es eine Zahl n, so dass für alle Wörter $z \in L$ mit $|z| \geq n$ die Bedingungen (1) – (3) des Pumping-Lemmas erfüllt sind. Wir wählen $z = a^n b^n c^n$, damit ist $|z| = 3n > n$. z muss sich also zerlegen lassen in $z = uvwxy$, so dass die Bedingungen (1) – (3) erfüllt sind.

Nach Bedingung (2) gilt $|vwx| \leq n$. Daraus folgt, dass v und x nicht a's und c's enthalten können, denn dann müsste b^n ein Infix von vwx sein, woraus $|vwx| > n$ folgen würde. Es gibt also folgende Fälle:

(i) v und x enthalten nur a's,

(ii) v und x enthalten a's und b's,

(iii) v und x enthalten nur b's,

(iv) v und x enthalten nur c's,

(v) v und x enthalten b's und c's.

Wir betrachten nur die Fälle (i) und (ii), die anderen Fälle werden analog behandelt.

Fall (i):   Wenn v und x nur aus a's bestehen, enthält $uv^0wx^0y = uwy$, da wegen der Bedingung (1) des Pumping-Lemmas $|vx| \geq 1$ ist, weniger als n a's, aber n b's und n c's. uwy ist also kein Wort der Art $a^k b^k c^k$, $k \geq 0$, und kann damit auch nicht Element von L sein, ein Widerspruch zur Bedingung (3) des Pumping-Lemmas.

Fall (ii):   Wenn v und x aus a's und b's bestehen, enthält $uv^0wx^0y = uwy$, da wegen der Bedingung (1) des Pumping-Lemmas $|vx| \geq 1$ ist, weniger als n a's und weniger als n b's, aber n c's. uwy ist also auch kein Wort der Art $a^k b^k c^k$, $k \geq 0$, und ist damit ebenfalls nicht Element von L, wiederum ein Widerspruch zur Bedingung (3) des Pumping-Lemmas.   □

5.2.3   Abschlusseigenschaften

Wir erinnern daran, dass REG_Σ, die Klasse der regulären Sprachen über einem Alphabet Σ, abgeschlossen ist gegen alle „gängigen" Operationen (siehe Abschnitt 3.3.1). In Satz 5.1 a) haben wir gesehen, dass, wenn $L \in kfS_\Sigma$ und $|\Sigma| \leq 1$ ist, sogar gilt, dass $L \in REG_\Sigma$ ist. Damit gelten für kontextfreie Sprachen über einelementigen Alphabeten dieselben Abschlusseigenschaften wie für reguläre Sprachen. Wir wollen die Abschlusseigenschaften also nur für kontextfreie Sprachen über Alphabeten mit mehr als einem Symbol betrachten. Im Folgenden sei also $|\Sigma| \geq 2$.

Satz 5.6. kfS_Σ ist abgeschlossen unter

(1) Vereinigung,

(2) Konkatenation,

(3) Kleene-Stern-Produkt,

(4) Spiegelung.

Beweis Für die Beweise der Aussagen (1) – (4) seien $L, L_1, L_2 \in kfS_\Sigma$ sowie $G = (\Sigma, N, P, S), G_i = (\Sigma, N_i, P_i, S_i), i = 1, 2$, Typ-2-Grammatiken mit $L = L(G)$ und $L_i = L(G_i), i = 1, 2$. Wir setzen weiterhin voraus, dass N_1 und N_2 disjunkt sind: $N_1 \cap N_2 = \emptyset$. (Falls die Mengen nicht disjunkt sind, erreicht man die Disjunktheit, indem man die Elemente einer Menge umbenennt und diese Umbenennungen in den Produktionen ebenfalls durchführt. Die durch die Umbenennung entstandene Grammatik ist äquivalent zur ursprünglichen Grammatik.)

Zu (1):   Wir müssen eine kontextfreie Grammatik $G_\cup$ konstruieren, die $L_1 \cup L_2$ erzeugt: $L(G_\cup) = L_1 \cup L_2$. $w \in L_1 \cup L_2$ heißt: $w \in L_1$ oder $w \in L_2$, d.h. es gilt $S_1 \Rightarrow^* w$ oder $S_2 \Rightarrow^* w$. $G_\cup$ muss also alle Regeln von G_1 und G_2 umfassen sowie Startregeln, die in G_1 oder in G_2 „springen". Dazu führen wir für $G_\cup$ ein neues Startsymbol $S_\cup \notin N_1 \cup N_2$ ein sowie die Regeln $S_\cup \rightarrow S_1 \,|\, S_2$. $G_\cup$ hat also die Gestalt

$$G_\cup = (\Sigma, N_1 \cup N_2 \cup \{S_\cup\}, P_1 \cup P_2 \cup \{S_\cup \rightarrow S_1|S_2\}, S_\cup)$$

wobei $S_\cup \notin N_1 \cup N_2$ ist. $G_\cup$ ist offensichtlich kontextfrei über Σ, also ist $L(G_\cup) \in kfS_\Sigma$. Es gilt:

$$
\begin{aligned}
w \in L_1 \cup L_2 \quad &\Leftrightarrow \quad w \in L_1 \text{ oder } w \in L_2 \\
&\Leftrightarrow \quad S_1 \Rightarrow^* w \text{ oder } S_2 \Rightarrow^* w \\
&\Leftrightarrow \quad S_\cup \Rightarrow S_1 \Rightarrow^* w \text{ oder } S_\cup \Rightarrow S_2 \Rightarrow^* w \\
&\Leftrightarrow \quad S_\cup \Rightarrow^* w \\
&\Leftrightarrow \quad w \in L(G_\cup)
\end{aligned}
$$

Es gilt also: $L(G_\cup) = L_1 \cup L_2$.

Zu (2): Wir müssen eine kontextfreie Grammatik $G_\circ$ konstruieren, die $L_1 \circ L_2$ erzeugt: $L(G_\circ) = L_1 \circ L_2$. $w \in L_1 \circ L_2$ heißt: Es gibt ein $u \in L_1$ und ein $v \in L_2$ mit $w = uv$, d.h. es gilt $S_1 \Rightarrow^* u$ und $S_2 \Rightarrow^* v$. $G_\circ$ muss also alle Regeln von G_1 und G_2 umfassen sowie eine Startregel, die die Konkatenation aller Wörter aus $L(G_1)$ mit allen Wörtern aus $L(G_2)$ sicherstellt. Wie muss diese Startregel lauten? Da $S_1 S_2 \Rightarrow^* uv$ gilt, können wir mit der Regel $S_\circ \to S_1 S_2$ die Ableitung $S_\circ \Rightarrow^* uv$ durchführen und auf diese Art $L_1 \circ L_2$ erzeugen. $G_\circ$ hat also die Gestalt

$$
G_\circ = (\Sigma, N_1 \cup N_2 \cup \{S_\circ\}, P_1 \cup P_2 \cup \{S_\circ \to S_1 S_2\}, S_\circ)
$$

wobei $S_\circ \notin N_1 \cup N_2$. $G_\circ$ ist offensichtlich kontextfrei über Σ, also ist $L(G_\circ) \in kfS_\Sigma$. Der Beweis, dass $L(G_\circ) = L_1 \circ L_2$ ist, ist Gegenstand von Aufgabe 5.9.

Zu (3): Wir müssen eine kontextfreie Grammatik G_* konstruieren, die L^* erzeugt: $L(G_*) = L^*$. $w \in L^*$ heißt, es existieren $w_1, \ldots, w_k \in L$, $k \geq 0$, mit $w = w_1 \ldots w_k$. $w_i \in L$, $1 \leq i \leq k$, bedeutet, dass w_i mit der Grammatik G ableitbar ist, d.h., dass $S \Rightarrow^* w_i$ für alle i gilt. Wir benötigen also noch Regeln, welche die Konkatenation aller w_i besorgt. Dazu überlegen wir, dass wir aus S^k die Konkatenation aller w_i ableiten können:

$$
S^k = \underbrace{S \circ S \circ \ldots \circ S}_{k\text{-mal}} \Rightarrow w_1 \circ w_2 \circ \ldots \circ w_k = w_1 \ldots w_k = w
$$

Wir benötigen also Regeln, um alle Folgen S^k, $k \geq 0$, ableiten zu können. Das erreichen wir mit den Regeln $S_* \to S_* S_* \mid \varepsilon \mid S$, $S_* \notin N$. G_* hat also die Gestalt

$$
G_* = (\Sigma, N \cup \{S_*\}, P \cup \{S_* \to S_* S_* \mid \varepsilon \mid S\}, S_*)
$$

G_* ist offensichtlich kontextfrei über Σ, also ist $L(G_*) \in kfS_\Sigma$. Der Beweis, dass $L(G_*) = L^*$ ist, ist Gegenstand der Aufgabe 5.10.

Zu (4): Wir gehen davon aus, dass G in Chomsky-Normalform ist. Die Regeln in P haben also die Gestalt $A \to BC$ oder $A \to a$, $A, B, C \in N$, $a \in \Sigma$. Wenn wir die rechten Seiten der Regeln erster Art umdrehen, erzeugen wir die gespiegelten Wörter. Für die Grammatik

$$
\tilde{G} = (\Sigma, N, \{A \to CB \mid A \to BC \in P\} \cup \{A \to a \mid A \to a \in P\}, S)
$$

gilt: $\tilde{G}$ ist kontextfrei, $L(\tilde{G}) \in kfS_\Sigma$ und $L(\tilde{G}) = SP(L)$. $\qquad \square$

Satz 5.7. kfS_Σ ist nicht abgeschlossen unter Durchschnitt und Komplement.

Beweis Wir schneiden die beiden kontextfreien Sprachen

$$L_1 = \{\, a^k b^k c^l \mid k, l \geq 0 \,\} \text{ und } L_2 = \{\, a^i b^j c^j \mid i, j \geq 0 \,\}$$

und erhalten

$$L_1 \cap L_2 = \{\, a^m b^m c^m \mid m \geq 0 \,\}$$

Aus dem vorigen Abschnitt wissen wir, dass diese Sprache nicht kontextfrei ist. Die Klasse der kontextfreien Sprachen ist also im Allgemeinen nicht abgeschlossen gegenüber der Durchschnittsoperation.

Für zwei Mengen M und N gilt die De Morgansche Regel (das Komplement des Durchschnitts zweier Mengen ist gleich der Vereinigung ihrer Komplemente):

$$\overline{M \cap N} = \overline{M} \cup \overline{N}$$

Daraus folgt:

$$M \cap N = \overline{\overline{M \cap N}} = \overline{\overline{M} \cup \overline{N}}$$

Seien nun L_1 und L_2 zwei kontextfreie Sprachen, dann gilt also

$$L_1 \cap L_2 = \overline{\overline{L_1} \cup \overline{L_2}}$$

Wäre die Klasse der kontextfreien Sprachen abgeschlossen gegenüber der Komplementbildung, dann müsste sie wegen dieser Beziehung auch abgeschlossen sein gegenüber der Durchschnittsbildung, da sie gegenüber der Vereinigung nach Satz 5.6 (1) abgeschlossen ist. Das ist aber ein Widerspruch gegen die erste Aussage des Satzes 5.7. Die kontextfreien Sprachen sind also im Allgemeinen nicht abgeschlossen gegenüber der Komplementbildung. □

Satz 5.7 (1) besagt, dass kfS_Σ nicht abgeschlossen gegenüber Durchschnittsbildung ist. Der folgende Satz besagt, dass kfS_Σ abgeschlossen gegenüber Durchschnittsbildung mit regulären Sprachen ist

Satz 5.8. Sei $L_1 \in kfS_\Sigma$ und $L_2 \in REG_\Sigma$, dann ist $L_1 \cap L_2 \in kfS_\Sigma$.

Den Beweis dieses Satzes führen wir in Abschnitt 6.2. □

Folgerung 5.1. Sei $L_1 \in kfS_\Sigma$ und $L_2 \in REG_\Sigma$, dann ist $L_1 - L_2 \in kfS_\Sigma$.

Beweis Für zwei Sprachen $L_1, L_2 \in \Sigma^*$ gilt

$$L_1 - L_2 = L_1 \cap \overline{L_2} \tag{5.5}$$

Da $L_2 \in REG_\Sigma$ ist, ist auch $\overline{L_2} \in REG_\Sigma$ (siehe Satz 3.8 (3)). Hieraus folgt mit (5.5) und Satz 5.8 umittelbar die Behauptung. □

Man kann die Abschlusseigenschaften kontextfreier Sprachen auch mithilfe so genannter f-Substitutionen zeigen.

Definition 5.7. Sei Σ ein Alphabet, und $f : \Sigma \to 2^{\Sigma^*}$ eine totale Funktion, die jedem $a \in \Sigma$ eine Sprache $f(a) = L_a \subseteq \Sigma^*$ zuordnet. Die f-Substitution $sub_f(w)$ eines Wortes $w = w_1 \ldots w_n$, $w_i \in \Sigma$, $1 \le i \le n$, $n \ge 0$, ist definiert durch

$$sub_f(w) = f(w_1) \circ \ldots \circ f(w_n)$$

Dabei gelte (für den Fall $n = 0$): $sub_f(\varepsilon) = \varepsilon$. $sub_f(w)$ ersetzt im Wort w jeden Buchstaben w_i durch die Sprache $f(w_i) = L_{w_i}$, $1 \le i \le n$, und konkateniert diese Sprachen.

Die f-Substitution $SUB_f(L)$ einer Sprache L ist definiert durch

$$SUB_f(L) = \bigcup_{w \in L} sub_f(w)$$

Jedes Wort aus L wird also f-substituiert, und die entstehenden Sprachen werden vereinigt. $\qquad\square$

Beispiel 5.4. Sei $\Sigma = \{0, 1, a, b, c\}$, $L = \{0^n c 1^n \mid n \ge 0\}$ und $f : \Sigma \to 2^{\Sigma^*}$ definiert durch

$$f(0) = L_0 = \{ab\}$$
$$f(1) = L_1 = \{aab^k \mid k \ge 1\}$$
$$f(a) = f(b) = \{\varepsilon\}$$
$$f(c) = L_c = \{c\}$$

Dann gilt z.B.

$$\begin{aligned}
sub_f(0^2 c 1^2) &= f(0) \circ f(0) \circ f(c) \circ f(1) \circ f(1) \\
&= \{ab\} \circ \{ab\} \circ \{c\} \circ \{aab^k \mid k \ge 1\} \circ \{aab^k \mid k \ge 1\} \\
&= \{(ab)^2 c (aab)^r (aab)^s \mid r, s \ge 1\}
\end{aligned}$$

Die f-Substitution von L ist:

$$SUB_f(L) = \{(ab)^n c (aab)^{r_1} (aab)^{r_2} \ldots (aab)^{r_n} \mid n \ge 0, r_i \ge 1, 1 \le i \le n\}$$

Satz 5.9. Die Klasse der kontextfreien Sprachen kfS_Σ ist abgeschlossen gegenüber f-Substitution, d.h. ist $L \in kfS_\Sigma$ sowie $f : \Sigma \to 2^{\Sigma^*}$ eine totale Funktion mit $f(a) \in kfS_\Sigma$ für alle $a \in \Sigma$, dann gilt $SUB_f(L) \in kfS_\Sigma$.

Beweis Sei $G = (\Sigma, N, P, S)$ eine kontextfreie Grammatik mit $L = L(G)$, und es seien $G_a = (\Sigma, N_a, P_a, S_a)$ für alle $a \in \Sigma$ kontextfreie Grammatiken mit $f(a) = L_a = L(G_a)$. Dabei seien alle N_a disjunkt. Wir konstruieren eine kontextfreie Grammatik G_{SUB_f}, die $SUB_f(L)$ erzeugt, d.h. für die $SUB_f(L) = L(G_{SUB_f})$ gilt. Die Regeln von G erzeugen alle Wörter von L. Die Buchstaben dieser Wörter müssen

f-substituiert werden. Das erreichen wir, indem wir in jeder Regel $A \to \alpha$ in G jedes Vorkommen eines $a \in \Sigma$ in α durch S_a ersetzen. Die so entstehende neue Regel bezeichnen wir mit $sub_f(A \to \alpha)$. Wir erhalten insgesamt:

$$G_{SUB_f} = \left(\Sigma, N \cup \bigcup_{a \in N} N_a, \bigcup_{a \in \Sigma} P_a \cup \{ sub_f(A \to \alpha) \mid A \to \alpha \in P \}, S \right)$$

Der aus Satz 5.6 bekannte Abschluss der Klasse der kontextfreien Sprachen kann auch mithilfe von f-Substitutionen gezeigt werden.

Folgerung 5.2. Seien $L, L_1, L_2 \in kfS_\Sigma$, dann sind auch $L_1 \cup L_2, L_1 \circ L_2, L^* \in kfS_\Sigma$.

Beweis Für die Vereinigung wählen wir die kontextfreie Sprache $\{a, b\}$ sowie die Funktion $f : \{a, b\} \to 2^{\Sigma^*}$ definiert durch $f(a) = L_a = L_1$ und $f(b) = L_b = L_2$. Dann gilt:

$$SUB_f(\{a, b\}) = sub_f(a) \cup sub_f(b) = f(a) \cup f(b) = L_1 \cup L_2$$

Für die Konkatenation wählen wir die kontextfreie Sprache $\{ab\}$ sowie die Funktion $f : \{a, b\} \to 2^{\Sigma^*}$ definiert durch $f(a) = L_a = L_1$ und $f(b) = L_b = L_2$. Dann gilt:

$$SUB_f(\{a, b\}) = sub_f(a) \circ sub_f(b) = f(a) \circ f(b) = L_1 \circ L_2$$

Für das Kleene-Stern-Produkt wählen wir die Sprache $\{a\}^* = \{a^n \mid n \geq 0\}$ sowie die Funktion $f : \{a\} \to 2^{\Sigma^*}$ definiert durch $f(a) = L_a = L$. Damit gilt:

$$
\begin{aligned}
SUB_f(\{a\}^*) &= \bigcup_{n \geq 0} sub_f(a^n) \\
&= sub_f(a^0) \cup sub_f(a^1) \cup sub_f(a^2) \cup \dots \\
&= \{\varepsilon\} \cup f(a) \cup (f(a) \circ f(a)) \cup \dots \\
&= L^0 \cup L \cup (L \circ L) \cup \dots \\
&= \bigcup_{n \geq 0} L^n \\
&= L^*
\end{aligned}
$$

5.3 Bibliographische Hinweise

Die Chomsky-Normalform geht ursprünglich auf Chomsky (1959) zurück. Noam Chomsky ist emeritierter Professor für Linguistik am MIT in Boston, Massachusetts und einer der bekanntesten amerikanischen Sprachwissenschaftler der Gegenwart, der sich intensiv mit einer Verbindung von Linguistik, Kognitionswissenschaften und Informatik beschäftigt und wertvolle Beiträge geliefert hat. In der Informatik ist er bekannt vor allem durch seine Untersuchungen zu formalen Sprachen, aus denen u.a. die *Chomsky-Hierarchie* hervorgegangen ist, auf die wir in Abschnitt 8.1 eingehen werden.

Die Greibach-Normalform ist nach der amerikanischen Informatikerin Sheila A. Greibach benannt, welche diese erstmals in Greibach (1965) beschrieben hat.

5.4 Übungen

5.1 Erweitern Sie die Grammatik G_{Arith} aus Abschnitt 5.1 so, dass anstelle des Platzhalters a positive ganze Zahlen ohne führende Nullen erzeugt werden.

5.2 Geben Sie eine Grammatik an, die die Menge $REXP_{\{a,b\}}$ aller regulären Ausdrücke über dem Alphabet $\{a, b\}$ erzeugt.

5.3 Es sei $L = \{\, w \in \{a, b\}^* \mid |w|_a = |w|_b \,\}$. Geben Sie eine Grammatik G an, die die Sprache L erzeugt.

5.4 Gegeben sei die Grammatik $G = (\{\, a, b \,\}, \{\, S, A, B \,\}, P, S)$ mit

$$P = \{\, S \to ba \mid baS \mid BbbA, \ A \to a \mid aS, \ B \to ab \mid b \,\}$$

a) Von welchem Typ ist G?

b) Transformieren Sie G in Chomsky-Normalform.

c) Ist L regulär? Begründen Sie Ihre Anwort.

5.5 Führen Sie weitere Links-, Rechts- oder sonstige Ableitungen mit der zu Beginn von Abschnitt 5.2 angegebenen Grammatik durch. Überlegen Sie sich ferner eine weitere Ableitung für das Wort $aabbaa$.

5.6 Zeigen Sie, dass die Sprachen $L_c = \{\, a^{k^c} \mid k \geq 0 \,\}$ für $c \geq 2$ nicht kontextfrei sind.

5.7 Zeigen Sie, dass die Sprache $L = \{\, a^{k!} \mid k \geq 0 \,\}$ nicht kontextfrei ist.

5.8 Zeigen Sie, dass die Sprache $L = \{\, a^p \mid p \in \mathbb{P} \,\}$ nicht kontextfrei ist.

5.9 Vervollständigen Sie den Beweis von Satz 5.6 (2), indem Sie noch zeigen, dass $L(G_\circ) = L_1 \circ L_2$ ist.

5.10 Vervollständigen Sie den Beweis von Satz 5.6 (3), indem Sie noch zeigen, dass $L(G_*) = L^*$ ist.

5.11 Sind die Sprachen

a) $L_1 = \{\, a^k b^k c^l \mid k, l \geq 0 \,\}$,

b) $L_2 = \{\, a^i b^j c^k \mid i > j \text{ oder } j > k, \ i, j, k \geq 0 \,\}$,

c) $L_3 = \{\, a^i b^j a^i b^j \mid i, j \geq 0 \,\}$,

d) $L_4 = \{\, ww \mid w \in \{a\}^* \,\}$,

e) $L_5 = \{\, ww \mid w \in \{\, a, b \,\}^* \,\}$

kontextfrei? Beweisen Sie Ihre Antworten.

Kapitel 6

Kellerautomaten

In Abschnitt 3.3.4 haben wir gesehen, dass endliche Automaten wegen ihres „endlichen Gedächtnisses", welches durch die endliche Anzahl der Zustände bestimmt ist, schon strukturell sehr einfache Sprachen nicht akzeptieren können. Wir erweitern nun endliche Automaten um einen weiteren Speicher, den *Keller* (siehe Bild 6.1). Dieser Speicher ist ein zusätzliches, mit beliebig großer Kapazität versehenes Gedächtnis. Die Zugriffsmöglichkeiten auf den Inhalt des Speichers sind allerdings beschränkt: Es kann jeweils nur das zuletzt in den Keller eingefügte Symbol gelesen sowie nur das zuletzt eingefügte Symbol durch ein Wort ersetzt werden. Dieses Zugriffsprinzip heißt auch Kellerprinzip oder LIFO-Prinzip (LIFO steht für *Last In First Out*). Die Zugriffsstelle ist also die Spitze des Kellerinhaltes, sie wird dementsprechend auch *top* genannt. Die Symbole, die auf den Keller geschrieben werden können, werden im Folgenden in dem *Kelleralphabet* Γ zusammengefasst. Der Kellerboden, der dem leeren Keller entspricht, wird auch als *bottom* (oder kurz *bot*) bezeichnet. Er wird im Folgenden durch das Symbol $\bot$ dargestellt, welches ein Element von Γ ist.

Das Eingabeband enthält analog zu endlichen Automaten das Eingabewort, welches ebenfalls wie beim endlichen Automaten von links nach rechts symbolweise gelesen wird. Ein Kellerautomat geht in Abhängigkeit vom gerade gelesenen Eingabesymbol, vom aktuellen Zustand und vom Keller-Topsymbol in einen neuen Zustand über und ersetzt dabei das Topelement des Kellers durch ein Wort über dem Kelleralphabet.

Wie bei endlichen Automaten werden wir verschiedene Varianten von Kellerautomaten betrachten, und zwar nicht nur deterministische und nichtdeterministische, sondern für beide Varianten auch unterschiedliches Akzeptanzverhalten, nämlich Akzeptieren mit Endzustand sowie Akzeptieren mit leerem Keller. Wir werden die Beziehungen zwischen den durch diese Arten von Automaten festgelegten Sprachklassen untersuchen sowie die Beziehungen zur Klasse der kontextfreien und zur Klasse der regulären Sprachen.

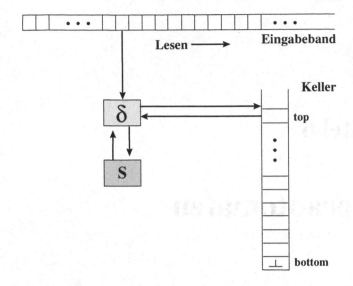

Bild 6.1: Kellerautomat.

6.1 Nichtdeterministische Kellerautomaten

Wir wollen als Erstes nichtdeterministische Kellerautomaten (kurz PDA von englisch *Push Down Automata*) betrachten. Zu einer Konfiguration können mehrere Folgekonfigurationen gehören.

6.1.1 Grundlegende Definitionen

Definition 6.1. Ein *(nichtdeterministischer) Kellerautomat* $K = (\Sigma, S, \Gamma, \delta, s_0, \bot, F)$ besteht aus dem Eingabealphabet Σ, der endlichen Zustandsmenge S, dem Kelleralphabet Γ, der Zustandsüberführung $\delta : S \times (\Sigma \cup \{\varepsilon\}) \times \Gamma \to 2^{S \times \Gamma^*}$, dem Startzustand $s_0 \in S$, dem Keller-Bottomsymbol $\bot \in \Gamma$ sowie der Endzustandsmenge $F \subseteq S$.   □

$(s', B_1 \dots B_k) \in \delta(s, a, A)$ mit $s, s' \in S$, $A, B_1, \dots, B_k \in \Gamma$, $k \geq 0$, $a \in \Sigma \cup \{\varepsilon\}$ bedeutet: Falls K sich im Zustand s befindet, das Zeichen a liest, und A das oberste Kellersymbol ist, dann kann K in den Zustand s' wechseln und dabei A durch das Wort $B_1 \dots B_k$ ersetzen. B_1 ist das neue oberste Kellersymbol. Ist $a = \varepsilon$, wird kein Eingabesymbol gelesen, sondern nur eine Kellermanipulation vorgenommen. Ist $k = 0$, d.h. $B_1 \dots B_k = \varepsilon$, dann wird A durch das leere Wort ersetzt, also „gelöscht".

Falls $\delta(s, a, A) = \{(s_1, \gamma_1), (s_2, \gamma_2), \dots, (s_m, \gamma_m)\}$, $m \geq 1$, gilt, schreiben wir dies auch in der Form

$$(s, a, A, \{ (s_1, \gamma_1), (s_2, \gamma_2), \dots, (s_m, \gamma_m) \})$$

Dies kann – analog zu endlichen Automaten – als „Programmzeile" von K aufgefasst werden.

Die Konfiguration

$$k = (s, w, \alpha) \in S \times \Sigma^* \times \Gamma^*$$

eines Kellerautomaten K enthält den aktuellen Zustand s, das noch zu verarbeitende Suffix w des Eingabewortes sowie den aktuellen Kellerinhalt α. Konfigurationsübergänge sind festgelegt durch die Relation

$$\vdash \subseteq (S \times \Sigma^* \times \Gamma^*) \times (S \times \Sigma^* \times \Gamma^*)$$

die definiert ist durch

$$(s, av, A\alpha) \vdash (s', v, \beta\alpha) \text{ genau dann, wenn } (s', \beta) \in \delta(s, a, A)$$

gilt, wobei $s, s' \in S$, $a \in \Sigma \cup \{\varepsilon\}$, $v \in \Sigma^*$, $\alpha, \beta \in \Gamma^*$ und $A \in \Gamma$ ist. Bei einem Konfigurationsübergang wird also das oberste Kellersymbol gelöscht und durch ein neues Wort, das auch das leere sein kann, ersetzt. Soll das Kellersymbol erhalten bleiben, muss es letzter Buchstabe des auf den Keller zu schreibenden Wortes sein.

Mithilfe der Konfigurationsübergänge definieren wir analog zu endlichen Automaten die von einem Kellerautomaten K mit Endzustand akzeptierte Sprache $L_F(K)$.

Definition 6.2. Sei $K = (\Sigma, S, \Gamma, \delta, s_0, \bot, F)$ ein Kellerautomat. Dann ist

$$L_F(K) = \{\, w \in \Sigma^* \mid (s_0, w, \bot) \vdash^* (s_f, \varepsilon, \gamma),\ s_f \in F,\ \gamma \in \Gamma^* \,\}$$

die von K mit Endzustand über Σ akzeptierte Sprache.

Mit PDA_Σ^F bezeichnen wir die Klasse der von Kellerautomaten mit Endzustand akzeptierten Sprachen über Σ. □

Beispiel 6.1. Wir wollen einen Kellerautomaten konstruieren, der die Sprache

$$L_1 = \{\, a^n b^n \mid n \geq 1 \,\}$$

akzeptiert. Um die Anzahl der b's kontrollieren zu können, legen wir alle gelesenen a's in den Keller ab. Beim Lesen der b's streichen wir für jedes b ein a aus dem Keller. Sind gleichzeitig alle b's gelesen und alle a's gestrichen und das Eingabewort abgearbeitet, dann wird das Eingabewort akzeptiert. Der Kellerautomat

$$K_1 = (\{\, a, b \,\}, \{\, s_0, s_1, s_f \,\}, \{\, a, \bot \,\}, \delta_1, s_0, \bot, \{s_f\})$$

mit

$$\delta_1 = \{\, (s_0, a, \bot, s_0, a\bot), \tag{6.1}$$
$$(s_0, a, a, s_0, aa), \tag{6.2}$$
$$(s_0, b, a, s_1, \varepsilon), \tag{6.3}$$
$$(s_1, b, a, s_1, \varepsilon), \tag{6.4}$$
$$(s_1, \varepsilon, \bot, s_f, \varepsilon) \,\} \tag{6.5}$$

akzeptiert L_1 mit Endzustand. Der Übergang (6.1) legt das erste a auf den Keller, (6.2) legt alle weiteren a's auf den Keller. In (6.3) wird das erste b gelesen und das oberste

a gelöscht. In (6.4) werden alle folgenden b's gelesen und für jedes b ein a gelöscht. In (6.5) geht der Automat, falls das Eingabewort abgearbeitet ist und der Keller leer ist ($\bot$ ist erreicht), in den Endzustand. Falls mehr b's als a's im Eingabewort sind, wird das Eingabewort nicht abgearbeitet, und damit das Eingabewort nicht akzeptiert. Kommt nach einer Folge von b's ein a, gibt es keine Folgekonfiguration, da s_1 für eine Eingabe a nicht definiert ist, d.h. das Eingabewort wird nicht weiter abgearbeitet. Man kann zeigen, dass $L_1 = L_F(K_1)$ gilt. Wir wollen für das Wort $a^3 b^3$ die Folge der Konfigurationsübergänge bestimmen:

$$(s_0, a^3 b^3, \bot) \vdash (s_0, a^2 b^3, a\bot) \vdash (s_0, ab^3, aa\bot) \vdash (s_0, b^3, aaa\bot)$$

$$\vdash (s_1, b^2, aa\bot) \vdash (s_1, b, a\bot) \vdash (s_1, \varepsilon, \bot)$$

$$\vdash (s_f, \varepsilon, \varepsilon)$$

Es gilt also $(s_0, a^3 b^3, \bot) \vdash^* (s_f, \varepsilon, \varepsilon)$ und damit ist $a^3 b^3 \in L_F(K_1)$, da s_f Endzustand ist.   □

Beispiel 6.2. Als weiteres Beispiel wollen wir einen Kellerautomaten K_2 konstruieren, der die Sprache

$$L_2 = \{\, w \, c \, sp(w) \mid w \in \{a, b\}^* \,\}$$

akzeptiert. L_2 enthält alle Wörter über $\{\, a, b, c \,\}$, deren zweite Hälfte das Spiegelbild der ersten ist, wobei die beiden Hälften durch („den Spiegel") c getrennt sind und beide Hälften den Buchstaben c nicht enthalten.

Um diese Wörter zu akzeptieren, müssen wir alle Buchstaben von w nacheinander auf den Keller legen und, nachdem der Buchstabe c gelesen worden ist, die folgenden Buchstaben jeweils mit dem obersten Kellersymbol vergleichen. Sind sie gleich, wird das Kellersymbol gelöscht und weitergearbeitet. Sind sie ungleich, ist das Teilwort nach dem c nicht Spiegelbild vom Teilwort vor dem c. Wird der Keller geleert, also $\bot$ erreicht, und das Eingabewort abgearbeitet, dann wird es akzeptiert. Der folgende Kellerautomat K_2 akzeptiert L_2 mit Endzustand:

$$K_2 = (\{\, a, b, c \,\}, \{\, s_0, s_c \,\}, \{\, a, b, \bot \,\}, \delta_2, s_0, \bot, \{s_c\})$$

mit

$\delta_2 = \{\, (s_0, c, \bot, s_c, \varepsilon),$		(Eingabe besteht nur aus c)
$(s_0, a, \bot, s_0, a\bot),$		(ersten Buchstaben
$(s_0, b, \bot, s_0, b\bot),$		merken)
$(s_0, a, a, s_0, aa), \ (s_0, a, b, s_0, ab),$		(a's merken)
$(s_0, b, a, s_0, ba), \ (s_0, b, b, s_0, bb),$		(b's merken)
$(s_0, c, a, s_c, a), \ (s_0, c, b, s_c, b),$		(c erreicht)
$(s_c, a, a, s_c, \varepsilon), \ (s_c, b, b, s_c, \varepsilon),$		(Abgleich mit Keller)
$(s_c, \varepsilon, \bot, s_c, \varepsilon) \,\}$		(Keller geleert)

□

Beispiel 6.3. Wir ändern die Sprache L_2 leicht ab, indem wir aus den Wörtern den „Spiegel" c entfernen:

$$L_3 = \{ w \, sp(w) \mid w \in \{a, b\}^* \}$$

L_3 enthält also alle Wörter über $\{a, b\}$, deren zweite Hälfte das Spiegelbild der ersten Hälfte ist. Eine Grammatik, die L_3 erzeugt, können wir leicht angeben:

$$G_3 = (\{ a, b \}, \{S\}, \{ S \rightarrow aSa \mid bSb \mid \varepsilon \}, S)$$

Es gilt: $L_3 = L(G_3)$.

Bei der Konstruktion eines Kellerautomaten K_3 für die Sprache L_3 tritt das Problem auf, dass wir im Gegensatz zur Sprache L_2 nicht wissen, wo die gespiegelte Hälfte beginnt; sie kann im Prinzip zwischen jedem identischen Buchstabenpaar aa oder bb beginnen. Wir müssen also K_3 nichtdeterministisch programmieren: Bei jedem eingelesenen zweiten Buchstaben eines Paares kann dieser für den späteren Abgleich mit dem Spiegelbild auf den Keller gelegt werden, oder es kann mit dem Abgleich begonnen werden. Folgender nichtdeterministischer Kellerautomat K_3 akzeptiert L_3:

$$K_3 = (\{ a, b \}, \{ s_0, s_c, s_f \}, \{ a, b, \bot \}, \delta_3, s_0, \bot, \{s_f\})$$

mit

$$
\begin{aligned}
\delta_3 = \{ &(s_0, \varepsilon, \bot, s_f, \varepsilon) && \text{(leeres Wort wird akzeptiert)} \\
&(s_0, a, \bot, s_0, a\bot), && \text{(erster Buchstabe ist } a \text{, auf den Keller)} \\
&(s_0, b, \bot, s_0, b\bot), && \text{(erster Buchstabe ist } b \text{, auf den Keller)} \\
&(s_0, a, b, s_0, ab), && \text{(} a \text{ nach einem } b \text{ auf den Keller)} \\
&(s_0, b, a, s_0, ba), && \text{(} b \text{ nach einem } a \text{ auf den Keller)} \\
&(s_0, a, a, \{(s_0, aa), && \text{(} a \text{ nach einem } a \text{ auf den Keller oder} \\
&\qquad\quad (s_c, \varepsilon)\}), && \quad \text{Abgleich mit Keller, da Mitte erreicht)} \\
&(s_0, b, b, \{(s_0, bb), && \text{(} b \text{ nach einem } b \text{ auf den Keller oder} \\
&\qquad\quad (s_c, \varepsilon)\}), && \quad \text{Abgleich mit Keller, da Mitte erreicht)} \\
&(s_c, a, a, s_c, \varepsilon), && \text{(weiterer Abgleich mit Keller)} \\
&(s_c, b, b, s_c, \varepsilon), && \text{(weiterer Abgleich mit Keller)} \\
&(s_c, \varepsilon, \bot, s_f, \varepsilon) \} && \text{(Wort wird akzeptiert)}
\end{aligned}
$$

□

Analog zu nichtdeterministischen endlichen Automaten muss, um die Frage zu beantworten, ob eine Eingabe von einem Kellerautomaten akzeptiert wird, eine akzeptierende Konfigurationsfolge gefunden werden. Führt eine Konfigurationsfolge nicht zu einer akzeptierenden Endkonfiguration (Eingabewort nicht abgearbeitet oder Endzustand nicht erreicht), heißt das noch nicht, dass die Eingabe nicht akzeptiert wird. Durch Backtracking müssen andere mögliche Konfigurationsfolgen durchlaufen werden. Erst, wenn alle möglichen Konfigurationsfolgen nicht zu einer akzeptierenden Endkonfiguration führen, wissen wir, dass die Eingabe nicht akzeptiert wird.

Betrachten wir als Beispiel das Wort $abbbba \in L_3$. Die Konfigurationsfolge

$$(s_0, abbbba, \bot) \vdash (s_0, bbbba, a\bot) \vdash (s_0, bbba, ba\bot) \vdash (s_c, bba, a\bot)$$

stoppt hier und führt nicht zu einer Endkonfiguration, weil die Mitte zu früh – zwischen dem ersten bb – angenommen wurde. Die Konfigurationsfolge

$$(s_0, abbbba, \bot) \vdash (s_0, bbbba, a\bot) \vdash (s_0, bbba, ba\bot) \vdash (s_0, bba, bba\bot)$$
$$\vdash (s_c, ba, ba\bot) \vdash (s_c, a, a\bot) \vdash (s_c, \varepsilon, \bot)$$
$$\vdash (s_f, \varepsilon, \varepsilon)$$

hingegen ist eine akzeptierende Konfigurationsfolge.

6.1.2 Akzeptieren mit leerem Keller

Bei unseren bisherigen Beispielen war jeweils der Keller im Endzustand leer: Beim Übergang in den Endzustand wurde jeweils das Kellerbottomsymbol gelöscht (was zum Akzeptieren mit Endzustand nicht nötig gewesen wäre). Anstelle des Erreichen eines Endzustandes hätte also auch das gänzliche Leeren des Kellers als Akzeptierungsbedingung gelten können. Mit folgender Definition führen wir eine entsprechende Variante für Kellerautomaten ein

Definition 6.3. Sei $K = (\Sigma, S, \Gamma, \delta, s_0, \bot, F)$ ein Kellerautomat. Dann heißt

$$L_\varepsilon(K) = \{\, w \in \Sigma^* \mid (s_0, w, \bot) \vdash^* (s, \varepsilon, \varepsilon) \,\}$$

die von K mit leerem Keller akzeptierte Sprache. Mit PDA_Σ^ε bezeichnen wir die Klasse der mit leerem Keller akzeptierbaren Sprachen über Σ.   □

Beim Akzeptieren mit leerem Keller ist die Menge F der Endzustände irrelevant. Sie kann in diesem Fall als leere Menge gewählt oder ganz weggelassen werden.

Wie erwähnt, werden die Sprachen L_1, L_2 und L_3 in den obigen Beispielen und Aufgaben sowohl mit Endzustand als auch mit leerem Keller akzeptiert. Es stellt sich die Frage, ob Akzeptieren mit Endzustand äquivalent zum Akzeptieren mit leerem Keller ist. Der folgende Satz beantwortet diese Frage positiv.

Satz 6.1. Es gilt $PDA_\Sigma^F = PDA_\Sigma^\varepsilon$.

Beweis Sei $L \subseteq \Sigma^*$ eine Sprache, die von dem Kellerautomaten

$$K = (\Sigma, S, \Gamma, \delta, s_0, \bot, F)$$

durch Endzustand akzeptiert wird, d.h. $L = L_F(K)$ und somit $L \in PDA_\Sigma^F$. Wir werden einen Kellerautomaten K' konstruieren, der L durch leeren Keller akzeptiert, d.h. für den $L = L_\varepsilon(K')$ und somit $L \in PDA_\Sigma^\varepsilon$ gilt.

K' ist so angelegt, dass er K simuliert, und dass er, wenn K in einen Endzustand gelangt, den dann möglicherweise nichtleeren Keller leert. Wir führen dazu in K' einen Zustand s_e ein, in dem der Keller geleert wird, sowie ein neues Bottomsymbol

$\perp'$, damit K' nicht akzeptiert, falls K seinen Keller geleert hat, ohne dabei in einen Endzustand gelangt zu sein. Wir definieren K' wie folgt:

$$K' = (\Sigma, S \cup \{s_0', s_e\}, \Gamma \cup \{\perp'\}, \delta', s_0', \perp', \emptyset), \ s_0', s_e \notin S, \ \perp' \notin \Gamma$$

Dabei ist δ' folgendermaßen definiert:

- $\delta'(s_0', \varepsilon, \perp') = \{(s_0, \perp\perp')\}$: K' geht in die Startkonfiguration von K über, so dass sich das neue Bottomsymbol unter dem alten befindet.

- $\delta'(s, a, b) = \delta(s, a, b)$ für alle $(s, a, b) \in S \times \Sigma \cup \{\varepsilon\} \times \Gamma$: K' simuliert die Zustandsübergänge von K.

- Für alle $s \in F$ und für alle $b \in \Gamma \cup \{\perp'\}$ ist $(s_e, \varepsilon) \in \delta'(s, \varepsilon, b)$, und für alle $b \in \Gamma \cup \{\perp'\}$ ist $(s_e, \varepsilon) \in \delta'(s_e, \varepsilon, b)$: Gelangt K in einen Endzustand, dann geht K' in den Zustand s_e über, kann danach seinen Keller löschen und damit das Eingabewort akzeptieren oder weiter K simulieren.

Wir wollen nun die umgekehrte Simulation betrachten. Sei $L \subseteq \Sigma^*$ jetzt eine Sprache, die von dem Kellerautomaten $K = (\Sigma, S, \Gamma, \delta, s_0, \perp, \emptyset)$ mit leerem Keller akzeptiert wird, d.h. $L = L_\varepsilon(K)$.

Wir konstruieren einen Kellerautomaten K', der K simuliert und in einen Endzustand übergeht, wenn der Keller von K leer wird. Wir definieren K' wie folgt:

$$K' = (\Sigma, S \cup \{s_0', s_f\}, \Gamma \cup \{\perp'\}, \delta', s_0', \perp', \{s_f\}), \ s_0', s_f \notin S \ \perp' \notin \Gamma$$

Dabei definieren wir δ' folgendermaßen:

- $\delta'(s_0', \varepsilon, \perp') = \{(s_0, \perp\perp')\}$: K' geht in die Startkonfiguration von K über, so dass sich das neue Bottomsymbol unter dem alten befindet.

- $\delta'(s, a, b) = \delta(s, a, b)$ für alle $(s, a, b) \in S \times \Sigma \cup \{\varepsilon\} \times \Gamma$: K' simuliert die Zustandsübergänge von K. Wenn K seinen gesamten Keller gelöscht hat, hat K' seinen Keller bis auf sein Bottomsymbol $\perp'$ gelöscht.

- Für alle $s \in S$ ist $(s_f, \varepsilon) \in \delta'(s, \varepsilon, \perp')$: Wenn sich im Keller von K' nur noch sein Bottomsymbol $\perp'$ befindet, geht K' in den Endzustand über und akzeptiert damit das verarbeitete Eingabewort. $\square$

Wegen Satz 6.1 brauchen wir nicht mehr zwischen den beiden Klassen PDA_Σ^F und PDA_Σ^ε unterscheiden, denn sie sind gleich. Wir notieren die durch Kellerautomaten über Σ akzeptierbaren Sprachen mit PDA_Σ.

6.2 Äquivalenz von kontextfreien Grammatiken und Kellerautomaten

Wir werden in den beiden folgenden Sätzen zeigen, dass $kfS_\Sigma = PDA_\Sigma$ gilt. Analog zu REG_Σ gibt es also auch für Typ-2-Sprachen äquivalente generierende und akzeptierende Konzepte: kontextfreie Grammatiken und Kellerautomaten.

Satz 6.2. Zu jeder kontextfreien Grammatik $G = (\Sigma, N, P, S)$ lässt sich ein Kellerautomat K_G konstruieren mit $L(K_G) = L(G)$.

Beweis Wir konstruieren K_G so, dass er die Linksableitungen von G simuliert:

- Stimmt das aktuelle Eingabesymbol mit dem aktuellen Kellertopsymbol überein, dann wird das Kellertopsymbol gelöscht und der Lesekopf auf das nächste Eingabesymbol gesetzt.

- Ist das Kellertopsymbol ein Nichtterminal A von G, dann wird kein Eingabesymbol gelesen (also ein ε-Übergang ausgeführt) und A wird durch die rechte Seite einer Regel von G, deren linke Seite A ist, ersetzt.

- Das Kellerbottomsymbol ist das Startsymbol S von G.

Der Keller enthält also Wörter, die aus Nichtterminalen und Terminalen von G gebildet sind, und der zu konstruierende Kellerautomat benötigt nur einen Zustand. Für den Kellerautomaten

$$K_G = (\Sigma, \{q\}, \Sigma \cup N, \delta, q, S)$$

mit

$$\delta = \{\, (q, a, a, q, \varepsilon) \mid a \in \Sigma \,\} \ \cup\ \{\, (q, \varepsilon, A, q, \alpha) \mid A \to \alpha \in P \,\} \qquad (6.6)$$

gilt $L_\varepsilon(K_G) = L(G)$. $\square$

Wir wollen den Kellerautomaten K_G, der durch obiges Verfahren zu einer kontextfreien Grammatik G konstruiert wird, einen *Parser* von G nennen. Die im Beweis beschriebene Transformation, die jede kontextfreie Grammatik in einen äquivalenten Parser übersetzt, wollen wir *Parser-Generator* nennen. Auf Parser und Parser-Generatoren kommen wir in Abschnitt 7.2 noch zurück.

Ein Nebenergebnis des letzten Beweises ist, dass es zu jeder kontextfreien Sprache einen sie akzeptierenden Kellerautomaten gibt, der nur einen einzigen Zustand besitzt. Dies bedeutet sogar, dass im Prinzip gar keine Zustände nötig sind, denn den einen Zustand kann man auch weglassen. Das wird auch deutlich an Definition der Zustandsübergänge (6.6) von K_G, welche die Linksableitungen simulieren: Die Regeln $A \to \alpha$ der Grammatik werden als Tupel $(q, \varepsilon, A, q, \alpha)$ geschrieben. Würde man den einzigen Zustand q und das ε (von der Eingabe wird beim Ableiten nichts gelesen) weglassen, stünde quasi die Regel $A \to \alpha$ in der Form (A, α) da.

Beispiel 6.4. Wir betrachten die Grammatik

$$G = (\{\, a, b \,\}, \{S\}, \{S \to aSb \mid \varepsilon \,\}, S)$$

die die Sprache $L = \{\, a^n b^n \mid n \geq 0 \,\}$ erzeugt (siehe Einleitung von Abschnitt 5.1.1). Nach obiger Konstruktion erhalten wir den Parser

$$K_G = (\{\, a, b \,\}, \{q\}, \{\, a, b, S \,\}, \delta, q, S)$$

mit

$$\delta = \{\, (q,a,a,q,\varepsilon), (q,b,b,q,\varepsilon),$$
$$(q,\varepsilon,S,q,aSb), (q,\varepsilon,S,q,\varepsilon)\,\}$$

Wir wollen eine Konfigurationsfolge betrachten, die das Wort a^3b^3 akzeptiert:

$$(q,a^3b^3,S) \vdash (q,a^3b^3,aSb) \vdash (q,a^2b^3,Sb) \vdash (q,a^2b^3,aSbb)$$
$$\vdash (q,ab^3,Sbb) \vdash (q,ab^3,aSbbb) \vdash (q,b^3,Sbbb)$$
$$\vdash (q,b^3,bbb) \vdash (q,b^2,bb) \vdash (q,b,b)$$
$$\vdash (q,\varepsilon,\varepsilon) \qquad\qquad \square$$

Satz 6.3. Zu jedem Kellerautomaten $K = (\Sigma, S, \Gamma, \delta, s_0, \bot)$ lässt sich eine kontextfreie Grammatik G_K konstruieren mit $L(G_K) = L(K)$.

Beweis Zunächst überlegen wir, dass wir jede Zustandsüberführung

$$(s,a,A,s',B_1 B_2 \ldots B_m) \in \delta \text{ mit } m \geq 3$$

mithilfe neuer Zustände $s_1, s_2, \ldots, s_{m-2}$ simulieren können durch die $m - 1$ Überführungen

$$(s,a,A,s_1,B_{m-1}B_m), (s_1,\varepsilon,B_{m-1},s_2,B_{m-2}B_{m-1}), \ldots, (s_{m-2},\varepsilon,B_2,s',B_1B_2)$$

Jeder Kellerautomat kann also in einen äquivalenten transformiert werden, für den gilt: Ist $(s,a,A,s',\alpha) \in \delta$, dann ist $|\alpha| \leq 2$. Wir können also im Folgenden bei Bedarf immer davon ausgehen, dass ein Kellerautomat bei einem Zustandsübergang ein Wort mit höchstens zwei Buchstaben auf den Keller schreibt.

Der Kellerautomat K sei nun von dieser Art. Wir konstruieren die Grammatik G_K so, dass sie quasi alle möglichen Konfigurationsübergänge von K durch Linksableitungen simulieren kann. Dazu ist es notwendig, dass die Zustände der Grammatik, d.h. die Nichtterminale, alle prinzipiell möglichen Konfigurationsübergänge speichern können. Die Nichtterminale müssen also für einen Übergang den Zustand vor dem Übergang, das vom Keller gelesene Symbol sowie den Zustand nach dem Übergang speichern. Aus diesen Überlegungen ergeben sich das Nichtterminalalphabet

$$N = \{\, Z \,\} \cup (S \times \Gamma \times S)$$

wobei Z das Startsymbol von G_K ist, sowie die Regelmenge

$$P = \{\, Z \to (s_0, \bot, s) \mid s \in S \,\} \tag{6.7}$$
$$\cup \{\, (s,A,s') \to a \mid (s,a,A,s',\varepsilon) \in \delta \,\} \tag{6.8}$$
$$\cup \{\, (s,A,s') \to a(t,B,s') \mid (s,a,A,t,B) \in \delta,\ s' \in S \,\} \tag{6.9}$$
$$\cup \{\, (s,A,s') \to a(t,B,q)(q,C,s') \mid (s,a,A,t,BC) \in \delta,\ s',q \in S \,\} \tag{6.10}$$

Die Regeln (6.7) versetzen die Grammatik in alle möglichen Startkonfigurationen. Die Regeln (6.8) stellen alle Terminierungsregeln dar (zu beachten ist, dass $a \in \Sigma \cup \{\,\varepsilon\,\}$

ist). Die Regeln (6.9) und (6.10) simulieren das Erzeugen weiterer Symbole. Für die Grammatik $G_K = (\Sigma, N, P, Z)$ gilt $L(G_K) = L(K)$. $\square$

Die Regeln (6.8) entsprechen den Regeln $A \to a$, die Regeln (6.9) entsprechen den Regeln $A \to aB$, und die Regeln (6.10) entsprechen den Regeln $A \to aBC$. Wenn wir nun den Fall betrachten, dass $a \neq \varepsilon$ ist, so haben wir mit dem Beweis des Satzes 6.2 gleichzeitig einen Beweis für den Satz 5.4 erhalten, der besagt, dass jede kontextfreie Grammatik in eine äquivalente (abgesehen vom leeren Wort) in Greibach-Normalform umgewandelt werden kann. Der Beweis bestätigt sogar die Verschärfung der Greibach-Normalform, die im Anschluss an den Satz 5.4 dargestellt wird, nämlich dass Regeln der Art $A \to a$, $A \to aB$ und $A \to aBC$ ausreichen.

Beispiel 6.5. Wir wollen mit dem vorgestellten Verfahren zum Kellerautomaten K_1 aus Beispiel 6.1 eine äquivalente Grammatik G_{K_1} konstruieren.

Das Nichtterminalalphabet ist

$$N = \{\, Z \,\} \cup (\{\, s_0, s_1, s_f \,\} \times \{\, a, \bot \,\} \times \{\, s_0, s_1, s_f \,\})$$

Aus schreibtechnischen Gründen werden für $i, j \in \{\, 0, 1, f \,\}$ die Zustände $(s_i, \bot, s_j)$ mit S_{ij} und die Zustände (s_i, a, s_j) mit A_{ij} notiert. Mit diesen Bezeichnungen führen wir nun obige Konstruktion durch:

- Die Vorschrift (6.7) liefert die Regeln $Z \to S_{00} \mid S_{01} \mid S_{0f}$.

- Die Vorschrift (6.8) angewendet auf die Zustandsüberführen (6.3), (6.4) und (6.5) liefert die Terminierungsregeln

$$S_{0f} \to \varepsilon, \; A_{01} \to b, \; A_{11} \to b \text{ bzw. } S_{1f} \to \varepsilon$$

- Die Vorschrift (6.9) trifft auf K_1 nicht zu.

- Die Anwendung von (6.10) auf die Überführung (6.1) liefert die Produktionen

$$S_{00} \to aA_{00}S_{00} \mid aA_{01}S_{10} \mid aA_{0f}S_{f0}$$
$$S_{01} \to aA_{00}S_{01} \mid aA_{01}S_{11} \mid aA_{0f}S_{f1}$$
$$S_{0f} \to aA_{00}S_{0f} \mid aA_{01}S_{1f} \mid aA_{0f}S_{ff}$$

- Die Anwendung von (6.10) auf die Überführung (6.2) liefert die Produktionen

$$A_{00} \to aA_{00}A_{00} \mid aA_{01}A_{10} \mid aA_{0f}A_{f0}$$
$$A_{01} \to aA_{00}A_{01} \mid aA_{01}A_{11} \mid aA_{0f}A_{f1}$$
$$A_{0f} \to aA_{00}A_{0f} \mid aA_{01}A_{1f} \mid aA_{0f}A_{ff}$$

Man kann feststellen, dass die Grammatik eine Menge nutzloser Nichtterminale enthält. Das liegt daran, dass wir den Kellerautomaten K_1 von vorne herein so programmiert haben, dass er nur für korrekte Eingabewörter Zustandsüberführungen vorsieht.

Die Transformation liefert auch Regeln, welche Wörter erzeugen, die nicht terminal, d.h. nicht zu Wörtern der Sprache abgeleitet werden können. Wenn wir, etwa mit dem im Abschnitt 5.1.2 vorgestellten Verfahren, die nutzlosen Terminale beseitigen, erhalten wir die Grammatik

$$G'_K = (\{\, a, b \,\}, \{ Z, S_{0f}, S_{1f}, A_{01}, A_{11} \,\}, P, Z)$$

mit den Produktionen

$$P = \{\, Z \to S_{0f}, \; S_{0f} \to aA_{01}S_{1f} \mid \varepsilon, \; A_{01} \to aA_{01}A_{11} \mid b, \; A_{11} \to b, \; S_{1f} \to \varepsilon \,\}$$

Man kann leicht verifizieren, dass $L(G'_K) = L(K_1)$ gilt. Aus G'_K können noch die Kettenregel $Z \to S_{0f}$ und damit das Nichtterminal Z eliminiert werden, S_{0f} wird dann Startsymbol. □

In Abschnitt 5.2 haben wir in Satz 5.8 behauptet, dass die Klasse der kontextfreien Sprachen abgeschlossen gegenüber Durchschnitt mit regulären Sprachen ist. Mithilfe von Kellerautomaten können wir den Beweis jetzt führen: Es sei $L_1 \in kfS_\Sigma$ und $L_2 \in REG_\Sigma$, dann ist $L_1 \cap L_2 \in kfS_\Sigma$.

Beweis (von Satz 5.8) Sei $K = (\Sigma, S_K, \Gamma, \delta_K, s_{0_K}, \bot, F_K)$ ein Kellerautomat, der L_1 akzeptiert, $L_1 = L(K)$, und sei $A = (\Sigma, S_A, \delta_A, s_{0_A}, F_A)$ ein endlicher Automat, der L_2 akzeptiert, $L_2 = L(A)$.

Wir konstruieren einen Kellerautomaten K', der K und A parallel ausführt (vergleiche auch die Konstruktion eines endlichen Automaten, der den Durchschnitt von zwei regulären Sprachen akzeptiert, am Ende von Abschnitt 3.3.1):

$$K' = (\Sigma, S_A \times S_K, \Gamma, \delta', (s_{0_A}, s_{0_K}), \bot, F_A \times F_K)$$

mit

$$\delta' = \{\, ((s,t), a, X, (s', t'), \gamma) \mid \delta_A(s,a) = s', \; (t', \gamma) \in \delta_K(t, a, X), \; a \in \Sigma \,\}$$
$$\cup \; \{\, ((s,t), \varepsilon, X, (s, t'), \gamma) \mid (t', \gamma) \in \delta_K(t, \varepsilon, X) \,\}$$

K' liest entweder ein Eingabesymbol und führt entsprechende Übergänge in A und in K gleichzeitig aus, oder K' führt einen ε-Übergang von K aus und lässt die Konfiguration in A unverändert. Es gilt: $L(K') = L_1 \cap L_2$. □

6.3 Deterministische Kellerautomaten

Betrachten wir noch einmal den Parser K_G für die Grammatik G in Beispiel 6.5 (oder den in Aufgabe 6.4 zu konstruierenden Parser $K_{G_{Arith}}$ für die Grammatik G_{Arith}), dann stellen wir fest, dass dies nichtdeterministische Kellerautomaten sind. Damit tritt das Problem Backtracking auf. In der Konfigurationsfolge in Beispiel 6.5 werden die Zustandsübergänge immer „richtig" gewählt, so dass kein Backtracking entsteht. Bei nichtdeterministischen Kellerautomaten kann das Erkennen von Wörtern jedoch allgemein exponentiell lange dauern, d.h. wenn ein Eingabewort w die Länge n hat, kann der Test, ob w akzeptiert wird oder nicht, in der Größenordnung c^n Schritte dauern ($c \geq 2$). Wenn also z.B. ein Programm aus 1 000 Zeichen besteht – also ein relativ kleines Programm ist –, kann der syntaktische Test durch den Parser mehr als $2^{1\,000}$ Schritte dauern. Da $2^{10} > 10^3$ ist, gilt $2^{1\,000} > 10^{300}$. 10^{300} Schritte würden selbst auf den schnellsten verfügbaren Rechnern unvorstellbar lange dauern.

Wir müssen also an deterministischen Zustandsübergängen interessiert sein, die am besten eine lineare Parsezeit garantieren, d.h. falls ein Wort die Länge n hat, dauert sein syntaktischer Test der Größenordnung nach n Schritte.

Definition 6.4. Ein Kellerautomat $K = (\Sigma, S, \Gamma, \delta, s_0, \perp, F)$ heißt *deterministisch*, falls für alle $s \in S$, $a \in \Sigma$ und $A \in \Gamma$ gilt: $|\delta(s,a,A)| + |\delta(s,\varepsilon,A)| \leq 1$. Eine Sprache L heißt *deterministisch kontextfrei*, falls es einen deterministischen Kellerautomaten K gibt, der L akzeptiert, d.h. für den $L = L(K)$ gilt, wobei

$$L(K) = \{\, w \in \Sigma^* \mid (s_0, w, \perp) \vdash^* (s, \varepsilon, \gamma),\ s \in F,\ \gamma \in \Gamma^* \,\}$$

gilt. Mit $DPDA_\Sigma$ bezeichnen wir die Klasse der Sprachen über Σ, die von deterministischen Kellerautomaten akzeptiert werden.   □

Bei deterministischen Kellerautomaten K kann also für ein $s \in S$, ein $a \in \Sigma \cup \{\varepsilon\}$ und ein $A \in \Gamma$ höchstens ein Übergang existieren.

Die in den Beispielen 6.1 und 6.2 betrachteten Sprachen L_1 und L_2 sind Beispiele für deterministische kontextfreie Sprachen, denn die Kellerautomaten K_1 und K_2, die diese Sprachen akzeptieren, sind deterministisch.

Aus der Definition 6.4 folgt unmittelbar, dass deterministische endliche Automaten als Spezialfälle von deterministischen Kellerautomaten aufgefasst werden können, und, da die Sprache $L_1 = \{\, a^n b^n \mid n \geq 0 \,\}$ deterministisch kontextfrei (siehe Beispiel 6.1) aber nicht regulär ist (siehe Abschnitt 3.3.4), gilt der folgende Satz.

Satz 6.4. Es gilt $REG_\Sigma \subset DPDA_\Sigma$.   □

Man kann zeigen, dass die Sprache L_3 in Beispiel 6.3 („die in der Mitte gespiegelten Wörter ohne Spiegel") nicht deterministisch kontextfrei ist. Anders als bei endlichen Automaten sind also im Allgemeinen nichtdeterministische Kellerautomaten nicht in deterministische äquivalent transformierbar, womit der folgende Satz gilt.

Satz 6.5. Es gilt $DPDA_\Sigma \subset PDA_\Sigma$.   □

Wir haben also einerseits an Effizienz gewonnen, denn Wörter können auf Zugehörigkeit zu einer deterministischen kontextfreien Sprache in linearer Zeit getestet werden. Andererseits verlieren wir an Mächtigkeit: Nicht alle kontextfreien Sprachen sind deterministisch. Es hat sich aber gezeigt, dass man mit den deterministisch kontextfreien Kellerautomaten in der Praxis „gut leben" kann: Die Klasse $DPDA_\Sigma$ stimmt mit der Klasse der sogenannten $LR(k)$-Sprachen überein. Konzepte dieser Sprachklasse reichen weitgehend aus, um Sprachdefinitionen und -implementationen in der Praxis durchzuführen.

Für deterministisch kontextfreie Sprachen gelten folgende – teilweise von den kontextfreien Sprachen abweichende – Abschlusseigenschaften.

(1) Ist $L \in REG_\Sigma$, dann gilt $L \in DPDA_\Sigma$: Jeder reguläre Sprache ist auch deterministisch kontextfrei.

(2) Ist $L \in DPDA_\Sigma$, dann gilt $\Sigma^* - L \in DPDA_\Sigma$: Das Komplement deterministisch kontextfreier Sprachen ist deterministisch kontextfrei.

(3) Ist $L_1 \in DPDA_\Sigma$ und $L_2 \in REG_\Sigma$, dann gilt: $L_1 \cap L_2 \in DPDA_\Sigma$: Der Durchschnitt einer deterministisch kontextfreien Sprache mit einer regulären Sprache ist deterministisch kontextfrei.

(4) $DPDA_\Sigma$ ist nicht abgeschlossen gegenüber Durchschnitt, Vereinigung, Konkatenation und Kleene-Stern-Produkt.

Dass das Wortproblem für PDA_Σ entscheidbar ist, haben wir bereits in Abschnitt 6.2 ausführlich behandelt: Das Problem „Gegeben ein Wort w und eine kontextfreie Sprache L, gilt $w \overset{?}{\in} L$" kann gelöst werden, indem man zur Grammatik, die L erzeugt, den Parser konstruiert. Mithilfe des Parsers kann getestet werden, ob $w \in L$ gilt oder nicht.

Es gibt ferner Verfahren, mit denen entschieden werden kann, ob eine kontextfreie Sprache leer, endlich bzw. unendlich ist. Die Beweise können analog den Beweisen der entsprechenden Aussagen für reguläre Sprachen in Abschnitt 3.3.3 mithilfe des Pumping-Lemmas erfolgen.

Wie bereits erwähnt, ist das Wortproblem für $DPDA_\Sigma$ (effizient) lösbar. Ist $L_1 \in DPDA_\Sigma$ und $L_2 \in REG_\Sigma$, dann sind folgende Probleme entscheidbar: $L_1 \overset{?}{=} L_2$, $L_2 \overset{?}{\subseteq} L_1$, $\overline{L_1} \overset{?}{=} \emptyset$, $\overline{L_1} \overset{?}{\in} PDA_\Sigma$, $L_1 \overset{?}{\in} REG_\Sigma$.

Sind $L_1, L_2 \in DPDA_\Sigma$ sowie $L_3 \in PDA_\Sigma$, dann sind folgende Probleme nicht entscheidbar: $L_1 \overset{?}{\subseteq} L_2$, $L_1 \cap L_2 \overset{?}{=} \emptyset$, $L_1 \cap L_2 \overset{?}{\in} DPDA_\Sigma$, $L_1 \cap L_2 \overset{?}{\in} PDA_\Sigma$, $L_1 \cup L_2 \overset{?}{\in} DPDA_\Sigma$, $L_3 \overset{?}{\in} DPDA_\Sigma$.

In Definition 6.4 haben wir für die Elemente von $DPDA_\Sigma$ das Akzeptieren mit Endzustand festgelegt. Analog zu allgemeinen Kellerautomaten kann man das Akzeptieren für deterministische Kellerautomaten ebenfalls mit leerem Keller definieren. Die dadurch festgelegte Sprachklasse wollen wir mit $DPDA_\Sigma^\varepsilon$ bezeichnen. Der folgende Satz besagt, dass im Unterschied zu nicht deterministischen Kellerautomaten bei deterministischen nicht die Äquivalenz zwischen Akzeptieren mit Endzustand und Akzeptieren mit leerem Keller gilt.

Satz 6.6. Es gilt $DPDA_\Sigma^\varepsilon \subset DPDA_\Sigma$. $\qquad\qquad\square$

Woran liegt das? Der Grund liegt darin, dass ein Kellerautomat – sowohl im nicht deterministischen als auch im deterministischen Fall – immer anhält, wenn der Keller leer ist, d.h. für eine Konfiguration (s, y, ε) ist niemals eine Folgekonfiguration möglich. Sei z.B. x das kleinste echte Präfix vom Wort $w = xy$, sowie x und w seien Elemente einer Sprache L, dann kommt ein deterministischer Kellerautomat, der mit leerem Keller akzeptiert, schon nach dem Abarbeiten von x in eine Konfiguration, in der der Keller leer ist, und er könnte den Suffix y gar nicht mehr bearbeiten und damit zwar das Wort x aber nicht das gesamte Wort w akzeptieren. Einen Kellerautomaten mit Endzustand kann man hingegen so programmieren, dass er sowohl x als auch w akzeptiert.

Der folgende Satz besagt, dass die Klasse der deterministisch kontextfreien Sprachen mit Präfixeigenschaft genau die Klasse der Sprachen ist, die durch deterministische Kellerautomaten mit leerem Keller akzeptiert werden.

Satz 6.7. Es sei $L \in DPDA_\Sigma$. Dann hat L die Präfixeigenschaft genau dann, wenn $L \in DPDA_\Sigma^\varepsilon$ ist. □

Der folgende Satz gibt die Beziehungen zwischen den Sprachklassen REG_Σ und $DPDA_\Sigma^\varepsilon$ an.

Satz 6.8. Es sei Σ ein Alphabet mit $|\Sigma| \geq 2$. Dann gibt es Sprachen L, L' und L'' über Σ mit

(1) $L \in REG_\Sigma - DPDA_\Sigma^\varepsilon$, d.h. es gibt reguläre Sprachen, die nicht von deterministischen Kellerautomaten mit leerem Keeler akzeptiert werden können.

(2) $L' \in DPDA_\Sigma^\varepsilon - REG_\Sigma$, d.h. es gibt Sprachen, die von deterministischen Kellerautomaten mit leerem Keller akzeptiert werden, aber nicht regulär sind.

(3) $L'' \in REG_\Sigma \cap DPDA_\Sigma^\varepsilon \neq \emptyset$, d.h. es gibt Sprachen, die sowohl regulär sind als auch von deterministischen Kellerautomaten mit leerem Keller akzeptiert werden.

Beweis Es sei $\Sigma = \{a, b\}$. Wir geben für alle drei Fälle eine Sprache über Σ an.

(1) Die Sprache $L = \{a^m b^n \mid m, n \geq 0\} = \{a\}^* \{b\}^*$ ist regulär. Sie ist aber nicht präfixfrei und kann damit wegen Satz 6.7 auch nicht von deterministischen Kellerautomaten mit leerem Keller akzeptiert werden.

(2) Die Sprache $L' = \{a^n b^n \mid n \geq 1\}$ kann von einem deterministischen Kellerautomaten mit leerem Keller akzeptiert werden (siehe Beispiel 6.1: der Kellerautomat K_1 hat zwar Endzustände, akzeptiert aber genau die Wörter $a^n b^n$, $n \geq 1$, mit leerem Keller), L' ist aber nicht regulär (siehe Abschnitt 3.3.4).

(3) Die Sprache $L'' = \{a^n b \mid n \geq 0\} = \{a\}^* \{b\}$ ist regulär, damit deterministisch kontextfrei (siehe Satz 6.4). Zudem ist sie präfixfrei. Somit wird sie gemäß Satz 6.7 auch von einem deterministischen Kellerautomaten mit leerem Keller akzeptiert. □

Das „angehängte" b bei den Wörtern der Sprache L'' im obigen Beweis sorgt dafür, dass diese Sprache präfixfrei ist. In der folgenden Definition wird diese Idee verallgemeinert.

Definition 6.5. Sei Σ ein Alphabet und \$ ein Symbol, das nicht in Σ enthalten ist. Für jede Sprache L über Σ sei die Sprache $L\$$ festgelegt durch: $L\$ = L \circ \{\$\}$. An jedes Wort von L wird also das spezielle Symbol \$ angehängt. □

Folgerung 6.1. Sei Σ ein Alphabet, L eine Sprache über Σ und $\$ \notin \Sigma$. Dann ist die Sprach $L\$$ präfixfrei. □

Jede Sprache lässt sich also leicht in eine ähnliche Sprache mit Präfixeigenschaft transformieren. Und auf diese Weise lässt sich jede deterministische kontextfreie Sprache in eine kontextfreie Sprache transformieren, die von deterministischen Kellerautomaten mit leerem Keller akzeptiert wird.

Satz 6.9. Sei Σ ein Alphabet und $\$$ ein Symbol, das nicht in Σ enthalten ist. Für jede Sprache $L \in DPDA_\Sigma$ ist $L\$ \in DPDA^\varepsilon_{\Sigma \cup \{\$\}}$. □

6.4 Bibliographische Hinweise

Ausführliche Betrachtungen zu Kellerautomaten und ihre Bedeutung für kontextfreie Sprachen findet man in allen Standardwerken zu Formalen Sprachen, z.B. in Asteroth und Baier (2002), Floyd und Beigel (1996), Hopcroft et al. (2013), Kozen (1997), Lewis und Papadimitriou (1998), Schöning (2009), Sipser (2006), Sudkamp (2006) sowie Wegener (2005b). In Asteroth und Baier (2002) werden ausführlich die Sprachklassen $LR(k)$, $k \geq 0$, und ihre Beziehungen zu deterministischen kontextfreien Sprachen untersucht; insbesondere werden grundlegende Konzepte für Parsing-Algorithmen für diese Sprachklassen vorgestellt.

6.5 Übungen

6.1 Gegeben sie die Sprache $L = \{ w \in \{a, b\}^* \mid |w|_a = |w|_b \}$. Konstruieren Sie einen Kellerautomaten, der L akzeptiert. Testen Sie Ihren Automaten mit Wörtern, die zu L gehören, und mit Wörtern, die nicht zu L gehören.

6.2 Geben Sie eine kontextfreie Grammatik G an, die die Sprache L_2 aus Beispiel 6.2 erzeugt. Konstruieren Sie mit dem Verfahren aus dem Beweis von Satz 6.2 zum Kellerautomaten K_2 aus Beispiel 6.2 die Grammatik G_{K_2}. Vergleichen Sie die Grammatiken G und G_{K_2}.

6.3 Begründen Sie, dass jede Sprache $L \in PDA^F_\Sigma$ mit höchstens einem Endzustand akzeptiert werden kann.

6.4 Transformieren Sie mit dem Verfahren aus dem Beweis von Satz 6.2 die aus Beispiel 5.1 bekannte Grammatik G_{Arith} in einen Parser $K_{G_{Arith}}$.

Geben Sie ferner für den Parser $K_{G_{Arith}}$ eine Konfigurationsfolge für das Akzeptieren des arithmetischen Ausdrucks $a * (((a - a)/a) - ((a + a) * a))$ an.

6.5 Konstruieren Sie zur Grammatik G_3 aus Beispiel 6.3 den Parser K_{G_3}, und vergleichen Sie diesen mit dem (äquivalenten) Kellerautomaten K_3 aus dem Beispiel.

6.6 Beweisen Sie Satz 6.7.

6.7   Beweisen Sie Folgerung 6.1.

6.8   Beweisen Sie Satz 6.9.

Kapitel 7

Anwendungen kontextfreier Sprachen

In diesem Kapitel behandeln wir wichtige Anwendungen kontextfreier Sprachen, insbesondere im Compilerbau und bei der Definition der Syntax von höheren Programmiersprachen. Die dabei zentralen Ableitungs- und Syntaxbäume werden auch in völlig anderen Zusammenhängen verwendet (z.B. zur Darstellung von Anfragen in relationalen Datenbanken zum Zwecke der Optimierung). Sodann beschreiben wir reguläre Definitionen, also kontextfreie Grammatiken mit regulären Ausdrücken auf rechten Seiten von Produktionen. Diese werden z.B. verwendet in Zusammenhang mit der Markierungssprache XML.

7.1 Ableitungs- und Syntaxbäume

Wir erinnern uns zunächst an die in Abschnitt 5.2 eingeführten Ableitungsbäume (vgl. Definition 5.5), welche zur Veranschaulichung der Ableitungen kontextfreier Grammatiken dienen.

Beispiel 7.1. Es sei die kontextfreie Grammatik $G = (\{a, b\}, \{S, A\}, P, S)$ mit der Regelmenge $P = \{S \rightarrow aAS \mid a, \ A \rightarrow SbA \mid SS \mid ba\}$ gegeben. Dann wird die Linksableitung

$$S \Rightarrow aAS \Rightarrow aSbAS \Rightarrow aabAS \Rightarrow aabbaS \Rightarrow aabbaa$$

durch den Ableitungsbaum in Bild 7.1 dargestellt. Die Rechtsableitung

$$S \Rightarrow aAS \Rightarrow aAa \Rightarrow aSbAa \Rightarrow aSbbaa \Rightarrow aabbaa$$

leitet dasselbe Wort ab und hat denselben Ableitungsbaum. □

Definition 7.1. Sei t_G der Ableitungsbaum einer Ableitung mit der Grammatik G, dann heißt die Zeichenkette, die sich durch Konkatenation der Markierungen der Blätter von t_G von links nach rechts ergibt, die *Front* von t_G. □

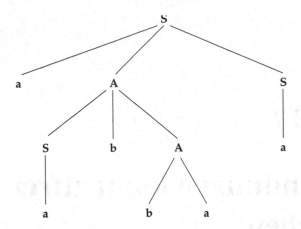

Bild 7.1: Ableitungsbaum für die Linksableitung von $aabbaa$.

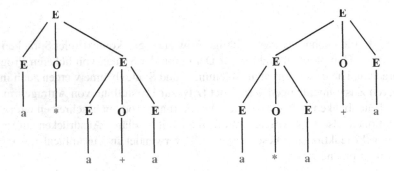

Bild 7.2: Verschiedene Ableitungsbäume für $a * a + a$.

Dass Ableitungen und Ableitungsbäume gleichwertige Hilfsmittel für die Durchführung von Ableitungen mit einer Grammatik sind, besagt der folgende Satz, den wir ohne Beweis angeben.

Satz 7.1. Sei G eine kontextfreie Grammatik mit Startsymbol S, dann gibt es eine Ableitung $S \Rightarrow^* \omega$ genau dann, wenn es einen Ableitungsbaum über G gibt, dessen Front gleich ω ist.   □

In Abschnitt 5.2 hatten wir bereits *mehrdeutige* Grammatiken betrachtet (vgl. Definition 5.6), woran wir hier noch einmal anknüpfen wollen. Welche Probleme bereiten mehrdeutige Grammatiken, insbesondere wenn wir an die Auswertung arithmetischer (oder Boolescher) Ausdrücke denken? Ein Compiler würde aus den Ableitungsbäumen in Bild 7.2 die Termbäume in Bild 7.3 generieren, wobei wir die Platzhalter a durch nummerische (Beispiel-) Konstanten ersetzt haben. Die Auswertung des linken Termbaums berechnet zuerst $3 + 4 = 7$, multipliziert das Ergebnis mit 2, liefert also als Gesamtergebnis 14. Diese Auswertung berücksichtigt nicht, dass „Punktrechnung vor Strichrechnung geht", und entspricht der Auswertung des Terms $2 * (3 + 4)$. Die

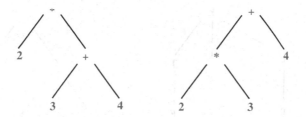

Bild 7.3: Termbäume zu den Ableitungsbäumen aus Bild 7.2.

Auswertung des rechten Termbaums, zuerst Multiplikation, dann Addition, liefert das richtige Ergebnis $2 * 3 + 4 = 10$.

Beim Entwurf von Programmiersprachen ist also darauf zu achten, dass die Grammatiken zur Definition ihrer Syntax eindeutig sind, damit die Ausführung der Programme zu eindeutigen und korrekten Ergebnissen führen.

Wir wollen beispielhaft die Grammatik G_{Arith} in eine äquivalente eindeutige Grammatik transformieren. Dazu verwenden wir drei Hilfssymbole:

- F (für „Faktor") steht für „atomare" Ausdrücke, d.h. für einzelne Operanden oder für geklammerte Ausdrücke;

- T (für „Term") steht für „Punktoperationen", d.h. für eine Folge von mit $*$ oder mit $/$ verknüpften Faktoren;

- E (für „Ausdruck", englisch: expression) steht für „Strichoperationen", d.h. für eine Folge von mit $+$ oder mit $-$ verknüpften Termen.

Die folgende Regelmenge P berücksichtigt die so festgelegte Bedeutung der Hilfssymbole:

$$P = \{\, E \to E + T \mid E - T \mid T,$$
$$T \to T * F \mid T/F \mid F,$$
$$F \to (E) \mid a \,\}$$

Dabei ist a wieder Platzhalter für nummerische Konstanten, die mit der Erweiterung der Grammatik G_{Arith} aus Aufgabe 5.1 erzeugt werden können. Insgesamt erhalten wir die Grammatik

$$G_{Arith}^{ein} = (\{\, a, (,), +, -, *, / \,\}, \{\, E, F, T \,\}, P, E)$$

Es kann gezeigt werden, dass G_{Arith}^{ein} eindeutig und äquivalent zu G_{Arith} ist. Der Term $a * a + a$ kann in G_{Arith}^{ein} durch folgende Linksableitung erzeugt werden:

$$E \Rightarrow E + T \Rightarrow T + T \Rightarrow T * F + T \Rightarrow F * F + T$$
$$\Rightarrow a * F + T \Rightarrow a * a + T \Rightarrow a * a + F \Rightarrow a * a + a$$

Bild 7.4 zeigt den zugehörigen Ableitungsbaum sowie den entsprechenden Termbaum.

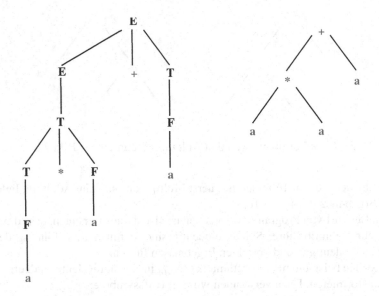

Bild 7.4: Ableitungsbaum für $a*a+a$ mit der eindeutigen Grammatik und zugehöriger Termbaum.

Eine Sprache L heißt *inhärent mehrdeutig*, falls jede Grammatik G, die L erzeugt, mehrdeutig ist. Die Sprache *Arith* ist also nicht inhärent mehrdeutig, denn es gibt (mindestens) eine eindeutige Grammatik, nämlich G_{Arith}^{ein}, die *Arith* erzeugt.

Es gibt aber Sprachen, die inhärent mehrdeutig sind, wie z.B. die Sprache

$$L = \{\, a^i b^j c^k \mid i = j \text{ oder } j = k,\ i, j, k \geq 0 \,\}$$

Inhärente Mehrdeutigkeit ist im Übrigen nicht entscheidbar, d.h. es gibt kein allgemeines Verfahren, das für eine Sprache feststellt, ob sie inhärent mehrdeutig ist oder nicht.

7.2 Compilerbau

Ableitungsbäume dienen nicht nur der Veranschaulichung von Ableitungen, sondern sie spielen im Compilerbau eine wichtige Rolle. Sie werden als interne Repräsentation eines Programmes vom Compiler aufgebaut und sind Ausgangspunkt für die Erzeugung des Objektcodes zu dem Programm, der auf einer Zielmaschine ablauffähig ist. Wir wollen jetzt am Beispiel der arithmetischen Ausdrücke (vgl. Abschnitt 5.1) andeuten, wie aus einem Ableitungsbaum, der die Ableitung eines arithmetischen Ausdrucks mit der Grammatik G_{Arith} darstellt, ein Objektcode erzeugt wird, der von einem Rechner ausgeführt werden kann.

Ein Hilfsmittel für die Erzeugung des Objektcodes sind sogenannte *Termbäume* (auch Syntax-, Ausdrucks- oder Kantorovic-Bäume genannt). Die Knoten von Termbäumen von arithmetischen Ausdrücken enthalten nur Terminalsymbole, und zwar

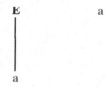

Bild 7.5: Ableitungsbaum und Termbaum für a.

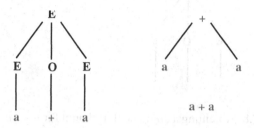

Bild 7.6: Ableitungsbaum und Termbaum für $a + a$.

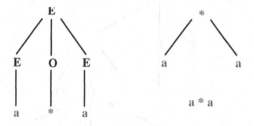

Bild 7.7: Ableitungsbaum und Termbaum für $a * a$.

enthalten die inneren Knoten nur Operatorsymbole, und die Blätter enthalten nur Operandensymbole, in unserem Fall also den Platzhalter a. Termbäume von arithmetischen Ausdrücken repräsentieren deren Struktur. Die Bilder 7.5 – 7.9 zeigen Ableitungsbäume und zugehörige Termbäume der in Beispiel 5.1 (im Abschnitt 5.1) genannten Beispielausdrücke. Dabei sind für spätere Bezugnahmen die Knoten des Termbaums in Bild 7.10 nummeriert und die a's indiziert.

Den Termbaum zu einem Ableitungsbaum erhält man wie folgt:

1. Streiche aus dem Ableitungsbaum alle Blätter, die mit Klammern, also mit (oder mit) markiert sind.

2. Streiche aus dem Ableitungsbaum alle Blätter mit Markierung a, ersetze jeweils in den Vorgängerknoten die Markierung E durch die Markierung a.

3. Streiche aus dem Ableitungsbaum alle Blätter, die mit Operatorsymbolen markiert sind, ersetze jeweils in den Vorgängerknoten die Markierung O durch das jeweilige Operatorsymbol.

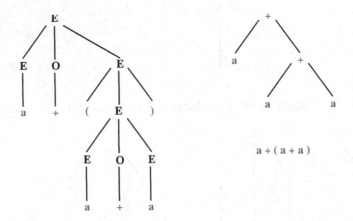

Bild 7.8: Ableitungsbaum und Termbaum für $a + (a + a)$.

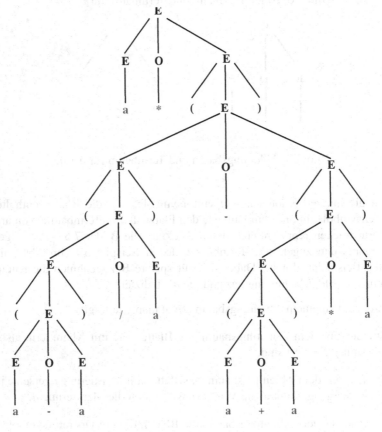

Bild 7.9: Ableitungsbaum für $a * (((a - a)/a) - ((a + a) * a))$.

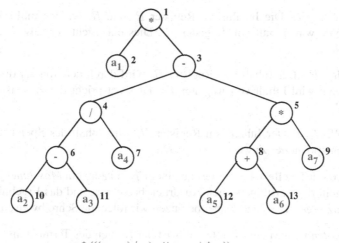

a * (((a - a) / a) - ((a + a) * a))

Bild 7.10: Termbaum für $a * (((a - a)/a) - ((a + a) * a))$.

4. Hat ein Knoten die Markierung E und drei Nachfolger, die von links nach rechts mit a, einem Operatorsymbol und a markiert sind, ersetze E durch das Operatorsymbol und streiche den Operatorknoten.

5. Hat ein Knoten mit Markierung E genau einen Nachfolger, der mit einem Operatorsymbol markiert ist, ersetze den E-Knoten durch diesen Nachfolger.

Führt man das Verfahren z.B. auf dem Ableitungsbaum in Bild 7.9 aus, so erhält man den zugehörigen Termbaum in Bild 7.10.

Wir wollen nun beispielhaft andeuten, wie aus einem Termbaum der Objektcode für eine *Zweiadressmaschine* hergeleitet werden kann. Die Zweiadressmaschine habe Speicherplätze, auf deren Inhalte über symbolische Namen (Variablen), wie z.B. a, b, c, x, a_1, a_2 ..., zugegriffen werden kann, sowie Register R_1, R_2, ... (Register sind Speicher mit sehr schnellem Zugriff). Der Einfachheit halber nehmen wir an, dass beliebig viele Register zur Verfügung stehen. Der Befehlsatz der Maschine umfasse die Befehle

- *LOAD R_i, x*: Der Inhalt des Speicherplatzes x wird ins Register R_i geladen. Der Befehl entspricht der Zuweisung $R_i := x$.

- *ADD R_i, R_j*: Die Inhalte der Register R_i und R_j werden addiert, das Ergebnis wird Inhalt von Register R_i. Dies entspricht der Zuweisung $R_i := R_i + R_j$.

- *SUB R_i, R_j*: Der Inhalt von Register R_j wird vom Inhalt von R_i subtrahiert, das Ergebnis wird Inhalt von Register R_i. Dies entspricht der Zuweisung $R_i := R_i - R_j$.

- *MULT R_i, R_j*: Die Inhalte der Register R_i und R_j werden multipliziert, das Ergebnis wird Inhalt von Register R_i. Dies entspricht der Zuweisung $R_i :=$ $R_i * R_j$.

- *DIV R_i, R_j*: Der Inhalt von Register R_i wird durch den von R_j dividiert, das Ergebnis wird Inhalt von Register R_i. Dies entspricht der Zuweisung $R_i :=$ R_i / R_j.

- *STORE R_i, x*: Der Inhalt von Register R_i wird Inhalt des Speicherplatzes x. Das entspricht der Zuweisung $x := R_i$.

Das Verfahren in Tabelle 7.1 generiert zu einem Termbaum ein *Maschinenprogramm*, das den zugehörigen arithmetischen Ausdruck berechnet, und das Ergebnis auf dem Speicherplatz *ergebnis* ablegt. Dabei benutzen wir folgende Schreibweisen:

- *aktKnoten* für aktueller Knoten, das ist der Knoten des Termbaums, der gerade betrachtet wird,

- *vor(k)* für den Vorgängerknoten eines Knotens k,

- *linach(k)* für den linken Nachfolgerknoten eines Knotens k,

- *renach(k)* für den rechten Nachfolgerknoten eines Knotens k,

- *mark(k)* für die Markierung eines Knotens k,

- *wurz(t)* für den Wurzelknoten des Baums t.

Als Beispiel wollen wir zum Termbaum in Bild 7.10 das Maschinenprogramm mit obigem Verfahren generieren. Das machen wir mithilfe der Tabelle 7.2, in der wir die Nummern der Anweisungen des obigen Verfahrens, die ausgeführt werden, die Nummer des aktuellen Knotens gemäß der Nummerierung der Knoten in Bild 7.10, den Inhalt des aktuellen Knotens, eine Kennzeichnung ($\times$), falls er *besucht* ist, den aktuellen Wert von i sowie die generierten Maschinenbefehle eintragen. Aus Tabelle 7.2 erhalten wir das Maschinenprogramm in Tabelle 7.3

Das Programm aus Tabelle 7.3 wird in Tabelle 7.4 mit den Werten $a_1 = 5$, $a_2 =$ 19, $a_3 = 3$, $a_4 = a_5 = a_7 = 2$, $a_6 = 1$ ausgeführt.

Zur Überprüfung rechnen wir den Ausdruck aus:

$$
\begin{aligned}
ergebnis &= 5 * (((19 - 3)/2) - ((2 + 1) * 2)) \\
&= 5 * ((16/2) - (3 * 2)) \\
&= 5 * (8 - 6) \\
&= 5 * 2 \\
&= 10
\end{aligned}
$$

Wir haben die *Codeerzeugung* mit dem Beispiel nur angedeutet und dabei folgende Schritte betrachtet: Transformation des Ableitungsbaums in den Termbaum sowie Generieren des Objektcodes aus dem Termbaum.

Tabelle 7.1: Algorithmus zur Erzeugung eines Maschinenprogramms aus einem Term-baum.

(1) $i := 0$;
(2) $aktKnoten := wurz(Eingabe\text{-}Termbaum)$;
(3)   **while** Baum nicht leer **do**
(4)   **if** $aktKnoten$ ist Blatt des *Eingabe-Termbaums* **do**
(5) $i := i + 1$;
(6)   generiere den Befehl „$LOAD\ R_i,\ mark(aktKnoten)$";
(7)   kennzeichne $aktKnoten$ als *besucht*;
(8)   markiere $aktKnoten$ mit R_i;
(9) $aktKnoten := vorg(aktKnoten)$
(10)   **elseif** $linach(aktKnoten)$ noch nicht *besucht* **then**
(11) $aktKnoten := linach(aktKnoten)$
(12)   **elseif** $renach(aktKnoten)$ noch nicht *besucht* **then**
(13) $aktKnoten := renach(aktKnoten)$
(14)   **else**
(15)   **case** $mark(aktKoten)$
(16) $+$: generiere den Befehl
                       „$ADD\ mark(linach(aktKnoten)),\ mark(renach(aktKnoten))$"
(17) $-$: generiere den Befehl
                       „$SUB\ mark(linach(aktKnoten)),\ mark(renach(aktKnoten))$"
(18) $*$: generiere den Befehl
                       „$MULT\ mark(linach(aktKnoten)),\ mark(renach(aktKnoten))$"
(19) $/$: generiere den Befehl
                       „$DIV\ mark(linach(aktKnoten)),\ mark(renach(aktKnoten))$"
                   endcase
(20)   markiere $aktKnoten$ mit $mark(linach(aktKnoten))$ und *besucht*;
(21)   lösche $linach(aktKnoten)$ und $renach(aktKnoten)$
(22)   **if not** $aktKnoten$ ist $wurz(Eingabe\text{-}Termbaum)$ **then**
(23) $aktKnoten := vorg(aktKnoten)$
               else
(24)   generiere den Befehl „$STORE\ mark(aktKnoten),\ ergebnis$";
(25)   lösche $aktKnoten$
               endif
           endif
(26)   **endwhile**

Tabelle 7.2: Generierung eines Maschinenprogramms zum Termbaum in Bild 7.10.

Anwei-sungen	Nummer	aktueller Knoten Markierung	*besucht*	Zähler i	generierter Befehl
1				0	
2	1	*		0	
3,4,10,11	2	a_1		0	
3,4,5	2	a_1		1	
6	2	a_1		1	LOAD R_1, a_1
7,8	2	R_1	×	1	
9	1	*		1	
3,4,12,13	3	−		1	
3,4,10,11	4	/		1	
3,4,10,11	6	−		1	
3,4,10,11	10	a_2		1	
3,4,5	10	a_2		2	
6	10	a_2		2	LOAD R_2, a_2
7,8	10	R_2	×	2	
9	6	−		2	
3,4,10,12,13	11	a_3		2	
3,4,5	11	a_3		3	
6	11	a_3		3	LOAD R_3, a_3
7,8	11	R_3	×	3	
9	6	−		3	
3,4,10,12,14,15,17	6	−		3	SUB R_2, R_3
20,21	6	R_2	×	3	
22,23	4	/		3	
3,4,10,12,13	7	a_4		3	
3,4,5	7	a_4		4	
6	7	a_4		4	LOAD R_4, a_4
7,8	7	R_4	×	4	
9	4	/		4	
3,4,5,10,12,14,15,19	4	/		4	DIV R_2, R_4
20,21	4	R_2	×	4	
22,23	3	−		4	
3,4,10,12,13	5	*		4	
3,4,10,11	8	+		4	
3,4,10,11	12	a_5		4	
3,4,5	12	a_5		5	
6	12	a_5		5	LOAD R_5, a_5
7,8	12	R_5	×	5	
9	8	+		5	
3,4,10,12,13	13	a_6		5	
3,4,5	13	a_6		6	
6	13	a_6		6	LOAD R_6, a_6
7,8	13	R_6	×	6	
9	8	+		6	
3,4,10,12,14,15,16	8	+		6	ADD R_5, R_6
20,21	8	R_5	×	6	
22,23	5	*		6	
3,4,10,12,13	9	a_7		6	
3,4,5	9	a_7		7	
6	9	a_7		7	LOAD R_7, a_7
7,8	9	R_7	×	7	
9	5	*		7	
3,4,10,12,14,15,18	5	*		7	MULT R_5, R_7
20,21	5	R_5	×	7	
22,23	3	−		7	
3,4,10,12,14,15,17	3	−		7	SUB R_2, R_5
20,21	3	R_2	×	7	
22,23	1	*		7	
3,4,10,12,14,15,18	1	*		7	MULT R_1, R_2
20,21	1	R_1	×	7	
22,24,25	1	R_1	×	7	STORE R_1, *ergebnis*
3,26					

Tabelle 7.3: Maschinenprogramm zum Termbaum in Bild 7.10.

LOAD	R_1, a_1
LOAD	R_2, a_2
LOAD	R_3, a_3
SUB	R_2, R_3
LOAD	R_4, a_4
DIV	R_2, R_4
LOAD	R_5, a_5
LOAD	R_6, a_6
ADD	R_5, R_6
LOAD	R_7, a_7
MULT	R_5, R_7
SUB	R_2, R_5
MULT	R_1, R_2
STORE	$R_1, ergebnis$

Tabelle 7.4: Ausführung des Maschinenprogramm aus Tabelle 7.3 mit den Werten $a_1 = 5$, $a_2 = 19$, $a_3 = 3$, $a_4 = a_5 = a_7 = 2$, $a_6 = 1$.

Programm		Bedeutung	Ergebnis
LOAD	R_1, a_1	$R_1 := a_1$	$R_1 = 5$
LOAD	R_2, a_2	$R_2 := a_2$	$R_2 = 19$
LOAD	R_3, a_3	$R_3 := a_3$	$R_3 = 3$
SUB	R_2, R_3	$R_2 := R_2 - R_3$	$R_2 = 16$
LOAD	R_4, a_4	$R_4 := a_4$	$R_4 = 2$
DIV	R_2, R_4	$R_2 := R_2/R_4$	$R_2 = 8$
LOAD	R_5, a_5	$R_5 := a_5$	$R_5 = 2$
LOAD	R_6, a_6	$R_6 := a_6$	$R_6 = 1$
ADD	R_5, R_6	$R_5 := R_5 + R_6$	$R_5 = 3$
LOAD	R_7, a_7	$R_7 := a_7$	$R_7 = 2$
MULT	R_5, R_7	$R_5 := R_5 * R_7$	$R_5 = 6$
SUB	R_2, R_5	$R_2 := R_2 - R_5$	$R_2 = 2$
MULT	R_1, R_2	$R_1 := R_1 * R_2$	$R_1 = 10$
STORE	$R_1, ergebnis$	$ergebnis := R_1$	$ergebnis = 10$

Wir wollen noch kurz auf Aspekte zur Erzeugung eines Ableitungsbaums eingehen. Die Problemstellung, die wir betrachten, ist: Zu einem Wort w einer kontextfrei-
en Sprache (z.B. ein Programm in einer Programmiersprache oder ein arithmetischer
Ausdruck), das durch die kontextfreie Grammatik G erzeugt worden ist, soll der Ableitungsbaum generiert werden.

Wir können den Ableitungsbaum zu w generieren, wenn wir die Regeln einer
Linksableitung in G kennen, die w erzeugt. Die Regeln einer Linksableitung von w
bekommen wir geliefert, wenn wir die Konfigurationsfolge des Parsers K_G von G
zum Akzeptieren von w berechnen: Jedesmal, wenn der Parser einen Zustandsüber-
gang der Art $(q, \varepsilon, A, q, \alpha)$ ausführt mit $\alpha = X_1 \dots X_m$, $X_i \in \Sigma \cup N$, $1 \leq i \leq m$,
$m \geq 1$, dem die Regel $A \to \alpha$ in G entspricht, werden im bereits generierten Ableitungsbaum an das am weitesten links stehende, mit A markierte Blatt die Nachfolger
$X_1, \dots, X_m$ angefügt. Zu Beginn besteht der Ableitungsbaum aus einem mit dem
Startsymbol von G (dem Kellerbottomsymbol von K_G) markierten Knoten, der die
Wurzel des Ableitungsbaums ist.

Die in diesem und in Kapitel 6 angesprochenen Verfahren

(1) Generierung eines Parsers K_G zu einer kontextfreien Grammatik G,

(2) Generierung eines Ableitungsbaums für die Linksableitung eines Wortes $w \in$
$L(G)$ während des Akzeptierens von w durch K_G,

(3) Generierung des Termbaums aus dem Ableitungsbaum,

(4) Generierung des Objektcodes aus dem Termbaum für eine Zielmaschine,

stellen grundlegende Konzepte für den Compilerbau dar. Detailliert beschäftigt sich
das Lehrgebiet *Compilerbau* mit diesen und weiteren Aspekten, wie z.B. Optimie-
rungsmöglichkeiten und Verfahren zur Optimierung, etwa zur Verminderung der Anzahl der Maschinenbefehle oder zur Verminderung der Anzahl der benutzten Register.
Wir werden nicht weiter darauf eingehen, es sei auf die Literatur verwiesen.

Das Verfahren zur Generierung eines Parsers zu einer kontextfreien Grammatik ist
eine Grundlage für *Parser-Generatoren* (auch Compiler-Generatoren oder Compiler-
Compiler genannt): Zu einer kontextfreien Grammatik G für eine Programmiersprache kann mit dem Generator automatisch ein Parser K_G erzeugt werden, mit dem
entschieden werden kann, ob ein Programm syntaktisch korrekt ist oder nicht, d.h., ob
die Zeichenkette, die das Programm darstellt, zu $L(G)$ gehört oder nicht. Die Grundidee für einen Parser-Generator haben wir in Abschnitt 6.2, insbesondere im Beweis
von Satz 6.3 angegeben. Ist das Programm syntaktisch korrekt, wird es durch weitere Compiler-Funktionen in auf der Zielmaschine ausführbaren Objektcode übersetzt
(compiliert). Hierzu haben wir weiter oben Grundideen und ein Verfahren erläutert
sowie ein Beispiel durchgeführt.

Es gibt viele praktisch verfügbare Werkzeuge, z.B. das bereits ältere Unix-Werk-
zeug `yacc` (Abkürzung für *yet another compiler compiler*) oder Systeme wie APG,
Beaver, Lemon oder PEG.js, die Parser-Generatoren zur Verfügung stellen; siehe auch
Abschnitt 3.1.4 zu *Scanner-Generatoren* sowie z.B.

```
http://catalog.compilertools.net/lexparse.html
```
oder
```
www.dmoz.org/Computers/Programming/Compilers/
            Lexer_and_Parser_Generators/
```

7.3 Syntax von Programmiersprachen

In diesem und im nächsten Abschnitt betrachten wir Darstellungsformen für kontextfreie Grammatiken, wie sie bei der Lösung praktischer Problemstellungen häufig angewendet werden. Dabei beginnen wir in diesem Abschnitt mit solchen Darstellungsformen, die bei der Spezifikation von Programmiersprachen im Allgemeinen zu Grunde gelegt werden.

7.3.1 Erweiterte Backus-Naur-Form

Die erweiterte Backus-Naur-Form (kurz: EBNF) ist eine effiziente Darstellungsform für kontextfreie Grammatiken, die verbreitet bei der Definition von formalen Sprachen (Programmiersprachen, Dialogsprachen usw.) in der Praxis verwendet wird.[1]

Zunächst wollen wir erweiterte Backus-Naur-Grammatiken unabhängig von kontextfreien Grammatiken einführen und am Ende des Abschnitts den Aspekt der effizienten Darstellung kontextfreier Regeln mithilfe von Backus-Naur-Formen aufgreifen.

Definition 7.2. Seien Σ und N zwei Alphabete (Terminalalphabet und Nichtterminalalphabet). Dann gilt: Jedes $a \in \Sigma$ und jedes $A \in N$ sowie ε sind *erweiterte Backus-Naur-Formen*. Des Weiteren gilt:

(1) Sind $\alpha_1, \alpha_2, \ldots, \alpha_k$, $k \geq 1$, erweiterte Backus-Naur-Formen, dann sind auch $(\alpha_1 \alpha_2 \ldots \alpha_k)$ sowie $(\alpha_1 | \alpha_2 | \ldots | \alpha_k)$ erweiterte Backus-Naur-Formen;

(2) sind α, β, γ erweiterte Backus-Naur-Formen, dann ist $\alpha \{\beta\}^* \gamma$ oder alternativ $\alpha \{\beta\} \gamma$ eine erweiterte Backus-Naur-Form;

(3) sind α, β, γ erweiterte Backus-Naur-Formen, dann ist $\alpha \{\beta\}_0^1 \gamma$ oder alternativ $\alpha [\beta] \gamma$ eine erweiterte Backus-Naur-Form.

Sei $A \in N$ und α eine erweiterte Backus-Naur-Form, dann heißt $A ::= \alpha$ eine *erweiterte Backus-Naur-Regel*.

Eine Grammatik $G = (\Sigma, N, P, S)$, wobei $S \in N$ das Startsymbol und P eine endliche Menge von erweiterten Backus-Naur-Regeln ist, heißt eine *erweiterte Backus-Naur-Grammatik*. □

Um die von einer Backus-Naur-Grammatik erzeugte Sprache zu definieren, müssen wir zunächst einen Ableitungsbegriff für diese Grammatiken festlegen. Bei unserem

---

[1] Der Amerikaner John W. Backus (1924 - 2007) und der Däne Peter Naur (1928 - 2016) gehörten zu einer Gruppe von Informatikern, die in den fünziger und sechziger Jahren wesentlich an der Konzipierung und Realisierung der Sprachen FORTRAN und ALGOL beteiligt waren, die bis heute eine große Bedeutung haben und weiter haben werden. Sowohl Backus als auch Naur haben darüber hinaus bis in die jüngste Vergangenheit wichtige Beiträge zu unterschiedlichen Bereichen der Informatik geliefert.

bisherigen Ableitungsbegriff ist ein Ableitungsschritt nur von einer Art: Ein Nichtterminal wird durch ein Wort über $\Sigma \cup N$ ersetzt. Das heißt, ist ein Wort $\omega_1 A \omega_3$ mit $A \in N$ und $\omega_1, \omega_3 \in (\Sigma \cup N)^*$ bereits abgeleitet und existiert eine Regel $A \to \omega_2$, $\omega_2 \in (\Sigma \cup N)^*$, dann gilt

$$\omega_1 A \omega_3 \Rightarrow \omega_1 \omega_2 \omega_3$$

Ableitungen mit Backus-Naur-Regeln können außer von dieser Art noch von folgender Art sein:

(1) Ist das Wort $\omega_1 (\alpha_1 | \alpha_2 | \ldots | \alpha_k) \omega_2$ bereits abgeleitet, dann gilt

$$\omega_1 (\alpha_1 | \alpha_2 | \ldots | \alpha_k) \omega_2 \Rightarrow \omega_1 \alpha_i \omega_2$$

für ein i, $1 \leq i \leq k$, d.h. $(\alpha_1 | \alpha_2 | \ldots | \alpha_k)$ wird durch eines der α_i ersetzt.

(2) Ist das Wort $\omega_1 \{\beta\} \omega_2$ bereits abgeleitet, dann gilt

$$\omega_1 \{\beta\} \omega_2 \Rightarrow \omega_1 \beta^i \omega_2, \text{ für ein } i \geq 0$$

$\{\beta\}$ kann also durch eine beliebige Anzahl von β's ersetzt werden.

(3) Ist das Wort $\omega_1 [\beta] \omega_2$ bereits abgeleitet, dann gilt

$$\omega_1 [\beta] \omega_2 \Rightarrow \omega_1 \omega_2 \text{ oder } \omega_1 [\beta] \omega_2 \Rightarrow \omega_1 \beta \omega_2$$

$[\beta]$ kann somit durch das leere Wort oder durch β ersetzt werden.

Die Symbole $|$ und $*$ werden also wie bei regulären Ausdrücken interpretiert, und $[\beta]$ entspricht dem regulären Ausdruck $(\varepsilon | \beta)$.

Die bisher einzige Art Ableitung heißt auch *Expansionsschritt*: Die linke Seite einer Regel wird durch die rechte expandiert. Die neue Art Ableitung heißt auch *Reduktionsschritt*: Die rechte Seite einer Backus-Naur-Form wird mit den Möglichkeiten (1) – (3) reduziert (auch: interpretiert oder ausgewertet).

Mit diesem erweiterten Ableitungsbegiff können wir jetzt die von einer Backus-Naur-Grammatik G erzeugbare Sprache definieren:

$$L(G) = \{\, w \in \Sigma^* \mid S \Rightarrow^* w \,\}$$

Beispiel 7.2. Es sei die Backus-Naur-Grammatik

$$G_{integer} = (\{\, +, -, 0, 1, 2, 3, 4, 5, 6, 7, 8, 9 \,\}, \{\, int, vz, zf, z1, z0 \,\}, P, int)$$

mit

$$
\begin{align*}
P = \{\ & int ::= vz\ zf, & (7.1) \\
& vz ::= [+\ |\ -], & (7.2) \\
& zf ::= (0\ |\ z1\ \{z0\}), & (7.3) \\
& z1 ::= (1\ |\ 2\ |\ \ldots\ |\ 9), & (7.4) \\
& z0 ::= (0\ |\ z1)\ \} & (7.5)
\end{align*}
$$

gegeben. Mit diesen Regeln leiten wir die Zahl 7305 ab:

$int \Rightarrow vz\ zf$	Expansion mit Regel (7.1)
$\Rightarrow [+\mid -]\ zf$	Expansion mit Regel (7.2)
$\Rightarrow zf$	Reduktion: $[+\mid -]$ ersetzen durch ε
$\Rightarrow (0\mid z1\ \{z0\})$	Expansion mit Regel (7.3)
$\Rightarrow z1\ \{z0\}$	Reduktion: Auswahl einer Alternative
$\Rightarrow z1\ z0\ z0\ z0$	Reduktion: dreimal $z0$ wählen
$\Rightarrow (1\mid 2\mid \ldots \mid 9)\ z0\ z0\ z0$	Expansion mit Regel (7.4)
$\Rightarrow 7\ z0\ z0\ z0$	Reduktion: Auswahl einer Alternative
$\Rightarrow 7\ (0\mid z1)\ z0\ z0$	Expansion mit Regel (7.5)
$\Rightarrow 7\ z1\ z0\ z0$	Reduktion: Auswahl einer Alternative
$\Rightarrow 7\ (1\mid \ldots \mid 9)\ z0\ z0$	Expansion mit Regel (7.4)
$\Rightarrow 73\ z0\ z0$	Reduktion: Auswahl einer Alternative
$\Rightarrow 73\ (0\mid z1)\ z0$	Expansion mit Regel (7.5)
$\Rightarrow 730\ z0$	Reduktion: Auswahl einer Alternative
$\Rightarrow 730\ (0\mid z1)$	Expansion mit Regel (7.5)
$\Rightarrow 730\ z1$	Reduktion: Auswahl einer Alternative
$\Rightarrow 730\ (1\mid \ldots \mid 9)$	Expansion mit Regel (7.4)
$\Rightarrow 7305$	Reduktion: Auswahl einer Alternative

Es gilt also $7305 \in L(G_{integer})$. $\qquad\qquad\qquad\qquad\qquad\qquad\qquad\qquad\qquad\qquad$ $\square$

Mit $EBNF_\Sigma$ bezeichnen wir die Klasse der durch Backus-Naur-Grammatiken über dem Alphabet Σ erzeugbaren Sprachen. Der folgende Satz besagt, dass diese Klasse genau die Klasse der kontextfreien Sprachen über Σ ist.

Satz 7.2. Sei Σ ein Alphabet, dann gilt: $kfS_\Sigma = EBNF_\Sigma$.

Beweis Jede kontextfreie Regel $A \to \alpha$ lässt sich als erweiterte Backus-Naur-Regel $A ::= \alpha$ schreiben. Es folgt unmittelbar, dass $kfS_\Sigma \subseteq EBNF_\Sigma$ gilt.

Um zu zeigen, dass auch $EBNF_\Sigma \subseteq kfS_\Sigma$ gilt, müssen wir die Regeln (1) – (3) aus Definition 7.2 in äquivalente kontextfreie transformieren:

(1) Regeln der Art $A ::= (\alpha_1 \alpha_2 \ldots \alpha_k)$ werden transformiert in $A \to \alpha_1 \alpha_2 \ldots \alpha_k$.
Eine Regel $A ::= (\alpha_1 \mid \alpha_2 \mid \ldots \mid \alpha_k)$ wird transformiert in die Regeln $A \to \alpha_1$, $A \to \alpha_2, \ldots, A \to \alpha_k$, die wir üblicherweise schon Backus-Naur-Form-ähnlich notiert haben: $A \to \alpha_1 \mid \alpha_2 \mid \ldots \mid \alpha_k$.

(2) Regeln der Art $A ::= \alpha\{\beta\}\gamma$ transformieren wir in die Regeln $A \to \alpha B\gamma$, $B \to \beta B$ und $B \to \varepsilon$, wobei B ein neues Nichtterminal ist.

(3) Regeln der Art $A ::= \alpha[\beta]\gamma$ transformieren wir in die beiden Regeln $A \to \alpha\gamma$ und $A \to \alpha\beta\gamma$.

Alle entstehenden Regeln werden so lange nach diesen Verfahren weiter transformiert, bis keine Backus-Naur-Formen mehr vorhanden sind.   □

Beispiel 7.3. Wir wollen die Grammatik $G_{integer}$ aus Beispiel 7.2 in eine kontextfreie Grammatik transformieren.

1. Die Regel $int ::= vz\ zf$ ist bereits kontextfrei, wir notieren sie entsprechend $int \rightarrow vz\ zf$.

2. Die Regel $vz ::= [+\ |\ -]$ wird transformiert in $vz \rightarrow \varepsilon$ und $vz \rightarrow (+\ |\ -)$, was wir kontextfrei bisher schon so notiert haben: $vz \rightarrow +\ |\ -\ |\ \varepsilon$.

3. Die Regel $zf ::= (0\ |\ z1\ \{z0\})$ wird transformiert in $zf \rightarrow 0$ und $zf \rightarrow z1\ \{z0\}$.

    (i) Die Regel $zf \rightarrow 0$ ist kontextfrei.

    (ii) Die Regel $zf \rightarrow z1\ \{z0\}$ wird transformiert in $zf \rightarrow z1\ B$, $B \rightarrow z0\ B$ und $B \rightarrow \varepsilon$.

4. Die Regel $z1 ::= (1\ |\ 2\ |\ \ldots\ |\ 9)$ wird notiert als $z1 \rightarrow 1\ |\ 2\ |\ \ldots\ |\ 9$.

5. Entsprechend wird die Regel $z0 ::= (0\ |\ z1)$ notiert als $z0 \rightarrow 0\ |\ z1$.

Es ergibt sich insgesamt die kontextfreie Grammatik

$$G'_{integer} = (\{+, -, 0, 1, 2, 3, 4, 5, 6, 7, 8, 9\}, \{int, vz, zf, z1, z0, B\}, P', int)$$

mit

$$
\begin{aligned}
P' = \{\ & int \rightarrow vz\ zf, \\
& vz \rightarrow +\ |\ -\ |\ \varepsilon, \\
& zf \rightarrow 0\ |\ z1\ B, \\
& B \rightarrow z0\ B\ |\ \varepsilon, \\
& z1 \rightarrow 1\ |\ 2\ |\ \ldots\ |\ 9, \\
& z0 \rightarrow 0\ |\ z1\ \}
\end{aligned}
$$

Es gilt: $G_{integer}$ und $G'_{integer}$ sind äquivalent.   □

Wenn man die obige Transformation in die umgekehrte Richtung betrachtet, dann kann man kontextfreie Regeln mithilfe erweiterter Backus-Naur-Regeln verkürzt notieren. Seien $A, B \in N$ sowie $\alpha, \alpha_1, \alpha_2, \ldots, \alpha_k, \beta, \gamma \in (N \cup \Sigma)^*$, $k \geq 1$.

(1) Für eine Menge von Regeln mit identischer rechter Seite $A \rightarrow \alpha_1$, $A \rightarrow \alpha_2$, $\ldots$, $A \rightarrow \alpha_k$, $k \geq 1$, schreiben wir $A ::= \alpha_1\ |\ \alpha_2\ |\ \ldots\ |\ \alpha_k$. Bis auf das Symbol $::=$ anstelle von $\rightarrow$ haben wir diese Notation auch bisher schon benutzt.

(2) Anstelle einer Menge von Regeln der Art

$$
\begin{aligned}
A &\rightarrow \alpha B \gamma, \\
B &\rightarrow \beta B, \\
B &\rightarrow \varepsilon
\end{aligned}
$$

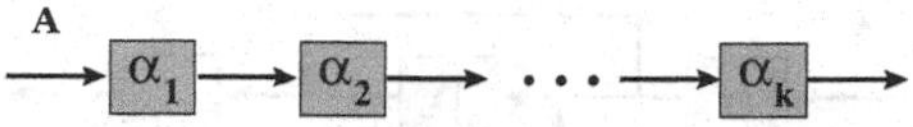

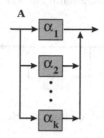

Bild 7.11: Syntaxdiagramm zur Regel $A ::= \alpha_1 \alpha_2 \ldots \alpha_k$.

Bild 7.12: Syntaxdiagramm zur Regel $A ::= \alpha_1 | \alpha_2 | \ldots | \alpha_k$.

die die Ableitung von $A \Rightarrow^* \alpha \beta^i \gamma$, $i \geq 0$, ermöglichen, schreiben wir die EBNF-Regel

$$A ::= \alpha \{\beta\} \gamma$$

(3) Anstelle der beiden Regeln

$$A \to \alpha \gamma$$
$$A \to \alpha \beta \gamma$$

schreiben wir

$$A ::= \alpha [\beta] \gamma$$

7.3.2 Syntaxdiagramme

Syntaxdiagramme ermöglichen die grafische Darstellung von kontextfreien Grammatiken, von Backus-Naur-Grammatiken sowie von im nächsten Abschnitt behandelten regulären Definitionen. Syntaxdiagramme werden heutzutage in der Praxis sehr verbreitet verwendet, um die Syntax von formalen Sprachen in anschaulicher Form zu repräsentieren. Wir werden hier zeigen, wie erweiterte Backus-Naur-Regeln als Syntaxdiagramme dargestellt werden. Die Darstellung von kontextfreien Regeln und von regulären Definitionen erfolgt in analoger Art und Weise.

Regeln der Art

$$A ::= \alpha_1 \alpha_2 \ldots \alpha_k, \; k \geq 1$$

repräsentieren wir durch Syntaxdiagramme wie in Bild 7.11, Regeln der Art

$$A ::= \alpha_1 | \alpha_2 | \ldots | \alpha_k, \; k \geq 1$$

durch Syntaxdiagramme wie in Bild 7.12, Regeln der Art

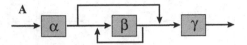

Bild 7.13: Syntaxdiagramm zur Regel $A ::= \alpha\{\beta\}\gamma$.

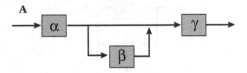

Bild 7.14: Syntaxdiagramm zur Regel $A ::= \alpha[\beta]\gamma$

$$A ::= \alpha\{\beta\}\gamma$$

wie in Bild 7.13 sowie Regeln der Art

$$A ::= \alpha[\beta]\gamma$$

wie in Bild 7.14. Diese Transformationen entsprechen den Transformationen regulärer Ausdrücke in äquivalente endliche Automaten (siehe Abschnitt 3.1.3).

Sind α oder α_i, $1 \leq i \leq k$, oder β oder γ Terminalsymbole, dann werden sie in den Syntaxdiagrammen nicht in Rechtecken sondern in Kreisen oder in Ovalen dargestellt.

Beispiel 7.4. Die Grammatik $G_{integer}$ aus Beispiel 7.2 können wir durch die Syntaxdiagramme in Bild 7.15 darstellen.   □

Ableiten mithilfe von Syntaxdiagrammen geschieht, indem man – beginnend mit dem Syntaxdiagramm des Startsymbols – die Diagramme in Pfeilrichtung durchläuft und immer dann, wenn man auf ein Rechteck mit einem Nichtterminalsymbol trifft, das zugehörige Syntaxdiagramm durchläuft (entspricht der Expansion), und dann, wenn man auf ein Terminalsymbol trifft, dieses an das bereits erzeugte Terminalwort anhängt.

Wollen wir z.B. mit den Syntaxdiagrammen aus Bild 7.15 die *integer*-Zahl +801 erzeugen, gehen wir wie folgt vor: Wir beginnen mit dem Diagramm *int*, stoßen als Erstes auf das Rechteck *vz*, verzweigen dorthin, erzeugen dort das Terminal + und kehren nach *int* hinter *vz* zurück. Als Nächstes stoßen wir auf das Rechteck *zf*, gehen dorthin und dort zum Rechteck *z1*. Wir verzweigen dorthin und erzeugen eine terminale 8 und kehren hinter *z1* in *zf* zurück. Wir durchlaufen zweimal *z0*. Beim ersten Mal erzeugen wir in *z0* die terminale 0, beim zweiten Mal verzweigen wir nach *z1* und erzeugen dort die terminale 1. Wir kehren von dort zu *z0*, von dort zu *zf* und von dort nach *int* zurück, verlassen *int*, haben damit den Ableitungsprozess beendet und das Wort +801 erzeugt.

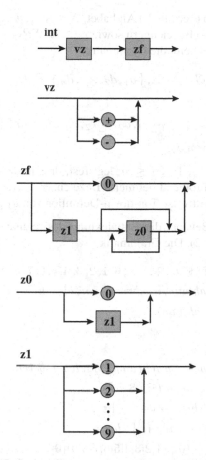

Bild 7.15: Syntaxdiagramme zur Grammatik $G_{integer}$.

7.4   Reguläre Definitionen

Wir haben bereits an einigen Stellen reguläre Definitionen vorgenommen, z.B. in Abschnitt 3.1.2. Wir stellen jetzt für diese Art Sprachdefinition die entsprechenden Begriffe zur Verfügung. Wir tun dies in einem separaten Abschnitt, um die Zusammenhänge zu unterschiedlichen Anwendungsbereichen (wie der Softwaretechnik oder dem elektronischen Dokumentenaustausch) herausarbeiten zu können.

Definition 7.3. Sei Σ ein (Terminal-) Alphabet, $N = \{\, d_1, d_2, \ldots, d_n \,\}$ eine zu Σ disjunkte Menge von (Hilfs-) Bezeichnern sowie $r_i \in REXP_{\Sigma \cup \{d_{i+1}, \ldots, d_n\}}$, $1 \leq i \leq n$, reguläre Ausdrücke, dann heißt die Grammatik

$$G_{d_1} = (\Sigma, \{\, d_1, d_2, \ldots, d_n \,\}, P, d_1)$$

mit

$$P = \{\, d_1 \rightarrow r_1, d_2 \rightarrow r_2, \ldots, d_n \rightarrow r_n \,\}$$

eine *reguläre Definition* von d_1.   □

$r_i \in REXP_{\Sigma \cup \{d_{i+1}, \ldots, d_n\}}$, $1 \leq i \leq n$, legt fest, dass in der Regel $d_i \rightarrow r_i$ in der rechten Seite r_i nur nachfolgend definierte Bezeichner $d_{i+1}, \ldots, d_n$ benutzt werden dürfen, wodurch die schrittweise Top-down-Definition von d_1 gesichert ist.

Betrachten wir als Beispiel die Entwicklung des regulären Ausdrucks *zahlung* (siehe auch Abschntt 3.1.2). Die Grammatik

$$G_{zahlung} = (\{\, \text{€}, \$, \pounds, +, -, ., 0, 1, 2, 3, 4, 5, 6, 7, 8, 9 \,\},$$
$$\{\, zahlung, waehrung, vorzeichen, betrag, ganz, dez \,\},$$
$$P, zahlung)$$

mit

$$P = \{\, zahlung \rightarrow waehrung\ vorzeichen\ betrag,$$
$$waehrung \rightarrow (\text{€} \mid \$ \mid \pounds),$$
$$vorzeichen \rightarrow (+ \mid - \mid \varepsilon),$$
$$betrag \rightarrow ganz\ (\varepsilon \mid .dez),$$
$$ganz \rightarrow (0 \mid (1|2|3|4|5|6|7|8|9)(0|1|2|3|4|5|6|7|8|9)^*),$$
$$dez \rightarrow (0|1|2|3|4|5|6|7|8|9)(0|1|2|3|4|5|6|7|8|9) \,\}$$

ist eine reguläre Definition für *zahlung*. Die Grammatik $G_{zahlung}$ erzeugt nur ein einziges Wort, den regulären Ausdruck für Zahlung:

$$L(G_{zahlung}) = \{\, (\text{€} \mid \$ \mid \pounds) \circ$$
$$(+ \mid - \mid \varepsilon) \circ$$
$$(0 \mid (1|2|3|4|5|6|7|8|9)(0|1|2|3|4|5|6|7|8|9)^*) \circ$$
$$(\varepsilon \mid . (0|1|2|3|4|5|6|7|8|9)(0|1|2|3|4|5|6|7|8|9)) \,\}$$

Eine reguläre Definition ist also eine kontextfreie Grammatik, die einen regulären Ausdruck erzeugt. Eine reguläre Definition G erzeugt also indirekt eine Sprache, nämlich die Sprache, die durch den von ihr erzeugten regulären Ausdruck bestimmt wird: $L(\alpha)$, falls $L(G) = \{\alpha\}$ ist.

Reguläre Definitionen sind ein Hilfsmittel zur schrittweisen Beschreibung syntaktischer Strukturen. Sie finden Anwendung bei der syntaktischen Definition von formalen Sprachen, insbesondere von Programmiersprachen, Dialogsprachen oder Kommandosprachen. Eine weitere Anwendung regulärer Definitionen wird im folgenden Abschnitt beschrieben.

7.5 Beispielanwendung: XML

Eine prominente Anwendung für reguläre Definitionen findet sich in der *Extensible Markup Language* (XML), einer Sprache für Datenaustausch und Dokumentenmarkierung, die vor rund 10 Jahren vom *World Wide Web Consortium* (W3C) standardisiert wurde[2] und die eine beachtliche Entwicklung im Zusammenhang mit dem Internet, dem *Electronic Data Interchange* (EDI), dem elektronischem Handel, Web Services sowie unterschiedlichsten Datenintegrationsszenarien durchgemacht hat. XML ist grundsätzlich eine Sprache zum „Markup", also zur Auszeichnung von Dokumenten, wobei sich – im Unterschied etwa zur im Web weit verbreiteten *Hypertext Markup Language* (HTML) – syntaktische Information über den Aufbau und die Struktur eines Dokuments vom Layout, also der Darstellung des Dokuments trennen lässt.

XML wurde von einer Arbeitsgruppe des W3C entwickelt, wobei das ursprüngliche Ziel war, die bereits seit längerem existierende *Standard Generalized Markup Language* (SGML) in das Internet bzw. das Web zu bringen. Die Sprache wurde schnell sehr populär und wird vielfach als Datenaustauschformat sowie für den Im- und Export von Dokumenten zwischen unterschiedlichen Systemen sowie vor allem zur Definition neuer Sprachen für spezielle Anwendungsbereiche (wie Nachrichtenbeschreibung in NewsML, Beschreibung von Web-Inhalten z.B. für Handy-Displays in der *Wireless Markup Language* WML oder Repräsentation gesprochener Sprache in VoiceML) verwendet. Sie gehört heute zu den weltweit prominentesten Datenformaten.

Ein *XML-Dokument* besteht im Wesentlichen aus *Elementen*, bei denen es sich um Text handelt, der in zueinander passende, öffnende und schließende *Tags* eingeschlossen ist. Innerhalb eines Elementes kann gewöhnlicher Text vorkommen oder andere Elemente oder eine Mischung aus beidem. Insgesamt ist ein XML-Dokument durch die strenge Verschachtelung baumartig strukturiert (von Abweichungen von der Baumstruktur durch Verweise sei hier abgesehen). XML-Dokumente sind in folgendem Sinne selbst beschreibend: Die Tags markieren die Struktur eines Dokuments, wohingegen der gewöhnliche Text dessen Inhalt darstellt. Da es im Allgemeinen wenig sinnvoll ist, innerhalb eines XML-Dokuments beliebige Inhalte, beliebige Zeichenreihen als Tags oder unkontrollierte Verschachtelung von Elementen zu erlauben, kann ein XML-Dokument mit einer Grammatik versehen werden, welche die zulässigen In-

---

[2]`https://www.w3.org/TR/REC-xml/`

halte beschreibt. Eine solche Grammatik wird als *Document Type Definition* (DTD) bezeichnet; eine DTD ist im Grundsatz eine kontextfreie Grammatik, bei welcher auf der rechten Seite von Produktionsregeln reguläre Ausdrücke über den Nonterminalen vorkommen dürfen. Insofern handelt es sich bei einer DTD um eine reguläre Definition.

Als Beispiel betrachten wir das in Bild 7.16 gezeigte XML-Dokument zur Beschreibung von bibliographischer Information. Das Dokument beschreibt zwei Einträge einer Bibliographie, ein (neueres) Buch sowie einen (älteren) Artikel. Die beiden Einträge sind unterschiedlich strukturiert, wobei manche Tags (z.B. <autor>) wiederholt vorkommen, andere spezifisch für die jeweiligen Dokumenttypen sind. Das in Bild 7.16 gezeigte Dokument ist offensichtlich leicht als ein Baum darstellbar, bei welchem die Wurzel mit <bibliographie> markiert ist, ein erster Unterbaum die mit <buch> markierte Wurzel, ein zweiter die mit <artikel> markierte enthält usw. In einer solchen Baumdarstellung werden End-Tags ignoriert; dieser Baum ist in Bild 7.17 gezeigt.

Eine DTD für das in Bild 7.16 gezeigte Dokument ist in Bild 7.18 angegeben. Diese DTD besagt informal, dass eine Bibliographie aus einer nicht-leeren Folge von Büchern oder Artikeln (in beliebiger Reihenfolge) besteht. Weiter besteht ein Artikel aus einer nicht-leeren Folge von Autoren, gefolgt von (genau) einem Titel, einem Journal und einem Jahr. Man beachte, dass XML Wert auf Ordnung legt; bei mehreren Autoren ist deren (im Dokument angegebene) Reihenfolge also signifikant. Bei einem Buch ist ein Eintrag ähnlich aufgebaut; das Journal wird lediglich durch einen Verlag ersetzt. Schließlich ist spezifiziert, dass es sich bei Autoren, Titeln, Journalangaben, Verlagen und Jahresangaben um beliebige Zeichenreihen handelt.

Offensichtlich handelt es sich bei der in Bild 7.18 gezeigten DTD um eine kontextfreie Grammatik, wenn man davon absieht, dass z.B. in der zweiten angegebenen Regel das Terminalsymbol `autor` mit einem Wiederholungszeichen (+) versehen ist, was streng genommen in einer kontextfreien Grammatik nicht erlaubt ist. Allerdings ist dies unter Verwendung von Satz 7.2 leicht zu korrigieren: Man ersetze auf der Ebene einer Grammatik die Regel

$$\texttt{artikel} \to \texttt{autor+ title journal jahr}$$

durch die beiden neuen Regeln

$$\texttt{artikel} \to \texttt{autoren title journal jahr}$$

und

$$\texttt{autoren} \to \texttt{autor} \mid \texttt{autor autoren}$$

Analog verfahre man mit den beiden anderen Regeln, in denen auf der rechten Seite ein +-Operator vorkommt.

Die Baumdarstellung aus Bild 7.17 des in Bild 7.16 gezeigten Dokuments stellt somit einen Ableitungsbaum zu dieser Grammatik dar. Wenn man von syntaktischen Feinheiten der Sprachdefinition von XML (wie z.B. Attribute, Referenzen oder Layout-Information) absieht, lassen sich strukturierte XML-Dokumente grundsätzlich als mar-

```
<bibliographie>
<buch>
    <autor>
        G. Vossen
    </autor>
    <autor>
        T. Haselmann
    </autor>
    <autor>
        Th. Hoeren
    </autor>
    <titel>
        Cloud Computing für Unternehmen
    </titel>
    <verlag>
        dpunkt
    </verlag>
    <jahr>
        2012
    </jahr>
</buch>

<artikel>
    <autor>
        E.F. Codd
    </autor>
    <titel>
        A Relational Model of Data for Large Shared Data Banks
    </titel>
    <journal>
        Communications of the ACM
    </journal>
    <jahr>
        1970
    </jahr>
</artikel>
</bibliographie>
```

Bild 7.16: Beispiel eines XML-Dokuments.

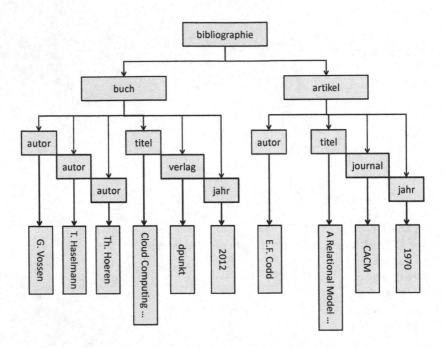

Bild 7.17: Baumdarstellung des XML-Dokuments aus Bild 7.16.

```
<!ELEMENT bibliographie (buch | artikel)+>

<!ELEMENT artikel        (autor+, titel, journal, jahr)>

<!ELEMENT buch           (autor+, titel, verlag, jahr)>

<!ELEMENT autor          PCDATA>

<!ELEMENT titel          PCDATA>

<!ELEMENT journal        PCDATA>

<!ELEMENT jahr           PCDATA>

<!ELEMENT verlag         PCDATA>
```

Bild 7.18: Ein DTD für das XML-Dokument aus Bild 7.16.

kierte Bäume auffassen und werden auf diese Weise einer formalen Behandlung zugänglich, die sie für zahlreiche Anwendungen interessant machen, darunter semistrukturierte Daten, Information Retrieval oder Datenbanken.

7.6 Bibliographische Hinweise

Kontextfreie Grammatiken und Kellerautomaten, insbesondere deterministische Kellerautomaten spielen, wie an entsprechenden Stellen in diesem und im vorigen Kapitel bemerkt, eine zentrale Rolle im Compilerbau. Das zweiteilige Standardwerk über Compilerbau von Aho et al. (2014) behandelt diese und andere Konzepte eingehend. In Schöning (2009) findet man einen Beweis dafür, dass über einelementigen Alphabeten die Klasse der kontextfreien gleich der Klasse der regulären Sprachen ist (siehe Satz 5.1 a).

Eine Einführung in XML findet man bei Abiteboul et al. (2012); die Technologie selbst wird unter

```
http://www.w3.org/standards/xml/
```

ausführlich dokumentiert. Lehrbücher zum Thema gibt es u.a. von Harold (2004) oder Fawcett et al. (2012). Lobin (2000) beschreibt Möglichkeiten der Strukturierung von Information mit SGML und mit XML. Zu den ersten umfassenden theoretischen Untersuchungen zu XML gehört die Dissertation von Neven (1999), die insbesondere Zusammenhänge zwischen XML, attributierten Grammatiken und den in den Bibliographischen Hinweisen zu Kapitel 2 erwähnten Baumautomaten aufzeigt und studiert. Neven (2002) gibt eine kompakte Einführung in die hier relevante Automatentheorie.

Für praktische Anwendungen sei erwähnt, dass eine DTD im Unterschied etwa zu einer höheren Programmiersprache nur ein rudimentäres Typsystem (Typ PCDATA, also Text) kennt und damit nur elementare Typprüfungen erlaubt. Anwendungen, die XML verwenden, wie z.B. Datenbanken oder Datenintegrationssysteme, verlangen demgegenüber erheblich ausgefeiltere Typprüfungen; auch Programmiersprachen verfügen zumeist über ein Typsystem, welches es erlaubt, aus vorgegebenen Basistypen mittels Konstruktoren weitgehend beliebige Typen anwendungsbezogen zu konstruieren. Um XML hier kompatibel zu machen, verwendet man heute überwiegend die XML SCHEMA DEFINITION (kurz XSD oder XML SCHEMA) anstelle von DTDS. Diese Schemaspezifikationssprache wird z.B. von Skulschus et al. (2013) oder Walmsley (2012) behandelt. Martens et al. (2006) untersuchen Ausdruckskraft und Komplexität von XML SCHEMA. Martens et al. (2015) kombinieren die Einfachheit von DTDS mit der Ausdruckskraft von XML SCHEMA.

7.7 Übungen

7.1 Überlegen Sie sich eine weitere Ableitung für das Wort *aabbaa* aus Beispiel 7.1 und zeichnen Sie den entsprechenden Ableitungsbaum.

7.2 Führen Sie weitere Links-, Rechts- oder sonstige Ableitungen mit der Grammatik aus Beispiel 7.1 durch, und zeichnen Sie jeweils deren Ableitungsbäume.

7.3 Leiten Sie mit der Grammatik $G_{integer}$ aus Beispiel 7.2 das Wort -123 ab.

7.4 Geben Sie eine erweiterte Backus-Naur-Grammatik für (PASCAL-) Variablendeklarationen an. Eine solche Deklaration beginnt mit dem Schlüsselwort `var`, dem eine nicht leere Folge von Variablendeklarationen folgt. Jede Variablendeklaration besteht aus einer Variablenbezeichnerliste, gefolgt von einem Doppelpunkt, hinter dem ein Typenbezeichner folgt. Jede Variablendeklaration außer der letzten schließt mit einem Semikolon ab. Eine Variablenbezeichnerliste besteht aus einer nicht leeren, durch Kommata getrennten Folge von Variablenbezeichnern. Jeder Variablenbezeichner ist ein Bezeichner, der mit V endet. Ein Typbezeichner ist ein Bezeichner, der mit T endet. Bezeichner sind alphanummerische Zeichenketten, die aus Ziffern und Buchstaben bestehen und mit einem Buchstaben beginnen. Ein Beispiel für eine Variablendeklaration der beschriebenen Art ist:

```
var    iIV, jV : zahlT;
       tagV : werktagT;
       kreuzV, pikV, herzV, karoV : spielkartenfarbeT
```

Leiten Sie schrittweise (Expansions- und Reduktionsschritte) dieses Beispiel mit Ihrer Grammatik ab.

7.5 Entwickeln Sie eine reguläre Definition für die PASCAL-Gleitpunktzahlen (siehe Aufgabe 2.1).

7.6 Geben Sie eine reguläre Definition an, die den im Folgenden informell beschriebenen Aufbau einer Bestelldatei formal spezifiziert: Die Bestelldatei bestehe aus einer Folge von Bestellungen. Jede Bestellung enthält Kundenangaben und Bestelldaten. Die Kundenangaben bestehen entweder aus einer vierstelligen Kundennummer, der ein Kürzel von zwei Großbuchstaben vorangeht, oder aus einem Kundennamen gefolgt von einer Ortsangabe. Kundenname und Ortsangabe beginnen mit einem Großbuchstaben. Diesem folgt in beiden Fällen eine prinzipiell beliebig lange Folge von Kleinbuchstaben. Die Bestelldaten bestehen aus einer nicht leeren Folge von Positionen. Jede Position beginnt mit einer Positionsnummer ohne führende Nullen. Dieser folgt die Bestellnummer, eine Anzahlangabe und eine Bestellbezeichnung. Die Bestellnummer ist eine vierstellige Ziffernfolge, die Anzahl ist eine Zahl ohne führende Nullen, und die Bestellbezeichnung besteht aus einem beliebig langen Text, der aus Groß- und Kleinbuchstaben sowie aus Blanks (leeren Zwischenräumen) bestehen kann.

Teil III

Berechenbarkeit und Komplexität

Kapitel 8

Typ-1- und Typ-0-Sprachen

In Teil II haben wir gesehen, dass es – sogar strukturell sehr einfache – Sprachen gibt, die nicht durch kontextfreie Grammatiken erzeugt werden können. Bei kontextfreien Regeln können die rechten Seiten beliebige Wörter aus Terminal- und Nichtterminalsymbolen sein, die linken Seiten bestehen nur aus genau einem Nichtterminal. Wenn wir diese Beschränkung aufgeben und zulassen, dass auch linke Seiten Wörter aus Terminal- und Nichtterminalsymbolen sein dürfen, werden neue, die Klasse der kontextfreien Sprachen umfassende Klassen von Sprachen festgelegt, nämlich die Klasse der kontextsensitiven (Typ-1-) Sprachen sowie die Klasse der rekursiv-aufzählbaren (Typ-0-) Sprachen. Wir werden hier wesentliche Eigenschaften dieser Klassen untersuchen.

Die Sprachen dieser Klassen können, da sie nicht kontextfrei sind, auch nicht von Kellerautomaten akzeptiert werden. Diese Beschränktheit kann nicht – wie bei endlichen Automaten – daran liegen, dass Kellerautomaten nur ein „endliches Gedächtnis" haben, denn mit dem Keller steht hier ein unendlich großer Speicher zur Verfügung. Die Beschränkung liegt in diesem Fall im Zugriff auf diesen Speicher: Lesender und schreibender Zugriff ist nur an einer Stelle, nämlich „oben auf dem Keller", möglich. Wenn wir diese Beschränkung aufgeben und Zugriffe auf jede Zelle des unendlichen Speichers zulassen, erhalten wir Automaten, sogenannte Turingautomaten, die diese Sprachen akzeptieren. Es gibt also, wie bei Typ-3- und wie bei Typ-2-Sprachen, auch bei Typ-1- und Typ-0-Sprachen jeweils zueinander äquivalente Grammatiken und Automaten.

8.1 Die Chomsky-Hierarchie

In diesem Abschnitt vervollständigen wir die Familie der Chomsky-Sprachklassen, indem wir Einschränkungen von Regeln, die bei den uns bisher bekannten regulären und kontextfreien Grammatiken gelten, aufheben und so zu den kontextsensitiven (Typ-1-) sowie zu den rekursiv-aufzählbaren (Typ-0-) Sprachen gelangen. Anschließend werden wir die Chomsky-Hierarchie zusammenfassend betrachten und uns noch einmal mit dem Wortproblem beschäftigen.

8.1.1 Typ-1-Sprachen (kontextsensitive Sprachen)

In Kapitel 5.2 haben wir gezeigt, dass die Sprache $L_1 = \{\, a^n b^n c^n \mid n \geq 1 \,\}$ nicht kontextfrei ist. Mit einer Typ-2-Grammatik kann L_1 also nicht erzeugt werden. Während mit diesen Grammatiken beim Erzeugen eines Wortes kontrolliert werden kann, dass die Anzahl der a's und b's im Wort gleich ist – wir haben früher z.B. Grammatiken sowohl für die Sprache $\{\, a^n b^n \mid n \geq 0 \,\}$ als auch für die Sprache $\{\, w \in \{a,b\}^* \mid |w|_a = |w|_b \,\}$ angegeben – kann mit kontextfreien Regeln nicht kontrolliert werden, dass die Buchstaben a, b und c gleich oft vorkommen.

Wir überlegen zunächst, mit welchen Regeln die Wörter $a^n b^n c^n$, $n \geq 1$, erzeugt werden könnten. Die Regeln $S \rightarrow aSb \mid ab$ erzeugen gleich viele a's und b's in dieser Reihenfolge: $S \Rightarrow^* a^n b^n$, $n \geq 1$. Ändern wir diese Regeln ab zu

$$S \rightarrow aSBC \mid aBC$$

wobei B und C neben S zwei weitere Hilfssymbole sind, die als Platzhalter für b und c dienen, dann können wir damit

$$S \Rightarrow^* a^n (BC)^n, \; n \geq 1$$

ableiten. Das Wort

$$a^n (BC)^n = a^n \underbrace{BCBC \dots BC}_{n\text{-mal}}$$

enthält also gleich viele a's, B's und C's; die B's und C's treten allerdings nicht in der richtigen Reihenfolge auf. Es muss also noch diese Ordnung hergestellt werden. Die Regel

$$CB \rightarrow BC$$

leistet das Gewünschte. Wir wollen als Beispiel das Wort $a^3 B^3 C^3$ mit den bisherigen Regeln erzeugen:

$$S \Rightarrow^* a^3 BCBCBC \Rightarrow a^3 BBCCBC \Rightarrow a^3 BBCBCC \Rightarrow a^3 BBBCCC$$

Wir müssen jetzt nur noch die B's und C's zu Terminalen machen. Dies geht jedoch nicht mit den einfachen Regeln $B \rightarrow b$ und $C \rightarrow c$, denn diese Regeln könnten wir schon auf das Wort $a^n (BC)^n$ anwenden und erhielten dann $a^n (bc)^n$, $n \geq 1$. Diese Wörter sind aber keine Elemente von L_1.

Wir dürfen daher mit dem Terminieren erst beginnen, wenn die B's und die C's an der richtigen Position stehen: Die Terminierungsregeln sind abhängig vom Kontext, in dem sich die B's und C's befinden. Wir benötigen somit folgende Regeln

$$aB \rightarrow ab \tag{8.1}$$

$$bB \rightarrow bb \tag{8.2}$$

$$bC \rightarrow bc \tag{8.3}$$

$$cC \rightarrow cc \tag{8.4}$$

Regel (8.1) wandelt das erste B in b. Regel (8.2) wandelt alle weiteren B's in b's. Analog wandelt Regel (8.3) das erste C in c und Regel (8.4) alle weiteren C's in c's. Insgesamt erhalten wir also die Grammatik

$$G_1 = (\{a, b, c\}, \{S, B, C\}, P, S)$$

mit der Regelmenge

$$
\begin{aligned}
P = \{\, & S \to aSBC \mid aBC, \\
& CB \to BC, \\
& aB \to ab, \\
& bB \to bb, \\
& bC \to bc, \\
& cC \to cc \,\}
\end{aligned}
$$

Wir wollen mit dieser Grammatik das Wort $a^3 b^3 c^3$ ableiten; wir geben dazu eine Linksableitung an:

$$
\begin{aligned}
S &\Rightarrow aSBC \Rightarrow aaSBCBC \Rightarrow aaaBCBCBC \\
&\Rightarrow aaaBBCCBC \Rightarrow aaaBBCBCC \Rightarrow aaaBBBCCC \\
&\Rightarrow aaabBBCCC \Rightarrow aaabbBCCC \Rightarrow aaabbbCCC \\
&\Rightarrow aaabbbcCC \Rightarrow aaabbbccC \Rightarrow aaabbbccc
\end{aligned}
$$

Es gilt also $S \Rightarrow^* a^3 b^3 c^3$ und damit $a^3 b^3 c^3 \in L(G_1)$. Es lässt sich zeigen, dass

$$L(G_1) = \{\, a^n b^n c^n \mid n \geq 1 \,\}$$

gilt und damit $L_1 = L(G_1)$. Wir haben also eine nicht kontextfreie Grammatik konstruiert, welche die Sprache L_1 erzeugt.

Definition 8.1. Eine Grammatik $G = (\Sigma, N, P, S)$ mit dem Terminalalphabet Σ, dem davon disjunkten Nichtterminalalphabet N, der endlichen Produktionsmenge P und dem Startsymbol $S \in N$ heißt *kontextsensitiv* über Σ, falls

$$P \subseteq ((\Sigma \cup N)^* - \Sigma^*) \times (\Sigma \cup N)^* \text{ und } |P| < \infty$$

ist, wobei gilt: Ist $\alpha \to \beta \in P$, dann ist $|\alpha| \leq |\beta|$. Kontextsensitive Grammatiken heißen auch *Typ-1-Grammatiken*.

Eine Sprache L heißt *kontextsensitiv* oder *Typ-1* über Σ, falls es eine kontextsensitive Grammatik G über Σ mit $L = L(G)$ gibt. Mit ksS_Σ oder mit $TYP1_\Sigma$ bezeichnen wir die Klasse der kontextsensitiven Sprachen über Σ. □

Linke Seiten von kontextsensitiven Grammatiken können nicht nur wie kontextfreie Regeln aus einem Nichtterminal bestehen, sondern aus Wörtern aus nichtterminalen und terminalen Symbolen, wobei allerdings mindestens ein Nichtterminal enthalten sein muss. Außerdem dürfen die Längen der rechten Regelseiten nicht kleiner sein als die Längen der zugehörigen linken Seiten. Bei einem Ableitungsschritt ist die Länge des abgeleiteten Wortes also größer oder gleich der Länge des abzuleitenden Wortes. Kontextsensitive Grammatiken heißen deswegen auch *monoton*.

Die obige Grammatik G_1 ist ein Beispiel für eine kontextsensitive Grammatik, und die Sprache L_1 ist somit ein Beispiel für eine kontextsensitive Sprache.

Das Adjektiv *kontextsensitiv* ist deswegen gerechtfertigt, weil das Ersetzen eines Nichtterminals abhängig sein kann von einem bestimmten Kontext. In unserem obigen Beispiel kann z.B. das Nichtterminal B nur ersetzt werden, falls vor ihm C, a oder b steht.

Kontextsensitive Sprachen können das leere Wort nicht enthalten, denn ε ist durch keine monotone Regel erzeugbar. Um diesen „Mangel" zu beheben, lassen wir zu, dass kontextsensitive Grammatiken als einzige nicht monotone Regel die Regel $S \to \varepsilon$ enthalten dürfen, wobei dann, damit die Mononie nicht indirekt verletzt wird, S allerdings in keiner rechten Seite irgendeiner Regel vorkommen darf.

Eine kontextfreie Grammatik $G = (\Sigma, N, P, S)$ kann wie folgt in eine Grammatik $G' = (\Sigma, N \cup \{S'\}, P', S')$ mit $L(G') = L(G) \cup \{\varepsilon\}$ transformiert werden: Man benötigt ein neues Startsymbol $S' \notin N$ sowie zwei zusätzliche Regeln, $P' = P \cup \{S' \to \varepsilon \mid S\}$.

Der folgende Satz besagt, dass die Klasse der kontextsensitiven Sprachen eine echte Oberklasse der Klasse der kontextfreien Sprachen ist.

Satz 8.1. $kfS_\Sigma \subset ksS_\Sigma$.

Beweis Jede kontextfreie Grammatik ist auch kontextsensitiv, also gilt $kfS_\Sigma \subseteq ksS_\Sigma$. Im Abschnitt 5.2.2 haben wir gezeigt, dass die Sprache $L = \{a^n b^n c^n \mid n \geq 0\}$ nicht kontextfrei ist. Oben haben wir gesehen, dass L kontextsensitiv ist. L gehört also zu ksS_Σ, aber nicht zu kfS_Σ. Damit ist die Behauptung gezeigt. $\square$

Die Kuroda-Normalform

Auch für kontextsensitive Grammatiken existieren Normalformen. Eine davon, die Kuroda-Normalform,[1] betrachten wir hier, denn man kann an dieser wie bei den anderen, früher behandelten Normalforman erkennen, mit welchen geringen Erweiterungen der erlaubten Regelarten man einen neuen Sprachumfang erhält.

Definition 8.2. Eine Grammatik $G = (\Sigma, N, P, S)$ ist in *Kuroda-Normalform* genau dann, wenn

$$P \subseteq (N \times (\Sigma \cup N \cup NN)) \cup (NN \times NN)$$

---

[1] Sige-Yuki Kuroda (1934 - 2009) war ein japanischer Mathematiker und Linguist, der bei Noam Chomsky am Massachusetts Institute of Technology promovierte und wichtige Beiträge zur Linguistik und zur Theorie Formaler Sprachen geliefert hat; siehe auch Bemerkungen in den Abschnitten 8.2.6 und 8.4.

gilt. Regeln in Kuroda-Normalform haben also die Gestalt

$$A \rightarrow a \tag{8.5}$$
$$A \rightarrow B \tag{8.6}$$
$$A \rightarrow BC \tag{8.7}$$
$$AB \rightarrow CD \tag{8.8}$$

mit $A, B, C, D \in N$ und $a \in \Sigma$ □

Regeln (8.5) sowie (8.7) sind die Regelarten der Chomsky-Normalform (CNF); einzige neue Regel, die den zusätzlichrn Sprachumfang zur Folge hat, ist Regel (8.8).

Offensichtlich gilt:

Folgerung 8.1. Grammatiken in Kuroda-Normalform sind monoton und damit kontextsensitiv. □

Der folgende Satz besagt, dass auch die Umkehrung gilt.

Satz 8.2. Zu jeder kontextsensitiven Grammatik $G = (\Sigma, N, P, S)$ existiert eine äquivalente Grammatik G_{KNF} in Kuroda-Normalform.

Beweis Die Transformation verläuft in drei Schritten. Dabei werden natürlich nur noch die Regeln aus P behandelt, die noch nicht in Kuroda-Normalform sind. Die Regeln, die bereits in Kuroda-Normalform sind, entfernen wir aus P und bilden damit die Regelmenge P_0; die verbleibenden Regeln, die nicht in Kuroda-Normalform sind, fassen wir in der Menge P' zusammen. Die ersten beiden Schritte sind analog zu den beiden Schritten der Transformation kontextfreier Grammatiken (ohne ε- und ohne Ketten-Regeln) in Chomsky-Normalform.

1. Schritt: Wir betrachten alle Regeln in P', in denen Terminale $a \in \Sigma$ vorkommen und entfernen diese Regeln aus P' und nennen die verbleibende Regelmenge P''. In den entfernten Regeln ersetzen wir jeweils die Terminale $a \in \Sigma$ durch neue Nichtterminale C_a und erstellen damit die Regeln $C_a \rightarrow a$. Alle so entstehenden Regeln werden zur Vereinigung der Regelmengen P_0 und P'' hinzugefügt und bilden insgesamt die neue Regelmenge P_1; und alle neuen Nichtterminale werden mit der Nichtterminalmenge N von G zur Menge N_1 zusammengefasst.

2. Schritt: Betrachte in P_1 Regeln der Form $A \rightarrow X_1 X_2 \ldots X_m$ mit $X_i \in N_1$ für $1 \leq i \leq m$ und $m \geq 3$. Führe für jede solche Regel $m - 2$ neue Nichtterminale B_j, $1 \leq j \leq m - 2$, ein und ersetze damit die Regel

$$A \rightarrow X_1 X_2 \ldots X_m \tag{8.9}$$

durch die folgenden $m - 1$ Regeln:

$$\begin{aligned}
&A \rightarrow X_1 B_1 \\
&B_j \rightarrow X_{j+1} B_{j+1}, \, 1 \leq j \leq m - 3 \\
&B_{m-2} \rightarrow X_{m-1} X_m
\end{aligned} \tag{8.10}$$

Alle neuen Nichtterminale werden zur Menge N_1 hinzugefügt; die so entstehende Menge von Nichtterminalen nennen wir N_2. Wir entfernen aus P_1 die Regeln (8.9) und fügen dafür jeweils die Regeln (8.10) hinzu; die so entstehende Regelmenge nennen wir P_2.

3. Schritt: Alle Regeln in P_2, die noch nicht in Kuroda-Normalform sind, haben nun die Gestalt

$$A_1 \ldots A_k \to B_1 \ldots B_l \text{ mit } 2 \le k \le l, l \ge 3 \tag{8.11}$$

Wir unterscheiden zwei Fälle: (a) $l > k \ge 2$ sowie (b) $l = k \ge 3$.

Zu (a): Jede solche Regel wird mithilfe von $l - 2$ neuen Nichtterminalen C_i, $1 \le i \le l - 2$, durch die folgende Menge von $l - 1$ Regeln in Kuroda-Normalform ersetzt:

$$A_1 A_2 \to B_1 C_1 \tag{8.12}$$
$$C_i A_{i+2} \to B_{i+1} C_{i+1}, 1 \le i \le k - 2 \tag{8.13}$$
$$C_i \to B_{i+1} C_{i+1}, k - 1 \le i \le l - 3 \tag{8.14}$$
$$C_{l-2} \to B_{l-1} B_l \tag{8.15}$$

Regel (8.11) wird mithilfe der Regeln (8.12) – (8.15) durch folgende Ableitungsschritte simuliert:

$$
\begin{aligned}
A_1 A_2 A_3 \ldots A_k &\Longrightarrow B_1 C_1 A_3 \ldots A_k \\
&\Longrightarrow B_1 B_2 C_2 \ldots A_k \\
&\stackrel{*}{\Longrightarrow} B_1 B_2 \ldots C_{k-2} A_k \\
&\Longrightarrow B_1 B_2 \ldots B_{k-1} C_{k-1} \\
&\Longrightarrow B_1 B_2 \ldots B_{k-1} B_k C_k \\
&\Longrightarrow B_1 B_2 \ldots B_{k-1} B_k B_{k+1} C_{k+1} \\
&\stackrel{*}{\Longrightarrow} B_1 B_2 \ldots B_{k-1} B_k B_{k+1} \ldots C_{l-2} \\
&\Longrightarrow B_1 B_2 \ldots B_{k-1} B_k B_{k+1} \ldots B_{l-1} B_l
\end{aligned}
$$

Die Regeln (8.12), (8.13) und die erste der Regeln (8.14) sorgen dafür, dass die Folge $A_1 \ldots A_k$ durch die Folge $B_1 \ldots B_k$ ersetzt wird, und C_k steht dahinter als Platzhalter für die restliche Folge $B_{k+1} \ldots B_l$, die mithilfe der weiteren Regeln von (8.14) und letztendlich mit der Regel (8.15) erzeugt wird.

Zu (b): In diesem Fall wird die Regel (8.11) mithilfe von $l - 1$ neuen Nichtterminalen C_i, $1 \le i \le l - 1$, durch die folgende Menge von l Regeln in Kuroda-Normalform ersetzt:

$$A_1 A_2 \to B_1 C_1 \tag{8.16}$$
$$C_i A_{i+2} \to B_{i+1} C_{i+1}, 1 \le i \le l - 2 \tag{8.17}$$
$$C_{l-1} \to B_l \tag{8.18}$$

Die Ableitung

$$A_1 \ldots A_l \to B_1 \ldots B_l \tag{8.19}$$

mit $l \geq 3$ wird also durch folgende Ableitungssequenz simuliert:

$$A_1 A_2 A_3 \ldots A_l \implies B_1 C_1 A_3 \ldots A_l \tag{8.20}$$
$$\implies B_1 B_2 C_2 A_4 \ldots A_l \tag{8.21}$$
$$\overset{*}{\implies} B_1 B_2 \ldots B_{l-2} C_{l-2} A_l \tag{8.22}$$
$$\implies B_1 B_2 \ldots B_{l-2} B_{l-1} C_{l-1} \tag{8.23}$$
$$\implies B_1 B_2 \ldots B_{l-2} B_{l-1} B_l \tag{8.24}$$

Alle neuen Nichtterminale werden zur Menge N_2 hinzugefügt. Die so entstehende Menge von Nichtterminalen nennen wir N_{KNF}; sie bildet das Nichterminalalphabet der Grammatik G_{KNF}. Aus P_2 werden alle Regeln der Art (8.11) bzw. der Art (8.19) entfernt und dafür die Regeln (8.12) – (8.15) bzw. die Regeln (8.16) – (8.18) hinzugefügt. Die so entstehende Regelmenge nennen wir P_{KNF}; sie bildet die Regelmenge von G_{KNF}. □

Bemerkung 8.1. Die Regeln der Form (8.5) und (8.7) sind Regeln in Chomsky-Normalform, mit denen die Klasse der kontextfreien Sprachen festgelegt ist. Regeln der Form (8.6) sind Kettenregeln. Abgesehen von diesen sind die Regeln der Form (8.8) als einzige zusätzlich notwendig, um die Klasse der kontextfreien Sprachen zur Klasse der kontextsensitiven Sprachen zu erweitern. □

Beispiel 8.1. a) Wir wenden die Transformation aus dem Beweis von Satz 8.2 auf die Grammatik $G = (\{a, b, c\}, \{S, B, C\}, P, S)$ mit

$$P = \{S \to aBC \mid aSBC, CB \to BC, aB \to ab, bB \to bb, bC \to bc, cC \to cc\}$$

an, welche die Sprache $L = \{a^n b^n c^n \mid n \geq 1\}$ erzeugt.

Die Regel $CB \to BC$ ist bereits in Kuroda-Normalform, d.h. $P_0 = \{CB \to BC\}$ sowie $P' = \{S \to aBC \mid aSBC, aB \to ab, bB \to bb, bC \to bc, cC \to cc\}$. Im ersten Schritt ersetzen wir die Terminale in den Regeln von P' durch neue Nichtterminale; das betrifft alle Regeln in P', d.h. es ist $P'' = \emptyset$. Für die Terminalsymbole a, b und c führen wir die Nichtterminale A_a, A_b bzw. A_c sowie die Regeln $A_a \to a$, $A_b \to b$ und $A_c \to c$ ein; diese Regeln sind in Kuroda-Normalform. Dann ersetzen wir

$$S \to aBC \quad \text{durch} \quad S \to A_a BC \tag{8.25}$$
$$S \to aSBC \quad \text{durch} \quad S \to A_a SBC \tag{8.26}$$
$$aB \to ab \quad \text{durch} \quad A_a B \to A_a A_b \tag{8.27}$$
$$bB \to bb \quad \text{durch} \quad A_b B \to A_b A_b \tag{8.28}$$
$$bC \to bc \quad \text{durch} \quad A_b C \to A_b A_c \tag{8.29}$$
$$cC \to cc \quad \text{durch} \quad A_c C \to A_c A_c \tag{8.30}$$

Die neuen Regeln (8.27) – (8.30) sind in Kuroda-Normalform. Es ist

$$P_1 = \{ CB \to BC, A_a \to a, A_b \to b, A_c \to c, S \to A_a BC \mid A_a SBC,$$
$$A_a B \to A_a A_b, A_b B \to A_b A_b, A_b C \to A_b A_c, A_c C \to A_c A_c \}$$

Die neuen Regeln (8.25) und (8.26) werden im zweiten Schritt mithilfe der neuen Nichtterminalsymbole D, E und F transformiert:

$$S \to A_a BC \text{ durch } S \to A_a D, D \to BC \tag{8.31}$$

$$S \to A_a SBC \text{ durch } S \to A_a E, E \to SF, F \to BC \tag{8.32}$$

Alle neuen Regeln sind in Kuroda-Normalform. Regeln der Art (8.11) existieren nicht, der dritte Schritt entfällt also.

Es ergibt sich die zu G äquivalente Grammatik G_{KNF} in Kuroda-Normalform

$$G_{KNF} = (\{a, b, c\}, \{S, B, C, A_a, A_b, A_c, D, E, F\}, P_{KNF}, S)$$

mit der (blauen) Regelmenge

$$P_{KNF} = \{ S \to A_a D \mid A_a E, D \to BC, E \to SF, F \to BC, CB \to BC,$$
$$A_a B, \to A_a A_b, A_b B \to A_b A_b, A_b C \to A_b A_c, A_c C \to A_c A_c,$$
$$A_a \to a, A_b \to b, A_c \to c \}$$

b) Als weiteres Beispiel betrachten wir die Grammatik $G = (\{a, b\}, \{S, A, B\}, P, S)$ mit

$$P = \{S \to AABBB \mid aabbS, bbBB \to ababbbb, AAB \to abb\}$$

Keine Regel ist bereits in Kuroda-Normalform, es ist also $P_0 = \emptyset$ und $P' = P$. Im ersten Schritt ersetzen wir die Terminale in jeder Regel durch neue Nichtterminale. Es ist $P'' = \{S \to AABBB\}$. Für die Terminalsymbole a und b führen wir die Nichtterminale C_a bzw. C_b sowie die Regeln $C_a \to a$ und $C_b \to b$ ein; diese Regeln sind in Kuroda-Normalform. Dann ersetzen wir die aus P verbliebenen Regeln

$$S \to aabbS \text{ durch } S \to C_a C_a C_b C_b S \tag{8.33}$$

$$bbBB \to ababbbb \text{ durch } C_b C_b BB \to C_a C_b C_a C_b C_b C_b C_b \tag{8.34}$$

$$AAB \to abb \text{ durch } AAB \to C_a C_b C_b \tag{8.35}$$

Es ist also

$$P_1 = \{ S \to AABBB \mid C_a C_a C_b C_b S,$$
$$C_a \to a, C_b \to b,$$
$$C_b C_b BB \to C_a C_b C_a C_b C_b C_b C_b, ABB \to C_a C_b C_b \}$$

Im zweiten Schritt ersetzen wir mithilfe der neuen Nichtterminalsymbole D_1, D_2 und D_3 die alte Regel

$$S \to AABBB \text{ durch } S \to AD_1, D_1 \to AD_2, D_2 \to BD_3, D_3 \to BB \tag{8.36}$$

sowie mithilfe der neuen Nichtterminale E_1, E_2 und E_3 die neue Regel (8.33)

$$S \to C_a C_a C_b C_b S \text{ durch } S \to C_a E_1, \ E_1 \to C_a E_2, \ E_2 \to C_b E_3, \ E_3 \to C_b S \tag{8.37}$$

Alle neuen Regeln sind in Kuroda-Normalform. Es ergibt sich die Regelmenge

$$P_2 = \{ S \to AD_1 \mid C_a E_1, \ D_1 \to AD_2, \ D_2 \to BD_3, \ D_3 \to BB,$$
$$E_1 \to C_a E_2, \ E_2 \to C_b E_3, \ E_3 \to C_b S,$$
$$C_a \to a, \ C_b \to b,$$
$$C_b C_b BB \to C_a C_b C_a C_b C_b C_b C_b, \ AAB \to C_a C_b C_b \}$$

Im dritten Schritt werden die neuen Regeln (8.34) und (8.35) gemäß (8.12) – (8.15) transformiert.

Für die Regel (8.34) ist gemäß (8.11) $k = 4$ und $l = 7$, d.h. $l > k \geq 2$; es liegt also Fall (a) vor. Wir transformieren (8.34) mithilfe von $l - 2 = 5$ neuen Nichterminalsymbolen $F_1, \ldots, F_5$ gemäß (8.12) – (8.15) in die Regeln

$$C_b C_b \to C_a F_1, \ F_1 B \to C_b F_2, \ F_2 B \to C_a F_3,$$
$$F_3 \to C_b F_4, \ F_4 \to C_b F_5, \ F_5 \to C_b C_b$$

die alle in Kuroda-Normalform sind.

Für die Regel (8.35) ist gemäß (8.11) $k = 3$ und $l = 3$, d.h. $l = k \geq 3$; es liegt also Fall (b) vor. Wir transformieren (8.35) mithilfe von $l - 1 = 2$ neuen Nichterminalsymbolen H_1 und H_2 gemäß (8.16) – (8.18) in die Regeln

$$AA \to C_a H_1, \ H_1 B \to C_b H_2, \ H_2 \to C_b$$

die beide in Kuroda-Normalform sind.

Es ergibt sich die zu G äquivalente Grammatik G_{KNF} in Kuroda-Normalform:

$$G_{KNF} = (\{a, b\},$$
$$\{S, A, B, C_a, C_b, D_1, D_2, D_3, E_1, E_2, E_3 F_1, F_2, F_3, F_4, F_5, H_1, H_2\},$$
$$P_{KNF}, S)$$

mit der Regelmenge

$$P_{KNF} = \{ S \to AD_1 \mid C_a E_1, C_a \to a, C_b \to b,$$
$$D_1 \to AD_2, D_2 \to BD_3, D_3 \to BB,$$
$$E_1 \to C_a E_2, E_2 \to C_b E_3, E_3 \to C_b S,$$
$$C_b C_b \to C_a F_1, F_1 B \to C_b F_2, F_2 B \to C_a F_3,$$
$$F_3 \to C_b F_4, F_4 \to C_b F_5, F_5 \to C_b C_b,$$
$$AA \to C_a H_1, H_1 B \to C_b H_2, H_2 \to C_b \}$$

8.1.2 Typ-0-Sprachen (rekursiv-aufzählbare Sprachen)

Wenn wir die Monotonie-Einschränkung von kontextsensitiven Regeln aufheben, erhalten wir eine neue Klasse von Sprachen: die Klasse der Typ-0-Sprachen.

Definition 8.3. Eine Grammatik $G = (\Sigma, N, P, S)$ mit dem Terminalalphabet Σ, dem davon disjunkten Nichtterminalalphabet N, der endlichen Produktionsmenge P und dem Startsymbol $S \in N$ heißt *Typ-0-Grammatik* über Σ, falls

$$P \subseteq ((\Sigma \cup N)^* - \Sigma^*) \times (\Sigma \cup N)^* \text{ und } |P| < \infty$$

gilt. Bei Anwendung einer entsprechenden Typ-0-Regel in einem Ableitungsschritt kann die Länge des abgeleiteten Wortes also kleiner als die des abzuleitenden Wortes werden.

Eine Sprache über Σ heißt *Typ-0-Sprache*, falls eine Typ-0-Grammatik über Σ existiert, die diese Sprache erzeugt. Wir bezeichnen diese Klasse mit $TYP0_\Sigma$. Da Typ-0-Sprachen rekursiv-aufzählbar sind (siehe Kapitel 10.2), werden sie auch *rekursiv-aufzählbare Sprachen* genannt. Deshalb bezeichnen wir diese Klasse auch mit RE_Σ; RE steht dabei für den englischen Begriff für rekursiv-aufzählbar: *recursively enumerable*. ☐

Der folgende Satz besagt, dass die Klasse der kontextsensitiven Sprachen eine echte Teilklasse der rekursiv-aufzählbaren Sprachen ist. Den Beweis werden wir im Anschluss an Satz 8.8 nachliefern.

Satz 8.3. $ksS_\Sigma \subset RE_\Sigma$. ☐

Für jedes Alphabet Σ gilt natürlich: $RE_\Sigma \subseteq 2^{\Sigma^*}$, d.h. die Menge aller rekursiv-aufzählbaren Sprachen über Σ ist eine Teilmenge der Menge aller Sprachen über Σ. Die Frage ist, ob auch die Umkehrung gilt, d.h. ob $2^{\Sigma^*} \subseteq RE_\Sigma$ und damit $RE_\Sigma = 2^{\Sigma^*}$ ist. Wenn diese Gleichung gilt, dann könnte jede denkbare Sprache über Σ, d.h. jede Sprache $L \subseteq \Sigma^*$, also jede Sprache $L \in 2^{\Sigma^*}$, durch eine Typ-0-Grammatik erzeugt werden. Ob dies zutrifft, wollen wir im Folgenden untersuchen.

Abzählbare und nicht abzählbare Mengen

Eine Menge M heißt *abzählbar*, falls es eine Menge $N \subseteq \mathbb{N}_0$ und eine bijektive, d.h. totale, injektive und surjektive, Abbildung $f : M \to N$ gibt, d.h. jedem Element $m \in M$ kann eineindeutig eine natürliche Zahl $f(m)$ zugeordnet werden. Die Elemente aus M besitzen eine eindeutige Nummer, können also abgezählt werden. Ist $f(m) = i$, dann schreiben wir auch m_i. Die durch f bestimmte Abzählung von M kann somit als Folge $m_{i_0}, m_{i_1}, m_{i_2}, \ldots$ mit $i_k < i_{k+1}$, $k \geq 0$, notiert werden.

Es folgt unmittelbar, dass jede endliche Menge abzählbar ist. Eine unendliche abzählbare Menge M kann als gleichmächtig zur Menge der natürlichen Zahlen verstanden werden, denn jedem Element aus M kann genau eine natürliche Zahl und jeder natürlichen Zahl kann genau ein Element aus M zugeordnet werden. Ist eine Menge nicht abzählbar, dann nennen wir sie *überabzählbar*.

Für den Begriff der Abzählbarkeit gelten einsichtigerweise die folgenden beiden Eigenschaften

Folgerung 8.2. a) Jede Teilmenge einer abzählbaren Menge ist abzählbar.

b) Jede Obermenge einer nicht abzählbaren Menge ist nicht abzählbar. □

Bevor wir uns weiter mit den Sprachklassen beschäftigen, betrachten wir einige Beispiele von abzählbaren und nicht abzählbaren Mengen.

Beispiel 8.2. a) Die Menge der geraden Zahlen $\mathbb{G} = \{ n \mid n = 2k, \ k \in \mathbb{N}_0 \}$ ist abzählbar, denn $\mathbb{G}$ ist eine Teilmenge von $\mathbb{N}_0$.

Eine konkrete Abzählung ist $f : \mathbb{G} \to \mathbb{N}_0$ definiert durch $f(2k) = k, k \in \mathbb{N}_0$. f ist eine bijektive Abbildung, die jeder geraden Zahl ihre Hälfte zuordnet. f zählt die geraden Zahlen in ihrer natürlichen Reihenfolge ab: $0, 2, 4, \ldots$

b) Die Menge $\mathbb{Z} = \{ \ldots, -2, -1, 0, 1, 2, \ldots \}$ der ganzen Zahlen ist abzählbar: Wir wählen $f : \mathbb{Z} \to \mathbb{N}_0$ definiert durch

$$f(z) = \begin{cases} 0, & \text{falls } z = 0 \\ 2z, & \text{falls } z > 0 \\ -(2z + 1), & \text{falls } z < 0 \end{cases}$$

f ist eine bijektive Abbildung, die den positiven ganzen Zahlen die geraden Zahlen und den negativen ganzen Zahlen die ungeraden Zahlen zuordnet. Die durch f definierte Abzählung zählt $\mathbb{Z}$ wie folgt ab: $0, -1, 1, -2, 2, -3, 3, \ldots$

c) Die Menge $\mathbb{Q} = \{ \frac{p}{q} \mid p, q \in \mathbb{Z}, \ q \neq 0 \}$ der rationalen Zahlen (Brüche) ist abzählbar. Wir wollen nur eine Teilmenge von $\mathbb{Q}$, nämlich die positiven Brüche größer 0 betrachten: $\mathbb{Q}_+ = \{ \frac{p}{q} \mid p, q > 0 \}$. Die folgende Matrix stellt eine Abzählung von $\mathbb{Q}_+$ dar.

	1	2	3	4	...	q
1	1	2	4	7		
2	3	5	8			
3	6	9				
4	10					
⋮						
p						

Wir wollen nun die bijektive Abbildung $f : \mathbb{N} \times \mathbb{N} \to \mathbb{N}$ angeben, die diese Matrix darstellt. In der ersten Spalte stehen die Nummern der Paare $(p, 1)$, $p \geq 1$.[2] Diese ergeben sich durch

$$f(p, 1) = \sum_{i=1}^{p} i = \frac{p(p+1)}{2} \tag{8.38}$$

---

[2] Diese Paare entsprechen den Brüchen $\frac{p}{1} = p$, also den ganzen Zahlen.

Für $q \geq 2$ gilt, dass sich die Nummer an der Stelle (p, q) in der Matrix ergibt, indem man die Nummer an der Stelle $(p+1, q-1)$ (eine Zeile weiter und eine Spalte vorher) um 1 vermindert. Für f gilt also

$$f(p, q) = f(p + 1, q - 1) - 1, \; q \geq 2$$

Daraus ergibt sich

$$
\begin{aligned}
f(p, q) &= f(p + 1, q - 1) - 1 \\
&= f(p + 2, q - 2) - 2 \\
&\;\;\vdots \\
&= f(p + q - 1, 1) - (q - 1), \; q \geq 2
\end{aligned}
$$

Mit (8.38) folgt hieraus

$$f(p, q) = \sum_{i=1}^{p+q-1} i - (q - 1) = \frac{(p + q - 1)(p + q)}{2} - (q - 1)$$

f ist bijektiv und stellt somit eine Abzählung von $\mathbb{N} \times \mathbb{N}$ dar.

Analog kann man eine Abzählung der negativen Brüche definieren und aus beiden Abzählungen eine Abzählung für $\mathbb{Q}$ konstruieren.

Aus der Funktion f lassen sich die sogenannten *Cantorschen k-Tupelfunktionen*

$$cantor_k : \mathbb{N}_0^k \to \mathbb{N}_0, \; k \geq 1$$

ableiten:

$$
\begin{aligned}
cantor_1(i) &= i \\
cantor_2(i, j) &= f(i, j + 2) = \frac{(i + j + 1)(i + j + 2)}{2} - (j + 1) \\
cantor_{k+1}(i_1, \dots, i_k, i_{k+1}) &= cantor_2(cantor_k(i_1, \dots, i_k), i_{k+1}), \; k \geq 2
\end{aligned}
$$

$cantor_k$ ist bijektiv und stellt eine Abzählung von $\mathbb{N}_0^k$ dar. Eine gängige alternative Notation der Cantorschen Tupelfunktionen, wie wir sie auch in späteren Kapiteln verwenden werden, ist $\langle x_1, \dots, x_k \rangle_k$ anstelle von $cantor_k(x_1, \dots, x_k)$; für $k = 2$ schreiben wir dann auch $\langle x, y \rangle$ anstelle von $\langle x, y \rangle_2$.

Mit $\langle \, \rangle_{ki}^{-1}$, $1 \leq i \leq k$, notieren wir die k Umkehrfunktionen zu $\langle \dots \rangle_k$, d.h. es ist $x_i = \langle z \rangle_{ki}^{-1}$ genau dann, wenn $\langle x_1, \dots, x_k \rangle_k = z$ ist (siehe Übung 8.14).

d) Sei $\Sigma = \{ a_1, \dots, a_n \}$ ein Alphabet, dann ist Σ^*, die Menge aller Wörter über Σ, abzählbar. Wir interpretieren die Symbole aus Σ als Ziffern eines Zahlensystems. Dazu ordnen wir ihnen durch eine bijektive Funktion

$$\phi : \Sigma \to \{ 1, \dots, n \}$$

einen Wert zu, z.B. durch $\phi(a_i) = i$, $1 \leq i \leq n$. Mithilfe dieser Wertbelegung der Symbole von Σ definieren wir die Abzählung $f : \Sigma^* \to \mathbb{N}_0$ von Σ^* wie folgt:

$$f(\varepsilon) = 0$$

$$f(w_1 w_2 \ldots w_k) = \sum_{i=1}^{k} \phi(w_i) \cdot n^{k-i}, \; w_i \in \Sigma, \; 1 \leq i \leq k, \; k \geq 1$$

Betrachten wir ein Beispiel: Sei $\Sigma = \{a, b, c\}$, und $\phi : \{a, b, c\} \to \{1, 2, 3\}$ sei definiert durch $\phi(a) = 1$, $\phi(b) = 2$ sowie $\phi(c) = 3$. Dann gilt z.B.

$$\begin{aligned}
f(abc) &= \phi(a) \cdot 3^{3-1} + \phi(b) \cdot 3^{3-2} + \phi(c) \cdot 3^{3-3} \\
&= 1 \cdot 3^2 + 2 \cdot 3^1 + 3 \cdot 3^0 \\
&= 9 + 6 + 3 \\
&= 18
\end{aligned}$$

Wenn man auf $\Sigma = \{a_1, a_2, \ldots, a_n\}$ die Ordnung $a_i < a_{i+1}$, $1 \leq i \leq n-1$, voraussetzt und $\phi : \Sigma \to \{1, 2, \ldots, n\}$ durch $\phi(a_i) = i$, $1 \leq i \leq n$, definiert, dann ordnet die Abzählung f einem Wort $w \in \Sigma^*$ die Nummer ihres Platzes zu, die w in einer längenlexikographischen Abzählung aller Wörter von Σ einnimmt: Wenn man die Wörter von $\{a, b, c\}^*$, wobei $a < b < c$ gilt, in längenlexikographischer Ordnung (siehe Abschnitt 2.1.2) auflistet, dann kommt z.B. das Wort abc an 18. Stelle vor.

e) Die Menge $\mathbb{R}$ der reellen Zahlen ist überabzählbar. Wir zeigen, dass die Menge der reellen Zahlen im offenen Intervall $(0, 1)$, das ist die Menge $\mathcal{I} = \{x \in \mathbb{R} \mid 0 < x < 1\}$, überabzählbar ist, woraus die Überabzählbarkeit von $\mathbb{R}$ folgt. Jedes $y \in \mathcal{I}$ lässt sich als unendlicher Dezimalbruch schreiben:[3]

$$y = 0, y_1 y_2 y_3 \ldots$$

wobei die y_i die Dezimalziffern von y sind, also $y_i \in \{0, 1, \ldots, 9\}$ für alle i. Wir nehmen an, dass $\mathcal{I}$ abzählbar ist. Dann lassen sich alle Elemente von $\mathcal{I}$ abzählen, etwa wie folgt:

$$\begin{aligned}
x_1 &= 0, x_{11} x_{12} x_{13} \ldots \\
x_2 &= 0, x_{21} x_{22} x_{23} \ldots \\
x_3 &= 0, x_{31} x_{32} x_{33} \ldots \\
&\quad\vdots
\end{aligned}$$

Mithilfe dieser Tabelle konstruieren wir folgenden unendlichen Dezimalbruch:

$$x = 0, a_1 a_2 a_3 \ldots$$

---

[3]Die rationalen Zahlen sind gerade die periodischen Dezimalbrüche, und die irrationalen Zahlen sind die aperiodischen Dezimalbrüche. Dabei ist zu beachten, dass alle endlichen Dezimalbrüche als unendliche periodische dargestellt werden können; so ist z.B. $0.5 = 0.4999\ldots$

mit

$$a_i = \begin{cases} 1, & \text{falls } x_{ii} \neq 1 \\ 2, & \text{falls } x_{ii} = 1 \end{cases}, \text{ für alle } i \tag{8.39}$$

Die i-te Ziffer von x ist also 1, falls die i-te Ziffer der Zahl x_i in der obigen Abzählung ungleich 1 ist. Ist diese gleich 1, dann ist die i-te Ziffer von x gleich 2. x besteht also aus einer Folge von Einsen und Zweien, die durch die „Diagonale" der Abzählung von $\mathcal{I}$ bestimmt ist. Die Zahl x ist so konstruiert, dass sie sich mindestens in einer Dezimalstelle – der „Diagonalziffer" – von jeder Zahl x_i unterscheidet, denn es gilt $a_i \neq x_{ii}$ für alle i. Man nennt diese Art der Konstruktion *Diagonalisierung*; das Konzept der Diagonalisierung geht auf Georg Cantor (1845–1918), den Begründer der Mengenlehre, zurück.

Wir leiten jetzt auch noch formal den Widerspruch her, der sich aus der Konstruktion von x ergibt: Da $x \in \mathcal{I}$ ist, muss x in der obigen Abzählung von $\mathcal{I}$ vorkommen, d.h. es muss ein k geben mit $x = x_k$. Betrachten wir die k-te Ziffer a_k dieser Zahl; nach Definition von x gibt es zwei Fälle: $a_k = 1$ oder $a_k = 2$.

(1) Sei $a_k = 1$, dann ist wegen der Definition (8.39) von x: $x_{kk} \neq 1$. Damit ist aber $x \neq x_k$.

(2) Sei $a_k = 2$, dann ist wegen der Definition (8.39) von x: $x_{kk} = 1$, also ungleich 2. Damit ist auch hier $x \neq x_k$.

Wir erhalten also in beiden Fällen einen Widerspruch. Unsere Annahme, dass $\mathcal{I}$ abzählbar ist, muss daher falsch sein.   □

Wir kehren nun zu der Frage zurück, ob jede Sprache über einem Alphabet Σ durch eine Typ-0-Grammatik erzeugt werden kann, d.h. ob $RE_\Sigma = 2^{\Sigma^*}$ gilt. Die folgenden beiden Sätze beantworten diese Frage.

Satz 8.4. RE_Σ ist abzählbar.

Beweis Wir werden den Beweis nicht exakt führen, sondern nur eine Beweisidee skizzieren: Jede Typ-0-Grammatik über Σ besteht aus endlich vielen Objekten: Terminal- und Nichtterminalsymbole sowie Regeln. Diese kann man so durch natürliche Zahlen codieren, dass jeder Typ-0-Grammatik über Σ eineindeutig eine natürliche Zahl zugeordnet werden kann (siehe Übung 9.17).

Auf diese Weise kann man zeigen, dass die Menge der Typ-0-Grammatiken über Σ abzählbar ist. Daraus folgt, dass auch die Menge der Typ-0-Sprachen abzählbar sein muss, denn jede Typ-0-Sprache besitzt mindestens eine Typ-0-Grammatik, die sie erzeugt. In Abschnitt 9.7.2 werden wir noch einmal auf die Abzählbarkeit von RE_Σ eingehen und den Beweis exakt führen.   □

Satz 8.5. Sei $|\Sigma| \geq 1$, dann ist 2^{Σ^*} überabzählbar.

Beweis Sei $\mathcal{L} = 2^{\Sigma^*} = \{L \mid L \subseteq \Sigma^*\}$ die Menge aller Sprachen über Σ. Wir werden mithilfe einer Diagonalisierung zeigen, dass $\mathcal{L}$ überabzählbar ist. Dazu nehmen wir an, dass $\mathcal{L}$ abzählbar ist, d.h. es gibt eine Abzählung von $\mathcal{L}$, z.B. $\mathcal{L} = \{\, L_0, L_1, \ldots \,\}$. Aus Beispiel 8.2 d) wissen wir, dass Σ^* abzählbar ist. Sei $\{\, w_0, w_1, \ldots \,\}$ eine Abzählung von Σ^*. Wir können also folgende Tabelle aufstellen:

	w_0	w_1	w_2	$\ldots$	w_j	$\ldots$
L_0	b_{00}	b_{01}	b_{02}	$\ldots$	b_{0j}	$\ldots$
L_1	b_{10}	b_{11}	b_{12}	$\ldots$	b_{1j}	$\ldots$
L_2	b_{20}	b_{21}	b_{22}	$\ldots$	b_{2j}	$\ldots$
$\vdots$	$\vdots$	$\vdots$	$\vdots$	$\ldots$	$\vdots$	$\ldots$
L_i	b_{i0}	b_{i1}	b_{i2}	$\ldots$	b_{ij}	$\ldots$
$\vdots$	$\vdots$	$\vdots$	$\vdots$	$\ldots$	$\vdots$	$\ldots$

Dabei ist:

$$b_{ij} = \begin{cases} 1, & \text{falls } w_j \in L_i \\ 0, & \text{falls } w_j \notin L_i \end{cases}$$

Wir definieren mithilfe der Diagonalen der obigen Matrix die Sprache L_D:

$$w_i \in L_D \text{ genau dann, wenn } w_i \notin L_i, \text{ d.h. genau dann, wenn } b_{ii} = 0$$

Es gilt $L_D \subseteq \Sigma^*$ und damit $L_D \in \mathcal{L}$. L_D muss also in der Abzählung von $\mathcal{L}$ vorkommen, d.h. es muss ein k geben mit $L_k = L_D$. Wir betrachten zwei Fälle:

1. $w_k \in L_D$: Da $L_D = L_k$ ist, muss auch $w_k \in L_k$ sein. Wenn $w_k \in L_k$ ist, dann ist $b_{kk} = 1$. Aus der Definition von L_D folgt, dass dann $w_k \notin L_D$ ist. Wir haben also gefolgert: Wenn $w_k \in L_D$ ist, dann ist $w_k \notin L_D$.

2. $w_k \notin L_D$: Da $L_D = L_k$ ist, muss auch $w_k \notin L_k$ sein. Wenn $w_k \notin L_k$ ist, dann ist $b_{kk} = 0$. Aus der Definition von L_D folgt, dass dann $w_k \in L_D$ ist. Wir haben also gefolgert: Wenn $w_k \notin L_D$ ist, dann ist $w_k \in L_D$.

Wir erhalten in beiden Fällen einen Widerspruch. Unsere Annahme, dass $\mathcal{L}$ abzählbar ist, muss also falsch sein. $\qquad\square$

Satz 8.6. Sei $|\Sigma| \geq 1$, dann gilt $RE_\Sigma \subset 2^{\Sigma^*}$.

Beweis Aus Satz 8.4 wissen wir, dass RE_Σ abzählbar ist, aus Satz 8.5 wissen wir, dass 2^{Σ^*} überabzählbar ist. Daraus folgt, dass es nicht rekursiv-aufzählbare Sprachen gibt. In Satz 10.9 werden wir eine konkrete, nicht durch eine formale Grammatik beschreibbare Sprache angeben. $\qquad\square$

8.1.3 Die Hierarchie

Mit den Sätzen 8.1 – 8.6 haben wir die so genannte *Chomsky-Hierarchie*[4] vervollständigt, welche in Bild 8.1 illustriert ist:

---

[4]Noam Chomsky (geb. 1928), amerikanischer Linguist, ist der Begründer der generativen Transformationsgrammatiken. Nach seinem Sprachverständnis bestehen natürliche Sprachen aus unendlich vielen „wohlgeformten" Sätzen, die aus einem endlichen Symbolvorrat mit Hilfe einer endlichen Menge von Regeln erzeugt werden können.

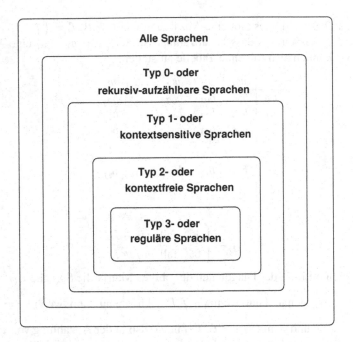

Bild 8.1: Die Chomsky-Hierarchie.

$$REG_\Sigma \subset kfS_\Sigma \subset ksS_\Sigma \subset RE_\Sigma \subset 2^{\Sigma^*}$$

bzw. „getypt" formuliert

$$TYP3_\Sigma \subset TYP2_\Sigma \subset TYP1_\Sigma \subset TYP0_\Sigma \subset 2^{\Sigma^*}$$

Diese „klassische" Chomsky-Hierarchie kann noch verfeinert werden. So werden wir später (siehe Abschnitte 8.2.7 und 9.7.2 sowie Kapitel 10) noch die Klasse R_Σ der entscheidbaren (rekursiven) Sprachen über Σ betrachten, die echt zwischen den Typ-1- und den Typ-0-Sprachen liegt:

$$TYP1_\Sigma \subset R_\Sigma \subset TYP0_\Sigma \qquad\qquad (8.40)$$

Ferner haben wir bereits die Klasse $DPDA_\Sigma$ der deterministischen kontextfreien Sprachen kennengelernt, die echt zwischen $TYP3_\Sigma$ und $TYP2_\Sigma$ liegt:

$$TYP3_\Sigma \subset DPDA_\Sigma \subset TYP2_\Sigma$$

In dieser „kontextfreien" Hierarchie lassen sich noch weitere Sprachen, z.B. die linearen Sprachen sowie die $LL(k)_\Sigma$- und die $LR(k)_\Sigma$-Sprachen einfügen.

Insbesondere die zuletzt genannten Sprachen haben eine große praktische Bedeutung, denn für sie gibt es sehr effiziente Syntaxanalyse- und Parse-Algorithmen (siehe

Kapitel 7). Allerdings lassen sich nicht alle praktisch vorkommenden Programmierspracheneigenschaften mit Grammatiken dieser Sprachklassen vollständig beschreiben. So ist die Menge aller syntaktisch korrekten C++- oder JAVA-Programme keine kontextfreie Sprache. Viele Sprachelemente dieser Sprachen, wie z.B. der Aufbau von Bezeichnern, die Struktur von arithmetischen Ausdrücken oder die Struktur von Selektions- und Schleifenanweisungen, lassen sich kontextfrei definieren. Doch notwendige Eigenschaften, z.B. dass nur Variablen verwendet werden, die vorher deklariert worden sind, dass Variablen typverträglich verwendet werden oder dass die Anzahl der aktuellen Parameter eines Methodenaufrufs mit der Anzahl der formalen Parameter der entsprechenden Methodendefinition übereinstimmen muss, sind nicht kontextfrei beschreibbar. In der praktischen Sprachdefinition und im Compilerbau verwendet man so weit wie möglich kontextfreie Hilfsmittel und ergänzt diese, wo notwendig, um weitergehende Beschreibungen. Interessierte Leser seien hierzu auf die Literatur verwiesen.

8.1.4 Das Wortproblem

Wir haben bereits gesehen, dass das Wortproblem für reguläre Sprachen bzw. das Wortproblem für kontextfreie Sprachen jeweils entscheidbar ist. Der folgende Satz besagt, dass das Wortproblem für kontextsensitive Sprachen ebenfalls entscheidbar ist, d.h. es gibt einen allgemeinen Algorithmus, der zu einer Typ-1-Grammatik G über Σ und einem Wort $w \in \Sigma^*$ in endlich vielen Schritten angibt, ob $w \in L(G)$ oder ob $w \notin L(G)$ gilt.

Satz 8.7. Das Wortproblem ist für kontextsensitive Sprachen entscheidbar.

Beweis Sei $G = (\Sigma, N, P, S)$ eine kontextsensitive Grammatik. Wir definieren für $m \in \mathbb{N}_0$ und $n \in \mathbb{N}$ die Menge aller Wörter $W_m^n \subseteq (\Sigma \cup N)^*$, die höchstens die Länge n haben und in m Schritten aus S abgeleitet werden können:

$$W_m^n = \{\, w \in (\Sigma \cup N)^* \mid |w| \leq n,\ S \Rightarrow^m w \,\}$$

Diese Mengen können mit folgender Vorschrift rekursiv bestimmt werden:

$$W_0^n = \{\, S \,\}$$
$$W_{m+1}^n = \Rightarrow_n (W_m^n)$$

Dabei enthält $\Rightarrow_n (W)$ außer den Wörtern von W selbst alle Wörter der Länge höchstens n, die von den Wörtern in W in einem Schritt abgeleitet werden können:

$$\Rightarrow_n (W) = W \cup \{\, w \in (\Sigma \cup N)^* \mid |w| \leq n,\ w' \Rightarrow w,\ w' \in W \,\}$$

Da es nur endlich viele Wörter mit einer Länge kleiner oder gleich n in $(\Sigma \cup N)^*$ gibt,[5] ist für jedes $m \geq 0$ und jedes $n \geq 1$ die Menge W_m^n endlich. Hieraus und

---

[5]Ist $|\Sigma \cup N| = k$, dann gibt es $\sum_{i=0}^{n} k^i (= \frac{k^{n+1}-1}{k-1},\ k \geq 2)$ Wörter der Länge kleiner oder gleich n über $\Sigma \cup N$.

```
algorithm wortproblem(G Typ-1-Grammatik, w ∈ Σ*)
  W := {S}.
  repeat
    W' := W,
    W := ⇒_n (W'),
  until (w ∈ W) or (W = W').
  if (w ∈ W):
    Output: true,
  else:
    Output: false.                                    □
```

Bild 8.2: Algorithmus zur Entscheidungsproblem für Typ-0-Sprachen.

aus der Monotonieeigenschaft kontextsensitiver Regeln folgt, dass es eine maximale Schrittzahl s geben muss, mit der alle in G ableitbaren Wörter der Länge kleiner oder gleich n abgeleitet werden können, d.h. es gibt ein $s \in \mathbb{N}$ mit

$$W_s^n = W_{s+1}^n = W_{s+2}^n = \cdots$$

Das ist die Garantie dafür, dass der in Bild 8.2 dargestellte Algorithmus für jede Eingabe terminiert.　　　　　　　　　　　　　　　　　　　　　　　　　　　　□

Betrachten wir als Beispiel die Grammatik G_1 am Anfang des Kapitels, die die Sprache $L_1 = \{\, a^k b^k c^k \mid k \geq 1 \,\}$ erzeugt: Für $n = 4$ gilt:

$$W_0^4 = \{\, S \,\}$$
$$W_1^4 = \{\, S, aSBC, aBC \,\}$$
$$W_2^4 = \{\, S, aSBC, aBC, abC \,\}$$
$$W_3^4 = \{\, S, aSBC, aBC, abC, abc \,\}$$
$$W_4^4 = \{\, S, aSBC, aBC, abC, abc \,\}$$

Es gilt $W_4^4 = W_3^4$. W_3^4 enthält alle Wörter der Länge kleiner oder gleich 4, die mit der Grammatik G_1 abgeleitet werden können. Darunter ist abc das einzige terminale Wort.

Falls $w \in L(G)$ und $|w| = n$ ist, ist $w \in W_m^n$ für mindestens ein $m \geq 0$ (im Beispiel $abc \in W_3^4$).

Die bisher angestellten Überlegungen sind die Grundlage für den in Bild 8.2 dargestellten Algorithmus, der das Wortproblem für Typ-1-Sprachen löst.

Die Monotonieeigenschaft kontextsensitiver Regeln ist wesentlich für die Terminierung dieses Entscheidungsverfahrens. Die Länge eines Wortes w, das bei der Berechnung von $\Rightarrow_n (W')$ aus einem Wort $w' \in W'$ abgeleitet wird, ist wegen der Monotonie nicht kleiner als die Länge von w'.

Wären die Regeln nicht monoton, dann könnten die Wörter auch schrumpfen, und es wäre nicht sicher, dass die Erzeugung der Mengen W_m^n stationär wird: Es müsste also kein s geben mit $W_s^n = W_{s+i}^n$, $i \geq 1$. Deshalb gilt der folgende Satz, dessen Beweis wir in Abschnitt 10.5.3 nachliefern werden.

Satz 8.8. Das Wortproblem ist für die Klasse der rekursiv-aufzählbare Sprachen nicht entscheidbar. □

Da das Wortproblem für kontextsensitive Sprachen gemäß Satz 8.7 entscheidbar, für rekursiv-aufzählbare Sprachen gemäß Satz 8.8 nicht entscheidbar ist, haben wir als Folgerung dieser beiden Sätze einen Beweis für Satz 8.3 erhalten.

8.2 Turingautomaten

Sowohl in der Klasse der regulären Sprachen als auch in der Klasse der kontextfreien Sprachen haben wir jeweils äquivalente generierende und akzeptierende Konzepte betrachtet: Typ-3-Grammatiken und endliche Automaten bzw. Typ-2-Grammatiken und Kellerautomaten. Im vorigen Abschnitt haben wir gesehen, dass die Sprache $L = \{\, a^n b^n c^n \mid n \geq 1 \,\}$ durch eine Typ-1-Grammatik erzeugt werden kann. L kann von keinem Kellerautomaten akzeptiert werden, da L nicht kontextfrei ist. Kellerautomaten besitzen zwar mit dem Keller einen unendlichen Speicher, haben auf diesen aber nur einen eingeschränkten Zugriff: Nur das Topelement kann gelesen und verändert werden. Wäre es möglich, auf jedes Element eines gespeicherten Wortes zuzugreifen, könnte man die Anzahl der a's, b's und c's vergleichen, indem man über den Speicher hin- und herfährt und die Anzahlen miteinander vergleicht.

Wir erweitern das Konzept des Kellerautomaten um die Möglichkeit, auf jedes Element eines gespeicherten Wortes lesend und schreibend zugreifen zu können. Dazu benötigen wir keinen gesonderten Speicher (wie den Kellerspeicher), sondern wir benutzen das Eingabeband nicht nur zur Eingabe eines zu verarbeitenden Wortes, sondern auch als Arbeitsspeicher. Zustandsautomaten mit Arbeitsspeicher mit quasi wahlfreiem Zugriff nennen wir *Turingautomaten*. In diesem Kapitel führen wir Varianten von Turingautomaten ein, erläutern gegebenenfalls deren Äquivalenz untereinander sowie deren Äquivalenz zu entsprechenden Grammatik-Typen.

8.2.1 Definitionen und Beispiele

Definition 8.4. Sei Σ ein Alphabet. Ein *deterministischer Turingautomat* T über Σ ist gegeben durch $T = (\Sigma, S, \Gamma, \delta, s_0, \#, f_a, f_r)$ bestehend aus dem Eingabealphabet Σ, der endlichen Zustandsmenge S, dem Arbeitsalphabet (auch Bandalphabet) Γ, das das Eingabealphabet enthält, d.h. $\Sigma \subset \Gamma$, der Zustandsüberführung δ, dem Startzustand s_0, dem Blanksymbol $\# \in \Gamma - \Sigma$ sowie zwei ausgezeichneten Zuständen $f_a, f_r \in S$: f_a ist der *akzeptierende Zustand* und f_r ist der *verwerfende Zustand*.[6] Um Verwirrungen zu vermeiden, ist es sinnvoll, $\Sigma \cap S = \emptyset$ und $\Gamma \cap S = \emptyset$ zu fordern. Die Zustandsüberführung δ ist definiert durch die totale Funktion:

$$\delta : S - \{f_a, f_r\} \times \Gamma \to S \times \Gamma \times \{l, r, -\} \qquad (8.41)$$

---

[6]a steht für *accept* und r steht für *reject*.

δ wird auch *Turingprogramm* genannt. Wir werden zumeist Turingprogramme „anweisungsweise" notieren: Wir schreiben

$$(s, a, s', b, m),$$

falls

$$\delta(s, a) = (s', b, m)$$

ist. Die Anweisung (s, a, s', b, m) bedeutet: Ist T im Zustand s und befindet sich der Schreib-/Lesekopf unter dem Symbol a, dann geht T in den Zustand s' über, überschreibt a mit dem Symbol b und führt die Bewegung m aus. Ist $m = l$, dann geht der Schreib-/Lesekopf eine Position nach links, ist $m = r$, geht er eine Position nach rechts, ist $m = -$, dann bewegt er sich nicht. δ beschreibt das Bearbeiten des Arbeitsbandes.

Der aktuelle Stand einer Bearbeitung wird – analog zu endlichen Automaten und Kellerautomaten – beschrieben durch eine Konfiguration k, die den aktuellen kompletten Bandinhalt sowie die Position des Schreib-/Lesekopfes auf dem Arbeitswort festhält (siehe Bild 8.3):

$$k = \alpha s b \beta \in \Gamma^* \circ S \circ \Gamma^+, \ \alpha, \beta \in \Gamma^*, \ s \in S, \ b \in \Gamma$$

α ist der Teil des Arbeitswortes, der links vor dem Kopf steht. b ist das Symbol, unter dem sich der Kopf befindet, und β ist der Teil des Arbeitswortes rechts vom Kopf.

Wenn wir tatsächlich immer den kompletten Inhalt des beidseitig unendlichen Arbeitsbandes eines Turingautomaten betrachten würden, bestünden ein Präfix von α und ein Postfix von β jeweils aus $\#^\infty$, d.h. aus unendlich vielen Blanksymbolen. Deshalb stellen wir nicht den kompletten Inhalt dar, sondern nur den endlichen Ausschnitt, der aktuell von Interesse ist. Das heißt in der Regel, dass α mit höchstens einem Blanksymbol beginnt und dass β mit höchstens einem Blanksymbol endet. Sei

$$K_T = \Gamma^* \circ S \circ \Gamma^+$$

die Menge solcher *Konfigurationen* von T. Die Menge der möglichen Konfigurationsübergänge von T

$$\vdash \ \subseteq K_T \times K_T$$

ist definiert durch:

$$\alpha a s b \beta \vdash \begin{cases} \alpha a s' c \beta, & \text{falls } (s, b, s', c, -) \in \delta, \ \alpha a, \beta \in \Gamma^* \\ \alpha a c s' \beta, & \text{falls } (s, b, s', c, r) \in \delta, \ \alpha a \in \Gamma^*, \ \beta \in \Gamma^+ \\ \alpha s' a c \beta, & \text{falls } (s, b, s', c, l) \in \delta, \ \alpha \in \Gamma^*, \ \beta \in \Gamma^+, \ a \in \Gamma \end{cases}$$

Im ersten Fall wird das Symbol b, das der Automat liest, durch c ersetzt, und der Schreib-/Lesekopf bleibt unverändert. Im zweiten Fall wird b ersetzt durch c, und der Schreib-/Lesekopf geht nach rechts. Im dritten Fall wird b durch c ersetzt, und der Schreib-/Lesekopf geht eine Position nach links.

Konfigurationen $s_0 w$ für $w \in \Sigma^*$ heißen *Startkonfigurationen* von T; die Konfigurationen $\alpha f_a \beta$ und $\alpha' f_r \beta'$ mit $\alpha, \alpha', \beta, \beta' \in \Gamma^*$ heißen *akzeptierende* bzw. *verwerfende* Konfigurationen. Da δ total auf $S - \{f_a, f_r\} \times \Gamma$ definiert ist, sind akzeptierende

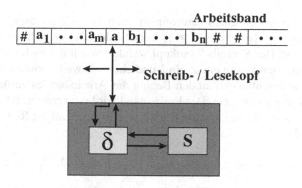

Bild 8.3: Arbeitsweise eines Turingautomaten.

und verwerfende Konfigurationen die einzigen Konfigurationen, bei denen die Bearbeitung eines Wortes stoppt, weil für diese kein weiterer Konfigurationsübergang definiert ist. Deswegen nennen wir diese Konfigurationen auch *Haltekonfigurationen*.

Ein Wort $w \in \Sigma^*$ wird von T akzeptiert, falls $\alpha, \beta \in \Gamma^*$ existieren mit $s_0 w \vdash^*$ $\alpha f_a \beta$; w wird von T verworfen, falls $\alpha, \beta \in \Gamma^*$ existieren mit $s_0 w \vdash^* \alpha f_r \beta$. Die von einem Turingautomaten T akzeptierte Sprache ist definiert durch:

$$L(T) = \{w \in \Sigma^* \mid T \text{ akzeptiert } w\}$$

$L(T)$ ist die Menge der Eingabewörter w, bei denen das Abarbeiten des Programms von T, beginnend bei der Startkonfiguration $s_0 w$, in endlich vielen Schritten in eine akzeptierende Konfiguration $\alpha f_a \beta$ gelangt. T heißt *(deterministischer) Turing-Akzeptor* für L.

Mit DTA_Σ bezeichnen wir die Klasse der von deterministischen Turingautomaten über Σ akzeptierten Sprachen.   □

Bemerkung 8.2. , Sei $L \subseteq \Sigma^*$ eine Sprache und T ein Turing-Akzeptor von L, dann erreicht T genau bei Eingabe der Wörter von L eine akzeptierende Konfiguration. Bei Eingabe von Wörtern $w \in \overline{L}$ kann T den verwerfenden Zustand erreichen oder in eine unendliche Schleife geraten.   □

Im Unterschied zu Turing-Akzeptoren betrachten wir eine Variante von Turingautomaten, bei denen die in der Bemerkung letztgenannte Situation einer unendlichen Konfigurationsfolge nicht eintreten kann.

Definition 8.5. Eine Sprache $L \subseteq \Sigma^*$ heißt *Turing-entscheidbar*, falls ein Turing-Akzeptor für L existiert, der für alle Eingaben $w \in \Sigma^*$ eine Haltekonfiguration erreicht. T heißt *(deterministischer) Turing-Entscheider* für L.

Mit DTE_Σ bezeichnen wir die Klasse der von deterministischen Turingautomaten über Σ entscheidbaren Sprachen.   □

Beispiel 8.3. Wir wollen einen deterministischen Turingautomaten T konstruieren, der die Sprache $L = \{a^n b^n c^n \mid n \geq 1\}$ entscheidet. Die Grundidee des Turingprogramms von T ist: Der Schreib-/Lesekopf wandert von links nach rechts und ersetzt jeweils bei einem Durchgang ein a, ein b und ein c – soweit vorhanden – durch A, B bzw. C und geht anschließend an den Beginn des Arbeitsbandes zurück und beginnt mit dieser Prozedur von neuem. Der Endzustand wird nur erreicht, falls die Anzahlen der a', b's und c's gleich sind und die Buchstaben in der richtigen Reihenfolge stehen. T ist definiert durch

$$T = (\{a, b, c\}, \{s_0, s_a, s_b, s_c, s_k, s_z, f_a, f_r\}, \{a, b, c, \#, A, B, C\}, \delta, s_0, \#, f_a, f_r),$$

wobei δ folgende Zustandsüberführungen realisiert: Im Startzustand s_0 geht T in den Zustand s_a über, um a's zu verarbeiten. Im Zustand s_a wird das nächste a in ein A verwandelt, das nächste b gesucht, dieses in ein B verwandelt und in den Zustand s_b gewechselt. In diesem wird das nächste c gesucht, dieses in ein C verwandelt und in den Zustand s_c gewechselt. Ist der Schreib-/Lesekopf hinter dem Arbeitswort angelangt, d.h. alle c's sind in C verwandelt, wechselt T in den Zustand s_k zur Kontrolle, ob auch alle b's in B und alle a's in A gewechselt sind. Falls dies der Fall ist, erreicht s_k den Anfang des Eingabewortes und wechselt in den akzeptierenden Zustand. Wird im Zustand s_c das Ende des Arbeitswortes nicht erreicht, dann wechselt T in den Zustand s_z, um zum letzten A zurückzukehren. Dort geht T wieder in den Zustand s_0 über. Sind noch weitere a's, b's und c's vorhanden, erfolgen die bisher beschriebenen Zustandsübergänge erneut.

Nur dann, wenn die Anzahl der a's, b's und c's übereinstimmt und die Reihenfolge in Ordnung ist, gelangt T in den akzeptierenden Zustand f_a. In allen anderen Fällen endet T im verwerfenden Zustand f_r.

In Tabelle 8.1 ist die formale Definition von δ angegeben. Wir wollen als Beispiel die Konfigurationsübergänge betrachten, die beim Akzeptieren des Wortes $a^2 b^2 c^2$ stattfinden:

$$s_0 aabbcc\# \vdash As_a abbcc\# \vdash Aas_a bbcc\# \vdash AaBs_b bcc\# \vdash AaBbs_b cc\#$$
$$\vdash AaBbCs_c c\# \vdash AaBbs_z Cc\# \vdash AaBs_z bCc\# \vdash Aas_z BbCc\#$$
$$\vdash As_z aBbCc\# \vdash s_z AaBbCc\# \vdash As_0 aBbCc\# \vdash AAs_a BbCc\#$$
$$\vdash AABs_a bCc\# \vdash AABBs_b Cc\# \vdash AABBCs_b c\# \vdash AABBCCs_c\#$$
$$\vdash AABBCs_k C\# \vdash AABBs_k CC\# \vdash AABs_k BCC\#$$
$$\vdash AAs_k BBCC\# \vdash As_k ABBCC\# \vdash s_k AABBCC\#$$
$$\vdash s_k \#AABBCC\# \vdash f_a \#AABBCC\#$$

Es gilt also $s_0 aabbcc\# \vdash^* f_a \#AABBCC\#$ und damit, da f_a der akzeptierende Zustand ist: $a^2 b^2 c^2 \in L(T)$. Man kann zeigen, dass $L = L(T)$ ist, womit $L \in DTE_\Sigma$ gilt.   □

Aus den beiden obigen Definitionen für Turing-Akzeptoren bzw. Turing-Entscheidern folgt unmittelbar:

Tabelle 8.1: Zustandsüberführungen, welche die Sprache $\{\, a^n b^n c^n \mid n \geq 1 \,\}$ akzeptieren.

$$\delta = \{(s_0, a, s_a, A, r), \qquad \text{(nächstes } a \text{ durch } A \text{ ersetzen)}$$

$\qquad (s_a, a, s_a, a, r),$ (folgende a's überlesen)

$\qquad (s_a, B, s_a, B, r),$ (folgende B's überlesen)

$\qquad (s_a, b, s_b, B, r),$ (nächstes b durch B ersetzen)

$\qquad (s_b, b, s_b, b, r),$ (folgende b's überlesen)

$\qquad (s_b, C, s_b, C, r),$ (folgende C's überlesen)

$\qquad (s_b, c, s_c, C, r),$ (nächstes c durch C ersetzen)

$\qquad (s_c, \#, s_k, \#, l),$ (falls Eingabeende:

$\qquad (s_k, C, s_k, C, l),$ Kontrolle, ob alle c's in C's verwandelt,

$\qquad (s_k, B, s_k, B, l),$ Kontrolle, ob alle b's in B's verwandelt,

$\qquad (s_k, A, s_k, A, l),$ Kontrolle, ob alle a's in A's verwandelt,

$\qquad (s_k, \#, f_a, \#, -),$ falls Bandanfang erreicht: Eingabe akzeptiert)

$\qquad (s_c, c, s_z, c, l),$ (sonst zurück: über alle c's,

$\qquad (s_z, C, s_z, C, l),$ über alle C's,

$\qquad (s_z, b, s_z, b, l),$ über alle b's,

$\qquad (s_z, B, s_z, B, l),$ über alle B's,

$\qquad (s_z, a, s_z, a, l),$ über alle a's)

$\qquad (s_z, A, s_0, A, r)\}$ bis zum letzten A, weiter bei s_0)

$\qquad \cup \, \delta'$

δ' enthält alle weiteren Zustandsübergänge, damit δ insgesamt auf

$$\{s_0, s_a, s_b, s_c, s_k, s_z\} \times \{a, b, c, \#, A, B, C\}$$

total definiert ist. Bei jedem dieser Übergänge ist f_r der Folgezustand. So müssen unter anderem die Mengen $\{(s_0, x, f_r, y, m) \mid x \in \{b, c, \#, A, B, C\}\}$ und $\{(s_z, x, f_r, y, m) \mid x \in \{c, \#\}\}$ in δ enthalten sein (dabei ist jeweils $y \in \{a, b, c, \#, A, B, C\}$ sowie $m \in \{r, l, -\}$ beliebig wählbar).

Folgerung 8.3. **a)** $DTE_\Sigma \subseteq DTA_\Sigma$.

b) Die Klasse DTE_Σ ist abgeschlossen gegenüber Komplementbildung: Ist $L \in DTE_\Sigma$, dann ist $\overline{L} \in DTE_\Sigma$.

Beweis a) ist offensichtlich.

b) Sei $T = (\Sigma, S, \Gamma, \delta, s_0, \#, f_a, f_r)$ ein Turingautomat, der L entscheidet, dann ist offensichtlich $\overline{T} = (\Sigma, S, \Gamma, \delta, s_0, \#, f_r, f_a)$ ein Turingautomat, der $\overline{L}$ entscheidet. $\overline{T}$ ist identisch zu T, es werden nur die Rollen von akzeptierendem und vewerfendem Zustand vertauscht.   □

In Kapitel 10 werden wir die Beziehung der beiden Klassen DTE_Σ und DTA_Σ zueinander sowie ihre Beziehungen zu anderen Sprachklassen und weitere ihrer Eigenschaften noch detaillierter betrachten.

Definition 8.6. Zwei Turingautomaten T und T' heißen *äquivalent* genau dann, wenn sie dieselbe Sprache akzeptieren, d.h. wenn $L(T) = L(T')$ gilt.   □

Bemerkung 8.3. Definition 8.6 lässt zu, dass einer der beiden Automaten Entscheider und der andere Akzeptor, aber kein Entscheider ist.   □

8.2.2 Varianten von Turingautomaten

In diesem Abschnitt betrachten wir mehr oder weniger informell Varianten von Turingautomaten und erläutern deren Äquivalenz zu der in Definition 8.4 eingeführten deterministischen Variante mit einem beidseitig unbeschränkten Arbeitsband.

Turingautomaten mit einseitig beschränktem Arbeitsband

Das Arbeitsband unserer in Definition 8.4 eingeführten Variante ist beidseitig unendlich. Man kann Turingautomaten auch einführen mit einem einseitig, etwa linksseitig beschränkten Arbeitsband, d.h. das Arbeitsband ist nur nach rechts offen, also nicht beschränkt. Ein Eingabewort wird zu Beginn vom linken Rand auf das Band geschrieben. Während der Bearbeitung kann der Schreib-/Lesekopf nicht nach links über den Rand hinaus gehen. Sollte in einer Konfiguration $sb\beta$, bei der der Lese-/Schreibkopf links am Bandende steht, aufgrund der Zustandsüberführung $(s, b, t, c, l) \in \delta$ eine Bewegung nach links erfolgen, ist die Folgekonfiguration $tc\beta$: Der Automat führt die Lese- und Schreiboperation sowie gegebenenfalls die Zustandsänderung durch, bleibt aber am Bandanfang stehen. Turingautomaten mit einseitig beschränktem Band sind allerdings nicht weniger mächtig als Automaten mit beidseitig unbeschränktem Band, denn es gilt: Eine Sprache wird von einem Turingautomaten mit beidseitig unendlichem Band genau dann akzeptiert/entschieden, wenn sie von einem Turingautomaten mit einseitig geschlossenem Band akzeptiert/entschieden wird.

Turingautomaten mit beidseitig unendlichem Band können solche mit nur einseitig unendlichem Band leicht simulieren: Sie begrenzen ein Eingabewort als Erstes links mit einem speziellen Symbol und führen dann das Programm des Automaten mit einseitig unendlichem Band aus.

Ein Turingautomat T mit links geschlossenem Band kann einen Automaten T' mit beidseitig offenem Band wie folgt simulieren. T führt das Programm von T' aus. Immer dann, wenn T' nach links über das aktuelle Arbeitswort hinausgeht, führt T ein Unterprogramm aus, welches das Arbeitswort insgesamt um eine Stelle nach rechts schiebt, so dass am linken Bandanfang ein freier Speicherplatz entsteht und das Programm von T' weiter ausgeführt werden kann.

Mehrband-Turingautomaten

Man kann Turingautomaten auch mit k Arbeitsbändern, $k \geq 1$, mit jeweils eigenem Schreib/Lesekopf definieren. In Abhängigkeit vom aktuellen Zustand und der Symbole, unter denen sich die k Schreib-/Leseköpfe auf ihren jeweiligen Bändern befinden, geht ein k-bändiger Turingautomat in einen neuen Zustand über, überschreibt die gelesenen Symbole mit neuen Symbolen und bewegt die einzelnen Köpfe unabhängig voneinander entweder eine Position nach links oder nach rechts oder lässt sie stehen. Die Zustandsüberführung ist also eine totale Funktion der Art

$$\delta : S \times \Gamma^k \to S \times \Gamma^k \times \{l, r, -\}^k$$

Die Verfügbarkeit von mehr als einem Arbeitsband erhöht die Mächtigkeit von Turingautomaten nicht, denn jeder Automat T mit mehr als einem Band kann durch einen Automaten T' mit nur einem Band simuliert werden. Eine mögliche Simulation ist die folgende: Wir stellen uns das Band von T' als unterteilt in k Spuren vor, dabei steht die i-te Spur für das i-te Band. Wir realisieren das, indem wir alle k-Permutationen von Bandsymbolen, die auf den k Bändern von T übereinander stehen könnten, durch ein Bandsymbol von T' repräsentieren. Das heißt, wir benötigen die Menge Γ^k als Bandsymbole für T'. Außerdem müssen wir auf der Spur i noch kennzeichnen, wo bzw. unter welchem Symbol der Schreib-/Lesekopf von T auf Band i steht. Dazu benutzen wir das Symbol $\uparrow$. Das Bandalphabet von T' ergibt sich somit als $\Gamma' = (\Gamma \cup \{\uparrow\} \circ \Gamma)^k$.

Tabelle 8.2 veranschaulicht eine Konfiguration von T'. Hier steht z.B. der Buchstabe $(a_{11}, a_{21}, \ldots, \uparrow a_{k1})$ auf dem ersten Speicherplatz von T', $(\uparrow a_{12}, a_{22}, \ldots, a_{k2})$ auf dem zweiten und $(a_{1l}, \uparrow a_{2l}, \ldots, a_{kl})$ auf dem l-ten Speicherplatz. Dadurch wird simuliert, dass in der entsprechenden Konfiguration von T dessen Schreib-/Lesekopf des ersten Bandes auf dem zweiten Speicherplatz steht, der Kopf des zweiten Bandes auf dem l-ten Platz und er Kopf der k-ten Bandes auf dem ersten Platz. Jede Spur enthält natürlich genau ein $\uparrow$-Symbol; jeder Speicherplatz kann i $\uparrow$-Symbole mit $0 \leq i \leq k$ enthalten.

Ein Konfigurationsübergang von T, beim dem alle k-Schreib-/Leseköpfe gleichzeitig beteiligt sind, kann von T' auf seinem einen Band wie folgt simuliert werden: Wir gehen davon aus, dass der Schreib-/Lesekopf von T' auf dem am weitesten links stehenden Bandsymbol, welches ein $\uparrow$-Symbol enthält, steht. T' wandert über alle Speicherplätze hinweg bis zum letzten mit einem $\uparrow$-Symbol (durch Zählen von 1 bis k kann T' feststellen, ob alle solchen Plätze besucht sind). Dabei merkt sich T' durch entprechende Zustände durch sukzessives Aufsammeln die Folge der $\uparrow$-Symbole. In

Tabelle 8.2: Einband-Automat T' mit k Spuren.

Spur k	$\uparrow a_{k1}$	a_{k2}	$\cdots$	a_{kl}
$\vdots$	$\vdots$	$\vdots$	$\vdots$	$\vdots$
Spur 2	a_{21}	a_{22}	$\cdots$	$\uparrow a_{2l}$
Spur 1	a_{11}	$\uparrow a_{12}$	$\cdots$	a_{1l}

der Konfiguration von Tabelle 8.2 wäre die Folge $a_{k1}a_{12}\ldots a_{2l}$ als Zustand festzuhalten (es folgt, dass T' mindesten $|S \times \Gamma^k|$ Zustände benötigt). T' geht jetzt nach links und kann dabei mithilfe dieses Zustandes den Konfigurationsübergang von T als k Konfigurationsübergänge auf den k Spuren des Bandes von T' nacheinander ausführen. Danach geht T' in den Folgezustand von T über und eine erneute Simulationsrunde beginnt. Falls T einen Haltezustand erreicht, erreicht T' denselben, und falls T in eine Schleife gerät, gilt das auch für T'. Insgesamt folgt, dass T' äquivalent zu T ist.

Wir wollen noch überlegen, von welcher Größenordnung der „Zeitverlust" der sequentiellen Verarbeitung von T' gegenüber der parallelen Verarbeitung von T ist: Nach j Konfigurationsübergängen von T können (im Extremfall, bei dem ein Kopf immer nach rechts, ein anderer immer nach links wandert) die Kopfmarkierungen durch $\uparrow$-Symbole maximal um $2j$ Speicherplätze auseinander liegen. T' wandert dann einmal nach rechts und wieder nach links zurück, führt also insgesamt höchstens $4j$ Bewegungen aus. Die möglichen k Bewegungen auf den Spuren, um die Bewegungen der k Köpfe von T zu simulieren, vernachlässigen wir als immer wiederkehrenden konstanten Aufwand. Wenn T also insgesamt n Konfigurationsübergänge durchführt, wird das durch höchstens $\sum_{j=1}^{n} 4j = 2n(n+1) = O(n^2)$ Übergänge von T' simuliert, d.h. der Zeitverlust ist von quadratischer Ordnung.

Mehrband-Automaten sind also nicht mächtiger als Einband-Automaten. In vielen Fällen ist es angenehmer oder gar einfacher, sich für eine Sprache ein Programm für einen Mehrband-Automaten zu überlegen als für einen Einband-Automaten. So entscheidet z.B. der Zweiband-Automat in Tabelle 8.3 die Sprache $L = \{a^n b^n c^n \mid n \geq 1\}$ (siehe Beispiel 8.3).

Turingautomaten mit mehreren Schreib-/Leseköpfen

Ein k-köpfiger Turingautomat besitzt ein Arbeitsband mit k Schreib-/Leseköpfen. In Abhängigkeit vom aktuellen Zustand und der k Symbole unter den Schreib-/Leseköpfen geht er in einen neuen Zustand über, überschreibt die k Symbole und bewegt die k Köpfe unabhängig voneinander nach links oder nach rechts oder lässt sie stehen.

Auch k-köpfige Turingautomaten können durch einköpfige Automaten simuliert werden. Dazu codiert man die Kopfpositionen durch Bandsymbole und führt die parallelen Schreib-/Leseaktionen des k-köpfigen Automaten hintereinander aus.

Tabelle 8.3: Zweiband-Automat T für die Sprache $L = \{a^n b^n c^n \mid n \geq 1\}$.

$$T = (\{a, b, c\}, \{s_a, s_b, s_c, f_a, f_r\}, \{a, b, c, \#\}, \delta, s_a, \#, f_a, f_r)$$

mit

$\delta = \{(s_a, a, \#, s_a, \#, a, r, r),$ (a's auf 2. Band kopieren)

$(s_a, b, \#, s_b, b, \#, -, l),$ (erstes b erreicht)

$(s_b, b, a, s_b, \#, b, r, l),$ (Abgleich b's mit a's, b's dafür kopieren)

$(s_b, c, \#, s_c, c, \#, -, r),$ (erstes c erreicht)

$(s_c, c, b, s_c, \#, \#, r, r),$ (Abgleich c's mit gespeicherten b's)

$(s_c, \#, \#, f_a, \#, \#, -, -)\}$ (Ende Abgleich, Bilanz stimmt)

Turingautomaten mit mehrdimensionalen Arbeitsbändern

Ein k-dimensionales Arbeitsband kann man sich als k-dimensionales Array von Feldern vorstellen, das in alle $2k$-Richtungen unendlich ist. Der Schreib-/Lesekopf befindet sich auf einem Feld. In Abhängigkeit vom aktuellen Zustand und vom Feldinhalt geht ein solcher Automat in einen Folgezustand über, überschreibt das Symbol, und der Schreib-/Lesekopf geht in eine der $2k$ möglichen Richtungen.

Im zweidimensionalen Fall kann man sich das Arbeitsband als eine unendlich große Matrix vorstellen, auf der sich der Schreib-/Lesekopf in vier Richtungen (nach oben, unten, rechts oder links) bewegen kann. Den Inhalt der Matrix kann man zeilenweise mit Trennsymbolen auf ein eindimensionales Arbeitsband schreiben. Dabei sollten die Wörter, die die Zeileninhalte repräsentieren, immer dieselbe Länge haben. Horizontale Bewegungen des Schreib-/Lesekopfes auf der Matrix sind unmittelbar auf dem eindimensionalen Arbeitsband simulierbar. Bei vertikalen Bewegungen muss der Schreib-/Lesekopf an die entsprechende Stelle der Zeile vorher (bei einer Bewegung nach „oben") bzw. der nachfolgenden Zeile (bei einer Bewegung nach „unten") bewegt werden.

Nichtdeterministische Turingautomaten

Wie bei endlichen Automaten und bei Kellerautomaten führen wir auch bei Turingautomaten eine nichtdeterministische Variante ein. Bei dieser ist die Zustandsüberführung eine Relation

$$\delta \subseteq S \times \Gamma \times S \times \Gamma \times \{l, r, -\}$$

die – wie bei den anderen Automatentypen – auch als mengenwertige Funktion

$$\delta : S \times \Gamma \rightarrow 2^{S \times \Gamma \times \{l, r, -\}}$$

geschrieben werden kann.

Falls für ein Paar $(s, a) \in S \times \Gamma$ die Übergänge $(s_j, b_j, m_j) \in S \times \Gamma \times \{l, r, -\}$ für $1 \leq j \leq k$, $k \geq 0$, definiert sind, können wir dies auf folgende Weisen notieren:

$$(s, a, s_1, b_1, m_1), \ldots, (s, a, s_k, b_k, m_k)$$

oder

$$(s, a, \{(s_1, b_1, m_1), \ldots, (s_k, b_k, m_k)\})$$

oder

$$\delta(s, a) = \{(s_1, b_1, m_1), \ldots, (s_k, b_k, m_k)\}$$

Es ist möglich, dass $\delta(s, a) = \emptyset$ ist; dies entspricht dem Fall $k = 0$. Das bedeutet, dass es für die Konfigurationen $\alpha s a \beta$ keine Folgekonfiguration gibt, d.h. der Automat hält an. Deswegen benötigen nichtdeterministische Turingautomaten keinen verwerfenden Zustand: Alle solche Haltekonfigurationen, die nicht akzeptierend sind, sind verwerfend.

Konfigurationen und Konfigurationsübergänge sind für nichtdeterministische Automaten genau so definiert wie für deterministische Automaten – wohl mit dem Unterschied, dass eine Konfiguration $\alpha s a \beta$ für den Fall, dass $|\delta(s, a)| > 1$ ist, mehrere Folgekonfigurationen haben kann.

Ein nichtdeterministischer Turingautomat $T = (\Sigma, \Gamma, S, \delta, s_0, \#, f_a)$ und ein Wort $w \in \Sigma^*$ legen einen *Konfigurationbsbaum* (auch: *Berechnungsbaum*) $\mathit{Tree}_T(w)$ fest. Die Knoten dieses Baums stellen Konfigurationen dar; die Startkonfiguration $s_0 w$ ist die Wurzel von $\mathit{Tree}_T(w)$. Stellt ein Knoten die Konfiguration $\alpha s a \beta$ dar und ist $|\delta(s, a)| \geq 1$, dann stellen die Folgekonfigurationen die Nachfolger des Knotens $\alpha s a \beta$ dar. Ist $|\delta(s, a)| = 0$, dann stellt $\alpha s a \beta$ ein Blatt des Baums dar. Ist $s = f_a$, dann heißt das Blatt sowie der Pfad von der Wurzel $s_0 w$ zu diesem Blatt *akzeptierendes Blatt* bzw. *akzeptierender Pfad*. Ist $s \neq f_a$, dann heißen das Blatt und der Pfad *nicht akzeptierend*. Da eine Startkonfiguration $s_0 w$ zu nicht endenden Konfigurationsfolgen führen kann, kann $\mathit{Tree}_T(w)$ auch unendlich lange Pfade enthalten (die selbstverständlich ebenfalls nicht akzeptierend sind).

Ein nichtdeterministischer Turingautomat T akzeptiert das Wort $w \in \Sigma^*$ genau dann, wenn $\mathit{Tree}_T(w)$ (mindestens) einen akzeptierenden Pfad enthält. Es ist

$$L(T) = \{w \in \Sigma^* \mid T \text{ akzeptiert } w\}$$

die von T akzeptierte Sprache; T heißt *nichtdeterministischer Turing-Akzeptor* für L. Eine Sprache $L \subseteq \Sigma^*$ wird von T akzeptiert, falls $L = L(T)$ gilt.

NTA_Σ ist die Klasse der Sprachen über Σ, die von nichtdeterministischen Turingautomaten akzeptiert werden.

Ein nichtdeterministischer Turingautomat heißt *nichtdeterministischer Turing-Entscheider* für eine Sprache $L \subseteq \Sigma^*$ genau dann, wenn $L = L(T)$ ist und alle Berechnungsbäume $\mathit{Tree}_T(w)$, $w \in \Sigma^*$, keine unendlichen Pfade enthalten. Es gilt also: Ist $w \in L(T)$, dann enthält $\mathit{Tree}_T(w)$ (mindestens) einen akzeptierenden Pfad; ist $w \notin L(T)$, dann sind alle Pfade von $\mathit{Tree}_T(w)$ nicht akzeptierend.

NTE_Σ ist die Klasse der Sprachen über Σ, die von nichtdeterministischen Turingautomaten entschieden werden.

Offensichtlich gelten die folgenden Aussagen:

Folgerung 8.4. a) $NTE_\Sigma \subseteq NTA_\Sigma$.

b) $DTE_\Sigma \subseteq NTE_\Sigma$ sowie $DTA_\Sigma \subseteq NTA_\Sigma$. $\qquad\qquad\square$

Alle oben diskutierten Varianten für deterministische Turingautomaten können analog auf nichtdeterministische übertragen werden. Auch hier gilt, dass diese Erweiterungen die Mächtigkeit von nichtdeterministischen Automaten nicht erhöhen. So bleibt noch die Frage, ob – wie bei Kellerautomaten – nichtdeterministische Turingautomaten mächtiger als oder – wie bei endlichen Automaten – gleichmächtig zu deterministischen sind, also auch die Umkehrungen in Folgerung 8.4 b) gelten. Diese Frage beantworten wir im folgenden Abschnitt.

8.2.3 Äquivalenz von deterministischen und nichtdeterministischen Turingautomaten

Bei Turingautomaten gilt – wie bei endlichen Automaten –, dass deterministische und nichtdeterministische Automaten dieselben Klassen von Sprachen bestimmen.

Satz 8.9. Sei Σ ein Alphabet. Zu jedem nichtdeterministischen Turingautomaten T über Σ existiert ein äquivalenter deterministischer Turingautomat T' über Σ.

Beweis Wir wollen die Transformation eines nichtdeterministischen Turingautomaten T in einen äquivalenten deterministischen Automaten T' nicht formal angeben, sondern nur die Idee einer Transformationsmöglichkeit skizzieren. Im Kern geht es darum, dass T' für eine Eingabe $w \in \Sigma^*$ den Konfigurationsbaum $Tree_T(w)$ in Breitensuche durchläuft und so lange T simuliert, bis eine Haltekonfiguration erreicht wird. Diese Strategie kann man wie folgt realisieren: Da T nichtdeterministisch ist, gibt es für jedes Eingabesymbol möglicherweise mehrere Übergangsmöglichkeiten, d.h. für jedes Paar $(s, a) \in S \times \Gamma$ gibt es $|\delta(s, a)|$ viele Möglichkeiten; es sei $k = \max\{|\delta(s, a)| \mid (s, a) \in S \times \Gamma\}$ die maximale Anzahl solcher Möglichkeiten. Jede endliche Folge von Zahlen zwischen 1 und k stellt eine Folge von nichtdeterministischen Auswahlen dar.

T' kann nun als 3-Bandautomat konstruiert werden. Auf Band 1 wird die Eingabe geschrieben, auf Band 2 werden systematisch, d.h. geordnet nach der Länge und innerhalb gleicher Längen in nummerischer Ordnung, alle mit den Zahlen $1, \ldots, k$ bildbaren endlichen Folgen generiert. Für jede dieser Folgen kopiert T' die Eingabe von Band 1 auf Band 3. Anschließend simuliert T' den Automaten T auf Band 3. Dabei benutzt T' die Zahlenfolge auf Band 2, um in jedem Schritt die durch die entsprechende Zahl festgelegte (nichtdeterministische) Übergangsmöglichkeit von T auszuführen.

Wenn T ein Eingabewort w akzeptiert, dann gibt es eine Konfigurationsfolge von der Startkonfiguration in eine akzeptierende Endkonfiguration, bei der bei jedem Konfigurationsübergang von mehreren möglichen ein richtiger Zustandsübergang gewählt wird. Es gibt also eine endliche Folge von Zahlen, die die richtige Folge von Zustandsübergängen repräsentiert. Diese Folge wird auf jeden Fall von T' irgendwann auf Band 2 generiert. Dann simuliert T' die akzeptierende Konfigurationsfolge von T und akzeptiert damit ebenfalls das Eingabewort w.

Wenn T ein Wort w nicht akzeptiert, gibt es keine akzeptierende Konfigurationsfolge. Dann gibt es auch keine Folge von Zahlen die eine akzeptierende Folge von Konfigurationsübergängen repräsentiert, und damit akzeptiert auch T' das Wort w nicht.

Wir haben also eine Idee für die Transformation eines nichtdeterministischen Turingautomaten in einen äquivalenten deterministischen 3-Band-Automaten skizziert. Dieser kann, wie im vorigen Abschnitt beschrieben, in einen äquivalenten deterministischen (1-Band-) Automaten transformiert werden.   □

Aus dem Beweis folgt unmittelbar, dass die Umkehrungen von Folgerung 8.4 b) gelten.

Satz 8.10. a) $DTE_\Sigma = NTE_\Sigma$.

b) $DTA_\Sigma = NTA_\Sigma$.   □

Aus diesem Grund unterscheiden wir im Folgenden nicht mehr zwischen deterministischen und nichtdeterministischen entschiedenen bzw. akzeptierten Sprachen und bezeichnen mit TE_Σ die Klasse der *Turing-entscheidbaren Sprachen* sowie mit TA_Σ die Klasse der von *Turingautomaten akzeptierten Sprachen*.

Diese Unterscheidung wird im Kapitel 11, in dem wir die Komplexität von entscheidbaren Sprachen betrachten, wieder von Bedeutung sein. Wenn ein Wort w von einem Turing-Entscheider akzeptiert wird und ein akzeptierender Pfad in $Tree_T(w)$ die Länge $f(|w|)$ hat für eine geeignete Funktion $f : \mathbb{N}_0 \to \mathbb{N}_0$, dann kann die akzeptierende Konfigurationsfolge des äquivalenten deterministischen Entscheiders T' die Länge $k^{f(|w|)}$ haben, also exponentiell anwachsen.

8.2.4 Linear beschränkte Automaten

Linear beschränkte Automaten sind nichtdeterministische Turingautomaten, die für das Verarbeiten eines Wortes nur genau den Arbeitsspeicher benutzen, auf dem das Eingabewort zu Beginn der Verarbeitung steht. Damit ein Turingprogramm nicht über das linke und rechte Ende eines Eingabewortes hinausgeht, führen wir einen Begrenzer $\&$ ein: Ein Eingabewort $w \in \Sigma^*$ wird in der Form $\&w\&$ auf das Arbeitsband geschrieben, so dass vor Beginn der Verarbeitung durch das Programm das Wort $\&w\&$ auf dem Arbeitsband steht. Bei einem linear beschränkten Automaten darf das Programm für jedes Eingabewort diese Begrenzer nicht überschreiten.

Definition 8.7. Ein nichtdeterministischer Turingautomat

$$T = (\Sigma \cup \{\&\}, S, \Gamma, \delta, s_0, \#, f_a)$$

mit $\& \notin \Sigma$ heißt *linear beschränkter Automat* (kurz: *LBA* für *Linear Bounded Automaton*), falls für jedes $w \in \Sigma^*$ für jede Konfiguration $\alpha s \beta$ mit $\&s_0 w\& \vdash^* \&\alpha s \beta\&$

gilt: $|w| \geq |\alpha\beta|$. Die von dem linear beschränkten Automaten T akzeptierte Sprache ist

$$L(T) = \{w \in \Sigma^* \mid \&s_0w\& \vdash^* \alpha f_a\beta, \ \alpha, \beta \in \Gamma^*\}$$

Mit LBA_Σ bezeichnen wir die *Klasse der durch linear beschränkte Automaten akzeptierbaren Sprachen.* □

Es gilt z.B. $\{a^n b^n c^n \mid n \geq 1\} \in LBA_{\{a,b,c\}}$ (siehe Beispiel 8.3).

8.2.5 Äquivalenz zwischen Typ-1-Grammatiken und linear beschränkten Automaten

Die beiden folgenden Sätze besagen, dass im Wesentlichen gilt: $ksS_\Sigma = LBA_\Sigma$. Kontextsensitive Grammatiken und linear beschränkte Automaten sind also im Wesentlichen äquivalent.

Satz 8.11. Sei $L \in ksS_\Sigma$, dann ist $L \in LBA_\Sigma$.

Beweis Wir geben den Beweis nicht formal, sondern nur eine Beweisidee an: Sei $G = (\Sigma, N, P, S)$ eine kontextsensitive Grammatik, die L erzeugt: $L = L(G)$. Der zu G zu konstruierende äquivalente linear beschränkte Automat T_G arbeitet auf einem Eingabewort w wie folgt:

(1) T_G wählt nichtdeterministisch eine nicht markierte Produktion $u \to v \in P$ aus und markiert diese. Falls keine unmarkierte Produktion mehr existiert, stoppt T_G in einem Nicht-Endzustand.

(2) T_G testet, ob v ein Teilwort von w ist. Falls nein, weiter mit (1).

(3) Ist v ein Teilwort von w, etwa $w = xvy$, dann ersetzt T_G das Teilwort v durch u (die linke Seite der Regel). Dabei wird, falls u kürzer als v ist, d.h. falls $|v| = |u| + k$ für ein $k \geq 1$ gilt, das Suffix y um k Positionen nach links verschoben, so dass auf dem Arbeitsband das Wort $w' = xuy$ steht.

(4) Ist $w' = S$, dann geht T_G in einen Endzustand über, ansonsten werden alle Produktionen unmarkiert, und T_G macht mit (1) weiter.

Durch Schritt (3) ist festgelegt, dass T_G beschränkt ist: T_G benutzt nur den durch das Eingabewort belegten Speicherplatz. Dies ist durch die Monotonie der Regeln von G garantiert.

T_G simuliert G rückwärts, T_G kann als Parser von G angesehen werden (vergleiche Kapitel 6 und 7). Um festzustellen, ob ein Wort akzeptiert wird oder nicht, kann sehr viel Backtracking notwendig sein: Die Auswahl einer Produktion im Schritt (1) ist nichtdeterministisch, und die rechte Seite einer Regel kann mehr als einmal Teilwort des aktuellen Arbeitswortes sein (Schritt 2). Es muss insgesamt so oft Backtracking durchgeführt werden, bis entweder ein Endzustand erreicht wird oder kein Backtracking mehr möglich ist. □

Satz 8.11 liefert uns im Übrigen ein weiteres Entscheidungsverfahren für das Wortproblem von ksS_Σ (siehe Abschnitt 8.1.4): Konstruiere zu G den linear beschränkten Automaten T_G und teste dann, ob $w \in L(T_G)$ ist.

Die strenge Umkehrung von Satz 8.11 gilt nicht: Sprachen, die von linear beschränkten Automaten akzeptiert werden, können das leere Wort enthalten. Eine kontextsensitive Sprache kann das leere Wort nicht enthalten, denn das leere Wort kann mit monotonen Regeln nicht erzeugt werden. Wenn wir das leere Wort vernachlässigen, dann gilt auch die Umkehrung von Satz 8.11. Diese kleine Einschränkung der vollen Äquivalenz war oben mit der Beschreibung „im Wesentlichen äquivalent" gemeint.

Satz 8.12. Ist $L \in LBA_\Sigma$ dann ist $L - \{\varepsilon\} \in ksS_\Sigma$.

Beweis Da $L \in LBA_\Sigma$ ist, gibt es einen linear beschränkten Automaten $T = (\Sigma \cup \{\&\}, S, \Gamma, \delta, s_0, \#, f_a)$ mit $L = L(T)$. Wir müssen eine Grammatik G_T konstruieren, die L erzeugt, d.h. die ein Wort w erzeugt genau dann, wenn $w \in L(T)$. G_T muss also das Bearbeiten von w durch T simulieren und w erzeugen, falls T den akzeptierenden Zustand f_a erreicht.

Wir benötigen als Erstes Regeln, die für jedes Wort $w \in \Sigma^+$ die Startkonfiguration $\#s_0w\&$ erzeugen. Die folgenden Regeln leisten dieses:

$$S \to (a, \#s_0a)A \mid (a, \#s_0a\&)$$
$$A \to (a, a)A \mid (a, a\&)$$

für alle $a \in \Sigma$. Für ein Eingabewort $w = w_1w_2 \ldots w_n$, $w_i \in \Sigma$, $1 \le i \le n$, $n \ge 1$, erzeugen diese Regeln das Wort

$$(w_1, \#s_0w_1)(w_2, w_2) \ldots (w_n, w_n\&)$$

Die Buchstaben dieses Wortes sind Paare, deren erste Komponenten das Wort w bilden und deren zweite Komponenten die Startkonfiguration von T nach Eingabe von w bilden. In der Grammatik G_T stellen alle Paare (a, α) Buchstaben dar, was durch eine entsprechende Codierung immer erreicht werden kann.

Als Nächstes benötigen wir Regeln, welche die Zustandsübergänge von T simulieren. Für den Zustandsübergang mit Lese-/Schreibkopfbewegung nach rechts

$$(s, c, s', c', r) \in \delta$$

werden die kontextsensitiven Regeln

$$(a, sc)(b, d) \to (a, c')(b, s'd)$$

für alle $(b, d) \in \Sigma \times \Gamma$ benötigt. Entsprechend werden Regeln für Übergänge mit Lese-/Schreibkopfbewegungen nach links und für Übergänge ohne Kopfbewegungen erzeugt.

Als Letztes benötigen wir Regeln, die, falls T einen Endzustand erreicht, alle zweiten Komponenten der Paare löschen, wodurch das eingegebene Wort w entsteht: Die Regeln

$$(a, b)(a', f_ac)(a'', d) \to (a, s_lb)a'(a'', s_rd)$$

für alle $a, a', a'' \in \Sigma$ und $b, c, d \in \Gamma$ „befreien" den Buchstaben a', wenn sich dort der Zustand f_a befindet. Die Regeln

$$(a, b)(a', s_l c) \rightarrow (a, s_l b)a', \ a, a' \in \Sigma, \ b, c \in \Gamma - \{\#\}$$
$$(a, s_l \#) \rightarrow a, \ a \in \Sigma$$

befreien alle Buchstaben nach links, die Regeln

$$(a, s_r b)(a', c) \rightarrow a(a', s_r c) \ a, a' \in \Sigma, \ b, c \in \Gamma$$
$$(a, s_r \&) \rightarrow a, \ a \in \Sigma$$

befreien alle Buchstaben nach rechts. Alle Regeln von G_T sind kontextsensitiv (man beachte, dass die Paare (a, α) als ein Buchstabe gelten), und man kann zeigen, dass $L - \{\varepsilon\} = L(G_T)$ gilt. $\qquad\square$

8.2.6 Äquivalenz zwischen Typ-0-Grammatiken und Turingautomaten

Mit Transformationen, die analog zu denen in den Beweisen der Sätze 8.11 und 8.12 sind, kann man zeigen, dass auch der folgende Satz gilt:

Satz 8.13. Für jedes Alphabet Σ gilt: $TA_\Sigma = RE_\Sigma$. $\qquad\square$

Dabei braucht man bei den Transformationen auf die Einschränkungen, die für kontextsensitive Regeln gelten, sowie auf die, die für linear beschränkte Automaten gegenüber Typ-0-Regeln bzw. gegenüber Turingautomaten gelten, nicht zu achten.

Wie wir aus Abschnitt 8.2.3 wissen, kann jeder nichtdeterministische Turingautomat durch einen deterministischen simuliert werden. Man weiß bis heute nicht, ob man linear beschränkte Automaten, die nichtdeterministische Turingautomaten sind, immer so in einen deterministischen Automaten äquivalent transformieren kann, dass dieser linear beschränkt bleibt.

Wenn mit $DLBA_\Sigma$ die Klasse der durch deterministische linear beschränkte Automaten über Σ akzeptierten Sprachen bezeichnet wird, weiß man also nicht, ob $LBA_\Sigma = DLBA_\Sigma$ gilt. Dieses offene Problem der Theoretischen Informatik heißt das („erste") *LBA-Problem*.[7]

8.2.7 Entscheidbare Sprachen

Die Klasse der Typ-1-Sprachen ist die Klasse der Sprachen, die von kontextsensitiven Grammatiken erzeugt bzw. von linear beschränkten Automaten akzeptiert werden und für die das Wortproblem entscheidbar ist. Das heißt: Ist L eine Typ-1-Sprache über dem Alphabet Σ und T ein linear beschränkter Automat mit $L = L(T)$, dann liefert

---

[7]Dieses Problem geht auf Kuroda (siehe *Kuroda-Normalform*) zurück, der im Übrigen den nichtdeterministischen linear beschränkten Automaten zur Charakterisierung der kontextsensitiven Sprachen einführte und sich (erfolglos) mit der Frage nach der Äquivalenz zu deterministisch linear beschränkten Automaten beschäftigte.

T für ein Wort $w \in \Sigma^*$ die Antwort „ja", falls $w \in L$ ist, und die Antwort „nein", falls $w \notin L$ ist.

Die Klasse der Typ-0-Sprachen ist die Klasse der Sprachen, die von unbeschränkten Grammatiken erzeugt bzw. von unbeschränkten Turingautomaten akzeptiert werden und für die das Wortproblem im Allgemeinen nicht entscheidbar ist. Das heißt: Es gibt Sprachen $L \subseteq \Sigma^*$, die von Turingautomaten T akzeptiert werden, die für genau die Wörter aus L die Antwort „ja" liefern und die für Wörter, die nicht zu L gehören, die Antwort „nein" oder keine Antwort liefern. Diese Sprachen werden wir in Kapitel 10 *semi-entscheidbar* nennen.

In Abschnitt 8.1.3 haben wir bereits erwähnt, dass es zwischen diesen beiden Klassen noch eine weitere Klasse von Sprachen gibt, nämlich die Klasse R_Σ der entscheidbaren (rekursiven) Sprachen über dem Alphabet Σ (siehe die in (8.40) dargestellten Inklusionen). In Kapitel 10 wird sich herausstellen, dass $R_\Sigma = TE_\Sigma$ ist, d.h. die entscheidbaren Sprachen sind genau die von Turingautomaten akzeptierten Sprachen. Am Ende von Abschnitt 9.7.2 werden wir einen Beweis für die echte Teilklassenbeziehung $ksS_\Sigma = TYP1_\Sigma \subset R_\Sigma$ angeben. Der Beweis für die echte Teilklassenbeziehung $R_\Sigma \subset TYP0_\Sigma = RE_\Sigma$ wird in Folgerung 10.5 angegeben.

8.3   Zusammenfassung

Bevor wir uns in den nachfolgenden Kapiteln mit den Begriffen Berechenbarkeit und Komplexität beschäftigen, wollen wir unter verschiedenen Blickwinkeln auf die bisher betrachteten Sprachklassen zurückschauen und ihre wesentlichen Eigenschaften zusammenstellen.

Definition von Sprachklassen

In Tabelle 8.4 listen wir die betrachteten Sprachklassen auf und zu jeder Klasse die zu ihrer Definition verwendeten Konzepte.

Nichtdeterminismus und Determinismus

Tabelle 8.5 fasst die Äquivalenzbeziehungen zwischen nichtdeterministischen und deterministischen Varianten der verschiedenen Automatentypen zusammen.

Abschlusseigenschaften

Tabelle 8.6 gibt einen Überblick über die Abschlusseigenschaften der betrachteten Sprachklassen.

Entscheidbarkeit

Tabelle 8.7 fasst die Entscheidbarkeit von wichtigen Problemstellungen für die einzelnen Sprachklassen zusammen.

Tabelle 8.4: Betrachtete Sprachklassen.

Sprachklasse	Äquivalente Beschreibungskonzepte
Typ-3	deterministische endliche Automaten (DFA)
	nichtdeterministische endliche Automaten (NFA)
	ε-Automaten (ε-FA)
	verallgemeinerte endliche Automaten (GFA)
	Rechtskongruenzen
	reguläre Ausdrücke
	rechtslineare Grammatiken
	linkslineare Grammatiken
	verallgemeinerte rechtslineare Grammatiken
	verallgemeinerte linkslineare Grammatiken
Deterministisch kontextfrei	deterministische Kellerautomaten (DPDA)
	$LR(k)$-Grammatiken
Typ-2	kontextfreie Grammatiken
	Kellerautomaten (PDA)
Typ-1	kontextsensitive Grammatiken
	linear beschränkte Automaten (LBA)
Typ-0	Typ-0-Grammatiken
	nichtdeterministische Turingautomaten (TA)
	deterministische Turingautomaten (DTA)

Tabelle 8.5: Äquivalenzbeziehungen zwischen deterministischen und nicht deterministischen Automatentypen.

Sprachklasse	deterministisch	nichtdeterministisch	äquivalent
Typ-3	DFA	NFA	ja
Typ-2	DPDA	PDA	nein
Typ-1	DLBA	LBA	unbekannt
Typ-0	DTA	TA	ja

Tabelle 8.6: Abschlusseigenschaften.

Sprachklasse	$\cap$	$\cup$	$-$	$\circ$	$*$
Typ-3	$\checkmark$	$\checkmark$	$\checkmark$	$\checkmark$	$\checkmark$
DPDA	$-$	$-$	$\checkmark$	$-$	$-$
Typ-2	$-$	$\checkmark$	$-$	$\checkmark$	$\checkmark$
Typ-1	$\checkmark$	$\checkmark$	$\checkmark$	$\checkmark$	$\checkmark$
Typ-0	$\checkmark$	$\checkmark$	$-$	$\checkmark$	$\checkmark$

Tabelle 8.7: Entscheidbarkeit.

Sprachklasse	Wort-	Leerheits-	Schnitt-	Äquivalenzproblem
Typ-3	√	√	√	√
DPDA	√	√	–	√
Typ-2	√	√	–	–
Typ-1	√	–	–	–
Typ-0	–	–	–	–

Tabelle 8.8: Zeitaufwand für die Entscheidung des Wortproblems.

Sprachklasse	Komplexität	Bemerkung
Typ-3	$O(n)$	bei gegebenem deterministischem endlichen Automaten
DPDA	$O(n)$	bei gegebenem deterministischem endlichen Kellerautomaten
Typ-2	$O(n^3)$	bei gegebener Grammatik in Chomsky-Normalform
Typ-1	$2^{O(n)}$	unter der Annahme, dass $P \neq NP$ gilt (siehe Kapitel 11)
Typ-0	unentscheidbar	

Wortproblem

Für das praktisch besonders wichtige Wortproblem listet Tabelle 8.8 die Zeitkomplexität für die verschiedenen Sprachklassen auf.

$O(f(n))$ bedeutet dabei, dass sich die Laufzeit – gemessen als Anzahl der Konfigurationsübergänge bei Automaten beim Entscheiden bzw. als Anzahl der Schritte bei Grammatiken beim Ableiten eines Wortes – wie die Funktion $f : \mathbb{N}_0 \to \mathbb{R}_+$ verhält. Ist die Länge des Wortes n, dann benötigt das Entscheidungsverfahren höchstens $f(n)$ Schritte. $O(n)$ bedeutet also, dass sich die Laufzeit wie eine lineare Funktion in Abhängigkeit von der Länge des Eingabewortes verhält. Ist die Länge des Wortes n, dann benötigt das Entscheidugnsverfahren $c \cdot n + d$ Schritte für positive Konstanten c und d. Man spricht von *linearer* Laufzeit. Entsprechend bedeutet $O(n^3)$, dass sich die Laufzeit des Entscheidungsverfahrens wie ein Polynom dritten Grades in der Länge des Eingabewortes verhält, und $2^{O(n)}$, dass sich die Laufzeit exponentiell in der Länge der Eingabe verhält. Hierzu sei bemerkt, dass Komplexität von Algorithmen und die O-Notation in Kapitel 11 noch detailliert betrachtet werden.

Für Typ-0-Sprachen ist das Wortproblem prinzipiell unlösbar („nicht effektiv"), für Typ-1-Sprachen ist es prinzipiell lösbar, aber nicht praktikabel („nicht effizient") lösbar: Schon für Wörter kleiner Länge, wie z.B. $n = 1000$ – ein Programm mit 1000 Zeichen ist sicherlich ein sehr kleines Programm –, würde der Entscheidungsalgorithmus unvorstellbar viel Zeit benötigen – selbst auf den schnellsten Rechnern (siehe Kapitel 11.3). Selbst eine Laufzeit von $O(n^3)$ ist nicht akzeptabel, so dass in der Praxis versucht wird, formale Sprachen zu verwenden, die zu Sprachklassen gehören, deren Wortproblem in linearer Zeit, also in $O(n)$ entscheidbar ist. Sprachelemente und -eigenschaften, die nicht mit entsprechenden Grammatiken definiert werden können, werden dann mit anderen Mitteln festgelegt.

8.4   Bibliographische Hinweise

Die meisten der in diesem Kapitel beschriebenen Resultate sind bereits etliche Jahre alt. Eine Ausnahme bildet das so genannte „zweite LBA-Problem", die Frage, ob die Typ-1-Sprachen unter Komplementbildung abgeschlossen sind.[8] Diese wurde 1987 positiv beantwortet (vgl. die entsprechende Tabelle im vorigen Abschnitt), und zwar unabhängig voneinander von dem Amerikaner N. Immermann und dem Slowaken R. Szelepcsenyi; die Beweise erschienen in den Arbeiten von Immermann (1988) sowie von Szelepcsenyi (1988). Inzwischen findet man den Beweis dieses Ergebnisses auch in einer Reihe von Lehrbüchern, etwa Papadimitriou (1994). Der an einer Selbsterarbeitung interessierte Leser sei verwiesen auf Kapitel 4 von Schöning (1995).

Das Konzept des Turingautomaten geht zurück auf den britischen Mathematiker Alan M. Turing, der dieses Mitte der 1930er Jahre beschrieben hat, als eine Realisierung in Form einer elektronischen Rechenmaschine noch einige Jahre entfernt war. Turing selbst erkannte bereits, dass man dieses Modell so erweitern kann, dass es „universell" wird in dem Sinne, dass sich damit jeder andere Turingautomat simulieren lässt (vergleiche hierzu Abschnitt 9.7 über universelle Turingmaschinen). Eine universelle Turingmaschine kann eine beliebige andere Turingmaschine als „Programm" verstehen und dieses ausführen; durch einen Wechsel des Programms (bzw. der Turingmaschine) wird eine andere Funktionalität realisiert. Turing legte durch diese Erkenntnis die konzeptionelle Grundlage für programmgesteuerte Rechner, wie sie dann in den 1940er Jahren durch Konrad Zuse in Deutschland sowie durch John von Neumann in den USA technisch realisiert wurden.

Eine audiovisuelle Einführung in Turingautomaten findet man z.B. bei

> `https://www.youtube.com/watch?v=4SGHv98fNA4`

oder

> `https://www.youtube.com/watch?v=QR8ffLPtomM.`

Während des Zweiten Weltkriegs arbeitete Turing für den britischen Geheimdienst und trug wesentlich zur Entschlüsselung des deutschen Geheimcodes (Enigma) bei, was Verlauf und Ausgang des Krieges entscheidend beeinflusste. Im zweiten der genannten Videos wird die Turingmaschine ebenso wie in dem 2015 erschienenen Film *The Imitation Game* fälschlicherweise als die Maschine bezeichnet, mit welcher Turing dies gelang. Turing war ferner an der Entwicklung der ersten Großrechner in

---

[8] Diese Fragestellung geht wie das erste LBA-Problem (siehe Abschnitt 8.2.6) auf Kuroda zurück.

England beteiligt (ab 1948 am Bau der MADAM, der *Manchester Automatic Digital Machine*). Eine weitere Frage, mit der er sich intensiv beschäftigte war: „Können Maschinen denken?". Er schlug ein heute noch beachtetes und diskutiertes Verfahren, den nach ihm benannten *Turing-Test*, vor, der der Feststellung maschineller (künstlicher) Intelligenz dienen soll.

Turings persönliches Schicksal ist mittlerweile Gegenstand zahlreicher Veröffentlichungen; erst im Jahr 2009 hat sich die englische Regierung[9], die britische Krone sogar erst 2013 [10] offiziell für die fatale Behandlung von Turing nach dem Krieg entschuldigt.

8.5 Übungen

8.1 Geben Sie eine kontextsensive Grammatik G an, die die Sprache

$$L = \{ a^m b^n c^m d^n \mid m \geq 1 \text{ und } n \geq 0 \text{ oder } m \geq 0 \text{ und } n \geq 1 \}$$

erzeugt.

8.2 Konstruieren Sie eine Grammatik, die die Sprache

$$L = \{ a^m b^n c^{m \cdot n} \mid m, n \geq 0 \}$$

erzeugt. Ihre Grammatik muss also „multiplizieren" können.

8.3 Transformieren Sie die Grammatik G_1 aus Abschnitt 8.1.1 in eine äquivalente Typ-0-Grammatik in Normalform.

8.4 Sei $\Sigma = \{ A, B, \ldots, Z \}$ das Alphabet, das die Großbuchstaben der deutschen Sprache mit der üblichen alphabetischen Ordnung $A < B < \ldots < Z$ enthält. Sei $\phi : \Sigma \to \{ 1, 2, \ldots, 26 \}$ so definiert, dass jeder Buchstabe seine Platzierung in dieser Ordnung als Wert enthält. f sei wie in Beispiel 8.2 d) definiert. Berechnen Sie $f(WITT)$.

8.5 Zeigen Sie: $2^{\aleph_0}$ ist überabzählbar.

8.6 Bestimmen Sie mit dem Verfahren zur Lösung des Wortproblems für Typ-1-Sprachen alle Wörter der Länge kleiner oder gleich 4, die mit Ihrer Grammatik G aus Aufgabe 8.1 ableitbar sind (siehe Beweis von Satz 8.7).

8.7 Konstruieren Sie einen deterministischen Turingautomaten, der die Sprache

$$L = \{ wcw \mid w \in \{a, b\}^* \}$$

akzeptiert.

---

[9]http://news.bbc.co.uk/2/hi/technology/8249792.stm
[10]http://www.dailymail.co.uk/news/article-2528697/Queen-pardons-wartime-codebreaking-hero-Alan-Turing.html

8.8 Konstruieren Sie einen nichtdeterministischen Turingautomaten, der die Sprache

$$L = \{ \, ww \mid w \in \{a,b\}^* \, \}$$

akzeptiert.

8.9 Konstruieren Sie einen Turingautomaten, der die Sprache

$$L = \{ \, a^m b^n c^{m \cdot n} \mid m,n \geq 0 \, \}$$

akzeptiert (siehe Aufgabe 8.2).

8.10 Geben Sie eine formale Definition für Kellerautomaten mit zwei Kellern an. Geben Sie entsprechend Definitionen für Konfiguration, Konfigurationsübergang sowie Sprache eines Kellerautomaten mit zwei Kellern an.

Konstruieren Sie einen Kellerautomaten mit zwei Kellern, der die Sprache

$$L = \{ \, a^n b^n c^n \mid n \in \mathbb{N}_0 \, \}$$

akzeptiert. Wenden Sie Ihren Automaten schrittweise auf das Wort $a^3 b^3 c^3$ an.

8.11 Sei $TPDA_\Sigma$ die Klasse der Sprachen über dem Alphabet Σ, die von Kellerautomaten mit zwei Kellern akzeptiert werden. Zeigen Sie, dass $TA_\Sigma = TPDA_\Sigma$ gilt. Die Klasse der Typ-0-Sprachen kann also auch durch Kellerautomaten mit zwei Kellern festgelegt werden.

8.12 Ein *Queue-Automat* $Q = (\Sigma, \Gamma, S, \delta, s_0, \#)$ besteht aus dem Eingabealphabet Σ, dem Queue- oder Arbeitsalphabet Γ mit $\Sigma \subset \Gamma$, der endlichen Zustandsmenge S dem Startzustand $s_0 \in S$, dem Markierungssymbol $\# \in \Gamma - \Sigma$ und der endlichen Zustandsüberführungsrelation

$$\delta \subseteq S \times \Gamma \times S \times \Gamma^*$$

Ein Queue-Automat arbeitet nach dem *FIFO-Prinzip*: first in first out. Das Arbeitsband ist eine Warteschlange, d.h. eine Datenstruktur, die nur zwei Arten von Zugriffen zulässt: *pop* oder *dequeue* – Löschen des ersten Elementes der Schlange – sowie *push* oder *enqueue* – Anfügen eines Wortes ans Ende der Schlange. Ein Wort w wird akzeptiert, falls es komplett, d.h. einschließlich des Markierungssymbols $\#$, abgearbeitet wird, d.h. wenn ausgehend von der Startkonfiguration $(s_0, w\#)$, $w \in \Sigma^*$, mit endlich vielen Konfigurationsübergängen eine Endkonfiguration (s, ε), $s \in S$, erreicht wird. Daraus ergibt sich:

Konfiguration eines Queue-Automaten: $k = (s, \gamma) \in S \times \Gamma^*$

Konfigurationsübergang: $\vdash \subseteq (S \times \Gamma^*) \times (S \times \Gamma^*)$ definiert durch

$$(s, A\alpha) \vdash (s'\alpha\beta) \text{ genau dann, wenn } (s, A, s', \beta) \in \delta$$

für $s, s' \in S$, $A \in \Gamma$, $\alpha, \beta \in \Gamma^*$ gilt.

$L(Q) = \{\, w \in \Sigma^* \mid (s_0, w\#) \vdash^* (s, \varepsilon),\ s \in S \,\}$ ist die von Q akzeptierte Sprache, und Q_Σ ist die Klasse der Sprachen über dem Alpahbet Σ, die von Queue-Automaten akzeptiert werden.

Konstruieren Sie einen Queue-Automaten Q, der die Sprache

$$L = \{\, a^n b^n c^n \mid n \in \mathbb{N}_0 \,\}$$

akzeptiert. Wenden Sie Ihren Queue-Automaten schrittweise auf das Wort $a^3 b^3 c^3$ an.

8.13   Zeigen Sie, dass $TA_\Sigma = Q_\Sigma$ gilt. Die Klasse der Typ-0-Sprachen kann also auch durch Queue-Automaten festgelegt werden.

8.14   Geben Sie Funktionsvorschriften zur Berechnung der beiden Umkehrfunktionen $\langle\,\rangle_{21}^{-1}$ und $\langle\,\rangle_{22}^{-1}$ der Cantorschen Paarungsfunktion an.

Kapitel 9

Berechenbarkeit

Turingautomaten können – wie endliche Automaten – nicht nur als Sprachentscheider oder als Sprachakzeptoren betrachtet werden, sondern – wie endliche Maschinen – als Berechner von Funktionen. Die *Turing-Berechenbarkeit* ist eine der ersten mathematischen Formalisierungen und Präzisierungen des Begriffs Berechenbarkeit. Turing-Berechenbarkeit ist ein Ansatz zur formalen Präzisierung des Berechenbarkeitsbegriffs, der von einem intuitiven Verständnis von Berechenbarkeit, dem menschlichen Rechnen mithilfe von Bleistift und Papier, ausgeht. Ansätze wie *Loop-, While-* und *Goto-Berechenbarkeit* gehen von einer formalen Beschreibung von Rechenverfahren (Algorithmen) mit programmiersprachlichen Notationen aus, und rekursive Funktionen legen Berechenbarkeit ausgehend von ganz wenigen „einfachen" Funktionen ausschließlich unter Verwendung mathematischer Funktionen fest. Die Aquivalenz unterschiedlicher Ansätze zur Definition des Begriffs Berechenbarkeit begründet die *Churchsche These*, die besagt, dass diese formalen Berechenbarkeitsbegriffe sämtlich mit dem intuitiven Verständnis von Berechenbarkeit übereinstimmen. Die Konzepte der Turing-Berechenbarkeit liefern im Übrigen sowohl Grundlagen für universelle Rechner, d.h. für Rechner, die alle Programme ausführen können, als auch grundlegende Eigenschaften für universelle Programmiersprachen, d.h. für Programmiersprachen, mit denen alle berechenbaren Probleme programmiert werden können.

9.1 Turing-Berechenbarkeit

In Kapitel 4 haben wir endliche Automaten mit einer Ausgabefunktion versehen und diese dann endliche Maschinen genannt. Endliche Maschinen ordnen Eingabewörtern Ausgabewörter zu, sie berechnen damit Funktionen. Auf diese Weise haben wir dort einen Berechenbarkeitsbegriff, die Mealy- bzw. die Moore-Berechenbarkeit, eingeführt. Analog verfahren wir jetzt mit Turingautomaten. Wir verwenden sie nicht wie bisher als Entscheider bzw. Akzeptoren, sondern wir erweitern sie um eine Ausgabe zu Turingmaschinen. Hieraus ergibt sich der Begriff der *Turing-Berechenbarkeit*. Dieser Berechenbarkeitsbegriff war einer der ersten, der die Begriffe *Algorithmus* und

Berechenbarkeit mathematisch präzisierte. Dieser Ansatz geht auf Alan Turing zurück und ist historisch älter als eine Verwendung des Turingautomaten als Entscheider für Sprachen (vgl. Kapitel 8). In diesem Kapitel wird zunächst die Grundidee der Turing-Berechenbarkeit erläutert und diese dann formal präzisiert. Am Schluss des Abschnitts führen wir die Programmiersprache TURING ein.

9.1.1 Definition und Beispiele

Wann würde man ein Problem als berechenbar ansehen? Angenommen, man will eine Formel ausrechnen oder eine Übungsaufgabe lösen, wie geht man vor? Man nimmt z.B. ein Blatt oder mehrere Blätter Papier zur Hand, einen Schreibstift und ein Löschwerkzeug (Radiergummi, Tintenkiller). Man kann dann Berechnungen auf das Papier notieren, kann zu jeder Stelle des Aufgeschriebenen gehen, um dieses zu verändern oder in Abhängigkeit des Notierten Veränderungen an anderen Stellen vorzunehmen. Diese Überlegung ist der Ausgangspunkt für Turings Ansatz, Berechenbarkeit formal, d.h. mathematisch, zu präzisieren: Das Turingband (Arbeitsband) entspricht dem Papier, Schreib- und Löschwerkzeuge entsprechen dem Schreib-/Lesekopf (vgl. Bild 8.3). Das auf dem Papier Geschriebene wird nach einem bestimmten endlichen – durch die Zustandsüberführung festgelegten – Verfahren (Algorithmus, Programm) manipuliert. Hält das Verfahren in endlicher Zeit (in einem Endzustand) an, steht das Ergebnis auf dem Arbeitsband. Wir wollen analog zu endlichen Automaten, die wir, nachdem wir sie mit einer Ausgabe versehen haben und zur Berechnung von Funktionen benutzt haben, endliche *Maschinen* genannt haben, Turingautomaten, wenn wir sie zum Berechnen (einer Ausgabe) verwenden, *Turingmaschinen* nennen. Wenn nichts Anderes vereinbart wird, benutzen wir die Variante mit beidseitig unendlichem Arbeitsband. Die in Abschnitt 8.2.2 betrachteten Varianten von Turingautomaten können auf Turingmaschinen übertragen werden; auch hier sind alle Varianten äquivalent zu einander.

Aus Bequemlichkeitsgründen können Turingmaschinen mehr als einen akzeptierenden Zustand haben. Die Menge $F \subseteq S$ solcher Zustände nennen wir wie bei endlichen Maschinen wieder *Endzustände*. Maschinen mit mehreren Endzuständen können in äquivalente mit einem Endzustand transformiert werden.

Definition 9.1. Eine Turingmaschine $TM = (\Sigma, S, \Gamma, \delta, s_0, \#, F)$ *berechnet* die (k-stellige) Funktion $f_{TM} : (\Sigma^*)^k \to \Sigma^*$, die gegeben ist durch

$$f_{TM}(x_1 \# x_2 \# \ldots \# x_k) = y \text{ genau dann, wenn } s_0 x \vdash^* \# t y \#$$

für ein $t \in F$ gilt. Die Eingabe $x \in \Sigma^*$ wird in endlich vielen Schritten in die Ausgabe $y \in \Sigma^*$ transformiert. Dabei befinden sich links und rechts von der Ausgabe nur #-Symbole, und der Schreib-/Lesekopf befindet sich unter dem ersten Bustaben von y, falls y nicht leer ist. Gilt $s_0 x \vdash^* \# t \#$, dann ist $f(x) = \varepsilon$.

Eine Funktion $f : (\Sigma^*)^k \to \Sigma^*$ heißt *Turing-berechenbar*, falls es eine Turingmaschine $TM = (\Sigma, S, \Gamma, \delta, s_0, \#, F)$ gibt, die f berechnet, d.h. für die $f(x) = f_{TM}(x)$ für alle $x \in (\Sigma^*)^k$ gilt. $\square$

Berechenbarkeit sollte „naturgemäß" nicht nur auf Wörtern, sondern insbesondere auf Zahlen definiert sein, d.h. wir wollen Berechenbarkeit für Funktionen $f : \mathbb{N}_0^k \to \mathbb{N}_0$ definieren. Dazu müssen natürliche Zahlen als Zeichenketten codiert werden. Eine naive Codierung ist die „Bierdeckelnotation" natürlicher Zahlen, welche durch die Funktion $\alpha : \mathbb{N}_0 \to \{|\}^*$ definiert durch

$$\alpha(n) = |^n$$

festgelegt ist. Die Ausgabe decodieren wir durch die Ausgabefunktion $\beta : \{|\}^* \to \mathbb{N}_0$ definiert durch

$$\beta(|^n) = n$$

Ist die Eingabe mehrstellig, z.B. Paare von Zahlen bei arithmetischen Operationen, trennen wir die einzelnen Komponenten durch $\#$. Die k-stellige Eingabecodierung

$$\alpha_k : \mathbb{N}_0^k \to \{|, \#\}^*$$

ist definiert durch

$$\alpha_k(x_1, x_2, \ldots, x_k) = |^{x_1} \# |^{x_2} \ldots \# |^{x_k}$$

Die dreistellige Eingabe $(3, 2, 5)$ wird also durch $\alpha_3(3, 2, 5) = |||\#||\#|||||$ und die zweistellige Eingabe $(0, 0)$ durch $\alpha_2(0, 0) = \#$ codiert.

Damit können wir eine Funktion $f : \mathbb{N}_0^k \to \mathbb{N}_0$ *Turing-berechenbar* nennen, falls eine Turingmaschine $TM = (\{|\}, S, \Gamma, \delta, s_0, \#, f_a)$ existiert mit

$$f(x_1, x_2, \ldots, x_k) = \beta(f_{TM}(\alpha_k(x_1, x_2, \ldots, x_k)))$$

Beispiel 9.1. a) Die Funktion $\omega : \mathbb{N}_0 \to \mathbb{N}_0$ definiert durch $\omega(n) = \perp$ für alle $n \in \mathbb{N}_0$ ist Turing-berechenbar. ω ist die „nirgends definierte Funktion" (es ist $Def(\omega) = \emptyset$). Die Turingmaschine $TM = (\{|\}, \{s, t\}, \{|, \#\}, \delta, s, \#, \{t\})$ mit

$$\delta = \{(s, a, s, a, r) \mid a \in \{|, \#\}\}$$

berechnet ω: Für jede Eingabe bewegt TM den Schreib-/Lesekopf nur nach rechts und hält nie an, liefert also keine Ausgabe. Es gilt somit

$$\omega(n) = \beta(f_{TM}(\alpha_1(n)))$$

für alle $n \in \mathbb{N}_0$.

b) Die *Nachfolgerfunktion* sei $suc : \mathbb{N}_0 \to \mathbb{N}_0$ definiert durch $suc(n) = n + 1$. suc ist Turing-berechenbar, denn für die Turingmaschine

$$TM_{+1} = (\{|\}, \{s, t\}, \{|, \#\}, \delta, s, \#, \{t\})$$

mit

$$\delta = \{(s, \#, t, |, -), (s, |, s, |, l)\}$$

gilt

$$\beta(f_{TM_{+1}}(\alpha_1(n))) = \beta(f_{TM_{+1}}(|^n)) = \beta(|^{n+1}) = n + 1 = suc(n)$$

TM_{+1} fügt links an die Eingabe einen Strich an und geht in den Endzustand.

c) Die *Vorgängerfunktion pred* : $\mathbb{N}_0 \rightarrow \mathbb{N}_0$ definiert durch

$$pred(n) = \begin{cases} n-1, & n > 0 \\ 0, & n = 0 \end{cases}$$

ist Turing-berechenbar, denn für die Turingmaschine

$$TM_{-1} = (\{|\}, \{s,t\}, \{|,\#\}, \delta, s, \#, \{t\})$$

mit

$$\delta = \{(s, \#, t, \#, -), (s, |, t, \#, r)\}$$

gilt

$$\beta(f_{TM_{-1}}(\alpha_1(n))) = \beta(f_{TM_{-1}}(|^n))$$

$$= \begin{cases} \beta(|^{n-1}), & n > 1 \\ \beta(|^0), & n = 0 \end{cases}$$

$$= \begin{cases} n-1, & n > 1 \\ 0, & n = 0 \end{cases}$$

$$= pred(n)$$

TM_{-1} löscht, falls vorhanden, den ersten Strich der Eingabe.

d) Die Addition zweier natürlicher Zahlen ist Turing-berechenbar. Das Additionsproblem lässt sich spezifizieren durch die Funktion add : $\mathbb{N}_0 \times \mathbb{N}_0 \rightarrow \mathbb{N}_0$ definiert durch $add(m, n) = m + n$. Die Eingabecodierung α_2 liefert $\alpha_2(m, n) = |^m \# |^n$. Die Turingmaschine sollte diese Eingabe in $|^{m+n}$ umwandeln, was durch Löschen des Trennsymbols $\#$ erreicht werden kann. Die folgende Turingmaschine TM_{add} leistet das wie folgt:

(1) Falls $m = 0$ ist, löscht TM_{add} das Trennsymbol $\#$, geht eine Position nach rechts und in den Endzustand.

(2) Ist $m \neq 0$, löscht TM_{add} den ersten Strich, sucht das Trennsymbol $\#$, ersetzt dieses durch $|$, geht an den Anfang des Arbeitswortes und dort in den Endzustand.

Für die Turingmaschine $TM_{add} = (\{|, 0\}, \{s_0, s_1, s_2, s_r, t\}, \{|, 0, \#\}, \delta, s_0, \#, \{t\})$

mit

$$\delta = \{ \ (s_0, \#, s_1, \#, r), \qquad (m = 0)$$
$$(s_1, \#, t, \#, -), \qquad (\text{und } n = 0)$$
$$(s_1, |, t, |, -), \qquad (\text{und } n \neq 0)$$
$$(s_0, |, s_2, |, r), \qquad (m \neq 0, \ \# \text{ finden})$$
$$(s_2, |, s_2, |, r),$$
$$(s_2, \#, s_r, |, l), \qquad (\# \text{ in } | \text{ verwandeln})$$
$$(s_r, |, s_r, |, l), \qquad (\text{zurück zum Wortanfang})$$
$$(s_r, \#, t, \#, r) \ \} \qquad (\text{fertig})$$

gilt:

$$\beta(f_{TM_{add}}(\alpha_2(m, n))) = \beta(f_{TM_{add}}(|^m \# |^n)) = \beta(|^{m+n}) = m + n = add(m, n)$$

TM_{add} löst also das Additionsproblem add, add ist somit Turing-berechenbar. $\square$

Neben der Strichcodierung natürlicher Zahlen ist die *Dualcodierung* üblich:

$$dual : \mathbb{N}_0 \to \{0, 1\}^+$$

mit

$$dual(x) = z \text{ genau dann, wenn } wert(z) = x$$

ist. Dabei ist für $z = (z_{n-1} \dots z_0)$, $z_i \in \{0, 1\}$, $0 \leq i \leq n-1$, $n \geq 1$:

$$wert(z) = \sum_{i=0}^{n-1} z_i \cdot 2^i$$

Die k-stellige Dualcodierung lautet dann für $k \geq 1$

$$\alpha_k^{dual} : \mathbb{N}_0^k \to \{0, 1, \#\}^+$$

definiert durch

$$\alpha_k^{dual}(x_1, x_2, \dots, x_k) = dual(x_1) \# dual(x_2) \# \dots \# dual(x_k)$$

und die Dualausgabecodierung ist festgelegt durch

$$\beta^{dual} : \{0, 1\}^+ \to \mathbb{N}_0$$

mit

$$\beta^{dual}(y) = wert(y)$$

In vielen Fällen ist es günstig, k-stellige Probleme mit Mehrbandmaschinen zu lösen.

In Übung 9.1 sollen Turingmaschinen konstruiert werden, welche die Funktionen aus Beispiel 9.1 auf Dualcodierungen der natürlichen Zahlen berechnen.

Neben dem Begriff der Berechenbarkeit, den wir bis zu diesem Zeitpunkt mit Turing-Berechenbarkeit festgelegt haben, haben wir auch den Begriff *Algorithmus* mathematisch präzisiert: „Algorithmus" als formales Berechnungsverfahren ist zum jetzigen Zeitpunkt durch den Begriff der Turingmaschine definiert. Eine Funktion (über einem Alphabet Σ bzw. über $\mathbb{N}_0^k$) ist algorithmisch berechenbar, falls es einen Algorithmus – hier eine Turingmaschine – gibt, der sie berechnet. In den Abschnitten 9.2 und 9.3 werden wir weitere Berechenbarkeitsbegriffe definieren und ihre Beziehungen untereinander sowie ihre Beziehungen zur Turing-Berechenbarkeit untersuchen.

In vorhergehenden Kapiteln haben wir an verschiedenen Stellen, wenn wir die Lösbarkeit von Problemen behandelt und uns mit einem intuitiven Verständnis dieses Begriffes zufrieden gegeben haben, auf später verwiesen, wo definiert werden sollte, was Lösbarkeit bedeutet. Diesen Status haben wir mit der Turing-Berechenbarkeit nun erreicht. So ist z.B. das Wortproblem für die Sprachklasse vom $TYPi_\Sigma$, $0 \leq i \leq 3$, entscheidbar, falls es für jede Sprache $L \in TYPi_\Sigma$ eine Turingmaschine TM_L gibt mit

$$f_{TM_L}(w) = \begin{cases} 1, & w \in L \\ 0, & w \notin L \end{cases}$$

Wie wir bereits aus Abschnitt 8.1.4 wissen, ist das Wortproblem für die Sprachklassen $TYPi_\Sigma$, $1 \leq i \leq 3$, entscheidbar, für $TYP0_\Sigma$ nicht. Auf das Thema *entscheidbare Mengen* gehen wir in Kapitel 10 noch detaillierter ein.

9.1.2 Die Programmiersprache TURING

Wir haben in Kapitel 8 erläutert, dass Mehrband-Turingmaschinen äquivalent zu Einband-Maschinen sind, d.h. zu jeder m-bändigen Turingmaschine mit $m \geq 2$ kann eine äquivalente einbändige konstruiert werden. Die Umkehrung ist offensichtlich: Jede Einband-Turingmaschine TM kann durch eine m-Bandmaschine TM^m simuliert werden, z.B. indem TM^m die Maschine TM auf dem Band i, $1 \leq i \leq m$, ausführt und alle anderen Bänder unverändert lässt. Diese Simulation wollen wir mit $TM_i^m(TM)$ bezeichnen. Im Folgenden gehen wir davon aus, dass immer genug Bänder zur Verfügung stehen (dass also m hinreichend groß ist), und schreiben nur $band_i(TM)$ anstelle von $TM_i^m(TM)$, was so viel bedeutet wie: Die Maschine TM wird von einer m-Bandmaschine auf dem Band $i \leq m$ ausgeführt.

Wir wollen im Folgenden nur Turingmaschinen betrachten, die k-stellige Funktionen $f : \mathbb{N}_0^k \to \mathbb{N}_0$ berechnen, wobei die Eingaben dual (also mit α_k^{dual}) codiert sind.

Im vorigen Abschnitt haben wir eine Turingmaschine konstruiert, die die Nachfolgerfunktion berechnet, d.h. die zur Eingabe i — entsprechend codiert — die Ausgabe $i + 1$ — entsprechend decodiert — berechnet. Gemäß der oben vereinbarten Notation schreiben wir für diese Maschine $band_i(TM_{+1})$: Die m-Bandmaschine, $m \geq 1$, berechnet auf Band i, $1 \leq i \leq m$, die Nachfolgerfunktion *suc*. Diese Maschine wollen wir als „Anweisung"

$$band_i := band_i + 1$$

schreiben. Analog schreiben wir

$$band_j := band_j - 1$$

für die m-Bandmaschine, die auf Band j die Vorgängerfunktion *pred* berechnet. Ebenso kann man Turingmaschinen konstruieren, die als Ausgabe nur 0 erzeugen und damit die nullstellige Konstante $c_0 : \to \mathbb{N}_0$ definiert durch $c_0 = c_0() = 0$ berechnen. Mit $band_s := 0$ bezeichnen wir dann die m-Bandmaschine, die auf Band s die (Codierung der) 0 erzeugt.

Im Folgenden führen wir mithilfe der mit diesen Beispielen eingeführten Notation für Anweisungen, die von einer m-Bandmaschine mit hinreichend großem m auf ihren Bändern ausgeführt können, die „Programmiersprache" TURING ein. Wir halten dabei in Erinnerung, dass jede m-Bandmaschine äquivalent in eine Einbandmaschine transformiert werden kann.

Elementare Anweisungen

Die Programmiersprache TURING enthält als elementare Anweisungen

- $band_i := 0$,

- $band_i := band_i + 1$ sowie

- $band_i := band_i - 1$,

deren Wirkungen durch die entsprechenden Turingmaschinen erklärt sind.

Manchmal ist es nützlich, eine leere Anweisung zu haben, d.h. eine Anweisung, die nichts bewirkt. Für diese Wirkung braucht keine Turingmaschine angegeben zu werden. Wir bezeichnen die leere Anweisung mit ε und zählen sie zu den elementaren Anweisungen.

Außer den elementaren Anweisungen benötigen wir noch die (elementare) Bedingung $band_i = 0$. Diese Bedingung ist definiert durch die Turingmaschine

$$TM_{=0} = (\{0, 1\}, \{s_0, s_1, \textit{true}, \textit{false}\}, \{0, 1, \#\}, \delta_{=0}, s_0, \#, \{\textit{true}, \textit{false}\})$$

mit

$$\delta_{=0} = \{(s_0, 1, \textit{false}, 1, -), (s_0, \#, \textit{false}, \#, -),$$
$$(s_0, 0, s_1, 0, r), (s_1, \#, \textit{true}, \#, l), (s_1, 1, \textit{false}, 1, -)\}$$

$TM_{=0}$ geht genau dann in den Endzustand *true*, falls die Eingabe 0 ist, ansonsten geht $TM_{=0}$ in den Endzustand *false*.

In analoger Art und Weise kann eine Turingmaschine angeben werden für die Bedingung $band_i \neq 0$.

Zusammengesetzte Anweisungen und TURING-**Programme**

Mithilfe der elementaren Anweisungen und mithilfe von Kontrollstrukturen legen wir nun die zusammengesetzten Anweisungen von TURING fest:

(1) Jede elementare Anweisung sei bereits eine zusammengesetzte Anweisung.

(2) Sind A, A_1 und A_2 zusammengesetzte Anweisungen, dann sind

  (a) $A_1; A_2$,

  (b) **if** $band_i = 0$ **then** A_1 **else** A_2 **endif** sowie

  (c) **while** $band_i \neq 0$ **do** A **endwhile**

zusammengesetzte Anweisungen.

Ist A eine zusammengesetzte Anweisung, dann ist

$$\textbf{begin} \ \ A \ \ \textbf{end}$$

ein TURING-Programm.

Semantik von TURING

Die Semantik, d.h. die Wirkungsweisen der elementaren TURING-Anweisungen und der Bedingungen, haben wir bereits durch entsprechende Turingmaschinen definiert. Wir wollen nun die Wirkungsweise der zusammengesetzten Anweisungen bzw. die Ausführung von TURING-Programmen mithilfe der Turingmaschinen

$$TM_A = (\Sigma, S, \Gamma, \delta, s_0, \#, F),$$
$$TM_{A_1} = (\Sigma, S_1, \Gamma_1, \delta_1, s_{10}, \#, F_1),$$
$$TM_{A_2} = (\Sigma, S_2, \Gamma_2, \delta_2, s_{20}, \#, F_2),$$

die die Wirkungsweise der Teilanweisungen A, A_1 und A_2 festlegen, definieren. Dabei sei $S_1 \cap S_2 = \emptyset$.

Zu (2a): Die Turingmaschine $TM_{A_1;A_2} = (\Sigma, S_1 \cup S_2, \Gamma_1 \cup \Gamma_2, \delta, s_{10}, \#, F_2)$ mit

$$\delta = \delta_1 \cup \delta_2 \cup \{(s, a, s_{20}, a, -) \mid s \in F_1, a \in \Gamma_1\}$$

führt auf eine Eingabe zunächst die Maschine TM_{A_1} aus und kann, wenn TM_{A_1} einen Endzustand erreicht, in eine Startkonfiguration von TM_{A_2} „springen" und TM_{A_2} auf der Ausgabe von TM_{A_1} ausführen. Es gilt also

$$f_{TM_{A_1;A_2}}(x) = f_{TM_{A_2}}(f_{TM_{A_1}}(x))$$

Beispiel 9.2. Die Funktion $plus3 : \mathbb{N}_0 \to \mathbb{N}_0$ sei definiert durch $plus3(n) = n + 3$. Wir geben ein TURING-Programm an, welches $plus3$ berechnet. Es gilt: $plus3(n) =$

$suc(suc(suc(n)))$. Wenn wir die Turingmaschine aus Beispiel 9.1 b), die suc berechnet, dreimal hintereinander ausführen, wird *plus3* berechnet. Wir konstruieren also das folgende TURING-Programm:

> **begin**
> $\quad band_i := band_i + 1;$
> $\quad band_i := band_i + 1;$
> $\quad band_i := band_i + 1$
> **end**

Wir nennen dieses TURING-Programm $band_i := band_i + 3$.

Entsprechend können wir für jede Zahl $d \in \mathbb{N}_0$ ein TURING-Programm angeben, das $band_i := band_i + d$ berechnet: Das Programm besteht aus d Wiederholungen der Anweisung $band_i := band_i + 1$ (was natürlich auch mithilfe einer **while**-Anweisung programmiert werden kann). $\square$

Zu (2b):   Wir konstruieren eine Turingmaschine TM_{if}, die zuerst die Maschine $TM_{=0}$ ausführt, und dann, falls $TM_{=0}$ im Endzustand *true* endet, TM_{A_1} ausführt, bzw., falls $TM_{=0}$ im Endzustand *false* endet, TM_{A_2} ausführt:

$$TM_{if} = (\{0, 1, \#\}, S_{=0} \cup S_1 \cup S_2, \Gamma_{=0} \cup \Gamma_1 \cup \Gamma_2, \delta_{if}, s_{=0}, \#, F_1 \cup F_2)$$

mit $\delta_{if} =$

$$\delta_{=0} \cup \delta_1 \cup \delta_2 \cup \{\, (true, a, s_{10}, a, -) \mid a \in \Gamma_{=0} \,\} \cup \{\, (false, a, s_{20}, a, -) \mid a \in \Gamma_{=0} \,\}$$

Dabei seien die Zustandsmengen der drei beteiligten Maschinen paarweise disjunkt.

Zu (2c):   Die **while**-Anweisung

$$\textbf{while } band_i \neq 0 \textbf{ do } A \textbf{ endwhile}$$

bedeutet die wiederholte Ausführung der **if**-Anweisung

$$\textbf{if } band_i = 0 \textbf{ then } \varepsilon \textbf{ else } A \textbf{ endif}$$

Wir konstruieren eine Turingmaschine TM_{while}, die zunächst die Maschine $TM_{=0}$ ausführt. Endet diese im Endzustand *true*, geht TM_{while} in ihren Endzustand s_f über, endet sie im Endzustand *false*, geht TM_{while} in den Startzustand s_0 von TM_A über. Wird ein Endzustand s von TM_A erreicht, kehrt TM_{while} in den Startzustand von $TM_{=0}$ zurück, um die obige **if**-Anweisung erneut auszuführen. Es ist

$$TM_{while} = (\{\, 0, 1, \# \,\}, S_{=0} \cup S \cup \{s_f\}, \Gamma_{=0} \cup \Gamma, \delta_{while}, s_{=0}, \#, \{s_f\})$$

mit $s_f \notin S_{=0} \cup S$, $S_{=0} \cap S = \emptyset$ und

$$
\begin{aligned}
\delta_{while} = \delta_{=0} \;&\cup\; \{\, (true, a, s_f, a, -) \mid a \in \Gamma_{=0} \,\} \\
&\cup\; \{\, (false, a, s_0, a, -) \mid a \in \Gamma_{=0} \,\} \\
&\cup\; \{\, (s, a, s_{=0}, a, -) \mid a \in \Gamma,\ s \in F \,\}
\end{aligned}
$$

Wir wollen die Programmiersprache TURING anwenden, um einige Beispielfunktionen zu berechnen.

Beispiel 9.3. a) Wir wollen ein TURING-Programm angeben, um den Inhalt des Bandes j auf das Band i, $i \neq j$, zu kopieren:

> **begin**
> $\quad band_i := 0;$
> $\quad$ **while** $band_j \neq 0$ **do**
> $\quad\quad band_i := band_i + 1;$
> $\quad\quad band_j := band_j - 1$
> $\quad$ **endwhile**
> **end**

Dieses TURING-Programm bezeichnen wir mit $band_i := band_j$. Bei diesem Kopieren wird der Inhalt von $band_j$ gleich 0. Alternativ kann man ein TURING-Programm angeben, das den Inhalt von Band j auf das Band i kopiert, ohne dass Band j verändert wird. Dieses Programm bezeichnen wir mit $band_i :=' band_j$.

b) Die *Projektion* auf die s-te Komponente von $(n_1, n_2, \ldots, n_k) \in \mathbb{N}_0^k$, $1 \leq s \leq k$, ist definiert durch die Funktion

$$\pi^k : \mathbb{N}_0^k \times \{1, \ldots k\} \to \mathbb{N}_0$$

mit

$$\pi^k(n_1, n_2, \ldots, n_k, s) = n_s, \ 1 \leq s \leq k$$

Die Funktion π^k ist für jedes $k \in \mathbb{N}_0$ Turing-berechenbar. Wir bezeichnen das TURING-Programm, das diese Funktion berechnet mit

$$band_i := proj_s^k(band_j)$$

Die Eingabe $(n_1, \ldots, n_k)$ befindet sich – codiert mit α_k^{dual} – auf $band_j$, das Ergebnis, die s-te Komponente n_s befindet sich – codiert wie durch α_1^{dual} – auf $band_i$.

c) Mithilfe der Projektion können wir die Addition natürlicher Zahlen berechnen: Die Funktion $add : \mathbb{N}_0 \times \mathbb{N}_0 \to \mathbb{N}_0$ definiert durch $add(m, n) = m + n$ wird durch folgendes TURING-Programm berechnet (die Eingabe $\alpha_2^{dual}(m, n)$ sei auf $band_i$):

> **begin**
> $\quad band_r := proj_1^2(band_i);$
> $\quad band_s := proj_2^2(band_i);$
> $\quad band_i := band_r;$
> $\quad$ **while** $band_s \neq 0$ **do**
> $\quad\quad band_i := band_i + 1;$
> $\quad\quad band_s := band_s - 1;$
> $\quad$ **endwhile**
> **end**

Dabei seien i, r und s paarweise verschieden. Wir wollen dieses TURING-Programm mit $band_i := band_r + band_s$ bezeichnen. $\qquad\square$

Ein TURING-Programm ist zum einen ein syntaktisches Gebilde, d.h. eine Zeichenkette, die nach bestimmten Regeln über einem Alphabet gebildet wird. Zum anderen hat ein TURING-Programm P eine Bedeutung (Semantik), nämlich die von ihm berechnete Funktion f_P. Diese Semantik haben wir *operational* definiert, indem wir den TURING-Anweisungen Turingmaschinen zugeordnet haben: Die TURING-Operationen bewirken Änderungen der Daten, die auf den Arbeitsbändern (Speichern) der Turingmaschinen stehen.

9.2   Loop-, While- und Goto-Berechenbarkeit

In diesem Abschnitt führen wir weitere Berechenbarkeitsbegriffe ein. Ihnen liegt nicht wie bei Turingmaschinen die Formalisierung eines intuitiven Berechenbarkeitsbegriffes zugrunde, sondern Konzepte von prozeduralen Programmiersprachen. Wir werden zeigen, dass Goto- und While-Berechenbarkeit untereinander und zur Turing-Berechenbarkeit äquivalent sind und dass Loop-Berechenbarkeit schwächer als diese ist.

9.2.1   Die Programmiersprache LOOP

Wir legen zunächst die Syntax der Programmiersprache LOOP fest, anschließend definieren wir die Semantik von LOOP-Programmen.

Syntax

Zum Alphabet von LOOP gehören:

- Variable $x_0, x_1, x_2, \ldots$, die als Bezeichner für Speicherplätze dienen, die jeweils eine natürliche Zahl enthalten können,

- Konstanten **0, 1, 2**, $\ldots$, die als Bezeichner für natürliche Zahlen dienen,

- das Trennsymbol **;**,

- das Zuweisungssymbol **:=**,

- die Operatorsymbole **+** und **−**,

- die Schlüsselwörter **read, write, loop, do, end**.

Die bei Variablen und Konstanten benutzte „Pünktchennotation" suggeriert auf den ersten Blick ein unendlich großes Alphabet. Da wir aber x_i durch $x|^i$ und **j** durch $|^j$ repräsentieren können, benötigen wir für die Menge aller Variablenbezeichner und die Menge aller Konstantenbezeichner nur zwei Symbole: x und $|$.

Zeichenketten über obigem Alphabet bilden syntaktisch korrekte LOOP-Anweisungen, falls sie ausschließlich mit folgenden Regeln erzeugt werden können:

(1) Die Wertzuweisungen $x_i := x_j + c$ und $x_i := x_j - c$ sind LOOP-Anweisungen. Dabei sind x_i und x_j Variablen, wobei $i = j$ zugelassen ist, und c ist ein Konstantenbezeichner.

(2) Seien A, A_1 und A_2 LOOP-Anweisungen, dann sind

   (a) $A_1; A_2$ sowie

   (b) **loop** x_i **do** A **end**

LOOP-Anweisungen. Dabei darf in der **loop**-Anweisung A, dem sogenannten *Schleifenkörper*, die *Schleifenvariable* (auch *Zählvariable* genannt) nicht verändert werden, d.h. auf x_i ist nur lesender, aber kein schreibender Zugriff erlaubt.

Sei A eine LOOP-Anweisung, dann ist

$$\textbf{read}(x_1, x_2, \ldots, x_k); \quad A; \quad \textbf{write}(x_0)$$

ein LOOP-Programm. Eine k-stellige Eingabe $(n_1, \ldots, n_k) \in \mathbb{N}_0^k$, $k \geq 0$, in ein LOOP-Programm erfolgt in die Variablen $x_1, \ldots, x_k$, eine Ausgabe immer aus der Variablen x_0.

Beispiel 9.4. Folgendes Programm ist ein syntaktisch korrektes LOOP-Programm:

read(x_1, x_2);
$x_0 := x_1 + 0$;
loop x_2 **do**
   $x_0 := x_0 + 1$
end;
write(x_0) $\square$

Semantik

Ein LOOP-Programm beginnt mit einer **read**-Anweisung, in der die k Variablen x_1, ..., x_k, $k \geq 0$, natürliche Zahlen $n_1, \ldots, n_k$ als Werte zugewiesen bekommen. Durch die der **read**-Anweisung folgenden Anweisungen werden Variablen x_i, $i \geq 0$, manipuliert, d.h. ihre Inhalte verändert. Die abschließende **write**-Anweisung gibt den Inhalt der Variablen x_0 aus, d.h. x_0 enthält das Ergebnis der Berechnung. Die elementare Zuweisung $x_i := x_j + c$ bewirkt, dass die Variable x_i als Wert die Summe des Wertes von x_j und der Konstanten c erhält, und $x_i := x_j - c$ bewirkt, dass die Variable x_i als Wert die Differenz des Wertes von x_j und der Konstanten c erhält, falls der Wert von x_j größer 0 ist, ansonsten hat x_i den Wert 0. $A_1; A_2$ bewirkt die Hintereinanderausführung von A_1 und A_2, und die **loop**-Anweisung

$$\textbf{loop } x_i \textbf{ do } A \textbf{ end}$$

bewirkt die x_i-malige Ausführung des Schleifenkörpers A.

Wir wollen die bisher informell angegebene Semantik der LOOP-Anweisungen formal definieren. Wie oben erwähnt, bewirken diese Anweisungen Veränderungen von Variablenwerten (von Speicherplatzinhalten). Sei $D = \{x_0, x_1, x_2, \ldots\}$ die Menge aller Variablen, auch *Datenraum* (Speicher) genannt. Jede Variable besitzt als Wert eine natürliche Zahl. Jeden Inhalt des Datenraums (Speicherinhalt) kann man also durch eine totale Funktion

$$\langle\,\rangle : D \to \mathbb{N}_0$$

beschreiben. $\langle\,\rangle\,(x_i) = c$ bedeutet: Die Variable x_i hat den Wert c. Anstelle von $\langle\,\rangle\,(x_i)$ schreiben wir in der Regel $\langle\,x_i\,\rangle$ („Inhalt von x_i"). Mit $\mathcal{D}$ bezeichnen wir die Menge aller möglichen Datenrauminhalte, d.h. die Menge aller totalen Funktionen von D nach $\mathbb{N}_0$:

$$\mathcal{D} = \{\,\langle\,\rangle : D \to \mathbb{N}_0 \mid \langle\,\rangle \text{ total}\,\}$$

Als Nächstes interpretieren wir die Konstantenbezeichner, indem wir ihnen Werte zuweisen durch die injektive, totale Funktion

$$I : \{\,\mathbf{0},\mathbf{1},\mathbf{2},\dots\,\} \to \mathbb{N}_0$$

bzw., falls wir Konstantenbezeichner in Strichnotation schreiben, durch die Funktion

$$I : \{\,|^j \mid j \geq 0\,\} \to \mathbb{N}_0$$

definiert durch $I(\mathbf{j}) = j$ bzw. durch $I(|^j) = j$. Im Prinzip können wir auch andere Interpretationen wählen, z.B. eine, in der $I(\mathbf{3}) = 17$ gilt. Wir wählen die durch die Wahl der Bezeichner suggerierte Interpretation. Im Folgenden werden wir nur von dieser Interpretation ausgehen und nicht mehr zwischen Konstantenbezeichnern und ihrer Interpretation unterscheiden. Analog zu Kapitel 3, wo wir bei der Definition regulärer Ausdrücke zwischen Operatorsymbolen und ihrer Interpretation (als Mengenoperationen) zunächst unterschieden haben, haben wir hier zunächst zwischen Konstantenbezeichnern und ihren Bedeutungen unterschieden.

Zusammengesetzte LOOP-Anweisung werden anweisungsweise ausgewertet. Dazu sei $\mathcal{L}$ die Menge aller zusammengesetzten LOOP-Anweisungen. Die anweisungsweise Auswertung eines LOOP-Programms können wir – analog zu den Maschinenmodellen, die wir bisher betrachtet haben, – mithilfe von Konfigurationen und Konfigurationsübergängen beschrieben: Eine Konfiguration besteht aus der Anweisungsfolge, die noch zu verarbeiten ist, und dem aktuellen Datenrauminhalt. Eine Konfiguration ist also ein Paar

$$k = (A_1; A_2; \dots; A_n, \langle\,\rangle) \in \mathcal{L} \times \mathcal{D}$$

Konfigurationsübergänge $k \vdash k'$ sind festgelegt durch die Relation

$$\vdash\, \subseteq (\mathcal{L} \times \mathcal{D}) \times (\mathcal{L} \times \mathcal{D})$$

die wir im Folgenden – dem induktiven Aufbau der LOOP-Programme folgend – definieren. Dabei seien A und A' zusammengesetzte LOOP-Anweisungen.

- **read**-Anweisung: Es gilt

$$(\mathbf{read}(x_1,\dots,x_k); A, \langle\,\rangle) \vdash (A, \langle\,\rangle_0), \ k \geq 0$$

mit

$$\langle x_i \rangle_0 = \begin{cases} n_i, & 1 \leq i \leq k \\ 0, & \text{sonst} \end{cases}$$

Die Ausführung der **read**-Anweisung führt dazu, dass die Variablen x_i dieWerte n_i, $1 \leq i \leq k$, $k \geq 0$, und alle anderen Variablen den Wert 0 erhalten.

- **write**-Anweisung: Es gilt

$$(\mathbf{write}(x_0), \langle \, \rangle) \vdash (\varepsilon, \langle \, \rangle)$$

Die **write**-Anweisung ist die letzte eines LOOP-Programmes. Deshalb wird sie auch nur für die entsprechende Konfiguration definiert. Ihr folgt keine weitere Anweisung, und nach ihrer Ausführung ist die Programmausführung beendet. Die **write**-Anweisung bewirkt keine Änderung des Datenrauminhaltes.

- Zuweisungen: Es gelten die Übergänge

$$(x_i := x_j + c; A, \langle \, \rangle) \vdash (A, \langle \, \rangle')$$

mit

$$\langle x_r \rangle' = \begin{cases} \langle x_j \rangle + c, & r = i \\ \langle x_r \rangle, & \text{sonst} \end{cases}$$

sowie

$$(x_i := x_j - c; A, \langle \, \rangle) \vdash (A, \langle \, \rangle')$$

mit

$$\langle x_r \rangle' = \begin{cases} \langle x_j \rangle - c, & r = i \text{ und } \langle x_j \rangle > c \\ 0, & r = i \text{ und } \langle x_j \rangle \leq c \\ \langle x_r \rangle, & \text{sonst} \end{cases}$$

$x_i := x_j + c$ bewirkt also, dass x_i als Wert die Summe des Wertes von x_j und der Konstanten c erhält, und $x_i := x_j - c$ bewirkt, dass x_i als Wert die Differenz des Wertes von x_j und der Konstanten c erhält, falls der Wert von x_j größer als c ist, ansonsten erhält x_i den Wert 0. In beiden Fällen bleiben alle anderen Variablenwerte unverändert.

- **loop**-Anweisung: Es gilt

$$(\mathbf{loop}\ x_i\ \mathbf{do}\ A\ \mathbf{end}; A', \langle \, \rangle)$$

$$\vdash \begin{cases} (A', \langle \, \rangle), & \text{falls } \langle x_i \rangle = 0 \\ (x_i := x_i - 1; A;\ \mathbf{loop}\ x_i\ \mathbf{do}\ A\ \mathbf{end};\ A', \langle \, \rangle), & \text{sonst} \end{cases}$$

Die **loop**-Anweisung wird also wie folgt ausgewertet: Hat die Zählvariable x_i den Wert 0, ist die **loop**-Anweisung fertig ausgewertet, und es wird mit der der **loop**-Anweisung folgenden Anweisung fortgefahren. Hat die Zählvariable einen Wert größer als 0, wird eine neue Anweisungsfolge generiert, die aus einer Anweisung zum Dekrementieren des Zählervariablenwertes, dem Schleifenkörper A, der **loop**-Anweisung und der der **loop**-Anweisung folgenden Anweisung besteht. In beiden Fällen ändert sich der Datenrauminhalt nicht.

Als Beispiel berechnen wir die Konfigurationsübergänge des LOOP-Programms aus Beispiel 9.4 mit den Eingaben $x_1 = 3$ und $x_2 = 2$:

$(\textbf{read}(x_1, x_2); \ x_0 := x_1 + 0; \ \textbf{loop} \ x_2 \ \textbf{do} \ x_0 := x_0 + 1 \ \textbf{end}; \ \textbf{write}(x_0), \langle \ \rangle)$
$\vdash (x_0 := x_1 + 0; \ \textbf{loop} \ x_2 \ \textbf{do} \ x_0 := x_0 + 1 \ \textbf{end}; \ \textbf{write}(x_0), \langle \ \rangle)$

mit $\langle x_1 \rangle_0 = 3$, $\langle x_2 \rangle_0 = 2$ und $\langle x_i \rangle_0 = 0$ für alle $i \neq 1, 2$,

$\vdash (\textbf{loop} \ x_2 \ \textbf{do} \ x_0 := x_0 + 1 \ \textbf{end}; \ \textbf{write}(x_0), \langle \ \rangle_1)$

mit $\langle x_0 \rangle_1 = \langle x_1 \rangle_0 + 0 = 3 + 0 = 3$ und $\langle x_i \rangle_1 = \langle x_i \rangle_0$ für alle $i \geq 1$,

$\vdash (x_2 := x_2 - 1; \ x_0 := x_0 + 1; \ \textbf{loop} \ x_2 \ \textbf{do} \ x_0 := x_0 + 1 \ \textbf{end}; \ \textbf{write}(x_0), \langle \ \rangle_1)$

da $\langle x_2 \rangle_1 \neq 0$ ist,

$\vdash (x_0 := x_0 + 1; \ \textbf{loop} \ x_2 \ \textbf{do} \ x_0 := x_0 + 1 \ \textbf{end}; \ \textbf{write}(x_0), \langle \ \rangle_2)$

mit $\langle x_2 \rangle_2 = \langle x_2 \rangle_1 - 1 = 2 - 1 = 1$ und $\langle x_i \rangle_2 = \langle x_i \rangle_1$ für alle $i \neq 2$,

$\vdash (\textbf{loop} \ x_2 \ \textbf{do} \ x_0 := x_0 + 1 \ \textbf{end}; \ \textbf{write}(x_0), \langle \ \rangle_3)$

mit $\langle x_0 \rangle_3 = \langle x_0 \rangle_2 + 1 = 3 + 1 = 4$ und $\langle x_i \rangle_3 = \langle x_i \rangle_2$ für alle $i \geq 1$,

$\vdash (x_2 := x_2 - 1; \ x_0 := x_0 + 1; \ \textbf{loop} \ x_2 \ \textbf{do} \ x_0 := x_0 + 1 \ \textbf{end}; \ \textbf{write}(x_0), \langle \ \rangle_3)$

da $\langle x_2 \rangle_3 \neq 0$ ist,

$\vdash (x_0 := x_0 + 1; \ \textbf{loop} \ x_2 \ \textbf{do} \ x_0 := x_0 + 1 \ \textbf{end}; \ \textbf{write}(x_0), \langle \ \rangle_4)$

mit $\langle x_2 \rangle_4 = \langle x_2 \rangle_3 - 1 = 1 - 1 = 0$ und $\langle x_i \rangle_4 = \langle x_i \rangle_3$ für alle $i \neq 2$,

$\vdash (\textbf{loop} \ x_2 \ \textbf{do} \ x_0 := x_0 + 1 \ \textbf{end}; \ \textbf{write}(x_0), \langle \ \rangle_5)$

mit $\langle x_0 \rangle_5 = \langle x_0 \rangle_4 + 1 = 4 + 1 = 5$ und $\langle x_i \rangle_5 = \langle x_i \rangle_4$ für alle $i \geq 1$,

$\vdash (\textbf{write}(x_0), \langle \ \rangle_5)$

da $\langle x_2 \rangle_5 = 0$ ist,

$\vdash (\varepsilon, \langle \ \rangle_5)$; und x_0 enthält das Ergebnis $\langle x_0 \rangle_5 = 5$. $\qquad\qquad$ □

Wie bei der Programmiersprache TURING haben wir die Semantik der Sprache LOOP ebenfalls operational erklärt: Die LOOP-Operationen führen zu Änderungen des Datenraums (Variableninhalte).

Loop-berechenbare Funktionen

Mithilfe von LOOP-Programmen definieren wir einen weiteren Berechenbarkeitsbegriff: die *Loop-Berechenbarkeit*.

Definition 9.2. Es sei $P = \mathbf{read}(x_1, \ldots, x_n); \; A; \; \mathbf{write}(x_0)$ ein LOOP-Programm. Dann heißt die Funktion $f_P : \mathbb{N}_0^k \to \mathbb{N}_0$ definiert durch $f_P(n_1, \ldots, n_k) = n$ genau dann, wenn

$$\mathbf{read}(x_1, \ldots, x_k); \; A; \; \mathbf{write}(x_0), \langle\,\rangle) \vdash (A; \mathbf{write}(x_0), \langle\,\rangle_0) \vdash^* (\varepsilon, \langle\,\rangle_f)$$

gilt mit

$$\langle x_i \rangle_0 = \begin{cases} n_i, & 1 \le i \le k \\ 0, & \text{sonst} \end{cases}$$

und $\langle x_0 \rangle_f = n$ die *von P berechnete Funktion*. Eine Funktion $f : \mathbb{N}_0^k \to \mathbb{N}_0$ heißt *loop-berechenbar*, falls es ein LOOP-Programm P gibt mit $f_P(x) = f(x)$ für alle $x \in \mathbb{N}_0^k$. $\Box$

Beispiel 9.5. a) Die Funktion $add : \mathbb{N}_0 \times \mathbb{N}_0 \to \mathbb{N}_0$ definiert durch $add(n_1, n_2) = n_1 + n_2$ ist loop-berechenbar, denn sie wird von dem LOOP-Programm in Beispiel 9.4 berechnet. Dieses Programm nennen wir $x_0 := x_1 + x_2$. Entsprechend können wir für beliebige $p, q, r \in \mathbb{N}_0$ ein Programm schreiben, welches die Summe der Werte von x_q und von x_r zum Wert von x_p macht. Dieses Programm nennen wir $x_p := x_q + x_r$.

b) In LOOP gibt es für jede Konstante $c \in \mathbb{N}_0$ die elementaren Zuweisungen $x_i := x_j + c$ und $x_i := x_j - c$. Man benötigt im Grunde aber nur die elementaren Zuweisungen $x_i := x_j + 1$ und $x_i := x_j - 1$. Für alle anderen Konstanten lassen sich $x_i := x_j + c$ und $x_i := x_j - c$ durch LOOP-Programme berechnen. Folgendes LOOP-Programm berechnet z.B. $x_0 := x_1 + 3$:

```
read(x₁);
x₀ := x₁ + 1;
x₀ := x₀ + 1;
x₀ := x₀ + 1
write(x₀)
```

c) Die Multiplikation $mult : \mathbb{N}_0 \times \mathbb{N}_0 \to \mathbb{N}_0$ definiert durch $mult(n_1, n_2) = n_1 \cdot n_2$ ist loop-berechenbar, denn sie wird z.B. von folgendem LOOP-Programm berechnet.

```
read(x₁, x₂);
loop x₂ do
    x₀ := x₀ + x₁
end;
write(x₀)
```

Dieses Programm bezeichnen wir mit $x_0 := x_1 * x_2$, entsprechend verwenden wir allgemein $x_p := x_q * x_r$.

d) Die Programmiersprache LOOP besitzt keine explizite Selektionsanweisung, d.h. keine Anweisung der Art

$$\textbf{if } B \textbf{ then } A_1 \textbf{ else } A_2 \textbf{ endif}$$

wobei B eine Bedingung ist, und A_1 und A_2 zwei Anweisungsfolgen sind. **if**-Anweisungen können allerdings durch LOOP-Anweisungen simuliert werden. Für die Anweisung

$$\textbf{if } x_p = 0 \textbf{ then } A_1 \textbf{ else } A_2 \textbf{ endif}$$

stellt die folgende LOOP-Anweisungsfolge eine mögliche Simulation dar:

$x_q := 1;$
$x_r := 1;$
loop x_p **do** $x_q := 0$ **end**;
loop x_q **do** A_1; $x_r := 0$ **end**;
loop x_r **do** A_2 **end**

Dabei seien p, q, r paarweise verschieden. Man rechnet leicht nach, dass obige **if**-Anweisung hierdurch korrekt simuliert wird. Die **if**-Anweisung kann als abkürzende Notation der simulierenden LOOP-Anweisungsfolge benutzt werden. □

Wir können in LOOP wie in TURING einen Programmvorrat (eine „Programmbibliothek") schaffen, der benutzt werden kann, um neue Programme zu konstruieren.

Da die Zählvariable im Schleifenkörper nicht verändert werden kann, ist es eine wesentliche Eigenschaft von LOOP-Programmen, dass sie immer terminieren. Daraus folgt, dass die von LOOP-Programmen berechneten Funktionen total sind.

Satz 9.1. Sei P ein LOOP-Programm. Dann ist f_P eine totale Funktion. □

Die Frage, ob auch alle total berechenbaren Funktion loop-berechenbar sind, wird uns später noch beschäftigen (siehe Abschnitt 9.5).

9.2.2 Die Programmiersprache WHILE

Wir ergänzen die Programmiersprache LOOP um eine weitere Schleifenanweisung, die **while**-Anweisung, und nennen die so erweiterte Programmiersprache WHILE. Im Gegensatz zur **loop**-Anweisung liegt bei der **while**-Anweisung nicht vor Beginn ihrer Auswertung die Anzahl der Ausführungen ihres Schleifenkörpers fest, sondern die Anzahl der Ausführungen kann von den Ergebnissen der Schleifenkörperausführungen abhängig sein. Dem entsprechend darf die Schleifenvariable im Schleifenkörper der **while**-Anweisung nicht nur benutzt, sondern auch manipuliert werden, d.h. auf sie darf auch „schreibend" zugegriffen werden.

Syntax und Semantik von WHILE

Die Programmiersprache WHILE ist wie folgt definiert:

(1) Jede LOOP-Anweisung ist eine WHILE-Anweisung.

(2) Sei A eine WHILE-Anweisung, dann ist auch

$$\textbf{while } x_i \neq 0 \textbf{ do } A \textbf{ endwhile}$$

eine WHILE-Anweisung.

(3) Ist A eine WHILE-Anweisung, dann ist

$$\textbf{read}(x_1, \ldots, x_k); \; A; \; \textbf{write}(x_0)$$

ein WHILE-Programm.

Die **while**-Anweisung bewirkt, dass der Schleifenkörper A so lange ausgeführt wird, wie der Wert der Schleifenvariablen x_i ungleich Null ist. Wenn x_i gleich Null ist, wird die der **while**-Anweisung folgende Anweisung ausgeführt.

Formal können wir die Semantik von **while**-Anweisungen wie folgt definieren: Seien A und A' zwei WHILE-Anweisungen, dann gilt

$$(\textbf{while } x_i \neq 0 \textbf{ do } A \textbf{ endwhile}; A', \langle \, \rangle)$$
$$\vdash \quad (\textbf{if } x_i = 0 \textbf{ then } \varepsilon \textbf{ else } A; \textbf{while } x_i \neq 0 \textbf{ do } A \textbf{ endwhile endif}; A', \langle \, \rangle)$$

While-berechenbare Funktionen

Die von einem WHILE-Programm $P = \textbf{read}(x_1, \ldots x_k); \; A; \; \textbf{write}(x_0)$ berechnete Funktion $f_P : \mathbb{N}_0^k \to \mathbb{N}_0$ ist (analog zu LOOP-Programmen) definiert durch: $f_P(n_1, \ldots, n_k) = n$ genau dann, wenn

$$(\textbf{read}(x_1, \ldots, x_k); \; A; \; \textbf{write}(x_0), \langle \, \rangle) \vdash (A; \textbf{write}(x_0), \langle \, \rangle_0) \vdash^* (\varepsilon, \langle \, \rangle_f)$$

gilt mit

$$\langle x_i \rangle_0 = \begin{cases} n_i, & 1 \leq i \leq k \\ 0, & \text{sonst} \end{cases}$$

und $\langle x_0 \rangle_f = n$. Mithilfe von WHILE-Programmen definieren wir den nächsten Berechenbarkeitsbegriff: die *While-Berechenbarkeit*.

Definition 9.3. Eine Funktion $f : \mathbb{N}_0^k \to \mathbb{N}_0$ heißt *while-berechenbar*, falls ein WHILE-Programm P existiert mit $f_P(x) = f(x)$ für alle $x \in \mathbb{N}_0$. □

Wenn die Ausführung des Schleifenkörpers A nicht dazu führt, dass die Schleifenvariable irgendwann den Wert Null erreicht, terminiert die Schleife nicht, d.h., dass ein Programm P, das eine solche Schleife enthält, nie endet und keine Ausgabe liefert. Die durch ein solches Programm definierte Funktion f_P ist also für die Eingaben, die zur Nichtterminierung führen, nicht definiert. Im Gegensatz zu loop-berechenbaren Funktionen müssen while-berechenbare Funktionen also nicht total sein, sondern sie können partiell definiert sein.

So ist die nirgends definierte Funktion ω aus Beispiel 9.1 a) nicht loop-berechenbar, aber while-berechenbar. ω wird z.B. von dem folgenden Programm berechnet:

read(x_1); $x_2 = 1$; **while** $x_2 \neq 0$ **do** $x_2 := x_2 + 1$ **endwhile**; **write**(x_0)

Da aus den Definitonen zu WHILE-Programmen unmittelbar folgt, dass jede loop-berechenbare Funktion auch while-berechenbar ist, folgt insgesamt der folgende Satz.

Satz 9.2. a) Sei P ein LOOP-Programm mit $k \geq 0$ Eingaben, dann gibt es ein While-Programm P' mit k Eingaben, so dass $f_P(x) = f_{P'}(x)$ für alle $x \in \mathbb{N}_0^k$ gilt, d.h. alle loop-berechenbaren Funktionen sind auch while-berechenbar.

b) Es gibt while-berechenbare Funktionen, die nicht loop-berechenbar sind. □

Loop-Berechenbarkeit ist also „schwächer" als While-Berechenbarkeit.

9.2.3 Die Programmiersprache GOTO

Als weitere Progammiersprache wollen wir die Sprache GOTO betrachten. Sie enthält neben elementaren Anweisungen keine Schleifenanweisungen, sondern zwei Sprunganweisungen.

Syntax von GOTO

Zum Alphabet von GOTO gehören neben Symbolen für Variablen $x_0, x_1, \ldots$ und Konstanten $c_0, c_1, \ldots$ Symbole für Marken, die wir mit $l_1, l_2, \ldots$ (l steht für *label*) bezeichnen, sowie die Schlüsselwörter **read**, **write**, **goto**, **if**, **then** und **stop**, das Zuweisungssymbol :=, die Operationssymbole =, +, − und die Trennsymbole : und ;. Folgende Anweisungen sind unmarkierte GOTO-Anweisungen:

(1) die Zuweisungen $x_i := x_j + c_k$ und $x_i := x_j - c_k$,[1]

(2) (unbedingte) Sprünge **goto** l_i,

(3) bedingte Sprünge **if** $x_i = c_j$ **then goto** l_k,

(4) die Stopanweisung **stop**.

Falls A eine unmarkierte **goto**-Anweisung ist und l eine Markierung, dann heißt

$$l : A$$

eine markierte **goto**-Anweisung.

---

[1] Auch hier reicht es im Prinzip, $c_k = 1$ zu wählen, da alle anderen Zuweisungen simuliert werden können.

Ein syntaktisch korrektes GOTO-Programm besteht aus einer Folge von markierten GOTO-Anweisungen umrahmt durch eine **read**- und eine **write**-Anweisung:

read$(x_1, \ldots x_k)$;
$l_1 : A_1$;
$\vdots$
$l_n : A_n$;
write(x_0)

Dabei soll gelten:

- Alle Marken sind verschieden.

- Ist unter den Anweisungen A_i, $1 \leq i \leq n$, die Anweisung **goto** l_j oder die Anweisung **if** $x_r = c_s$ **then goto** l_j, dann ist $1 \leq j \leq n$, d.h. Marken, die von einer Anweisung angesprungen werden sollen, müssen im Programm auch vorkommen.

  Andererseits können natürlich auch Marken vorkommen, die von keiner Anweisung angesprungen werden. Diese können im Prinzip auch weggelassen werden, was wir von Fall zu Fall auch tun werden.

Sei P ein GOTO-Programm, dann bezeichnen wir mit $suf_i(P)$ (Suffix von P) das Programmstück von P ab der Marke l_i, $0 \leq i \leq n$:

$$suf_i(P) = l_i : A_i; \ldots; l_n : A_n; \mathbf{write}(x_0)$$

Semantik von GOTO

Die Semantik der Zuweisungen, der **read**- und der **write**-Anweisung ist analog zur Semantik dieser Anweisungen in LOOP oder WHILE definiert. Wir definieren im Folgenden die Semantik formal für die anderen GOTO-Anweisungen. Dazu sei

$$P = \mathbf{read}(x_1, \ldots, x_k); \; l_1 : A_1; \ldots; l_n : A_n; \; \mathbf{write}(x_0)$$

ein GOTO-Programm, von dem noch das Suffix $suf_i(P)$ auszuführen ist, d.h. die Konfigurationsübergangsfolge

$$(P, \langle \, \rangle) \vdash^* (suf_i(P), \langle \, \rangle_i) = (l_i : A_i; \; suf_{i+1}(P), \langle \, \rangle_i)$$

bis zur Anweisung mit der Marke l_{i-1} für ein i mit $2 \leq i \leq n$ ist bereits bestimmt worden.

- Ist A_i die Anweisung **goto** l_j, dann gilt folgender Konfigurationsübergang:

$$(l_i : \mathbf{goto} \; l_j; \; suf_{i+1}(P), \langle \, \rangle_i)$$
$$\vdash \; (suf_j(P), \langle \, \rangle_j) = (l_j : A_j; \; suf_{j+1}(P), \langle \, \rangle_j)$$

  mit $\langle \, \rangle_j = \langle \, \rangle_i$. Die Anweisung bewirkt also, dass das Programm ab Anweisung A_j auszuführen ist. Datenwerte werden nicht verändert.

- Ist A_i die Anweisung **if** $x_p = c_q$ **then goto** l_r, dann gilt

$$(l_i : \textbf{if } x_p = c_q \textbf{ then goto } l_r; \; suf_{i+1}(P), \langle \, \rangle_i)$$

$$\vdash \begin{cases} (suf_r(P), \langle \, \rangle_r) \\ \quad = (l_r : A_r; \; suf_{r+1}(P), \langle \, \rangle_r), & \text{falls } \langle \, x_p \, \rangle = c_q \\ (suf_{i+1}(P), \langle \, \rangle_{i+1}) \\ \quad = (l_{i+1} : A_{i+1}; \; suf_{i+2}(P), \langle \, \rangle_{i+1}), & \text{sonst} \end{cases}$$

mit $\langle \, \rangle_r = \langle \, \rangle_{i+1} = \langle \, \rangle_i$. Ist die Selektionsbedingung erfüllt, wird zur Anweisung mit der Marke l_r verzweigt, ansonsten mit der der **if**-Anweisung folgenden Anweisung fortgefahren. Datenwerte werden in beiden Fällen nicht verändert.

- Die Ausführung der **stop**-Anweisung führt zur Beendigung des Programms: Ist A_i die Anweisung **stop**, dann gilt

$$(l_i : \textbf{stop}; \; suf_{i+1}(P), \langle \, \rangle_i) \vdash (\textbf{write}(x_0), \langle \, \rangle_f)$$

mit $\langle \, \rangle_f = \langle \, \rangle_i$.

Goto-berechenbare Funktionen

Sei

$$P = \textbf{read}(x_1, \ldots, x_k); \; l_1 : A_1; \; \ldots; \; l_n : A_n; \; \textbf{write}(x_0)$$

ein GOTO-Programm, dann heißt die Funktion $f_P : \mathbb{N}_0^k \to \mathbb{N}_0$ definiert durch

$$f_P(n_1, \ldots, n_k) = n$$

genau dann, wenn

$$(\textbf{read}(x_1, \ldots, x_k); \; l_1 : A_1; \ldots; l_n : A_n; \; \textbf{write}(x_0), \langle \, \rangle)$$
$$\vdash \quad (l_1 : A_1; \ldots; l_n : A_n; \; \textbf{write}(x_0), \langle \, \rangle_0)$$
$$\vdash^* \quad (\varepsilon, \langle \, \rangle_f)$$

gilt mit

$$\langle \, x_i \, \rangle_0 = \begin{cases} n_i, & 1 \leq i \leq k \\ 0, & \text{sonst} \end{cases}$$

und $\langle \, x_0 \, \rangle_f = n$ die von P berechnete Funktion.

Definition 9.4. Eine Funktion $f : \mathbb{N}_0^k \to \mathbb{N}_0$ heißt *goto-berechenbar*, falls ein GOTO-Programm P existiert mit $f_P(x) = f(x)$ für alle $x \in \mathbb{N}_0^k$. $\qquad\square$

Wir bemerken an dieser Stelle, dass Programme, welche Goto-Anweisungen enthalten, aus der Sicht der Theorie von Programmiersprachen umstritten sind; hierauf kommen am Ende von Abschnitt 9.5 zurück.

9.3 Primitiv rekursive und μ-rekursive Funktionen

Wir wollen noch einen weiteren Berechenbarkeitsbegriff betrachten. Dieser ist etwa zur gleichen Zeit entstanden, in der Alan Turing sein Konzept vorgestellt hat. Während bei Turing der Ausgangspunkt die mathematische Formalisierung eines intuitiven Berechenbarkeitsbegriffes ist, nämlich das „Berechnen mit Bleistift und Papier", wird jetzt ein Berechenbarkeitsbegriff ausschließlich mithilfe mathematischer Funktionen definiert. Ausgangspunkt sind elementare, als berechenbar angenommene Funktionen sowie Funktionsoperatoren, die aus vorhandenen berechenbaren Funktionen neue zusammensetzen. Die Operatoren können als mathematische Abstraktionen von Konzepten in prozeduralen Programmiersprachen (wie LOOP, WHILE, GOTO) betrachtet werden, wie die Sequenz von Anweisungen, wie Unterprogrammaufrufe, wie Zähl- und wie Bedingungsschleifen. Die Idee, Berechnungen ausschließlich mit Funktionen zu beschreiben, ist die Grundlage für so genannte *funktionale* Programmiersprachen.

9.3.1 Primitiv-rekursive Funktionen

Definition 9.5. **a)** Als *Grundfunktionen* werden festgelegt:

(1) Für $k \geq 0$ sind die *k-stelligen Nullfunktionen*

$$\mathcal{O}^k : \mathbb{N}_0^k \to \mathbb{N}_0$$

definiert durch

$$\mathcal{O}^k(x_1, \ldots, x_k) = 0$$

(2) Für $k \geq 1$ sind die *k-stelligen Projektionen*

$$\pi_i^k : \mathbb{N}_0^k \to \mathbb{N}_0,\ 1 \leq i \leq k$$

definiert durch

$$\pi_i^k(x_1, \ldots, x_k) = x_i$$

(3) Die *Nachfolgerfunktion*

$$\nu : \mathbb{N}_0 \to \mathbb{N}_0$$

ist definiert durch

$$\nu(x) = x + 1$$

b) Funktionen können wie folgt zu neuen Funktionen zusammengesetzt werden:

(4) Für $m \in \mathbb{N}$ und $k \in \mathbb{N}_0$ ist die *Komposition* einer Funktion

$$g : \mathbb{N}_0^m \to \mathbb{N}_0$$

mit Funktionen

$$h_1, \ldots, h_m : \mathbb{N}_0^k \to \mathbb{N}_0$$

definiert durch die Funktion

$$\mathcal{C}\,[g; h_1, \ldots, h_m] : \mathbb{N}_0^k \to \mathbb{N}_0$$

mit

$$\mathcal{C}\,[g; h_1, \ldots, h_m]\,(x_1, \ldots, x_k) = g(h_1(x_1, \ldots, x_k), \ldots, h_m(x_1, \ldots, x_k))$$

(5) Für $k \in \mathbb{N}_0$ ist die *primitive Rekursion* der Funktionen

$$g : \mathbb{N}_0^k \to \mathbb{N}_0$$

und

$$h : \mathbb{N}_0^{k+2} \to \mathbb{N}_0$$

definiert durch die Funktion

$$\mathcal{PRK}\,[g, h] : \mathbb{N}_0^{k+1} \to \mathbb{N}_0$$

mit

$$\mathcal{PRK}\,[g, h]\,(x_1, \ldots, x_k, 0) = g(x_1, \ldots, x_k)$$

$$\mathcal{PRK}\,[g, h]\,(x_1, \ldots, x_k, \nu(y)) = h(x_1, \ldots, x_k, y, \mathcal{PRK}\,[g, h]\,(x_1, \ldots, x_k, y))$$

g heißt auch *Basisfunktion* und h *Iterator* von $\mathcal{PRK}\,[g, h]$.

c) Die Menge $\mathcal{PR}$ der *primitiv-rekursiven Funktionen* ist die kleinste Menge von Funktionen $f : \mathbb{N}_0^k \to \mathbb{N}_0$, $k \geq 0$, die alle Nullfunktionen, alle Projektionen und die Nachfolgerfunktion enthält und die unter Komposition und primitiver Rekursion abgeschlossen ist. □

Der Komposition von Funktionen entspricht die Sequenz von Anweisungen in Programmen: $y_i = h_i(x_1, \ldots, x_k)$, $1 \leq i \leq m$, sind die Ergebnisse der Anweisungen („Unterprogrammaufrufe") h_i, die dann in die Anweisung (in das „Unterprogramm") g einfließen, um $y = g(y_1, \ldots, y_m)$ zu berechnen:

$$y_1 := h_1(x_1, \ldots, x_k)$$
$$y_2 := h_2(x_1, \ldots, x_k)$$
$$\vdots$$
$$y_m := h_m(x_1, \ldots, x_k)$$
$$y := g(y_1, \ldots, y_m)$$

```
f := g(x_1, ..., x_k);
for i := 0 to y - 1 do
    f := h(x_1, ..., x_k, i, f)
endfor
```

Bild 9.1: Primitive Rekursion als Zählschleife.

Die Ausführung der primitiven Rekursion beispielsweise für $y = 2 = \nu(\nu(0))$ geschieht gemäß der Defintion (5) wie folgt:

$$\mathcal{PRK}\,[g, h]\,(x_1, \ldots, x_k, \nu(\nu(0)))$$
$$= h(x_1, \ldots, x_k, \nu(0), \mathcal{PRK}\,[g, h]\,(x_1, \ldots, x_k, \nu(0)))$$
$$= h(x_1, \ldots, x_k, \nu(0), h(x_1, \ldots, x_k, 0, \mathcal{PRK}\,[g, h]\,(x_1, \ldots, x_k, 0)))$$
$$= h(x_1, \ldots, x_k, \nu(0), h(x_1, \ldots, x_k, 0, g(x_1, \ldots, x_k)))$$

Dieses Rekursionsschema ist eine abstrakte, mathematische Beschreibung dessen, was eine Zählschleife in prozeduralen Programmiersprachen bewirkt. Ist

$$f = \mathcal{PRK}\,[g, h]\,,$$

dann bewirkt der Aufruf $f(x_1, \ldots, x_k, y)$ Folgendes: y wird als Zählvariable betrachtet. Am Schleifenanfang ($y = 0$) findet mithilfe von g eine Initialisierung statt. Deren Ergebnis geht in die erste Schleifenrunde ein. In jeder Schleifenrunde wird dann mit dem, was in der vorherigen Runde berechnet wurde, mit dem Zähler y und den Schleifenvariablen $x_1, \ldots, x_k$ das Ergebnis dieser Runde berechnet. Die Schleife wird y-mal durchlaufen.

In einer prozeduralen Programmiersprache könnte die Schleife $f(x_1, \ldots, x_k, y)$ wie im Bild 9.1 dargestellt aussehen.

Beispiel 9.6. a) Die Konstante $1 : \mathbb{N}_0^0 \to \mathbb{N}_0$ definiert durch $1() = 1$ ist eine primitiv-rekursive Funktion, denn es gilt

$$1 = \mathcal{C}\,[\nu; \mathcal{O}^0] \tag{9.1}$$

mit

$$1() = \mathcal{C}\,[\nu; \mathcal{O}^0]\,() = \nu(\mathcal{O}^0()) = \nu(0) = 1$$

b) Jede Konstante $c : \mathbb{N}_0^0 \to \mathbb{N}_0$ definiert durch $c() = c$ ist eine primitiv-rekursive Funktion, denn es gilt

$$c = \underbrace{\mathcal{C}\,[\nu; \mathcal{C}\,[\nu; \ldots; \mathcal{C}\,[\nu;}_{c-\text{mal}} \mathcal{O}^0\,]\ldots]] \tag{9.2}$$

mit

$$c() = \underbrace{\mathcal{C}\,[\nu; \mathcal{C}\,[\nu; \ldots; \mathcal{C}\,[\nu;}_{c-\text{mal}} \mathcal{O}^0\,]\ldots]]\,() = \nu^c(\mathcal{O}^0()) = \nu^c(0) = c$$

c) Die Identität $id : \mathbb{N}_0 \to \mathbb{N}_0$ definiert durch $id(x) = x$ ist primitiv-rekursiv, denn es gilt

$$id = \pi_1^1$$

mit

$$id(x) = \pi_1^1(x) = x$$

d) Die Addition $add : \mathbb{N}_0 \times \mathbb{N}_0 \to \mathbb{N}_0$ definiert durch $add(x, y) = x + y$ ist primitiv-rekursiv, denn es gilt

$$add = \mathcal{PRK}\left[\pi_1^1, \mathcal{C}\left[\nu; \pi_3^3\right]\right] \tag{9.3}$$

Es gilt z.B.

$$
\begin{aligned}
add(3, 2) &= \mathcal{PRK}\left[\pi_1^1, \mathcal{C}\left[\nu, \pi_3^3\right]\right](3, 2) \\
&= \mathcal{C}\left[\nu; \pi_3^3\right]\left(3, 1, \mathcal{PRK}\left[\pi_1^1, \mathcal{C}\left[\nu; \pi_3^3\right]\right](3, 1)\right) \\
&= \nu(\pi_3^3(3, 1, \mathcal{PRK}\left[\pi_1^1, \mathcal{C}\left[\nu; \pi_3^3\right]\right](3, 1))) \\
&= \nu(\mathcal{PRK}\left[\pi_1^1, \mathcal{C}\left[\nu; \pi_3^3\right]\right](3, 1)) \\
&= \nu(\mathcal{C}\left[\nu; \pi_3^3\right]\left(3, 0, \mathcal{PRK}\left[\pi_1^1, \mathcal{C}\left[\nu; \pi_3^3\right]\right](3, 0)\right)) \\
&= \nu(\nu(\pi_3^3(3, 0, \mathcal{PRK}\left[\pi_1^1, \mathcal{C}\left[\nu; \pi_3^3\right]\right](3, 0)))) \\
&= \nu(\nu(\mathcal{PRK}\left[\pi_1^1, \mathcal{C}\left[\nu; \pi_3^3\right]\right](3, 0))) \\
&= \nu(\nu(\pi_1^1(3, 0))) \\
&= \nu(\nu((3)) \\
&= \nu(4) \\
&= 5
\end{aligned}
$$

e) Die Multiplikation $mult : \mathbb{N}_0 \times \mathbb{N}_0 \to \mathbb{N}_0$ definiert durch $mult(x, y) = x \cdot y$ ist primitiv-rekursiv, denn es gilt

$$mult = \mathcal{PRK}\left[\mathcal{O}^1, \mathcal{C}\left[add; \pi_1^3, \pi_3^3\right]\right] \tag{9.4}$$

f) Die Quadrierung $sqr : \mathbb{N}_0 \to \mathbb{N}_0$ definiert durch $sqr(x) = x^2$ ist primitiv-rekursiv, denn es gilt

$$sqr = \mathcal{C}\left[mult; \pi_1^1, \pi_1^1\right] \tag{9.5}$$

g) Die Vorgängerfunktion $pre : \mathbb{N}_0 \to \mathbb{N}_0$ definiert durch

$$pre(x) = \begin{cases} 0, & x = 0 \\ x - 1, & x \geq 1 \end{cases}$$

ist primitiv-rekursiv, denn es gilt:

$$pre = \mathcal{PRK}\left[\mathcal{O}^0, \pi_1^2\right] \tag{9.6}$$

h) Die Subtraktion $minus : \mathbb{N}_0 \times \mathbb{N}_0 \to \mathbb{N}_0$ definiert durch

$$minus(x,y) = \begin{cases} x - y, & x \geq y \\ 0, & x < y \end{cases}$$

ist primitiv-rekursiv, denn es gilt:

$$minus = \mathcal{PRK}\left[id, \mathcal{C}\left[pre; \pi_3^3\right]\right] \qquad (9.7)$$

i) Die Potenzfunktion $exp : \mathbb{N}_0 \times \mathbb{N}_0 \to \mathbb{N}_0$ definiert durch

$$exp(b,x) = b^x$$

ist primitiv-rekursiv, denn es gilt:

$$exp = \mathcal{PRK}\left[1, \mathcal{C}\left[mult; \pi_1^3, \pi_3^3\right]\right] \qquad (9.8)$$

j) Die Signumfunktion $sign : \mathbb{N}_0 \to \mathbb{N}_0$ definiert durch

$$sign(x) = \begin{cases} 1, x > 0 \\ 0, x = 0 \end{cases}$$

ist primitiv-rekursiv, denn es gilt

$$sign = \mathcal{C}\left[minus; \pi_1^1, pre\right] \qquad (9.9)$$

oder in „üblicher“ Notation

$$sign(x) = x - pre(x)$$

k) Der Test auf Gleichheit $equal : \mathbb{N}_0 \times \mathbb{N}_0 \to \mathbb{N}_0$ definiert durch

$$equal(x,y) = \begin{cases} 1, x = y \\ 0, x \neq y \end{cases}$$

ist primitiv-rekursiv, denn es gilt

$$equal = \mathcal{C}\left[minus; 1, \mathcal{C}\left[sign; \mathcal{C}\left[add; \mathcal{C}\left[minus; \pi_1^2, \pi_2^2\right], \mathcal{C}\left[minus; \pi_2^2, \pi_1^2\right]\right]\right]\right]$$
$$(9.10)$$

oder in üblicher Notation

$$equal(x,y) = 1 - sign((x - y) + (y - x))$$

$\square$

Beginnend mit den Grundfunktionen (Nullfunktionen, Projektionen und Nachfolger-funktion) kann mithilfe von Einsetzung und primitiver Rekursion schrittweise eine „Bibliothek“ von primitiv-rekursiven Funktionen konstruiert werden, mit denen dann weitere Funktionen konstruiert werden können.

Man kann sich leicht überlegen, dass jede primitiv-rekursive Funktion total ist: Die Grundfunktionen sind total, und die Komposition sowie die primive Rekursion von totalen Funktionen ergeben immer wieder totale Funktionen.

Satz 9.3. Jede primitiv-rekursive Funktion $f \in \mathcal{PR}$ ist total. $\square$

```
read(x₁,...,xₖ);
y := 0;
while  f(x₁,...,xₖ,y) ≠ 0 do
    y := y + 1
endwhile;
write(y)
```

Bild 9.2: μ-Rekursion als Wiederholungsschleife.

9.3.2 μ-rekursive Funktionen

Partielle Funktionen, die nicht total sind, können also nicht primitiv-rekursiv sein. Es gibt aber Funktionen, die wir sicherlich als berechenbar ansehen, die aber nicht total definiert sind. Beispiele sind die Wurzelfunktionen und die Logarithmen. Die Quadratwurzel etwa ist nur auf Quadratzahlen definiert und der Logarithmus zur Basis 2 nur für Zweierpotenzen. Diese nur partiell definierten Funktionen können also nicht primitiv-rekursiv sein. Wir benötigen daher noch ein weiteres Konzept, mit denen auch nicht totale, d.h. partielle Funktionen berechnet werden können. Dazu führen wir einen weiteren Operator, den μ-Operator, ein.

Definition 9.6. a) Sei $f : \mathbb{N}_0^{k+1} \to \mathbb{N}_0$, dann ist die Funktion

$$\mu\,[f] : \mathbb{N}_0^k \to \mathbb{N}_0$$

definiert durch

$$\mu\,[f]\,(x_1,\dots,x_k) =$$
$$\min\{\,z \mid (x_1,\dots,x_k,y) \in Def(f) \text{ für } y \leq z \text{ und } f(x_1,\dots,x_k,z) = 0\,\}$$

Das Ergebnis der μ-*Rekursion* auf f ist das kleinste z mit $f(x_1,\dots,x_k,z) = 0$ unter der Voraussetzung, dass $f(x_1,\dots,x_k,y)$ für $y \leq z$ definiert ist. Falls $Def(f) = \emptyset$ oder $f(x,y) \neq 0$ für alle $x \in \mathbb{N}_0^k$ und $y \subset \mathbb{N}_0$ ist, dann ist $\mu\,[f]$ nicht definiert. □

Die μ-Rekursion kann als mathematische Abstraktion von Wiederholungsschleifen (While-Schleifen) in prozeduralen Programmiersprachen betrachtet werden. y ist die Schleifenvariable, die mit Null beginnend hoch gezählt wird, und in jedem Schleifendurchlauf wird geprüft, ob $f(x_1,\dots,x_k,y) = 0$ ist. Falls das zutrifft, ist $z = y$, die Anzahl der Schleifendurchläufe, das Ergebnis der Schleife. Falls die Bedingung nicht erreicht wird, dann terminiert die Schleife nicht, d.h. $\mu\,[f]\,(x_1,\dots,x_k)$ ist nicht definiert.

In einer prozeduralen Programmiersprache könnte die Schleife $\mu\,[f]\,(x_1,\dots,x_k)$ wie im Bild 9.2 dargestellt aussehen.

Definition 9.7. a) Die Klasse $\mu\mathcal{PR}$ der μ-*rekursiven Fuktionen* ist die kleinste Menge von Funktionen $f : \mathbb{N}_0^k \to \mathbb{N}_0$, $k \geq 0$, die alle Grundfunktionen (Nullfunktionen, Projektionen, Nachfolgerfunktion) enthält und die unter Komposition, primitver Rekursion und Anwendung des μ-Operators abgeschlossen ist.

b) Die Klasse der *totalen μ-rekursiven Funktionen* wollen wir mit $\mu\mathcal{R}$ bezeichnen.

c) Spielen die Stelligkeiten der betrachteten Funktionen eine Rolle, dann schreiben wir $\mu\mathcal{R}^{(k)}$ für die Menge der totalen k-stelligen μ-rekursiven Funktionen bzw. $\mu\mathcal{PR}^{(k)}$ für die Menge der partiellen k-stelligen μ-rekursiven Funktionen. Es gilt also

$$\mu\mathcal{R} = \bigcup_{k \geq 0} \mu\mathcal{R}^{(k)}$$

$$\mu\mathcal{PR} = \bigcup_{k \geq 0} \mu\mathcal{PR}^{(k)}$$

$\square$

Beispiel 9.7. a) Es sei $f : \mathbb{N}_0^2 \to \mathbb{N}_0$ definiert durch $f(x,y) = 1$. f ist konstant, also primitiv-rekursiv. Es gibt kein y, so dass $f(x,y) = 0$ wird. Damit ist $\mu[f](x)$ undefiniert für alle x, es gilt also $\omega = \mu[f]$. Die nirgends definierte Funktion ω (siehe Beispiel 9.1 a) ist somit μ-rekursiv.

b) Die Funktion $sub : \mathbb{N}_0 \times \mathbb{N}_0 \to \mathbb{N}_0$ definiert durch

$$sub(x,y) = \begin{cases} x - y, & x \geq y \\ \bot, & x < y \end{cases}$$

ist μ-rekursiv. Dazu betrachten wir folgende Funktion $f : \mathbb{N}_0 \times \mathbb{N}_0 \times \mathbb{N}_0 \to \mathbb{N}_0$ definiert durch

$$f(x,y,d) = 1 - equal(x, add(y,d))$$

dabei soll „$-$" die Funktion *minus* aus Beispiel 9.6 h) darstellen. Die Funktionen *add*, *minus* und *equal* sind primitiv-rekursiv (siehe Beispiel 9.6 d, h, k), also ist auch die Funktion f primitiv-rekursiv. Es z.B.

$$f(x,y,d) = \mathcal{C}\left[minus; 1, \mathcal{C}\left[equal; \pi_1^3, \mathcal{C}\left[add; \pi_2^3, \pi_3^3\right]\right]\right]$$

Es gilt

$$sub = \mu\left[f\right], \tag{9.11}$$

was wir uns am besten am Programm im Bild 9.3 klarmachen, welches für *sub* nach dem Muster von Bild 9.2 dargestellt ist: Falls $x \geq y$ ist, dann wird d so lange hoch gezählt, bis $x = y + d$ ist, und d, die Differenz zwischen x und y, wird ausgegeben. Ist $x < y$, dann terminiert die Schleife nicht, d.h. für die Eingabe (x,y) mit $x < y$ erfolgt keine Ausgabe.

c) Die Funktion $\sqrt{\ } : \mathbb{N}_0 \to \mathbb{N}_0$ definiert durch

$$\sqrt{x} = \begin{cases} y, & \text{falls } x = y^2 \\ \bot, & \text{sonst} \end{cases}$$

```
read(x,y);
d := 0;
while 1 − equal(x, add(y, d)) ≠ 0 do
    d := d + 1
endwhile;
write(d)
```

Bild 9.3: Berechnung der Funktion *sub* durch μ-Rekursion.

```
read(x);
y := 0;
while 1 − equal(x, y²) ≠ 0 do
    y := y + 1
endwhile;
write(y)
```

Bild 9.4: Berechnung der Funktion $\sqrt{\;}$ durch μ-Rekursion.

ist μ-rekursiv. Dazu setzen wir $f(x, y) = 1 - equal(x, y^2)$. f ist eine primitiv-rekursive Funktion, denn es gilt

$$f = \mathcal{C}\left[minus; 1, \mathcal{C}\left[equal; \pi_1^2, \mathcal{C}\left[sqr; \pi_2^2\right]\right]\right]$$

Wir können nun zu gegebenem x die Quadratwurzel berechnen, indem wir y beginnend bei Null hoch zählen und dabei testen, ob $x = y^2$ ist. Falls das erreicht wird, ist $y = \sqrt{x}$, ansonsten terminiert das Verfahren nicht. Es gilt

$$\sqrt{\;} = \mu\left[f\right] = \mu\left[\mathcal{C}\left[minus; 1, \mathcal{C}\left[equal; \pi_1^2, \mathcal{C}\left[sqr; \pi_2^2\right]\right]\right]\right] \qquad (9.12)$$

Bild 9.4 zeigt eine Implementierung dieses Verfahrens als WHILE-Programm.

d) Die Funktion $\log : \mathbb{N}_0 \times \mathbb{N}_0 \to \mathbb{N}_0$ definiert durch

$$\log(b, x) = \begin{cases} y, & \text{falls } b^y - x \\ \bot, & \text{sonst} \end{cases}$$

ist μ-rekursiv. Dazu setzen wir $f(b, x, y) = 1 - equal(x, exp(b, y))$. f ist primitiv-rekursiv, denn es gilt

$$f = \mathcal{C}\left[minus; 1, \mathcal{C}\left[equal; \pi_2^3, \mathcal{C}\left[exp; \pi_1^3, \pi_3^3\right]\right]\right]$$

Wir können nun zu gegebenem b und x den Logarithmus von x zur Basis b berechnen, indem wir y beginnend bei Null hoch zählen und dabei testen, ob $x = b^y$ ist. Falls das erreicht wird, ist $y = \log_b x$, ansonsten terminiert das Verfahren nicht. Es gilt

$$\log = \mu\left[f\right] = \mu\left[\mathcal{C}\left[minus; 1, \mathcal{C}\left[equal; \pi_2^3, \mathcal{C}\left[exp; \pi_1^3, \pi_3^3\right]\right]\right]\right] \qquad (9.13)$$

Bild 9.5 zeigt eine Implementierung dieses Verfahrens. □

Aus den Beispielen 9.7 folgt unmittelbar:

Folgerung 9.1. Es gilt $\mu\mathcal{R}^{(k)} \subset \mu\mathcal{PR}^{(k)}$ für alle $k \geq 0$ und damit $\mu\mathcal{R} \subset \mu\mathcal{PR}$. □

```
read(b, x);
y := 0;
while 1 − equal(x, exp(b, y)) ≠ 0 do
    y := y + 1
endwhile;
write(y)
```

Bild 9.5: Berechnung der Logarithmus-Funktion durch μ-Rekursion.

9.4   Die Churchsche These

Wir haben bisher fünf formale Konzepte für den Begriff der Berechenbarkeit kennen gelernt: Turing-, Loop-, While- und Goto-Berechenbarkeit sowie μ-rekursive Funktionen. Die Turing-Berechenbarkeit geht von einem intuitiven Verständnis von Berechenbarkeit, dem „Rechnen mit Bleistift und Papier" aus. Loop-, While- und Goto-Berechenbarkeit sind programmiersprachen-ähnliche Konzepte, und die μ-rekursiven Funktionen beschreiben Berechenbarkeit ausschließlich mithilfe mathematischer Funktionen. Wir wollen nun den Zusammenhang dieser – auf den ersten Blick, d.h. syntaktisch betrachtet, unterschiedlichen – Begriffe von Berechenbarkeit untersuchen.

Aus Satz 9.2 wissen wir bereits, dass die Klasse der loop-berechenbaren Funktionen eine echte Teilklasse der Klasse der while-berechenbaren Funktionen ist. Wir zeigen im Folgenden, dass die anderen Berechenbarkeitskonzepte äquivalent zueinander sind.

Der folgende Satz besagt, dass while-berechenbare Funktionen auch Turing-berechenbar sind.

Satz 9.4. Zum jedem WHILE-Programm P existiert eine Turingmaschine TM mit $f_P \equiv f_{TM}$,[2] d.h. jede while-berechenbare Funktion ist auch Turing-berechenbar.

Beweis   Wir können zu jedem WHILE-Programm folgendermaßen ein äquivalentes TURING-Programm konstruieren:

- Wir ordnen jeder Variablen x_i das Band $band_i$ zu.

- Zu den elementaren Zuweisungen $x_i := x_j + 1$ und $x_i := x_j − 1$ konstruieren wir die Anweisungen $band_i := band_j + 1$ bzw. $band_i := band_j − 1$.

- Der Hintereinanderausführung von WHILE-Anweisungen ordnen wir die Hintereinanderausführung der entsprechenden TURING-Anweisungen zu. Analog konstruieren wir zur **while**-Anweisung des WHILE-Programms eine entsprechende TURING-**while**-Anweisung.

---

[2]Genauer muss es $f_P \equiv \beta \circ f_{TM} \circ \alpha$ heißen, da Turingmaschinen nicht wie WHILE-Programme mit natürlichen Zahlen rechnen, sondern auf Codierungen (Strichcodierung, Dualcodierung) dieser, und deshalb die Eingaben codiert und die Ausgaben decodiert werden müssen. Wir wollen im Folgenden auf diese Exaktheit in der Darstellung verzichten und $f_P \equiv f_{TM}$ anstelle von $f_P \equiv \beta \circ f_{TM} \circ \alpha$ schreiben.

Die Funktion, die durch das konstruierte TURING-Programm berechnet wird, ist definiert durch die entsprechende mehrbändige Turingmaschine. Diese kann äquivalent in eine einbändige Turingmaschine transformiert werden. □

Die folgenden beiden Sätze besagen, dass While- und Goto-Berechenbarkeit äquivalente Berechenbarkeitsbegriffe sind, d.h. alle Funktionen, die while-berechenbar sind, sind auch goto-berechenbar, und alle goto-berechenbaren Funktionen sind auch while-berechenbar.

Satz 9.5. Zu jedem WHILE-Programm P existiert ein äquivalentes GOTO-Programm P', d.h. zu jedemWHILE-Programm P gibt es ein GOTO-Programm P' mit $f_P(x) = f_{P'}(x)$ für alle Eingaben x.

Beweis Alle WHILE-Anweisungen außer der **while**-Anweisung können unmittelbar in gleichwertige **goto**-Anweisungen transformiert werden, indem man sie mit einer Marke versieht. Da diese Marken für das zu konstruierende GOTO-Programm keine Bedeutung haben, d.h. nicht als Zielmarken von Sprüngen vorkommen, können wir sie auch weglassen. Die Anweisungsfolge

$$\textbf{while } x_i \neq 0 \textbf{ do } A \textbf{ end}; \ A'$$

wird ausgeführt, indem die Schleifenbedingung ausgewertet wird. Trifft sie zu, dann wird der Schleifenkörper A und anschließend wieder die **while**-Anweisung ausgeführt. Trifft sie nicht zu, wird die der **while**-Anweisung folgende Anweisung A' ausgeführt. Die folgende GOTO-Anweisungsfolge hat genau diese Wirkung.

$$
\begin{aligned}
l_1: \quad & \textbf{if } x_i = 0 \textbf{ then goto } l_2; \\
& A; \\
& \textbf{goto } l_1; \\
l_2: \quad & A'
\end{aligned}
$$

Dabei sind l_1 und l_2 Marken, die sonst im zu konstruierenden GOTO-Programm nicht von anderen Anweisungen angesprungen werden. □

Der nächste Satz behauptet die Umkehrung zum obigen Satz.

Satz 9.6. Zu jedem GOTO-Programm P existiert ein äquivalentes WHILE-Programm P', d.h. zu jedem GOTO-Programm P gibt es ein WHILE-Programm P' mit $f_P(x) = f_{P'}(x)$ für alle Eingaben x.

Beweis Sei das GOTO-Programm

$$P = \textbf{read}(x_1, \dots, x_k); \ l_1 : A_1; \ l_2 : A_2; \ \dots; \ l_n : A_n; \ \textbf{write}(x_0)$$

gegeben. Dann ist für die GOTO-Anweisungsfolge

$$A = l_1 : A_1; \ l_2 : A_2; \ \dots; \ l_n : A_n$$

eine äquivalente WHILE-Anweisungsfolge zu konstruieren. Die folgende Idee führt zum Ziel: Die Marken werden durch eine Zählvariable x_s, die ansonsten im Programm nicht verwendet wird, simuliert. Falls x_s den Wert i hat, $\langle x_s \rangle = i$, wird als Nächstes die Anweisung mit der Marke l_i ausgeführt. Die Variable x_s entspricht dabei dem Befehlzählregister (Program Counter) in Rechnerarchitekturen, die jeweils die Adresse des (nächsten) auszuführenden Befehls eines sich in Ausführung befindlichen Programmes enthält. Eine zu A äquivalente WHILE-Anweisungsfolge ist dann:

$x_s := 1;$
while $x_s \neq 0$ **do**
    if $x_s = 1$ **then** A_1' **endif**;
    if $x_s = 2$ **then** A_2' **endif**;
    $\vdots$
    if $x_s = n$ **then** A_n' **endif**;
    if $x_s > n$ **then** $x_s = 0$ **endif**
endwhile

Dabei müssen die Anweisungsfolgen A_i', $1 \leq i \leq n$, nicht nur die Anweisungen A_i simulieren, sondern auch die (Befehls-) Zählvariable x_s, die bei Ausführung von A_i den Wert i hat, richtig setzen, damit der Kontrollfluss des GOTO-Programms durch das WHILE-Programm simuliert wird. Im Einzelnen gilt:

- Ist A_i die Anweisung $x_p := x_q + c$ oder die Anweisung $x_p := x_q - c$, dann besteht A_i' aus dieser Anweisung und der Anweisung $x_s := x_s + 1$, damit x_s den Wert $i + 1$ erhält und beim nächsten Durchlauf der **while**-Schleife die Anweisung A_{i+1}' ausgeführt wird.

- Ist A_i die Anweisung **goto** l_j, dann muss als Nächstes die Anweisung A_j' ausgeführt werden. Die Anweisung A_i' muss die Zählvariable entsprechend setzen, sie ist also die Anweisung $x_s := j$.

- Ist A_i die Anweisung **if** $x_p = c_q$ **then goto** l_j, dann ist A_i' die Anweisung **if** $x_p = c_q$ **then** $x_s := j$ **else** $x_s := x_s + 1$ **endif**. Falls die Bedingung erfüllt ist, wird der Zähler auf den Wert j gesetzt, der die Zielmarke des bedingten Sprungs simuliert. Falls die Bedingung nicht erfüllt ist, wird der Zähler auf den Wert $s + 1$ gesetzt, der die Zielmarke der der **if**-Anweisung folgenden Anweisung simuliert.

- Ist A_i die Anweisung **stop**, dann muss die **while**-Schleife beendet werden. Die Schleife endet, falls die Zählvariable den Wert 0 hat. Das wird erreicht, wenn A_i' die Anweisung $x_s := 0$ ist. $\square$

WHILE-Programme, die die Gestalt des im Beweis zu Satz 9.6 konstruierten Programmes P' besitzen, sind in *Kleenescher Normalform*. Aus den Sätzen 9.5 und 9.6 folgt unmittelbar

Satz 9.7. Jedes WHILE-Programm lässt sich in ein äquivalentes WHILE-Programm transformieren, welches höchstens – in strenger Form genau – eine **while**-Schleife besitzt. $\square$

Der folgende Satz besagt, dass jede Turing-berechenbare Funktion auch goto-berechenbar ist.

Satz 9.8. Zu jeder Turingmaschine existiert ein äquivalentes GOTO-Programm, d.h. zu jeder Turingmaschine TM gibt es ein GOTO-Programm P mit $f_{TM}(x) = f_P(x)$ für alle Eingaben x.

Beweisidee Sei $TM = (\Sigma, \{s_1, \ldots, s_n\}, \{a_1, \ldots, a_k\}, \delta, \ldots)$ gegeben. Jede Konfiguration $k = \alpha s_t \beta$ mit $s_t \in \{s_1, \ldots, s_n\}$, $\alpha = \alpha_1 \ldots \alpha_r$ und $\beta = \beta_1 \ldots \beta_s$, $\alpha_p, \beta_q \in \{a_1, \ldots, a_k\}, 1 \le p \le r, 1 \le q \le s$, wird codiert durch die Zahlen

$$x = wert(dual(\alpha_1 \ldots \alpha_r))$$
$$y = wert(dual(\beta_s \ldots \beta_1))$$
$$z = t$$

Die Teile links und rechts vom Schreib-/Lesekopf des Arbeitswortes werden als Dualzahlen, links von links nach rechts gelesen, rechts von rechts nach links gelesen, interpretiert. Deren jeweilige Werte sind x und y. z ist die Nummer des aktuellen Zustandes. Liegt z.B. ein Übergang $(s_t, \beta_1, s_{t'}, \beta_1', l) \in \delta$ vor, dann geht k in

$$k' = \alpha_1 \ldots \alpha_{r-1} s_{t'} \alpha_r \beta_1' \ldots \beta_s$$

über. Die Werte von x, y und z, die k' repräsentieren, ergeben sich durch folgende GOTO-Anweisungen:

$$z := t';$$
$$y := y \ div \ 2;$$
$$y := y * 2 + \beta_1';$$
$$y := y * 2 + (x \ mod \ 2);$$
$$x := x \ div \ 2;$$

Für jede Kombination von Zuständen s_t und Arbeitssymbolen β_1 muss eine solche GOTO-Anweisungsfolge vorgesehen sein. Analoges gilt für Übergänge mit Bewegungen nach rechts bzw. für Übergänge ohne Bewegung.

Jede dieser Anweisungsfolgen bekommt eine Marke (s_i, a_j) für $1 \le i \le n$ und $1 \le j \le k$, denn der Zustand und das gelesene Symbol bestimmen die Art von Anweisungen. Obige Folge hat also die Marke $(s_{t'}, \beta_1')$. Am Ende einer solchen Folge wird immer zur Marke *next* gesprungen, welche die nächste Zustandsüberführung bestimmt, und zwar mithilfe der Folge der **if**-Anweisungen

if $(z = s_i)$ **and** $(y \bmod 2 = a_j)$ **then goto** (s_i, a_j), $1 \le i \le n$, $1 \le j \le k$

Des Weiteren benötigt man noch Anweisungen, welche die Anfangskonfiguration bei Eingabe eines Wortes für das Goto-Programm generiert, sowie Goto-Anweisungen für den Fall, dass das Turing-Programm einen Haltezustand erreicht. □

Die Beispiele und Erklärungen im Abschnitt 9.3 deuten daraufhin, dass auch der folgende Satz gezeigt werden kann.

Satz 9.9. Jede μ-rekursive Funktion ist while-berechenbar, und jede while-berechenbare Funktion ist μ-rekursiv. $\qquad\square$

Wenn wir die Sätze 9.4, 9.5, 9.6, 9.8 und 9.9 zusammenfassend betrachten, haben wir folgendes Ergebnis erhalten: Turing-, while- und goto-Berechenbarkeit sowie μ-Rekursion sind äquivalente Berechenbarkeitskonzepte, d.h. die Mengen der Turing-berechenbaren, der while-berechenbaren, der goto-berechenbaren und der μ-rekursiven Funktionen sind identisch.

Neben den hier betrachteten äquivalenten Berechenbarkeitsbegriffen gibt es eine Reihe weiterer Berechenbarkeitsbegriffe, z.B. den Kellerautomaten mit zwei Kellern (siehe Übung 8.11), den Queue-Automaten (siehe Übung 8.13) sowie den λ-*Kalkül*, *markierte Markov-Algorithmen* und *universelle Registermaschinen*. Auch diese Berechenbarkeitsbegriffe haben sich alle als äquivalent zu unseren Ansätzen – und damit auch als äquivalent untereinander – herausgestellt. Es gibt bisher keinen anderen, umfassenderen formalen Berechenbarkeitsbegriff.

Aus diesem Grund geht man davon aus, dass damit, d.h. mit der Klasse der so festgelegten Funktionen, *genau* die berechenbaren Funktionen beschrieben sind und dass damit *der* Berechenbarkeitsbegriff festgelegt ist. Diese Behauptung, die natürlich nicht beweisbar ist, sondern sich auf die Äquivalenz der genannten (und weiterer) Berechenbarkeitsbegriffe stützt, heißt *Churchsche These* und kann wie folgt formuliert werden[3].

Churchsche These Die Menge der Turing-berechenbaren (und damit der while-, goto- usw. berechenbaren) Funktionen ist genau die Menge der im intuitiven Sinne berechenbaren Funktionen. $\qquad\square$

Wir wollen im Folgenden mit $\mathcal{R}^{(k)}$ die in diesem Sinne total berechenbaren k-stelligen Funktionen und mit $\mathcal{P}^{(k)}$ die in diesem Sinne partiell berechenbaren k-stelligen Funktionen bezeichnen, entsprechend mit

$$\mathcal{R} = \bigcup_{k \geq 0} \mathcal{R}^{(k)}$$

$$\mathcal{P} = \bigcup_{k \geq 0} \mathcal{P}^{(k)}$$

die Menge der total berechenbaren bzw. die Menge der partiell berechenbaren Funktionen.

Wir haben durch unsere Überlegungen auch eine formal präzise Definition für den Begriff *Algorithmus* erhalten, der in der Literatur häufig nur mehr oder weniger informell festgelegt wird. Ein Algorithmus ist für uns eine Berechnung einer Funktion $f \in \mathcal{P}$ durch eine Turingmaschine (oder ein While- oder ein Goto-Programm oder eine μ-rekursive Funktion).

---

[3]Diese These, auch *Church-Turing-These* genannt, wurde vorgeschlagen und begründet von Alonzo Church (1903 – 1995), amerikanischer Mathematiker und Logiker, der, wie sein Schüler Kleene, wesentliche Beiträge zur mathematischen Logik und Berechenbarkeitstheorie geleistet hat.

Programmiersprachen, die äquivalent zu den genannten Berechenbarkeitsbegriffen sind, nennt man (berechnungs-) vollständig. Alle gängigen Programmiersprachen, wie FORTRAN, COBOL, PL/I, ALGOL, PASCAL, MODULA, C, C++, JAVA sind in diesem Sinne vollständig. Diese Aussage stimmt allerdings genau genommen nur, wenn im Prinzip ein beliebig großer Speicher zur Verfügung steht (vergleiche unendliches Turingband bei Turingmaschinen, prinzipiell beliebig viele Bänder bei TURING-Programmen oder prinzipiell beliebig viele Variablen bei WHILE- und GOTO-Programmen sowie beliebig viele Funktionen bei μ-rekursiven Funktionen). Wenn man sagt, dass die genannten Programmiersprachen vollständig sind, geht man davon aus, dass beliebig viel Speicherplatz zur Verfügung steht. Reale Rechner, auf denen oben genannte Programmiersprachen implementiert werden können, besitzen aber keine unendlich großen Speicher, so dass man immer Funktionen finden könnte, die zwar prinzipiell, aber nicht auf einer realen Maschine berechenbar sind. Reale Rechner sind endliche Maschinen, sie haben ein endliches Gedächtnis. Man geht allerdings davon aus, dass man bei Bedarf den Speicher entsprechend erweitern kann, bzw. dass man in den Programmen dieser Programmiersprachen im Prinzip beliebig viele Variablen verwenden kann. In Verbindung mit einer operationalen Semantik für diese Sprachen spricht man auch von *abstrakten Maschinen*, die dadurch bestimmt sind (z.B. PASCAL-Maschine), diese sind dann auch im streng formalen Sinne vollständig.

Wir wollen für die weiteren Betrachtungen mit $\mathcal{L}$ die Klasse der loop-berechenbaren Funktionen bezeichnen. Aus Satz 9.2 folgt unmittelbar

Folgerung 9.2. $\mathcal{L} \subset \mathcal{P}$. □

Im Folgenden überlegen wir, in welchen Beziehungen die Klasse $\mathcal{L}$ der loop-berechenbaren Funktionen, die in Abschnitt 9.3 eingeführte Klasse $\mathcal{PR}$ der primitiv-rekursiven Funktionen, die Klasse $\mathcal{R}$ der total-rekursiven Funktionen und die Klasse $\mathcal{P}$ der partiell-rekursiven Funktionen stehen.

Im Abschnitt 9.3.1 haben wir bereits überlegt, dass die primitive Rekursion als Formalisierung von Zählschleifen verstanden werden kann. Tatsächlich gilt

Satz 9.10. Die Klasse der loop-berechenbaren Funktionen entspricht genau der Klasse der primitiv-rekursiven Funktionen, d.h. es ist $\mathcal{PR} = \mathcal{L}$. □

Aus den Sätzen 9.1 und 9.3 wissen wir, dass alle Funktionen in $\mathcal{PR} = \mathcal{L}$ total sind. Es gilt also

Folgerung 9.3. $\mathcal{PR} \subseteq \mathcal{R}$. □

Die Frage, ob auch die Umkehrung gilt, d.h. ob jede total berechenbare Funktion primitiv-rekursiv und damit loop-berechenbar ist, untersuchen wir in Abschnitt 9.5. Es wird sich zeigen, dass die Umkehrung nicht und damit der folgende Satz gilt.

Satz 9.11. Die Klasse der primitiv-rekursiven Funktionen ist eine echte Teilklasse der Klasse der total-rekursiven Funktion: $\mathcal{PR} \subset \mathcal{R}$. □

Mit diesem Satz und der Folgerung 9.1 erhalten wir

Folgerung 9.4. $\mathcal{PR} \subset \mathcal{R} \subset \mathcal{P}$ □

9.5   Die Ackermannfunktion

Wir kommen nun zum Beweis von Satz 9.11 und und geben eine total-berechenbare Funktion an, die nicht primitiv-rekursiv und damit auch nicht loop-berechenbar ist. Die Idee für diese Funktion stammt von Wilhelm Ackermann (siehe Kapitel 9.8). Er betrachtete eine Folge immer stärker wachsender Funktionen:

- $x + y$, was bedeutet, dass zu x y-mal der Nachfolger gebildet wird (siehe Beispiel 9.6 d); wir nennen dies eine Operation nullter Stufe;

- $x \cdot y$, was bedeutet, dass x y-mal aufaddiert wird (siehe Beispiel 9.6 e); dies nennen wir eine Operation erster Stufe;

- x^y, was bedeutet, dass x y-mal mit sich selbst multipliziert wird (siehe Beispiel 9.6 i), eine Operation zweiter Stufe

- ... – um diese Folge fortzusetzen müsste man neue („Hyper"-) Operatoren für die weiteren Stufen einführen.

Aus den referenzierten Beispielen ist offensichtlich, dass alle diese Funktionen – nicht nur die allgemein bekannten bis zur zweiten Stufe, sondern auch alle weiteren – höherer Stufe – für sich genommen primitiv-rekursiv sind, weil sie sich durch eine endliche Wiederholung, also durch primitive Rekursion bzw. durch eine Loop-Schleife berechnen lassen. Ackermann fasste sowohl die Stufen als auch die Anzahl der Wiederholungen in einer Funktion zusammen. Rózsa Péter gelang es, diese Funktion $ack : \mathbb{N}_0 \times \mathbb{N}_0 \to \mathbb{N}_0$ wie folgt zu beschreiben:

$$ack(x, y) = \begin{cases} y + 1, & \text{falls } x = 0 \\ ack(x - 1, 1), & \text{falls } x \geq 1,\ y = 0 \\ ack(x - 1, ack(x, y - 1)), & \text{falls } x, y \geq 1 \end{cases}$$

Diese Funktion heißt *Ackermannfunktion*. Die Ackermannfunktion ist eine ungeheuer stark wachsende Funktion. Es gilt z.B. für alle y (siehe auch Übung 9.14): $ack(1, y) = y + 2$, $ack(2, y) = 2y + 3$, $ack(3, y) = 2^{y+3} - 3$ sowie

$$ack(4, y) = 2^{2^{\cdot^{\cdot^{2}}}} - 3$$

Die Anzahl der Zweien in der letzten Gleichung ist $y + 3$. Es gilt z.B. $ack(4, 0) = 16 - 3 = 13$, $ack(4, 1) = 2^{16} - 3 = 65\,533$, $ack(4, 2) = 2^{2^{16}} - 3 = 2^{65\,536} - 3 > 10^{19\,660} = ?$. Dabei haben wir bei der Abschätzung $2^{65\,533} > 10^{19\,660}$ die Relation $2^{10} > 10^3$ benutzt.

Wir werden zeigen, dass die Ackermannfunktion stärker wächst als alle loop-berechenbaren, d.h. schneller als alle primitiv-rekursiven Funktionen. Dazu betrachten wir eine Variante der Ackermannfunktion, die wir ebenfalls mit ack bezeichnen, die einstellig ist: $ack : \mathbb{N}_0 \to \mathbb{N}_0$, und die wir mithilfe einer Folge einstelliger Funktionen $ack_i : \mathbb{N}_0 \to \mathbb{N}_0$, $i \geq 0$, definieren.

Zunächst zur Definition der Folge $ack_0, ack_1, ack_2, \ldots$: Diese wird rekursiv definiert durch

$$ack_0(x) = \begin{cases} 1, & \text{falls } x = 0 \\ 2, & \text{falls } x = 1 \\ x + 2, & \text{sonst} \end{cases}$$

Für $i \geq 0$ sei dann:

$$ack_{i+1}(x) = ack_i^x(1) = \underbrace{ack_i(ack_i(\ldots(ack_i(1)\ldots)))}_{x\text{-}mal}$$

Unsere Variante der Ackermannfunktion ist dann definiert durch:

$$ack(x) = ack_x(x)$$

Es gelten folgende Eigenschaften:

(1) Für jedes $i \geq 0$ ist ack_i primitiv-rekursiv, also eine loop-berechenbare Funktion (siehe auch Übung 9.13).

(2) Für alle $i, j, x, y \geq 0$ gilt: $ack_i(x) \leq ack_{i+j}(x + y)$.

(3) Für jedes $i \geq 0$ gibt es ein $x_0 \in \mathbb{N}_0$, so dass $ack_i(x + 1) \leq ack_{i+1}(x)$ ist für alle $x \geq x_0$.

(4) Für alle loop-berechenbaren Funktionen $f : \mathbb{N}_0 \to \mathbb{N}_0$ gibt es $i, x_0 \in \mathbb{N}_0$, so dass $f(x) \leq ack_i(x)$ für alle $x \geq x_0$ ist, d.h. zu jeder (einstelligen) loop-berechenbaren Funktion f gibt es eine Funktion ack_i, so dass f ab einer bestimmten Stelle x_0 nicht größer werden kann als ack_i (f ist durch ack_i nach oben beschränkt).

Beweis Wir beweisen diese Eigenschaft durch Induktion über den Aufbau der LOOP-Programme:

(i) Besteht ein LOOP-Programm P nur aus einer elementaren Anweisung, d.h. $P = x_k := x_j + c$ oder $P = x_k := x_j - c$, dann gilt:

$$\begin{aligned} f_P(x) &\leq x + c && (x_j \text{ kann höchstens } x \text{ enthalten}) \\ &\leq 2x && (\text{für } x \geq c) \\ &= ack_1(x) && (\text{siehe Übung 9.13 e}) \end{aligned}$$

Wähle also $i = 1$ und $x_0 = c$.

(ii) Besteht das LOOP-Programm P aus der Sequenz $P_1; P_2$, dann gibt es nach Induktionsvoraussetzung $i_1, i_2, x_{0_1}, x_{0_2} \in \mathbb{N}_0$, so dass gilt:

$$\begin{aligned} f_{P_1} &\leq ack_{i_1}(x) && \text{für alle } x \geq x_{0_1} && (9.14) \\ f_{P_2} &\leq ack_{i_2}(x) && \text{für alle } x \geq x_{0_2} && (9.15) \end{aligned}$$

Wir wählen $j = \max\{i_1, i_2\}$. Für $x \geq \max\{x_{0_1}, x_{0_2}\}$ gilt dann:

$$
\begin{aligned}
f_P(x) &\leq f_{P_2}(f_{P_1}(x)) \\
&\leq ack_{i_2}(f_{P_1}(x)) && \text{(wegen Voraussetzung(9.14))} \\
&\leq ack_{i_2}(ack_{i_2}(x)) && \text{(wegen Voraussetzung (9.15) und (2))} \\
&\leq ack_j(ack_j(x)) && \text{(wegen (2))} \\
&= ack_j(ack_{j-1}^x(1)) \\
&\leq ack_j(ack_j^x(1)) && \text{(wegen (2))} \\
&= ack_j^{x+1}(1) \\
&= ack_{j+1}(x+1) \\
&\leq ack_{j+2}(x) && \text{(wegen (3) für ein x_0' mit $x \geq x_0'$)}
\end{aligned}
$$

Wähle also $i = j + 2$ und $x_0 = \max\{x_{0_1}, x_{0_2}, x_0'\}$.

(iii) Besteht das LOOP-Programm P aus der **loop**-Anweisung

$$\textbf{loop } x_k \textbf{ do } P' \textbf{ end}$$

dann gibt es nach Induktionsvoraussetzung $i', x_0' \in \mathbb{N}_0$, so dass gilt

$$f_{P'}(x) \leq ack_{i'}(x) \text{ für } x \geq x_0'$$

und damit

$$
\begin{aligned}
f_P(x) &\leq f_{P'}^{\langle x_k \rangle}(x) \\
&\leq ack_{i'}^{\langle x_k \rangle}(x) \\
&= ack_{i'}^{\langle x_k \rangle - 1}(ack_{i'}(x)) \\
&= ack_{i'}^{\langle x_k \rangle - 1}(ack_{i'-1}^x(1)) \\
&\leq ack_{i'}^{\langle x_k \rangle - 1}(ack_{i'}^x(1)) && \text{(wegen (2))} \\
&= ack_{i'}^{\langle x_k \rangle - 1 + x}(1) \\
&= ack_{i'+1}(\langle x_k \rangle - 1 + x) \\
&\leq ack_{i'+1+\langle x_k \rangle - 1}(x) && \text{(wegen (3) für ein x_0'' mit $x \geq x_0''$)}
\end{aligned}
$$

Wähle $x_0 = \max\{x_0', x_0''\}$ und $i = i' + 1 + \langle x_k \rangle - 1 = i' + \langle x_k \rangle$.

Satz 9.12. Die (Variante der) Ackermannfunktion $ack : \mathbb{N}_0 \to \mathbb{N}_0$ definiert durch $ack(x) = ack_x(x)$ ist nicht loop-berechenbar.

Beweis Die Funktion ack ist offensichtlich while-berechenbar. ack ist aber nicht loop-berechenbar: Nach (4) kann man zu jeder loop-berechenbaren Funktion f eine Funktion ack_i angeben, die stärker wächst als f. ack wächst aber noch stärker als ack_i und damit stärker als alle loop-berechenbaren Funktionen.

Diese Überlegung wollen wir formalisieren. Dazu nehmen wir an, dass ack loop-berechenbar sei. Wir definieren die Funktion $g : \mathbb{N}_0 \to \mathbb{N}_0$ durch $g(x) = ack(x) + 1$. Da ack nach Annahme loop-berechenbar ist, ist sicherlich g auch loop-berechenbar. Es gilt:

- Nach (4) gibt es i und c, so dass $g(x) \leq ack_i(x)$ für alle $x \geq c$ ist, und

- nach (2) ist $ack_i(x) \leq ack_x(x) = ack(x)$ für $x \geq i$.

Daraus folgt

$$ack(x) + 1 = g(x) \leq ack_i(x) \leq ack_x(x) = ack(x), \text{ für alle } x \geq \max\{\, c, i \,\}$$

Aus unserer Annahme folgt also $ack(x) + 1 \leq ack(x)$ für fast alle x, was offensichtlich ein Widerspruch ist. Die Annahme, dass ack loop-berechenbar ist, muss also falsch sein. $\square$

Mit ack haben wir eine totale Funktion gefunden, die berechenbar, aber nicht loop-berechenbar ist. Die loop-berechenbaren und damit (siehe Satz 9.10) die primitiv-rekursiven Funktionen sind somit eine echte Teilklasse der Klasse $\mathcal{R}$ aller total-berechenbaren Funktionen, womit Satz 9.11 bewiesen ist.

9.6 Zusammenfassung

Turing-Berechenbarkeit formalisiert menschliches Rechnen mithilfe von Papier und Bleistift. Sie ist eine der ersten Ansätze, den Berechenbarkeitsbegriff formal, d.h. mathematisch zu präzisieren. Weitere, sehr unterschiedliche Ansätze, Berechenbarkeit zu definieren, haben sich als äquivalent zur Turing-Berechenbarkeit und damit äquivalent untereinander gezeigt. Das ist der Grund dafür, dass die Churchsche These, die besagt, dass diese formalen Berechenbarkeitsbegriffe mit unserem intuitiven Verständnis von Berechenbarkeit übereinstimmen, allgemein akzeptiert wird. Gängige Programmier-sprachen sind (Turing-) vollständig, d.h. ein mit ihrer Hilfe definierter Berechenbar-keitsbegriff ist ebenfalls äquivalent zu den anderen Berechenbarkeitsbegriffen.

Die Äquivalenz von While- und Goto-Berechenbarkeit hat eine bedeutende prak-tische Konsequenz: Vollständige Programmiersprachen benötigen *keine* Befehle für Sprünge: Alle berechenbaren Funktionen können ohne „goto" programmiert werden. Sequenz, Selektion und (zu while-Schleifen äquivalente) Wiederholung reichen aus, um alles Berechenbare zu programmieren. Dies ist die Basis der strukturierten Pro-grammierung, die zu Beginn der siebziger Jahre propagiert wurde, um die sogenannten „Spaghetti-Programme" zu vermeiden, in denen beliebige („wilde") Sprünge erlaubt waren (z.B. in FORTRAN VI), und die zu den strukturierten Programmiersprachen ge-führt hat (sogenannte „PASCAL-Familie": PASCAL, MODULA, C, FORTRAN 90 und andere).

Die Loop-Berechenbarkeit ist nicht vollständig, denn es gibt – sogar totale – Funk-tionen, wie die Ackermannfunktion, die berechenbar, aber nicht loop-berechenbar sind. Praktische Konsequenz dieser Tatsache ist, dass Programmiersprachen, die als einzige Kontrollstruktur für Wiederholungen eine der Loop-Schleife äquivalente Kontrollstruktur (und damit auch kein goto) besitzen, nicht vollständig sind.

Die Programmiersprache WHILE kann als Prototyp für (höhere) prozedurale (imperative) Programmiersprachen angesehen werden. Programme imperativer Sprachen legen mithilfe von Zuweisungen und Kontrollstrukturen fest, *wie* Datenwerte verändert werden sollen, um eine Funktion zu berechnen.

9.7 Universelle Turingmaschinen

Die Rechner, die wir alltäglich verwenden, ob Tablet, Laptop, PC oder Großrechner, werden als *Universalrechner* angenommen. Das soll heißen, dass diese Rechner, vorausgesetzt es steht die erforderliche Hard- und Softwareausstattung zur Verfügung, *alle* Programme ausführen können. Gehen wir von vollständigen Programmiersprachen aus, d.h. von solchen, die äquivalent zu den vorgestellten Berechenbarkeitsbegriffen sind, kann ein Universalrechner alle berechenbaren Funktionen berechnen.[4]

Als Berechenbarkeitsmodell für einzelne (berechenbare) Funktionen haben wir unter anderem das Turingmaschinen-Modell betrachtet. Allerdings sind Turingmaschinen in der bisher betrachteten Form stets für *eine* bestimmte Aufgabe oder Funktion *fest* entworfen, d.h. sie sind – im Unterschied zu realen Rechnern – *nicht* programmierbar, d.h. nicht durch Austausch des Programms für eine andere Aufgabenstellung nutzbar.

In diesem Abschnitt betrachten wir das Konzept der *universellen* Turingmaschine (vgl. die Bibliographischen Hinweise zu Kapitel 8), welches dieses Manko behebt. Eine universelle Turingmaschine UTM kann jede andere Turingmaschine T ausführen. Sie erhält als Eingabe das Programm δ_T von T sowie eine Eingabe w für T. Das Programm δ_{UTM} von UTM führt dann das Programm δ_T von T auf w aus. Eine UTM ist also *programmierbar*. Die universelle Turingmaschine ist somit ein theoretisches Konzept für die Existenz universeller Rechner, wie wir sie in der Praxis vorfinden. Ein universeller Rechner kann jedes Programm auf dessen Eingabe ausführen und damit jede berechenbare Funktion berechnen.

9.7.1 Codierung von Turingmaschinen

Damit man das Programm δ_T einer Turingmaschine T als Eingabewort auf das Band einer anderen Turingmaschine, im Folgenden auf das Band einer universellen Turingmaschine UTM, schreiben kann, muss man T in geeigneter Form codieren. Eine Turingmaschine $T = (\Sigma, S, \Gamma, \delta, s, \#, F)$ hat allgemein die Gestalt

$$T = (\{a_1, \ldots, a_m\}, \{s_1, \ldots, s_k\}, \{a_1, \ldots, a_m, A_1, \ldots, A_n\}, \delta, s, \#, F)$$

mit $m \geq 0$, $n \geq 1$, $k \geq 1$, $s \in \{s_1, \ldots, s_k\}$, $\# \in \{A_1, \ldots, A_n\}$ sowie $F \subseteq \{s_1, \ldots, s_k\}$.

---

[4]Reale Rechner sind – streng formal betrachtet – endliche Maschinen, denn ihnen steht nur ein endlicher Speicher zur Verfügung (siehe Abschnitt 9.4).

Es ist leicht einzusehen, dass man jede solche Turingmaschine T in eine äquivalente Maschine T' transformieren kann, die nur einen Endzustand hat:

$$T' = (\{a_1, \ldots, a_m\}, \{s_1, \ldots, s_k, s_f\}, \{a_1, \ldots, a_m, A_1, \ldots, A_n\}, \delta', s, \#, \{s_f\})$$

mit $s_f \notin \{s_1, \ldots, s_k\}$ sowie

$$\delta' = \delta \cup \{(s, a, s_f, a, -) \mid s \in F, a \in \{a_1, \ldots, a_m, A_1, \ldots, A_n\}\}$$

Des Weiteren kann man überlegen, dass man es – falls notwendig – durch entsprechendes Umnummerieren immer erreichen kann, dass $A_1 = \#$, $s = s_1$ und $s_f = s_2$ ist. Außerdem führen wir in Γ nicht mehr die Elemente von Σ auf. Man kann also jede Turingmaschine in eine äquivalente Turingmaschine T umwandeln, die folgende Gestalt hat:

$$T = (\{a_1, \ldots, a_m\}, \{s_1, \ldots, s_k\}, \{A_1, \ldots, A_n\}, \delta)$$

Startzustand s_1, Endzustand s_2 und Blanksymbol $A_1 = \#$ brauchen hierbei nicht mehr gesondert aufgeführt werden. Turingmaschinen dieser Gestalt nennen wir *normiert*.[5]

Diese normierte Darstellung erlaubt es, jedem Turingmaschinen-Symbol (Komma, Klammer, Blank, Symbole, Zustände, Bewegung usw.) eine Ziffer zuzuordnen. Ein Problem bei diesem Verfahren ist allerdings, dass die Anzahl von Symbolen und von Zuständen von Turingmaschine zu Turingmaschine variiert und somit auch die Anzahl der Ziffern, die zur Beschreibung einer Maschine benötigt werden. Dieses Problem kann gelöst werden, indem man die Symbole und Zustände sowie die Kopfbewegungen l, r und $-$ einer Strichcodierung („Bierdeckelnotation") τ unterzieht. Für $1 \leq i \leq m$, $1 \leq j \leq n$ sowie $1 \leq l \leq k$ setzen wir:

$$\tau(a_i) = a|^i$$
$$\tau(A_j) = A|^j$$
$$\tau(s_l) = |^l$$
$$\tau(l) = |$$
$$\tau(r) = ||$$
$$\tau(-) = |||$$

Und für eine Zustandsüberführung $\sigma = (s, a, s', b, m) \in \delta$ mit $m \in \{l, r, -\}$ setzen wir

$$\tau(\sigma) = \tau(s, a, s', b, m) = (\tau(s), \tau(a), \tau(s'), \tau(b), \tau(m))$$

sowie für $\delta = \{\sigma_1, \ldots, \sigma_t\}$

$$\tau(\delta) = \tau(\sigma_1) \ldots \tau(\sigma_t)$$

---

[5]Wenn klar ist, dass in der normierten Notation von Turingmaschinen die erste Menge die Terminale, die zweite die Nichtterminale und die dritte die Zustände darstellen, können die normierten Maschinen noch einfacher geschrieben werden: $T = (\{1, \ldots, m\}, \{1, \ldots, k\}, \{1, \ldots, n\}, \delta)$. Auch diese Darstellung lässt sich noch weiter verkürzen zu $T = (m, n, k, \delta)$.

Insgesamt ergibt sich für eine normierte Turingmaschine

$$T = (\{\, a_1, \ldots, a_m \,\}, \{\, s_1, \ldots, s_k \,\}, \{\, A_1, \ldots, A_n \,\}, \delta)$$

die Codierung

$$\tau(T) = (\tau(a_1), \ldots, \tau(a_m); \tau(s_1), \ldots, \tau(s_k); \tau(A_1), \ldots, \tau(A_n); \tau(\delta))$$

Turingmaschinen werden also mit τ als Wörter über dem Alphabet

$$\Omega = \{\, a, A, |, (,), \, , \, ,; \,\}$$

codiert.

Beispiel 9.8. Für die normierte Turingmaschine $T = (\{\, a, b \,\}, \{\, s_1, s_2 \,\}, \{\#\}, \delta)$ mit

$$\delta = \{\, (s_1, a, s_2, \#, -), \ (s_1, b, s_1, b, -) \,\}$$

bestimmen wir $\tau(T)$: Zunächst nennen wir die Symbole um: $a_1 = a$, $a_2 = b$, $A_1 = \#$. Damit ergibt sich:

$$\tau(T) = (a|, a||; |, ||; A|; (|, a|, ||, A|, |||)(|, a||, |, a||, ||||))$$

T testet, ob ein Wort $w \in \{\, a, b \,\}^*$ mit a beginnt. Falls ja, dann gibt T das leere Wort aus, falls nein, dann stoppt T nicht. □

Ein Eingabewort für die universelle Turingmaschine UTM besteht aus der Codierung $\tau(T)$ der auszuführenden Turingmaschine T und aus einem Eingabewort, auf dem T ausgeführt werden soll. Dies entspricht der Eingabe eines Programms P und von Daten D in einen (universellen) Rechner, der P auf D ausführen soll. Soll also UTM die Maschine T auf dem Eingabewort $w \in \Sigma^*$ ausführen, dann ist das Eingabewort für UTM das Wort $\tau(T)\, w$.

Das Programm δ_{UTM} von UTM arbeitet etwa wie folgt: UTM merkt sich den aktuellen Zustand von T und die Position des Schreib-/Lesekopfes von T durch entsprechende Zustände und Bandmarkierungen. UTM sucht dann für diese Konfiguration eine passende Anweisung von T und führt diese auf dem Arbeitswort aus. UTM stoppt, falls T stoppt, und UTM kommt in einen Endzustand, falls T seinen Endzustand erreicht.

Da eine universelle Turingmaschine UTM von $\tau(T)$ nur $\tau(\delta_T)$ benötigt, reicht es, wenn nur das codierte Programm $\tau(\delta_T)$ in UTM eingegeben wird. Wir bezeichnen im Folgenden $\tau(\delta_T)$ auch mit $\langle\, T \,\rangle$.

Der folgende Satz, das so genannte *utm*-Theorem (*utm* steht für *universal turing machine*), fasst die obigen Überlegungen zusammen. Die Gültigkeit des Satzes, den wir hier zunächst für Turingmaschinen und im nächsten Unterabschnitt für μ-rekursive Funktionen formulieren, ist eine der wichtigsten Grundlagen der Informatik.

Satz 9.13. (utm-Theorem) Es existiert eine universelle Turingmaschine UTM, so dass für alle Turingmaschinen T und alle Wörter $w \in \Sigma^*$ gilt

$$f_{UTM}(\langle\, T \,\rangle\, w) = f_T(w)$$

Die Existenz einer universellen Turingmaschine ist die Grundlage für die Existenz universeller Rechner. Eine universelle Turingmaschine kann jede andere Turingmaschine (auch sich selbst) auf deren Eingaben simulieren. Wir werden in den folgenden Abschnitten noch näher auf die Bedeutung des utm-Theorems eingehen. □

9.7.2 Nummerierung von Turingmaschinen

Wir gehen jetzt noch einen Schritt weiter und ordnen jedem Buchstaben in Ω durch eine Abbildung $\rho : \Omega \to \{1, \dots, 7\}$ eineindeutig eine Ziffer zu, etwa wie folgt: $\rho(a) = 1$, $\rho(A) = 2$, $\rho(|) = 3$, $\rho(() = 4$, $\rho()) = 5$, $\rho(,) = 6$, $\rho(;) = 7$. Die Nummer $\rho(x)$ eines Wortes $x = x_1 \dots x_r$, $x_i \in \Omega$, $1 \le i \le r$, $r \ge 1$, ergibt sich durch $\rho(x) = \rho(x_1) \dots \rho(x_r)$.

Mit den folgenden zwei Schritten kann man nun jeder normierten Turingmaschine T eine Nummer zuordnen:

1. Bestimme $\tau(T)$.

2. Bestimme $\rho(\tau(T))$.

Beispiel 9.9. Wir bestimmen zu der Codierung $\tau(T)$ der Turingmaschine T aus Beispiel 9.8 noch $\rho(\tau(T))$:

$$\rho(\tau(T)) = 41361337363372374361363362363335436133636133633355 \qquad □$$

Es ist natürlich nicht jede Zahl Nummer einer Turingmaschine, genauso wenig wie jedes beliebige Wort über Ω die Codierung einer Turingmaschine ist. Aber man kann, wenn man eine Zahl gegeben hat, feststellen, ob sie Nummer einer Turingmaschine ist. Ist eine Zahl Nummer einer Turingmaschine, lässt sich daraus die dadurch codierte Turingmaschine eindeutig rekonstruieren (siehe Übungen 9.14 und 9.15).

Beispiel 9.10. Aus der Nummer

$$\rho(\tau(T)) = 41373633723743613633613633543361363613633543623636 2363355$$

lässt sich „leicht" die Darstellung

$$\tau(T) = (a|; |, ||; A|; (|, a|, ||, a|, ||) (||, a|, |, a|, ||) (|, A|, |, A|, ||))$$

rekonstruieren, welche etwa die normierte Maschine $T = (\{a\}, \{s_1, s_2\}, \{\#\}, \delta)$ mit

$$\delta = \{(s_1, a, s_2, a, r), (s_2, a, s_1, a, r), (s_1, \#, s_1, \#, r)\}$$

repräsentiert. Bei Eingabe eines Wortes a^n, $n \ge 0$, gibt T das leere Wort aus, falls n ungerade ist. Ist n gerade, dann stoppt T nicht. □

Mit *Gödelisierung* oder *Gödelnummerierung* bezeichnet man eine effektive Codierung von Wörtern durch natürliche Zahlen. Im Allgemeinen ist für ein Alphabet $\mathcal{A}$ eine Gödelnummerierung gegeben durch eine Abbildung (*Gödelabbildung*)

$$g : \mathcal{A}^* \to \mathbb{N}_0$$

mit folgenden Eigenschaften:

(i) g ist injektiv, d.h. für $x_1, x_2 \in \mathcal{A}^*$ mit $x_1 \neq x_2$ ist $g(x_1) \neq g(x_2)$.

(ii) g ist berechenbar.

(iii) Die Funktion $\chi_g : \mathbb{N}_0 \rightarrow \{\, 0, 1 \,\}$ definiert durch

$$\chi_g(n) = \begin{cases} 1, & \text{falls ein } x \in \mathcal{A}^* \text{ existiert mit } g(x) = n \\ 0, & \text{sonst} \end{cases}$$

ist berechenbar.

(iv) g^{-1} ist berechenbar.

Es sei $\mathcal{T}$ die Menge aller (normierten) Turingmaschinen. Die oben ausführlich beschriebene Codierung $\rho \circ \tau : \mathcal{T} \rightarrow \mathbb{N}_0$ stellt eine Gödelisierung der Turingmaschinen dar.

Um allen Nummern eine Turingmaschine zuordnen zu können, benutzen wir die spezielle Turingmaschine $T_\omega = (\{a\}, \{s_1\}, \{\#\}, \delta)$ mit

$$\delta = \{\, (s_1, a, s_1, a, r),\ (s_1, \#, s_1, \#, r) \,\}$$

T_ω berechnet die nirgends definierte Funktion ω (siehe Beispiel 9.1 a).[6] Allen Zahlen $i \in \mathbb{N}_0$, denen durch $\rho \circ \tau$ keine Maschine zugeordnet ist, ordnen wir die Maschine T_ω zu.

Wir betrachten nun die so vervollständigte (berechenbare) Umkehrung von $\rho \circ \tau$: Die Abbildung $h : \mathbb{N}_0 \rightarrow \mathcal{T}$ definiert durch

$$h(i) = \begin{cases} T, & \text{falls } \rho(\tau(T)) = i \\ T_\omega, & \text{sonst} \end{cases} \tag{9.16}$$

stellt eine totale Abzählung von $\mathcal{T}$ dar. Falls $h(i) = T$ ist, nennen wir T auch die i-te Turingmaschine und kennzeichnen T mit dem Index i: $T_i = h(i)$. Wir können so die Elemente der Menge $\mathcal{T}$ aller Turingmaschinen entsprechend dieser Indizierung darstellen:

$$\mathcal{T} = \{\, T_0, T_1, T_2, \dots \,\}$$

Die Menge der Turingmaschinen ist also abzählbar, und damit ist auch die Klasse der durch diese Maschinen akzeptierten Sprachen, die Klasse der rekursiv aufzählbaren Sprachen, abzählbar. Damit erhalten wir nachträglich einen Beweis, dass die Klasse RE_Σ der Typ-0-Sprachen abzählbar ist (siehe Satz 8.4), denn zu jeder Typ-0-Grammatik existiert ein äquivalenter Turingautomat (siehe Satz 8.13). Ist die Menge der Turingautomaten abzählbar, dann ist auch die Menge der Typ-0-Grammatiken abzählbar und damit auch die Klasse der Typ-0-Sprachen, die gleich der Klasse RE_Σ ist.

---

[6]Es gilt $\rho(\tau(T_\omega)) = 41372373743613636136335436236362363355$.

Wir wollen jetzt den im Abschnitt 8.2.7 angekündigten Beweis führen, dass die Beziehung $TYP1_\Sigma \subset R_\Sigma$ gilt (siehe auch Abschnitt 8.1.3). Mit derselben Methode, mit der wir im Abschnitt 9.7.1 eine Codierung τ und auf deren Basis in diesem Abschnitt eine Nummerierung h von Turingmaschinen konstruiert haben, können wir eine Codierung τ bzw. eine Nummerierung h der Menge der Typ-0-Grammatiken (siehe Übung 9.16) und damit auch der Typ-1-Grammatiken vornehmen, indem wir beim Nummerieren der Typ-0-Grammatiken die nicht monotonen Grammatiken weglassen. Da es zu jeder Typ-1-Grammatik einen linear beschränkten Automaten und zu jedem linear beschränkten Automaten eine Typ-1-Grammatik gibt (siehe Sätze 8.11 und 8.12), bekommen wir letztendlich eine Nummerierung der linear beschränkten Automaten. Diese sei gegeben durch

$$\mathcal{LBA} = \{\langle T_0 \rangle, \langle T_1 \rangle, \langle T_2 \rangle, \ldots\}$$

Dabei sei $\tau(T) = \langle T_i \rangle$, falls $h(i) = T$ ist. Wir betrachten nun die Sprache

$$\mathcal{L} = \{\langle T \rangle \in \mathcal{LBA} \mid \langle T \rangle \in L(T)\}$$

d.h. $\mathcal{L}$ enthält die Codierung $\langle T \rangle$ eines linear beschränkten Automaten T, falls diese von T akzeptiert wird (falls T seine eigene Codierung akzeptiert), also ein Element der Sprache $L(T)$ ist. Wir zeigen nun, dass

(1) $\mathcal{L}$ eine entscheidbare Sprache ist, also zu R_Σ (für ein geeignetes Alphabet Σ) gehört,

(2) $\overline{\mathcal{L}}$, das Komplement von $\mathcal{L}$, ebenfalls entscheidbar ist,

(3) $\overline{\mathcal{L}} \notin LBA_\Sigma$ gilt, d.h. dass $\overline{\mathcal{L}}$ keine kontextsensitive Sprache ist,

womit die Behauptung $TYP1_\Sigma \subset R_\Sigma$ gezeigt ist, denn es gilt ja $TYP1_\Sigma = LBA_\Sigma$ (siehe Abschnitt 8.2.5).

Zu (1): Wir programmieren eine Turingmaschine $T_\mathcal{L}$ so, dass Sie zunächst ein Eingabewort w daraufhin überprüft, ob es die Codierung eines linear beschränkten Automaten T ist, d.h. ob $\tau(T) = w$ (bzw. $w = \langle T \rangle$) ist. Falls nein, dann wird w nicht akzeptiert. Falls ja, dann decodiert $T_\mathcal{L}$ das Wort w zum Automaten T und führt diesen auf w (also auf seine eigene Codierung) aus. Falls T das Wort akzeptiert, dann akzeptiert auch $T_\mathcal{L}$; falls T das Wort nicht akzeptiert, dann akzeptiert $T_\mathcal{L}$ auch nicht. Es ist einsichtig, dass $T_\mathcal{L}$ ein Entscheider für die Sprache $\mathcal{L}$ ist.

Zu (2): Wir verändern die Maschine $T_\mathcal{L}$ so zu einer Maschine $T_{\overline{\mathcal{L}}}$, dass sie ein Wort genau dann akzeptiert, wenn $T_\mathcal{L}$ es nicht akzeptiert. Es folgt unmittelbar, dass $T_{\overline{\mathcal{L}}}$ ein Entscheider von $\overline{\mathcal{L}}$ ist. $\overline{\mathcal{L}}$ gehört also zu R_Σ.

Zu (3): Wir nehmen an, es sei $\overline{\mathcal{L}} \in LBA_\Sigma$, d.h. es gäbe einen linear beschränkten Automaten T, d.h. ein $\langle T \rangle \in \mathcal{LBA}$, mit $\overline{\mathcal{L}} = L(T)$. Dann gilt

$$\begin{aligned}
\langle T \rangle \in \mathcal{L} \quad &\text{genau dann, wenn} \quad \langle T \rangle \in L(T) \\
&\text{genau dann, wenn} \quad \langle T \rangle \in \overline{\mathcal{L}} \\
&\text{genau dann, wenn} \quad \langle T \rangle \notin \mathcal{L}
\end{aligned}$$

was offensichtlich einen Widerspruch bedeutet. $\qquad\qquad\qquad\qquad\qquad\qquad\qquad\square$

9.7.3 Eine Standardnummerierung für $\mathcal{P}$

Mithilfe der in (9.16) definierten Abbildung h erhalten wir nun eine Abzählung $\varphi :$ $\mathbb{N}_0 \to \mathcal{P}$ der Menge $\mathcal{P}$ aller berechenbaren Funktionen, indem wir festlegen:

$$\varphi(i) = f \text{ genau dann, wenn } f_{h(i)} = f$$

d.h. wenn $\varphi(i) = f_{h(i)}$ ist. φ heißt *Standardnummerierung* von $\mathcal{P}$.

$\varphi(i)$ ist die Funktion $f \in \mathcal{P}$, die von der Turingmaschine $T = h(i)$ berechnet wird. Wir sprechen dabei von der i-ten berechenbaren Funktion sowie von der i-ten Turingmaschine. Im Folgenden schreiben wir in der Regel φ_i anstelle von $\varphi(i)$, um zu vermeiden, dass bei Anwendung der Funktion auf ein Argument j eine Reihung von Argumenten auftritt, d.h. wir schreiben $\varphi_i(j)$ anstelle von $\varphi(i)(j)$.

$\mathbb{N}_0$ enthält alle Programme als Nummern codiert: Jede Nummer $i \in \mathbb{N}_0$ stellt ein Programm dar, und jedes Programm wird durch (mindestens) eine Nummer repräsentiert. Durch die Abbildung $\varphi : \mathbb{N}_0 \to \mathcal{P}$ ist die Semantik dieser Programme festgelegt: φ_i ist die Funktion, die vom Programm i berechnet wird.

Wenn man im Allgemeinen eine *Programmiersprache* als Tripel

$$(PROG, \mathcal{F}, \sigma)$$

auffasst, wobei $PROG$ die Menge aller (syntaktisch korrekten) Programme (in einer Programmiersprache) ist, $\mathcal{F}$ eine Menge von Funktionen, und die totale Abbildung $\sigma : PROG \to \mathcal{F}$ die Semantik von $PROG$ bestimmt, die jedem Programm $P \in PROG$ als Bedeutung die Funktion $\sigma(P) \in \mathcal{F}$ zuordnet, dann haben wir durch die Standardnummerierung aller Turingmaschinen eine abstrakte Programmiersprache erhalten:

$$(\mathbb{N}_0, \mathcal{P}, \varphi)$$

Für unsere Standardnummerierung $(\mathbb{N}_0, \mathcal{P}, \varphi)$ der Turingmaschninen ist die *Standardkomplexität* $\Phi : \mathbb{N}_0 \to \mathbb{N}_0$ definiert durch: $\Phi(i)(x)$ ist die Anzahl der Konfigurationsübergänge, welche die i-te Turingmaschine auf der Eingabe x ausführt, wobei $x \in Def(\varphi_i)$ vorausgesetzt ist. Im Folgenden notieren wir $\Phi(i)$ analog zu φ als Φ_i.

Satz 9.14. Die Funktion $\gamma : \mathbb{N}_0^3 \to \mathbb{N}_0$ definiert durch

$$\gamma(i, x, t) = \begin{cases} 1 + \varphi_i(x), & \text{falls } \Phi_i(x) \le t \\ 0, & \text{sonst} \end{cases}$$

ist berechenbar.

Beweis Wegen des „technischen" Aufwandes geben wir keinen formalen Beweis an, sondern nur eine Beweisidee: Wir müssen eine Turingmaschine T_γ angeben, die die Funktion γ berechnet. T_γ erzeugt als Erstes aus i die Maschine $T_i = h(i)$ (siehe Übung 9.16). Dann führt T_γ die Maschine T_i auf x aus, zählt bei jeder Ausführung eines Befehls von T_i einen Zähler beginnend mit dem Wert 0 um 1 hoch und testet jedesmal, ob dieser Zähler den Wert t schon erreicht hat. Falls die Berechnung stoppt, bevor der Zähler größer als t geworden ist, addiert T_γ zu dem von T_i berechneten Wert $\varphi_i(x)$ eine 1 hinzu und gibt diese Summe aus. Falls der Zähler den Wert von t überschreitet, gibt T_γ eine 0 aus. Die Addition der 1 zu $\varphi_i(x)$ im ersten Fall ist nötig, damit für den Falls, dass $\varphi_i(x) = 0$ ist, nicht auch $\gamma(i, x, t) = 0$ ist, denn die Ausgabe 0 ist nur für den „sonst"-Fall vorgesehen.

T_γ ist eine Art universelle Turingmaschine, die andere Maschinen T_i auf Eingaben x ausführt, dabei eine Zeitschranke t beachtet und deshalb immer terminiert. Die Ausgabe zeigt an, ob T_i innerhalb der Schranke angehalten hätte und gibt gegebenenfalls die um 1 erhöhte Ausgabe aus. □

Satz 9.15. (Φ-Theorem) Sei Φ die Standardkomplexität von $(\mathbb{N}_0, \mathcal{P}, \varphi)$, dann gilt:

(1) $\Phi_i \in \mathcal{P}$ für alle $i \in \mathbb{N}_0$.

(2) $Def(\Phi_i) = Def(\varphi_i)$ für alle $i \in \mathbb{N}_0$.

(3) Die Funktion $\gamma' : \mathbb{N}_0^3 \to \mathbb{N}_0$ definiert durch

$$\gamma'(i, x, t) = \begin{cases} 1, & \text{falls } \Phi_i(x) \leq t \\ 0, & \text{sonst} \end{cases}$$

ist berechenbar.

Beweis (1) Es sei $\gamma : \mathbb{N}_0^3 \to \mathbb{N}_0$ die berechenbare Funktion aus Satz 9.14 und T_γ die diese Funktion berechnende Turingmaschine. Dann berechnet folgendes WHILE-Programm die Funktion Φ_i:

```
read(i, x);
    γ := f_{T_γ}(i, x, t);
    while γ = 0 do
        t := t + 1;
        γ = f_{T_γ}(i, x, t);
    endwhile;
write(t)
```

(2) $\Phi_i(x)$ existiert genau dann, wenn die Turingmaschine $h(i)$ bei Eingabe x anhält, und diese hält genau dann an, wenn $\varphi_i(x)$ definiert ist.

(3) Es gilt $\gamma'(i, x, t) = \min\{1, \gamma(i, x, t)\}$ und damit ist γ' berechenbar. □

Streng genommen haben wir die Standardnummerierung nur für $\mathcal{P}^{(1)}$ vorgenommen, d.h. für alle $i \in \mathbb{N}_0$ ist φ_i einstellig. Mithilfe der bijektiven, total berechenbaren Cantorschen Tupelfunktionen (siehe Beispiel 8.2 c und Übung 9.19) können mehrstellige Eingaben eineindeutig durch einstellige codiert werden. Wir können also zum einen jede k-stellige Eingabe $(x_1, \ldots, x_k)$ einstellig durch $\langle x_1, \ldots, x_k \rangle_k$ codieren. Somit brauchen wir die Standardnummerierung nicht auf $\mathcal{P}^{(k)}$ erweitern, sondern anstelle von $\varphi_i(x_1, \ldots, x_k)$ berechnen wir $\varphi_i(\langle x_1, \ldots, x_k \rangle_k)$. Insofern reicht es aus, die Standardnummerierung nur für einstellige Funktionen zu betrachten, und wir können je nach Bedarf „mehrstellig" oder „einstellig argumentieren".

Zum anderen kann jede Zahl $y \in \mathbb{N}_0$ als Codierung eines k-Tupels $(x_1, \dots, x_k)$ betrachtet werden (siehe Übung 9.19):

$$y = \left\langle \langle y \rangle_{k1}^{-1}, \langle y \rangle_{k2}^{-1}, \dots, \langle y \rangle_{kk}^{-1} \right\rangle_k$$

Aus schreibtechnischen Gründen vereinbaren wir, dass wir, falls die Stelligkeit aus dem Zusammenhang klar ist, $\langle x_1, \dots, x_k \rangle$ anstelle von $\langle x_1, \dots, x_k \rangle_k$ zu schreiben, sowie Klammern wegzulassen, also z.B. $\varphi_i \langle x_1, \dots, x_k \rangle$ anstelle $\varphi_i(\langle x_1, \dots, x_k \rangle)$ zu schreiben. Dementsprechend lassen wir bei den Mengen der k-stelligen berechenbaren Funktionen $\mathcal{P}^{(k)}$ sowie bei den total berechenbaren Funktionen $\mathcal{R}^{(k)}$ die Angabe der Stelligkeit k weg. Anstelle $f \in \mathcal{P}^{(k)}$ schreiben wir nur $f \in \mathcal{P}$ bzw. $f \in \mathcal{R}$ und notieren $f \langle x_1, \dots, x_k \rangle$ anstelle von $f(x_1, \dots, x_k)$.

9.7.4 Fundamentale Anforderungen an Programmiersprachen

Von einer Programmiersprache $(PROG, \mathcal{F}, \sigma)$ kann man folgende beiden elementare Eigenschaften fordern:

(U) Es sollte ein „universelles Programm" geben , welches alle Programme ausführen kann. Dieses Programm bekommt als Eingabe ein Programm $P \in PROG$ sowie eine Eingabe $x \in Def(\sigma(P))$ und berechnet dazu den Wert $\sigma(P)(x)$. Das universelle Programm implementiert quasi eine universelle Maschine.

(S) Die Sprache sollte „effektives Programmieren" ermöglichen, d.h. man sollte vorhandene Programme zu neuen zusammensetzen können, d.h. Programme können von anderen Programmen quasi als Eingabe verwendet werden. Es sollte also ein Programm *subst* existieren, welches Programme zu neuen Programmen „zusammenbindet". Ist z.B. $P \in PROG$ ein zweistelliges Programm, welches die Funktion $\sigma(P)(x, y)$ berechnet, dann sollte *subst* den Parameter x durch jedes Programm $P' \in PROG$ ersetzen, d.h. $P' = subst(P, x)$ leisten können, so dass $\sigma(P)(x, y) = \sigma(P')(y) = \sigma(subst(P, x))(y)$ ist. P' ist ein neues Programm, welches quasi P als „fest verdrahtetes" Teilprogramm enthält.

Wir werden im Folgenden unsere Standardprogrammiersprache $(\mathbb{N}_0, \mathcal{P}, \varphi)$ daraufhin untersuchen, ob sie diese beiden Eigenschaften erfüllt und anschließend auf die grundsätzliche Bedeutung dieser Eigenschaften für Programmiersprachen eingehen.

9.7.5 Das utm-Theorem

Da unsere Standardnummerierung $(\mathbb{N}_0, \mathcal{P}, \varphi)$ auf der Nummerierung von Turingmaschinen basiert, und es für diese eine universelle Maschine gibt (siehe Satz 9.13), gibt es in $(\mathbb{N}_0, \mathcal{P}, \varphi)$ ein universelles Programm, genauer: eine berechenbare universelle Funktion, welche alle anderen berechenbaren Funktionen berechnet.

Satz 9.16. (utm-Theorem für Standardnummerierung) Für die Standardnummerierung $(\mathbb{N}_0, \mathcal{P}, \varphi)$ ist die Funktion $u_\varphi : \mathbb{N}_0 \times \mathbb{N}_0 \to \mathbb{N}_0$ definiert durch

$$u_\varphi(i, x) = \varphi_i(x) \text{ für alle } i, x \in \mathbb{N}_0$$

berechenbar. □

u_φ heißt die *universelle Funktion* von $(\mathbb{N}_0, \mathcal{P}, \varphi)$: $u_\varphi(i, j)$ berechnet die i-te berechenbare Funktion für die Eingabe j (das j-te Wort – die Eingabewörter aus Σ^* sind abzählbar, siehe Beispiel 8.2 d). Eine Turingmaschine *UTM* mit $f_{UTM} = u_\varphi$ heißt *universelle Turingmaschine* (siehe Abschnitt 9.7.1). Sie kann als *Interpreter* der Programmiersprache $(\mathbb{N}_0, \mathcal{P}, \varphi)$ aufgefasst werden: *UTM* führt das i-te Turingprogramm auf die Eingabe j aus.

Damit erfüllt unsere Standardnummerierung also die Anforderung (U) aus Abschnitt 9.7.4.

Aus dem utm-Theorem folgt unmittelbar:

Folgerung 9.5. Es gilt $u_\varphi \in \mathcal{P}$, und somit gibt es ein $k \in \mathbb{N}_0$ mit $\varphi_k = u_\varphi$. □

Der folgende Satz besagt, dass es auch für die Berechnung der Komplexität ein universelles Programm gibt, d.h. ein Programm, welches für *alle* Programme die Komplexität berechnet.

Satz 9.17. Es sei Φ die Standardkomplexität zu $(\mathbb{N}_0, \mathcal{P}, \varphi)$, dann ist die Funktion $u_\Phi : \mathbb{N}_0 \times \mathbb{N}_0 \to \mathbb{N}_0$ definiert durch

$$u_\Phi(i, x) = \Phi_i(x) \text{ für alle } i, x \in \mathbb{N}_0$$

berechenbar.

Beweis Das Programm aus Satz 9.14 lässt sich leicht zu einem Programm modifizieren, welches $u_\Phi(i, x) = \min \{t \mid \gamma(i, x, t) \neq 0\}$ berechnet. □

9.7.6 Das smn-Theorem

Wir wissen, dass Turing-Programme komponiert werden können und die komponierten Programme wieder Turing-Programme sind. Mithilfe der Codierungen aus Abschnitt 9.7.2 lassen sich aus den Nummern von Turing-Programmen auch die Nummern der komponierten Programme bestimmen. Aufgrund dieser Überlegung kann der folgende Satz bewiesen werden.

Satz 9.18. Sei $(\mathbb{N}_0, \mathcal{P}, \varphi)$ die Standardnummerierung sowie $i, j \in \mathbb{N}_0$. Dann gibt es eine total berechenbare Funktion $comp : \mathbb{N}_0 \times \mathbb{N}_0 \to \mathbb{N}_0$ mit $\varphi_{comp(i,j)} = \varphi_i \circ \varphi_j$. *comp* berechnet aus den Nummern der Programme i und j die Nummer der Komposition dieser beiden Programme.

Beweis Mit der obigen einleitenden Bemerkung ergibt sich

$$comp(i, j) = \rho(\tau(h(i) \circ h(j))) \tag{9.17}$$

Seien $h(i) = T$ und $h(j) = T'$ die Turing-Programme mit den Nummern i bzw. j. Diese Programme werden komponiert, d.h. T wird auf T' angewendet: $T'' = T' \circ T$. Das resultierende Turing-Programm T'' wird codiert: $\rho(\tau(T''))$. Daraus ergibt sich (9.17) und damit die Behauptung. $\square$

Dieser Satz dient als eine Grundlage für den Beweis des folgenden Satzes, der aussagt, dass unsere Programmiersprache $(\mathbb{N}_0, \mathcal{P}, \varphi)$ auch die Anforderung (S) aus Abschnitt 9.7.4 erfüllt.

Satz 9.19. (smn-Theorem) Zur Standardnummerierung $(\mathbb{N}_0, \mathcal{P}, \varphi)$ existiert eine total berechenbare Funktion $s \in \mathcal{R}$, so dass für alle $i, x, y \in \mathbb{N}_0$

$$\varphi_i \langle x, y \rangle = \varphi_{s\langle i, x \rangle}(y) \tag{9.18}$$

gilt.

Beweis Die Cantorsche Paarungsfunktion $\langle\ \rangle$ ist berechenbar (siehe Übung 9.19). Damit muss es eine Nummer $k \in \mathbb{N}_0$ geben mit

$$\langle x, y \rangle = \varphi_k \langle x, y \rangle \tag{9.19}$$

Wir benutzen die folgenden Funktionen f und g:

$$f(y) = \langle 0, y \rangle \tag{9.20}$$
$$g\langle x, y \rangle = \langle x + 1, y \rangle \tag{9.21}$$

Diese sind offensichtlich berechenbar. Es gibt also Nummern $i_f, i_g \in \mathbb{N}_0$ mit

$$f = \varphi_{i_f} \tag{9.22}$$
$$g = \varphi_{i_g} \tag{9.23}$$

Des Weiteren definieren wir die Funktion η rekursiv mithilfe der berechenbaren Komposition $comp$ (siehe Satz 9.18) durch

$$\eta(0) = i_f \tag{9.24}$$
$$\eta(x + 1) = comp(i_g, \eta(x)), \quad \text{für alle } x \in \mathbb{N}_0 \tag{9.25}$$

Wir zeigen durch vollständige Induktion, dass

$$\varphi_{\eta(x)}(y) = \langle x, y \rangle \tag{9.26}$$

ist. Für $x = 0$ ist wegen (9.24), (9.22), (9.20) und (9.19)

$$\varphi_{\eta(0)}(y) = \varphi_{i_f}(y) = f(y) = \langle 0, y \rangle = \varphi_k \langle 0, y \rangle$$

womit der Induktionsanfang gezeigt ist. Im Induktionsschritt betrachten wir $\varphi_{\eta(x+1)}$. Mithilfe von (9.25), Satz 9.18, (9.23), der Induktionsvoraussetzung und (9.21) gilt

$$\varphi_{\eta(x+1)}(y) = \varphi_{comp(i_g, \eta(x))}(y) = \varphi_{i_g} \circ \varphi_{\eta(x)}(y) = g\langle x, y \rangle = \langle x + 1, y \rangle$$

womit der Induktionsschritt gezeigt ist. Damit haben wir insgesamt die Behauptung (9.26) bewiesen.

Aus (9.26) und (9.19) folgt

$$\varphi_{\eta(x)}(y) = \varphi_k \langle x, y \rangle \qquad (9.27)$$

Nun setzen wir

$$s \langle i, x \rangle = comp(i, \eta(x)) \qquad (9.28)$$

Es ist unmittelbar einsichtig, dass $s \in \mathcal{R}$ ist. Mit (9.28), Satz 9.18, (9.26) und (9.19) folgt

$$\varphi_{s\langle i,x \rangle}(y) = \varphi_{comp(i,\eta(x))}(y) = \varphi_i(\varphi_{\eta(x)}(y)) = \varphi_i(\varphi_k \langle x, y \rangle) = \varphi_i \langle x, y \rangle$$

womit die Behauptung (9.18) gezeigt ist. $\qquad \square$

Eine allgemeine Formulierung des smn-Theorems lautet:[7] Es existiert eine totale, berechenbare Funktion $s \in \mathcal{R}$, so dass

$$\varphi_i \langle x_1, \ldots, x_m, y_1, \ldots, y_n \rangle = \varphi_{s\langle i,x_1,\ldots,x_m \rangle} \langle y_1, \ldots, y_n \rangle \qquad (9.29)$$

für alle $i \in \mathbb{N}_0$ sowie für alle $(x_1, \ldots, x_m) \in \mathbb{N}_0^m$ und alle $(y_1, \ldots, y_n) \in \mathbb{N}_0^n$ gilt. Dies kann so interpretiert werden: Es gibt einen „Generator" s, der aus dem Programm i und den „Programmstücken" $x_1, \ldots, x_m$ ein neues Programm $s \langle i, x_1, \ldots, x_m \rangle$ erzeugt. Das entspricht der Einsetzung der Programme $x_1, \ldots, x_m$ in das Programm i.

Im Satz 9.19 wird die Variante des smn-Theorems für $m = 1$ und $n = 1$ formuliert. Wir wollen diese Variante s-1-1 nennen.

9.7.7 Anwendungen von utm- und smn-Theorem

Seien $f, g : \mathbb{N}_0 \to \mathbb{N}_0$ berechenbare Funktionen, dann ist auch $h : \mathbb{N}_0 \times \mathbb{N}_0 \to \mathbb{N}_0$ definiert durch $h(x, y) = f(x) + g(y)$ berechenbar. Es gibt also $i, j \in \mathbb{N}_0$ mit $f = \varphi_i$ und $g = \varphi_j$ mit

$$h(x, y) = \varphi_i(x) + \varphi_j(y) = u_\varphi(i, x) + u_\varphi(j, y)$$

Wir verallgemeinern h zu $h' : \mathbb{N}_0^4 \to \mathbb{N}_0$ definiert durch

$$h'(i, j, x, y) = u_\varphi(i, x) + u_\varphi(j, y)$$

d.h. h' ist berechenbar. Es gibt also ein $k \in \mathbb{N}_0$ mit $h' = \varphi_k$, d.h. mit

$$h'(i, j, x, y) = \varphi_k \langle i, j, x, y \rangle$$

---

[7]Aus dieser Formulierung erkennt man, woher die Bezeichnung *smn-Theorem* kommt.

Gemäß (9.29) gibt es eine totale, berechenbare Funktion $s \in \mathcal{R}$ mit

$$\varphi_k \langle i, j, x, y \rangle = \varphi_{s\langle k, i, j \rangle} \langle x, y \rangle$$

Es gibt also ein Programm s, welches aus dem Additionsprogramm k und den Programmen für irgendwelche Funktionen f und g das Programm $s \langle k, i, j \rangle$ generiert, welches $f(x) + g(y)$ für alle berechenbaren Funktionen f und g berechnet. Die Anforderung (S) (siehe Abschnitt 9.7.4) ist also für diesen Fall erfüllt: Es gibt ein Programm, nämlich $s \langle k, i, j \rangle$, welches die Summe der Ergebnisse der Programme von beliebigen Funktionen f und g berechnet.

Das smn-Theorem besagt also, dass die Anforderung (S) in dem Sinne erfüllt ist, dass Programme $x_1, \ldots, x_m$ zu neuen Programmen $s \langle i, x_1, \ldots, x_m \rangle$ verknüpft werden können, die die Ergebnisse von $x_1, \ldots, x_m$ angewendet auf $y_1, \ldots, y_n$ gemäß dem Programm i miteinander verknüpfen.

Eine wichtige Folgerung aus dem smn-Theorem ist das Übersetzungslemma.

Satz 9.20. (Übersetzungslemma) Sei $(\mathbb{N}_0, \mathcal{P}, \varphi)$ die Standardnummerierung und $(\mathbb{N}_0, \mathcal{P}, \psi)$ eine weitere Nummerierung, die das smn-Theorem erfüllt. Dann gibt es eine total berechenbare Funktion $t \in \mathcal{R}$ mit

$$\varphi_i(x) = \psi_{t(i)}(x) \text{ für alle } x \in \mathbb{N}_0$$

Beweis Da ψ alle Elemente von $\mathcal{P}$ nummeriert, wird auch u_φ, die universelle Funktion von φ, nummeriert, denn u_φ ist berechenbar (siehe Satz 9.16) und damit ein Element von $\mathcal{P}$. Es gibt also ein $k \in \mathbb{N}_0$ mit $\psi_k = u_\varphi$.[8]

Sei $s \in \mathcal{R}$ die gemäß Voraussetzung für ψ existierende s-1-1 Funktion. Wir setzen $t(i) = s \langle k, i \rangle$.[9] Dann ist $t \in \mathcal{R}$, und es gilt mit Satz 9.19

$$\psi_{t(i)}(x) = \psi_{s\langle k, i \rangle}(x) = \psi_k \langle i, x \rangle = u_\varphi(i, x) = \varphi_i(x)$$

was zu zeigen war.   □

Zwischen der Standardnummerierung $(\mathbb{N}_0, \mathcal{P}, \varphi)$ und der Nummerierung $(\mathbb{N}_0, \mathcal{P}, \psi)$ gibt es immer ein Übersetzerprogramm t, welches jedes Programm i von $(\mathbb{N}_0, \mathcal{P}, \varphi)$ in ein äquivalentes Programm $t(i)$ von $(\mathbb{N}_0, \mathcal{P}, \psi)$ transformiert, vorausgesetzt, die Nummerierung $(\mathbb{N}_0, \mathcal{P}, \psi)$ erfüllt das smn-Theorem.

Folgerung 9.6. Sei $f \in \mathcal{P}$. Dann gibt es eine Funktion $t \in \mathcal{R}$, so dass für alle $i, x \in \mathbb{N}_0$ gilt:

$$f \langle i, x \rangle = \varphi_{t(i)}(x)$$

Beweis Da $f \in \mathcal{P}$ ist, gibt es ein $k \in \mathbb{N}_0$ mit $f \langle i, x \rangle = \varphi_k \langle i, x \rangle$. Mit dem smn-Theorem folgt, dass es eine Funktion $s \in \mathcal{R}$ gibt mit $\varphi_k \langle i, x \rangle = \varphi_{s\langle k, i \rangle}(x)$. Wir setzen $t(i) = s \langle k, i \rangle$. Dann ist $t \in \mathcal{R}$ und

$$f \langle i, x \rangle = \varphi_k \langle i, x \rangle = \varphi_{s\langle k, i \rangle}(x) = \varphi_{t(i)}(x),$$

---

[8] Auch wenn $\psi_k = u_\varphi$ ist, muss ψ_k nicht notwendigerweise die universelle Funktion von ψ sein.

[9] Beachte: k ist als Nummer für u_φ fest.

womit die Behauptung gezeigt ist. □

Analog zur Verallgemeinerung des smn-Theorems kann die folgende Verallgemeinerung der obigen Folgerung gezeigt werden: Sei $f \in \mathcal{P}$, dann gibt eine total berechenbare Funktion $t \in \mathcal{R}$, so dass

$$f \langle i, x_1, \ldots, x_m, y_1, \ldots, y_n \rangle = \varphi_{t \langle i, x_1, \ldots, x_m \rangle} \langle y_1, \ldots, y_n \rangle \qquad (9.30)$$

gilt für alle $i \in \mathbb{N}_0$, $(x_1, \ldots, x_m) \in \mathbb{N}_0^m$ und $(y_1, \ldots, y_n) \in \mathbb{N}_0^n$.

Die folgenden Aussagen sind weitere interessante Folgerungen aus dem utm- und dem smn-Theorem. Der *Rekursionssatz* besagt, dass jede totale berechenbare Programmtransformation in $(\mathbb{N}_0, \mathcal{P}, \varphi)$ mindestens ein Programm in ein äquivalentes transformiert, und der *Selbstreproduktionssatz* besagt, dass es in $(\mathbb{N}_0, \mathcal{P}, \varphi)$ mindestens ein Programm gibt, das für jede Eingabe seinen eigenen Quelltext ausgibt.

Satz 9.21. (1. Rekursionssatz)[10] Zu jeder totalen, berechenbaren Funktion $f \in \mathcal{R}$ existiert eine Zahl $n \in \mathbb{N}_0$ mit $\varphi_{f(n)} = \varphi_n$.

Beweis $d : \mathbb{N}_0 \times \mathbb{N}_0 \to \mathbb{N}_0$ sei definiert durch $d(x, y) = u_\varphi(u_\varphi(x, x), y)$. Mithilfe des utm-Theorems gilt

$$d(x, y) = u_\varphi(u_\varphi(x, x), y) = u_\varphi(\varphi_x(x), y) = \varphi_{\varphi_x(x)}(y) \qquad (9.31)$$

d ist berechenbar. Gemäß Folgerung 9.6 gibt es ein $t \in \mathcal{R}$ mit

$$d(x, y) = \varphi_{t(x)}(y) \qquad (9.32)$$

f und t sind total berechenbar, also ist auch $f \circ t$ total berechenbar. Somit gibt es ein $m \in \mathbb{N}_0$ mit

$$\varphi_m = f \circ t \qquad (9.33)$$

und φ_m ist total. Des Weiteren setzen wir (für das feste m):

$$n = t(m) \qquad (9.34)$$

Es gilt mit (9.34), (9.32), (9.31) und (9.33)

$$\varphi_n(y) = \varphi_{t(m)}(y) = d(m, y) = \varphi_{\varphi_m(m)}(y) = \varphi_{f(t(m))}(y) = \varphi_{f(n)}(y)$$

womit die Behauptung gezeigt ist. □

Beispiel 9.11. Der Rekursionssatz gilt für alle total berechenbaren Funktionen. Also z.B. für die Funktionen $f(x) = x + 1$ und $g(x) = x^2$. Der Rekursionssatz besagt, dass ein $m \in \mathbb{N}_0$ existiert mit $\varphi_{m+1} = \varphi_m$ bzw. ein $n \in \mathbb{N}_0$ existiert mit $\varphi_{n^2} = \varphi_n$. □

Den Rekursionssatz kann man so interpretieren, dass jede total berechenbare Programmtransformation f mindestens ein Programm n in sich selbst transformiert (n also „reproduziert"). Das gilt z.B. auch für den Fall, dass f ein „Computervirus" ist, der alle Programme verändert. Der Rekursionssatz besagt, dass der Virus mindestens ein Programm unverändert lassen würde.

---

[10]Der Rekursionssatz ist auch als *Kleenescher Fixpunktsatz* bekannt.

Folgerung 9.7. Es existiert ein $n \in \mathbb{N}_0$ mit $\varphi_y(n) = \varphi_n(y)$ für alle $y \in \mathbb{N}_0$.

Beweis Wir definieren $f : \mathbb{N}_0 \times \mathbb{N}_0 \to \mathbb{N}_0$ durch $f(x, y) = \varphi_y(x) = u_\varphi(y, x)$. Es folgt, dass f berechenbar ist. Wegen Folgerung 9.6 existiert ein $t \in \mathcal{R}$ mit $f(x, y) = \varphi_{t(x)}(y)$, d.h. es ist $\varphi_{t(x)}(y) = \varphi_y(x)$. Laut dem Rekursionssatz 9.21 existiert zu t ein $n \in \mathbb{N}_0$ mit $\varphi_{t(n)} = \varphi_n$. Damit erhalten wir insgesamt, die Aussage, dass ein $n \in \mathbb{N}_0$ existiert mit $\varphi_n(y) = \varphi_{t(n)}(y) = \varphi_y(n)$ für alle $y \in \mathbb{N}_0$, womit die Behauptung gezeigt ist. $\qquad\qquad\square$

Eine weitere Folgerung aus dem Rekursionssatz ist der Selbstreproduktionssatz.

Satz 9.22. (Selbstreproduktionssatz) Es gibt eine Zahl $n \in \mathbb{N}_0$ mit $\varphi_n(x) = n$ für alle $x \in \mathbb{N}_0$.

Beweis Wir definieren $f : \mathbb{N}_0 \times \mathbb{N}_0 \to \mathbb{N}_0$ durch $f(i, x) = i$. f ist offensichtlich berechenbar. Mit Folgerung 9.6 gibt es somit eine total berechenbare Funktion $t \in \mathcal{R}$ mit $\varphi_{t(i)}(x) = f(i, x) = i$. Nach dem Rekursionssatz gibt es zu t ein $n \in \mathbb{N}_0$ mit $\varphi_n = \varphi_{t(n)}$. Insgesamt folgt $\varphi_n(x) = \varphi_{t(n)}(x) = f(n, x) = n$ für alle $x \in \mathbb{N}_0$, womit die Behauptung gezeigt ist. $\qquad\qquad\square$

Der Selbstreproduktionssatz besagt, dass es in einer Programmiersprache, welche den Anforderungen (U) und (S) aus Abschnitt 9.7.4 genügt, mindestens ein Programm n gibt, welches unabhängig von den Eingaben x sich selbst („seinen eigenen Quellcode") ausgibt.

Der folgende Satz ist die Grundlage für die rekursive Berechnung von Funktionen.

Satz 9.23. (2. Rekursionssatz) Sei $f \in \mathcal{P}$, dann existiert ein $n \in \mathbb{N}_0$ mit $\varphi_n(x) = f\langle n, x \rangle$ für alle $x \in \mathbb{N}_0$.

Beweis Gemäß Folgerung 9.6 existiert $t \in \mathcal{R}$ mit $f\langle i, x \rangle = \varphi_{t(i)}(x)$. Wegen Satz 9.21 existiert zu t ein $n \in \mathbb{N}_0$ mit $\varphi_{t(n)} = \varphi_n$. Insgesamt ergibt sich $f\langle n, x \rangle = \varphi_{t(n)}(x) = \varphi_n(x)$ für alle $x \in \mathbb{N}_0$. $\qquad\qquad\square$

Folgerung 9.8. Zu jedem $k \in \mathbb{N}_0$ existiert ein $n \in \mathbb{N}_0$ mit $\varphi_k\langle n, y \rangle = \varphi_n(y)$ für alle $y \in \mathbb{N}_0$.

Beweis Zu k existiert $f \in \mathcal{P}$ mit $\varphi_k = f$, d.h. mit $f\langle x, y \rangle = \varphi_k\langle x, y \rangle$. Gemäß dem 2. Rekursionssatz existiert zu f ein $n \in \mathbb{N}_0$ mit $\varphi_n(y) = f\langle n, y \rangle$. Insgesamt folgt $\varphi_k\langle n, y \rangle = f\langle n, y \rangle = \varphi_n(y)$ und damit die Behauptung. $\qquad\qquad\square$

Die Berechnung berechenbarer Funktionen kann also rekursiv unter Verwendung ihres eigenen Index erfolgen. Die Funktion

$$f\langle i, x \rangle = 1 - sign(x) + x \cdot u_\varphi(i, x - 1), \text{ für alle } i, x \in \mathbb{N}_0$$

ist offensichtlich berechenbar (sogar total berechenbar). Gemäß Satz 9.23 gibt es ein $n \in \mathbb{N}_0$ mit $f\langle n, x \rangle = \varphi_n(x)$. Es folgt

$$\varphi_n(x) = \begin{cases} 1, & x = 0 \\ x \cdot \varphi_n(x - 1), & x > 0 \end{cases}$$

φ_n ist also die Fakultätsfunktion. Als weiteres Beispiel betrachten wir die Funktion

$$a \langle i, x, y \rangle = (1 - sign(x)) \cdot (y + 1)$$
$$+ sign(x) \cdot (1 - sign(y)) \cdot u_\varphi(i, \langle x - 1, 1 \rangle)$$
$$+ sign(x) \cdot sign(y) \cdot u_\varphi(i, \langle x - 1, u_\varphi(i, \langle x, y - 1 \rangle))), \quad i, x, y \in \mathbb{N}_0$$

die ebenfalls (total) berechenbar ist. Gemäß Satz 9.23 gibt es ein $n \in \mathbb{N}_0$ mit

$$a \langle n, x, y \rangle = \varphi_n \langle x, y \rangle, \text{ für alle } x, y \in \mathbb{N}_0$$

Es gilt

$$\varphi_n \langle x, y \rangle = \begin{cases} y + 1, & x = 0, y > 0 \\ \varphi_n \langle x - 1, 1 \rangle, & x > 0, y = 0 \\ \varphi_n \langle x - 1, \varphi_n \langle x, y - 1 \rangle \rangle, & x > 0, y > 0 \end{cases}$$

und φ_n ist die Ackermannfunktion (siehe Kapitel 9.5).

9.7.8 Bedeutung von utm- und smn-Theorem

Im vorigen Abschnitt haben wir gesehen, dass die Tatsache, dass unsere Programmiersprache $(\mathbb{N}_0, \mathcal{P}, \varphi)$ das utm- und das smn-Theorem erfüllt, dazu führt, dass diese Sprache sowohl theoretisch als auch praktisch nützliche Eigenschaften besitzt. Das utm-Theorem und das smn-Theorem können als Präzisierungen der in Abschnitt 9.7.4 geforderten elementaren Eigenschaften (U) bzw. (S) für Programmiersprachen betrachtet werden. Dass diese Eigenschaften tatsächlich fundamental sind, besagt der folgende Satz: Jede andere Nummerierung $(\mathbb{N}_0, \mathcal{P}, \psi)$ ist äquivalent zur Standardnummerierung $(\mathbb{N}_0, \mathcal{P}, \varphi)$ genau dann, wenn sie ebenfalls das utm- und das smn-Theorem erfüllt.

Satz 9.24. (Äquivalenzsatz von Rogers) Es sei $\psi : \mathbb{N}_0 \to \mathcal{P}$ eine Nummerierung von $\mathcal{P}$, dann sind die beiden folgenden Aussagen äquivalent:

(1) Es gibt total berechenbare Funktionen $t_\varphi, t_\psi \in \mathcal{R}$ („Übersetzer" für φ bzw. ψ) mit $\varphi_i = \psi_{t_\varphi(i)}$ und $\psi_j = \varphi_{t_\psi(j)}$ (d.h. „φ und ψ sind äquivalent").

(2) ψ erfüllt das utm- und das smn-Theorem:

    (U) Die universelle Funktion $u_\psi : \mathbb{N}_0 \times \mathbb{N}_0 \to \mathbb{N}_0$ mit $u_\psi(i, x) = \psi_i(x)$ für alle $i, x \in \mathbb{N}_0$ ist berechenbar.

    (S) Es existiert eine total berechenbare Funktion $t \in \mathcal{R}$ mit $\psi_i \langle x, y \rangle = \psi_{t \langle i, x \rangle}(y)$ für alle $i, x, y \in \mathbb{N}_0$.

Beweis „(1) $\Rightarrow$ (2)": Es gilt:

$$u_\psi(i, x) = \psi_i(x) = \varphi_{t_\psi(i)}(x) = u_\varphi(t_\psi(i), x) \qquad (9.35)$$

Nach dem utm-Theorem für φ ist u_φ berechenbar, und nach Voraussetzung ist t_ψ berechenbar. Wegen der Gleichung (9.35) ist dann auch u_ψ berechenbar. Damit haben wir (2 U) gezeigt.

Da für φ das smn-Theorem gilt, gibt es gemäß Folgerung 9.6 für die berechenbare Funktion $u_\psi(i, \langle x, y \rangle)$ eine total berechenbare Funktion $s \in \mathcal{R}$ mit $u_\psi(i, \langle x, y \rangle) = \varphi_{s\langle i, x \rangle}(y)$. Es ist $\psi_i \langle x, y \rangle = u_\psi(i, \langle x, y \rangle)$ und nach Voraussetzung gilt $\varphi_z = \psi_{t_\varphi(z)}$. Somit gilt also insgesamt

$$\psi_i(x, y) = u_\psi(i, \langle x, y \rangle) = \varphi_{s\langle i, x \rangle}(y) = \psi_{t_\varphi(s\langle i, x \rangle)}(y)$$

Wir setzen $t \langle i, x \rangle = t_\varphi(s \langle i, x \rangle)$, also $t = t_\varphi \circ s$. Damit ist $t \in \mathcal{R}$, und (2 S) ist gezeigt.

„(2) $\Rightarrow$ (1)": u_ψ ist berechenbar, da für ψ das utm-Theorem erfüllt ist. Nach dem smn-Theorem für φ gibt es zu u_ψ ein $t_\psi \in \mathcal{R}$ mit $u_\psi(j, y) = \varphi_{t_\psi(j)}(y)$. Mit der Voraussetzung $u_\psi(j, y) = \psi_j(y)$ folgt $\psi_j(y) = \varphi_{t_\psi(j)}(y)$ und damit $\psi_j = \varphi_{t_\psi(j)}$. Mit analoger Argumentation leitet man $\varphi_i = \psi_{t_\varphi(i)}$ für ein $t_\varphi \in \mathcal{R}$ her. □

Der Satz von Rogers besagt, dass es bis auf gegenseitige Übersetzbarkeit nur eine einzige Programmiersprache, nämlich $(\mathbb{N}_0, \mathcal{P}, \varphi)$, gibt, die das utm- und das smn-Theorem erfüllt. $(\mathbb{N}_0, \mathcal{P}, \varphi)$ kann somit als „Referenz-Programmiersprache" gelten.

Auf Satz 9.19, der besagt, dass für eine Standardnummerierung die Komposition effektiv ist, basieren das smn-Theorem und damit alle Folgerungen daraus. Umgekehrt gilt, dass aus der Gültigkeit des smn-Theorems für eine Nummerierung folgt, dass in dieser Nummerierung die Komposition effektiv ist.

Satz 9.25. Es sei $\psi : \mathbb{N}_0 \to \mathcal{P}$ eine Nummerierung, die das utm-Theorem erfüllt, dann sind die beiden folgenden Aussagen äquivalent:

(1) Es gibt ein $t \in \mathcal{R}$ mit $\psi_{t\langle i,j \rangle} = \psi_i \circ \psi_j$ für alle $i, j \in \mathbb{N}_0$.

(2) ψ erfüllt das smn-Theorem.

Beweis „(1) $\Rightarrow$ (2)": Diese Richtung haben wir verfolgt: Mithilfe von Satz 9.18 wird das smn-Theorem (Satz 9.19) bewiesen.

„(2) $\Rightarrow$ (1)": Wir definieren $f : \mathbb{N}_0 \to \mathbb{N}_0$ mit $f \langle i, j, x \rangle = \psi_i \circ \psi_j(x) = \psi_i(\psi_j(x))$. Da ψ laut Voraussetzung das utm-theorem erfüllt, gilt $\psi_i(\psi_j(x)) = u_\psi(i, u_\psi(j, x))$ und damit $f \langle i, j, x \rangle = u_\psi(i, u_\psi(j, x))$, woraus $f \in \mathcal{P}$ folgt. Wir wenden die allgemeine Folgerung (9.30) des smn-Theorems an für $m = n = 1$: Zu $f \in \mathcal{P}$ existiert ein $t \in \mathcal{R}$ mit $f \langle i, j, x \rangle = \psi_{t\langle i,j \rangle}(x)$. Damit gibt es ein $t \in \mathcal{R}$ mit $\psi_{t\langle i,j \rangle} = \psi_i \circ \psi_j$ für alle $i, j \in \mathbb{N}_0$, was zu zeigen war. □

φ nummeriert alle Programme, sowohl totale als auch partielle. Nicht totale sind in der Praxis allerdings nicht erwünscht, da sie nicht für alle Eingaben terminieren müssen. Es stellt sich daher die Frage nach Nummerierungen $\psi : \mathbb{N}_0 \to \mathcal{R}$, die nur die totalen berechenbaren Funktionen nummerieren und – natürlich – das utm-Theorem erfüllen. Der folgende Satz beantwortet diese Frage negativ: Es gibt keine totale surjektive Funktion $\psi : \mathbb{N}_0 \to \mathcal{R}$ mit berechenbarer universeller Funktion.

Satz 9.26. Sei $\psi : \mathbb{N}_0 \to \mathcal{R}$ eine Nummerierung von $\mathcal{R}$, d.h. eine totale und surjektive Abbildung, und $u_\psi : \mathbb{N}_0 \times \mathbb{N}_0 \to \mathbb{N}_0$ mit $u_\psi(i, y) = \psi_i(y)$ eine universelle Funktion von $(\mathbb{N}_0, \mathcal{R}, \psi)$. Dann ist $u_\psi \notin \mathcal{R}$.

Beweis Wir nehmen an, dass $u_\psi \in \mathcal{R}$ ist. Wir definieren die Funktion $f : \mathbb{N}_0 \to \mathbb{N}_0$ durch: $f(x) = u_\psi(x, x) + 1$. Es folgt $f \in \mathcal{R}$, und, da ψ surjektiv ist, existiert ein k mit $\psi_k = f$, d.h. mit $\psi_k(x) = f(x) = u_\psi(x, x) + 1$ für alle $x \in \mathbb{N}_0$. Insbesondere gilt für $x = k$:

$$u_\psi(k, k) = \psi_k(k) = f(k) = u_\psi(k, k) + 1$$

was offensichtlich einen Widerspruch darstellt. Unsere Annahme $u_\psi \in \mathcal{R}$ ist also falsch, und die Behauptung ist richtig. $\qquad\Box$

Das Problem mit den nicht totalen Funktionen (mit den nicht terminierenden Programmen) könnte man lösen, wenn jede berechenbare Funktion $f \in \mathcal{P}$ zu einer totalen berechenbaren Funktion $f' \in \mathcal{R}$ mit $f'(x) = f(x)$ für alle $x \in Def(f)$ fortgesetzt werden könnte. Der folgende Satz besagt, dass auch dieses nicht möglich ist.

Satz 9.27. Die berechenbare Funktion $f \in \mathcal{P}$ definiert durch $f\langle i, x\rangle = u_\varphi(i, x)$ hat keine Fortsetzung in $\mathcal{R}$.

Beweis Es sei $f' \in \mathcal{R}$ eine Fortsetzung von f. Wir definieren eine Nummerierung $\psi : \mathbb{N}_0 \to \mathcal{P}$ durch $\psi_i(x) = f'\langle i, x\rangle$. Damit gilt, dass ψ eine totale, surjektive Nummerierung ist, und u' mit $u'(i, x) = f'\langle i, x\rangle$ wäre eine berechenbare universelle Funktion von ψ. Dies widerspricht Satz 9.26. $\qquad\Box$

Nach diesen negativen Ergebnissen zu Terminierungsfragen kann man noch die Frage untersuchen, ob es prinzipiell ein Testprogramm geben kann, welches andere Programme auf Terminierung prüft. Diese Frage wird im Abschnitt 10.5 negativ beantwortet, und „ein letzter Versuch", dass Terminierungsproblem in den Griff zu bekommen, indem die (totale) Funktion $\varphi : \mathbb{N}_0 \to \mathcal{P}$ auf die Menge $A \subseteq \mathbb{N}_0$ mit $\varphi(A) = \mathcal{R}$ eingeschränkt wird, scheitert ebenfalls. Auch hierauf gehen wir in Abschnitt 10.5 noch näher ein.

9.8 Bibliographische Hinweise

Klassische Einführungen in die Theorie der Berechenbarkeit finden sich z.B. bei Brainerd und Landweber (1974), Floyd und Beigel (1996), Hopcroft et al. (2013), Lewis und Papadimitriou (1998), Moret (1998), Rogers (1967) sowie bei Sipser (2006). Weitere Darstellungen geben Asteroth und Baier (2002), Calude und Hromkovic (1997), Hromkovic (2014), Kozen (1997), Pippenger (1997) oder Savage (1998). Unsere Darstellungen in den Abschnitten 9.1, 9.2, 9.4 und 9.5 sind an Schöning (2009) angelehnt, die in Abschnitt 9.7 an Weihrauch (1987) und Moret (1998). Der Beweis in Abschnitt 9.7.2 für die Behauptung, dass es entscheidbare Sprachen gibt, die nicht kontextsensitiv sind, entspricht dem in Erk und Priese (2009). Der an Turingschem Gedankengut insgesamt interessierte Leser sei auf Teuscher (2004) verwiesen. Des Weiteren gab es 2012 zum 100-jährigen Jubiläum von Turings Geburtstag eine Fülle von Veranstaltungen und Dokumenten, die man leicht durch Internet-Recherchen finden kann.

Die Vielfalt Turings originärer Ideen ist z.B. Gegenstand der Beiträge im *Informatik-Spektrum* 35 (4) 2012.

Neben den hier betrachteten formalen Maschinen als Grundlage von Berechenbarkeitsbegriffen werden in der Literatur auch „realitätsnähere" Modelle betrachtet, darunter die in Kapitel 4 betrachteten Schaltnetze und Schaltwerke, die Berechnungen auf Bitebene und durch Boolesche Gatter bzw. Schaltungen ausführen, sowie *Random-Access-Maschinen*, die realen Rechnern am Nächsten kommen. Man vergleiche zu Ersteren z.B. Oberschelp und Vossen (2006), zu Letzteren z.B. Savage (1998).

Eine interessante Frage wurde 2002 von Stephen Wolfram aufgeworfen: Er beschreibt in Wolfram (2002) eine universelle Turingmaschine, die mit 2 Zuständen und 5 Farben (Symbolen) auskommt; er bezeichnet diese als (2,5)-TM. Seine Frage lautete, ob es auch eine (2,3)-TM geben kann, also eine universelle Turingmaschine mit 2 Zuständen, die nur 3 Symbole (Farben) benutzt. Diese Frage wurde von Smith (2007) positiv beantwortet, der dafür einen mit $ 25.000 dotierten Preis gewann. Man vergleiche hierzu auch den Wikipedia-Eintrag unter

```
https://en.wikipedia.org/wiki/
Wolfram%27s_2-state_3-symbol_Turing_machine
```
.

Unter dem Stichwort „Accidentally Turing Complete" findet man eine Reihe von Links zu überraschenden und amüsanten Beschreibungen von Turing-vollständigen Programmiermögichkeiten; darunter Spiele und das Page fault handling des X86-Prozessors.

Neben Berechenbarkeit in dem in diesem Kapitel behandelten Sinne, die sich also in irgendeiner Form auf (reale oder weniger reale) Rechenmaschinen zurückführen lässt, die entweder rein mechanisch oder mit Transistoren und anderen elektronischen Bauteilen – jedenfalls im Prinzip – hergestellt werden können, interessiert man sich seit einiger Zeit auch für völlig andere Paradigmen als Grundlage einer Form von „Berechenbarkeit". Klassische Rechenautomaten basieren auf dem fundamentalen Prinzip, dass ein stabiler Zustand der Maschine eine Zahl (ein Bit, 0 oder 1) repräsentiert (natürlich in grosser Quantität). In der *Quantenmechanik* ist es möglich, Information durch so genannte *Quantenbits* darzustellen, die 0 und 1 *gleichzeitig* darstellen können; ein Quantenregister von 64 Quantenbits kann sogar 2^{64} Werte gleichzeitig darstellen. Die Verbindung von Quantenphysik und Informatik wird als *Quantum Computing* bezeichnet; sie hat sich zu einem interessanten Forschungsgebiet entwickelt. Einführungen findet man bei Hirvensalo (1998), Nielsen und Chuang (2010), Shor (1997) oder Steane und Rieffel (2000). Eine Einführung in Quantenalgorithmen findet man bei Lipton und Regan (2014) sowie bei Witt (2013).

Ein weiteres Feld, welches sich mit Fragen der – insbesondere parallelen – Berechenbarkeit beschäftigt, ist das so genannte *DNA Computing*; man vergleiche hierzu die bibliographischen Hinweise in Kapitel 12.

Die in diesem Kapitel beschriebene Berechnungsvollständigkeit (Turing-Vollständigkeit) von Programmiersprachen ist in Sprachen für spezielle Rechneranwendungen häufig nicht mehr gegeben. Ein prominentes Beispiel ist die Standard-Datenbanksprache SQL, mit welcher sich nicht alle Funktionen auf Datenbanken ausdrücken lassen, die man prinzipiell formulieren kann. Man vergleiche hierzu Vossen (2007).

In jüngerer Zeit ist Kritik daran aufgekommen, Turing-Berechenbarkeit als ausschließliche Grundlage für eine Berechenbarkeitstheorie zu nehmen, siehe z.B. Wegner (1997), Eberbach und Wegner (2003) sowie die Reaktion von Prasse und Rittgen (1998) darauf. Turing-Berechenbarkeit formalisiert ein „klassisches" Verständnis von Berechnung: Eine Eingabe aus dem Definitionsbereich wird von einem Algorithmus auf einer (abstrakten) Maschine in eine Ausgabe transformiert. Dabei ändert sich während der Ausführung weder die Eingabe noch der Algorithmus und die Maschine auch nicht. Heute in der Praxis übliche Berechnungen finden in aller Regel auf mit einander vernetzten Rechnersystemen statt. Dabei kommt es durchaus vor, dass sich während der Ausführung von Programmen Eingaben ändern (z.B. durch Interaktion mit Datenbanken oder Web-Seiten) oder dass sich das ausführende Programmsystem ändert (z.B. durch Einspielen neuer Releases im laufenden Betrieb) oder das sich die ausführenden mit einander kommunizierenden Maschinen ändern (z.B. durch neue Hardwarekomponenten oder durch weitere Rechnersysteme, die während des laufenden Betriebs in einem Rechner installiert bzw. in ein Netz eingebunden werden). Diesem Verständnis von Berechnungen liegt ein anderer Algorithmus-Begriff zugrunde als der klassische; in Goldin et al. (2006) wird auf diese Entwicklungen eingegangen.

9.9 Übungen

9.1 Geben Sie Turingmaschinen an, die die Funktionen aus Beispiel 9.1 auf Dualcodierungen berechnet.

9.2 Geben Sie ein TURING-Programm an, das die Multiplikation $mult : \mathbb{N}_0 \times \mathbb{N}_0 \to \mathbb{N}_0$ definiert durch $mult(m, n) = m \cdot n$ berechnet.

9.3 Geben Sie jeweils eine Grammatik (Typ2-, EBNF-Grammatik oder Syntaxdiagramm) an, die die Menge aller syntaktisch korrekten LOOP-, WHILE- bzw. GOTO-Programme erzeugt.

9.4 Geben Sie LOOP-Programme an, welche die folgenden Funktionen berechnen:

a) Multiplikation: $mult : \mathbb{N}_0 \times \mathbb{N}_0 \to \mathbb{N}_0$ definiert durch $mult(m, n) = m \cdot n$;

b) Exponentiation: $exp : \mathbb{N}_0 \times \mathbb{N}_0 \to \mathbb{N}_0$ definiert durch $exp(m, n) = m^n$;

c) Maximum: $\max : \mathbb{N}_0 \times \mathbb{N}_0 \to \mathbb{N}_0$ definiert durch

$$\max(x_1, x_2) = \begin{cases} x_1, & \text{falls } x_1 \geq x_2 \\ x_2, & \text{sonst} \end{cases}$$

d) Minimum: $\min : \mathbb{N}_0 \times \mathbb{N}_0 \to \mathbb{N}_0$ definiert durch

$$\min(x_1, x_2) = \begin{cases} x_1, & \text{falls } x_1 \leq x_2 \\ x_2, & \text{sonst} \end{cases}$$

e) Gleichheitstest: $= : \mathbb{N}_0 \times \mathbb{N}_0 \to \mathbb{N}_0$ definiert durch

$$= (x_1, x_2) = \begin{cases} 1, & \text{falls } x_1 = x_2 \\ 0, & \text{sonst} \end{cases}$$

f) Abstand: $|\ \ | : \mathbb{N}_0 \times \mathbb{N}_0 \to \mathbb{N}_0$ definiert durch

$$|x - y| = \begin{cases} x - y, & x \geq y \\ y - x, & x < y \end{cases}$$

9.5 Geben Sie eine Folge von LOOP-Anweisungen an, welche die Anweisung

$$\textbf{if } x_1 = x_2 \textbf{ then } A_1 \textbf{ else } A_2 \textbf{ endif}$$

simuliert.

9.6 Geben Sie ein LOOP-Programm an, das die Funktion ack_i (für ein festes i) berechnet.

9.7 Die **loop**-Anweisung ist in WHILE-Programmen im Prinzip überflüssig, denn sie kann durch WHILE-Anweisungen simuliert werden. Geben Sie eine zusammengesetzte WHILE-Anweisung an, die die Anweisung

$$\textbf{loop } x_i \textbf{ do } A \textbf{ end}$$

simuliert.

9.8 a) Geben Sie eine Folge von WHILE-Anweisungen an, die die Anweisung

$$\textbf{while } x_i > x_j \textbf{ do } A \textbf{ endwhile}$$

simuliert.

b) In Beispiel 9.5 haben wir eine **if**-Anweisung durch **loop**-Anweisungen simuliert. Geben sie eine Simulation der **if**-Anweisung durch **while**-Anweisungen an.

9.9 Zu zwei natürlichen Zahlen $x_1 \in \mathbb{N}_0$ und $x_2 \in \mathbb{N}$ gibt es eindeutig natürliche Zahlen $q, r \in \mathbb{N}_0$ mit $r < x_2$, so dass gilt: $x_1 = q \cdot x_2 + r$. q ist der ganzzahlige Quotient der Division von x_1 durch x_2, und r ist der Rest dieser Division. In gängigen Programmiersprachen gibt es Operatoren, die diese Größen berechnen. Sie werden in der Regel mit **div** und **mod** (für *modulo*) bezeichnet.

Sei $div : \mathbb{N}_0 \times \mathbb{N}_0 \to \mathbb{N}_0$ definiert durch

$$div(x_1, x_2) = \begin{cases} q, & \text{falls } x_2 \neq 0 \text{ und } r \in \mathbb{N}_0 \text{ existieren mit} \\ & \quad x_1 = q \cdot x_2 + r \text{ und } r < x_2 \\ \bot, & \text{sonst} \end{cases}$$

und $mod : \mathbb{N}_0 \times \mathbb{N}_0 \to \mathbb{N}_0$ sei definiert durch

$$mod(x_1, x_2) = \begin{cases} r, & \text{falls } x_2 \neq 0 \text{ und } q \in \mathbb{N}_0 \text{ existieren mit} \\ & x_1 = q \cdot x_2 + r \text{ und } r < x_2 \\ \bot, & \text{sonst} \end{cases}$$

a) Sind *div* und *mod* loop-berechenbar?

b) Sind *div* und *mod* while-berechenbar?

9.10 Geben Sie für die Funktion max und min aus Übung 9.4 primitiv-rekursive Funktionen an!

9.11 Geben Sie für die beiden Funktionen in Übung 9.9 μ-rekursive Funktionen an!

9.12 Geben Sie für die Funktion $\log : \mathbb{N}_0 \times \mathbb{N}_0 \to \mathbb{N}_0$ definiert durch

$$\log(m + 2, n + 1) = \min\{ k \mid (m + 2)^k \geq n + 1 \}$$

ein WHILE-Programm an!

9.13 a) Berechnen Sie $ack(1, 1)$, $ack(2, 1)$ sowie $ack(3, 1)$.

b) Beweisen, dass für alle $y \in \mathbb{N}_0$ gilt: $ack(1, y) = y + 2$, $ack(2, y) = 2y + 3$, $ack(3, y) = 2^{y+3} - 3$.

c) Zeigen Sie, dass für jede Zahl $c \in \mathbb{N}_0$ jede Funktion $back_c : \mathbb{N}_0 \to \mathbb{N}_0$ definiert durch $back_c(y) = ack(c, y)$ primitiv-rekursiv ist.

d) Berechnen Sie $ack(1)$, $ack(2)$ und $ack(3)$.

e) Beweisen Sie, dass für alle $x \in \mathbb{N}_0$ gilt: $ack_1(x) = 2x$ und $ack_2(x) = 2^x$.

9.14 Geben Sie einen Turingautomaten an, der alle Ziffernfolgen akzeptiert, die eine korrekte Nummer einer Turingmaschine darstellen.

9.15 Geben Sie eine Mealy-Maschine an, die alle Nummern, die korrekte Codierungen von Turingmaschinen darstellen, in die entsprechenden normierten Turingmaschinen zurück übersetzt.

9.16 Geben Sie analog zur Gödelisierung $\rho \circ \tau$ der Turingmaschinen eine Gödelisierung der Typ-0-Grammatiken an (siehe auch Satz 8.4).

9.17 Geben Sie ein WHILE- (PASCAL-, C-, JAVA-) Programm an, dass für jede Eingabe seinen eigenen Quelltext ausgibt (siehe Satz 9.22).

9.18 Zeigen Sie, dass für jedes $k \in \mathbb{N}$ die Cantor-Funktionen $\langle \ \rangle_k$ und ihre Umkehrungen $\langle \ \rangle_{ki}^{-1}$, $1 \leq i \leq k$, berechenbar sind (siehe Beispiel 8.2 c). Es ist $\langle y \rangle_{ki}^{-1} = x_i$ genau dann, wenn es $x_1, \ldots, x_{i-1}, x_{i+1}, \ldots, x_k \in \mathbb{N}_0$ gibt mit $\langle x_1, \ldots, x_k \rangle_k = y$.

9.19   Vervollständigen Sie den Beweis von Satz 9.8.

9.20   Zeigen Sie, dass es totale, berechenbare Funktionen t_1, t_2, t_3 gibt mit

   (1) $\varphi_{t_1(i)}(x) = \varphi_i(x) + 1$

   (2) $\varphi_{t_2(i,j)}(x) = \varphi_i(x) + \varphi_j(x)$

   (3) $\varphi_{t_3(i,j)}(x) = \varphi_i \circ \varphi_j(x)$

Kapitel 10

Entscheidbarkeit

Nachdem wir den Begriff *Berechenbarkeit* formal präzisiert und festgelegt haben, wann ein Problem berechenbar ist, und ein universelles Berechenbarkeitsmodell zur Verfügung steht, interessiert uns die Frage, ob es *nicht* berechenbare Probleme gibt. In diesem Kapitel zeigen wir zunächst die Existenz unentscheidbarer Probleme und geben dann konkrete unentscheidbare Probleme an, auch solche von praktischem Interesse bzw. hoher Aktualität. Für diese Betrachtungen werden wir die Begriffe entscheidbare (rekursive) und semi-entscheidbare (rekursiv-aufzählbare) Mengen einführen und benutzen.

10.1 Existenz unentscheidbarer Probleme

Wir haben in Kapitel 8 gezeigt, dass es über einem Alphabet Σ Sprachen gibt, die nicht durch eine Grammatik erzeugt werden können, indem wir – mithilfe eines Diagonalisierungsarguments – gezeigt haben, dass die Klasse *aller* Sprachen über einem Alphabet Σ überabzählbar ist, während die Menge aller Typ-0-Grammatiken abzählbar ist. Es gibt also Sprachen, die nicht mit Grammatiken erzeugbar und nicht von Turingautomaten akzeptierbar sind.

In analoger Weise zeigen wir nun, dass es überabzählbar viele Probleme gibt. Da es „nur" abzählbar viele Turingmaschinen gibt (siehe Abschnitt 9.7.2), muss es also nicht berechenbare Probleme geben. Damit haben wir die prinzipielle Existenz von nicht berechenbaren Problemen nachgewiesen.

Satz 10.1. Für $k \geq 1$ sei $TOP^{(k)} = \{ f : \mathbb{N}_0^k \to \mathbb{N}_0 \mid f \text{ total} \}$ die Menge aller total definierten k-stelligen Probleme über $\mathbb{N}_0^k$. Es gilt: Die Menge $TOP^{(k)}$ ist überabzählbar.

Beweis Wir nehmen an, dass $TOP^{(k)}$ abzählbar ist:

$$TOP^{(k)} = \{ f_0, f_1, f_2, \dots \}$$

Aus Beispiel 8.2 c) wissen wir, dass $\mathbb{N}_0^k$ abzählbar ist: $\mathbb{N}_0^k = \{\, x_0, x_1, x_2, \dots \,\}$. Wir definieren die Funktion $g : \mathbb{N}_0^k \to \mathbb{N}_0$ durch

$$g(x_i) = f_i(x_i) + 1 \tag{10.1}$$

Zur Berechnung von $g(x_i)$ bestimmen wir den Funktionswert der i-ten Funktion in der Abzählung von $TOP^{(k)}$ für das Argument x_i und addieren zum Ergebnis eine 1.

g ist eine totale Funktion über $\mathbb{N}_0^k$, d.h. es ist $g \in TOP^{(k)}$. Da $TOP^{(k)}$ abzählbar ist, muss g in der Abzählung von $TOP^{(k)}$ vorkommen, d.h. es muss eine Zahl r geben mit $g = f_r$. Es gilt also: $g(x) = f_r(x)$ für alle $x \in \mathbb{N}_0^k$. Für $x = x_r$ gilt somit einerseits $g(x_r) = f_r(x_r)$ aber andererseits gilt wegen der Definition (10.1) $g(x_r) = f_r(x_r)+1$. Da $f_r(x_r) \neq f_r(x_r) + 1$ ist, folgt $g(x_r) \neq g(x_r)$, was offensichtlich ein Widerspruch ist. Unsere Annahme, dass $TOP^{(k)}$ abzählbar ist, muss also falsch sein, $TOP^{(k)}$ ist somit überabzählbar. $\square$

Folgerung 10.1. Es existieren (überabzählbar viele) nicht berechenbare Probleme.

Beweis In Abschnitt 9.7.2 haben wir gezeigt, dass die Menge der Turingmaschinen und damit die Menge $\mathcal{P}$ der berechenbaren Funktionen abzählbar ist. Damit ist die Menge der berechenbaren Probleme abzählbar. Gemäß Satz 10.1 ist die Menge der total definierten Probleme überabzählbar und damit ist die Menge aller Probleme überabzählbar. Also gibt es (überabzählbar viele) Probleme, die nicht berechenbar sind. $\square$

Wir kommen nun von der Berechenbarkeit von Problemen zur Berechenbarkeit von Mengen und damit zu Sprachen zurück. Bei der Berechenbarkeit von Problemen geht es darum, ob zu einer Eingabe die korrekte Ausgabe berechnet werden kann. Bei der Berechenbarkeit von Mengen interessiert, dass berechnet werden kann, ob ein Objekt zu einer Menge gehört oder nicht. Bei Mengen spricht man allerdings nicht von Berechenbarkeit, sondern von *Entscheidbarkeit*: Es geht darum, dass algorithmisch entschieden werden kann, ob ein Objekt zu einer Menge gehört oder nicht (siehe Abschnitt 8.1.4: *Wortproblem*). Dabei wird das Entscheiden bzw. das Akzeptieren von Sprachen simuliert durch das Berechnen spezieller Funktionen.

Um zu zeigen, dass Mengen entscheidbar bzw. semi-entscheidbar oder dass Funktionen berechenbar sind, werden wir im Folgenden oft Algorithmen zu ihrer Berechnung angeben. Diese Algorithmen werden dabei nicht bis ins Letzte als TURING- oder WHILE-Programme formuliert sein, sondern enthalten auch, um sie lesbar und verständlich zu gestalten, informelle Anweisungen, wobei aber intuitiv klar sein wird, dass die angegebenen Algorithmen prinzipiell in einer vollständigen Programmiersprache geschrieben werden können, und damit die programmierte Funktion tatsächlich berechenbar ist.

10.2 Entscheidbare und semi-entscheidbare Sprachen

Definition 10.1. Sei Σ ein Alphabet. Eine Menge $L \subseteq \Sigma^*$ ist *entscheidbar*, falls die *charakteristische Funktion* von L

$$\chi_L : \Sigma^* \to \{\, 0, 1 \,\}$$

definiert durch

$$\chi_L(w) = \begin{cases} 1, & \text{falls } w \in L \\ 0, & \text{falls } w \notin L \end{cases}$$

berechenbar ist. L heißt *semi-entscheidbar*, falls die *semi-charakteristische Funktion* von L

$$\chi'_L : \Sigma^* \to \{0, 1\}$$

definiert durch

$$\chi'_L(w) = \begin{cases} 1, & \text{falls } w \in L \\ \bot, & \text{falls } w \notin L \end{cases}$$

berechenbar ist. $\qquad\qquad\qquad\qquad\qquad\qquad\qquad\qquad\qquad\qquad\qquad\qquad\quad\Box$

Einen Zusammenhang zwischen Entscheidbarkeit und Semi-Entscheidbarkeit liefert der folgende Satz.

Satz 10.2. $L \subseteq \Sigma^*$ ist genau dann entscheidbar, wenn sowohl L als auch $\overline{L} = \Sigma^* - L$ semi-entscheidbar sind.

Beweis „$\Rightarrow$“: Ist L entscheidbar, dann ist χ_L berechenbar. Wir definieren

$$\chi'_L(w) = \begin{cases} 1, & \text{falls } \chi_L(w) = 1 \\ \bot, & \text{falls } \chi_L(w) = 0 \end{cases}$$

sowie

$$\chi'_{\overline{L}}(w) = \begin{cases} 1, & \text{falls } \chi_L(w) = 0 \\ \bot, & \text{falls } \chi_L(w) = 1 \end{cases}$$

Beide Funktionen sind berechenbar (siehe Übung 10.2). Damit haben wir eine Richtung des Satzes gezeigt: Ist L entscheidbar, dann sind L und $\overline{L}$ semi-entscheidbar.

„$\Leftarrow$“: Wir zeigen nun die andere Richtung: Ist L semi-entscheidbar, dann gibt es ein Semi-Entscheidungsverfahren für L, z.B. eine Turingmaschine T_L, die χ'_L berechnet. Ebenso gibt es, da $\overline{L}$ semi-entscheidbar ist, ein Semi-Entscheidungsverfahren für $\overline{L}$, z.B. eine Turingmaschine $T_{\overline{L}}$, die $\chi'_{\overline{L}}$ berechnet. Mit diesen beiden Turingmaschinen können wir das folgende Entscheidungsverfahren, das die Funktion χ_L berechnet, realisieren:

> **read**(w);
> $k := 1; b := 1;$
> **while** $b \neq 0$ **do**
>   **if** T_L stoppt bei Eingabe w in k Schritten **then** $x := 1; b := 0$
>   **else if** $T_{\overline{L}}$ stoppt bei Eingabe w in k Schritten **then** $x := 0; b := 0$
>   **endif**;
> $k := k + 1$
> **endwhile**;
> **write**(x)

Die beiden **if**-Bedingungen sind berechenbar, wir können z.B. entsprechende Varianten der berechenbaren Funktionen γ aus Satz 9.14 verwenden. $\qquad\qquad\qquad\Box$

Folgerung 10.2. Sei Σ ein Alphabet. $L \subseteq \Sigma^*$ ist semi-entscheidbar genau dann, wenn eine berechenbare Funktion $g : \Sigma^* \to \mathbb{N}_0$ existiert mit $Def(g) = L$.

Beweis „$\Rightarrow$": Ist L semi-entscheidbar, dann ist χ'_L berechenbar, und es gilt offensichtlich $Def(g) = L$.

„$\Leftarrow$": Sei T_g eine Turingmaschine, die g berechnet, d.h. bei Eingabe von $w \in L$ eine Zahl $i \in \mathbb{N}_0$ ausgibt und bei Eingabe von $w \notin L$ nicht terminiert. Wir ändern diese Maschine so ab, dass sie bei Eingabe von $w \in L$ anstelle von $g(w) = i$ eine 1 ausgibt. Offensichtlich berechnet diese geänderte Turingmaschine χ'_L, d.h. L ist semi-entscheidbar. $\square$

Definition 10.2. Sei Σ ein Alphabet. Eine Sprache $L \subseteq \Sigma^*$ heißt *rekursiv-aufzählbar*, falls $L = \emptyset$ ist oder eine totale berechenbare Funktion $f : \mathbb{N}_0 \to \Sigma^*$ existiert mit $L = W(f)$. Mit RE_Σ bezeichnen wir die Klasse der rekursiv-aufzählbaren Sprachen über Σ. $\square$

Ist eine Sprache $L \neq \emptyset$ aufzählbar, können ihre Elemente mithilfe einer berechenbaren Funktion $f : \mathbb{N}_0 \to \Sigma^*$ aufgezählt werden: $L = \{ f(0), f(1), f(2), \dots \}$. Gilt $f(i) = w$, dann sagen wir „w hat die Nummer i" und schreiben w_i. Die Aufzählung von L mit f kann somit auch durch $L = \{ w_0, w_1, w_2, \dots \}$ notiert werden. Der folgende Satz besagt, dass genau die semi-entscheidbaren Sprachen rekursiv-aufzählbar sind.

Satz 10.3. Sei Σ ein Alphabet. Eine Sprache $L \subseteq \Sigma^*$ ist genau dann rekursiv-aufzählbar, wenn sie semi-entscheidbar ist.

Beweis Wir zeigen zunächst, dass aus der rekursiven Aufzählbarkeit von L ihre Semi-Entscheidbarkeit folgt. Ist L rekursiv-aufzählbar, dann gibt es eine total berechenbare Funktion $f : \mathbb{N}_0 \to \Sigma^*$, die L aufzählt: $L = \{ f(0), f(1), f(2), \dots \}$. Sei T eine Turingmaschine, die f berechnet, d.h. für die $f_T \equiv f$ gilt. Das folgende Entscheidungsverfahren prüft für ein Eingabewort w, ob ein $i \in \mathbb{N}_0$ existiert mit $f(i) = w$. Falls ja, stoppt der Algorithmus und gibt 1 aus; falls nein, stoppt das Verfahren nicht. Das Verfahren berechnet somit die Funktion χ'_L:

```
read(w);
i := 0
while f_T(i) ≠ w do
    i := i + 1
endwhile;
write(1)
```

Wir zeigen nun die andere Richtung des Satzes: Ist L semi-entscheidbar, dann ist L auch rekursiv-aufzählbar. Wir müssen also eine total berechenbare Funktion $f : \mathbb{N}_0 \to \Sigma^*$ angeben, für die gilt: Ist $w \in L$, dann gibt es ein i mit $f(i) = w$. Dabei betrachten wir die Wörter von Σ^* geordnet (z.B. längenlexikografisch); x_i sei das i-te Wort in dieser Anordnung. Des Weiteren benutzen wir die Tatsache, dass man z.B. mithilfe der Cantorschen Paarungsfunktion jede natürliche Zahl n durch zwei natürliche Zahlen i

und k codieren kann: $n = \langle i, k \rangle_2$ (siehe Beispiel 8.1 c). Sowohl die Funktion $\langle \ \rangle_2$ als auch ihre Umkehrfunktionen $\langle \ \rangle_{21}^{-1}$ und $\langle \ \rangle_{22}^{-1}$ definiert durch

$$\langle n \rangle_{21}^{-1} = i \text{ und } \langle n \rangle_{22}^{-1} = k \text{ genau dann, wenn } \langle i, k \rangle_2 = n$$

sind berechenbar (siehe Übung 9.18). Mit ihrer Hilfe berechnet das folgende Verfahren eine Aufzählung f von L. Dabei sei $L \neq \emptyset$ und v irgendein Wort aus L sowie T eine Turingmaschine, die χ_L' berechnet.

> **read**(n);
> $\quad i := \langle n \rangle_{21}^{-1}; \ \ k := \langle n \rangle_{22}^{-1}$
> $\quad$**if** T bei Eingabe von x_i in k Schritten stoppt und 1 ausgibt
> $\quad$**then** $w := x_i$
> $\quad$**else** $w := v$
> $\quad$**endif**;
> **write**(w)

Der Algorithmus muss Folgendes leisten, damit f total sowie $L = W(f)$ ist:

(1) Jedem $n \in \mathbb{N}_0$ muss ein $x \in L$ zugeordnet werden.

(2) Allen Wörtern $x \in L$ muss mindestens ein $n \in \mathbb{N}_0$ zugeordnet werden.

(3) Allen Wörten $x \notin L$ wird keine Nummer zugeordnet.

Zu (1): Zu $n \in \mathbb{N}_0$ existieren eineindeutig i und k mit $n = \langle i, k \rangle$. Ist $x_i \in L$ und stoppt T bei Eingabe x_i in k Schritten, dann wird n das Wort x_i zugeordnet. Ist $x_i \in L$ und T stoppt nicht in k Schritten, dann wir n das Wort v zugeordnet. Ist $x_i \notin L$, dann stoppt T für kein k und n wird v zugeordnet.

Zu (2): Ist $x \in L$, dann gibt es ein i mit $x = x_i$. Zu i existiert genau ein n und ein k mit $n = \langle i, k \rangle$, d.h. bei Eingabe n stoppt T in k Schritten. Zu $x \in L$ existiert also eine Nummer n.

Zu (3): Ist $x \notin L$ und $x = x_i$, dann gibt es kein k, so dass T bei Eingabe x_i in k Schritten anhält; x bekommt also keine Nummer zugewiesen. $\qquad\square$

Aus den obigen Ergebnissen und mit früheren Ergebnissen können wir folgenden Satz ableiten:

Satz 10.4. Sei Σ ein Alphabet und $L \subseteq \Sigma^*$. Folgende Aussagen sind äquivalent:

- L ist rekursiv-aufzählbar, d.h. $L = \emptyset$ oder L ist der Wertebereich einer total berechenbaren Funktion $f : \mathbb{N}_0 \to \Sigma^*$.

- L ist semi-entscheidbar, d.h. χ_L' ist berechenbar.

- L ist der Definitionsbereich einer berechenbaren Funktion $g : \Sigma^* \to \mathbb{N}_0$.

- Es gibt einen Turingautomaten T, der L akzeptiert: $L = L(T)$.

- Es gibt eine Typ-0-Grammatik G, die L erzeugt: $L = L(G)$.

Es gilt also $TYP0_\Sigma = RE_\Sigma$. (Wir hatten ja schon früher die Klasse der Typ 0-Sprachen auch rekursiv-aufzählbar genannt und mit RE_Σ bezeichnet.)   □

Nach Satz 10.2 und Satz 10.3 ist eine Sprache L entscheidbar, wenn L und $\overline{L}$ rekursiv-aufzählbar sind. Deshalb nennen wir entscheidbare Sprachen auch *rekursiv*. Die Klasse der rekursiven Sprachen über dem Alphabet Σ wird mit R_Σ notiert. Diese Klasse haben wir bereits in den Abschnitten 8.1.3, 8.2.7 und 9.7.2 betrachtet.

10.3 Reduktion von Sprachen

Wenn wir in den nächsten Abschnitten konkrete Probleme auf Berechenbarkeit bzw. konkrete Mengen auf Entscheidbarkeit untersuchen, kann es oftmals hilfreich sein, wenn man die Frage nach der Entscheidbarkeit einer Menge L' auf die Entscheidbarkeit einer anderen Menge L zurückführen kann, und zwar in folgendem Sinne: Ist die Entscheidbarkeit von L geklärt, lässt sich daraus die Entscheidbarkeit von L' beantworten.

Definition 10.3. Seien Σ_1 und Σ_2 zwei Alphabete. $L_1 \subseteq \Sigma_1^*$ heißt *reduzierbar* auf $L_2 \subseteq \Sigma_2^*$, falls es eine totale berechenbare Funktion $f : \Sigma_1^* \to \Sigma_2^*$ gibt mit

$$w \in L_1 \text{ genau dann, wenn } f(w) \in L_2 \text{ für alle } w \in \Sigma_1^*$$

Ist L_1 reduzierbar auf L_2 (mittels der totalen berechenbaren Funktion f), so schreiben wir $L_1 \leq L_2$ (oder $L_1 \leq_f L_2$, falls die Funktion, mit der die Reduktion vorgenommen wird, genannt werden soll).   □

Gilt $L_1 \leq L_2$, dann können wir die Entscheidbarkeit von L_1 auf L_2 (algorithmisch) transformieren: Ist L_2 entscheidbar, d.h. gibt es ein Entscheidungsverfahren für L_2, dann ist auch L_1 entscheidbar. Um zu entscheiden, ob $w \in L_1$ ist, berechnen wir $f(w)$ und wenden auf das Ergebnis das Entscheidungsverfahren für L_2 an. Ist $f(w) \in L_2$, dann ist $w \in L_1$; ist $f(w) \notin L_2$, dann ist $w \notin L_1$. Der folgende Satz fasst diese Überlegung zusammen.

Satz 10.5. Es seien $L_1 \subseteq \Sigma_1^*$ und $L_2 \subseteq \Sigma_2^*$. Ist $L_1 \leq L_2$ und ist L_2 entscheidbar oder semi-entscheidbar, dann ist auch L_1 entscheidbar bzw. semi-entscheidbar.

Beweis Wir führen den Beweis nur für den Fall der Entscheidbarkeit, der Beweis für den Fall der Semi-Entscheidbarkeit erfolgt analog.

Es sei also $L_1 \leq_f L_2$, $f : \Sigma_1^* \to \Sigma_2^*$ eine total berechenbare Funktion, und L_2 sei entscheidbar, d.h. χ_{L_2}, die charakteristische Funktion von L_2, ist berechenbar. Wir definieren die Funktion $g : \Sigma_1^* \to \{0,1\}$ durch $g(w) = \chi_{L_2}(f(w))$. Für diese gilt:

- g ist die charakteristische Funktion von L_1, denn es ist

$$g(w) = \chi_{L_2}(f(w)) = \left\{ \begin{array}{ll} 1, & f(w) \in L_2 \\ 0, & f(w) \notin L_2 \end{array} \right\} = \left\{ \begin{array}{ll} 1, & w \in L_1 \\ 0, & w \notin L_1 \end{array} \right\} = \chi_{L_1}(w)$$

- g ist berechenbar, denn f und χ_{L_2} sind berechenbar.

Mit der Reduktion f und der charakteristischen Funktion von L_2 können wir also eine berechenbare charakteristische Funktion $\chi_{L_1} = g$ für L_1 angeben. L_1 ist also entscheidbar. $\qquad\square$

Wir werden Satz 10.5 des Öfteren im „negativen Sinne" anwenden:

Folgerung 10.3. Es seien $L_1 \subseteq \Sigma_1^*$ und $L_2 \subseteq \Sigma_2^*$. Ist $L_1 \leq L_2$ und ist L_1 nicht entscheidbar oder nicht semi-entscheidbar, dann ist auch L_2 nicht entscheidbar bzw. nicht semi-entscheidbar. $\qquad\square$

10.4   Entscheidbare und semi-entscheidbare Mengen

Die Begriffe Entscheidbarkeit, Semi-Entscheidbarkeit, rekursive Aufzählbarkeit und Reduktion, die wir in den vorigen Abschnitten für Sprachen betrachtet haben, können analog auf Mengen $A \subseteq \mathbb{N}_0^k$, $k \geq 1$, übertragen werden. Die Menge A ist entscheidbar (rekursiv), falls ihre charakteristische Funktion $\chi_A : \mathbb{N}_0^k \to \{0, 1\}$ definiert durch

$$\chi_A(i) = \begin{cases} 1, & i \in A \\ 0, & i \notin A \end{cases}$$

berechenbar ist. A ist semi-entscheidbar, falls ihre semi-charakteristische Funktion $\chi_A' : \mathbb{N}_0^k \to \{0, 1\}$ definiert durch

$$\chi_A(i) = \begin{cases} 1, & i \in A \\ \bot, & i \notin A \end{cases}$$

berechenbar ist. A ist rekursiv-aufzählbar, falls $A = \emptyset$ ist oder eine total berechenbare Funktion $f : \mathbb{N}_0 \to \mathbb{N}_0^k$ existiert mit $W(f) = A$. Die Menge $A \subseteq \mathbb{N}_0^k$ ist reduzierbar auf die Menge $B \subseteq \mathbb{N}_0^k$ genau dann, wenn eine total berechenbare Funktion $f : \mathbb{N}_0^k \to \mathbb{N}_0$ existiert mit

$$i \in A \text{ genau dann, wenn } f(i) \in B \text{ für alle } i \in \mathbb{N}_0^k.$$

Alle Aussagen über diese Begriffe und deren Zusammenhänge bei Sprachen können auf Mengen übertragen werden (dabei betrachten wir aus schreibtechnischen Gründen – und mit der Cantorschen k-Tupelfunktion im Hinterkopf – nur den Fall $k = 1$):

Satz 10.6. Es seien $A, B \subseteq \mathbb{N}_0$. Dann gilt

a) A ist genau dann entscheidbar, wenn A und $\overline{A}$ semi-entscheidbar sind.

b) A ist rekursiv-aufzählbar genau dann, wenn A semi-entscheidbar ist.

c) A ist rekursiv-aufzählbar genau dann, wenn eine berechenbare Funktion $g : \mathbb{N}_0 \to \mathbb{N}_0$ existiert mit $Def(g) = A$.

d) Ist A endlich, dann ist A rekursiv.

e) Ist $A \leq B$ und ist B entscheidbar (semi-entscheidbar), dann ist auch A entschteidbar (semi-entscheidbar).

Beweis Die Beweise von **a)**, **b)** und **e)** erfolgen analog zu den entsprechenden Aussagen über Sprachen.

c) „$\Rightarrow$": Ist $A = \emptyset$, dann setze $g(i) = \perp$ für alle $i \in \mathbb{N}_0$. g ist berechenbar, und es ist $Def(g) = \emptyset$, also $Def(g) = A$.

Sei $A \neq \emptyset$ sowie $f : \mathbb{N}_0 \to \mathbb{N}_0$ total berechenbar mit Wertebereich A ($W(f) = A$). Die Funktion $g' : \mathbb{N}_0^2 \to \mathbb{N}_0$ definiert durch $g'(x, y) = f(y) - x$ ist berechenbar. Damit ist auch die Funktion $g = \mu[g']$ berechenbar, und $g(x)$ ist die kleinste Zahl y mit $f(y) = x$, wenn eine solche existiert. Es folgt $Def(g) = A$.

„$\Leftarrow$": Diese Richtung erfolgt analog zum zweiten Teil des Beweises von Satz 10.3. Es sei $A \neq \emptyset$ und j irgendein Element aus A sowie T eine Turingmaschine, die g berechnet.

> **read**(n);
> $\quad i := \langle n \rangle_{21}^{-1}; \quad k := \langle n \rangle_{22}^{-1}$
> $\quad$ **if** T bei Eingabe von i in k Schritten stoppt
> $\quad$ **then** $x := i$
> $\quad$ **else** $x := j$
> $\quad$ **endif**;
> **write**(x)

d) Wir setzen $\chi_A(x) = 1 - sign\left(\prod_{a \in A} |x - a|\right)$. Diese Funktion ist eine charakteristische Funktion für A und berechenbar. $\square$

10.5   Unentscheidbare Mengen

In Abschnitt 10.1 (siehe Folgerung 10.1) haben wir gezeigt, dass es prinzipiell Probleme geben muss, die nicht berechenbar sind. In diesem Kapitel werden wir konkrete nicht berechenbare Probleme angeben. Dabei werden wir diese Probleme als Entscheidbarkeitsprobleme für Mengen formulieren und zeigen, dass diese Mengen nicht entscheidbar sind. Grundlage dafür ist nach wie vor unsere Standard-Programmiersprache $(\mathbb{N}_0, \mathcal{P}, \varphi)$.

10.5.1   Das Halteproblem

Wir betrachten zunächst ein spezielles Halteproblem, auch *Selbstanwendbarkeitsproblem* genannt, und formulieren es mithilfe der folgenden Menge:

$$K = \{ i \mid i \in Def(\varphi_i) \}$$

K enthält alle Nummern von Turingmaschinen, die, angewendet auf sich selbst, anhalten.

Satz 10.7. a) K ist rekursiv-aufzählbar.

b) K ist nicht entscheidbar.

Beweis a) Wir definieren $f : \mathbb{N}_0 \to \mathbb{N}_0$ durch $f(i) = u_\varphi(i, i)$. Dann gilt: f ist berechenbar sowie

$$i \in K \text{ genau dann, wenn } i \in Def(\varphi_i)$$
$$\text{genau dann, wenn } (i, i) \in Def(u_\varphi)$$
$$\text{genau dann, wenn } i \in Def(f)$$

Es ist also $K = Def(f)$. Mit Satz 10.6 c) folgt, dass K rekursiv aufzählbar ist.

b) Wir nehmen an, K sei entscheidbar. Dann ist χ_K berechenbar. Wir definieren die Funktion $g : \mathbb{N}_0 \to \mathbb{N}_0$ durch

$$g(x) = \begin{cases} u_\varphi(x, x) + 1, & \text{falls } \chi_K(x) = 1 \\ 0, & \text{falls } \chi_K(x) = 0 \end{cases} \tag{10.2}$$

g ist total berechenbar, denn, wenn $\chi_K(x) = 1$ ist, ist $x \in K$, damit $x \in Def(\varphi_x)$, und damit ist $u_\varphi(x, x) + 1 = \varphi_x(x) + 1$ definiert.

Da g berechenbar ist, gibt es ein p mit $g = \varphi_p$, d.h. es ist

$$g(x) = \varphi_p(x) \text{ für alle } x \in \mathbb{N}_0 \tag{10.3}$$

Wir berechnen nun $g(p)$. Als Ergebnis gibt es zwei Möglichkeiten: (1) $g(p) = 0$ oder (2) $g(p) = u_\varphi(p, p) + 1$.

Zu (1): Es gilt:

$$g(p) = 0 \text{ genau dann, wenn } \chi_K(p) = 0$$
$$\text{genau dann, wenn } p \notin K$$
$$\text{genau dann, wenn } p \notin Def(\varphi_p)$$
$$\text{genau dann, wenn } p \notin Def(g)$$
$$\text{genau dann, wenn } g(p) = \bot$$

Damit haben wir die widersprüchliche Aussage

$$g(p) = 0 \text{ genau dann, wenn } g(p) = \bot$$

hergeleitet, d.h. der Fall $g(p) = 0$ kann nicht auftreten.

Zu (2): Mit (10.2) und (10.3) erhalten wir

$$g(p) = u_\varphi(p, p) + 1 = \varphi_p(p) + 1 = g(p) + 1$$

und damit den Widerspruch $g(p) = g(p) + 1$.

Die Anwendung von g auf p, d.h. von g auf sich selbst, führt also in jedem Fall zum Widerspruch. Unsere Annahme, dass K entscheidbar und damit χ_K berechenbar ist, muss also falsch sein, womit die Behauptung gezeigt ist. □

Möglicherweise erscheint das Selbstanwendbarkeitsproblem auf den ersten Blick als ein künstliches Problem. Hinsichtlich Programmen, die man auf sich selbst anwenden kann, denke man z.B. an ein Programm, das die Anzahl der Buchstaben in einer Zeichenkette zählt. Es kann durchaus Sinn machen, das Programm auf sich selbst anzuwenden, um festzustellen, wie lang es ist.

Die Menge

$$H = \{\langle i,j \rangle \mid j \in Def(i)\} \tag{10.4}$$

beschreibt das (allgemeine) *Halteproblem*. Sie enthält alle Paare von Programmen i und Eingaben j, so dass i angewendet auf j ein Ergebnis liefert, d.h. insbesondere, dass i bei Eingabe j anhält. K ist eine Teilmenge von H,[1] und damit ist intuitiv klar, was wir im Folgenden noch mithilfe einer Reduktion zeigen werden, dass auch H nicht entscheidbar sein kann.

Satz 10.8. **a)** H ist rekursiv-aufzählbar.

b) H ist nicht entscheidbar.

Beweis **a)** Wir definieren $f : \mathbb{N}_0 \times \mathbb{N}_0 \to \mathbb{N}_0$ durch $f \langle i,j \rangle = u_\varphi(i,j)$. Dann gilt: f ist berechenbar sowie

$$\langle i,j \rangle \in H \text{ genau dann, wenn } j \in Def(\varphi_i)$$
$$\text{genau dann, wenn } (i,j) \in Def(u_\varphi)$$
$$\text{genau dann, wenn } \langle i,j \rangle \in Def(f)$$

Es ist also $H = Def(f)$. Mit Satz 10.6 c) folgt, dass H rekursiv aufzählbar ist.

b) Wir definieren $g : \mathbb{N}_0 \to \mathbb{N}_0$ durch $g(i) = \langle i,i \rangle$. g ist offensichtlich total berechenbar, und es gilt: $i \in K$ genau dann, wenn $\langle i,i \rangle \in H$ genau dann, wenn $g(i) \in H$. Damit ist $K \leq_g H$ gezeigt, und, da K nicht entscheidbar ist, ist wegen Satz 10.6 e) H ebenfalls nicht entscheidbar. □

Aus Satz 10.6 a) und den Sätzen 10.7 und 10.8 folgt unmittelbar:

Satz 10.9. Die Komplemente von K und H

$$\overline{K} = \{i \mid i \notin Def(\varphi_i)\}$$
$$\overline{H} = \{\langle i,j \rangle \mid j \notin Def(\varphi_i)\}$$

sind nicht rekursiv-aufzählbar. □

---

[1]Damit das mathematisch präzise ausgedrückt werden kann, müsste K wie folgt notiert werden: $K = \{\langle i,i \rangle \mid i \in Def(i)\}$.

Das Halteproblem ist mindestens so „schwierig" wie jedes andere rekursiv-aufzählbare Problem, denn alle rekursiv-aufzählbaren Probleme lassen sich auf das Halteproblem reduzieren. Andererseits lassen sich entscheidbare Probleme auf alle anderen (nicht trivialen) Probleme reduzieren.

Folgerung 10.4. a) Für jede rekursiv-aufzählbare Menge $A \subseteq \mathbb{N}_0$ gilt: $A \leq H$.

b) Für jede entscheidbare Menge $A \subseteq \mathbb{N}_0$ und jede Menge $B \subseteq \mathbb{N}_0$ mit $B \neq \emptyset$ und $B \neq \mathbb{N}_0$ gilt: $A \leq B$.

Beweis a) A ist rekursiv-aufzählbar, also semi-entscheidbar, d.h. χ'_A ist berechenbar. Es gibt also ein $i \in \mathbb{N}_0$ mit $\chi'_A = \varphi_i$. Mithilfe dieses fest gegebenen i definieren wir $f : \mathbb{N}_0 \rightarrow \mathbb{N}_0$ durch $f(j) = \langle i, j \rangle$. f ist total berechenbar, und es gilt: $j \in A$ genau dann, wenn $\chi'_A(j) = 1$ genau dann, wenn $\varphi_i(j) = 1$ genau dann, wenn $j \in Def(\varphi_i)$ genau dann, wenn $\langle i, j \rangle \in H$ genau dann, wenn $f(i) \in H$. Damit ist die Behauptung $A \leq_f H$ gezeigt.

b) Da $B \neq \emptyset$, gibt es mindestens ein $i \in B$, und da $B \neq \mathbb{N}_0$, gibt es mindestens ein $j \notin B$. Mit diesen beiden Elementen definieren wir die Funktion $f : \mathbb{N}_0 \rightarrow \mathbb{N}_0$ durch

$$f(x) = \begin{cases} i, & \chi_A(x) = 1 \\ j, & \chi_A(x) = 0 \end{cases}$$

Da A entscheidbar ist, ist χ_A und damit f total berechenbar. Außerdem gilt: $x \in A$ genau dann, wenn $f(x) \in B$. Damit gilt $A \leq_f B$, was zu zeigen ist. $\square$

In einem letzten Versuch, dass Terminierungsproblem in den Griff zu bekommen (siehe Abschnitt 9.7.8), wollen wir die (totale) Funktion $\varphi : \mathbb{N}_0 \rightarrow \mathcal{P}$ auf die Menge $A \subseteq \mathbb{N}_0$ mit $\varphi(A) = \mathcal{R}$ einschränken. Doch eine solche Menge A ist nicht rekursiv-aufzählbar und damit nicht rekursiv, d.h. man kann die Programme $i \in A$ nicht der Reihe nach auflisten bzw. man kann nicht entscheiden, ob eine Zahl i ein Programm aus A ist oder nicht. Damit ist A als Programmiersprache ungeeignet.

Wir nehmen an, A sei rekursiv aufzählbar. Da $\mathcal{R} \neq \emptyset$ gilt, ist $A \neq \emptyset$. Dann gibt es eine totale rekursive Funktion $f \in \mathcal{R}$ mit $A = W(f)$. Wir definieren die Funktion $\psi : \mathbb{N}_0 \rightarrow \mathcal{R}$ durch $\psi = \varphi \circ f$. Dann ist ψ eine totale surjektive Funktion mit berechenbarer universeller Funktion $u_\psi(i, x) = \psi_i(x) = \varphi_{f(i)}(x) = u_\varphi(f(i), x)$. Dieses widerspricht aber Satz 9.26.

10.5.2 Anwendungen des Halteproblems: Straßenbahnen, autonome Roboter und fahrerlose Autos

Das Halteproblem hat als primäre Anwendung stets die bei Programmiersprachen: Es ist nicht möglich, für ein Programm, das in einer der gängigen höheren Programmiersprachen geschrieben ist, festzustellen, ob es für jede beliebige Eingabe hält. Man kann sogar zeigen, dass die Frage, ob es zu einem gegebenen Programm eine Eingabe gibt, so dass das Programm bei dieser Eingabe eine bestimmte, im Programm enthaltene Instruktion ausführt, unentscheidbar ist. Unentscheidbarkeit bedeutet anschaulich, dass es keinen Algorithmus gibt, der diese Frage entscheidet. In diesem Abschnitt wollen wir zeigen, dass das Halteproblem auch moderne Anwendungen hat, nämlich z.B. bei autonomen Robotern und fahrerlosen Autos.

Um den Zusammenhang herzustellen, betrachten wir zunächst das *Straßenbahn-Problem* (engl. *Trolley Problem*): Eine Straßenbahn ist außer Kontrolle geraten und droht, eine Gruppe von Kindern zu überrollen; ein Unfall mit vermutlich tödlichem Ausgang erscheint unvermeidbar. Ein Bahnwärter kann dies jedoch durch das Umstellen einer Weiche, auf die die Straßenbahn zufährt, verhindern; er kann die Bahn nämlich auf ein anderes Gleis umleiten. Allerdings befinden sich auf dem Ausweichgleis Bahnarbeiter, die von der Straßenbahn zumindest verletzt würden. Die Frage lautet nun: Wie soll der Bahnwärter entscheiden?

Eine Variante dieses Problem ist als „Fetter-Mann-Problem" bekannt: Eine Straßenbahn ist außer Kontrolle geraten und droht, eine Gruppe von Kindern zu überrollen. Durch Herabstoßen eines unbeteiligten fetten Mannes von einer Brücke vor die Straßenbahn kann diese zum Stehen gebracht werden. Darf (durch Stoßen des Mannes) der Tod einer Person herbeigeführt werden, um das Leben der Kinder zu retten?

Wir bleiben hier bei der ersten Variante und wollen davon absehen, die Frage aus ethischer Sicht zu diskutieren. Stattdessen modifizieren wir das Szenario in zwei Stufen so, dass jeweils eine Wahl die klar zu bevorzugende ist. Die erste Variante lässt eine weitere Person zu, die ebenfalls eine Wahl beim Handeln hat; allerdings kann man nicht wissen, ob diese Wahl in guter oder böser Absicht getroffen wird: Wieder fährt die Straßenbahn auf eine Weiche zu, die jedoch diesmal bereits so gestellt ist, dass die Bahn auf ein Nebengleis umgeleitet wird, auf dem sie an Fahrt verliert. Der Bahnwärter steht diesmal entfernt, beobachtet jedoch einen Bösewicht an der Weiche, der diese jederzeit so umstellen kann, dass die Bahn in die Arbeiter fährt. Die einzige Chance, den Bösewicht zu stoppen, besteht darin, auf ihn zu schießen. Allerdings hat der Bösewicht gerade ein Einsehen und lässt die Bahn (auf das Nebengleis) fahren. Ein Schuss würde ihn daher verletzen, ohne den Unfall zu vermeiden (da dieser ohnehin nicht passiert wäre). In diesem Fall gibt es also eine „richtige" Entscheidung, allerdings kann der Bahnwärter nicht wissen, ob diese getroffen wird.

In der zweiten Variante wird für den Ausgang wichtige Zusatzinformation zugelassen, die jedoch wiederum dem Wärter nicht bekannt ist. Wieder fährt die Straßenbahn auf die Weiche zu, aber diesmal ist deutlich zu sehen, dass der Bösewicht die Weiche umstellen will, so dass die Bahn auf die Arbeiter zufahren würde. Was der Wärter nicht weiß ist, dass die Weiche lange nicht benutzt wurde und daher völlig verrostet ist. Die Bemühungen des Bösewichts sind daher zwecklos, und wieder würde ein Schuss auf den Bösewicht nur unnötige Verletzungen verursachen.

Auch in der zweiten Variante gibt es eine „richtige" Entscheidung, jedoch ist es wieder unmöglich, diese zu kennen. In allen drei Varianten ist es sogar offensichtlich sowohl für einen Menschen wie für einen Roboter unmöglich, das Richtige zu tun: im ersten Fall, weil es keine „richtige" Entscheidung gibt, in den beiden letzten Fällen, weil die jeweils „richtigen" Entscheidungen unbekannt sind.

Der Bezug zum Halteproblem ergibt sich wie folgt: In einer weiteren Variante wird die verrostete Weiche repariert und mit einem vollautomatischen Hebel ausgestattet. Allerdings wurde dieser Hebel von dem bereits bekannten Bösewicht programmiert.

Der Bahnwärter ist daher misstrauisch, denn die Kontrollsoftware der Weiche könnte gelegentlich eine nahende Straßenbahn auf das Gleis schicken, auf dem gerade gearbeitet wird. Andererseits liefert der Bösewicht den Code persönlich ab und legt ihn offen; nun gilt es zu überprüfen, ob in jedem Fall eine Weichenstellung vermieden wird, die eine herannahende Straßenbahn auf ein gesperrtes Gleis leitet.

Im Zuge einer Modernisierung wird der Bahnwärter durch einen Roboter ersetzt, der ab sofort entscheiden soll, ob der Softwareingenieur zu verhaften ist und, falls ja, für wie lange. Man kann sich nun überlegen, dass ein Roboter aufgrund des Halteproblems diese Frage niemals entscheiden kann: Offensichtlich liegt dies daran, dass, wie erwähnt, die Frage, ob es zu einem gegebenen Programm eine Eingabe so gibt, dass das Programm bei dieser Eingabe eine bestimmte, im Programm enthaltene Instruktion ausführt, unentscheidbar ist. Es ist also nicht vorhersagbar, ob und unter welchen Voraussetzungen der Roboter die Weiche richtig stellt.

Dieses Resultat hat interessante Konsequenzen: In einer militärischen Anwendung, in welcher Soldaten durch Roboter ersetzt werden, ist aufgrund der Unentscheidbarkeit des Halteproblems unklar, wer im Falle einer Fehlentscheidung des Roboters zur Verantwortung gezogen wird. In zivilen Bereich geht derzeit die Entwicklung fahrerloser Autos voran, die z.B. über Bluetooth-Verbindungen mit anderen Autos in Kontakt stehen, um etwa mittels der Synchronisation von Beschleunigungs- und Bremsvorgängen einen optimalen Sicherheitsabstand einzuhalten. Fahrerlose Autos müssen jedoch in der Lage sein, plötzlichen Hindernissen auszuweichen, etwa Fußgängern oder Radfahrern, wobei es wie bei dem Straßenbahn-Szenario passieren kann, dass keine der möglichen Entscheidungen ohne Folgen bleibt. Auch hier ist nicht für alle denkbaren Situationen entscheidbar, wie sich ein solches Auto gegebenfalls verhält.

10.5.3 Unentscheidbare Sprachen

Im vorigen Abschnitt haben wir nicht entscheidbare sowie nicht rekursiv-aufzählbare Teilmengen von $\mathbb{N}_0$ kennengelernt. Wenn wir den Blick wieder auf Sprachen $L \subseteq \Sigma^*$ richten, können wir das Selbstanwendbarkeitsproblem und das Halteproblem als Entscheidungsproblem für Sprachen formulieren:

$$K' = \{w \in \Sigma^* \mid w = \langle T \rangle,\ T \text{ stoppt bei Eingabe } w\}$$
$$H' = \{w\&x \in \Sigma^* \mid w = \langle T \rangle,\ T \text{ stoppt bei Eingabe } x\}$$

Für ein geeignetes Alphabet Σ enthält K' alle Wortcodierungen w von Turingmaschinen T (siehe Abschnitt 9.7.1), die bei Eingabe ihres eigenen Codes anhalten; und H' enthält alle Wortpaare w und x, getrennt durch ein Sondersymbol $\&$, welches weder in w noch in x enthalten ist, wobei w Codierung einer Maschine T ist, die bei Eingabe von x anhält. Mit zu den im vorigen Abschnitt analogen Beweismethoden kann man nun die folgenden, den Sätzen 10.7, 10.8 und 10.2 entsprechenden Aussagen beweisen:

Satz 10.10. a) Die Sprachen K' und H' sind rekursiv-aufzählbar (semi-entscheidbar), aber nicht entscheidbar.

b) Ihre Komplementärsprachen $\overline{K'}$ und $\overline{H'}$ sind nicht rekursiv-aufzählbar (nicht semientscheidbar).   □

Aus Teil a) des Satzes folgt unmittelbar:

Folgerung 10.5. Sei Σ ein nicht leeres Alphabet, dann gilt $R_\Sigma \subset RE_\Sigma$.   □

Mit dieser Folgerung ist mithilfe von Satz 10.4 der bereits am Ende von Abschnitt 8.2.7 angekündigte Beweis für die Beziehung $R_\Sigma \subset TYP0_\Sigma$ gegeben.

Mit Satz 10.10 a) haben wir auch den Beweis für Satz 8.8 nachgeliefert, denn wir haben an den Beispielen K' und H' gezeigt, dass das Wortproblem für rekursiv-aufzählbare Sprachen, d.h. für Typ-0-Sprachen im Allgemeinen nicht entscheidbar ist.

Mit $\overline{K'}$ und $\overline{H'}$ haben wir konkrete Sprache vorliegen, die nicht durch eine formale Grammatik erzeugbar sind, womit wir – wie in Satz 8.6 angekündigt – ein Beispiel für eine Sprache in $2^{\Sigma^*} - RE_\Sigma$ gefunden haben. Damit haben wir endlich alle Beweise für die bereits in Abschnitt 8.1.3 dargestellte Hierarchie

$$REG_\Sigma \subset kfS_\Sigma \subset ksS_\Sigma \subset R_\Sigma \subset RE_\Sigma \subset 2^{\Sigma^*}$$

formaler Sprachklassen geführt; und wir können für alle fünf echten Teilklassenbeziehungen (mit jeweils geeigneten Alphabeten) „Seperatorsprachen" angeben:

- $\{a^n b^n \mid n \in \mathbb{N}\} \in kfS_\Sigma - REG_\Sigma$ (siehe Abschnitte 3.3.4 und 5.1.1);

- $\{a^n b^n c^n \mid n \in \mathbb{N}\} \in ksS_\Sigma - kfS_\Sigma$ (siehe Beispiel 5.3 und Abschnitt 8.1.1);

- $\overline{\mathcal{L}} \in R_\Sigma - ksS_\Sigma$ (siehe Ende Abschnitt 9.7.2);

- $K, H \in RE_\Sigma - R_\Sigma$ (Satz 10.10 a);

- $\overline{K'}, \overline{H'} \in 2^{\Sigma^*} - RE_\Sigma$ (Satz 10.10 b).

10.5.4 Der Satz von Rice

Syntaktische Eigenschaften von Programmen, wie z.B. die Länge eines Programms, die Anzahl der Variablen oder die Anzahl der Zuweisungen, in denen eine Variable vorkommt, sind sicher entscheidbar. Wie steht es um die Entscheidbarkeit von semantischen Eigenschaften? Wir wissen schon, dass das Halteproblem nicht entscheidbar ist. Vielleicht gibt es aber Eigenschaften, die für alle Programme beweisbar sind, wie z.B.:

(1) $E_1 = \{ f \in \mathcal{P} \mid f(x) = 3,$ für alle $x \in \mathbb{N}_0 \}$ enthält alle berechenbaren Funktionen, die für jede Eingabe den Wert 3 ausgeben („Konstante 3").

(2) $E_2 = \{ f \in \mathcal{P} \mid f(4) = 17 \}$ ist die Menge aller berechenbaren Funktionen, die für die Eingabe 4 den Wert 17 ausgeben.

(3) $E_3 = \{ f \in \mathcal{P} \mid f(x) = x,$ für alle $x \in \mathbb{N}_0 \} = \{ f \in \mathcal{P} \mid f \equiv id \}$ enthält alle berechenbaren Funktionen, die die Identität darstellen.

(4) $E_4 = \{\, f \in \mathcal{P} \mid Def(f) = \mathbb{N}_0 \,\}$ ist die Menge aller totalen berechenbaren Funktionen.

(5) $E_5 = \{\, f \in \mathcal{P} \mid f \equiv g \,\}$, $g \in \mathcal{P}$, enthält alle berechenbaren zu g identischen Funktionen (siehe Korrektheitsproblem).

Der Satz von Rice, den wir im Folgenden vorstellen, besagt, dass alle semantischen Eigenschaften von Programmen außer den beiden trivialen nicht entscheidbar sind, bei bestimmten Voraussetzungen sind sie nicht einmal semi-entscheidbar. Dazu benötigen wir zunächst ein paar Definitionen.

Definition 10.4. Es seien f und g Funktionen von $\mathbb{N}_0^k$ nach $\mathbb{N}_0$.

a) f heißt *Teilfunktion* von g genau dann, wenn $Def(f) \subseteq Def(g)$ und $f(x) = g(x)$ für alle $x \in Def(f)$ gilt. Wir notieren diese Beziehung mit $f \subseteq g$.

b) Ist f eine Teilfunktion von g und ist $Def(f) \neq Def(g)$, dann heißt f *echte Teilfunktion* von g, was wir mit $f \subset g$ notieren.

c) Gilt $f \subseteq g$ und $g \subseteq f$, dann heißen f und g *(funktional) äquivalent*, was wir mit $f \approx g$ notieren.

d) Es sei F eine Menge von Funktionen von $\mathbb{N}_0^k$ nach $\mathbb{N}_0$. F heißt *funktional vollständig* genau dann, wenn gilt: Ist $f \in F$ und $f \approx g$, dann ist auch $g \in F$. $\qquad\square$

Wir übertragen die Begriffsbildungen von Definition 10.4 auf Standardnummerierungen $(\mathbb{N}_0, \mathcal{P}, \varphi)$: Wir notieren $i \subseteq j$, $i \subset j$ oder $i \approx j$, falls $\varphi_i \subseteq \varphi_j$, $\varphi_i \subset \varphi_j$ bzw. $\varphi_i \approx \varphi_j$ gilt.

Definition 10.5. Es sei $(\mathbb{N}_0, \mathcal{P}, \varphi)$ eine Standardnummerierung. Dann heißt $A \subseteq \mathbb{N}_0$ *funktional vollständig* genau dann, wenn gilt: Ist $i \in A$ und $i \approx j$, dann ist auch $j \in A$. $\qquad\square$

Definition 10.6. Es sei $(\mathbb{N}_0, \mathcal{P}, \varphi)$ eine Standardnummerierung.

a) Sei $E \subseteq \mathcal{P}$, dann ist $A_E = \{\, i \mid \varphi_i \in E \,\}$ die *Indexmenge* von E.

b) Die Indexmengen $A_E = \emptyset$ und $A_E = \mathbb{N}_0$ der Mengen $E = \emptyset$ bzw. $E = \mathcal{P}$ heißen *trivial*. $\qquad\square$

Folgerung 10.6. Sei $(\mathbb{N}_0, \mathcal{P}, \varphi)$ eine Standardnummerierung und $E \subseteq \mathcal{P}$, dann ist die Indexmenge A_E von E funktional vollständig. $\qquad\square$

Satz 10.11. **(Satz von Rice)** Sei $E \subseteq \mathcal{P}$ mit $E \neq \emptyset$ und $E \neq \mathcal{P}$, dann ist die Indexmenge $A_E = \{\, i \mid \varphi_i \in E \,\}$ nicht entscheidbar.

Beweis Sei $E \subseteq \mathcal{P}$ mit $E \neq \emptyset$ und $E \neq \mathcal{P}$. Da $E \neq \emptyset$ ist, gibt es mindestens ein p mit $\varphi_p \in E$, und da $E \neq \mathcal{P}$ ist, gibt es mindestens ein q mit $\varphi_q \notin E$. Es ist also $p \in A_E$ und $q \notin A_E$.

Wir nehmen an, dass A_E entscheidbar ist. Dann ist die charakteristische Funktion χ_{A_E} von A_E berechenbar, und damit ist die Funktion $f : \mathbb{N}_0 \to \mathbb{N}_0$ definiert durch

$$f(x) = \begin{cases} q, & \chi_{A_E}(x) = 1 \\ p, & \chi_{A_E}(x) = 0 \end{cases}$$

total berechenbar. f erfüllt somit die Voraussetzungen des Rekursionssatzes, also gibt es ein $n \in \mathbb{N}_0$ mit $\varphi_n = \varphi_{f(n)}$. Für dieses n gilt

$$\varphi_n \in E \text{ genau dann, wenn } \varphi_{f(n)} \in E \tag{10.5}$$

gilt. Andererseits gilt wegen der Definition von f: $x \in A_E$ genau dann, wenn $f(x) = q \notin A_E$, d.h. $\varphi_x \in E$ genau dann, wenn $\varphi_{f(x)} \notin E$ ist. Dieses gilt natürlich auch für $x = n$, was einen Widerspruch zu (10.5) bedeutet. Damit muss unsere Annahme, dass A_E entscheidbar ist, falsch sein, d.h. für $E \neq \emptyset$ und $E \neq \mathcal{P}$ ist $A_E = \{\, i \mid \varphi_i \in E \,\}$ nicht entscheidbar. $\square$

Beispiel 10.1. Wir betrachten die Menge E_4 vom Beginn des Abschnitt. Die Indexmenge ist $A_{E_4} = \{ i \mid Def(\varphi_i) = \mathbb{N}_0 \}$. Es gilt: $E_4 \subseteq \mathcal{P}$, $E_4 \neq \emptyset$, denn es ist z.B. $id \in E_4$, und $E_4 \neq \mathcal{P}$, denn es z.B. ω, die nirgends definierte Funktion ($Def(\omega) = \emptyset$), in $\mathcal{P}$, aber nicht in E_4 enthalten. Mit dem Satz von Rice folgt, dass A_{E_4} nicht entscheidbar ist. Dieses haben wir im Übrigen bereits am Ende von Abschnitt 10.5 auf andere Weise gezeigt. $\square$

10.5.5 Das Korrektheitsproblem

Für das Programmieren wäre es von großer praktischer Bedeutung, wenn man die Korrektheit von beliebigen Programmen mithilfe eines automatischen Programmbeweisers nachweisen könnte. Wenn also eine Funktion f gegeben ist und man ein Programm konstruiert hat, das f berechnen soll, wäre es nützlich, wenn ein universeller Programmbeweiser zur Verfügung stünde, in den man die Problemspezifikation f und das zu ihrer Berechnung konstruierte Programm eingibt, und der Programmbeweiser „ja" ausgibt, falls das Programm f berechnet, und anderenfalls „nein" ausgibt. Der folgende Satz besagt, dass es einen solchen universellen Programmbeweiser nicht geben kann.

Satz 10.12. Sei $f \in \mathcal{P}$, dann ist die Indexmenge

$$P_f = \{\, i \mid \varphi_i = f \,\}$$

nicht entscheidbar.

Beweis Wenn wir $E = \{\, f \,\}$ wählen, ist die Voraussetzung von Satz 10.11 erfüllt. Es gilt also $A_E = \{\, i \mid \varphi_i = f \,\} = \{\, i \mid \varphi_i \in E \,\}$, und mit Satz 10.11 ist A_E nicht entscheidbar. $\square$

P_f ist nicht entscheidbar, d.h. gegeben ein Programm i, dann ist es nicht entscheidbar, ob i die Funktion f berechnet, das Programm i also korrekt ist, oder ob $i \notin P_f$ ist, d.h. ob f nicht von i berechnet wird, das Programm i also nicht korrekt ist.

Da also *im Nachhinein* ein (automatischer) Korrektheitsbeweis nicht möglich ist, und da das Testen von Programmen dem Finden von Fehlern dient und nicht die Korrektheit von Programmen garantiert, müssen Programmiererinnen und Programmierer *während* der Konstruktion von Programmen für Korrektheit sorgen. Mit Methoden und Verfahren zur Konstruktion von korrekten Programmen beschäftigt sich die *Programmverifikation*.

10.5.6 Das Äquivalenzproblem

Ein weiteres Problem mit praktischer Bedeutung ist das Äquivalenzproblem. Angenommen, es stehen zwei Programme zur Verfügung, z.B. unterschiedliche Releases einer Software, die ein Problem lösen sollen. Eine interessante Frage ist die nach der Äquivalenz der Programme, d.h. ob sie dasselbe Problem berechnen. Gäbe es einen Äquivalenzbeweiser, dann könnte man ihn zu Hilfe nehmen, um diese Frage zu entscheiden. Im positiven Falle könnte man dann aufgrund weiterer Qualitätskriterien (u.a. Effizienz, Benutzerfreundlichkeit) eines der äquivalenten Programme auswählen.

Der folgende Satz besagt dazu, dass es keinen universellen Äquivalenzbeweiser geben kann.

Satz 10.13. Die Menge

$$A = \{\ \langle i, j \rangle \mid \varphi_i = \varphi_j\ \}$$

ist nicht entscheidbar.

Beweis Wir reduzieren für ein $f \in \mathcal{P}$ die bereits in Satz 10.12 als unentscheidbar gezeigte Indexmenge P_f auf die Indexmenge A, woraus die Behauptung folgt (P_f ist ein Spezialfall von A).

Da $f \in \mathcal{P}$ ist, existiert ein $i_f \in \mathbb{N}_0$ mit $\varphi_{i_f} = f$. Wir definieren die Funktion $g : \mathbb{N}_0 \rightarrow \mathbb{N}_0$ durch $g(j) = \langle j, i_f \rangle$. g ist offensichtlich total berechenbar. Es gilt

$$j \in P_f \text{ genau dann, wenn } \varphi_j = f$$
$$\text{genau dann, wenn } \varphi_j = \varphi_{i_f}$$
$$\text{genau dann, wenn } \langle j, i_f \rangle \in A$$
$$\text{genau dann, wenn } g(j) \in A$$

woraus $P_f \leq_g A$ und damit die Behauptung folgt. $\qquad\square$

10.5.7 Der erweiterte Satz von Rice

Satz 10.14. (Erweiterter Satz von Rice) Sei $(\mathbb{N}_0, \mathcal{P}, \varphi)$ eine Standardnummerierung und $A \subseteq \mathbb{N}_0$ eine funktional vollständige, nicht triviale Indexmenge mit $p \in A$, $q \notin A$ und $p \subseteq q$. Dann ist A nicht rekursiv aufzählbar.

Beweis Wir beweisen die Behauptung, indem wir ein Reduktion von $\overline{K'}$ auf A angeben. Dazu definieren wir mithilfe der Funktion γ' (siehe Satz 9.15) die folgenden

Funktionen:

$$T(p, x, y, t) = 1 - sign(\gamma'(x, x, t) + \gamma'(p, y, t))$$
$$T' = \mu\,[T]$$

$$h(x, y) = \begin{cases} \varphi_p(y), & T'(p, x, y) = \perp \\ \varphi_p(y), & \gamma'(p, y, T') = 1 \text{ und } \gamma'(x, x, t) = 0 \text{ für alle } t \\ \varphi_q(y), & \gamma'(x, x, T') = 1 \text{ und } \gamma'(p, y, t) = 0 \text{ für alle } t \\ \varphi_q(y), & x \in Def(\varphi_x) \text{ und } y \in Def(\varphi_p) \end{cases}$$

T und T' sind offensichtlich berechenbar. Wir überlegen, dass h ebenfalls eine berechenbare Funktion ist, sie kann durch eine „parallele" Berechnung von $\varphi_x(x)$ und $\varphi_p(y)$ realisiert werden:

(1) Ist $x \notin Def(\varphi_x)$ und $y \notin Def(\varphi_p)$, dann terminieren die beiden Berechnungen $\varphi_x(x)$ und $\varphi_p(y)$ nicht und damit die Berechnung von $h(x, y)$ auch nicht, es ist also $h(x, y) = \perp = \varphi_p(y)$.

(2) Ist $x \notin Def(\varphi_x)$ und $y \in Def(\varphi_p)$, dann wird allein die Berechnung von $\varphi_p(y)$ fertig und liefert das Ergebnis für $h(x, y)$.

(3) Ist $x \in Def(\varphi_x)$ und $y \notin Def(\varphi_p)$, dann wird allein die Berechnung von $\varphi_x(x)$ fertig. Dann wird das Programm q mit der Eingabe y ausgeführt, und das Ergebnis ist das Ergebnis von h unabhängig davon, ob q auf y terminiert oder nicht.

(4) Ist $x \in Def(\varphi_x)$ und $y \in Def(\varphi_p)$, dann terminieren beide Berechnungen. Terminiert die Berechnung von $\varphi_x(x)$ zuerst, dann wird $\varphi_q(y)$ als Ergebnis von $h(x, y)$ berechnet. Terminiert die Berechnung von $\varphi_p(y)$ zuerst, dann ist $h(x, y) = \varphi_p(y)$. Nach Vorraussetzung ist $\varphi_p \subseteq \varphi_q$, d.h. $\varphi_p(y) = \varphi_q(y)$ für alle $y \in Def(\varphi_p)$. Es ist also $h(x, y) = \varphi_p(y) = \varphi_q(y)$ für alle $y \in Def(\varphi_p)$.

Zusammengefasst leistet $h(x, y)$ Folgendes: $\varphi_x(x)$ und $\varphi_p(y)$ werden simultan berechnet. Hält $\varphi_x(x)$ zuerst, dann wird auch $\varphi_p(y)$ angehalten und $\varphi_q(y)$ berechnet, ansonsten wird $\varphi_p(y)$ berechnet.

Es folgt, dass h berechenbar ist, sowie

$$h(x, y) = \begin{cases} \varphi_p(y), & x \notin K' \\ \varphi_q(y), & x \in K' \end{cases}$$

Mit Folgerung 9.6 existiert eine total berechenbare Funktion s mit $h(x, y) = \varphi_{s(x)}(y)$. Damit folgt

$$\varphi_{s(x)}(y) = \begin{cases} \varphi_p(y), & x \in \overline{K'} \\ \varphi_q(y), & x \notin \overline{K'} \end{cases}$$

und es gilt: Ist $x \in \overline{K'}$, dann ist $s(x) \approx p$ und somit, da $p \in A$ und A funktional vollständig ist, ist $s(x) \in A$. Ist $x \notin \overline{K'}$, dann ist $s(x) \approx q$ und wegen $q \notin A$ und der Vollständigkeit von A ist dann $s(x) \notin A$. Die total berechenbare Funktion s stellt somit eine Reduktion von $\overline{K'}$ auf A dar, d.h. es ist $\overline{K'} \leq_s A$. Da $\overline{K'}$ nicht semientscheidbar ist, folgt daraus, dass A nicht semi-entscheidbar ist, und damit, dass A nicht rekursiv-aufzählbar ist. $\qquad\square$

Wir können nun mithilfe des erweiterten Satzes von Rice zeigen, dass das Korrektheitsproblem für nicht totale Funktionen nicht rekursiv-aufzählbar, also nicht semientscheidbar ist.

Folgerung 10.7. Es sei $f \in \mathcal{P} - \mathcal{R}$, dann ist $P_f = \{\, i \mid \varphi_i = f \,\}$ nicht rekusiv aufzählbar.

Beweis Zunächst stellen wir fest, dass P_f funktional vollständig ist. Des Weiteren existiert zu $f \in \mathcal{P} - \mathcal{R}$ ein $i_f \in \mathbb{N}_0$ mit $\varphi_{i_f} = f$ d.h. $i_f \in P_f$. Sei $t \in \mathbb{N}_0$. Damit definieren wir $g_t : \mathbb{N}_0 \to \mathbb{N}_0$ durch

$$g_t(x) = \begin{cases} f(x), & \gamma'(i_f, x, t) = 1 \\ 0, & \text{sonst} \end{cases}$$

Dann gilt $g_t \in \mathcal{R}$ und damit $g_t \notin \mathcal{P} - \mathcal{R}$, d.h. es gibt $i_{g_t} \in \mathbb{N}_0$ mit $\varphi_{i_{g_t}} = g_t$, und damit $i_{g_t} \notin P_f$ und $i_f \subset i_{g_t}$. Damit erfüllt P_f die Voraussetzungen von Satz 10.14, woraus die Behauptung folgt. $\qquad\square$

Aus Folgerung 10.7 und dem Beweis von Satz 10.13 folgt, dass das Äquivalenzproblem nicht rekursiv-aufzählbar und damit nicht semi-entscheidbar ist.

Folgerung 10.8. Die Indexmenge $A = \{\, \langle i, j \rangle \mid \varphi_i = \varphi_j \,\}$ ist nicht rekursiv aufzählbar. $\qquad\square$

In den Voraussetzungen der beiden Sätze von Rice werden die trivialen Indexmengen ausgeschlossen. Die Begründung dafür liefert

Folgerung 10.9. Eine funktional vollständige Indexmenge $A \subseteq \mathbb{N}_0$ ist entscheidbar genau dann, wenn sie trivial (d.h. $A = \emptyset$ oder $A = \mathbb{N}_0$) ist.

Beweis „$\Rightarrow$": Wir nehmen an, dass A eine nicht triviale funktional vollständige Indexmenge ist, d.h. $A \neq \emptyset$ und $A \neq \mathbb{N}_0$. Dann enthält entweder A oder $\overline{A}$ alle Indizes der nirgends definierten Funktion ω. Da $\omega \subseteq \varphi_i$ für alle $i \in \mathbb{N}_0$ ist, sind für A bzw. für $\overline{A}$ die Voraussetzungen von Satz 10.14 erfüllt, d.h. A bzw. $\overline{A}$ ist nicht rekursiv aufzählbar. Das ist ein Widerspruch zur Voraussetzung, dass A entscheidbar ist. Damit ist die Annahme falsch und die Behauptung richtig.

„$\Leftarrow$": Die charakteristische Funktion χ_A ist sowohl für $A = \emptyset$ als auch für $A = \mathbb{N}_0$ total berechenbar. $\qquad\square$

10.5.8   Das Postsche Korrespondenzproblem

Wir wollen noch auf das Postsche Korrespondenzproblem[2] eingehen, das semi-entscheidbar, aber nicht entscheidbar ist. Dieses Problem ist insofern hilfreich, als dass man eine Reihe anderer Probleme, auch solche, die wir bereits erwähnt und als unentscheidbar tituliert haben, darauf reduzieren kann und damit deren Unentscheidbarkeit beweist.

Das Postsche Korrespondenzproblem (Abkürzung: PCP für *Post's Correspondence Problem*) kann wie folgt formuliert werden: Sei Σ ein Alphabet, und gegeben sei eine Folge x_k von k Wortpaaren über Σ:

$$x_k = \langle (v_1, w_1), (v_2, w_2), \ldots, (v_k, w_k) \rangle, \; v_i, w_i \in \Sigma^+, \; 1 \le i \le k$$

Die Frage ist, ob eine Folge von Indizes

$$i_1, i_2, \ldots, i_n \in \{1, 2, \ldots, k\}, \; n \ge 1$$

existiert, so dass

$$v_{i_1} v_{i_2} \ldots v_{i_n} = w_{i_1} w_{i_2} \ldots w_{i_n}$$

ist. Falls es für ein konkretes Postsches Korrespondenzproblem eine solche Indexfolge gibt, dann ist diese Folge eine Lösung für dieses Problem.

Als Beispiel betrachten wir die folgende Folge von drei Wortpaaren über dem Alphabet $\{a, b\}$:

$$x_4 = \langle (a, ab), (baa, aa), (b, bb), (bab, a) \rangle$$

Es ist also

$$
\begin{aligned}
v_1 &= a & w_1 &= ab \\
v_2 &= baa & w_2 &= aa \\
v_3 &= b & w_3 &= bb \\
v_4 &= bab & w_4 &= a
\end{aligned}
$$

Die Indexfolge $1, 2, 1, 4, 3$ stellt eine Lösung für dieses Problem dar, denn es gilt:

$$v_1 v_2 v_1 v_4 v_3 = abaaababb = w_1 w_2 w_1 w_4 w_3$$

Es sei Σ ein nicht leeres Alphabet. Dann ist

$$PCP_\Sigma = \{ x_k \mid x_k \text{ besitzt eine Lösung } i_1, i_2, \ldots, i_n \in \{1, 2, \ldots, k\} \}$$

die Sprache, die alle lösbaren Postschen Korrespondenzprobleme über Σ enthält.

Satz 10.15. Die Sprache PCP ist semi-entscheidbar.

Beweis Der folgende (naive) Algorithmus liefert Semi-Entscheidungen für Postsche Korrespondenzprobleme $x_k = \langle (v_1, w_1), (v_2, w_2), \ldots, (v_k, w_k) \rangle, \, v_i, w_i \in \Sigma^+, 1 \le i \le k$:

---

[2]Benannt nach Emil L. Post (1897 – 1954), schwedischer Mathematiker, der als Erster die Nichtentscheidbarkeit dieses Problems bewiesen hat.

read(x, k)
$b := 1; n := 1;$
while $b \neq 0$ **do**
    Bilde erste Indexfolge $i_1, \ldots, i_n$ über $\{1, \ldots, k\}$;
    while $n \neq 0$ **do**
        if Indexfolge ist eine Lösung des PCP **then**
            $n := 0; b := 0; z := 1$
        else if alle Indexfolgen $i_1, \ldots, i_n$ erzeugt **then**
            $n := n + 1;$
            Bilde erste Indexfolge $i_1, \ldots, i_n$ über $\{1, \ldots, k\}$;
        else Bilde weitere noch nicht getestete Indexfolge $i_1, \ldots, i_n$
        endif;
    endwhile;
endwhile;
write(z)

Die Indexfolgen können systematisch generiert werden: Bei vorgegebenem n bildet man alle Folgen über $\{1, 2, \ldots, k\}$ der Länge n in „lexikografischer" Ordnung; das sind k^n Folgen. Für $n = 2$ generiert man also z.B.

$$\begin{array}{cccc} 1,1 & 1,2 & \ldots & 1,k \\ 2,1 & 2,2 & \ldots & 2,k \\ \vdots & \vdots & \vdots & \vdots \\ k,1 & k,2 & \ldots & k,k \end{array}$$

Ist das Problem lösbar, findet der Algorithmus eine Indexfolge, die eine Lösung darstellt, und gibt eine 1 aus. Ist das Problem nicht lösbar, probiert der Algorithmus alle Indexfolgen aus. Da es unendlich viele Indexfolgen gibt, terminiert der Algorithmus in diesem Fall nicht. Das PCP ist also semi-entscheidbar. $\qquad\square$

Wir betrachten eine Variante des Postschen Korrespondenzproblems, das *Modifizierte Postsche Korrespondenzproblem MPCP*. Ein Postsches Korrespondenzproblem $x_k = \langle (v_1, w_1), (v_2, w_2), \ldots, (v_k, w_k) \rangle$ heißt modifiziert, falls es eine Lösung besitzt, in der $i_1 = 1$ ist:

$$MPCP_\Sigma = \{ x_k \mid x_k \text{ besitzt eine Lösung } i_1, i_2, \ldots, i_n \in \{1, 2, \ldots, k\} \text{ mit } i_1 = 1 \}$$

Satz 10.16. Sei Σ ein nicht leeres Alphabet. Dann gilt $MPCP_\Sigma \leq PCP_\Sigma$.

Beweis Es seien $*, \$ \notin \Sigma$ zwei spezielle Symbole und $y = y_1 \ldots y_m$ ein nicht leeres Wort über Σ. Dann sei

$$\star y = \star y_1 \ast y_2 \ast \ldots \ast y_m$$
$$y\star = y_1 \ast y_2 \ast \ldots \ast y_m \ast$$
$$\star y\star = \star y_1 \ast y_2 \ast \ldots \ast y_m \ast$$

Mithilfe dieser Operationen auf Wörtern ordnen wir dem Postschen Korrespondenzproblem $x_k = \langle (v_1, w_1), (v_2, w_2), \ldots, (v_k, w_k) \rangle$ das Problem

$$f(x_k) = \langle (\star v_1, \star w_1 \star), (\star v_1, w_1 \star), (\star v_2, w_2 \star), \ldots, (\star v_k, w_k \star), (\star \$, \$) \rangle$$

zu. Die Funktion f ist offensichtlich berechenbar, und sie legt eine Reduktion von
$MPCP_\Sigma$ auf PCP_Σ fest, denn x_k besitzt eine Lösung mit $i_1 = 1$ genau dann, wenn
$f(x_k)$ irgendeine Lösung besitzt.

Besitzt nämlich einerseits x_k die Lösung $i_1, i_2, \ldots, i_n$, wobei $i_1 = 1$ ist, dann ist
$1, i_2 + 1, \ldots, i_n + 1, k + 2$ eine Lösung von $f(x_k)$.

Besitzt andererseits $f(x_k)$ eine Lösung $i_1, \ldots, i_n$, dann muss wegen der Positionen der Sterne $i_1 = 1$, $i_n = k + 2$ sowie $i_j \in \{2, \ldots, k + 1\}$ sein, und dann ist
$1, i_2 - 1, \ldots, i_{n-1} - 1$ eine Lösung für x_k.   □

Der folgende Satz besagt, dass sich das Halteproblem auf das Modifizierte Postsche Korrespondenzproblem reduzieren lässt.

Satz 10.17. Es gilt $H \leq MPCP$.

Beweisidee Ein Beweis ist im Detail sehr technisch und langwierig, deshalb geben
wir hier nur ein paar Grundüberlegungen an und verweisen für Details auf die Literatur (siehe Abschnitt 10.7). Es muss ein Algorithmus angeben werden, der einen
Turingautomaten $T = (\Sigma, \Gamma, S, \delta, s_0, \#, F)$ und ein Wort $y \in \Sigma^*$ in eine Folge von
Wortpaaren $x_k = \langle (v_1, w_1), (v_2, w_2), \ldots, (v_k, w_k) \rangle$ transformiert, so dass gilt: T
stoppt bei Eingabe von y genau dann, wenn x_k eine Lösung mit $i_1 = 1$ besitzt.

Das Alphabet, über dem x_k gebildet wird, ist $\Gamma \cup S \cup \{\$\}$ mit $\$ \notin \Gamma \cup S$. Als erstes
Wortpaar wird $(v_1, w_1) = (\$, \$s_0 w\$)$ festgelegt ($k_1 = s_0 w$ ist die Startkonfiguration
von T bei Eingabe w). Falls $k_1, k_2, \ldots, k_f$ eine akzeptierende Konfigurationsfolge ist,
dann simulieren die nächsten Wortpaare (v_{i_j}, w_{i_j}), $2 \leq j \leq f$, die Konfigurationsübergänge $k_{j-1} \vdash k_j$. Dabei entspricht v_{i_j} der Konfiguration k_{j-1}, und w_{i_j} entspricht
k_j (w_{i_j} ist quasi einen Schritt weiter als v_{i_j}, und es ist $v_{i_j} = w_{i_{j-1}}$). Um dieses zu
erreichen, benötigt man die folgenden Wortpaare

$$(sa, bs') \text{ für } (s, a, s', b, r) \in \delta,$$
$$(csa, s'cb) \text{ für } (s, a, s', b, l) \in \delta \text{ (jeweils für alle } c \in \Gamma),$$
$$(sa, s'b) \text{ für } (s, a, s', b, -) \in \delta,$$

um die Veränderungen, die bei den Konfigurationsübergängen erfolgen, festzuhalten.
Des Weiteren benötigt man für alle $a \in \Gamma$ (als „Kopierregeln") die Paare (a, a), damit
alle Buchstaben, die bei einem Konfigurationsübergang nicht verändert werden, jedesmal erhalten bleiben. Am Ende, wenn die akzeptierende Konfiguration $k_f = \alpha s_f \beta$ mit
$s_f \in F$ erreicht wird, müssen, damit letztendlich die v's und w's angeglichen werden,
die Löschregeln (as, s) und (sa, s) für alle $a \in \Gamma$ und alle $s \in F$ zur Verfügung stehen, um α und β zu löschen. Zu guter Letzt muss noch der Endzustand s_f gelöscht
werden. Dies wird mit den Abschlussregeln $(s\$\$, \$)$ für alle $s \in F$ erreicht.   □

Aus den beiden letzten Sätzen folgt unmittelbar die Unentscheidbarkeit des Postschen Korrespondenzproblems:

Satz 10.18. Sei Σ ein Alphabet mit $|\Sigma| \geq 2$. Das Postsche Korrespondenzproblem über Σ ist unentscheidbar. $\square$

10.5.9 Anwendungen des Postschen Korrespondenzproblems

Mithilfe des Postschen Korrespondenzproblems kann man die Unentscheidbarkeit von Entscheidungsproblemen für Typ-2-Sprachen zeigen, die wir in vorhergehenden Kapiteln nur aufgelistet haben. Dazu gehören z.B.:

- das Schnittproblem für kontextfreie Sprachen: Ist $L(G_1) \cap L(G_2)$ kontextfrei für kontextfreie Grammatiken G_1 und G_2?

- das Schnittproblem für deterministische kontextfreie Sprachen: Ist $L_1 \cap L_2$ deterministisch kontextfrei für deterministisch kontextfreie Sprachen L_1 und L_2?

- das Äquivalenzproblem für kontextfreie Sprachen: Ist $L(G_1) = L(G_2)$ kontextfrei für kontextfreie Grammatiken G_1 und G_2?

- das Mehrdeutigkeitsproblem kontextfreier Grammatiken: Ist eine kontextfreie Grammatik G mehrdeutig?

Satz 10.19. Das Schnittproblem für kontextfreie Sprachen ist unentscheidbar.

Beweis Wir reduzieren das PCP auf das Schnittproblem. Daraus folgt mit Satz 10.5, dass das Schnittproblem nicht entscheidbar ist, da das PCP nicht entscheidbar ist. Zur Reduktion geben wir einVerfahren an, mit dem wir zu jedem PCP über einem Alphabet Σ

$$\langle (v_1, w_1), (v_2, w_2), \ldots, (v_k, w_k) \rangle$$

zwei kontextfreie Grammatiken G_1 und G_2 konstruieren können, so dass gilt: PCP hat eine Lösung genau dann, wenn es ein Wort $w \in L(G_1) \cap L(G_2)$ gibt.

Die Grammatik G_1 erzeugt die Wörter v_i, die Grammatik G_2 die Wörter w_i. Dabei muss garantiert sein, dass in einem möglichen Lösungswort die Indizes der v_i mit denen der w_i übereinstimmen. Dazu führen wir für jeden Index i ein Terminalsymbol $t_i \notin \Sigma, 1 \leq i \leq k$, ein und konstruieren die beiden Grammatiken

$$G_i = (\Sigma \cup \{t_1, \ldots, t_k\}, \{S_i\}, P_i, S_i), \; i = 1, 2$$

mit

$$P_1 = \{ S_1 \rightarrow t_1 v_1 \mid \ldots \mid t_k v_k,$$
$$S_1 \rightarrow t_1 S_1 v_1 \mid \ldots \mid t_k S_1 v_k \}$$

und

$$P_2 = \{ S_2 \rightarrow t_1 w_1 \mid \ldots \mid t_k w_k,$$
$$S_2 \rightarrow t_1 S_2 w_1 \mid \ldots \mid t_k S_2 w_k \}$$

Es gilt nun: PCP besitzt die Lösung $i_1, \ldots, i_n$ genau dann, wenn

$$t_{i_n} \ldots t_{i_2} t_{i_1} v_{i_1} v_{i_2} \ldots v_{i_n} = t_{i_n} \ldots t_{i_2} t_{i_1} w_{i_1} w_{i_2} \ldots w_{i_n}$$

und

$$t_{i_n} \ldots t_{i_2} t_{i_1} v_{i_1} v_{i_2} \ldots v_{i_n} \in L(G_1) \cap L(G_2)$$

und damit

$$t_{i_n} \ldots t_{i_2} t_{i_1} w_{i_1} w_{i_2} \ldots w_{i_n} \in L(G_1) \cap L(G_2)$$

ist.   □

Da die konstruierten Grammatiken deterministisch sind, haben wir bereits den folgenden Satz bewiesen:

Satz 10.20. Das Schnittproblem für deterministische kontextfreie Sprachen ist unentscheidbar.   □

Satz 10.21. Das Äquivalenzproblem für kontextfreie Sprachen ist unentscheidbar.

Beweis Wir zeigen, dass das Schnittproblem für deterministische kontextfreie Sprachen auf das Äquivalenzproblem kontextfreier Sprachen reduziert werden kann, woraus dessen Unentscheidbarkeit folgt. Dabei nutzen wir aus, dass die deterministisch kontextfreien Sprachen unter Komplementbildung und die kontextfreien Sprachen unter Vereinigung abgeschlossen sind. Wichtig ist, dass diese Abschlusseigenschaften auch effektiv sind, d.h. wenn eine Grammatik G für eine deterministisch kontextfreie Sprache L gegeben ist, dann kann man daraus eine Grammatik G' konstruieren, die $\overline{L}$ erzeugt, und $\overline{L}$ ist deterministisch. Ebenso kann man zu zwei gegebenen kontextfreien Grammatiken G_1 und G_2 eine kontextfreie Grammatik G_3 konstruieren mit $L(G_3) = L(G_1) \cup L(G_2)$.

Seien dann G und G' zwei kontextfreie Grammatiken, so gilt:

Das Schnittproblem für G und G' ist entscheidbar

genau dann, wenn $L(G) \cap L(G') = \emptyset$ entscheidbar ist

genau dann, wenn $L(G) \subseteq \overline{L(G')}$ entscheidbar ist

genau dann, wenn $L(G) \subseteq L(G'')$ entscheidbar ist

genau dann, wenn $L(G) \cup L(G'') = L(G'')$ entscheidbar ist

genau dann, wenn $L(G''') = L(G'')$ entscheidbar ist

genau dann, wenn   das Äquivalenzproblem für G''' und G''

entscheidbar ist.

Dabei ist G'' die aus G' konstruierte Grammatik mit $L(G'') = \overline{L(G')}$, und G''' ist die aus G und G'' konstruierte Grammatik mit $L(G''') = L(G) \cup L(G'')$.   □

Der Beweis sagt im Übrigen nichts über die Entscheidbarkeit des Äquivalenzproblems für deterministisch kontextfreie Sprachen aus. Dieses Problem ist bis heute nicht gelöst.

Eine Folgerung aus dem letzten Satz ist, dass das Äquivalenzproblem für alle Spracherzeugungs- bzw. Sprachakzeptierungsformalismen, die mächtiger als kontextfreie Grammatiken sind, nicht entscheidbar sein kann, also nicht für linear beschränkte Automaten und kontextsensitive Grammatiken, nicht für Turingmaschinen, nicht für LOOP- und WHILE-Programme und nicht für Programme vollständiger Programmiersprachen. Dieses Ergebnis haben wir bereits im Satz 10.13 in einem anderen Zusammenhang gezeigt.

Satz 10.22. Sei G eine kontextfreie Grammatik. Es ist nicht entscheidbar, ob G mehrdeutig ist.

Beweis Wir reduzieren das PCP auf das Mehrdeutigkeitsproblem, indem wir ein Verfahren angeben, mit dem zu jedem PCP über einem Alphabet Σ

$$\langle\, (v_1, w_1), (v_2, w_2), \dots, (v_k, w_k)\, \rangle$$

eine kontextfreie Grammatik G konstruiert werden kann, so dass gilt: Das PCP hat eine Lösung genau dann, wenn es ein Wort $w \in L(G)$ gibt, das mit zwei verschiedenen Linksableitungen erzeugt werden kann. Die Konstruktion von G ist ähnlich der Konstruktion von G_1 und G_2 im Beweis von Satz 10.19. Wir führen wieder für jeden Index i ein Terminalsymbol $t_i \notin \Sigma$, $1 \leq i \leq k$, ein und konstruieren die Grammatik

$$G = (\Sigma \cup \{\, t_1, \dots, t_k\, \}, \{\, S, S_1, S_2\, \}, P, S)$$

mit

$$
\begin{aligned}
P = \{\, & S \to S_1 \mid S_2, \\
& S_1 \to t_1 v_1 \mid \dots \mid t_k v_k, \\
& S_1 \to t_1 S_1 v_1 \mid \dots \mid t_k S_1 v_k, \\
& S_2 \to t_1 w_1 \mid \dots \mid t_k w_k, \\
& S_2 \to t_1 S_2 w_1 \mid \dots \mid t_k S_2 w_k\, \}
\end{aligned}
$$

Es gilt nun: PCP besitzt die Lösung $i_1, \dots, i_n$ genau dann, wenn das Wort

$$v = t_{i_n} \dots t_{i_2} t_{i_1} v_{i_1} v_{i_2} \dots v_{i_n}$$

beginnend mit der Regel $S \to S_1$, und das Wort

$$w = t_{i_n} \dots t_{i_2} t_{i_1} w_{i_1} w_{i_2} \dots w_{i_n}$$

beginnend mit der Regel $S \to S_2$, abgeleitet werden kann und $v = w$ gilt. Dabei hat das Wort $v = w$ zwei verschiedene Linksableitungen.

Es gilt: Das PCP hat eine Lösung genau dann, wenn es ein Wort $v = w \in L(G)$ mit zwei verschiedenen Linksableitungen gibt, d.h. wenn G mehrdeutig ist. □

10.6   Zusammenfassung

Entscheidbarkeit einer Menge bedeutet, dass es einen Algorithmus gibt, der bei Eingabe eines Wortes „ja" ausgibt, falls das Wort zu dieser Menge gehört, und der „nein" ausgibt, falls es nicht zu der Menge gehört. Semi-Entscheidbarkeit bedeutet, dass es einen Algorithmus gibt, der stoppt, falls das Wort zur Menge gehört, ansonsten nicht stoppt. Eine Menge ist rekursiv-aufzählbar, falls sie der Wertebreich einer auf $\mathbb{N}_0$ total berechenbaren Funktion ist, d.h. wenn aus ihren Elementen eine Nummerierung berechnet werden kann. Semi-Entscheidbarkeit und rekursive Aufzählbarkeit legen dieselbe Klasse von Sprachen fest, und diese Klasse ist identisch mit der Klasse der Typ-0-Sprachen.

Es gibt nicht nur prinzipiell unentscheidbare Mengen, sondern auch solche mit praktischer Bedeutung. So sind das Halteproblem, das Korrektheitsproblem und das Äquivalenzproblem für vollständige Programmiersprachen, also für Sprachen wie z.B. PASCAL, C++ und JAVA nicht entscheidbar. Die Sätze von Rice besagen sogar, dass alle nicht trivialen semantischen Eigenschaften von Programmen nicht entscheidbar, d.h. nicht durch Algorithmen beweisbar sind.

Das Komplement des Halteproblems und das Äquivalenzproblem sind Beispiele für Sprachen, die nicht durch Grammatiken oder Automaten definiert werden können.

Ein weiteres wichtiges nicht entscheidbares Problem ist das Postsche Korrespondenzproblem, da viele andere Probleme darauf reduzierbar sind, woraus sich deren Unentscheidbarkeit sofort ableiten lässt.

10.7   Bibliographische Hinweise

Einführungen in die Theorie der Entscheidbarkeit finden sich z.B. bei Brainerd und Landweber (1974), Floyd und Beigel (1996), Hopcroft et al. (2013), Lewis und Papadimitriou (1998), Moret (1998), Rogers (1967), Schöning (2009), Sipser (2006) sowie bei Weihrauch (1987). Ausführliche Beweise für die Unentscheidbarkeit des Postschen Korrespondenzproblems findet man u.a. bei Asteroth und Baier (2002) sowie Sipser (2006).

Ein neben dem Halteproblem bekanntes nicht berechenbares Problem, welches nicht nur wissenschaftlich interessant, sondern auch unterhaltsam ist, ist das *Busy Beaver-Problem*: Gesucht ist die maximale Anzahl $\Sigma(n)$ der Einsen, die eine Turingmaschine mit n Zuständen (dabei wird der Stoppzustand nicht gezählt) und dem Arbeitsalphabet $\{\,1, \#\,\}$ auf ein anfangs leeres Band (nicht notwendigerweise zusammenhängend) schreiben kann. Bewiesen sind folgende Werte: $\Sigma(1) = 1$, $\Sigma(2) = 4$, $\Sigma(3) = 6$, $\Sigma(4) = 13$, $\Sigma(5) \geq 4098$, $\Sigma(6) \geq 3.514 \cdot 10^{18267}$. Man kann zeigen, dass die Funktion Σ schneller wächst als jede berechenbare Funktion. Zum Busy Beaver-Problem gibt es eine Fülle von Veröffentlichungen, von originärem Charakter sind Radó (1962) und Marxen und Buntrock (1990).

Die Konsequenzen aus der Unentscheidbarkeit des Halteproblems für autonome Roboter bzw. fahrerlose Auto wurden von Englert et al. (2014) untersucht. Wir verweisen hierzu auch auf den Physics arXiv Blog (2014) oder auf Achenbach (2015).

10.8 Übungen

10.1 a) Sei Σ ein nicht leeres Alphabet. Zeigen Sie, dass die Menge

$$\{ f : \Sigma^* \to \Sigma^* \mid f \text{ total} \}$$

der totalen Probleme über Σ überabzählbar ist.

b) Sei $T_1, T_2, \ldots$ eine Abzählung aller Turingmaschinen, und sei $w_1, w_2, \ldots$ eine Abzählung aller Wörter über einem Alphabet Σ. Zeigen Sie mithilfe einer Diagonalisierung, dass die Sprache

$$L = \{ w_i \mid w_i \notin L(T_i) \}$$

von keiner Turingmaschine akzeptiert wird.

10.2 Zeigen Sie, dass χ'_L aus dem ersten Teil des Beweises von Satz 10.2 berechenbar ist. Erklären Sie ferner informal, warum das Entscheidungsverfahren aus dem zweiten Teil des Beweises von Satz 10.2 die Funktion χ_L berechnet.

10.3 In Kapitel 8 haben wir den Begriff der Abzählbarkeit eingeführt. Ist Abzählbarkeit äquivalent zur rekursiven Aufzählbarkeit, d.h. ist eine Menge abzählbar genau dann, wenn sie rekursiv-aufzählbar ist?

10.4 Beweisen Sie:

(1) Eine Sprache L ist genau dann entscheidbar, wenn eine Turingmaschine existiert, welche die Wörter von L lexikografisch geordnet auf ein Ausgabeband schreiben kann.

(2) Eine Sprache ist genau dann semi-entscheidbar, wenn eine Turingmaschine existiert, welche die Wörter von L auf ein Ausgabeband schreiben kann.

10.5 Sei Σ ein Alphabet, und die Sprachen $L, L_1, L_2 \subseteq \Sigma^*$ seien entscheidbar. Beweisen Sie, dass dann auch die Sprachen

(1) $L_1 \cup L_2$,

(2) $L_1 \cap L_2$,

(3) $L_1 - L_2$,

(4) $\overline{L} = \Sigma^* - L$,

(5) $L_1 \circ L_2$,

(6) L^*

entscheidbar sind. Die Klasse R_Σ der entscheidbaren Sprachen über dem Alphabet Σ ist also abgeschlossen gegen alle „gängigen" Verknüpfungen von Sprachen.

10.6   Gegenüber welchen dieser Operationen ist die Klasse RE_Σ abgeschlossen, gegenüber welchen nicht? Beweisen Sie Ihre Antworten.

10.7   Sei Σ ein Alphabet. Begründen Sie, dass für jede Sprache $L \subseteq \Sigma^*$ genau einer der folgenden vier Fälle auftritt:

1. L und $\overline{L}$ sind beide entscheidbar.

2. L und $\overline{L}$ sind beide nicht rekursiv-aufzählbar.

3. L ist rekursiv-aufzählbar, aber nicht entscheidbar, und $\overline{L}$ ist nicht rekursiv-aufzählbar.

4. $\overline{L}$ ist rekursiv-aufzählbar, aber nicht entscheidbar, und L ist nicht rekursiv-aufzählbar.

10.8   Zeigen Sie: Das *Inklusionsproblem* des „Spiel des Lebens" (siehe Abschnitt 4.4.1) ist semi-entscheidbar, aber nicht entscheidbar. Das Inklusionsproblem lautet: Gegeben seien zwei Konfigurationen (Populationen) c_1 und c_2. Gibt es eine endliche Folge von Konfigurationsübergängen, die bei c_1 beginnt und bei c_2 endet?

10.9   Sei $(\mathbb{N}_0, \mathcal{P}, \varphi)$ eine Standardnummerierung. Zeigen Sie, welche der folgenden Indexmengen entscheidbar, nicht entscheidbar, rekursiv aufzählbar, nicht rekursiv aufzählbar sind.

$$A_1 = \{\, i \mid Def(\varphi_i) = \emptyset \,\}$$
$$A_2 = \{\, i \mid W(\varphi_i) = \emptyset \,\}$$
$$A_3 = \{\, i \mid |Def(\varphi_i)| < \infty \,\}$$
$$A_4 = \{\, i \mid |W(\varphi_i)| < \infty \,\}$$
$$A_5 = \{\, i \mid Def(\varphi_i) = \mathbb{N}_0 \,\}$$
$$A_6 = \{\, i \mid W(\varphi_i) = \mathbb{N}_0 \,\}$$
$$A_7 = \{\, i \mid i_0 \in Def(\varphi_i) \,\}, \text{ für } i_0 \in \mathbb{N}_0$$
$$A_8 = \{\, i \mid i_0 \in W(\varphi_i) \,\}, \text{ für } i_0 \in \mathbb{N}_0$$
$$A_9 = \{\, i \mid Def(\varphi_i) \in R_{\mathbb{N}_0} \,\}$$
$$A_{10} = \{\, i \mid \varphi_i = f \,\}, f \in \mathcal{R}$$
$$A_{11} = \{\, i \mid \varphi_i = f \,\}, f \in \mathcal{P} - \mathcal{R}$$
$$A_{12} = \{\, i \mid \varphi_i = \omega \,\}$$
$$A_{13} = \{\, i \mid \varphi_i \neq \omega \,\}$$
$$A_{14} = \{\, i \mid \varphi_i \text{ ist bijektiv} \,\}$$
$$A_{15} = \{\, i \mid \varphi_i \text{ ist primitiv rekursiv} \,\}$$
$$A_{16} = \{\, i \mid \varphi_i(x) = f(x) \,\}, \text{ für ein } x \in \mathbb{N}_0 \text{ und } f \in \mathcal{R}$$
$$A_{17} = \{\, \langle i, j \rangle \mid \varphi_i = \varphi_j \,\}$$

Untersuchen Sie analog die Komplemente $\overline{A_i}$, $1 \leq i \leq 17$.

10.10 Hat das PCP über $\{a, b\}$ gegeben durch

$$\langle\, (aab, a), (ab, abb), (ab, bab), (ba, aab)\,\rangle$$

eine Lösung?

10.11 Studieren Sie die ausführlichen Beweise zur Unentscheidbarkeit des Postschen Korrespondenzproblems etwa bei Asteroth und Baier (2002), Schöning (2009) sowie Sipser (2006).

Kapitel 11

Komplexität

Nachdem wir uns in den vorangegangenen Kapiteln mit Berechenbarkcit beschäftigt und im letzten Kapitel festgestellt haben, dass es nicht entscheidbare Mengen, d.h. nicht berechenbare Probleme gibt, werden wir uns in diesem Kapitel mit berechenbaren Problemen befassen, und zwar mit dem *Aufwand* für ihre Berechnung.

Wir werden zunächst überlegen, wie man die *Laufzeit-Komplexität* von Algorithmen messen und miteinander vergleichen kann. Dann werden wir spezielle Komplexitätsklassen und deren Beziehungen zueinander betrachten, insbesondere die Klassen P und NP. P ist die Klasse der Sprachen, die von deterministischen Turingmaschinen in polynomieller Laufzeit akzeptiert werden, NP ist die Klasse der Sprachen, die von nichtdeterministischen Turingmaschinen in polynomieller Laufzeit akzeptiert werden. Wir werden den Begriff NP-*Vollständigkeit* und seine Bedeutung für das berühmte ungelöste P-NP-*Problem* vorstellen. Im Anschluss beschäftigen wir uns mit konkreten, praktischen Problemen, die zwar prinzipiell berechenbar (effektiv), die aber praktisch nicht lösbar (nicht effizient) sind, weil die Laufzeit für ihre Berechnung nicht akzeptabel ist.

Zum Schluss des Kapitels gehen wir kurz auf weitere Komplexitätsklassen und deren Zusammenhang zu den Klassen P und NP und zum P-NP-Problem ein. Dazu gehören dic zu P und NP komplementären Klassen coP und coNP sowie Klassen, die bei Betrachtung der *Speicherplatz-Komplexität* entstehen.

11.1   Die O-Notation

Bevor wir die Laufzeit von Algorithmen mithilfe von Laufzeitfunktionen definieren, wollen wir überlegen, wie man Funktionen generell bezüglich ihres Wachstums miteinander vergleichen und klassifizieren kann. Dazu legen wir fest, „wann eine Funktion von der Ordnung einer anderen Funktion ist".

Definition 11.1. Es seien $f, g : \mathbb{N}_0 \to \mathbb{R}_+$ zwei Funktionen. f ist *von der Ordnung g*, falls es eine Konstante $c > 0$ und eine natürliche Zahl n_0 gibt, so dass gilt:

$$f(n) \leq c \cdot g(n) \text{ für alle } n \geq n_0$$

Mit $O(g)$ bezeichnen wir die Menge der Funktionen, die von der Ordnung g sind:

$$O(g) = \{\, f : \mathbb{N}_0 \to \mathbb{R}_+ \mid$$
$$\text{es gibt } c > 0 \text{ und } n_0 \in \mathbb{N}_0 \text{ mit } f(n) \le c \cdot g(n) \text{ für alle } n \ge n_0 \,\}$$

Falls $f \in O(g)$ ist, sind alle Funktionswerte von f ab einer festen Stelle n_0 kleiner als die entsprechenden Funktionswerte von g (abgesehen von einer Konstanten c). Ab diesem n_0 wächst f höchstens so stark wie g. □

Anstelle der exakten Notation $f \in O(g)$ schreibt man oft auch $f = O(g)$ als „Übersetzung" von „f ist von der Ordnung g". Das Gleichheitszeichen in $f = O(g)$ drückt hierbei nicht die Gleichheit aus, denn f ist eine Funktion und $O(g)$ ist eine Menge von Funktionen, sondern das Gleichheitszeichen steht jetzt für das „ist" in „f ist von der Ordnung g".

Beispiel 11.1. Wir wollen zeigen, dass die Funktion

$$f(n) = 3n^2 + 7n + 11$$

von der Ordnung n^2 ist, d.h. dass gilt:

$$3n^2 + 7n + 11 \in O(n^2)$$

Gemäß Definition 11.1 müssen wir für $f(n) = 3n^2 + 7n + 11$ und $g(n) = n^2$ zeigen, dass es ein $c > 0$ und ein n_0 gibt, so dass $f(n) \le c \cdot g(n)$ für alle $n \ge n_0$ gilt. Wir können f wie folgt nach oben abschätzen:

$$\begin{aligned}
f(n) &= 3n^2 + 7n + 11 \\
&\le 3n^2 + 7n^2 + 11n^2 && \text{für alle } n \ge 1 \\
&\le 11n^2 + 11n^2 + 11n^2 && \text{für alle } n \ge 1 \\
&\le 33n^2 && \text{für alle } n \ge 1 \\
&= 33 \cdot g(n)
\end{aligned}$$

Wir haben also ein $c = 33 > 0$ und ein $n_0 = 0$ gefunden, so dass $f(n) \le c \cdot g(n)$ für alle $n \ge n_0$ gilt. Damit ist gezeigt, dass $3n^2 + 7n + 11 \in O(n^2)$ gilt: Das Polynom zweiten Grades $3n^2 + 7n + 11$ wächst im Wesentlichen wie n^2. □

Der folgende Satz verallgemeinert die Aussage des Beispiels 11.1, indem er aussagt, dass jedes Polynom vom Grade k von der Ordnung n^k ist.

Satz 11.1. Für $k \in \mathbb{N}_0$ ist $p_k : \mathbb{N}_0 \to \mathbb{R}_+$, definiert durch

$$p_k(n) = a_k n^k + a_{k-1} n^{k-1} + \ldots + a_1 n + a_0$$
$$= \sum_{i=0}^{k} a_i n^i, \; a_i \in \mathbb{R}_+, \; 0 \le i \le k, \; k \ge 0$$

ein Polynom vom Grade k. Es gilt: $p_k \in O(n^k)$.

Beweis Wir schätzen $p_k(n)$ ähnlich ab, wie wir die Funktion in Beispiel 11.1 abgeschätzt haben:

$$
\begin{aligned}
p_k(n) &= a_k n^k + a_{k-1} n^{k-1} + \ldots + a_1 n + a_0 \\
&\leq a n^k + a n^{k-1} + \ldots + a n + a && \text{mit } a = \max\{\, a_i \mid 0 \leq i \leq k \,\} \\
&\leq \underbrace{a n^k + a n^k + \ldots + a n^k + a n^k}_{k+1\text{-}mal} && \text{für alle } n \geq 0 \\
&= a(k+1) n^k && \text{für alle } n \geq 0
\end{aligned}
$$

Wir wählen $c = a(k+1)$. Dann gilt

$$p_k(n) \leq c \cdot n^k \text{ für alle } n \geq 0$$

und damit $p_k \in O(n^k)$. $\qquad\square$

Jedes Polynom vom Grad k wächst also wie n^k. Aus diesem Satz können wir sofort die Aussage in Beispiel 11.1 (sowie die Aussagen in den Übungen 11.1 und 11.2) folgern.

In späteren Betrachtungen interessiert bei poylnomieller Ordnung einer Funktion f oft nicht ihre genaue Größenordnung, sprich der Grad des betreffenden Polynoms, sondern, dass es sich bei der Größenordnung überhaupt um eine polynomielle handelt. In diesen Fällen schreiben wir $f = O(\text{poly})$ oder auch $f(\cdot) = O(\text{poly}(\cdot))$.

Der folgende Satz formuliert einige „Rechengesetze" für die O-Notation.

Satz 11.2. Seien $f, g, h : \mathbb{N}_0 \to \mathbb{R}_+$, dann gilt:

(1) $f \in O(f)$,

(2) $d \cdot f \in O(f)$ für $d \in \mathbb{R}_+$,

(3) $f + g \in O(g)$, falls $f \in O(g)$,

(4) $f + g \in O(\max\{\, f, g \,\})$,

(5) $f \cdot g \in O(f \cdot h)$, falls $g \in O(h)$.

Beweis (1) Aus $f(n) \leq 1 \cdot f(n)$ für alle $n \geq 0$ folgt sofort die Behauptung.

(2) Nach (1) gilt $f \in O(f)$, woraus folgt, dass eine Konstante $c > 0$ und ein $n_0 \in \mathbb{N}_0$ existieren mit

$$f(n) \leq c \cdot f(n)$$

für alle $n \geq n_0$. Daraus folgt

$$d \cdot f(n) \leq d \cdot c \cdot f(n)$$

für alle $n \geq n_0$. Es gibt also eine Konstante $c' = d \cdot c > 0$, so dass

$$d \cdot f(n) \leq c' \cdot f(n)$$

für alle $n \geq n_0$ ist. Daraus folgt: $d \cdot f \in O(f)$.

(3) Aus $f \in O(g)$ folgt, dass ein $c > 0$ und ein $n_0 \in \mathbb{N}_0$ existieren mit

$$f(n) \leq c \cdot g(n)$$

für alle $n \geq n_0$. Daraus folgt:

$$
\begin{aligned}
f(n) + g(n) &\leq c \cdot g(n) + g(n) && \text{für alle } n \geq n_0 \\
&= (c+1) \cdot g(n) && \text{für alle } n \geq n_0 \\
&= c' \cdot g(n) && \text{für alle } n \geq n_0 \text{ und } c' = c + 1
\end{aligned}
$$

Somit gilt: $f + g \in O(g)$.

(4) $\max\{f, g\}$ ist definiert durch:

$$\max\{f,g\}(n) = \begin{cases} f(n), & \text{falls } f(n) \geq g(n) \\ g(n), & \text{sonst} \end{cases}$$

Hieraus folgt:

$$
\begin{aligned}
f(n) + g(n) &\leq \max\{f,g\}(n) + \max\{f,g\}(n) && \text{für alle } n \geq 0 \\
&= 2 \cdot \max\{f,g\}(n) && \text{für alle } n \geq 0
\end{aligned}
$$

Somit gilt: $f + g \in O(\max\{f,g\})$.

(5) Aus $g \in O(h)$ folgt, dass es ein $c > 0$ und ein $n_0 \in \mathbb{N}_0$ gibt mit

$$g(n) \leq c \cdot h(n)$$

für alle $n \geq n_0$. Daraus folgt:

$$
\begin{aligned}
f(n) \cdot g(n) &\leq f(n) \cdot c \cdot h(n) && \text{für alle } n \geq n_0 \\
&= c \cdot f(n) \cdot h(n) && \text{für alle } n \geq n_0
\end{aligned}
$$

Somit gilt: $f \cdot g \in O(f \cdot h)$. $\qquad\square$

Die O-Notation ermöglicht also asymptotische Aussagen über obere Schranken. Dual dazu kann man auch eine Notation für *untere* Schranken, die so genannte Ω-Notation, einführen. Stimmen für ein gegebenes Problem obere und untere Schranke überein, wird dies durch die so genannte Θ-Notation ausgedrückt. Auf diese beiden Notationen gehen wir hier nicht weiter ein.

11.2 Komplexität von Algorithmen

Wir wenden uns nun Laufzeitbetrachtungen von Algorithmen zu. Dabei gehen wir von Algorithmen aus, die als Turingprogramme formuliert sind. Wir messen die Laufzeit eines Turingprogramms T in Abhängigkeit von der Länge $|w|$ einer Eingabe w, indem wir die Anzahl der Konfigurationsübergänge zählen, die T zur Bearbeitung von w benötigt (siehe auch Abschnitt 9.7.2: *Standardkomplexität*). Auf diese Weise ordnen wir jedem deterministischen Turingautomaten T mit Eingabealphabet Σ eine Laufzeitfunktion

$$time_T : \Sigma^* \to \mathbb{N}_0$$

zu, die definiert ist durch

$$time_T(w) = \text{Anzahl der Konfigurationsübergänge von } T \text{ bei Eingabe von } w$$

Wir wollen nun diejenigen Sprachen über Σ zu einer Komplexitätsklasse zusammenfassen, deren Wörter innerhalb einer bestimmten Laufzeit von einem Turingautomaten entschieden werden.

Definition 11.2. Sei Σ ein Alphabet und $f : \mathbb{N}_0 \to \mathbb{N}_0$ eine Funktion. Dann ist

$$\mathsf{TIME}(f) = \{\, L \subseteq \Sigma^* \mid \text{es gibt einen deterministischen}$$

$$\text{Mehrband-Turingautomaten } T, \text{ der } L \text{ mit}$$

$$time_T(w) = \mathsf{O}(f(|w|)) \text{ für alle } w \in L \text{ entscheidet}\}$$

$\mathsf{TIME}(f)$ ist also die Menge aller Sprachen, deren Wörter w mit einer Laufzeit der Größenordnung $f(|w|)$ akzeptiert werden. Ist $L \in \mathsf{TIME}(f)$, dann sagen wir: L ist in f-Zeit entscheidbar. □

Bemerkung 11.1. a) Genauer müsste man $\mathsf{TIME}_\Sigma(f)$ schreiben, weil sich die Definitionen von T und von $time_T$ auf ein Alphabet Σ beziehen. Damit wären Komplexitätsbetrachtungen abhängig vom vorliegenden Alphabet. Ein und dieselbe Sprache L kann aber über unterschiedliche Alphabete gebildet werden, so dass man möglicherweise unterschiedliche Ergebnisse bekommen würde. Dass die Wahl des Alphabets keine wesentliche Rolle spielt und daher von dem konkreten Alphabet abstrahiert werden kann, zeigt folgende Überlegung: Jeder Buchstabe eines Alphabets $\Sigma = \{a_0, \dots, a_{k-1}\}$ mit $k \geq 2$ kann durch ein Wort der Länge $\lceil \log k \rceil$ über dem Alphabet $\{0, 1\}$ codiert werden, indem a_i durch die Binärdarstellung von i repräsentiert wird. Für die Codierung w' eines Wortes $w \in \Sigma^*$ ergibt sich dann die Länge $|w'| = |w| \cdot \lceil \log k \rceil$. So könnte z.B. $\Sigma = \{a, b, c\}$ durch $\Sigma' = \{00, 01, 10\}$ codiert werden. Das Wort $bcab \in \Sigma^*$ würde dann durch das Wort $01100001 \in \Sigma'^*$ dargestellt. Codierung und Decodierung können in linearer Zeit durchgeführt werden.

Aus diesen Überlegungen ergibt sich im Übrigen, dass einelementige (unäre) Alphabete und damit die „Bierdeckelcodierung" der Wörter über solchen Alphabeten ungeeignet sind, da die unäre Repräsentation eines Wortes exponentiell länger als dessen binäre Darstellung ist.

b) Anstelle von Mehrband-Turingmaschinen hätten wir auch andere Berechenbarkeitsmodelle, z.B. WHILE- oder GOTO-Programme, für die Laufzeitdefinition und damit für die Definition von $\mathsf{TIME}(f)$ heranziehen können. Dazu müssten wir die Lauf- bzw. Rechenzeit für elementare Anweisungen festlegen und dann die Rechenzeiten aufsummieren, die durch die Ausführungen der Anweisungen des vorliegenden Programmes bei einer Eingabe entstehen.

Der Aufwand für die Zuweisung $y := x$ besteht zumindest aus der Übertragung der Binärdarstellung des Wertes von x, das sind $\log x$ Bits. Man spricht dann von *logarithmischem Kostenmaß* (siehe a). Man kann aber auch den elementaren Anweisungen ein elementares Kostenmaß, das in der Regel auf 1 normiert wird, zuordnen. Man spricht dann von einem *uniformen Kostenmaß*. Betrachten wir das folgende LOOP-Programm:

read(n);
$x := 2$;
loop n **do** $x := x * x$ **end**;
write(x)

Der Algorithmus berechnet die Funktion *zweihochzweihoch* $: \mathbb{N}_0 \to \mathbb{N}_0$ definiert durch

$$zweihochzweihoch(n) = 2^{2^n}.$$

Bei uniformem Kostenmaß und der Annahme, dass die Zuweisung, die Multiplikation und die Überprüfung der **loop**-Bedingung als jeweils ein Schritt zählen, hat der Algorithmus bei Eingabe n eine Laufzeit von $O(n)$ – im Wesentlichen n Schleifendurchläufe mit jeweils einer Multiplikation und einer Zuweisung. Die Lösung besteht als Dualzahl aus etwa $\log 2^{2^n} = 2^n$ Bits. Allein das Aufschreiben der Lösung benötigt somit 2^n Schritte. Bei logarithmischem Kostenmaß ist die Laufzeit des Algorithmus also mindestens in $O(2^n)$ und damit nicht linear. Falls die Längen der Variablenwerte eine bestimmte feste Schranke nicht überschreiten können (etwa wegen der festen Speicherwortlänge in realen Rechnern), stimmen die Laufzeiten bei uniformem und logarithmischem Kostenmaß im Wesentlichen überein. Im obigen Beispiel wäre 2^{2^n} bei beschränkter Speicherwortlänge nur für sehr kleines n berechenbar.

Bei der Laufzeitanalyse von Algorithmen im Lehrgebiet *Algorithmen und Datenstrukturen*, einem Teilgebiet der Praktischen Informatik, wird in der Regel ein uniformes Kostenmaß zugrunde gelegt, weil man von realitätsnahen Rechnermodellen ausgeht. In der Theoretischen Informatik setzt man zumeist, wie z.B. bei Turingmaschinen, keine Speicherwortlängenbegrenzungen voraus und legt ein logarithmisches Kostenmaß zugrunde.

Mehrband-Turingautomaten als Laufzeitmodell zu verwenden hat den Vorteil, dass von vorneherein klar ist, was – und zwar ohne Unterschied – gezählt wird: die Konfigurationsübergänge. In Definition 11.2 könnte auch der Einbandautomat gewählt werden. Doch dann könnte viel Zeit für das Hin- und Herfahren des Schreib-Lesekopfes auf dem einen Arbeitsband verbraucht werden, um bestimmte Informationen zu finden. Diese Laufzeit entsteht dann wegen der beschränkten Zugriffsmöglichkeiten, nicht aber unmittelbar aus der eigentlichen Berechnung. Aus Kapitel 8 wissen wir, dass Mehrbandautomaten durch Einbandautomaten simuliert werden können. Die Transformation eines Mehrbandautomaten T in einen äquivalenten Einbandautomaten T' kann so gestaltet werden, dass, wenn T Wörter in $O(f)$-Zeit akzeptiert, T' diese Wörter in $O(f^2)$-Zeit akzeptiert. Die Laufzeit vergrößert sich also höchstens quadratisch. $\square$

Untere Schranken

Neben der Komplexität (insbesondere der Laufzeit) von Algorithmen interessiert auch die Komplexität von Problemen, d.h. die Komplexität, die ein Lösungsalgorithmus für ein Problem mindestens hat. So kann man z.B. zeigen, dass das allgemeine Sortier-problem mit Verfahren, deren Grundoperation der paarweise Vergleich von Objekten ist, mindestens $c \cdot n \log n$ Schritte benötigt (dabei ist n die Anzahl der zu sortierenden Objekte). Das allgemeine Sortierproblem kann nicht schneller gelöst werden. Da man Sortieralgorithmen mit der Laufzeit $O(n \log n)$ kennt (die bekanntesten Verfahren mit dieser Laufzeit sind Quicksort, Mergesort, Heapsort), braucht man sich im Prinzip nicht auf die Suche nach weiteren Algorithmen zu machen, da es keinen Sortieralgo-rithmus mit einer größenordnungsmäßig kleineren Laufzeit gibt.

Hat ein Algorithmus eine Laufzeit, die größenordnungsmäßig mit der Komplexität des Problems übereinstimmt, so nennt man ihn *optimal* (für dieses Problem). Heapsort ist also ein optimaler Sortieralgorithmus.

Es ist im Allgemeinen schwierig, die Komplexität eines Problems zu bestimmen bzw. nachzuweisen, dass ein Algorithmus ein Problem optimal löst, da man über eine Klasse von Algorithmen als Ganzes argumentieren muss. Bei einem entsprechenden Nachweis stellt man möglicherweise Laufzeitüberlegungen für Algorithmen an, die man noch gar nicht kennt. Im weiteren Verlauf dieses Kapitels betrachten wir nur die Komplexität (Laufzeit) von *Algorithmen*, nicht die Komplexität von Problemen.

11.3 Wichtige Komplexitätsklassen

Man kann folgende Hierarchie von Wachstumsklassen beweisen:

$$O(1) \subset O(\log \log n) \subset O(\log n) \subset O(n^\varepsilon)$$
$$\subset O(n) \subset O(n \log n) \subset O(n^d)$$
$$\subset O(n^{\log n}) \subset O(d^n) \subset O(n^n) \subset O(d^{d^n})$$

Dabei ist $0 < \varepsilon < 1 < d$. Die im Rahmen von Laufzeitbetrachtungen von Algorith-men wichtigsten Ordnungsfunktionen zeigt folgende Tabelle:

Wachstum	Ordnung
konstant	$O(1)$
logarithmisch	$O(\log n)$
linear	$O(n)$
n-log-n	$O(n \log n)$
polynomiell	$O(n^k),\ k \geq 2$
exponentiell	$O(d^n),\ d > 1$

Folgende Tabelle gibt für einige Komplexitäten an, welche Eingaben der Größe n entsprechende Algorithmen in einer Sekunde, in einer Minute und in einer Stunde verarbeiten können. Dabei soll ein (elementarer) Schritt (Zuweisung, arithmetische Operation, Vergleich) eine Millisekunde (10^{-3} sec) dauern.

Algorithmus	Laufzeit	1 sec	1 min	1 h
A_1	$O(n)$	1000	$6 \cdot 10^4$	$3,6 \cdot 10^6$
A_2	$O(n \log n)$	128	4615	$2 \cdot 10^5$
A_3	$O(n^2)$	31	244	1897
A_4	$O(n^3)$	10	39	153
A_5	$O(2^n)$	9	15	21

A_4 benötigt also bei einer Eingabe w mit $|w| \leq 153$ höchstens eine Stunde Laufzeit. A_5 kann in dieser Zeit nur Eingaben verarbeiten, die nicht länger als 21 sind. Selbst in einer Zeit, die dem angenommenen Alter unseres Universums entspricht, verarbeitet A_5 keine Eingaben, die länger als 70 sind. Nehmen wir an, wir könnten die Zeit für die Ausführung eines elementaren Schrittes auf ein Tausendstel des obigen Wertes verkürzen (also auf 10^{-6} sec) – etwa durch schnellere Hardware –, dann zeigt folgende Tabelle die möglichen Steigerungen der maximalen Eingabelängen l_i für die Algorithmen A_i, $1 \leq i \leq 5$:

Algorithmus	Laufzeit	Länge vorher	Länge nachher
A_1	$O(n)$	l_1	$1000 \, l_1$
A_2	$O(n \log n)$	l_2	$\approx 1000 \, l_2$
A_3	$O(n^2)$	l_3	$\approx 31 \, l_3$
A_4	$O(n^3)$	l_4	$\approx 10 \, l_4$
A_5	$O(2^n)$	l_5	$10 + l_5$

Man sieht also, dass es sich mehr lohnt, – falls möglich – schnellere Algorithmen zu finden, als die Hardware zu verbessern.

Es sei bemerkt, dass diese Aussagen für *sequentielle* Maschinen gelten, auf denen die Anweisungen von Algorithmen nacheinander ausgeführt werden. Ein Effizienzgewinn (speed up) kann durchaus durch andere Architekturen, z.B. durch *parallele* Rechnerarchitekturen (z.B. moderne Mehrkern- oder Multicore-Prozessoren), erreicht werden. Bei diesen Rechnern kommt dabei ein weiterer Aufwand hinzu: der *Kommunikationsaufwand*, um die parallele Ausführung von Algorithmenteilen zu synchronisieren, und vor allem der *Hardwareaufwand*, also die Anzahl der Prozessoren, die zur Lösung eines Problems eingesetzt werden.

11.4   Die Klassen P und NP

Wir wollen zwei spezielle Klassen von Sprachen betrachten, die Klasse P der in polynomieller Zeit von deterministischen Turingautomaten entscheidbaren Sprachen und die Klasse NP der in polynomieller Zeit von nichtdeterministischen Turingautomaten entscheidbaren Sprachen. Beide Klassen und die Frage, ob die Klassen identisch sind, spielen nicht nur eine zentrale Rolle in der Theoretischen Informatik, sondern haben eine große Bedeutung für die Praktische Informatik. Auf beide Aspekte gehen wir im Folgenden noch detailliert ein.

11.4.1 Die Klasse P

Definition 11.3. Die Komplexitätsklasse P ist definiert durch

$$P = \bigcup_{p \text{ Polynom}} \text{TIME}(p)$$

In Anlehnung an Definition 11.2 können wir P auch definieren durch

$$P = \{\, L \subseteq \Sigma^* \mid \text{es gibt einen deterministischen Turingautomaten } T, \text{ der } L$$
$$\text{mit } time_T(w) = O(\text{poly}(|w|)) \text{ für alle } w \in L \text{ entscheidet}\}$$

Da für jedes Polynom p auch p^2 ein Polynom ist, haben wir in der Definition von P keine *Mehr*band-Automaten gefordert, sondern nur Turingautomaten (siehe Bemerkung 11.1 b). Die Klasse P enthält also alle Sprachen, deren Wörter von (Einband-) Turingautomaten in polynomieller Zeit entschieden werden. $\qquad\square$

11.4.2 Die Klasse NP

Bei nichtdeterministischen Turingautomaten kann es mehrere Konfigurationsfolgen geben, die eine Eingabe akzeptieren. Dieser Tatsache muss eine Laufzeitmessung Rechnung tragen. Wir wollen einem Wort die Anzahl der Übergänge einer *kürzesten* akzeptierenden Konfigurationsfolge zuordnen.

Die Laufzeit eines nichtdeterministischen Turingautomaten T bei Eingabe von Wörtern über einem Alphabet Σ ist definiert durch die Funktion

$$ntime_T : \Sigma^* \to \mathbb{N}_0$$

mit

$$ntime_T(w) = \begin{cases} \min\{\text{Anzahl der Übergänge einer akzeptierenden} \\ \qquad \text{Konfigurationsfolge von } w\}, & \text{falls } w \in L(T) \\ 0, & \text{sonst} \end{cases}$$

Wir wollen nun die Sprachen über Σ zu einer Komplexitätsklasse zusammenfassen, deren Wörter innerhalb einer bestimmten Laufzeit von einem Turingautomaten entschieden werden.

Definition 11.4. Sei $f : \mathbb{N}_0 \to \mathbb{N}_0$ eine Funktion. Dann ist

$$\text{NTIME}(f) = \{\, L \subseteq \Sigma^* \mid \text{es gibt einen nichtdeterministischen}$$
$$\text{Mehrband-Turingautomaten } T, \text{ der } L \text{ mit}$$
$$ntime_T(w) = O(f(|w|)) \text{ für alle } w \in L \text{ entscheidet}\}$$

NTIME(f) ist also die Menge aller Sprachen, deren Wörter w von einem nichtdeterministischen Turingautomaten mit einer Rechenzeit der Ordnung $f(|w|)$ entschieden werden. $\qquad\square$

Damit können wir eine weitere Klasse von Sprachen festlegen: die Sprachen, die von nichtdeterministischen Turingautomaten in Polynomzeit entschieden werden.

Definition 11.5. Die Komplexitätsklasse NP ist definert durch

$$NP = \bigcup_{p \text{ Polynom}} NTIME(p)$$

In Anlehnung an Definition 11.4 können wir NP auch definieren durch

$$NP = \{ L \subseteq \Sigma^* \mid \text{es gibt einen nichtdeterministischen Turingautomaten } T, \text{ der } L$$
$$\text{mit } ntime_T(w) = O(poly(|w|)) \text{ für alle } w \in L \text{ entscheidet} \}$$

Polynomzeit-Verifizierer

Die Klasse NP kann auch auf folgende Art und Weise festgelegt werden. Sei L eine Sprache über dem Alphabet Σ. Ein deterministischer Turing-Entscheider T heißt *Verifizierer* für L, falls

$$L = \{ w \in \Sigma^* \mid \exists x \in \Sigma^*, x\&w \in L(T) \}$$

gilt. Die Arbeitsweise eines Verifizierers T können wir uns so vorstellen: Zu einem gegebenen Wort w „rät" T eine zusätzliche Information x oder fragt ein „Orakel" nach einem Hilfswort x, welche bzw. welches auf ein zweites Arbeitsband geschrieben wird. Gelangt T mithilfe eines Wortes x bei der Bearbeitung von w in einen Endzustand, dann gehört w zu L. Dabei ist diese Bearbeitung nach dem Raten deterministisch. Ein solches Wort x wird auch *Zertifikat*, *Zeuge* oder *Beweis* für w genannt. Gibt es kein Zertifikat x, so dass $x\&w$ von T akzeptiert wird, dann akzeptiert T das Wort w nicht, d.h. es ist $w \notin L(T)$.

Gilt für die Zertifikate x, dass $x = O(p(|w|))$ sowie $time_T(x\&w) = O(p(|w|))$ ist, dann heißt T ein *Polynomzeit-Verifizierer* für L. Eine Sprache L heißt *Polynomzeit-verifizierbar*, falls es einen Polynomzeit-Verifizierer für L gibt.

Man kann beweisen, dass NP genau mit der Klasse von Sprachen übereinstimmt, die Polynomzeit-verifizierbar sind.

Ein Beispiel für ein in Polynomzeit verifizierbares Problem ist die Entscheidbarkeit der zusammengesetzten Zahlen:

$$\overline{\mathbb{P}} = \{ n \in \mathbb{N} \mid \exists p, q \in \mathbb{N} - \{1, n\} \text{ mit } n = p \cdot q \}$$

Dabei denken wir uns die Elemente von $\overline{\mathbb{P}}$ geeignet über einem Eingabealphabet codiert (z.B. als Dualzahlen über dem Alphabet $\Sigma = \{0, 1\}$). Ein Verifizierer rät für eine Eingabe n irgendeine Zahl p zwischen 1 und $\lfloor\sqrt{n}\rfloor$ und testet, ob diese ein Teiler von n ist. Falls es einen solchen Zeugen gibt, dann ist n eine zusammengesetzte Zahl und wird akzeptiert. Da die Zeugen in der Länge nicht größer als die Eingaben sind und Teilbarkeit in polynomieller Zeit getestet werden kann,[1] ist $\overline{\mathbb{P}}$ eine in Polynomzeit verifizierbare Sprache und gehört damit zu NP.

In Kapitel 12.3 wird diese Art des Akzeptierens von Sprachen noch einmal aufgegriffen und verallgemeinert. Es wird sich zeigen, dass es dafür interessante Anwendungsmöglichkeiten im Bereich der Datensicherheit gibt.

---

[1]Der Aufwand für den Teilbarkeitstest für eine Zahl n ist $O(m^2)$, wobei m die Länge der Dualdarstellung von n ist.

11.4.3 Die Klassen EXPTIME und NEXPTIME

In analoger Weise zu den Definitionen von P und NP können die Klassen

$$\text{EXPTIME} = \bigcup_{c>1} \bigcup_{k\geq 0} \text{TIME}(c^{n^k})$$

und

$$\text{NEXPTIME} = \bigcup_{c>1} \bigcup_{k\geq 0} \text{NTIME}(c^{n^k})$$

definiert werden. EXPTIME ist die Klasse der Sprachen, die von deterministischen Turingautomaten in (höchstens) exponentieller Zeit akzeptiert werden, NEXPTIME ist die Klasse der Sprachen, die von nichtdeterministsichen Turingautomaten in (höchstens) exponentieller Zeit akzeptiert werden.

Da $c^x = 2^{x \cdot \log c}$ gilt, können wir die exponentiellen Laufzeiten auf die Basis 2 normieren. Die beiden Klassen können also auch festgelegt werden durch

$$\text{EXPTIME} = \bigcup_{k\geq 0} \text{TIME}(2^{n^k})$$

$$\text{NEXPTIME} = \bigcup_{k\geq 0} \text{NTIME}(2^{n^k})$$

Wir betrachten die Laufzeiten für entscheidbare Sprachen, d.h. alle Komplexitätsklassen, die wir bisher eingeführt haben und die wir noch einführen werden, sind in der Klasse R_Σ enthalten. Interessant ist die Frage, wie mächtig ein Programmierkonzept sein muss, um solche Sprachen zu entscheiden. Dazu kann man überlegen, dass LOOP-Programme bzw. äquivalent dazu primitive Rekursion ausreichen, um z.B. alle Sprachen in $\text{TIME}(f)$ zu entscheiden, wobei f selbst eine loop-berechenbare bzw. primitiv-rekursive Funktion ist. In Abschnitt 9.4 haben wir die Äquivalenz von While-, Goto- und Turing-Berechenbarkeit gezeigt. Insbesondere haben wir überlegt, wie Turing-Programme in Goto- und diese in While-Programme transformiert werden können. Ein Turingautomat, der eine Sprache $L \in \text{TIME}(f)$ entscheidet, kann in ein äquivalentes Goto-Programm transformiert werden (siehe Beweisidee von Satz 9.8); jeder Konfigurationsübergang führt dabei zu einer festen Anzahl von Goto-Anweisungen (Wertzuweisungen und goto-Anweisungen). Das Goto-Programm kann in ein äquivalentes While-Programm mit der einen while-Anweisung

while $x_s \neq 0$ **do**

transformiert werden. Die Anzahl der Schleifendurchläufe dieses Programms ist für ein Wort w durch $f(|w|)$ beschränkt, d.h. die Anzahl der Durchläufe ist fest vorgegeben. Somit kann die while-Schleife ersetzt werden durch die loop-Anweisung:

loop $f(|w|)$ **do**

Da Addition, Multiplikation und Potenzen loop-berechenbar sind, sind auch Polynome loop-berechenbar. Es folgt, dass z.B. alle Sprachen in P, aber auch alle Sprachen in $\text{TIME}(2^n)$ und $\text{TIME}(2^{n^k})$ loop-berechenbar sind.

11.4.4 Das P-NP-Problem

Es ist offensichtlich, dass die Beziehungen

$$P \subseteq NP \text{ und } EXPTIME \subseteq NEXPTIME$$

gelten. Aus den Überlegungen zur Transformation nichtdeterministischer Turingauto-maten in äquivalente deterministische (siehe Kapitel 8) kann man ableiten, dass auch

$$NP \subseteq EXPTIME$$

und damit

$$P \subseteq NP \subseteq EXPTIME \subseteq NEXPTIME$$

gilt. $NP \subseteq EXPTIME$ bedeutet, dass jedes nicht deterministische Entscheidungsver-fahren, welches eine Sprache L in Polynomzeit entscheidet, in ein deterministisches Entscheidungsverfahren transformiert werden kann, dass L in exponentieller Zeit ent-scheidet.

Ob auch die Umkehrung $NP \subseteq P$ von $P \subseteq NP$, und damit die Gleichheit $P = NP$ gilt, oder ob $P \subset NP$ und damit $P \neq NP$ gilt, ist *das* ungelöste Problem der Theo-retischen Informatik. Es wird das P-NP-Problem genannt. Wir gehen im Folgenden detaillierter auf Aspekte dieses Problems ein sowie auf – auch praktisch relevante – Folgerungen, die aus seiner Lösung, ob nun $P = NP$ oder $P \neq NP$ ist, abgeleitet werden können.

11.4.5 NP-Vollständigkeit

Im Kapitel 10 haben wir den Begriff der Reduktion als ein zentrales Hilfsmittel beim Nachweis von Unentscheidbarkeit eingeführt: Eine Sprache $L_1 \subseteq \Sigma_1^*$ heißt reduzier-bar auf eine Sprache $L_2 \subseteq \Sigma_2^*$, falls es eine totale berechenbare Funktion

$$f : \Sigma_1^* \to \Sigma_2^*$$

gibt, so dass

$$w \in L_1 \text{ genau dann, wenn } f(w) \in L_2$$

gilt. Ist die Sprache L_1 reduzierbar auf die Sprache L_2 mit der Funktion f, dann no-tieren wir das durch $L_1 \leq_f L_2$. Informell bedeutet $L_1 \leq_f L_2$: Ein (neues) Problem $w \in L_1$ ist lösbar, wenn es berechenbar auf ein lösbares Problem $v = f(w) \in L_2$ transformiert werden kann.

Wir führen nun als Verschärfung der allgemeinen Reduktion den Begriff der *poly-nomiellen* Reduktion ein.

Definition 11.6. Eine Sprache $L_1 \subseteq \Sigma_1^*$ heißt *polynomiell reduzierbar* auf eine Spra-che $L_2 \subseteq \Sigma_2^*$, falls $L_1 \leq_f L_2$ gilt und die Reduktion f in Polynomzeit berechenbar ist. Ist L_1 auf L_2 polynomiell reduzierbar, so schreiben wir: $L_1 \leq_{\text{poly}} L_2$.   □

Es muss also mindestens eine deterministische Turingmaschine T_f geben, die f in Polynomzeit berechnet, d.h. für die $f \equiv f_{T_f}$ gilt mit $time_{T_f} \in O(n^k)$ für ein $k \in \mathbb{N}_0$.

Da wir verschiedene Alphabete Σ_1 und Σ_2 zu einem Alphabet $\Sigma = \Sigma_1 \cup \Sigma_2$ zusammen fassen können, betrachten wir im Folgenden nur Sprachen über einem Alphabet.

Aus der Definition folgt unmittelbar:

Folgerung 11.1. Es seien $L_1, L_2, L_3 \subseteq \Sigma^*$.

a) Es gilt $L_1 \leq_{\mathsf{poly}} L_2$ genau dann, wenn $\overline{L_1} \leq_{\mathsf{poly}} \overline{L_2}$ gilt.

b) Die Relation $\leq_{\mathsf{poly}}$ ist transitiv: Gilt $L_1 \leq_{\mathsf{poly}} L_2$ und $L_2 \leq_{\mathsf{poly}} L_3$, dann auch $L_1 \leq_{\mathsf{poly}} L_3$. $\qquad\square$

Folgender Satz besagt, dass ein Problem, das polynomiell auf ein in polynomieller Zeit lösbares Problem reduzierbar ist, selbst in polynomieller Zeit lösbar sein muss.

Satz 11.3. Ist $L_1 \leq_{\mathsf{poly}} L_2$ und ist $L_2 \in \mathsf{P}$, dann ist auch $L_1 \in \mathsf{P}$.

Beweis Aus $L_1 \leq_{\mathsf{poly}} L_2$ folgt, dass es eine in Polynomzeit berechenbare Funktion f geben muss mit $L_1 \leq_f L_2$. Da $L_2 \in \mathsf{P}$ ist, ist die charakteristische Funktion χ_{L_2} von L_2 in Polynomzeit berechenbar. Wir wissen aus Satz 10.5, dass die Komposition von f und χ_{L_2} eine charakteristische Funktion für L_1 ist: $\chi_{L_1} = \chi_{L_2} \circ f$. Da f und χ_2 in Polynomzeit berechenbar sind, ist auch χ_{L_1} in Polynomzeit berechenbar, also ist $L_1 \in \mathsf{P}$. $\qquad\square$

Die Aussage von Satz 11.3 gilt entsprechend auch für die Klasse NP (siehe Übung 11.4).

Satz 11.4. Ist $L_1 \leq_{\mathsf{poly}} L_2$ und ist $L_2 \in \mathsf{NP}$, dann ist auch $L_1 \in \mathsf{NP}$. $\qquad\square$

Die folgende Definition legt eine wichtige Teilklasse von NP fest, die Klasse der NP-vollständigen Sprachen.

Definition 11.7. a) Eine Sprache L heißt NP-*schwierig* genau dann, wenn für alle Sprachen $L' \in \mathsf{NP}$ gilt: $L' \leq_{\mathsf{poly}} L$.

b) L heißt NP-*vollständig* genau dann, wenn $L \in \mathsf{NP}$ und L NP-schwierig ist.

c) Wir bezeichnen mit NPC die Menge der NP-vollständigen Sprachen (NPC steht für *NP-complete*). $\qquad\square$

Bild 11.1 illustriert den Zusammenhang zwischen den Klassen P, NP und NPC, soweit er sich nach heutigem Wissensstand darstellt.

Eine zentrale Rolle in der Komplexitätstheorie spielt der folgende Satz. Er besagt, dass, wenn auch nur ein NP-vollständiges Problem deterministisch polynomiell berechenbar ist, *alle* nichtdeterministisch polynomiell berechenbaren Probleme auch deterministisch polynomiell berechenbar sind, d.h. dann gilt: $\mathsf{P} = \mathsf{NP}$.

Satz 11.5. Ist $L \in \mathsf{NPC}$, dann gilt $L \in \mathsf{P}$ genau dann, wenn $\mathsf{P} = \mathsf{NP}$ gilt.

Beweis „$\Rightarrow$": Sei $L \in \mathsf{NPC}$ und $L \in \mathsf{P}$. Wir müssen zeigen, dass dann $\mathsf{P} = \mathsf{NP}$ gilt. Da $\mathsf{P} \subseteq \mathsf{NP}$ sowieso gilt, müssen wir also nur noch zeigen, dass auch $\mathsf{NP} \subseteq \mathsf{P}$ gilt.

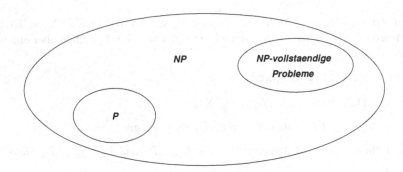

Bild 11.1: Die Klassen P, NP und NPC.

Sei also L' eine beliebige Sprache aus NP. Da L NP-vollständig ist, ist L auch NP-schwierig (siehe Definition 11.7 b), und deshalb gilt $L' \leq_{poly} L$ (siehe Definition 11.7 a). Da $L \in$ P ist, folgt mit Satz 11.3, dass auch $L' \in$ P ist. Da L' beliebig aus NP gewählt war, folgt somit NP $\subseteq$ P und damit P = NP.

„$\Leftarrow$“: Wir müssen zeigen: Ist $L \in$ NPC und ist P = NP, dann ist $L \in$ P. Das ist aber offensichtlich: Da L NP-vollständig ist, ist $L \in$ NP (siehe Definition 11.7 b). Wenn P = NP ist, ist damit auch $L \in$ P. $\square$

Satz 11.5 besagt: Um zu beweisen, dass P = NP oder dass P $\neq$ NP ist, reicht es, für *irgendein* NP-vollständiges Problem zu zeigen, dass es in P bzw. nicht in P liegt.

Es herrscht überwiegend die Ansicht, dass P $\neq$ NP und damit P $\subset$ NP gilt; es gibt aber auch Meinungen, die P = NP für möglich halten. Wir gehen am Ende von Kapitel 12 noch einmal auf mögliche Bedeutungen und Auswirkungen der beiden möglichen Antworten ein.

Der folgende Satz ist die Grundlage für eine Standardtechnik zum Nachweis der NP-Vollständigkeit einer Sprache.

Satz 11.6. Sei $L \in$ NPC. Gilt dann für eine Sprache L' einerseits $L \leq_{poly} L'$ und andererseits $L' \in$ NP, so ist auch $L' \in$ NPC.

Beweis Aufgrund unserer Voraussetzungen ist (nach Definition 11.7 a) nur noch zu zeigen, dass für alle Sprachen $L'' \in$ NP gilt: $L'' \leq_{poly} L'$. Sei also $L'' \in$ NP beliebig, so gilt zunächst $L'' \leq_{poly} L$, da $L \in$ NPC ist. Damit gilt aber $L'' \leq_{poly} L \leq_{poly} L'$ und somit aufgrund der Transitivität von $\leq_{poly}$ (siehe Folgerung 11.1 b) auch $L'' \leq_{poly} L'$. Also ist auch $L' \in$ NPC. $\square$

Die sich aus Satz 11.6 unmittelbar ergebende Technik zum Nachweis der NP-Vollständigkeit einer Sprache L' lautet also:

1. Zeige, dass $L' \in$ NP gilt;

2. reduziere eine Sprache $L \in$ NPC polynomiell auf L'.

Man benötigt somit zumindest *ein* konkretes NP-vollständiges Problem als „Startpunkt" für eine Kette polynomieller Reduktionen; einen solchen Startpunkt stellen
wir im nächsten Abschnitt vor (vgl. Satz 11.8).

Wenn man nachweist, dass ein Problem NP-vollständig ist, bedeutet dies – vorausgesetzt, es ist P $\neq$ NP –, dass das Problem zwar prinzipiell, aber praktisch nicht
lösbar ist. Denn seine deterministische Berechnung – und Berechnungen auf realen
Rechnern erfolgen aufgrund deterministischer Programme – benötigt eine Laufzeit
von der Ordnung 2^{n^k}. Das bedeutet schon für $k = 1$ und relativ kleine Problemgrößen n auch für schnellste heute verfügbare Rechner Laufzeiten, die größer sind, als
unser Universum alt ist (siehe auch Kapitel 11.3).

NP-vollständige Probleme gelten also als praktisch nicht lösbar (nicht effizient,
aber effektiv). Probleme in P gelten als praktisch lösbar (effizient), wobei die Laufzeiten ihrer Berechnungen de facto höchstens von der Ordnung $O(n^3)$ sein sollten,
denn bei Laufzeiten von $O(n^k)$ mit $k \geq 4$ können die Laufzeiten auch schon für nicht
allzu große n unakzeptabel werden. In Kapitel 12 stellen wir zum einen beispielhaft
Ansätze vor, mit denen schwierige Probleme zufriedenstellend gelöst werden können,
und zum anderen stellen wir ebenfalls beispielhaft Anwendungen vor, bei denen die
Schwierigkeit von Problemen für die Sicherung von bestimmten Systemeigenschaf-
ten ausgenutzt wird.

Mittlerweile ist von Tausenden von Problemen bewiesen worden, dass sie NP-
vollständig sind, so dass man geneigt sein könnte anzunehmen, dass möglicherweise
NP = NPC ist, dass also alle Sprachen in NP auch NP-vollständig sind. Der folgende
Satz, den wir ohne Beweis angeben, besagt, dass es für den Fall, dass P $\neq$ NP ist,
Sprachen gibt, die weder in P noch in NPC liegen.

Satz 11.7. Ist P $\neq$ NP, dann ist NP $-$ (P $\cup$ NPC) $\neq \emptyset$. $\qquad\square$

Diese Sprachen werden auch NP-*unvollständig* genannt, und dementsprechend wird
die Klasse dieser Sprachen mit NPI bezeichnet (NPI steht für NP-*incomplete*).

11.5 Konkrete NP-vollständige Probleme

Zum Abschluss des Kapitels wollen wir einige – auch praktisch relevante – NP-vollständige Probleme kennenlernen.

11.5.1 *SAT* – Das Erfüllbarkeitsproblem der Aussagenlogik

Als erstes betrachten wir das Erfüllbarkeitsproblem der Aussagenlogik, das allgemein
mit *SAT* (von englisch *Satisfiability*) bezeichnet wird. Dieses Problem lässt sich direkt (oder indirekt, d.h. transitiv) auf weitere in den nächsten Abschnitten genannte –
praktisch relevante – Problemstellungen polynomiell reduzieren, weshalb diese ebenfalls NP-vollständig sind (siehe Sätze 11.4 und 11.6).

Aussagenlogische Formeln

Sei $\Sigma = \{\,v, 1, \neg, \wedge, \vee, (,)\,\}$ ein Alphabet. Die Grammatik $G = (\Sigma, \{\,S, V\,\}, P, S)$ mit

$$P = \{\,S \to V \mid \neg S \mid (S \wedge S) \mid (S \vee S),$$
$$V \to v \mid V1\,\}$$

erzeugt die Menge *WFF* aller aussagenlogischen Formeln: $WFF = L(G)$ (mit *WFF* für *Well-Formed Formulas*).

Die Teilmenge $Var = \{\,v1^k \mid k \geq 0\,\} \subset WFF$ ist die Menge der Variablen. Anstelle von $v1^i$ schreiben wir auch v_i, manchmal benennen wir die Variablen auch mit anderen kleinen Buchstaben vom Ende des Alphabets. Beispiele für aussagenlogische Formeln sind:

$$v_1,$$
$$\neg v_0,$$
$$(v_2 \wedge v_7),$$
$$(v_1 \vee (v_2 \wedge v_3) \vee \neg(v_3 \wedge v_4)) \wedge \neg v_5.$$

Wir bezeichnen aussagenlogische Formeln, d.h. Wörter aus *WFF*, auch mit x, y, z. Eine Belegung der Variablen ist eine Funktion

$$\sigma : Var \to \{\,0, 1\,\},$$

die jeder Variablen den Wert 0 („falsch") oder 1 („wahr") zuordnet. Zu jeder Belegung σ ist die Auswertungsfunktion

$$eval_\sigma : WFF \to \{\,0, 1\,\}$$

definiert durch

$$eval_\sigma(v_i) = \sigma(v_i)$$

$$eval_\sigma(\neg x) = \begin{cases} 0, & \text{falls } eval_\sigma(x) = 1 \\ 1, & \text{falls } eval_\sigma(x) = 0 \end{cases}$$

$$eval_\sigma(x \wedge y) = \begin{cases} 1, & \text{falls } eval_\sigma(x) = 1 \text{ und } eval_\sigma(y) = 1 \\ 0, & \text{sonst} \end{cases}$$

$$eval_\sigma(x \vee y) = \begin{cases} 1, & \text{falls } eval_\sigma(x) = 1 \text{ oder } eval_\sigma(y) = 1 \\ 0, & \text{sonst} \end{cases}$$

Sei z.B. $x = (v_0 \vee \neg(v_1 \wedge v_2))$ und σ eine Belegung mit $\sigma(v_0) = 0$, $\sigma(v_1) = 1$ und $\sigma(v_2) = 1$. Dann gilt:

$$eval_\sigma(x) = 0 \vee \neg(1 \wedge 1) = 0 \vee \neg 1 = 0 \vee 0 = 0$$

Man beachte, dass es sich bei den gerade definierten Operationen um in Abschnitt 4.2 betrachtete zweistellige Boolesche Funktionen handelt.

Eine aussagenlogische Formel $x \in WFF$ heißt *erfüllbar* (*satisfiable*), falls es eine Belegung σ gibt mit $eval_\sigma(x) = 1$, d.h. wenn die Variablen von x so mit 0 oder 1 belegt werden können, dass die Auswertung von x insgesamt 1 ergibt.

So ist die Formel $x = (v_0 \vee \neg(v_1 \wedge v_2))$ erfüllbar, denn z.B. für die Belegung $\sigma(v_0) = 1$, $\sigma(v_1) = 0$ und $\sigma(v_2) = 1$ gilt $eval_\sigma(x) = 1$. Die Formel $x = (v \wedge \neg v)$ ist nicht erfüllbar, denn sowohl für die Belegung σ mit $\sigma(v) = 1$ gilt $eval_\sigma(x) = 0$ als auch für die Belegung σ' mit $\sigma'(v) = 0$ gilt $eval_{\sigma'}(x) = 0$.

Die Menge

$$SAT = \{\, x \in WFF \mid x \text{ ist erfüllbar} \,\}$$

ist die Menge der erfüllbaren aussagenlogischen Formeln.

Die NP-Vollständigkeit von *SAT*

Die folgende Überlegung führt zu einem Algorithmus, der entscheidet, ob eine aussagenlogische Formel $x \in WFF$ erfüllbar ist, d h. der entscheidet, ob $w \in SAT$ ist oder nicht, der also die charakteristische Funktion χ_{SAT} von SAT berechnet: $x \in WWF$ enthalte n verschiedene Variablen $v_1, \ldots, v_n$. Es gibt insgesamt 2^n verschiedene Belegungen dieser Variablen mit den Werten 0 und 1. Der Algorithmus stellt zunächst die Anzahl der Variablen fest. Dann generiert er eine Belegung und rechnet die Formel mit dieser Belegung aus. Ist das Ergebnis 1, dann stoppt der Algorithmus mit der Ausgabe 1. Ist das Ergebnis nicht 1, wird eine weitere Belegung generiert und die Formel ausgerechnet usw.

Eine Turingmaschine, die diesen Algorithmus auf geeigneten Codierungen realisiert, würde eine Belegung nichtdeterministisch „raten" und mit dieser die Formel auswerten. Die Auswertung ist in polynomieller Zeit in Abhängigkeit von der Anzahl n der Variablen möglich. Ergibt die Auswertung nicht 1, wird „Backtracking" durchgeführt, eine nächste Belegung erzeugt und ausgewertet. Ist die Formel x erfüllbar, dann „errät" das Turingprogramm eine entsprechende Belegung irgendwann. Da das Auswerten in polynomieller Zeit möglich ist, folgt, dass $SAT \in$ NP ist.

Wenn jetzt noch gezeigt werden kann, dass SAT NP-schwierig ist, wissen wir, dass SAT tatsächlich NP-vollständig ist (siehe Definition 11.7 b). SAT ist NP-schwierig, falls alle Sprachen $L \in$ NP auf SAT polynomiell reduziert werden können. Sei also $L \in$ NP beliebig gewählt. Wir müssen zeigen, dass $L \leq_{\text{poly}} SAT$ gilt.

Da $L \in$ NP ist, gibt es eine nichtdeterministische Turingmaschine T, die die Wörter $w \in L$ mit $|w| = n$ in polynomieller Zeit akzeptiert, d.h. die Anzahl der Übergänge einer akzeptierenden Konfigurationsfolge ist durch ein Polynom $p(n)$ bestimmt. Sei $k_0, k_1, \ldots, k_{p(n)}$ diese Konfigurationsfolge.

Man kann das Programm von T in eine aussagenlogische Formel x_T transformieren, so dass gilt: $w \in L$ genau dann, wenn x_T erfüllbar ist und die Transformation in polynomieller Zeit durchführbar ist. Diese aussagenlogische Formel enthält folgende Variablen:

- $cont(t, i, a)$: In der Konfiguration k_t hat das Feld i des Arbeitsbandes den Inhalt a. a ist ein Element des Arbeitsalphabets Γ von T. Die Startposition in k_0

ist 0, und es ist $0 \leq t \leq p(n)$. Die Positionen rechts von der Startposition werden mit $1, 2, 3, \ldots$ nummeriert, die Positionen links von der Startposition mit $\ldots, -3, -2, -1$. Es ist $-p(n) \leq i \leq p(n)$, denn in $p(n)$ Konfigurationsübergängen kann sich der Schreib-Lesekopf höchstens im Bereich von $p(n)$ Feldern nach links bis zu $p(n)$ Feldern nach rechts von der Startposition aus bewegen.

Es gibt also insgesamt $(p(n) + 1) \cdot (2 \cdot p(n) + 1) \cdot |\Gamma| = O(p(n)^2)$ Variablen $cont(t, i, a)$.

- $pos(t, i)$: In der Konfiguration k_t steht der Schreib-Lesekopf auf dem Feld i. Für t und i gelten dieselben Bedingungen wie bei den Variablen $cont(t, i, a)$.

  Es gibt also $(p(n) + 1) \cdot (2 \cdot p(n) + 1) = O(p(n)^2)$ Variablen $pos(t, i)$.

- $stat(t, s)$: In der Konfiguration k_t ist T im Zustand s. Dabei ist $0 \leq t \leq p(n)$ (wie oben) und $1 \leq s \leq q$ (die Zustände von T seien – wie bei normierten Turingmaschinen – mit $1, \ldots, q$ nummeriert); 1 sei Startzustand, und 2 sei der einzige Endzustand.

  Es gibt also $(p(n) + 1) \cdot q = O(p(n))$ Variablen $stat(t, i)$.

Mit diesen Variablen müssen Bedingungen formuliert werden, die für Konfigurationen und Konfigurationsübergänge von T gelten. Wir teilen die Formel x_T wie folgt auf:

$$x_T = R \wedge A \wedge U \wedge E \text{ mit } R = R_1 \wedge R_2 \wedge R_3 \text{ und } U = U_1 \wedge U_2$$

Dabei stellen die Formeln in R Randbedingungen dar, die generell für Turingmaschinen gelten. Die Formel A beschreibt die Anfangsbedingungen, d.h. die Startkonfiguration. U_1 und U_2 beschreiben die Überführungen bei der Verarbeitung der Eingabe, und die Formel E beschreibt die Endebedingung. Wir beschreiben diese Teilformeln im Folgenden in der genannten Reihenfolge im Detail.

- Für alle Konfigurationen k_t und Zustände s, s' mit $s \neq s'$ gilt, dass sich T in der Konfiguration k_t nur in genau einem Zustand befindet. Dies kann durch die Formeln

$$\neg(stat(t, s) \wedge stat(t, s')), \ 0 \leq t \leq p(n), \ 1 \leq s, s' \leq q, \ s \neq s'$$

  ausgedrückt werden. Die Konjunktion dieser $(p(n) + 1) \cdot q(q - 1) = O(p(n))$ Bedingungen ergibt die Formel R_1.

- In jeder Konfiguration steht der Schreib-Lesekopf auf genau einer Position. Das wird durch die Formeln

$$\neg(pos(t, i) \wedge pos(t, j)), \ 0 \leq t \leq p(n), \ -p(n) \leq i, j \leq p(n), \ i \neq j$$

  ausgedrückt. Die Konjunktion dieser

$$(p(n) + 1) \cdot (2 \cdot p(n) + 1) \cdot (2 \cdot p(n) + 1) = O(p(n)^3)$$

  Bedingungen ergibt die Formel R_2.

- Auf dem Band steht zu jedem Zeitpunkt auf jeder Position genau ein Symbol. Das wird durch die Formeln

$$\neg(cont(t,i,a) \wedge cont(t,i,b)),$$
$$0 \le t \le p(n),\ -p(n) \le i \le p(n),\ a,b \in \Gamma,\ a \ne b$$

ausgedrückt. Die Konjunktion dieser

$$(p(n)+1) \cdot (2 \cdot p(n)+1) \cdot |\Gamma| \cdot (|\Gamma|-1) = \mathsf{O}(p(n)^2)$$

Bedingungen ergibt die Formel R_3.

- Die Anfangsbedingung A beschreibt die Anfangskonfiguration bei Eingabe des Wortes $w = w_1 \ldots w_n$: $A =$

$stat(0,1) \wedge pos(0,0)$ (Startzustand und Startposition festlegen)

$\wedge\ cont(0,0,w_1) \wedge cont(0,1,w_2) \wedge \ldots \wedge cont(0,n-1,w_n)$ (Eingabewort)

$\wedge\ cont(0,n,\#) \wedge \ldots \wedge cont(0,p(n),\#)$ (rechts von w mit $\#$ füllen)

$\wedge\ cont(0,-1,\#) \wedge \ldots \wedge cont(0,-p(n),\#)$ (links von w mit $\#$ füllen)

A besteht aus $2 + n + (p(n)+1) + p(n) = \mathsf{O}(p(n))$ Variablen.

- Konfigurationsübergänge $(s,a,s',c,b) \in \delta$ werden für den Fall, dass sich der Schreib-Lesekopf an der Position i befindet, durch Formeln der Art

$$(stat(t,s) \wedge pos(t,i) \wedge cont(t,i,a)) \rightarrow$$
$$(stat(t+1,s') \wedge pos(t+1,i+b) \wedge cont(t+1,i,c))$$

ausgedrückt: Befindet sich T in der Konfiguration k_t im Zustand s und steht der Schreib-Lesekopf auf dem Feld i mit dem Inhalt a, dann ist s' der Zustand in der Folgekonfiguration k_{t+1}, der Schreib-Lesekopf befindet sich auf Feld $i+b$ mit $b \in \{-1,0,1\}$ (für l, $-$ bzw. r), und Feld i enthält das Symbol c. Die Konjunktion aller solchen Formeln ergibt U_1. Es ist $|U_1| = \mathsf{O}(p(n)^2)$.

- Inhalte von Feldern, unter denen sich der Schreib-Lesekopf nicht befindet, ändern sich bei diesen Konfigurationsübergängen nicht. Das wird durch die Formeln

$$(\neg pos(t,i) \wedge cont(t,i,a)) \rightarrow cont(t+1,i,a)$$

ausgedrückt, deren Konjunktion die Formel U_2 ergibt. Wenn in Konfiguration k_t der Schreib-Lesekopf nicht auf dem Feld i steht und Feld i hat den Inhalt a, dann hat Feld i auch in der Folgekonfiguration k_{t+1} den Inhalt a. Es ist $|U_2| = \mathsf{O}(p(n)^2)$

- Die Endebedingung wird durch die Variable

$$E = stat(p(n),2)$$

beschrieben. Es ist $|E| = \mathsf{O}(1)$.

Man erkennt, dass

- $x \in L$ ist genau dann, wenn x_T erfüllbar ist, d.h. wenn $x_T \in SAT$ ist, und

- die Transformation des Wortes x bzw. der Konfigurationsfolge von T, die x akzeptiert, in die Formel x_T in polynomieller Zeit möglich ist, denn es gilt $|x_T| = O(p(n)^3)$.

Es gilt also: Jede Sprache $L \in$ NP lässt sich in Polynomzeit auf die Sprache SAT reduzieren:

$$L \leq_{\text{poly}} SAT$$

Nach Definition 11.7 a) ist SAT also NP-schwierig. Weiter oben haben wir bereits überlegt, dass $SAT \in$ NP ist. Somit folgt insgesamt nach Definition 11.7 b) der folgende Satz:

Satz 11.8. (Satz von Cook) Das Erfüllbarkeitsproblem der Aussagenlogik, d.h. die Entscheidbarkeit der Sprache SAT, ist NP-vollständig.   □

11.5.2 Weitere NP-vollständige Probleme

In diesem Abschnitt geben wir drei Beispiele für Reduktionen an, durch die sich weitere – praktisch relevante – Probleme als NP-vollständig erweisen. Da uns mit SAT ein erstes *konkretes* NP-vollständiges Problem bekannt ist, kann der Beweis der NP-Vollständigkeit weiterer Probleme dadurch erfolgen, dass SAT (oder andere bereits als NP-vollständig nachgewiesene Probleme) auf diese Probleme polynomiell reduziert werden (vgl. Satz 11.6). Es sei bereits an dieser Stelle bemerkt, dass sich in der in Abschnitt 11.8 angegebenen Literatur zahlreiche weitere Reduktionen und auch weitere Beweistechniken für den Nachweis von NP-Vollständigkeit finden.

KNF-SAT und *3SAT*

Die Sprache $KNF\text{-}SAT \subset SAT$ besteht aus allen erfüllbaren aussagenlogischen Formeln x in *konjunktiver Normalform*

$$x = x_1 \wedge x_2 \wedge \ldots \wedge x_m, \; m \geq 1$$

wobei jeder Term x_i, $1 \leq i \leq m$, eine Disjunktion von Literalen ist:

$$x_i = x_{i1} \vee \ldots \vee x_{ir}$$

Die Sprache $3SAT \subset SAT$ besteht aus allen erfüllbaren aussagenlogischen Formeln in konjunktiver Normalform wie oben, wobei jeder Term x_i, $1 \leq i \leq m$, eine Disjunktion von *höchstens drei* Literalen ist:

$$x_i = x_{i1} \vee \ldots \vee x_{ij}, \; 1 \leq j \leq 3$$

Literale sind dabei jeweils negierte oder nicht negierte Variablen, d.h.

$$x_{ij} \in \{v_1, \ldots, v_n\} \cup \{\neg v_1, \ldots \neg v_n\}, \; 1 \leq i \leq m, \; 1 \leq j \leq r \text{ bzw. } 3$$

mit $v_k \in Var$, $1 \leq k \leq n$, $n \geq 1$. Die folgende Formel ist z.B. eine *3SAT*-Formel in konjunktiver Normalform:

$$(v_1 \vee \neg v_2 \vee v_3) \wedge (\neg v_2 \vee v_4) \wedge (v_1 \vee v_3) \wedge \neg v_2$$

Wir wollen als Nächstes den folgenden Satz und insbesondere $SAT \leq_{\text{poly}} \textit{3SAT}$ zeigen:

Satz 11.9. *3SAT* ist NP-vollständig.

Beweis: Nach Satz 11.6 sind zwei Aspekte zu zeigen: Zugehörigkeit von *3SAT* zu NP und Reduzierbarkeit von *SAT* auf *3SAT*. *3SAT* ist offensichtlich ein Spezialfall von *SAT*. Da $SAT \in$ NP ist, muss also auch $\textit{3SAT} \in$ NP sein.

Zur Reduktion von *SAT* auf *3SAT* suchen wir eine totale Funktion $g : SAT \to \textit{3SAT}$, die jede Formel $F \in SAT$ in maximal polynomieller Zeit auf eine Formel $F_3 \in \textit{3SAT}$ abbildet. Diese Funktion g gewinnen wir in mehreren Schritten, welche wir mit einem Beispiel begleiten. Als Beispielformel verwenden wir

$$F = \neg(\neg(x_1 \vee \neg x_3) \vee x_2)$$

Zunächst werden die Negationen nach den de Morganschen Regeln „nach innen gezogen", d.h. sie werden direkt vor die jeweiligen Literale gesetzt:

$$F_1 = ((x_1 \vee \neg x_3) \wedge \neg x_2)$$

Umformungen dieser Art lassen sich offensichtlich in $O(|F|^2)$ Schritten erledigen: Eine gegebene Formel ist von links nach rechts zu lesen, wobei jedes Negationssymbol wie am Beispiel demonstriert verschoben wird.

Sodann werden zusätzliche Klammern eingeführt, so dass durch eine Kon- bzw. Disjunktion nur entweder

- zwei (evtl. negierte) Literale,

- ein (evtl. negiertes) Literal und eine Formel oder

- zwei Formeln

verbunden werden. Da unser Beispiel diese Bedingung bereits erfüllt, brauchen keine neuen Klammern engeführt zu werden. Die Umformungen in diesem Schritt lassen sich in $O(|F|)$ Schritten erledigen. Die Formel wird wieder von links nach rechts gelesen; dabei werden für die vorhandenen Klammern die $\wedge$ und $\vee$ gezählt. Bei mehr als einem solchen Operator muss eine neue Klammer eingeführt werden.

Im dritten Schritt wird für jede Teilformel, die durch die Klammerung in Schritt 2 entstanden ist, eine Variable y_i eingeführt. In unserem Beispiel bewirkt dies folgendes:

$$F_1 = (\underbrace{(\underbrace{x_1 \vee \neg x_3}_{y_1}) \wedge \neg x_2}_{y_0})$$

Die Umformungen in diesem Schritt lassen sich wiederum in $O(|F|)$ Schritten erledigen, denn es muss die Formel von links nach rechts gelesen werden und bei jeder aufgehenden Klammer eine neue Variable eingeführt werden.

Nun muss sichergestellt werden, dass die neu eingeführten Variablen nur dann wahr sind, wenn die entsprechende Teilformel wahr ist. Dies wird durch den Äquivalenzoperator $\leftrightarrow$ sichergestellt. Wenn für die Teilformel $\alpha \wedge \beta$ die Variable y_j eingeführt wurde, gilt: $y_j \leftrightarrow (\alpha \wedge \beta)$. Zudem muss die gesamte Formel, repräsentiert durch y_0, wahr sein. Aus der Beispielformel ergibt sich demnach

$$F_2 = (y_0) \wedge (y_0 \leftrightarrow (y_1 \wedge \neg x_2)) \wedge (y_1 \leftrightarrow (x_1 \vee \neg x_3))$$

Auch diese Umformungen lassen sich in $O(|F|)$ Schritten erledigen, da nur die Formel gelesen werden muss und an den entsprechenden Stellen die Variable und der Äquivalenzoperator eingefügt werden müssen.

Im letzten Schritt muss die bisher konstruierte Formel, im Beispiel F_2, noch in KNF gebracht werden. Dabei werden Regeln der Aussagenlogik (bzw. der Booleschen Algebra, vgl. Abschnitt 4.2) genutzt:

Für die Konjunktion gilt:

$$y_i \leftrightarrow \alpha \wedge \beta \Leftrightarrow (\neg y_i \vee \alpha) \wedge (\neg y_i \vee \beta) \wedge (\neg \alpha \vee \neg \beta \vee y_i)$$

Für die Disjunktion gilt:

$$y_i \leftrightarrow \alpha \vee \beta \Leftrightarrow (y_i \vee \neg \alpha) \wedge (y_i \vee \neg \beta) \wedge (\alpha \vee \beta \vee \neg y_i)$$

Durch entsprechende Umformung ist jede Teilformel nun in KNF. Es ergibt sich in unserem Beispiel die folgende Formel:

$$F_3 = y_0 \wedge (\neg y_0 \vee y_1) \wedge (\neg y_0 \vee \neg x_2) \wedge (y_0 \vee \neg y_1 \vee x_2)$$
$$\wedge (y_1 \vee \neg x_1) \wedge (y_1 \vee x_3) \wedge (y_1 \vee x_3) \wedge (\neg y_1 \vee x_1 \vee \neg x_3)$$

F_3 ist in konjunktiver Normalform, da alle Teilformeln in KNF sind, und F_3 ist erfüllbar genau dann, wenn F erfüllbar ist. Somit ist $F_3 \in \mathit{3SAT}$.

Eine Umformung in KNF benötigt exponentielle Laufzeit, so auch bei den oben angegebenen Umformungen für Disjunktion und Konjunkion. Allerdings formen wir hier nur Teilformeln konstanter Größe um (egal, wie die Ausgangsformel aussieht, wir formen immer nur die in Schritt 4 erzeugten Teilformeln um, die immer dieselbe Form haben). Dadurch kann die Laufzeit für den letzten Umformungsschritt als konstant angesehen werden.

Mit diesen Schritten ist jede aussagenlogische Formel in eine erfüllbarkeitsäquivalente aussagenlogische Formel umwandelt, die den $\mathit{3SAT}$-Kriterien genügt. Die Umformung benötigt maximal polynomielle Laufzeit, da keiner der fünf Schritte eine höhere als polynomielle Laufzeit benötigt. Damit ist die NP-Vollständigkeit von $\mathit{3SAT}$ gezeigt. $\square$

Offensichtlich lässt sich die Forderung nach konjunktiver Normalform bereits in die Sprache SAT einbauen, was bei Darstellungen in der Literatur auch häufig getan wird. Allerdings steht diese Normalform in keinem Zusammenhang zur NP-Vollständigkeit des Problems.

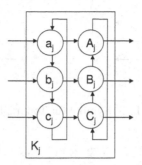

Bild 11.2: Teilgraph K_j für eine Teilformel.

HAMILTON-KREIS

Beim Problem Hamilton-Kreis (im Folgenden mit HAM bezeichnet) ist ein ungerichteter Graph $G = (V, E)$ mit der Knotenmenge $V = \{1, \dots, n\}$, $n \in \mathbb{N}_0$ und der Kantenmenge $E \subseteq V \times V$ gegeben. Die Fragestellung lautet, ob ein Pfad $p = (v_1, \dots, v_n)$ in G existiert mit $v_1, \dots, v_n \in V$ und $v_k \neq v_j$ für $k \neq j$, so dass für ein beliebiges l mit $0 < l < n$ gilt: $(v_l, v_{l+1}) \in E$ sowie $(v_n, v_1) \in E$, d.h. Anfangs- und Endpunkt des Pfades stimmen überein (es handelt sich also um einen Kreis) und kein Knoten wird zweimal besucht. Wir wollen zeigen:

Satz 11.10. HAM ist NP-vollständig.

Beweis: Wir stellen zunächst fest, dass $HAM \in$ NP gilt, denn offensichtlich kann man einen Pfad in einem gegebenen Graphen g „raten" und dann mit polynomiellem Aufwand in der Anzahl der Knoten von G verifizieren, ob es sich um einen Pfad mit den gewünschten Eigenschaften handelt.

Zum Nachweis der NP-Vollständigkeit reduzieren wir *3SAT* auf HAM: Sei also eine Formel $\alpha \in$ *3SAT* gegeben. Für α generieren wir einen Graphen G_α mit der Knotenmenge $V_\alpha = \{v_1, v_2, \dots, v_n\}$ und der Kantenmenge $E_\alpha = \{(v_i, v_j) \mid 0 < i, j \leq n, i \neq j\}$. V_α enthält dabei zwei Arten von Knoten: Einerseits sind die in α enthaltenen Variablen x_i (durch einzelne Knoten) zu repräsentieren; diese haben jeweils zwei Ein- und zwei Ausgänge entsprechend den beiden möglichen Belegungen. Andererseits muss G_α die Verteilung der Variablen auf die Klauseln α_j von α darstellen. Dazu wird für jede der m Klauseln α_j ein Teilgraph K_j mit sechs Knoten $a_j, b_j, c_j, A_j, B_j, C_j$ erzeugt und mit Kanten wie in Bild 11.2 gezeigt versehen. Hierbei steht a_j für die erste Variable von α_j, b_j entsprechend für die zweite und c_j für die dritte. Bei der Verknüpfung der Knoten innerhalb eines jeden Teilgraphen K_j ist es wichtig, dass die Schleifen $a_i \Rightarrow b_i \Rightarrow c_i$ und $A_i \Rightarrow B_i \Rightarrow C_i$ in entgegengesetzter Richtung verlaufen. Vereinfacht können die Teilgraphen wie in Bild 11.3 gezeigt dargestellt werden.

Schließlich werden Kanten eingefügt, welche den Zusammenhang zwischen den Variablen und deren Vorkommen in Klauseln ausdrücken: Variable x_i komme nicht negiert (also positiv) in den Klauseln $K_{j1}, \dots, K_{jl}$ vor, und zwar in Klausel K_{jt} an

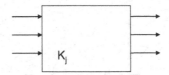

Bild 11.3: Symbol für Teilgraph K_j.

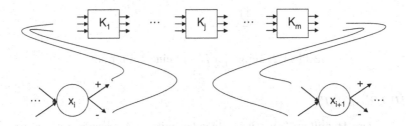

Bild 11.4: Entstehendes Muster im Graphen G_α.

der Stelle s_t für $1 \leq t \leq l$. Dann wird der „positive" Ausgang von x_i mit dem Eingang r_1 von K_{j1} verbunden, ferner der Ausgang r_t von K_{jt} mit dem Eingang r_{t+1} von $K_{j,t+1}$ für alle $t < l$ und der Ausgang r_l von K_{jl} mit dem ersten Eingang von x_{i+1}. Analog wird bei negativem Vorkommen von x_i der untere Ausgang des x_i-Knotens mit den entsprechenden Klauseln in der beschriebenen Weise verbunden. Bild 11.4 deutet das entstehende Muster an.

Es bleibt nun zu zeigen, dass G_α einen Hamilton-Kreis besitzt genau dann, wenn α erfüllbar ist. Für eine gegebene erfüllende Belegung wird der zugehörige Hamilton-Kreis durch Auswahl der Kanten konstruiert, die den Belegungen der Variablen entsprechen; die Kanten innerhalb eines Teilgraphen K_j können dabei so gewählt werden, dass alle Knoten genau einmal erreicht werden. Ist umgekehrt ein Hamilton-Kreis gegeben, so lässt sich aus den dabei verwendeten Kanten eine Belegung der Variablen ableiten, welche die gegebene Formal erfüllt.

Die gerade beschriebene Konstruktion reduziert das Problem *3SAT* de facto auf das Problem *Gerichteter Hamilton-Kreis*. Allerdings lässt sich zu jedem gerichteten Graphen G ein ungerichteter Graph G' erzeugen, so dass gilt: G besitzt einen (gerichteten) Hamilton-Kreis genau dann, wenn G' einen Hamilton-Kreis besitzt. Der Beweis unseres Satzes ist damit erbracht. $\qquad\qquad\qquad\qquad\qquad\qquad\qquad\qquad$ □

TRAVELING SALESMAN

Angenommen, es sind n Städte zu besuchen. Dann ist für viele Anwendungen von Interesse, ob es eine Rundtour gibt, bei der man alle Städte besuchen kann, dabei zum Ausgangsort zurückkehrt und eine bestimmte Gesamtkilometergrenze k nicht überschreitet, weil sonst die Tour nicht in einer vorgegebenen Zeit (oder mit einer bestimmten Spritmenge oder zu einem vorgegebenen Preis) zu schaffen wäre. Dieses

Problem, abgekürzt mit *TSP* (Traveling Salesman-Problem), lässt sich mithilfe von bewerteten Graphen mathematisch modellieren. Graphen bestehen aus Knoten und Kanten zwischen den Knoten. Knoten repräsentieren Zustände oder allgemein Objekte, und Kanten repräsentieren Beziehungen zwischen Knoten.

Ein bewerteter Graph $G = (V, E, cost)$ ist gegeben durch:

- eine endliche Menge V von Knoten, die in der Regel mit natürlichen Zahlen identifiziert werden, d.h. es ist $V = \{1, \ldots, n\}$ für ein $n \in \mathbb{N}_0$.

- eine Menge E (gerichteter) Kanten, die eine Relation $E \subseteq V \times V$ darstellen. $(i, j) \in E$ bedeutet, dass es in G eine (gerichtete) Kante (einen „Pfeil") vom Knoten i zum Knoten j gibt.

- eine Kostenfunktion (Bewertung) $cost : E \to \mathbb{R}_+$, die jeder Kante einen Wert (auch: ein Gewicht) zuordnet. Ist $cost(i, j) = c$, dann hat die Kante $(i, j) \in E$ die Kosten (das Gewicht) c. In vielen praktischen Anwendungen ist die Kostenfunktion symmetrisch, d.h. es ist $cost(i, j) = cost(j, i)$, wie z.B. bei Entfernungen.

Wie lässt sich das *TSP* mithilfe eines bewerteten Graphen $G = (V, E, cost)$ modellieren? Wir repräsentieren die n Städte durch die Knotenmenge $V = \{1, \ldots, n\}$. E beschreibt die benachbarten Städte: Sind die Städte i und j benachbart, dann gilt $(i, j) \in E$. Mit der Kostenfunktion $cost$ ordnen wir einer Kante (i, j) die Entfernung von i nach j zu. Die Frage ist nun: Gibt es eine Permutation $\{i_1, \ldots i_n\}$ der Städte $\{1, \ldots, n\}$, so dass

$$\sum_{j=1}^{n-1} cost(i_j, i_{j+1}) + cost(i_n, i_1) \leq k$$

ist? Die Permutation $\{i_1, \ldots i_n\}$ beschreibt die Reihenfolge der besuchten Städte: Die Rundtour beginnt in der Stadt i_1 und kehrt von der zuletzt besuchten Stadt i_n zum Ausgangspunkt i_1 zurück. Die Summe der zurückgelegten Entfernungen darf nicht größer als k sein. Es gilt:

Satz 11.11. *TSP* ist NP-vollständig.

Beweis: Wir reduzieren *HAM* auf *TSP*. Sei $G = (V, E)$ ein (ungerichteter) Graph. Der Graph $G' = (V, E, cost)$ enthält die gleiche Knoten- und Kantenmege wie G. Zusätzlich führen wir die Kostenfunktion $cost$ ein mit

$$cost(i, j) = \begin{cases} 1, & (i, j) \in E \\ \infty, & \text{sonst.} \end{cases}$$

Durch Setzen der oberen Schranke auf $k = n$, zeigt sich, dass *HAM* ein Spezialfall von *TSP* ist, d.h. *HAM* ist auf *TSP* reduzierbar. Da für eine gegebene Rundreise in einem Graphen in polynomieller Zeit festgestellt werden kann, ob diese Rundreise eine gegebene Schranke k erfüllt, ist *TSP* somit NP-vollständig. $\square$

Man beachte, dass es sich bei TSP um ein *Optimierungsproblem* handelt, obwohl wir streng genommen oben den Begriff der NP-Vollständigkeit nur für *Entscheidungsprobleme* definiert haben. Die gerade angegebene Formulierung des TSP zeigt jedoch bereits, dass dieser Unterschied im Wesentlichen vernachlässigt werden kann, da man ein *Minimierungsproblem* wie TSP durch Festlegung einer oberen Schranke, die es einzuhalten gilt, als Entscheidungsproblem formulieren kann (vgl. obige Formel). Analog lassen sich *Maximierungsprobleme* durch Festlegung einer unteren Schranke als Entscheidungsproblem formulieren. Wir werden hierauf wie auch auf das Traveling Salesman-Problem in Abschnitt 12.1 zurückkommen.

Wir haben jetzt eine erste Kette von Reduktionen gezeigt, nämlich

$$SAT \leq_{\text{poly}} 3SAT \leq_{\text{poly}} HAM \leq_{\text{poly}} TSP.$$

Damit steht uns bereits eine Reihe von Kandidaten zur Verfügung, mit deren Hilfe sich weitere NP-Vollständigkeitsbeweise führen lassen. Wir geben im Folgenden einige weitere Probleme an, die auf diese Weise als schwierig, d.h. zu NPC gehörig, klassifiziert werden können.

RUCKSACK

Angenommen, man hat einen Behälter (z.B. einen Rucksack, eine Schachtel, einen Container, einen Lastwagen) einer bestimmten Größe $b \in \mathbb{N}_0$ sowie $k \geq 1$ Gegenstände mit den Größen $a_1, \ldots, a_k \in \mathbb{N}_0$. Gibt es dann eine Teilmenge der Gegenstände, die genau in den Behälter passen? Mathematisch ausgedrückt lautet die Fragestellung: Gibt es eine Teilmenge $I \subseteq \{1, \ldots, k\}$, so dass

$$\sum_{i \in I} a_i = b$$

gilt? Man kann $3SAT$ polynomiell auf $RUCKSACK$ transformieren. Somit gilt

Satz 11.12. $RUCKSACK$ ist NP-vollständig.   □

PARTITION

Gegeben seien k Größen $a_1, \ldots, a_k \in \mathbb{N}_0$. Können diese in zwei gleich große Teilmengen aufgeteilt werden, d.h. gibt es eine Teilmenge $I \subseteq \{1, \ldots, k\}$ so dass

$$\sum_{i \in I} a_i = \sum_{i \notin I} a_i$$

ist? $RUCKSACK$ kann polynomiell auf $PARTITION$ reduziert werden, woraus Satz 11.13 folgt.

Satz 11.13. $PARTITION$ ist NP-vollständig.   □

BIN PACKING

Es seien n Behälter der gleichen Größe b gegeben sowie k Gegenstände $a_1, \ldots, a_k$. Können die Gegenstände so auf die Behälter verteilt werden, dass kein Behälter überläuft? Mathematisch formuliert lautet die Fragestellung: Gibt es eine Zuordnung

$$pack : \{1, \ldots, k\} \rightarrow \{1, \ldots, n\},$$

die jedem Gegenstand $i, 1 \leq i \leq k$, einen Behälter $pack(i) = j, 1 \leq j \leq n$, zuordnet, so dass für jeden Behälter j gilt:

$$\sum_{pack(i)=j} a_i \leq b$$

Durch polynomielle Reduktion von *PARTITION* auf *BIN PACKING* zeigt man:

Satz 11.14. *BIN PACKING* ist NP-vollständig. $\qquad\qquad\square$

Praktische Problemstellungen

Einige der oben genannten Probleme, z.B. *RUCKSACK*, *BIN PACKING* und *TSP*, sind Abstraktionen von Problemen, die in der täglichen Praxis sowie in der Praktischen und in der Angewandten Informatik in vielfältigen Varianten vorkommen. Zu diesen Problemen gehören insbesondere Scheduling-Probleme, d.h. Zuordnungs- und Planungsprobleme. Dies umfasst z.B. Probleme, die gelöst werden müssen, wenn eine Anzahl unterschiedlicher Aufträge ansteht, die durch unterschiedliche Ressourcen bearbeitet werden müssen.

So müssen etwa Aufträge unterschiedlichen Umfangs zum Fertigen von Werkstücken zur Verfügung stehenden Maschinen (z.B. Drehmaschinen) unterschiedlicher Kapazität so zugeordnet werden, dass ihre Fertigung in einem vorgegebenen Kostenrahmen möglich ist. Diese Probleme müssen in der industriellen Fertigung in der Arbeitsvorbereitung gelöst werden. Fuhrparkunternehmen haben ähnliche Probleme: Fuhraufträge unterschiedlicher Größe müssen möglichst kostengünstig auf die zur Verfügung stehenden Ladekapazitäten aufgeteilt werden.

Scheduling-Programme in Betriebssystemen haben die Aufgabe, zur Ausführung anstehende Anwendungsprogramme so den zur Verfügung stehenden Prozessoren zuzuordnen, dass ein optimaler Systemdurchsatz erreicht wird.

Das Aufstellen eines Stundenplans, bei dem Klassen von unterschiedlicher Größe, Klassenräume unterschiedlicher Größe, Fächer oder Fächerkombinationen in unterschiedlichem Umfang, Lehrpersonen mit unterschiedlichen Fachkombinationen usw. so zugeordnet werden müssen, dass alle Schülerinnen und Schüler den vorgeschriebenen Unterricht bekommen, die Lehrpersonen ihr Lehrdeputat erfüllen, dabei möglicherweise ihren Wünschen (Zeiten, Fächern) Rechnung getragen wird, Klassenräume optimal ausgenutzt, auf keinen Fall überbelegt werden usw., gehört ebenfalls – in seiner allgemeinen Form – zu den NP-vollständigen Problemen.

11.6   Weitere Komplexitätsklassen

11.6.1   Die Klasse PSPACE

Wir haben uns bisher nur mit der Laufzeit als Komplexitätsmaß für Algorithmen bzw. Sprachklassen beschäftigt. Daneben spielt in abstrakten wie realen Rechnern bzw. Automaten auch der Speicherplatzverbrauch einer Programmausführung eine Rolle. Daher werden wir in diesem Abschnitt kurz auf Platzkomplexitäten eingehen. Ein wesentlicher Unterschied zwischen Zeit- und Platzverbrauch ist, dass Speicherplatz wieder verwendet werden kann. Dieser Aspekt wird im Folgenden bei einigen wesentlichen Aussagen von Bedeutung sein.

Da die Eingabe immer Platz belegt, wollen wir diesen Platz beim Speicherplatzaufwand, den die Verarbeitung der Eingabe benötigt, nicht mit zählen. Das heißt, wenn wir im Folgenden k-Bandautomaten betrachten, haben diese $k + 1$ Bänder: ein Eingabeband und k-Arbeitsbänder. Der Speicherplatzaufwand für die Verarbeitung der Eingabe ergibt sich dann aus der Anzahl aller Speicherplätze, die der Automat auf den k Arbeitsbändern benötigt hat. So kann es durchaus sein, dass ein Automat weniger Speicherplatz benötigt, als das Eingabewort lang ist: z.B. $\log n$ für ein Eingabewort w mit $n = |w|$.

Definition 11.8. Sei Σ^* ein Alphabet und T ein (deterministischer oder nichtdeterministischer) k-Bandautomat über Σ^*, dann sei die Funktion $space_T : \Sigma^* \to \mathbb{N}_0$ definiert durch

$$space_T(w) = \text{Anzahl der Bandspeicherplätze,}$$
$$\text{die } T \text{ bei Bearbeitung der Eingabe } w \text{ besucht}$$

Sei $f : \mathbb{N}_0 \to \mathbb{N}_0$ eine monoton wachsende Funktion. Dann heißt T f-*platzbeschränkt* genau dann, wenn $space_T(w) = \mathrm{O}(f(|w|))$ für alle $w \in \Sigma^*$ ist.

Damit ergeben sich die folgenden Komplexitätsklassen:

$$\mathsf{DSPACE}_k(f) = \{\, L \subseteq \Sigma^* \mid \text{es gibt einen } f\text{-platzbeschränkten}$$
$$\text{deterministischen } k\text{-Band-Turing-Entscheider } T$$
$$\text{mit } L = L(T) \,\}$$

$$\mathsf{NSPACE}_k(f) = \{\, L \subseteq \Sigma^* \mid \text{es gibt einen } f\text{-platzbeschränkten}$$
$$\text{nichtdeterministischen } k\text{-Band-Turing-Entscheider } T$$
$$\text{mit } L = L(T) \,\}$$

$\mathsf{DSPACE}_k(f)$ und $\mathsf{NSPACE}_k(f)$ sind also die Klassen aller Sprachen, deren Wörter w von einem deterministischen bzw. von einem nichtdeterministischen k-Band-Turingautomaten mit einem Speicherplatzbedarf von höchstens $f(|w|)$ Plätzen entschieden werden.   □

Bemerkung 11.2. a) Wir wie aus Abschnitt 8.2.2 wissen, können k-Bandautomaten in äquivalente Einbandautomaten transformiert werden. Während die Zeitkompexität auf dem Einbandautomaten quadratisch höher sein kann als auf dem k-Bandautomaten, steigt die Speicherplatzkomplexität nicht an. Es gilt also für alle $k \geq 1$ und Platzschranken f: $\mathsf{DSPACE}_k(f) \subseteq \mathsf{DSPACE}_1(f)$ und $\mathsf{NSPACE}_k(f) \subseteq \mathsf{NSPACE}_1(f)$. Wir können den Index 1 somit auch weglassen und erhalten dadurch die Klassen

$$\mathsf{DSPACE}(f) = \bigcup_{k \geq 1} \mathsf{DSPACE}_k(f)$$

$$\mathsf{NSPACE}(f) = \bigcup_{k \geq 1} \mathsf{NSPACE}_k(f)$$

b) Der Platzbedarf lässt sich durch einen Trick auf Kosten der Alphabetgröße um einen konstanten Faktor $s \geq 1$ reduzieren. Man ersetzt das Arbeitsalphabet Γ durch $\Gamma' = \Gamma^k \times \{1, \dots, s\}$. Dadurch können auf jedem Speicherplatz s Buchstaben aus Γ gespeichert werden. Durch den Index wird festgehalten, welcher Buchstabe eigentlich gemeint ist. Sei z.B. $\Gamma = \{a, b, c\}$ und $s = 2$, dann ist

$$\Gamma' = \{aa1, aa2, ab1, ab2, ac1, ac2, \dots, cc2\}$$

Steht auf einem Speicherplatz $bc1$, dann wird dort b gelesen. Wird dieses durch eine Zustandsüberführung durch a ersetzt und geht der Lese-/Schreibkopf nach rechts, dann muss bc durch $ac2$ ersetzt werden. Der Platzbedarf halbiert sich; die Zustandsüberführungen müssen entsprechend angepasst werden. Es folgt, dass

$$\mathsf{DSPACE}(f(n)) = \mathsf{DSPACE}\left(\frac{f(n)}{s}\right) \quad \text{bzw.} \quad \mathsf{NSPACE}(f(n)) = \mathsf{NSPACE}\left(\frac{f(n)}{s}\right)$$

für $s \geq 1$ gilt. $\qquad\qquad\qquad\qquad\qquad\qquad\qquad\qquad\qquad\qquad\qquad\square$

Wie bei den Betrachtungen zur Zeitkomplexität ist es auch bei der Platzkomplexität sinnvoll, sich auf polynomiellen Platzbedarf zu konzentrieren. Deshalb führen wir analog die Klasse

$$\mathsf{PSPACE} = \bigcup_{k \geq 0} \mathsf{DSPACE}(n^k)$$

der Sprachen, die von deterministischen Turingautomaten mit polynomiell beschränktem Speicherplatz entschieden werden, und

$$\mathsf{NPSPACE} = \bigcup_{k \geq 0} \mathsf{NSPACE}(n^k)$$

die Klasse der Sprachen, die von nichtdeterministischen Turingautomaten mit polynomiell beschränktem Speicherplatz entschieden werden, ein.

Es ist offensichtlich, dass

$$\mathsf{PSPACE} \subseteq \mathsf{NPSPACE}$$

gilt. Des Weiteren gilt

$$\mathsf{P} \subseteq \mathsf{PSPACE} \text{ sowie } \mathsf{NP} \subseteq \mathsf{NPSPACE} \tag{11.1}$$

denn jede Zeitbeschränkung stellt auch eine Platzbeschränkung dar: Bei n Konfigurationsübergängen kann der Schreib-Lesekopf höchstens $n + 1$ Speicherplätze besucht haben.

Die folgenden beiden Sätze machen allgemeinere Aussagen zu den Beziehungen zwischen Zeit- und Platzkomplexitätsklassen.

Satz 11.15. Für monotone Funktionen $f : \mathbb{N}_0 \rightarrow \mathbb{N}_0$ mit $f(n) \geq n$ gilt $\mathsf{NTIME}(f) \subseteq \mathsf{DSPACE}(f)$.

Beweis Sei $L \in \mathsf{NTIME}(f)$ und T ein nichtdeterministischer Turing-Entscheider für L mit der Zustandsüberführung δ_T. Sei $w \in L$ und $Tree_T(w)$ ein Konfigurationsbaum für die Verarbeitung von w durch T; dieser hat eine Höhe von $\mathsf{O}(f(|w|))$. Sei k_0 die Startkonfiguration, d.h. die Wurzel von $Tree_T(w)$, und k_t eine Folgekonfiguration, d.h. ein Knoten in $Tree_T(w)$. Des Weiteren seien $d_i \in \delta_T$, $1 \leq i \leq t$, die Zustandsüberführungen, die zu den Konfigurationsübergängen $k_{i-1} \vdash k_i$ geführt haben. Ein deterministischer Entscheidungsalgorithmus T' kann $Tree_T(w)$ mit einem Tiefendurchlauf abarbeiten. Dabei muss T', bevor er zu einer Folgekonfiguration geht, folgende Daten speichern (z.B. mithilfe einer LIFO-Datenstruktur):

(1) die Folge d_i, $1 \leq i \leq t$;

(2) die Konfiguration k_t;

(3) die Zustandsüberführungen $d_{t+1} \in \delta_T$, die bei k_t schon verfolgt worden sind.

Der Platzbedarf für die Speicherung einer Zustandsüberführung $d \in \delta_T$ ist konstant, etwa $|d| = c$. Da, wie wir oben festgestellt haben, in $f(n)$ Schritten, höchstens $f(n) + 1$ Speicherplätze besucht werden können, ist der Platzbedarf für die Speicherung von Konfigurationen k_t durch f beschränkt. Mit diesen Überlegungen folgt, dass der deterministische Entscheider T' für die Simulation von T auf w folgenden Platzbedarf hat: Für (1) $c \cdot f(|w|)$, da $t \leq f(|w|)$ ist; für (2) höchstens $f(|w|) + 1$; und für (3) höchsten $c \cdot |\delta_T|$. Bei jedem Rekursionsschritt benötigt T' also insgesamt Speicherplatz in der Größenordnung von $f(|w|)$. Da der Speicherplatz von erledigten Aufrufen wieder verwendet werden kann, ist T' ein f-platzbeschränkter deterministischer Entscheider für L. Es gilt also $L \in \mathsf{DSPACE}(f)$. $\square$

Der folgende Satz besagt, dass platzbeschränkte nichtdeterministische Entscheider durch deterministische simuliert werden können, allerdings auf Kosten exponentieller Zeit.

Satz 11.16. Für $f : \mathbb{N}_0 \rightarrow \mathbb{N}_0$ mit $f(n) \geq \log n$, gilt $\mathsf{NSPACE}(f) \subseteq \mathsf{TIME}(2^{\mathsf{O}(f)})$.

Beweis Sei $L \in \mathsf{NSPACE}(f)$, dann existiert ein f-platzbeschränkter Turing-Entscheider T für L, und für T und $w \in L$ gilt: $space_T(w) = \mathsf{O}(f(|w|))$. Wir überlegen kombinatorisch, wie groß die maximale Anzahl an Konfigurationen ist, die T bei Eingabe w durchlaufen kann:

$$|w| \cdot |S| \cdot |\Gamma|^{f(|w|)} \tag{11.2}$$

Dabei ist S die Zustandsmenge und Γ das Arbeitsalphabet von T. $|w|$ gibt die maximale Anzahl der Speicherplätze an, die der Lesekopf von T auf dem Eingabeband besuchen kann, und $|\Gamma|^{f(|w|)}$ ist die maximale Anzahl der möglichen Inhalte von $f(|w|)$ Speicherplätzen. Das Produkt (11.2) gibt also die maximale Anzahl von Konfigurationen an, die bei Verarbeitung des Wortes w bei f-platzbeschränktem Speicherplatz möglich ist. Wir können $|S|$ als von $|w|$ unabhängie Konstante vernachlässigen und für $c = |\Gamma|$ gilt

$$c^{f(|w|)} = 2^{\log c \cdot f(|w|)} \tag{11.3}$$

Des Weiteren gilt wegen der Voraussetzung $f(|w|) \geq \log |w|$

$$|w| \leq 2^{f(|w|)} \tag{11.4}$$

Für die Laufzeit einer zu T äquivalenten deterministischen Turingmaschine T', die im schlimmsten Fall alle diese Konfigurationen durchlaufen muss, um eine Entscheidung für w zu treffen, ergibt sich aus (11.2) unter Verwendung von (11.3) und (11.4):

$$time_{T'}(w) \leq 2^{f(|w|)} \cdot 2^{\log c \cdot f(|w|)} = 2^{(1+\log c) \cdot f(|w|)} = 2^{O(f(|w|))} \tag{11.5}$$

Daraus folgt $L \in \mathsf{TIME}(2^{O(f)})$, was zu zeigen war.

T' könnte T bei Eingabe $w \in \Sigma^*$ wie folgt simulieren: Die Menge der Konfigurationen $K_{T'}(w)$ von T' bei Eingabe w wird initialisiert mit der Startkonfiguration: $K_{T'}(w) = \{s_0 w\}$. Solange dann noch Konfigurationen k und k' von T existieren mit $k \in K_{T'}(w)$, $k' \notin K_{T'}(w)$ und $k \vdash_T k'$, wird k' zu $K_{T'}(w)$ hinzugefügt: $K_{T'}(w) := K_{T'}(w) \cup \{k'\}$. Falls keine solche Konfigurationen k und k' mehr existieren, überprüft T', ob $K_{T'}(w)$ eine akzeptierende oder eine verwerfende Konfiguration enthält und geht dementsprechend selbst in eine solche über. $\square$

Bei der Zeitkomplexität haben wir gesehen, dass die Simulation eines nichtdeterministischen Turingautomaten durch einen deterministischen auf Kosten exponentieller Laufzeit möglich ist. Der folgende Satz von Savitch besagt, dass f-platzbeschränkte nichtdeterministische Turingautomaten f^2-platzbeschränkt deterministisch simuliert werden können, d.h. die Platzkosten steigen nicht exponentiell, sondern nur quadratisch an.

Satz 11.17. (Satz von Savitch) Für $f : \mathbb{N}_0 \to \mathbb{N}_0$ mit $f(n) \geq \log n$ gilt

$$\mathsf{NSPACE}(f) \subseteq \mathsf{DSPACE}(f^2)$$

d.h. man kann Simulationen nichtdeterministischer Turingautomaten durch deterministische angeben, die höchstens quadratisches Anwachsen des benötigten Speicherplatzes zur Folge haben.

Beweis Sei $L \in \mathsf{NSPACE}(f)$ und T ein nichtdeterministischer Turingautomat, der L mit f-Platz entscheidet. Wir können hier nicht die in Abschnitt 8.2.3 skizzierte Idee für die Simulation eines nichtdeterministischen durch einen deterministischen verwenden, da dabei nicht nur die Laufzeit, sondern auch der Platzbedarf exponentiell werden kann. Stattdessen geben wir einen deterministischen Algorithmus reach an, der rekursiv überprüft, ob T in t Schritten von einer Konfiguration k_1 zu einer Konfiguration k_2 gelangen kann. Die Rekursion geschieht, indem reach überprüft, ob für eine Konfiguration k von T, die zwischen k_1 und k_2 liegt, gilt, dass T sowohl k von k_1 als auch k_2 von k in $t/2$ Schritten erreicht. Dabei wird für beide Aufrufe derselbe Speicherplatz benutzt. reach benötigt Speicherplatz für den „Rekursionsstack": Jeder Rekursionsaufruf benötigt im Wesentlichen $O(f(|w|))$ Platz zur Speicherung der Konfigurationen k_1 und k_2. Die Tiefe der Rekursion ist $\log t$, d.h. reach benötigt $\log t \cdot O(f(|w|))$ Speicherplatz für einen Aufruf reach(k_1, k_2, t). Aus der Abschätzung (11.5) im Beweis von Satz 11.16 wissen wir, dass $t = 2^{O(f(|w|))}$ gilt, woraus $\log t = O(f(|w|))$ folgt, womit die deterministische Simulation insgesamt $O(f(|w|)^2)$ Speicherplatz benötigt. Damit ist die Behauptung $L \in \mathsf{DSPACE}(f^2)$ gezeigt.

Wir betrachten den Algorithmus reach und die Bestimmung des benötigten Speicherplatzes im Folgenden etwas detaillierter.

> **algorithm** reach(k_1, k_2, t) : **bool**;
> **if** $t = 1$
>   **then if** $(k_1 = k_2) \lor$ reach($k_1, k_2, 1$) **then return** 1 **else return** 0 **endif**
>   **else**
>   **for** jede Konfiguration k_i, die T bei Verarbeitung von w durchläuft **do**
>   **if** reach($k_1, k_i, \lceil \frac{t}{2} \rceil$) $\land$ reach($k_i, k_2, \lceil \frac{t}{2} \rceil$) **then return** 1 **endif**
>   **endfor**
> **endif**;
> **return** 0
> **endalgorithm**

Die Anzahl der Konfigurationen ist durch $2^{O(f(|w|))}$, d.h. durch $2^{d \cdot f(|w|)}$ für eine geeignete Konstante d beschränkt. reach muss nun für alle akzeptierenden Konfigurationen k_f, die höchstens $f(|w|)$ Speicherplatz in Anspruch nehmen, aufgerufen werden: reach($k_0, k_f, 2^{d \cdot f(|w|)}$). Dazu benötigt der Algorithmus den Wert von $f(|w|)$. Wenn der Algorithmus diese Funktion f-platzbeschränkt berechnen kann, kann er $f(|w|)$ bestimmen und damit die Anzahl der Aufrufe begrenzen. Allerdings müssen wir dann diese Annahme als Voraussetzung mit in die Formulierung des Satzes aufnehmen. Ohne diese Voraussetzung könnte der Algorithmus schrittweise die möglichen Werte von $f(|w|)$ durchlaufen und jeweils testen, ob mit dem entsprechenden Platz die jeweilige Endkonfiguration erreichbar ist. Das Schema des Algorithmus wäre dann etwas wie folgt:

> **for** $t := 1$ **to** ∞ **do**
>   **for** $f := 1$ **to** t **do**
>   **for** jede akzeptierende Konfiguration k_f, die höchstens f Platz benötigt **do**
>   **if** reach($k_0, k_f, 2^f$) **then return** 1 **endif**
>   **endfor**
>   **endfor**
> **endfor**
> **return** 0

Wenn w von T akzeptiert wird, dann akzeptiert auch der Algorithmus dieses Wort. Dabei wird, wie oben bereits näher erläutert, maximal für $\log 2^{O(f(|w|))}$ Runden jeweils $O(f(|w|))$ Platz, also insgesamt $O(f(|w|)^2)$ Platz benötigt. □

Bei der Zeitkomplexität haben wir gesehen, dass die Frage P = NP offen ist. Für die Speicherplatzkomplexität können wir die analoge Frage, ob PSPACE = NPSPACE ist, unmittelbar als Folgerung aus dem Satz von Savitch beantworten.

Folgerung 11.2. **a)** PSPACE = NPSPACE.

b) NP $\subseteq$ PSPACE $\subseteq$ EXPTIME.

Beweis a) PSPACE $\subseteq$ NPSPACE haben wir bereits oben als offensichtlich festgestellt. Für jedes Polynom p ist sein Quadrat p^2 ebenfalls ein Polynom. Damit folgt mit Satz 11.17 sofort, dass auch NPSPACE $\subseteq$ PSPACE gelten muss.

b) Die Beziehung NP $\subseteq$ PSPACE folgt unmittelbar aus (11.1) und der Folgerung 11.2.

Eine Folgerung von Satz 11.16 ist: NPSPACE $\subseteq$ TIME($2^{O(\text{poly})}$). Hieraus folgt mit Folgerung 11.2: PSPACE $\subseteq$ EXPTIME. □

Bemerkung 11.3. Unter praktischen Gesichtspunkten sind die Entscheidungsprobleme in P von Interesse. Aus Satz 11.16 folgt DSPACE($\log f$) $\subseteq$ TIME(f) ist. Wenn wir nun als neue Klasse die Klasse

$$\text{LOGPSPACE} = \text{DSPACE}(\log n)$$

einführen und dabei beachten, dass aus $\log n^k = k \log n$ folgt, dass

$$\text{LOGPSPACE} = \bigcup_{k \geq 0} \text{DSPACE}(\log n^k)$$

ist, dann folgt

$$\text{LOGPSPACE} \subseteq \text{P}$$

Wir wollen im Folgenden LOGPSPACE aus schreibtechnischen Gründen – wie auch in der Literatur durchaus üblich – nur mit L bezeichnen. L ist also eine Platzkomplexitätsklasse von praktischer Bedeutung. Wir können uns z.B. einen externen Speicher wie eine DVD als Eingabeband der Länge n vorstellen. Ein Programm benötigt in der Regel nicht den kompletten Inhalt der DVD, sondern nur Ausschnitte, auf die mithilfe von Pointern zugegriffen wird. Betrachten wir die Speicherplätze i der Eingabe mit $1 \leq i \leq n$ als mögliche Pointeradressen, die binär abgelegt werden, dann benötigen diese maximal $\log n$ Speicherplatz. Durch die log-Platzbeschränkung ist es dann für das Programm auch nicht möglich, auf Speicherplätze außerhalb des Eingabewortes zuzugreifen.

Das nichtdeterministische Pendant zu L ist

$$\text{NLOGPSPACE} = \text{NSPACE}(\log n)$$

Auch NLOGPSPACE kürzen wir ab und zwar mit NL. Es gilt

$$L \subseteq NL \subseteq P$$

Die erste Beziehung ist offensichtlich, und die zweite folgt aus Satz 11.16. Ob diese Teilklassenbeziehungen echt sind oder ob auch ihre Umkehrungen gelten, ist eine offene Frage.   □

11.6.2   Komplementäre Komplexitätsklassen

Definition 11.9. Sei C eine Komplexitätsklasse. Dann ist

$$coC = \{ \overline{L} \mid L \in C \}$$

die Klasse der Komplemente der Sprachen, die in der Klasse C liegen.   □

Satz 11.18. Sei C eine deterministische Komplexitätsklasse, dann gilt $L \in C$ genau dann, wenn $\overline{L} \in C$ gilt.

Beweis Implementiert der deterministische Turingautomat T_L ein Entscheidungsverfahren für die Sprache L, dann liefert sie für eine Eingabe w die Antwort *ja*, falls $w \in L$, und die Antwort *nein*, falls $w \notin L$ gilt. Ändern wir T_L alleine dadurch, dass wir diese beiden Antworten vertauschen, dann erhalten wir eine Maschine $T_{\overline{L}}$, die $\overline{L}$ entscheidet. Offensichtlich haben beide Maschinen dieselbe Komplexität, d.h. sowohl L als auch $\overline{L}$ gehören zu C.   □

Aus Satz 11.18 folgt unmittelbar

Folgerung 11.3. Sei C eine deterministische Komplexitätsklasse. Dann gilt allgemein

$$C = coC$$

und speziell P = coP sowie PSPACE = coPSPACE.   □

Bei nichtdeterministischen Entscheidungsverfahren liefert im Allgemeinen die Vertauschung der Antworten *ja* und *nein* kein Entscheidungsverfahren für das Komplement. Betrachten wir als Beispiel SAT, das Erfüllbarkeitsproblem der Aussagenlogik, welches zu NPC und damit zu NP gehört (siehe Abschnitt 11.5.1). $\overline{SAT}$, die komplementäre Sprache zu SAT, enthält (im Wesentlichen) alle unerfüllbaren aussagenlogischen Formeln (sowie alle Wörter über dem zugrunde liegenden Alphabet, die keine aussagenlogischen Formeln darstellen).

Sei T_{SAT} eine Turingmaschine, die etwa das in Abschnitt 11.5.1 beschriebene Entscheidungsverfahren für SAT implementiert, d.h. die bei Eingabe einer aussagenlogischen Formel x *ja* ausgibt, falls x erfüllbar ist, und *nein* ausgibt, falls x nicht erfüllbar ist. Durch Vertauschen dieser Antworten entsteht ein Verfahren T'_{SAT}, das bei Eingabe einer aussagenlogischen Formel y genau dann *ja* ausgibt, wenn es eine Belegung σ der Variablen von y gibt mit $eval_\sigma(y) = 0$.

Ist z.B. $y = v_1 \wedge \neg v_2$, dann liefert T'_{SAT} *ja* für y, denn für die Belegung $\sigma(v_1) = \sigma(v_2) = 1$ gilt $eval_\sigma(y) = 0$, obwohl y erfüllbar ist und damit $y \notin \overline{SAT}$ gilt.

Die Frage, ob NP = coNP oder NP ≠ coNP ist, ist wie die P-NP-Frage ungelöst. Auch hier vermutet man, dass die Ungleichheit der beiden Klassen gilt. Einen Zusammenhang zwischen beiden Fragestellungen stellt der folgende Satz her.

Satz 11.19. **a)** Es gilt $P \subseteq NP \cap coNP$.

b) Falls $P = NP$ gilt, dann gilt auch $NP = coNP$.

Beweis **a)** Sei $L \in P$. Dann folgt unmittelbar, dass $L \in NP$ ist. Wir müssen noch zeigen, dass auch $L \in coNP$ ist. Aus $L \in P$ folgt $\overline{L} \in coP$. Mit Folgerung 11.3 gilt $\overline{L} \in P$, damit $\overline{L} \in NP$ und damit $\overline{\overline{L}} \in coNP$, d.h. $L \in coNP$.

b) Wenn $P = NP$ ist, dann ist auch $coP = coNP$. Mit Folgerung 11.3 gilt dann

$$NP = P = coP = coNP$$

woraus die Behauptung folgt. □

Würde der Nachweis NP ≠ coNP gelingen, folgt mit dem letzten Satz, dass P ≠ NP wäre, und das P-NP-Problem wäre gelöst. Ob die Frage NP = coNP äquivalent zur Frage P = NP ist, ist heutzutage ebenfalls noch ungelöst. Es könnte auch NP = coNP sein und trotzdem P ≠ NP gelten.

Der folgende Satz gibt einen weiteren Ansatz zur Beantwortung der Frage NP = coNP.

Satz 11.20. $NP = coNP$ gilt genau dann, wenn es eine Sprache $L \in NPC$ gibt mit $\overline{L} \in NP$.

Beweis „⇒": Sei $L \in NPC$, dann ist – wegen der Voraussetzung NP = coNP und wegen $NPC \subseteq NP$ auch – $L \in coNP$. Wenn $L \in coNP$ gilt, dann gilt $\overline{L} \in NP$.

„⇐": Gemäß Voraussetzung existiert eine Sprache $L \in NPC$ mit $\overline{L} \in NP$.

Sei $L' \in NP$, dann gilt $L' \leq_{poly} L$ und damit $\overline{L'} \leq_{poly} \overline{L}$. Hieraus folgt, da $\overline{L} \in NP$ ist, dass auch $\overline{L'} \in NP$ ist, womit $L' \in coNP$ ist. Aus $L' \in NP$ folgt also $L' \in coNP$ und damit $NP \subseteq coNP$.

Sei nun $L' \in coNP$, dann ist $\overline{L'} \in NP$. Es folgt $\overline{L'} \leq_{poly} L$, da $L \in NPC$ ist. Es folgt $L' \leq_{poly} \overline{L}$ und daraus $L' \in NP$, da $\overline{L} \in NP$ ist. Aus $L' \in coNP$ folgt also $L' \in NP$ und damit $coNP \subseteq NP$.

Damit ist insgesamt NP = coNP gezeigt. □

Da bisher kein einziges NP-vollständiges Problem gefunden wurde, dessen Komplement in NP enthalten ist, wird dies als Indiz für NP ≠ coNP angesehen. Aus dem Satz folgt unmittelbar:

Folgerung 11.4. $NP = coNP$ gilt genau dann, wenn $NPC \cap coNP \neq \emptyset$. □

Bild 11.5 ergänzt Bild 11.1 und stellt den Zusammenhang zwischen den in diesem Kapitel betrachteten Komplexitätsklassen nach heutigem Wissensstand anschaulich dar.

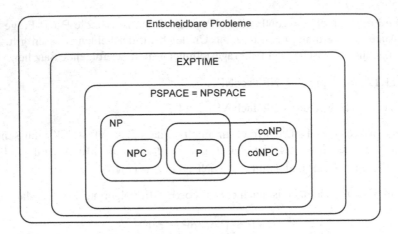

Bild 11.5: Zusammenhang zwischen Komplexitätsklassen.

11.7 Zusammenfassung

Prinzipiell lösbare (entscheidbare) Probleme müssen nicht praktisch lösbar sein, nämlich dann nicht, wenn die Laufzeit der Algorithmen oder Programme für Eingaben realistischer Größen unakzeptabel lange dauern würde. Zur größenordnungsmäßigen Beschreibung von Komplexitäten und zur Festlegung von Komplexitätsklassen dient die O-Notation. Als praktisch akzeptabel gelten Laufzeiten der Größenordnung $O(1)$ (konstant, d.h. unabhängig von der Eingabe), $O(\log n)$ (logarithmisch), $O(n)$ (linear), $O(n \log n)$ (n-log-n), $O(n^2)$ (quadratisch) und $O(n^3)$ (kubisch) in Abhängigkeit von der Eingabegröße n. Polynomielle Laufzeiten der Ordnung $O(n^k)$ für $k \geq 4$ führen auch schon zu sehr großen Laufzeiten. Auf jeden Fall unakzeptabel sind exponentielle Laufzeiten, d.h. Laufzeiten von der Ordnung $O(c^{n^k})$ für $c > 1$ und $k \geq 1$, wie z.B. $O(2^n)$.

Eine sowohl theoretisch als auch praktisch wichtige, bisher ungelöste Frage ist die P-NP-Frage, d.h. ob die beiden Komplexitätsklassen P und NP identisch oder verschieden sind. P ist die Klasse aller Probleme, die mit deterministischen Turingmaschinen in Polynomzeit ($O(n^k)$) berechenbar sind, und NP ist die Klasse aller Probleme, die mit nichtdeterministischen Turingmaschinen in Polynomzeit berechenbar sind. Bei der Transformation nichtdeterministischer Turingmaschinen in äquivalente deterministische können die Laufzeiten exponentiell werden und damit praktisch unakzeptabel.

Ein Maßstab für schwierige Probleme ist die NP-Vollständigkeit. Ein Problem in NP ist NP-vollständig, wenn alle anderen Probleme aus NP auf dieses Problem polynomiell reduziert werden können. Kann man von irgendeinem NP-vollständigen Problem zeigen, dass es in P oder nicht in P liegt, dann hat man bewiesen, dass P = NP bzw. P $\neq$ NP ist. Bisher ist das noch niemandem gelungen. Man geht heutzutage davon aus, dass es nicht gelingt, für ein NP-vollständiges Problem einen polynomiellen Algorithmus zu finden, d.h. allgemein wird angenommen, dass P $\neq$ NP gilt. Das amerikanische Clay Mathematics Institute (CMI) ordnet das P − NP-Problem in die sieben „Millennium Prize Problems" ein; für seine Lösung ist seit dem Jahr 2000 ein Preis von \$ 1 Million ausgesetzt[2].

SAT, das Erfüllbarkeitsproblem des Aussagenlogik, ist das erste Problem, das als NP-vollständig nachgewiesen wurde. Die NP-Vollständigkeit eines Problems L kann man zeigen, indem man die Zugehörigkeit $L \in$ NP zeigt und ein Problem $L' \in$ NPC auf L reduziert. Eine Reihe weiterer praktisch interessanter Planungs- und Zuordnungsprobleme sind ebenfalls NP-vollständig. Dazu gehören unter anderem *BIN PACKING*, *RUCKSACK* und *TRAVELLING SALESMAN* sowie Scheduling-Probleme in der Arbeitsvorbereitung, in Transportunternehmen, in Betriebssystemen und im Schulbetrieb (Stundenpläne). In der Praxis werden diese Probleme durch Heuristiken, suboptimale, probabilistische und andere Verfahren (bis zu einem gewissen Grad) zufriedenstellend gelöst, wobei man sich besonders für solche Heuristiken interessiert, deren Fehler abschätzbar ist. Man weiß heute, dass man nicht für alle NP-vollständigen Probleme in diesem Sinne „gute" Heuristiken angeben kann. Hierauf gehen wir im nächsten Kapitel noch näher ein.

Im Unterschied zur Zeit kann Speicherplatz mehrfach verwendet werden, was dazu führt, dass Sprachen, die nichtdeterministisch in f-Zeit entschieden werden können, von f-platzbeschränkten deterministischen Turingautomaten akzeptiert werden. Umgekehrt können f-platzbeschränkte Automaten – beim derzeitigen Stand der Wissenschaft – deterministisch nur in exponentieller Zeit simuliert werden. f-platzbeschränkte nichtdeterministische Turingautomaten können durch f^2-platzbeschränkte deterministische Automaten simuliert werden. Als Konsequenz ist die „P = NP-Frage" für Platzkompexität gelöst: Es gilt PSPACE = NPSPACE. Aus praktischer Hinsicht ist die Klasse L von Interesse. Sie enthält die Sprachen, die deterministisch mit logarithmischen Platzbedarf entschieden werden können; diese Klasse ist in P enthalten.

Während deterministische Komplexitätsklassen identisch zu ihren co-Klassen sind, ist diese Frage für nichtdeterministische Klassen, wie z.B. für NP noch nicht beantwortet. Die NP = coNP-Frage ist neben der P = NP-Frage eine weitere wichtige, interessante offene Frage der Informatik.

11.8 Bibliographische Hinweise und Ergänzungen

Untersuchungen zu Zeit- sowie Platzkomplexität von Berechnungen werden im Rahmen der *Komplexitätstheorie* angestellt; Einführungen und Übersichten findet man etwa bei Arora und Barak (2009), Hartmanis (1995), Hemaspaandra und Ogihara (2002), Hromkovic (2014), Lewis und Papadimitriou (1998), Loui (1997), Michel (1992), Papadimitriou (1994), Savage (1998) oder Wegener (2005a, b). Eine historische Übersicht über die Entwicklung der Komplexitätstheorie geben Fortnow und Homer (2003) sowie Fortnow (2013). Einen anderen Ansatz zur Beschreibung der Komplexität von Problemen, welcher die Größe von Schaltkreisen als Maß für die

---

[2]siehe `http://www.claymath.org/millennium-problems/p-vs-np-problem`

Komplexität zugrunde legt, werden in Vollmer (1999) und Wegener (2005a) betrachtet.

Schließlich sei erwähnt, dass sich die Klasse NP auch ohne Turingmaschinen oder Bezug zur Zeitkomplexität allein durch Logik charakterisieren lässt, denn es wurde bereits von Fagin (1974) gezeigt, dass die Menge aller in existenzieller Prädikatenlogik zweiter Stufe ausdrückbaren Formeln mit der Klasse NP übereinstimmt; man vergleiche hierzu auch Fagin (1993). NP erweist sich damit – wie schon der Begriff der Berechenbarkeit – als äußerst robustes Konzept.

Satz 11.8, der Nachweis, dass SAT ein NP-vollständiges Problem ist, stammt von Cook (1971). Ein bereits mehr als 20 Jahre altes, aber noch immer unerreichtes Kompendium NP-vollständiger Probleme ist das Buch von Garey und Johnson (1979). Natürlich ist die Liste dieser Probleme inzwischen erheblich länger geworden, und sie berührt tatsächlich nahezu alle Bereiche der Informatik; neben den im Text bereits genannten auch z.B. die Bereiche Datenbankentwurf, Transaktionsverarbeitung, VLSI-Entwurf, Rechnernetze und Kryptologie.

Die in den letzten dreißig Jahren durchgeführten Untersuchungen zur Klärung der P-NP-Frage haben bis heute zwar nicht das gewünschte Ergebnis (eine eindeutige Antwort) erbracht, vgl. Fortnow (2009, 2013); sie haben jedoch eine Fülle neuer Erkenntnisse hervorgebracht, die einerseits (im Sinne von Bild 11.5) Vieles zur Strukturierung des Bereiches zwischen P und den NP-vollständigen Problemen beigetragen haben. Andererseits hat man inzwischen ein umfangreiches Wissen über das „Innere" der Klasse P und über das Gebiet der *parallelen* Komplexitätsklassen und der dort angesiedelten P-*Vollständigkeit* – eine umfassende Einführung hierzu findet man bei Greenlaw et al. (1995) – sowie über das „Äußere" von NP – hierzu sei z.B. auf Wegener (2005a) verwiesen.

Im Umfeld der parallelen Algorithmen ist auch das in Kapitel 9 bereits erwähnte *DNA Computing* angesiedelt, bei welchem man parallele Berechnungen von Problemlösungen durch eine geeignete Codierung des Inputs auf einem genetischen Erbinformationsstrang (DNA) herzustellen versucht. Einführungen in dieses Gebiet findet man bei Paun et al. (1998), Ogihara et al. (1997), Ogihara und Ray (1999) oder Pisanti (1998). Mihalache und Salomaa (1997) stellen einen Zusammenhang zwischen DNA Computing und den früher bereits erwähnten Lindenmayer-Systemen her.

11.9 Übungen

11.1 Zeigen Sie, dass für jedes $d \in \mathbb{R}_+$ für die konstante Funktion $f_d : \mathbb{N}_0 \to \mathbb{R}_+$, definiert durch $f_d(n) = d$ für alle $n \in \mathbb{N}_0$, gilt: $f_d \in O(f_1) = O(1)$.

11.2 Sei $d > 1$. Gibt es ein $k \geq 0$, so dass $d^n \in O(n^k)$ ist?

11.3 Zeigen Sie, dass die Relation $\leq_{\text{poly}}$ transitiv ist, d.h. gilt $L_1 \leq_{\text{poly}} L_2$ und $L_2 \leq_{\text{poly}} L_3$, dann gilt auch $L_1 \leq_{\text{poly}} L_3$.

11.4 Beweisen Sie die Sätze 11.4, 11.12, 11.13 und 11.14.

11.5 Ein ungerichteter Graph $G = (V, E)$ heißt c-färbbar, falls es eine Funktion $\chi : V \to \{1, \ldots, c\}$ gibt mit der Eigenschaft: Ist $(i, j) \in E$, dann ist $\chi(i) \neq \chi(j)$. Die Funktion χ färbt die Knoten eines Graphen so mit den c Farben, dass adjazente Knoten verschieden gefärbt sind. Die Sprache *3CG* ist definiert durch

$$3CG = \{\,\langle\, G\,\rangle \mid G \text{ ist 3-färbbar}\,\}$$

Zeigen Sie, dass *3CG* $\in$ NPC ist.

11.6 Zeigen Sie: Für das in Analogie zu *3SAT* formulierbare Problem *2SAT* gilt *2SAT* $\in$ P.

11.7 Zeigen Sie, dass für jedes Alphabet Σ gilt: $ksS_\Sigma = $ NSPACE(n).

11.8 Begründen Sie, dass alle Sprachen in NP durch LOOP-Programme entschieden werden können.

11.9 Zeigen Sie, dass die Sprache $L = \{w \in \{a, b\}^* \mid |w|_a = |w|_b\}$ zur Klasse L gehört.

11.10 Das *PATH*-Problem ist die Frage danach, ob in einem gerichteten Graphen G ein Weg von einem Konten s zu einem Knoten t existiert. Geben Sie Algorithmen an, die die Sprache

$$PATH = \{\langle\, G, s, t\,\rangle \mid \text{der gerichtete Graph } G \text{ besitzt einen Weg von } s \text{ nach } t\}$$

a) deterministisch in polynomieller Zeit bzw.

b) nichtdeterministisch mit logarithmischem Platz entscheiden.[3]

---

[3]Ob *PATH* deterministisch mit logarithmischem Platz entschieden werden kann, ist derzeit unbekannt.

Kapitel 12

Approximative und probabilistische Ansätze und deren Anwendungen

Die Zugehörigkeit der in Kapitel 11.5 genannten und weiterer praktischer Probleme zur Klasse der NP-vollständigen Probleme bedeutet, dass sie prinzipiell, aber nicht praktisch lösbar sind, denn schon kleine Problemgrößen führen dazu, dass ihre Lösung auch mithilfe von entsprechenden Programmen auf den schnellsten heute verfügbaren Rechnern unakzeptabel lange dauern würde (siehe hierzu die „praktischen" Überlegungen in Abschnitt 12.1.4).

Betrachten wir noch einmal das *TSP*: Es gibt $n! = 1 \cdot 2 \cdot 3 \cdot \ldots \cdot n$ Permutationen der Zahlen $1, \ldots, n$, d.h. bei n Städten gibt es $n!$ Rundtouren. Alle diese müssen berechnet und aus diesen die optimalen herausgesucht werden. Nach der Stirlingschen Formel

$$n! \approx \left(\frac{n}{e}\right)^n \cdot \sqrt{2\pi n}$$

gibt es etwa z.B. für $n = 250$

$$250! \approx \left(\frac{250}{e}\right)^{250} \cdot \sqrt{500\pi} \approx 3,232 \cdot 10^{492}$$

Reihenfolgen.[1] Mithilfe der Methode des *Dynamischen Programmierens* bekommt man eine exakte Lösung für ein *TSP* mit n Städten in $O(n^2 2^n)$, was deutlich besser ist als $O(n!)$, denn für $n \geq 8$ ist $n!$ deutlich größer als $n^2 2^n$, aber der Aufwand ist exponentiell.

Analoges gilt für andere im letzten Kapitel erwähnte Problemstellungen. Das Fuhrparkunternehmen, der Stundenplanersteller, das Betriebssystem müssen jedoch ihre

---

[1]Daran ändert auch die Tatsache nichts, dass bei symmetrisch bewerteten Graphen in den $n!$ Rundtouren zu jeder Rundtour auch die umgekehrte Rundtour mit den selben Kosten vorkommt, von denen jeweils nur eine berechnet werden müsste: $\frac{n!}{2}$ ist unwesentlich kleiner als $n!$.

Scheduling-Probleme in kurzer Zeit lösen, und dies gelingt ihnen auch. Im Laufe der Zeit wurden nämlich *Heuristiken* entwickelt, durch Erfahrung gewonnene Regeln und Verfahren, die in akzeptabler Zeit zu einer zufrieden stellenden Lösung führen. Man weiß zwar nicht, ob die gefundene Lösung optimal ist, man ist aber mit dem Ergebnis zufrieden, speziell dann, wenn sich abschätzen lässt, wie gut oder wie schlecht die gefundene Lösung bzw. wie groß der darin enthaltene Fehler ist. Man spricht bei diesen Verfahren auch von *approximativen Algorithmen*. Wenn man damit nicht zufrieden ist, versucht man, das Ergebnis durch Probieren zu verbessern. Gelingt dies, gibt es für die Lösung nachfolgender Problemstellungen derselben Art neue nutzbringende Erfahrungen, d.h. eine Verbesserung der Heuristik. In diesem Zusammenhang ist interessant zu untersuchen, für welche Problemklassen sich Lösungsverfahren immer weiter verbessern lassen bzw. für welche Probleme es Schranken für die Verbesserung gibt und für die daher keine beliebige Annäherung an eine beste Lösung deterministisch in Polynomzeit möglich ist.

Andere Ansätze, schwierige Probleme anzugehen, sind probabilistischer Art. Mit *probabilistischen* Algorithmen kann man zum einen schwierige Probleme in Polynomzeit berechnen, wobei die Lösung lediglich mit einer bestimmten Wahrscheinlichkeit eine korrekte bzw. eine optimale ist. Wenn man mit der Wahrscheinlichkeit zufrieden ist, sind dies akzeptable Verfahren. Zum anderen kann man Verfahren anwenden, die mit einer gewissen Wahrscheinlichkeit in Polynomzeit eine Lösung eines schwierigen Problems bestimmen.

Parallele Algorithmen erreichen für bestimmte Problemstellungen auf parallelen Rechnerarchitekturen (mehrere Prozessoren bzw. Prozessorkerne, die in unterschiedlicher Weise miteinander Informationen austauschen können) eine deutliche Laufzeitverbesserung (speed up). Bei parallelen Architekturen kommen allerdings neben Laufzeit und Speicherplatz als weitere Komplexitätsgrößen der Kommunikationsaufwand der Prozessoren bzw. Kerne untereinander und die Anzahl der Prozessoren hinzu.

Genetische Algorithmen benutzen „Operationen" aus der Evolutionstheorie: Kreuzung, Selektion und Mutation. Durch Anwendung dieser Operationen wird versucht, sich – ausgehend von (willkürlich) gewählten Lösungsvorschlägen („Startpopulation") – durch Kreuzung (Kombination) von Lösungen, Selektion der besten Lösung und Mutation (Verändern) von Lösungen einer optimalen Lösung zu nähern.

Von den erwähnten Ansätzen werden wir in den folgenden Abschnitten beispielhaft und einführend auf heuristische und probabilistische Ansätze eingehen. Zu beiden Ansätzen gibt es sehr weit- und tiefgehende Theorien, die auch interessante Beziehungen zur $P = NP$-Frage haben; darauf können wir im Rahmen dieses Buches nicht detailliert eingehen.

Während die erwähnten Ansätze versuchen, schwierige Probleme praktikabel zu lösen, kann man Überlegungen dazu anstellen, wie die Schwierigkeit von Problemen ausgenutzt werden kann, um bestimmte Qualitäten bei Verfahrensabläufen zu sichern. Wie kann man z.B. Daten vor unerlaubtem Zugriff gesichert austauschen, oder wie kann man jemanden, etwa um sich zu authentifizieren, überzeugen, ein Geheimnis zu besitzen, ohne dieses selbst preiszugeben? Auf Ansätze in dieser Richtung gehen wir am Ende dieses Kapitels ein.

12.1 Approximative Algorithmen für NP-vollständige Probleme

Praktische Problemstellungen kann man in aller Regel nicht „liegen lassen", auch dann nicht, wenn sie sehr schwierig oder gar NP-vollständig sind. Es liegt in solchen Fällen nahe, nach suboptimalen Lösungen zu suchen, die, wie in der Einleitung dieses Kapitels bereits angedeutet, effizient herstellbar und mit möglichst kleinem, idealerweise abschätzbarem Fehler behaftet sind. In diesem Abschnitt wollen wir uns zunächst einen Überblick über die Kategorien möglicher approximativer Algorithmen verschaffen und dann am Beispiel *TSP* den Näherungsansatz der lokalen Verbesserung kennen lernen.

12.1.1 Approximierbarkeit

Für die folgenden Überlegungen benötigen wir ein paar Bezeichnungen: Für eine Instanz x eines gegebenen Optimierungsproblems bezeichne $opt(x)$ dessen *optimale* Lösung. Im Beispiel *TSP* ist x ein konkreter Graph mit bewerteten Kanten und $opt(x)$ eine kürzeste Rundreise in diesem Graphen. (Man beachte, dass wir es bei *TSP* de facto mit einem *Minimierungsproblem* zu tun haben, dass NP-vollständige Probleme hingegen stets *Entscheidungsprobleme* sind, deren Lösung aus einer positiven oder negativen Antwort besteht; der Übergang von einer Problemform zur anderen ist jedoch einfach, so dass wir uns hier erlauben, diesen formalen Unterschied zu vernachlässigen.)

Sei dann A ein polynomieller Algorithmus, der angesetzt auf eine Instanz x eines gegebenen Problems eine Lösung mit Wert $A(x)$ ausgibt. Wenn das betrachtete Problem NP-vollständig ist und A polynomiell, kann man nach unseren bisherigen Betrachtungen nicht erwarten, dass stets $A(x) = opt(x)$ gilt.

Häufig ist man jedoch bereits mit einer Aussage der folgenden Art zufrieden:

$$\frac{|opt(x) - A(x)|}{opt(x)} \leq \epsilon$$

Dabei ist ϵ eine positive reelle Zahl (hoffentlich nahe 0), welche den *relativen Fehler* von A nach oben beschränkt. Man verwendet im Zähler des Bruches auf der linken Seite dieser Ungleichung den Absolutbetrag, um Minimierungsprobleme, bei denen für approximative Algorithmen A stets $A(x) \geq opt(x)$ gilt, und Maximierungsprobleme, bei denen das Ungleichheitszeichen gerade umgekehrt ist, in einheitlicher Weise behandeln zu können. Falls ein gegebener Algorithmus A diese Ungleichung für alle Instanzen x eines Problems P erfüllt, so bezeichnet man A als ϵ-*Approximation* für P.

Wenn man also weiß, dass ein Optimierungsproblem P (genauer: seine „Entscheidungsversion") zur Klasse der NP-vollständigen Probleme gehört, so liegt es nahe zu fragen, ob es für P eine ϵ-Approximation gibt. Ist dies der Fall, kann man weiter fragen, wie klein ϵ werden kann bzw. wie nahe an 0 man ϵ heranbringen kann. Man beachte, dass solche Fragen nur unter der Prämisse, dass P $\neq$ NP gilt, sinnvoll sind, da das Problem P ansonsten exakt lösbar wäre mit $\epsilon = 0$.

Diese Überlegungen legen eine Einteilung der NP-vollständigen Probleme in die folgenden Kategorien nahe:

1. Probleme, welche *voll ϵ-approximierbar* sind, d.h. für die es eine ϵ-Approximation mit polynomieller Laufzeit gibt für alle $\epsilon > 0$.

2. Probleme, welche *partiell ϵ-approximierbar* sind, d.h. für die es ϵ-Approximationen mit polynomieller Laufzeit gibt für bestimmte Werte von ϵ, aber – sofern P $\neq$ NP – nicht für alle, insbesondere nicht für beliebig kleine.

3. Probleme, welche *nicht ϵ-approximierbar* sind, d.h. für die es keine ϵ-Approximation mit polynomieller Laufzeit gibt, für welchen Wert von ϵ auch immer (sofern P $\neq$ NP).

In die erste, offensichtlich attraktivste Klasse fallen z.B. die Probleme *RUCKSACK* und *2PROZESSOR SCHEDULING* , von denen wir das Erstere bereits in Abschnitt 11.5.2 angesprochen haben. In die Klasse der partiell ϵ-approximierbaren Probleme fällt das Problem *NODE COVER*, bei dem es darum geht, zu einem gegebenen (ungerichteten) Graphen G und einer ganzen Zahl $B \geq 2$ festzustellen, ob es eine Teilmenge der Knotenmenge von G der Größe höchstens B gibt, welche sämtliche Kanten von G überdeckt (d.h. mindestens einen Endpunkt einer jeden Kante enthält). In die letztgenannte Klasse der nicht ϵ-approximierbaren Probleme fällt das *TSP*-Problem, mit welchem wir uns unten genauer befassen.

RUCKSACK

Man hat einen Rucksack einer bestimmten Größe $b \in \mathbb{N}_0$ sowie $k \geq 1$ Gegenstände mit den Größen $a_1, \ldots, a_k \in \mathbb{N}_0$. Die Optimierungsaufgabe besteht darin, den Rucksack optimal zu füllen, d.h. eine Teilmenge I der Gegenstände so auszuwählen, dass die Differenz $\sum_{i \in I} a_i - b$ so klein wie möglich wird.

Wie haben erwähnt (vgl. Satz 11.12), dass *RUCKSACK* NP-vollständig ist. In einer Approximation wird man die Gegenstände zunächst nach abnehmender Größe sortieren und den Rucksack dann in der erzeugten Ordnung auffüllen (also zuerst mit großen Gegenständen, dann mit kleiner werdenden soweit wie möglich). Man kann zeigen, dass man auf diese Weise quasi „beliebig nahe" an eine optimale Lösung herankommt.

2PROZESSOR SCHEDULING

In einem Betriebssystem sollen n Prozesse, deren einzelne Zeitdauern bekannt seien, auf zwei Prozessoren, welche als gleichartig angenommen werden, nicht unterbrechend bearbeitet werden. Weiter gebe es auf der Menge der Prozesse eine Präferenzordnung, die angibt, welcher Prozess vor welchem anderen bearbeitet werden muss. Die Aufgabe besteht darin, die gegebenen Prozesse unter Beachtung der Ordnung auf die beiden Prozessoren so zu verteilen, dass sich eine möglichst kurze Gesamtbearbeitungsdauer ergibt. In einer Optimierungsvariante gibt man eine „Deadline" D vor

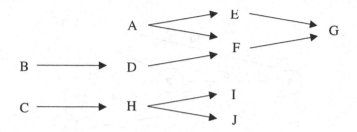

Bild 12.1: Ausführungsordnung für Prozesse.

Proz. P_0	B	C	D	F		G	
Proz. P_1	A		E	H	I		J

Bild 12.2: Optimale Ausführung der Prozesse aus Bild 12.1 auf 2 Prozessoren.

und fragt, ob sich die Prozesse auf den beiden Prozessoren in einer Gesamtzeit von höchsten D bearbeiten lassen

Als Beispiel betrachten wir eine Situation mit $n = 10$ Prozessen mit den folgenden Ausführungsdauern

Prozesse	A	B	C	D	E	F	G	H	I	J
Längen	8	2	3	3	7	7	18	2	8	8

und der in Bild 12.1 gezeigten Ausführungsordnung. Für die Bearbeitung der zehn Prozesse soll gelten, dass (nach Möglichkeit) kein Prozessor untätig sein darf, solange noch ein Prozess ansteht. Der in Bild 12.2 gezeigte, so genannte *Gantt-Plan* stellt einen möglichen Schedule dar. Nach insgesamt 33 Zeiteinheiten sind alle Prozesse bearbeitet, und kein Prozessor war während dieser Zeit untätig. Es ist klar, dass eine kürzere Gesamtzeit hier nicht erreichbar ist.

Das Auffinden eines „optimalen Schedules" bzw. die Bestimmung der kürzest möglichen Ausführungsdauer T_{opt} kann algorithmisch wie folgt geschehen: Man ordne Prozess i (für $i = 1, \dots, n$) den Wert 0 oder 1 zu, je nach dem, ob er auf Prozessor P_0 oder P_1 gerechnet wird. Jeder Schedule ist dann darstellbar als Folge von Nullen und Einsen der Länge n, und die Zeitdauer T eines Schedule erhält man als

$$T = \max \left\{ \sum_{p_i = 0} t_i, \sum_{p_i = 1} t_i \right\};$$

dabei sei t_i die Dauer von Prozess i und p_i die Angabe über den Prozessor, auf welchem Prozess i gerechnet wird. Der optimale Schedule ergibt sich dann durch Aufstellung aller relevanten Folgen, Berechnung der entsprechenden Werte von T und Auswahl eines Schedules mit minimalem T. Offensichtlich gibt es für n Prozesse 2^n derartige Bit-Folgen, und man kann zeigen, dass das Problem der Bestimmung von T_{opt} NP-vollständig ist.

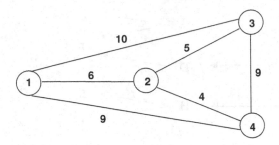

Bild 12.3: Zu lösendes Beispiel des *TSP*-Problems.

Für das hier betrachtete 2-Maschinen-Problem lassen sich Heuristiken wie die *Critical Path Method* (CPM) oder die Bestimmung der *Largest Processing Time* (LPT) angeben. Bei CPM wählt man aus den Prozessen, die in der vorgegebenen Ausführungsordnung keinen Vorgänger mehr haben, als Nächstes einen solchen, für den eine Kette der von ihm ausgehenden unerledigten Prozesse maximal ist. In dem Spezialfall, dass der die Ordnung darstellende (azyklische) Graph keine Kanten besitzt, dass also keine Ausführungsordnung vorgegeben ist, geht CPM in LPT über; dabei werden zuerst die Prozesse mit der längsten Zeitdauer verarbeitet; die verbleibenden werden anschließend „irgendwie" auf die Prozessoren verteilt. Für beide Heuristiken kann man zeigen, dass „beliebig gute" Näherungen erzielbar sind, so dass auch *2PROZESSOR SCHEDULING* zu den voll ϵ-approximierbaren Problemen gehört.

12.1.2   Lokale Verbesserung am Beispiel *TSP*

Am Beispiel von *TSP* wollen wir weitere Ideen für Heuristiken studieren. Wir betrachten zunächst ein konkretes Beispiel des *TSP*-Problems, das in Bild 12.3 gezeigt ist. Es handelt sich um $n = 4$ Städte, wobei die Kanten zwischen den einzelnen Knoten zur Vereinfachung ungerichtet gezeigt sind; dies stehe stellvertretend für jeweils zwei unterschiedlich gerichtete, aber gleich bewertete Kanten zwischen Paaren von Knoten („symmetrisches *TSP*"). Man beachte, dass hier die so genannte *Dreiecksungleichung* gelten soll, d.h. eine direkte Verbindung zwischen zwei Knoten ist nicht größer als eine solche, die einen dritten Knoten einschließt. Für die Kantenbewertung muss also gelten: $cost(i, j) \leq cost(i, k) + cost(k, j)$. Diese Variante des *TSP* wird auch mit Δ-*TSP* bezeichnet.

Ein optimaler Algorithmus würde alle Permutationen der Zahlen von 1 bis 4 bestimmen, die Länge der dadurch jeweils festgelegten Rundreise errechnen und eine kürzeste auswählen. Ein heuristischer Algorithmus könnte demgegenüber wie folgt vorgehen:

1. Man erzeuge einen so genannten *minimalen spannenden Baum*, d.h. eine Auswahl der Kanten so, dass nach wie vor sämtliche Knoten miteinander verbunden sind, jedoch keine redundante Kante vorkommt, und dass diese Auswahl die kleinstmögliche Gesamtbewertung unter allen Auswahlen, die in Frage kommen, hat.

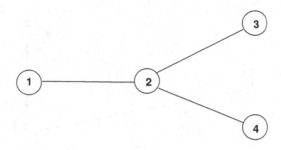

Bild 12.4: Ein minimaler spannender Baum.

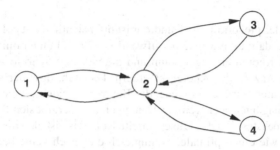

Bild 12.5: „Verdopplung" des spannenden Baumes.

In unserem Beispiel aus Bild 12.3 stellt die in Bild 12.4 gezeigte Kantenauswahl einen minimalen spannenden Baum dar, wie man leicht verifiziert. Dieser hat offensichtlich eine Gesamtbewertung (Summe über alle Kanten) von 15.

2. Bezeichne T den aus Schritt 1 resultierenden Baum. Dann durchlaufe man T in irgendeiner Reihenfolge der Kanten und kehre zum Ausgangspunkt zurück.

   In unserem Beispiel ist eine solche, von Knoten 1 ausgehende Rundreise in Bild 12.5 gezeigt. Man beachte, dass bei einem Durchlaufen dieser Art jede Kante im Graphen zweimal durchlaufen wird; die Kosten dieser Tour betragen also 30.

3. Man durchlaufe die in Schritt 2 erzeugte Rundreise erneut, jedoch wird jetzt „kurz geschlossen" im Fall von Eckenwiederholungen. Da die Dreiecksungleichung gilt, kann durch dieses Kurzschließen die Gesamtbewertung der dadurch entstehenden Tour nicht größer werden, als die Tour aus Schritt 2.

   Für unser Beispiel bedeutet dies, dass nach einem Start in Knoten 1 in Bild 12.5 zu Knoten 2, danach zu Knoten 3 verzweigt wird, dann allerdings nicht zurück zu Knoten 2, der ja bereits besucht wurde, sondern direkt zu Knoten 4. Von Knoten 4 wird ebenfalls nicht zurück zu Knoten 2 verzweigt, sondern direkt zu Knoten 1. Hieraus ergibt sich die in Bild 12.6 gezeigte Rundreise mit der Bewertung 29.

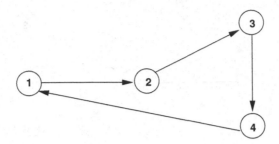

Bild 12.6: Endgültige Rundreise.

Die in unserem Beispiel ermittelte Rundtour ist offensichtlich mit polynomiellem Aufwand herstellbar, da man mit einem Aufwand von $O(n^2)$ einen minimalen spannenden Baum für n Knoten erzeugen kann und die weiteren Schritte nur noch linearen Aufwand in der Anzahl der Knoten erfordern. Dadurch, dass der spannende Baum zweimal durchlaufen wird, ein spannender Baum aber eine geringere Bewertung als eine Optimallösung hat (da er weniger Kanten enthält), ergibt sich für diese Heuristik ein Fehler von höchstens 100%. Die ermittelte Rundreise ist also im schlimmsten Fall doppelt so lang wie eine optimale. Wenngleich dies noch keine besonders überzeugende Aussage ist, ist der mögliche Fehler dadurch zumindest beschränkt. Im Durchschnitt ist sogar zu erwarten, dass sich durch die Heuristik Lösungen herstellen lassen, die wesentlich näher an einer Optimallösung liegen (wie dies in obigem Beispiel der Fall ist).

Wichtiger ist uns, dass sich die gerade beschriebene Technik verbessern lässt. Dies basiert auf der Beobachtung, dass in obigem Beispiel zunächst eine „irgendwie geartete" Rundreise konstruiert wird (die allerdings bereits auf einem minimalen spannenden Baum basiert), welche dann „lokal" verbessert wird. Dies bedeutet, dass man in einem Knoten eine lokalen Umgebung betrachtet und anhand dieser Betrachtung die bereits erzeugte Rundreise modifiziert, falls sich dadurch eine Verbesserung (hier: Verkürzung) der Gesamtlänge ergibt.

Das allgemeine Prinzip der *lokalen Verbesserung* lässt sich wie folgt beschreiben: Sei S_0 die Menge der potenziellen Lösungen einer gegebenen Instanz eines Optimierungsproblems (wobei wir wie im Fall *TSP* ein Minimierungsproblem unterstellen). Über eine geeignet definierte *Nachbarschaftsrelation* $N \subseteq S_0 \times S_0$ sei ferner präzisiert, was „lokale Verbesserung" bedeutet, d.h. für $x, y \in S_0$ soll $(x, y) \in N$ gelten, falls sich x aus y bzw. umgekehrt durch nur geringfügige Änderungen ergibt. Das Ziel besteht dann darin, ausgehend von einer initialen Lösung s nach Lösungen s' mit $(s, s') \in N$ und Kosten$(s') <$ Kosten(s) zu suchen, bis sich keine Veränderung mehr ergibt. Unter den Kosten wird dabei jeweils das Maß verstanden, mit welchem $opt(x)$ bzw. $A(x)$ berechnet wird.

Wir wollen dieses Prinzip am Beispiel *TSP* erläutern: Hier geht es zunächst darum festzulegen, wann zwei potenzielle Lösungen, also zwei Rundreisen durch einen gegebenen Graphen, als „benachbart" angesehen werden können. Intuitiv einseitig ist die Festlegung, dass zwei Rundreisen *benachbart* sind, falls sie sich in möglichst wenig

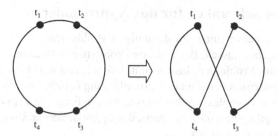

Bild 12.7: 2-benachbarte Rundreisen.

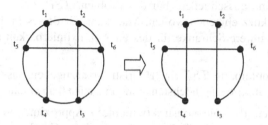

Bild 12.8: 3-benachbarte Rundreisen.

Kanten unterscheiden. Offensichtlich ist die geringst mögliche Anzahl von Kanten, in denen sich zwei Rundreisen unterscheiden können, gleich 2, d.h. wir betrachten zwei Rundreisen als *2-benachbart*, falls sie sich in genau 2 Kanten unterscheiden; dies ist beispielhaft bei den beiden in Bild 12.7 gezeigten Rundreisen der Fall. Analog betrachten wir zwei Rundreisen als *3-benachbart*, falls sie sich in genau 3 Kanten unterscheiden (vgl. Bild 12.8), und allgemein als *m-benachbart*, falls sie sich in genau m Kanten unterscheiden. In den Bildern 12.7 und 12.8 stellt jeweils im linken Graphen der äußere Kreis die eine Rundreise und im rechten Graphen die im Kreis liegende Kanten benutzende Tour die andere Rundreise dar.

Lokale Tourverbesserungen starten also von einer gegebenen Rundreise und versuchen diese kontinuierlich zu verbessern. Die Ausnutzung von 2-Nachbarschaften, welche einer Vertauschung der Reihenfolge von Städten auf der Tour entspricht, verhält sich in praktischen Anwendungen einigermaßen gut, jedoch sind bei Verwendung von 3-Nachbarschaften offensichtlich bessere Ergebnisse erzielbar, da in einem Schritt mehr Möglichkeiten in Betracht gezogen werden. Allerdings wächst die Laufzeit der Heuristik bei Vergrößerung der betrachteten Nachbarschaft an, und ab einer bestimmten Größe ist keine signifikante Verbesserung des Ergebnisses mehr zu erzielen.

Abhilfe kann in dieser Situation eine Heuristik schaffen, welche in der Literatur als die *Lin-Kernighan-Heuristik* (LKH) bekannt ist. Diese verwendet λ-*Nachbarschaften*; dabei ist der Austausch beliebig vieler (genauer: λ vieler) Kanten zwischen „benachbarten" Touren erlaubt, allerdings ist der Begriff der Nachbarschaft hierbei komplexer. Die Heuristik LKH wird in der Praxis zur Lösung auch großer *TSP*-Instanzen verwendet. Für weitere Einzelheiten zu dieser Heuristik verweisen wir auf die Literatur.

12.1.3   Untere Schranken für das Approximieren

Das TSP-Problem gehört nicht zu denjenigen Problemen, für die sich „gute" Approximationen angeben lassen. Bei anderen Problemen, z.B. dem Rucksack-Problem oder bei Scheduling-Problemen, lassen sich, wie wir erläutert haben, dagegen Näherungslösungen konstruieren, die einer Optimallösung *beliebig nahe* kommen. Man interessiert sich in der Komplexitätstheorie u.a. für die Frage, warum das so ist, warum es also Probleme gibt, die voll bzw. partiell ϵ-approximierbar sind, während andere weniger gut angenähert werden können.

Unabhängig von sich daraus ergebenden Klassifikationen kann man sich fragen, ob es möglicherweise inhärent schwierige Probleme gibt, die bessere Heuristiken für bestimmte Probleme ausschließen. Für das Problem TSP ist dies der Fall, worauf wir abschließend kurz eingehen wollen. Man kann für dieses Problem nämlich gewissermaßen eine untere Schranke für dessen Approximierbarkeit angeben, die z.B. Folgendes aussagt:

Satz 12.1. Das Problem, für TSP eine Heuristik so anzugeben, dass jede erzeugte Lösung von einer Optimallösung höchstens um ein ϵ nahe 0 abweicht, ist NP-schwierig.

Beweis Wir zeigen, dass die Konstruktion einer ϵ-Approximation für eine optimale Rundreise so schwierig ist wie die Entscheidung, ob ein Graph einen Hamilton-Kreis besitzt. Sei dazu $G = (V, E)$ ein Graph. Wir bilden hierzu einen vollständigen Graphen $G' = (V, E')$ mit $E' := \{\, (v_1, v_2) \mid v_1, v_2 \in V, v_1 \neq v_2 \,\}$. Auf G' sei ferner eine Abstandsfunktion d erklärt durch $d(v_1, v_2) = 1$, falls $(v_1, v_2) \in E$, und $d(v_1, v_2) = k$ für ein $k > 1$ sonst. Damit ist (G', d) offensichtlich eine TSP-Instanz, und für $|V| = n$ gilt: In G' existiert eine Rundreise der Länge n genau dann, wenn G einen Hamilton-Kreis besitzt. Negiert ausgedrückt gilt also: G besitzt *keinen* Hamilton-Kreis genau dann, wenn alle Rundreisen in G' eine Länge von mindestens $k + n - 1$ haben.

Es existiere nun ein Hamilton-Kreis in G. Wählt man dann $\epsilon < 1/n$, so gilt für eine Instanz x und einen Algorithmus A, dass $A(x)$ eine ϵ-Approximation für eine optimale Rundreise $opt(x)$ darstellt genau dann, wenn

$$\frac{A(x)}{opt(x)} \leq 1 + \epsilon$$

gilt. Wegen $opt(x) = n$ ergibt dies

$$A(x) \leq (1 + \epsilon) \cdot n.$$

Letzteres impliziert jedoch $A(x) < n + 1$ und damit $A(x) = n$, da kleinere Längen laut unserer Konstruktion nicht möglich sind.

Gilt andererseits $A(x) > (1+\epsilon) \cdot n$ für alle Instanzen x, so hat G keinen Hamilton-Kreis. Unsere Behauptung ist damit bewiesen, denn aufgrund der NP-Vollständigkeit von HAM ist ein effizientes Herstellen einer ϵ-Approximation nicht zu erwarten. $\square$

Damit sind beliebig gute Approximationen für TSP also ausgeschlossen, so dass sich eine Suche (unter der Annahme P $\neq$ NP) nach ihnen nicht lohnt. In der Komplexitätstheorie kennt man zahlreiche weitere Ergebnisse dieser Art, deren Konsequenz u.a. ist, dass sich die Klasse der NP-vollständigen Probleme wesentlich genauer strukturieren lässt, als man das anhand von Bild 11.1 vermuten würde.

12.1.4 *TSP* in der Praxis

Das Traveling Salesman-Problem, einer der zentralen Untersuchungsgegenstände in den Anfängen der Komplexitätstheorie in den frühen 70er Jahren des letzten Jahrhunderts, war aufgrund seiner hohen Praxisrelevanz auch vor der Erkenntnis, dass es sich um ein NP-vollständiges Problem handelt, bereits Gegenstand intensiver Algorithmenentwicklung. Einen historischen Abriss der Entwicklung von Lösungen für *TSP*-Instanzen bestimmter Größe findet man auf der „*TSP*-Homepage" unter

$$\texttt{http://www.math.uwaterloo.ca/tsp/}\,[2]$$

Dort ist z.B. nachzulesen, dass im Jahre 1954 erstmals eine *TSP*-Instanz mit 49 Städten optimal gelöst wurde; erst im Jahre 1971 stieg die Instanzgröße auf 64. Im Jahre 1987 gelang die optimale Lösung einer *TSP*-Instanz mit 2.392 Städten, wobei es sich um eine Instanz des so genannten *symmetrischen TSP* (vgl. Anfang von Abschnitt 12.1.2) handelte. Bei einem symmetrischen *TSP* hat ein Kante zwischen zwei Knoten immer die gleiche Länge unabhängig von der Richtung, in der sie durchlaufen wird; entsprechend hat bei einem asymmetrischen *TSP* eine Kante von a nach b u.U. eine andere Länge (Entfernung) als eine Kante von b nach a. Symmtrische *TSP*-Instanzen gelten generell als schwieriger als asymmetrische.

Durch die fortschreitende Entwicklung immer leistungsfähigerer Rechner gelang es im Jahre 2001, für eine *TSP*-Instanz mit 15 112 Städten eine optimale Rundreise zu erstellen. Dieses Ergebnis konnte im Mai 2004 auf eine Schweden-Rundreise durch 24.978 Orte und 2006 auf 85.900 Städte verbessert werden[3]. Angesichts der gigantischen Anzahl von Rundreisen, die in Graphen dieser Größe möglich sind, zeigt dies, dass man mit NP-vollständigen Problemen selbst dann, wenn sie sich einer vollen oder partiellen Approximierbarkeit hartnäckig widersetzen, in gewissem Umfang heute umgehen kann. Heuristiken wie die oben beschriebene LKH spielen dabei eine wesentliche Rolle.

Für den Umgang mit *TSP* in der Praxis ist auch die Erkenntnis wichtig, dass Instanzen etwa aus der Logistik oder dem Transportwesen, die sich nicht selten auf die möglichst gute oder sogar optimale Nutzung von Verkehrswegen konzentrieren, typischerweise die oben erwähnte Dreiecksungleichung erfüllen: Eine direkte Autofahrt von A nach B ist in der Realität fast immer kürzer als eine Umweg über eine Zwischenstation. Wie die oben beschriebenen lokalen Verbesserungsheuristiken gezeigt haben, ist in solchen Fällen der in einer Näherungslösung enthaltene Fehler abschätzbar; die oben dargestellte Heuristik des spannenden Baumes beinhaltet zunächst zwar noch einen Fehler von bis zu 100%, kann aber bis auf 50% verbessert werden. Man kann zwar auch in Anwesenheit der Dreiecksungleichung keine beliebig guten ϵ-Approximationen erwarten, aber die Abschätzbarkeit des in einer Lösung enthaltenen Fehlers und die Tatsache, dass man auch große Probleminstanzen heute sogar exakt lösen kann, relativieren das Konzept der NP-Vollständigkeit als Maß für Ineffizienz.

---

[2]zuletzt besucht am 10.06.2016
[3]Man vergleiche hierzu auch die sog. TSPLIB der Universität Heidelberg unter `http://www.iwr.uni-heidelberg.de/groups/comopt/software/TSPLIB95/`.

12.2 Randomisierte Algorithmen und probabilistische Komplexitätsklassen

Wir werden nun Algorithmen mit Anweisungen versehen, die von Zufallsereignissen abhängen. Bei einem Turingautomaten könnten wir uns das so vorstellen, dass die Ausführung von Zustandsüberführungen zufällig bestimmt wird. Dazu habe der Automat außer den „üblichen Arbeitsbändern" auch ein *Zufallsband*. Dieses Band werde vor jeder Bearbeitung eines Eingabewortes mit einer zufällig erzeugten 0-1-Folge beschrieben.[4] Die Zustandüberführungen sind dann nicht nur abhängig vom Inhalt der Speicherzelle, unter dem sich der Schreib-/Lesekopf auf dem Eingabeband befindet, sondern auch von dem Bit, dass sich über dem Schreib-/Lesekopf des Zufallsbandes befindet. Wir werden den Begriff des randomisierten Turingautomaten nicht formal definieren, sondern im Folgenden allgemein von randomisierten Algorithmen sprechen. Deren Anweisungen können von Zufallsexperimenten abhängig sein, die der Algorithmus vorher durchgeführt hat. Wir verwenden also ein intuitives Verständnis von randomisierten Algorithmen, nehmen aber gleichwohl an, dass wir diese jederzeit durch formal definierbare randomisierte Turingautomaten programmieren könnten.

Wir werden im Folgenden zwei Arten des Akzeptierens von Wörtern kennenlernen: *zufälliges* Akzeptieren in abschätzbarer Zeit sowie *definitives* Akzeptieren in nicht vorhersehbarer Zeit. Algorithmen der ersten Art werden auch *Monte Carlo-Algorithmen* und die der zweiten Art werden auch *Las Vegas-Algorithmen* genannt.

12.2.1 Die Klasse RP

Um mit randomisierten Algorithmen der ersten Art vertraut zu werden, betrachten wir einen randomisierten Algorithmus für die Sprache der Dreiecksgraphen, das ist die Sprache

$$\triangle GRAPH = \{ \langle G \rangle \mid G \text{ ungerichteter Graph, der ein Dreieck enthält} \}.$$

Dabei sei $\langle G \rangle$ eine (geeignete) Codierung des Graphen G. Wir unterscheiden im Folgenden nicht zwischen G und $\langle G \rangle$. $G \in \triangle GRAPH$ bedeutet, dass G mindestens einmal drei verschiedene Knoten enthält, die paarweise durch Kanten verbunden sind.

Der randomisierte Algorithmus (bzw. der randomisierte Turingautomat) $T_\triangle$ wählt bei Eingabe eines beliebigen ungerichteten Graphen G zufällig eine Kante (a, b) und einen von a und b verschiedenen Knoten c aus und prüft, ob Kanten (a, c) und (b, c) in G enthalten sind. $T_\triangle$ führt ℓ Runden lang diese Auswahl und diese Tests aus und akzeptiert, falls in mindestens einer Runde ein Dreieck gefunden wird.

Wenn G kein Dreieck enthält, dann gelangt $T_\triangle$ in keiner Runde in einen akzeptierenden Zustand, d.h. enthält der Graph G kein Dreieck, dann ist die Wahrscheinlich-

---

[4]Streng genommen bedeutet dies, dass eine unendliche Folge erzeugt werden müsste. Äquivalent dazu können wir uns aber vorstellen, dass das Zufallsband bis auf den ersten Speicherplatz zunächst leer ist und jedes Mal, bevor der Schreib-/Lesekopf des Zufallsbandes beim Bewegen nach rechts auf einen leeren Platz trifft, dort zufällig eine 0 oder eine 1 erzeugt wird.

keit, dass er von $T_\triangle$ akzeptiert wird, gleich 0. Es gilt also

$$\text{für alle } G \notin \triangle GRAPH : Prob\,[\,T_\triangle \text{ akzeptiert } G \text{ nach } \ell \text{ Runden}\,] = 0 \qquad (12.1)$$

Wir betrachten nun den Fall, dass G mindestens ein Dreieck enthält. Dazu nehmen wir an, dass G n Knoten und m Kanten besitzt. Dann beträgt die Wahrscheinlichkeit, dass dessen Knoten in einer Runde gewählt werden, mindestens $\frac{3}{m} \cdot \frac{1}{n-2}$, also gilt

$$\text{für alle } G \in \triangle GRAPH : Prob\,[\,T_\triangle \text{ akzeptiert } G \text{ in einer Runde}\,] \geq \frac{3}{m(n-2)}$$

Es folgt für alle $G \in \triangle GRAPH$:

$$Prob\,[\,T_\triangle \text{ akzeptiert } G \text{ nicht in einer Runde}\,] \leq 1 - \frac{3}{m(n-2)}$$

und daraus

$$Prob\,[\,T_\triangle \text{ akzeptiert } G \text{ nicht nach } \ell \text{ Runden}\,] \leq \left(1 - \frac{3}{m(n-2)}\right)^\ell \qquad (12.2)$$

und damit

$$Prob\,[\,T_\triangle \text{ akzeptiert } G \text{ nach } \ell \text{ Runden}\,] \geq 1 - \left(1 - \frac{3}{m(n-2)}\right)^\ell,$$

was wir für folgende Zwecke anders schreiben:

$$Prob\,[\,T_\triangle \text{ akzeptiert } G \text{ nach } \ell \text{ Runden}\,] \geq 1 - \left(1 - \frac{1}{\frac{m(n-2)}{3}}\right)^\ell \qquad (12.3)$$

Für die Eulerzahl $e = 2.718\ldots$, die definiert ist durch

$$e = \lim_{k \to \infty} \left(1 + \frac{1}{k}\right)^k,$$

gilt

$$\lim_{k \to \infty} \left(1 - \frac{1}{k}\right)^k = e^{-1}.$$

Dabei ist für alle $k \in \mathbb{N}_0$

$$\left(1 - \frac{1}{k}\right)^k < e^{-1}.$$

Mit dieser Abschätzung können wir in (12.3)

$$\ell = \frac{m(n-2)}{3}$$

setzen und erhalten

$$\left(1 - \frac{3}{m(n-2)}\right)^{\frac{m(n-2)}{3}} < e^{-1} = \frac{1}{e} \approx 0.3679 < \frac{1}{2}.$$

Somit gilt bei einer Rundenzahl von

$$\ell \geq \frac{m(n-2)}{3}$$

für alle $G \in \triangle GRAPH$:

$$Prob\,[\,T_\triangle \text{ akzeptiert } G \text{ nach } \ell \text{ Runden}\,] \geq 1 - \left(1 - \frac{3}{m(n-2)}\right)^{\frac{m(n-2)}{3}}$$

$$> 1 - \frac{1}{2} = \frac{1}{2}$$

Für einen Eingabegraphen G mit n Knoten und m Kanten, der ein Dreieck enthält, können wir also $\ell = \frac{m(n-2)}{3}$ wählen, um sicher zu sein, dass dieser mit einer Wahrscheinlichkeit von mindestens $\frac{1}{2}$ von $T_\triangle$ akzeptiert wird.

Jetzt betrachten wir noch die Laufzeit: Die Eingabelänge (der Codierung) von G wird im Wesentlichen bestimmt durch die Anzahl der Knoten n. Für die Anzahl m der Kanten gilt $m \leq n^2$, d.h. es ist $|G| = O(n^2)$. Des Weiteren ist $\ell = O(n \cdot m) = O(n^3)$. Bei jeder Runde wird die Eingabe viermal durchlaufen: zufälliges Auswählen einer Kante und eines Knotens sowie Suchen nach zwei Kanten. Jede Runde hat also eine Laufzeit von $O(|G|)$. Somit ergibt sich insgesamt $time_{T_\triangle}(G) = O(\text{poly}(|G|))$.

Definition 12.1. Eine Sprache $L \subseteq \Sigma^*$ gehört zur Klasse RP genau dann, wenn ein randomisierter Algorithmus A existiert, so dass Folgendes gilt:

(1) Für alle $w \notin L$: $Prob\,[\,A(w) = 1\,] = 0$: Ist $w \notin L$, dann akzeptiert A das Wort w mit Wahrscheinlichkeit 0.

(2) Für alle $w \in L$: $Prob\,[\,A(w) = 1\,] \geq \frac{1}{2}$: Ist $w \in L$, dann akzeptiert A das Wort w mit einer Wahrscheinlichkeit von mindestens $\frac{1}{2}$.

(3) Für alle $w \in \Sigma^*$: $time_A(w) = O(\text{poly}(|w|))$.

RP steht dabei für *Random Polynomial*. Algorithmen (Turing-Entscheider), die Sprachen gemäß (1) und (2) akzeptieren, heißen auch *Monte Carlo-Algorithmen*.   □

Unser Algorithmus $T_\triangle$ zur randomisierten Entscheidung der Sprache $\triangle GRAPH$ erfüllt alle drei Eigenschaften aus Definition 12.1: Falls der eingegebene Graph kein Dreieck enthält, wird $T_\triangle$ auch kein Dreieck finden und diesen Graphen niemals akzeptieren, womit Bedingung (1) erfüllt ist. Falls der gegebene Graph mit m Kanten und n Knoten ein Dreieck enthält, dann wird $T_\triangle$ diesen nach $\ell = \frac{m(n-2)}{3}$ Runden mit einer Wahrscheinlichkeit größer $\frac{1}{2}$ akzeptieren, womit Bedingung (2) erfüllt ist. Außerdem ist die Laufzeit polynomiell in der Größe des eingegebenen Graphen, womit auch Bedingung (3) erfüllt ist. Insgesamt folgt also, dass $\triangle GRAPH \in$ RP ist.[5]

---

[5]Es ist sogar $\triangle GRAPH \in$ P.

Ein Monte Carlo-Algorithmus A, der eine Sprache gemäß den Bedingungen (1) und (2) in Definition 12.1 akzeptiert, hat folgende Eigenschaften:

(1) Ist $w \notin L$, dann wird w niemals von A akzeptiert. Monte Carlo-Algorithmen liefern also niemals ein *falsches positives Ergebnis*.

(2) Ist $w \in L$, dann kann A nach ℓ Runden w auch nicht akzeptieren, A kann also ein *falsches negatives Ergebnis* liefern. Mit hinreichend großem ℓ kann aber erreicht werden, dass

$$Prob\,[\,A \text{ akzeptiert } w \text{ nicht nach } \ell \text{ Runden } | \; w \in L\,] < \epsilon$$

gilt für ein vorgegebenen $\epsilon > 0$ (siehe z.B. Ungleichung (12.2) im obigen Beispiel).

Die Anzahl der Durchläufe, um ein bestimmtes ϵ zu erreichen, kann für einen randomisierten Algorithmus A, der entscheiden soll, ob $w \in L$ gilt, wie folgt bestimmt werden: Aus der Vorgabe für alle $w \in L$

$$Prob\,[\,A \text{ akzeptiert } w \text{ in einer Runde}\,] \geq p > 0$$

folgt

$$Prob\,[\,A \text{ akzeptiert } w \text{ nicht in einer Runde}\,] \leq 1 - p$$

und daraus

$$Prob\,[\,A \text{ akzeptiert } w \text{ nicht nach } \ell \text{ Runden}\,] \leq (1-p)^\ell \xrightarrow{\ell \to \infty} 0.$$

Sei nun $\epsilon > 0$ gegeben, dann gilt

$$(1-p)^\ell \leq \epsilon \text{ genau dann, wenn } \ell \geq \log_{\frac{1}{1-p}}\left(\frac{1}{\epsilon}\right)$$

ist. Für z.B. $p = \frac{1}{2}$ und $\epsilon = 10^{-6}$ reichen bereits $\ell = 20$ Runden.

Satz 12.2. Sei $L \subseteq \Sigma$, $w \in \Sigma^*$ sowie $L \in \mathsf{RP}$, dann existiert zu jeder Konstanten $\epsilon > 0$ ein polynomieller, randomisierter Algorithmus, der entscheidet, ob $w \in L$ ist,

(1) mit keinen falschen positiven Antworten sowie

(2) mit falschen negativen Antworten mit einer Wahrscheinlichkeit $\leq \epsilon$. $\qquad\square$

Die zu RP komplementäre Klasse

$$\mathsf{coRP} = \{\, L \mid \overline{L} \in \mathsf{RP}\,\}$$

enthält die Sprachen, zu denen es einen Monte Carlo-Algorithmus gibt, der entscheidet, dass $w \in L$ ist und dabei keine falschen negativen Angaben macht sowie falsche positive Angaben mit einer Wahrscheinlichkeit macht, die nicht größer als eine vorgegebene Konstante $\epsilon > 0$ ist.

Der folgende Satz setzt die Klassen RP und coRP in Beziehung zu den Klassen P und NP.

Satz 12.3. Es gilt: $P \subseteq RP \cap coRP \subseteq NP \cap coNP$

Beweis Wir zeigen (1) $P \subseteq RP$ und (2) $RP \subseteq NP$. Aus (1) folgt $coP \subseteq coRP$ und damit, da $P = coP$ ist, $P \subseteq coRP$, womit dann $P \subseteq RP \cap coRP$ gezeigt ist. Aus (2) folgt $coRP \subseteq coNP$ und damit $RP \cap coRP \subseteq NP \cap coNP$.

Zu (1): Sei $L \in P$, dann gibt es einen polynomiellen deterministischen Entscheidungsalgorithmus A für L. Für diesen gilt[6]

(1) für alle $w \notin L$:

$$Prob\,[\,A(w) = 1\,] = 0$$

sowie

(2) für alle $w \in L$:

$$Prob\,[\,A(w) = 1\,] = 1 > \frac{1}{2}$$

A erfüllt alle Kriterien von Definition 12.1, somit ist $L \in RP$.

Zu (2): Sei $L \in RP$, dann gibt es einen randomisierten Algorithmus A, der alle Kriterien von Definition 12.1 erfüllt. Wir können A als polynomiellen Verifizierer T für L ansehen, der die Zufallsfolgen von A als Zertifikate benutzt. Ist $w \notin L$, dann akzeptiert T das Wort w bei keinem Zertifikat, denn A macht keine falsch positiven Aussagen. Ist $w \in L$, dann akzeptiert A das Wort w für mehr als die Hälfte aller möglichen Zufallsfolgen, d.h. es gibt mindestens ein Zertifikat, bei dem T das Wort w akzeptiert. Insgesamt folgt, dass $L \in NP$ ist.   □

Im Beweis von (2) werden die Folgen von Zufallsereignissen, die den Ablauf des gegebenen randomisierten Algorithmus A steuern, als Zertifikate eines Verifizierers T interpretiert. Da die Laufzeit von A für jede Eingabe polynomiell ist, können auch die Zetifikate nur polynomielle Länge haben, so dass insgesamt der Algorithmus T ein Polynomzeit-Verifizierer für die Sprache L ist.

Wie sieht es mit der Umkehrung aus? Können alle Polynomzeit-Verifizierer – oder äquivalent alle nicht deterministischen Turing-Entscheider – durch RP-Algorithmen simuliert werden? Hierbei ist zu beachten, dass ein nicht deterministischer Turing-Entscheider exponentiell viele Berechnungspfade haben kann und dass für ein Wort in der Sprache nur einer dieser ein akzeptierendern Pfad sein kann und alle anderen nicht, was eine exponentiell hohe Fehlerquote bedeutet. Um quasi alle möglichen Irrtumswahrscheinlichkeiten zu ermöglichen, verallgemeinern wir die RP-Definition 12.1.

Definition 12.2. Eine Sprache $L \subseteq \Sigma^*$ gehört zur Klasse $RP(\epsilon(n))$ genau dann, wenn ein randomisierter Algorithmus A und eine Funktion $\epsilon : \mathbb{N}_0 \rightarrow [0, 1)$ existieren, so dass Folgendes gilt:

(1) Für alle $w \notin L$: $Prob\,[\,A(w) = 1\,] = 0$;

---

[6]Wir schreiben im Folgenden $A(w) = 1$ für „A akzeptiert w" bzw. $A(w) = 0$ für „A akzeptiert w nicht".

(2) für alle $w \in L$: $Prob\,[\,A(w) = 1\,] \geq 1 - \epsilon(|w|)$;

(3) für alle $w \in \Sigma^*$: $time_A(w) = O(\mathsf{poly}(|w|))$. □

Offensichtlich gilt

Folgerung 12.1. $\mathsf{RP} = \mathsf{RP}\left(\frac{1}{2}\right)$. □

Man kann im Übrigen zeigen, dass für Polynome p und q

$$\mathsf{RP}\left(2^{q(n)}\right) = \mathsf{RP}\left(1 - \frac{1}{p(n)}\right)$$

gilt: Mit einem polynomiellen Aufwand der Ordnung $p(n) \cdot q(n)$ kann die Fehlerschranke deutlich gesenkt werden; man spricht hier von *Probability Amplification*. Damit wird klar, dass die Klasse $\mathsf{RP} = \mathsf{RP}\left(\frac{1}{2}\right)$ von praktischer Bedeutung ist.

Wir vereinigen nun alle $\mathsf{RP}(\epsilon(n))$-Klassen zu

$$\mathsf{RP}^* = \bigcup_{\epsilon:\mathbb{N}_0 \to [0,1)} \mathsf{RP}(\epsilon(n))$$

und erhalten damit das folgende Ergebnis:

Satz 12.4. $\mathsf{NP} = \mathsf{RP}^*$.

Beweis Es sei $L \in \mathsf{NP}$. Dann existiert ein polynomieller nicht deterministischer Turing-Entscheider T mit $L = L(T)$, d.h. T entscheidet bei Eingabe von $w \in \Sigma^*$ in Polynomzeit, ob $w \in L$ ist. p sei das Polynom, welches die Laufzeit $p(|w|)$ von T bei Eingabe $w \in \Sigma^*$ angibt. Der Berechnungsbaum von w hat die Höhe $O(p(|w|))$ sowie $O(2^{p(|w|)})$ viele Pfade und Blätter. Wir erhalten aus T einen randomisierten Algorithmus A, indem wir jeden nicht deterministischen Konfigurationsübergang zufällig auswählen. A akzeptiert, falls er ein Blatt im Baum erreicht, welches einer akzeptierenden Konfiguration von T entspricht, ansonsten akzeptiert A nicht.

Ist $w \notin L$, dann gibt es im Berechnungsbaum von T für w keinen Pfad, der zum Akzeptieren von w führt. A erreicht also bei keiner zufälligen Auswahl eines Pfades ein akzeptierendes Blatt. Somit gilt

(1) für alle $w \notin L$:

$$Prob\,[\,A(w) = 1\,] = 0$$

Ist $w \in L$, dann gibt es mindestens einen Pfad im Berechnungsbaum, der zum Akzeptieren führt. Ein akzeptierender Pfad wird von A mit einer Wahrscheinlichkeit von mindestens $O(2^{-p(|w|)})$ durchlaufen. Es gilt also

(2) für alle $w \in L$:

$$Prob\,[\,A(w) = 1\,] \geq \frac{1}{2^{p(|w|)}},$$

d.h. es ist

$$1 - \epsilon(|w|) = \frac{1}{2^{p(|w|)}}$$

und damit

$$\epsilon(|w|) = 1 - \frac{1}{2^{p(|w|)}}.$$

Da $L \in$ NP ist, wird

(3) jeder Pfad im Baum in höchstens $O(p(|w|))$ Schritten durchlaufen.

Aus (1) – (3) folgt, dass A ein RP*-Algorithmus ist sowie dass $L \in$ RP$(\epsilon(n))$ mit $\epsilon(n) = 1 - 2^{-p(n)}$, also $L \in$ RP* ist, womit NP $\subseteq$ RP* gezeigt ist.

Es sei nun $L \in$ RP*, d.h. $L \in$ RP$(\epsilon(n))$ für ein geeignetes $\epsilon(n)$ mit $0 \leq \epsilon(n) < 1$. Dann gibt es einen polynomiellen randomisierten Algorithmus A mit

für alle $w \notin L$:

$$Prob\,[\,A(w) = 1\,] = 0 \tag{12.4}$$

und für alle $w \in L$:

$$Prob\,[\,A(w) = 1\,] \geq 1 - \epsilon(|w|) > 0 \tag{12.5}$$

p sei das Polynom, welches die Laufzeit $p(|w|)$ für alle $w \in \Sigma^*$ angibt. Die Zufallsfolgen von Bits, die A auf dem Zufallsband erzeugt, haben höchstens die Länge $O(p(|w|))$. Wir konstruieren aus A den polynomiellen Verifizierer T: T verwendet die Zufallsfolgen von A als Zertifikate. Falls $w \notin L$ ist, dann akzeptiert A wegen (12.4) bei keiner Zufallsfolge. Es gibt also kein Zertifikat, das zum Akzeptieren von w durch T führt, T akzeptiert w also nicht. Ist $w \in L$, dann gibt es wegen (12.5) mindestens eine Zufallsfolge für w, die A zum Akzeptieren von w führt. Damit gibt es mindestens ein Zertifikat für w, das T zum Akzeptieren von w bringt. Es folgt $L \in$ NP, womit RP* $\subseteq$ NP gezeigt ist.

Insgesamt ist damit die Behauptung NP $=$ RP* gezeigt. $\square$

12.2.2   Die Klasse ZPP

RP-Algorithmen lassen einen einseitigen Fehler zu. Wir betrachten nun randomisierte Algorithmen, die keine fehlerhaften Antworten geben, die allerdings mit einer beschränkten Wahrscheinlichkeit keine Antwort geben können, was wir mit ? notieren wollen.

Definition 12.3. Eine Sprache $L \subseteq \Sigma^*$ gehört zur Klasse ZPP genau dann, wenn ein randomisierter Algorithmus A existiert, so dass Folgendes gilt:

(1) Für alle $w \in \Sigma^*$: $Prob\,[\,A(w) \in \{\chi_L(w), ?\}\,] = 1$;

(2) für alle $w \notin L$: $Prob\,[\,A(w) = 1\,] = 0$;

(3) für alle $w \in L$: $Prob\,[\,A(w) = 0\,] = 0$;

(4) für alle $w \in \Sigma^*$: $Prob\,[\,A(w) =?\,] \leq \frac{1}{2}$;

(5) für alle $w \in \Sigma^*$: $time_A(w) = O(\mathsf{poly}(|w|))$.

ZPP steht dabei für *random Polynomial with Zero Probabilitiy error*. ZPP-Algorithmen werden auch *Las Vegas-Algorithmen* genannt.

Analog zur Klasse RP kann man die Definition von ZPP verallgemeinern zu ZPP($\epsilon(n)$) und zu ZPP*. □

Aus der Definition folgt unmittelbar:

Folgerung 12.2. ZPP = coZPP. □

Der folgende Satz zeigt einen Zusammenhang zwischen den Klassen ZPP und RP, d.h. zwischen den Klassen, die von Las Vegas- bzw. von Monte Carlo-Algorithmen entschieden werden.

Satz 12.5. ZPP = RP $\cap$ coRP.

Beweis Sei $L \in$ ZPP und A ein ZPP-Algorithmus, der L entscheidet. A erfüllt also Definition 12.3, d.h. es gilt

für alle $w \notin L$:

$$Prob\,[\,A(w) = 1\,] = 0 \tag{12.6}$$

und für alle $w \in L$:

$$Prob[\,A(w) = 1\,] = Prob[\,A(w) \in \{1,?\}\,] - Prob\,[\,A(w) = ?\,]$$
$$> 1 - \frac{1}{2} = \frac{1}{2} \tag{12.7}$$

Wir konstruieren nun den Algorithmus A' wie folgt:

$$A'(w) = \textbf{if } A(w) \in \{0,1\} \textbf{ then return } A(w) \textbf{ else return } 0$$

A' führt A auf Eingabe $w \in \Sigma^*$ aus. Falls $A(w) \in \{0,1\}$ ist, dann setzen wir $A'(w) = A(w)$, ansonsten, d.h. im Fall $A(w) = ?$, setzen wir $A'(w) = 0$.

Aus (12.6) und der Definition von A' folgt

$$\text{für alle } w \notin L : Prob\,[\,A'(w) = 1\,] = 0. \tag{12.8}$$

Aus (12.7) folgt

$$\text{für alle } w \in L : Prob\,[\,A(w) = 1\,] > \frac{1}{2}$$

und hieraus mit der Definiton von A'

$$\text{für alle } w \in L : Prob\,[\,A'(w) = 1\,] > \frac{1}{2}. \tag{12.9}$$

Offensichtlich gilt:

$$time_{A'}(w) = O(time A(w)) = O(\text{poly}(|w|)) \tag{12.10}$$

Aus (12.8), (12.9), (12.10) und Definition 12.1 folgt, dass A' ein RP-Algorithmus ist, womit $L \in$ RP und damit ZPP $\subseteq$ RP gezeigt ist. Analog kann gezeigt werden, dass coZPP $\subseteq$ coRP gilt. Aus Folgerung 12.2 wissen wir, dass coZPP $=$ ZPP ist, also gilt auch ZPP $\subseteq$ coRP. Insgesamt gilt damit ZPP $\subseteq$ RP $\cap$ coRP, was wir zeigen wollten.

Sei nun $L \in$ RP $\cap$ coRP. Dann ist $L \in$ RP und $L \in$ coRP, d.h. $L \in$ RP und $\overline{L} \in$ RP. Es existiert also ein RP-Algorithmus A für $L \in$ RP bzw. ein RP-Algorithmus $\overline{A}$ für $\overline{L} \in$ RP. Mit diesen diesen beiden Algorithmen konstruieren wir den Algorithmus A' wie folgt:

$$A'(w) = \textbf{if } A(w) = 1 \textbf{ then return } 1$$
$$\textbf{elseif } \overline{A}(w) = 1 \textbf{ then return } 0$$
$$\textbf{else return } ?$$

Offensichtlich gilt:

$$time_{A'}(w) \leq time_A(w) + time_{\overline{A}}(w) + \text{const} = O(\text{poly}(|w|)) \tag{12.11}$$

Da A und $\overline{A}$ RP-Algorithmen sind, gilt: Ist $A(w) = 1$, dann ist $w \in L$, bzw. ist $\overline{A}(w) = 1$, dann ist $w \in \overline{L}$. Das bedeutet, dass der Fall $A(w) = \overline{A}(w) = 1$ nicht auftreten kann. Im Algorithmus A' können also nur drei Fälle auftreten:

$A(w)$	$\overline{A}(w)$	$A'(w)$
1	0	1
0	1	0
0	0	?

Aus der Tabelle folgt unmittelbar für alle $w \in \Sigma^*$:

$$Prob\,[\,A'(w) \in \{\chi_L(w), ?\}\,] = 1 \tag{12.12}$$

sowie für alle $w \in L$:

$$Prob\,[\,A'(w) = 0\,] = 0 \tag{12.13}$$

und für alle $w \notin L$:

$$Prob\,[\,A'(w) = 1\,] = 0 \tag{12.14}$$

Wir zeigen jetzt noch, dass

$$Prob[A'(w) =?] \leq \frac{1}{2} \qquad (12.15)$$

ist. Aus (12.11) – (12.15) folgt dann mit Definition 12.3, dass A' ein ZPP-Algorithmus für L ist, woraus $L \in$ ZPP und damit RP $\cap$ coRP $\subseteq$ ZPP folgt.

Es gilt:

$$Prob\,[\,A'(w) =?\,]$$

$$= Prob\,[\,A(w) = 0 \mid w \in L\,] \cdot Prob\,[\,\overline{A}(w) = 0 \mid w \in L\,] \cdot Prob\,[\,w \in L\,]$$
$$+ Prob\,[\,A(w) = 0 \mid w \notin L\,] \cdot Prob\,[\,\overline{A}(w) = 0 \mid w \notin L\,] \cdot Prob[\,w \notin L\,]$$
$$\leq \frac{1}{2} \cdot 1 \cdot Prob\,[\,w \in L\,] + \frac{1}{2} \cdot 1 \cdot Prob\,[\,w \notin L\,]$$
$$= \frac{1}{2}\,(Prob\,[\,w \in L\,] + Prob\,[\,w \notin L\,])$$
$$= \frac{1}{2}$$

Damit ist (12.15) gezeigt. □

In analoger Art und Weise kann ZPP$(\epsilon(n)) =$ RP$(\epsilon(n)) \cup$ coRP$(\epsilon(n))$ für alle Fehlerschranken $\epsilon(n)$ sowie ZPP$^* =$ RP$^* \cap$ coRP* gezeigt werden.

12.2.3 Die Klasse BPP

Wir haben bisher randomisierte Algorithmen mit einseitigem Fehler (Monte Carlo-Algorithmen) sowie solche, die keinen Fehler machen, aber auch keine Entscheidung treffen können (Las Vegas-Algorithmen), betrachtet und einen Zusammenhang zwischen den entsprechenden Komplexitätsklassen festgestellt. Nun betrachten wir Klassen von Sprachen, bei deren Entscheidung zweiseitige Fehler erlaubt sind.

Definition 12.4. Die Sprache $L \subseteq \Sigma^*$ gehört zur Klasse BPP genau dann, wenn ein polynomieller, randomisierter Algorithmus A und ein ϵ, $0 < \epsilon < \frac{1}{2}$, existieren mit:

(1) Für alle $w \notin L$: $Prob\,[\,A(w) = 0\,] \geq \frac{1}{2} + \epsilon$,

(2) für alle $w \in L$: $Prob\,[\,A(w) = 1\,] \geq \frac{1}{2} + \epsilon$,

(3) für alle $w \in \Sigma^*$: $time_A(w) = O(\mathrm{poly}(|w|))$.

BPP steht für *(two sided) Bounded error Probabilistic Polynomial*. □

BPP-Algorithmen spielen bei interaktiven Beweissystemen eine wichtige Rolle; auf diese gehen wir in Kapitel 12.3 einführend ein.

Offensichtlich gilt

Folgerung 12.3. a) $\mathsf{BPP} = \mathsf{coBPP}$,

b) $\mathsf{P} \subseteq \mathsf{RP} \subseteq \mathsf{BPP}$,

c) $\mathsf{P} \subseteq \mathsf{coRP} \subseteq \mathsf{BPP}$,

d) $\mathsf{RP} \cap \mathsf{coRP} \subseteq \mathsf{BPP}$, $\mathsf{RP} \cup \mathsf{coRP} \subseteq \mathsf{BPP}$,

e) $\mathsf{ZPP} \subseteq \mathsf{BPP}$.   □

Die Frage, ob $\mathsf{BPP} \subseteq \mathsf{NP}$ gilt, ist noch offen.

Bild 12.9 ergänzt Bild 11.5 um die betrachteten randomisierten Komplexitätsklassen und zeigt die bisher bekannten hierarchischen Beziehungen zwischen allen in den Kapiteln 11 und 12 betrachteten Komplexitätsklassen.

12.2.4 Anwendung: Verschlüsselung

Datenschutz und Informationssicherheit spielen eine sehr große Rolle bei vielen informations- und kommunikationstechnischen Anwendungen (z.B. elektronischer Handel, elektronische Verwaltung). Zentrale Anforderungen bzw. Qualitätmerkmale sind dabei:

- Geheimhaltung, Vertraulichkeit: Schutz gegen Abhören (Lauschen),

- Integrität: Schutz gegen Veränderung (Verfälschung),

- Authentizität: Beweis der Identität (Signatur, elektronische Unterschrift),

- Verbindlichkeit: Nachweis der Urheberschaft für Daten.

Bei gängigen Technologien zur Realisierung dieser Qualitäten spielen sehr große Primzahlen – z.B. Primzahlen, deren Dualdarstellung 2048 Bits umfasst – eine wichtige Rolle. Wenn man zwei verschiedene Primzahlen p und q dieser Art hat, dann bestimmt man zunächst das Produkt $n = p \cdot q$ sowie die Eulersche Zahl $\varphi(n) = (p-1)(q-1)$ von n. Dabei ist $\varphi(n)$ die Anzahl der zu $n \in \mathbb{N}$ teilerfremden Zahlen:

$$\varphi(n) = |\{x \mid 1 \leq x < n, \ (x,n) = 1\}|$$

wobei (x, n) der größte gemeinsame Teiler von x und n ist. Dann wählt man eine zu $\varphi(n)$ teilerfremde Zahl e und berechnet dazu das Inverse modulo $\varphi(n)$, d.h. eine Zahl d, für die

$$e \cdot d = 1 \, (\varphi(n))$$

gilt.[7] Alle Berechnungen, die hier durchgeführt werden, haben polynomielle Laufzeiten.

Auf diesen Grundlagen kann man ein effizientes asymmetrisches Verschlüsselungsverfahren realisieren, bei dem die Kommunikationspartner keine gemeinsamen Schlüssel austauschen müssen. Wir betrachten ein Protokoll, mit dem Absenderin *A(lice)* eine verschlüsselte Nachricht an Empfänger *B(ob)* senden möchte:[8]

---

[7]$a = b\,(c)$ bedeutet, dass a und b bei Division durch c den selben Rest haben.

[8]Dieses Verfahren wird mit den Anfangsbuchstaben seiner Entdecker Rivest, Shamir und Adleman *RSA-Verschlüsselung* genannt.

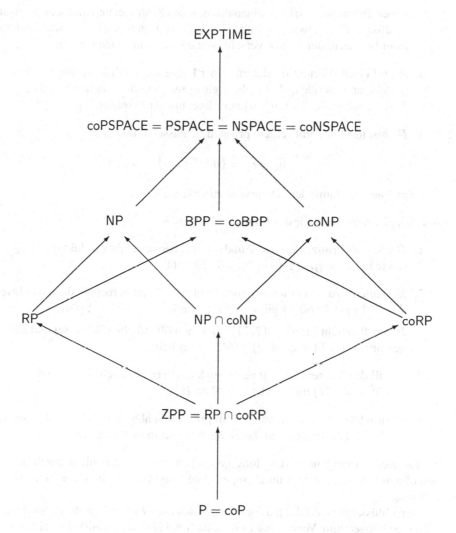

Bild 12.9: Hierarchie von Komplexitätsklassen.

1. B wählt zwei voneinander verschiedene sehr große Primzahlen p und q, berechnet ihr Produkt $n = p \cdot q$ sowie $\varphi(n) = (p-1)(q-1)$.

2. B wählt eine zu $\varphi(n)$ teilerfremde Zahl e und berechnet dazu das Inverse d modulo $\varphi(n)$.

   B veröffentlicht (e, n) als seinen öffentlichen Schlüssel und hält seinen privaten Schlüssel (d, n) sowie p, q und $\varphi(n)$ geheim. Den öffentlichen Schlüssel kann jeder benutzen, der B eine verschlüsselte Nachricht senden möchte.

3. A will einen Klartext m, der aus einer Folge von Zahlen m_i mit $0 \leq m_i < n$ besteht, an B senden. A verschlüsselt m mit dem öffentlichen Schlüssel e von B zu c, indem sie $c_i = m_i^e \, (n)$ berechnet und an B sendet.

4. B entschlüsselt c mit seinem privaten Schlüssel d, indem er

$$m_i = c_i^d = (m_i^e)^d = m_i^1 = m_i \, (n)$$

rechnet und damit den Klartext m zurückerhält.

Als Beispiel betrachten wir das folgende Zahlenbeispiel:[9]

1. B wählt als Primzahlen $p = 7$ und $q = 11$, berechnet ihr Produkt $n = p \cdot q = 77$ sowie $\varphi(77) = (p-1)(q-1) = 6 \cdot 10 = 60$.

2. B wählt als zu $\varphi(77)$ teilerfremde Zahl $e = 7$ und berechnet dazu das Inverse $d = 7^{-1}$ modulo 60; es gilt $d = 43$ wegen $7 \cdot 43 = 301 = 1 \, (60)$.

   B veröffentlicht $(e, n) = (7, 77)$ als seinen öffentlichen Schlüssel und hält seinen privaten Schlüssel $(d, n) = (43, 77)$ geheim.

3. A will den Klartext $m = 9$ an B senden. A verschlüsselt $m = 9$ mit $e = 7$ zu $c = 9^7 = 37 \, (77)$ und sendet $c = 37$ an B.

4. B entschlüsselt $c = 37$ mit seinem privaten Schlüssel $d = 43$, indem er $m = 37^{43} = 9 \, (77)$ rechnet und damit den Klartext $m = 9$ zurückerhält.

Schlüsselgenerierung und -verteilung geschehen in der Praxis nicht durch die Sendewilligen selbiger, sondern durch sogenannte *Trust Center*, die einer Zertifizierung unterliegen.

Verschlüsselungsverfahren dieser Art werden auch *Public Key-Verfahren* genannt, da die Schlüssel zum Verschlüsseln öffentlich bekannt sind und kein Schlüsselaustausch – wie bei symmetrischen Verfahren – zwischen den Kommunikationspartnern notwendig ist.

Wir wollen nun auf zwei wesentliche Aspekte eingehen: zum einen auf die effiziente Bestimmung von (großen) Primzahlen und zum anderen auf die Sicherheit des Verfahrens.

---

[9]Da wir alles mit Kopf und Hand rechnen wollen, nehmen wir nur kleine Zahlen.

Primzahltest

Der erste Aspekt betrifft die Komplexität der Entscheidbarkeit der Menge

$$\mathbb{P} = \{\, p \in \mathbb{N} \mid p \text{ ist eine Primzahl} \,\}$$

der Primzahlen sowie die Entscheidbarkeit deren Komplementes

$$\overline{\mathbb{P}} = \{\, n \in \mathbb{N} \mid n \text{ ist zusammengesetzt} \,\},$$

der Menge der zusammengesetzten Zahlen. Diese Frage ist seit dem Sommer 2002 prinzipiell durch den *AKS-Algorithmus* beantwortet.[10] Dieser realisiert nämlich einen deterministischen Primzahltest in Polynomzeit. Damit ist bewiesen, dass

$$\mathbb{P} \in \mathsf{P} \text{ und damit auch } \overline{\mathbb{P}} \in \mathsf{P}$$

gilt. Die Komplexität des AKS-Algorithmus ist allerdings von der Ordnung $O(m^{12})$, wobei m die Länge der Dualdarstellung der zu testenden Zahl n ist. Varianten des Algorithmus oder andere Algorithmen können zu einer Reduzierung des Grades des Laufzeitpolynoms führen. Da selbst Algorithmen mit einer polynomiellen Laufzeit von $O(m^4)$ für große m als nicht praktikabel gelten, werden zumindest in nächster Zeit diese Tests praktisch nicht eingesetzt werden, sondern weiterhin deutlich effizientere probabilistische Tests.

Wir betrachten im Folgenden Grundaspekte des *Miller-Rabin-Tests*, der ein in der Praxis verwendeter RP-Algorithmus für die Menge $\overline{\mathbb{P}}$, d.h. ein coRP-Algorithmus für $\mathbb{P}$, ist. Dabei können wir auf die mathematischen Grundlagen nicht bis ins letzte Detail eingehen.

Der Miller-Rabin-Test basiert auf der folgenden notwendigen Eigenschaft von Primzahlen, die wir ohne Beweis angeben.

Satz 12.6. Es sei p eine Primzahl, $s = \max\{r \in \mathbb{N} \mid 2^r \text{ teilt } p-1\}$, $d = \frac{p-1}{2^s}$ und $b \in \mathbb{N}$ mit $(b,p) = 1$, dann gilt entweder $b^d = 1\,(p)$ oder es existiert ein $r \in \{0,1,\ldots,s-1\}$ mit $b^{2^r d} = -1\,(p)$. $\qquad\square$

Für $b, m \in \mathbb{N}$ mit $(b,m) = 1$ nennen wir

$$\left\langle b^d, b^{2d}, b^{4d}, b^{8d}, \ldots, b^{2^{s-1} \cdot d}, b^{2^s \cdot d} \right\rangle \tag{12.16}$$

wobei alle Folgenglieder $b^{2^r \cdot d}$, $0 \le r \le s$, modulo m gerechnet werden, eine (b,m)-*Sequenz*.

Der Satz gibt notwendige Eigenschaften für die Primalität einer Zahl an: Wenn wir schon wissen, dass p prim ist, dann gelten die genannten Eigenschaften. Der Miller-Rabin-Test benutzt die Umkehrung des Satzes, d.h. er geht davon aus, dass die genannten Bedingungen hinreichend für die Primalität einer Zahl sind. Dazu betrachten wir ein paar Beispiele.

---

[10]A, K und S sind die Anfangsbuchstaben der Namen der Autoren dieses Algorithmus: M. Agrawal, N. Kayal und M. Saxena.

Beispiel 12.1. a) Sei $m = 25$, dann ist $s = 3$ sowie $d = 3$. Für die Basis $b = 2$ ergibt sich die Sequenz

$$\langle\, 2^3, 2^6, 2^{12}, 2^{24} \,\rangle = \langle\, 8, 14, 21, 16 \,\rangle$$

Für $b = 3$ ergibt sich

$$\langle\, 3^3, 3^6, 3^{12}, 3^{24} \,\rangle = \langle\, 2, 4, 16, 6 \,\rangle$$

und für $b = 7$

$$\langle\, 7^3, 7^6, 7^{12}, 7^{24} \,\rangle = \langle\, 18, -1, 1, 1 \,\rangle \tag{12.17}$$

b) Sei $m = 97$, dann ist $s = 5$ sowie $d = 3$. Für die Basis $b = 2$ ergibt sich die Sequenz

$$\langle\, 2^3, 2^6, 2^{12}, 2^{24}, 2^{48}, 2^{96} \,\rangle = \langle\, 8, 64, 22, -1, 1, 1 \,\rangle$$

Für $b = 14$ ergibt sich

$$\langle\, 14^3, 14^6, 14^{12}, 14^{24}, 14^{48}, 14^{96} \,\rangle = \langle\, 28, 8, 64, 22, -1, 1 \,\rangle$$

für $b = 35$

$$\langle\, 35^3, 35^6, 35^{12}, 35^{24}, 35^{48}, 35^{96} \,\rangle = \langle\, 1, 1, 1, 1, 1, 1 \,\rangle$$

und für $b = 62$

$$\langle\, 62^3, 62^6, 62^{12}, 62^{24}, 62^{48}, 62^{96} \,\rangle = \langle\, -1, 1, 1, 1, 1, 1 \,\rangle$$

Die Beispiele zeigen, was aus dem Satz 12.6 folgt, nämlich dass die b-Sequenzen für Primzahlen eine bestimmte Gestalt haben.   □

Folgerung 12.4. a) Sei $p \in \mathbb{P}$, dann hat die (b, p)-Sequenz folgende mögliche Gestalten:

$$\langle\, 1, 1, \ldots, 1, \quad 1, 1, \ldots, 1 \,\rangle \tag{12.18}$$

oder

$$\langle\, -1, 1, \ldots, 1, \quad 1, 1, \ldots, 1 \,\rangle \tag{12.19}$$

oder

$$\langle\, ?, ?, \ldots, ?, \quad -1, 1, \ldots, 1 \,\rangle \tag{12.20}$$

wobei „?“ für eine Zahl ungleich 1 und ungleich -1 steht.

b) Sei $m \in \mathbb{N}$. Ist die (b, m)-Sequenz gleich

$$\langle\, ?, ?, \ldots, ?, \quad 1, 1, \ldots, \quad 1 \,\rangle \tag{12.21}$$

oder gleich

$$\langle \, ?, ?, \ldots, ?, \ \ ?, ?, \ldots, -1 \, \rangle \tag{12.22}$$

oder gleich

$$\langle \, ?, ?, \ldots, ?, \ \ ?, ?, \ldots, \ \ ? \, \rangle \tag{12.23}$$

wobei „?" für eine Zahl ungleich 1 und ungleich -1 steht, dann ist m zusammengesetzt.   □

In Beispiel 12.1 b) finden wir für die Primzahl 97 und die vier gewählten Basen die Muster von Folgerung 12.4 a) vor. Die Bedingungen des Satzes sind aber nicht hinreichend für die Primalität einer Zahl, denn an Beispiel 12.1 a) sehen wir, dass auch b-Sequenzen von zusammengesetzten Zahlen ein Primzahlmuster haben können: $m = 25$ bildet mit der Basis $b = 7$ die $(7, 25)$-Sequenz (12.17) mit dem Primzahl-Muster (12.20). Das bedeutet, dass es für den Fall, dass wir die Umkehrung des Satzes 12.6 als Grundlage für einen Primzahltest verwenden wollen, zusammengesetzte Zahlen gibt, welche Primalität vorgaukeln. Das legt folgende Definition nahe.

Definition 12.5. Sei $m \in \mathbb{U}_+{}^{11}$, $m \geq 3$, $m - 1 = 2^s \cdot d$ mit $d \in \mathbb{U}_+$ sowie $b \in \mathbb{N}$ mit $(b, m) = 1$. Gilt $b^d = 1 \, (m)$ oder existiert ein $r \in \{0, 1, \ldots, s - 1\}$ mit $b^{2^r \cdot d} = -1 \, (m)$, dann heißt m *stark pseudoprim zur Basis b*.   □

Im Hinblick auf die zufällige Auswahl von Basen zu einer auf Primalität zu testenden Zahl stellt sich nun die Frage, wie hoch die Fehlerwahrscheinlichkeit eines solchen Tests ist, d.h. die Frage nach der maximalen Anzahl von Basen, zu denen die zu testende Zahl stark pseudoprim ist. Darauf gibt der folgende Satz eine Antwort, den wir ebenfalls ohne Beweis angeben.

Satz 12.7. Sei $m \in \mathbb{U}_+$, $m \geq 3$, zusammengesetzt, dann beträgt die Anzahl der Basen $b \in \mathbb{N}$ mit $(b, m) = 1$, zu denen m stark pseudoprim ist, höchstens $\frac{m-1}{4}$.   □

Satz 12.7 ist eine wesentliche Grundlage für die Verwendung des in Bild 12.10 dargestellten Miller-Rabin-Algorithmus als effizienter probabilistischer Primzahltest, der praktische Anwendung findet. In einer Runde stellt der Test fest, ob eine eingegebene ungerade Zahl m stark pseudoprim zu einer zufällig gewählten Basis a ist. Wenn in hinreichend vielen Runden keine Basis gefunden wird, zu der m stark pseudoprim ist, ist wegen Satz 12.7 die Wahrscheinlichkeit, dass m prim ist, entsprechend hoch. Die Ausgabe „m ist prim?" bedeutet, dass während einer Ausführung kein Zeuge gegen die Primalität von m gefunden wird. Der Miller-Rabin-Algorithmus MR ist ein RP-Algorithmus für $\overline{\mathbb{P}}$, denn es gilt:

(1) Für alle $m \notin \overline{\mathbb{P}}$: $Prob\,[\,MR(m) = $ „m ist nicht prim"$\,] = 0$;

(2) für alle $m \in \overline{\mathbb{P}}$: $Prob\,[\,MR(m) = $ „m ist nicht prim"$\,] \geq 1 - \frac{1}{4}$;

(3) für alle $m \in \mathbb{N}$: $time_{MR}(m) = \mathsf{O}(\mathsf{poly}(\log m))$.

---

[11]$\mathbb{U}_+$ bezeichnet die Menge der positiven ungeraden Zahlen.

```
algorithm MR(m ∈ U₊, m ≥ 3)
    Berechne d und s mit m − 1 = d · 2ˢ und d ungerade
    Wähle zufällig ein a ∈ {2, 3, ..., m − 2} mit (a, m) = 1
    b := aᵈ (m)
    if b = 1 (m) oder b = −1 (m): Ausgabe: „m ist prim?"
    for r := 1 to s − 1 do
        b := b² (m)
        if b = −1 (m): Ausgabe: „m ist prim?"
        if b =  1 (m): Ausgabe: „m ist nicht prim"
    endfor
    Ausgabe: „m ist nicht prim"
endalgorithm MR
```

Bild 12.10: Miller-Rabin-Primzahltest.

Bezogen auf $\mathbb{P}$ können die Aussagen (1) und (2) äquivalent wie folgt formuliert werden:

(1) für alle $m \in \mathbb{P}$: *Prob* [*MR(m)* = „*m* ist nicht prim"] = 0;

(2) für alle $m \notin \mathbb{P}$: *Prob* [*MR(m)* = „*m* ist prim ?"] $\leq \frac{1}{4}$;

Die Aussagen (1) gelten wegen Satz 12.6, und die Aussagen (2) wegen Satz 12.7.

Die Wahrscheinlichkeit, dass m zusammengesetzt ist und kein Zeuge a gegen die Primalität von m gefunden wird, ist höchstens $\frac{1}{4}$. Wird der Test ℓ-mal wiederholt und ist m zusammengesetzt, dann gilt für die Wahrscheinlichkeit p, dass kein Zeuge gegen die Primalität von m gefunden wird: $p \leq \frac{1}{4^\ell}$. Für $\ell = 10$ gilt bereits $p \leq \frac{1}{2^{20}} \approx \frac{1}{10^6}$. Wählt man also zufällig ℓ zu n teilerfremde Zahlen zwischen 2 und $m - 2$ aus, dann ist m mit einer Wahrscheinlichkeit von mindestens $1 - (\frac{1}{4})^\ell$ Primzahl, falls m pseudoprim zu allen ℓ gewählten Basen ist.

Sicherheit

Die Sicherheit des zu Beginn des Abschnitts beschriebenen Verschlüsselungsverfahrens basiert auf dem *Faktorisierungsproblem*. Ein Angreifer, der die verschlüsselte Nachricht entschlüsseln möchte, benötigt den privaten Schlüssel d. Öffentlich bekannt als Teil des öffentlichen Schlüssels (e, n) ist n. Um d zu berechnen, muss der Angreifer aus n die Primfaktoren p und q bestimmen, d.h. er muss n faktorisieren. Das Entscheidungsproblem, ob $n \in \mathbb{P}$ bzw. $n \in \overline{\mathbb{P}}$ gilt, ist zwar – wie oben dargestellt – effizient berechenbar. Für die Faktorisierung einer Zahl $n \in \overline{\mathbb{P}}$ sind allerdings derzeit keine effizienten Algorithmen bekannt.

Aus den Überlegungen am Ende von Abschnitt 11.4.2 zu einem Polynomzeit-Verifizierer für $\overline{\mathbb{P}}$ folgt unmittelbar, dass das Faktorisierungsproblem in NP liegt. Die

Frage, ob das Faktorisierungsproblem zu NPC gehört, ist noch offen. Nach heutigem Kenntnisstand benötigt die Faktorisierung von Zahlen der genannten Größenordnung einen immensen Aufwand. Es sind Faktorisierungsalgorithmen bekannt mit einer Laufzeit von $O(2^{(\log n)^{\frac{1}{3}} (\log \log n)^{\frac{2}{3}}})$; Algorithmen mit dieser Lauzeit nennt man *pseudo-polynomiell in* $\log n$, der Länge der Dualdarstellung von $n \in \mathbb{N}$. Solange keine effizienteren Algorithmen bekannt sind, nützt auch eine Verbesserung der Hardware nichts (siehe Tabelle in Kapitel 11.3), man braucht nötigenfalls nur die Stellenzahl der zu wählenden Primzahlen Zahlen entsprechend zu vergrößern.

Wir haben somit ein Beispiel dafür, dass die Schwierigkeit eines Problems nicht notwendig eine nachteilige Eigenschaft sein muss, sondern im Gegenteil eine gewünschte Systemeigenschaft – hier z.B. die Vertraulichkeit des oben beschriebenen Verschlüsselungsverfahrens – sichern kann. In Kapitel 12.3 werden wir eine weitere Anwendung kennen lernen, in der ebenfalls die Schwierigkeit eines Problems zur Sicherung einer Systemeigenschaft ausgenutzt wird.

Einwegfunktionen

Wir wollen ein Konzept, auf das die Sicherheit von Verschlüsselungsverfahren basiert, aus komplexitätstheoretischer Sicht noch etwas detaillierter betrachten. Die Sicherheit des betrachteten Verschlüsselungsverfahrens liegt darin begründet, dass die – polynomiell berechenbare – Verschlüsselungsfunktion nur sehr schwierig umkehrbar ist, es sei denn, man kennt einen bestimmten Parameter. Im obigen Beispiel ist dieser Parameter der geheime Schlüssel. Funktionen, die einfach, d.h. polynomiell berechenbar, aber schwierig umkehrbar sind, heißen *Einwegfunktionen*. Gibt es einen Parameter, mit dem die Umkehrung ebenfalls einfach berechenbar ist, dann spricht man von *Trap Door-Funktionen*.

Definition 12.6. Eine Funktion $f : \Sigma^* \to \Sigma^*$ mit $|f(w)| = |w|$ für alle $w \in \Sigma^*$ heißt *Einwegfunktion*, falls

(1) f in Polynomzeit berechenbar ist und

(2) für jede randomisierte Polynomzeit-Turingmaschine T, für jedes k und für jedes zufällig gewählte hinreichend lange Wort $w \in \Sigma^*$

$$Prob\left[\, f_T(f(w)) = v \text{ mit } f(w) = f(v) \,\right] \le \frac{1}{|w|^k} \text{ ist.}$$

Mit anderen Worten: Die Wahrscheinlichkeit, dass T die Umkehrung der Funktion f berechnet, ist sehr gering. Es ist also sehr unwahrscheinlich, dass es eine Turingmaschine T gibt, die zum Funktionswert $f(w)$ ein Argument v findet. □

Die Multiplikation von Primzahlen ist nach heutigem Kenntnisstand ein Kandidat für eine Einwegfunktion. Für Primzahlen p und q ist $n = p \cdot q$ in Polynomzeit berechenbar. Die Umkehrung, d.h. die Faktorisierung von n in seine Primfaktoren, ist nur mit sehr großem Aufwand möglich, und es ist sehr unwahrscheinlich, die richtigen Faktoren zu raten.

Bei einer Verschlüsselung muss es aber eine leicht berechenbare Umkehrung geben, denn der Empfänger will ja die an ihn gesendete Nachricht entschlüsseln können. Man benötigt also Einwegfunktionen, die mithilfe eines zusätzlichen Parameters leicht invertiert werden können. Solche Funktionen heißen, wie erwähnt, Trap Door-Funktionen.

Definition 12.7. Eine Funktion $f_x : \Sigma^* \to \Sigma^*$ mit $|f(w)| = |w|$ für alle $w \in \Sigma^*$ und $x \in \Sigma^*$ in Verbindung mit einer Funktion $h : \Sigma^* \times \Sigma^* \to \Sigma^*$ und einer randomisierten Polynomzeit-Turingmaschine M heißt *Trap Door-Funktion*, falls

(1) f und h in Polynomzeit berechenbar sind,

(2) für jede randomisierte Polynomzeit-Turingmaschine T, für jedes k und für jedes zufällig gewählte hinreichend lange Wort $w \in \Sigma^*$ und eine zufällige Ausgabe $e\#d$ von M bei Eingabe $|^n$

$$Prob\left[\, f_T(e, f_e(w)) = v \text{ mit } f_e(w) = f_e(v) \,\right] \leq \frac{1}{|w|^k} \text{ ist}$$

(3) und für jedes $w \in \Sigma^*$ und jede Ausgabe $e\#d$ von M ist

$$h(d, f_e(w)) = v, \text{ falls } f_e(v) = f_e(w).$$

Die probabilistische Maschine M generiert zwei Parameter e und d: e geht in die Berechnungen von f ein, und d ermöglicht die effiziente Umkehrung von f. Bedingung (2) fordert, dass f_e ohne Kenntnis von d nur sehr schwierig invertiert werden kann. Bedingung (3) besagt, dass f_e einfach invertierbar ist, falls d bekannt ist, nämlich mit der polynomiell berechenbaren Funktion h.   □

In unserem Verschlüsselungsbeispiel testet die Maschine M etwa mit dem probabilistischen Miller-Rabin-Test, ob zufällig gewählte, sehr große Zahlen p und q – mit sehr großer Wahrscheinlichkeit – prim sind. Falls sie solche gefunden hat, berechnet sie $n = p \cdot q$, $\varphi(n) = (p-1)(q-1)$, wählt ein zu $\varphi(n)$ teilerfremdes e und berechnet dazu das Inverse modulo $\varphi(n)$. Damit sind n und e als Parameter für die Verschlüsselung und n und d als Parameter für die Entschlüsselung bestimmt. Verschlüsselung und Entschlüsselung geschehen polynomiell durch modulares Potenzieren:

$$f_{(e,n)}(w) = w^e \,(n)$$
$$h((d,n),v) = v^d \,(n)$$

h invertiert f, denn es gilt: $h((d,n), f_{(e,n)}(w)) = (w^e)^d = w^{ed} = w^1 = w \,(n)$.

Modulares Potenzieren ist eine Trap Door-Funktion: $f_{(e,n)}(w) = w^e \,(n)$ ist effizient, d.h. polynomiell, berechenbar. Sie ist – nach dem derzeitigen Stand der Erkenntnis – nur mit sehr großem Aufwand umkehrbar, d.h. $f_{(e,n)}$ ist eine Einwegfunktion. Mithilfe der Trap Door (d,n), wobei d als Lösung der Gleichung $e \cdot x = 1 \,(\varphi(n))$ effizient, d.h. polynomiell, berechenbar ist, ist sie allerdings leicht, d.h. polynomiell, umkehrbar.

Der Test, ob $\varphi(n)$ und das gewählte e teilerfremd sind, d.h. ob $(e, \varphi(n)) = 1$ ist, kann mithilfe des (effizienten) Euklidischen Algorithmus durchgeführt werden. Mit einer einfachen Erweiterung des Euklidischen Algorithmus kann man parallel zur Berechnung von $(e, \varphi(n))$ Zahlen x und y berechnen, so dass

$$e \cdot x + \varphi(n) \cdot y = (e, \varphi(n)) \tag{12.24}$$

ist. Ist $(e, \varphi(n)) = 1$ und rechnet man in Gleichung (12.24) modulo $\varphi(n)$, dann ist $x = d$ das Inverse modulo $\varphi(n)$.

Es ist derzeit nicht bekannt, ob Einwegfunktionen tatsächlich existieren. Das hängt mit der P-NP-Frage zusammen. Existieren solche Funktionen, dann folgt daraus P $\neq$ NP. Aus P $\neq$ NP folgt allerdings nicht die Existenz von Einwegfunktionen, denn zur Umkehrung solcher Funktionen können auch randomisierte Algorithmen verwendet werden. Damit die Umkehrung hinreichend aufwändig ist, darf NP keine Teilklasse von BPP sein. In Kapitel 12.6 gehen wir noch einmal auf die Bedeutung der P-NP-Frage für die Kryptografie ein.

12.3 Interaktive Beweissysteme

In Abschnitt 11.4.2 wurde erläutert, dass die Klasse NP genau die Klasse der in Polynomzeit verifizierbaren Sprachen ist. Die Zertifikate für Wörter dieser Sprachen sind kurz, und ihre Verifikation ist deterministisch in Polynomzeit möglich. Wir wollen nun dieses Akzeptieren als Interaktion von zwei Instanzen darstellen. Eine Instanz wird mit P bezeichnet (P steht für *Prover*). P generiert die Zertifikate. Die andere Instanz wird V genannt (V steht für *Verifier*). V verifiziert die Zertifikate. Für das Generieren von Zertifikaten für eine Sprache L möge P unbeschränkte Rechenkapazität zur Verfügung haben, während V für die Verifikation nur eine polynomiell beschränkte Turingmaschine zur Verfügung steht. P versucht, V zu überzeugen, dass ein Wort $w \in \Sigma^*$ zur Sprache $L \subseteq \Sigma^*$ gehört. Falls V mehr als polynomielle Rechenzeit zur Verfügung stünde, könnte V selbst entscheiden, ob w zu L gehört oder nicht.

Betrachten wir als Beispiel die Sprache $SAT \in$ NPC. P möchte V davon überzeugen, dass eine aussagenlogische Formel $w \in WFF$ erfüllbar, also ein Element von SAT ist. Falls $w \in SAT$ ist, dann wird dies P gelingen: Mit seiner unbeschränkten – etwa exponentiellen – Rechenkapazität findet P heraus, dass w erfüllbar ist, sendet eine entsprechende Belegung als Zertifikat an V, und V kann in Polynomzeit verifizieren, dass das Zertifikat w erfüllt und damit $w \in SAT$ gilt. Falls w nicht erfüllbar ist, dann wird es P niemals gelingen, V zu überzeugen, denn V wird alle von P vorgeschlagenen Zertifikate ablehnen. Dieses „Interaktionsprotokoll" zwischen P und V stellt ein Entscheidungsverfahren für SAT dar.

Für Sprachen, die nicht in NP sind bzw. von denen wir nicht wissen, ob sie in NP sind, reicht dieses Protokoll allerdings nicht aus, um sie zu entscheiden. Deshalb wollen wir zulassen, dass V randomisierte Algorithmen verwendet, und zwar BPP-Algorithmen. Falsche positive und falsche negative Antworten sind dann zwar möglich, allerdings mit sehr geringer Wahrscheinlichkeit. V führt den BPP-Algorithmus nur lange genug aus und entscheidet dann mit Mehrheit.

Wir betrachten als Beispiel das *Non-Graphenisomorphieproblem*: Zwei Graphen G und H heißen *isomorph* genau dann, wenn man die Knoten von G so umbenennen kann, dass G und H identische Graphen werden. Die Umbennung geschieht durch eine Permutation π der Knoten von G: $H = \pi(G)$. Sind G und H isomorph, so schreiben wir $G \cong H$, sind sie nicht isomorph, so schreiben wir $G \ncong H$. Das *Graphenisomorphieproblem* wird beschrieben durch die Sprache

$$GI = \{\langle G, H \rangle \mid G \cong H\}$$

Dabei sei $\langle G, H \rangle$ eine geeignete Codierung der beiden Graphen. Falls G und H isomorph sind, kann P dieses feststellen und eine geeignete Umnummerierung der Knoten von G als Zertifikat an V senden. V kann in Polynomzeit feststellen, ob die Umnummerierung und H identisch sind. Es gilt also $GI \in \mathsf{NP}$. Nicht bekannt ist, ob $GI \in \mathsf{P}$ oder ob $GI \in \mathsf{NPC}$ gilt,[12] und auch nicht, ob $GI \in \mathsf{coNP}$ oder $GI \in \mathsf{BPP}$ gilt.

Wir betrachten nun das Komplement von GI:

$$\overline{GI} = \{\langle G, H \rangle \mid G \ncong H\}$$

Es ist $\overline{GI} \in \mathsf{coNP}$. Nicht bekannt ist, ob $\overline{GI}$ ein Element von NP ist oder ob $\overline{GI} \in \mathsf{BPP}$ ist. Trotzdem kann ein Prover P einen Verifier V davon überzeugen, dass zwei Graphen G_0 und G_1 nicht isomorph sind, etwa mit dem folgenden Interaktionsprotokoll:

(1) P bestimmt zwei Graphen G_0 und G_1 und übergibt diese an V.

(2) V bestimmt zufällig ein Bit $b \in \{0, 1\}$ und zufällig eine Permutation π der Knoten des Graphen G_b: $H = \pi(G_b)$. H und G_b sind also isomorph. V übergibt H an P und erwartet von P als Antwort das richtige Bit b, d.h. ob H eine Permutation von G_0 oder eine Permutation von G_1 ist.

(3) P testet mit seiner unbeschränkten Rechenkapazität, ob H isomorph zu G_0 oder isomorph zu G_1 ist. Es gibt zwei Fälle:

    (i) Ist $G_0 \ncong G_1$, d.h. $\langle G_0, G_1 \rangle \in \overline{GI}$, dann kann P feststellen, ob H isomorph zu G_0 oder isomorph zu G_1 ist, und somit mit dem richtigen Bit $b' = 0$ bzw. $b' = 1$ antworten.

    (ii) Ist $G_0 \cong G_1$, d.h. $\langle G_0, G_1 \rangle \notin \overline{GI}$, dann kann P nicht feststellen, ob H von G_0 oder von G_1 stammt. P bestimmt dann zufällig („rät") ein Bit $b' \in \{0, 1\}$ und übergibt dieses an V.

(4) V stellt fest, ob $b' = b$ ist. Falls $b' \neq b$ ist, dann akzeptiert V die Eingabe $\langle G_0, G_1 \rangle$ nicht. Falls $b' = b$ ist, dann kann V die Eingabe akzeptieren oder eine neue Runde starten, d.h. der Algorithmus wird mit Schritt (2) fortgesetzt.

---

[12] Es gibt Vermutungen, die besagen, dass GI NP-unvollständig, also $GI \in NPI$ ist. In jüngster Zeit wurde eine Arbeit vorgelegt, die postuliert, dass GI in quasi-polynomieller Zeit entschieden werden kann. Quasi-polynomielle Laufzeit ist von der Ordnung $2^{O((\log n)^c)}$, wobei c eine Konstante größer 0 ist.

Falls G_0 und G_1 nicht isomorph sind, kann P immer feststellen, von welchem Graphen der Graph H stammt. Falls G_0 und G_1 jedoch isomorph sind, kann H – jeweils mit Wahrscheinlichkeit $\frac{1}{2}$ – von G_0 oder von G_1 stammen, und P kann nur mit dieser Wahrscheinlichkeit eine korrekte Antwort geben. Die uneingeschränkte Rechenkapazität nützt P nichts. Nachdem ℓ Runden dieses Protokolls stattgefunden haben, ist V mit einer Wahrscheinlichkeit von mindestens $1 - \frac{1}{2^\ell}$ überzeugt, dass die beiden Graphen nicht isomorph sind. Wird ℓ groß genug gewählt, kann V (fast) sicher sein, dass G_0 und G_1 nicht isomorph sind. Es gilt also

(1) für $G_0 \not\cong G_1$, d.h. für $\langle G_0, G_1 \rangle \in \overline{GI}$:

$$Prob\left[\,(P,V)\text{ akzeptiert }\langle G_0, G_1 \rangle\text{ nach }\ell\text{ Runden}\,\right] \geq 1 - \tfrac{1}{2^\ell}$$

(2) für $G_0 \cong G_1$, d.h. für $\langle G_0, G_1 \rangle \notin \overline{GI}$:

$$Prob\left[\,(P,V)\text{ akzeptiert }\langle G_0, G_1 \rangle\text{ nach }\ell\text{ Runden}\,\right] \leq \tfrac{1}{2^\ell}$$

Der obige Algorthmus ist ein Beispiel für ein interaktives Beweissystem. Wir wollen nun das *Protokoll* eines *interaktiven Beweissystems* (P, V) zur Feststellung, ob ein Wort $w \in \Sigma^*$ zu einer Sprache L gehört, formal beschreiben:

(i) Der randomisierte, polynomielle Algorithmus V realisiert eine Funktion

$$V : \Sigma^* \times \Sigma^* \times \Sigma^* \to \Sigma^* \cup \{0, 1\}$$

$V(w; x; m_1\# \ldots \#m_i) = m_{i+1}$ bedeutet: i ist gerade und V berechnet die nächste an P zu sendende Nachricht m_{i+1} in Abhängigkeit des Eingabewortes w, des zufällig erzeugten Wortes x sowie in Abhängigkeit der bisher ausgetauschten Nachrichten $m_1, \ldots, m_i$.

(ii) Der unbeschränkte Algorithmus P realisiert eine Funktion

$$P : \Sigma^* \times \Sigma^* \to \Sigma^*$$

$P(w; m_1\# \ldots \#m_i) = m_{i+1}$ bedeutet: i ist ungerade und P berechnet die nächste an V zu sendende Nachricht (Zertifikat) m_{i+1} in Abhängigkeit des Eingabewortes w und der bisher ausgetauschten Nachrichten $m_1, \ldots, m_i$.

(iii) Es gilt $|x| = \mathsf{O}(\mathsf{poly}(|w|))$ sowie $|m_j| = \mathsf{O}(\mathsf{poly}(|w|))$ für alle j.

(iv) Es gilt $(P, V)(w, x) = 1$ genau dann, wenn eine Nachrichtenfolge $m_1, \ldots, m_k$ existiert mit $k = \mathsf{O}(\mathsf{poly}(|w|))$ und $m_k = 1$.

(v) Die Wahrscheinlichkeit, dass w von (P, V) akzeptiert wird, ist

$$Prob\left[\,(P,V)(w) = 1\,\right] = Prob\left[\,(P,V)(w, x) = 1\,\right],$$

wobei x ein zufällig erzeugtes Wort ist.

Definition 12.8. Eine Sprache $L \subseteq \Sigma^*$ gehört zur Komplexitätsklasse IP genau dann, wenn eine in Polynomzeit berechenbare Funktion V und eine Funktion P sowie eine Zahl ϵ mit $0 < \epsilon < \frac{1}{2}$ existieren, so dass für jede Funktion P' und jedes Wort $w \in \Sigma^*$ gilt:

(1) Für alle $w \in L$: $Prob\,[\,(P, V)(w) = 1\,] \geq 1 - \epsilon$;

(2) für alle $w \notin L$: $Prob\,[\,(P', V)(w) = 1\,] \leq \epsilon$.

IP steht dabei für *Interactive Proof System*.   □

Diese Definition drückt insbesondere aus, dass P daran interessiert ist, V zu überzeugen, dass $w \in L$ ist. Falls $w \notin L$ ist, dann sollte V von P oder von irgendeinem anderen „böswilligen Überzeuger" P' nur mit sehr geringer Wahrscheinlichkeit vom Gegenteil $w \in L$ überzeugt werden können.

Aus dem Beispiel vor der Definition von interaktiven Beweissystemen folgt unmittelbar $\overline{GI} \in$ IP.

Aus den Überlegungen vom Anfang diesen Kapitels folgt, dass NP die Teilklasse der Sprachen von IP ist, bei deren Entscheidung V keine Randomisierung verwendet. Des Weiteren kann man überlegen, dass BPP die Teilklasse der Sprachen von IP ist, bei denen V die Nachrichten von P ignoriert.

Satz 12.8. Es gilt NP $\subseteq$ IP sowie BPP $\subseteq$ IP und damit NP $\cup$ BPP $\subseteq$ IP.   □

$\overline{GI}$ ist eine Sprache, von der man bisher nicht weiß, ob sie zu NP oder BPP gehört, die aber zu IP gehört (siehe oben).

Es kann nicht nur jedes NP-Problem durch einen (polynomiellen) IP-Algorithmus gelöst werden, sondern IP umfasst genau die mit polynomiellen Platzbedarf berechenbaren Probleme. Das besagt der folgende *Satz von Shamir*, den wir ohne Beweis angeben.

Satz 12.9. IP $=$ PSPACE.   □

12.4 Zero Knowledge Beweise. Anwendung: Authentifikation

Im Abschnitt 12.3 standen komplexitätstheoretische Betrachtungen im Vordergrund. Wir wollen jetzt überlegen, wie interaktive Beweisprotokolle zur *sicheren Authentifikation* verwendet werden können. Authentifikation (siehe Abschnitt 12.2.4) spielt eine Rolle in vielen Anwendungen, z.B. Authentifikation mit einem Passwort gegenüber einem Anwendungssystem oder mit einer PIN gegenüber einem Geldautomaten oder einem elektronischen Bezahlsystem. Hier geht es darum, dass eine Anwenderin $A(lice)$ sich gegenüber einem System oder gegenüber einem Partner $B(ob)$ authentifizieren muss, um eine bestimmte Leistung zu erhalten. A kann das tun, indem sie B ihr *Geheimnis*, z.B. das Passwort oder die PIN, bekannt gibt. Dabei besteht allerdings die

Gefahr, dass Dritte das Geheimnis erfahren. Besser wäre es, wenn A ihren Partner B überzeugen könnte, ein Geheimnis zu besitzen, ohne es selbst preiszugeben. Wir greifen dazu auf die Idee eines interaktiven Beweissystems zurück: A versucht als Prover, den Verifier B von der Korrektheit ihres Zertifikats zu überzeugen. Dabei kommt für die oben erwähnten Anwendungen die Anforderung hinzu, dass aus dem interaktiven Protokoll, d.h. insbesondere aus dem Austausch der Nachrichten, weder der Verifier B noch irgendeine dritte Person oder Instanz D (*Dishonest Prover*) das Geheimnis (in polynomieller Zeit) errechnen kann und sich dann z.B. gegenüber B als A ausgeben kann. Wir werden im Folgenden anschaulich und beispielhaft Ansätze zeigen, mit denen interaktive Beweissysteme gegen Angriffe gesichert werden können.

Eine geforderte Eigenschaft hierbei ist die so genannte Zero Knowledge-Eigenschaft: Ein interaktives Beweissystem (P, V) besitzt die *Zero Knowledge-Eigenschaft*, wenn es einen polynomiellen Algorithmus M gibt, der ohne Kenntnis des Geheimnisses in der Lage ist, durch Interaktion mit P oder V Protokollmitschriften der Interaktion zwischen P und V derart zu simulieren, dass diese nicht von den Mitschriften der tatsächlichen Interaktion zwischen P und V unterscheidbar sind. Das bedeutet, wenn einem Polynomzeit beschränkten „Simulator" M durch Interaktion mit P oder V Protokollmitschriften gelingen und diese nicht von Mitschriften der tatsächlichen Interaktion zwischen P und V unterscheidbar sind, dann kann während dieser tatsächlichen Interaktion keinerlei Information übertragen worden sein, die nicht auch in polynomieller Zeit von M aus vorhandenen Informationen hätte berechnet werden können.

Definition 12.9. Ein interaktives Beweissystem (P, V) für $L \subseteq \Sigma^*$ ist ein (*perfektes*) *Zero Knowledge-Beweissystem* genau dann, wenn für jede probabilistisch polynomielle, interaktive Maschine V^* eine probabilistisch polynomielle Maschine M^* existiert, so dass für alle $w \in L$ gilt, dass $(P, V^*)(w)$ und $M^*(w)$ identische Wahrscheinlichkeitsverteilungen haben. □

M^* ist ein Simulator der Interaktion zwischen P und V^*. M^* simuliert die Interaktion, ohne Zugriff auf P zu haben: V^* gewinnt kein Wissen von P, denn die Ausgabe von V^* kann (von jedem polynomiellen Simualtor M^*) auch ohne Wissen über P erzeugt werden („Simulationsparadigma": Alles, was ein Partner alleine heraus finden kann, kann nicht als Gewinn – von neuem, zusätzlichen Wissen – aus einer Interaktion mit anderen betrachtet werden).

Satz 12.10. Jede Sprache $L \in$ BPP besitzt einen Zero Knowledge-Beweis.

Beweisidee Sei T ein BPP-Algorithmus, der L akzeptiert (siehe Definition 12.4). Als Prover P nehmen wir einen Algorithmus, der nichts tut („dummy prover"), und als Verifier V nehmen wir T. Wegen der speziellen Wahl von P kann man jeden Verifier V^* auch als Simulator M^* wählen. Damit bildet (P, V) ein Zero Knowledge-Beweissystem für L. □

Ein Zero Knowledge-Protokoll für *3CG*

Ein ungerichteter Graph $G = (V, E)$ heißt k-färbbar, falls es eine Funktion $\chi : V \to \{ c_1, \ldots, c_k \}$ gibt mit der Eigenschaft: Ist $(i, j) \in E$, dann ist $\chi(i) \neq \chi(j)$. Die

Funktion χ färbt die Knoten eines Graphen so mit den k Farben, dass adjazente Knoten verschieden gefärbt sind. Die Sprache *3CG* ist definiert durch

$$3CG = \{\, \langle\, G\,\rangle \mid G \text{ ist 3-färbbar}\,\}.$$

Wir geben im Folgenden ein Zero Knowledge-Beweissystem für *3CG* an. Dazu besitzte A als Geheimnis einen 3-färbbaren, ungerichteten Graphen $G = (V, E)$ sowie die Färbungsfunktion $\chi : V \to C$ mit $C = \{\, 00, 01, 11\,\}$.

1. A erzeugt eine zufällige Permutation π von C.

2. A generiert public/private Schlüsselpaare $(e_i, u_i), (d_i, u_i)$ für alle $i \in V$ (siehe Abschnitt 12.2.4).

3. Es sei $\pi(\chi(i)) = b_i b_i'$ eine „zufällige" Farbe für den Knoten i.

   A wählt zwei zufällige Zahlen (Bitfolgen) $x_i, x_i' \le \frac{u_i}{2}$ und verschlüsselt $b_i b_i'$:

   $$y_i = (2x_i + b_i)^{e_i}\,(u_i) \text{ und } y_i' = (2x_i' + b_i')^{e_i}\,(u_i)$$

   A sendet alle $(e_i, u_i, y_i, y_i'), i \in V$, an B.

4. B wählt zufällig $(i, j) \in E$ und fordert A auf, die Farben von i, j zu zeigen (der Graph ist öffentlich).

5. A sendet d_i und d_j (verschlüsselt) an B.

6. B verifiziert

$$b_i = (y_i^{d_i}\,(u_i))\,(2) \qquad b_j = (y_j^{d_j}\,(u_j))\,(2)$$
$$b_i' = (y_i'^{d_i}\,(u_i))\,(2) \qquad b_j' = (y_j'^{d_j}\,(u_j))\,(2)$$

und testet, ob $b_i b_i' = b_j b_j'$ ist.

Falls A eine korrekte Färbung hat, gilt immer $b_i b_i' \ne b_j b_j'$.

Falls A keine Färbung hat, gibt es in jeder Runde mindestens eine Kante $(i, j) \in E$ mit $\chi(i) = \chi(j)$ und $\pi(\chi(i)) = \pi(\chi(j))$. Somit hat B eine Chance von mindestens $\frac{1}{|E|}$, diese Kante zu wählen (B kann über y_i, y_i' eine Manipulation der Farben ausschließen, da sich A am Anfang festlegen muss).

Falls $G \notin 3CG$ ist, ist $1 - \frac{1}{|E|}$ die Wahrscheinlichkeit, dass A (oder ein Simulator M) nicht eine Kante mit gleich gefärbten Knoten wählt. Es gilt also

(1) für alle $G \notin 3CG$: *Prob* $[(A, B)$ akzeptiert $G] \le 1 - \frac{1}{|E|}$

   und damit

   für alle $G \notin 3CG$: *Prob* $[(A, B)$ akzeptiert G nach ℓ Runden$] \le \left(1 - \frac{1}{|E|}\right)^{\ell}$

   sowie

(2) für alle $G \in 3CG$: *Prob* $[(A, B)$ akzeptiert G nach ℓ Runden$] \ge 1 - \left(1 - \frac{1}{|E|}\right)^{\ell}$

Wenn $G = (V, E)$ $n = |V|$ Knoten hat, dann wählen wir $\ell = n \cdot |E|$. Damit gilt (siehe Abschnitt 12.2.1):

$$\left(1 - \frac{1}{|E|}\right)^{\ell} = \left(1 - \frac{n}{\ell}\right)^{\ell} \xrightarrow{\ell \to \infty} e^{-n}$$

Es ist $e^{-n} < 2^{-n}$. Wählen wir z.B. einen Graphen mit $n = 40$ Knoten, dann ist $2^{-40} < 10^{-12}$. Für ein ϵ mit $0 < \epsilon < \frac{1}{2}$ gilt für ein hinreichend großes ℓ also

(1) für alle $G \in \mathit{3CG}$: $Prob\,[\,(A, B)$ akzeptiert $G\,] \geq 1 - \epsilon$

sowie

(2) für alle $G \notin \mathit{3CG}$: $Prob\,[\,(A, B)$ akzeptiert $G\,] \leq \epsilon$

(A, B) ist also ein interaktives Beweissystem (siehe Definition 12.8). Damit gilt:

$$\mathit{3CG} \in \mathsf{IP} \tag{12.25}$$

Ist $G \subset \mathit{3CG}$, so erfahren B und jeder beliebige Simulator M nichts über die Färbung von G, sondern nur die folgenden Informationen:

- zufällig generierte Public Keys,

- probabilistische Verschlüsselung von Farben,

- B schlägt Kanten vor,

- B erhält zwei Entschlüsselungsschlüssel,

- B erfährt die Farben $\pi(\chi(i))$ und $\pi(\chi(j))$, die zufällig permutiert und außerdem ein zufällig gewähltes Paar verschiedener Farben sind.

Alle diese Informationen könnte B (bzw. M) auch ohne A und die Färbung von G erfahren, also erfüllt (A, B) die Zero-Knowledge-Eigenschaft.

Da $\mathit{3CG} \in \mathsf{NPC}$ ist (siehe Übung 11.5), folgt aus (12.25) der folgende Satz:

Satz 12.11. Zu jeder Sprache $L \in \mathsf{NP}$ gibt es einen Zero Knowledge-Beweis.   □

12.5   Probabilistisch überprüfbare Beweise

Bisher gehen wir stillschweigend davon aus, dass Beweise (Zertifikate) immer komplett benötigt (gelesen) werden, um die Zugehörigkeit eines Wortes zu einer Sprache zu belegen bzw. einen Beweis abzulehnen. Möglicherweise reichen aber bereits zufällig ausgewählte Teile des Zertifikats aus, um den Beweis zu führen, insbesondere um einen Beweis nicht zu akzeptieren. Es muss also weiterhin gesichert sein, dass der Verifier Beweise für ein Wort aus der zu entscheidenden Sprache mit hoher Wahrscheinlichkeit akzeptiert und ebenso Beweise für die Zugehörigkeit von nicht zur Sprache gehörenden Wörtern mit großer Wahrscheinlichkeit ablehnt. Die folgende Definition formalisiert diese Überlegungen.

Definition 12.10. Seien $r, q : \mathbb{N}_0 \to \mathbb{N}_0$ Funktionen und Σ ein Alphabet.

a) Ein $(r(n), q(n))$-*beschränkter Verifier* ist ein polynomieller, randomisierter Algorithmus V, der bei Eingabe eines Wortes $w \in \Sigma^*$ mit $|w| = n$ und eines Zertifikats (Beweises) $\beta \in \{0, 1\}^*$

- zufällig eine Bitfolge $\rho \in \{0, 1\}^{O(r(n))}$ berechnet,

- um daraus höchstens $q(n)$ Zugriffe auf Bits von β zu bestimmen

- um damit eine Antwort $V(w, \beta) \in \{0, 1\}$ zu berechnen.

b) Die Sprache $L \subseteq \Sigma^*$ gehört zur Sprachklasse $\mathsf{PCP}(r(n), q(n))$ genau dann, wenn es einen $(r(n), q(n))$-beschränkten Verifier V gibt, so dass

(1) für alle $w \in L$ ein $\beta \in \{0, 1\}^*$ existiert mit: $Prob\,[\,V(w, \beta) = 1\,] = 1$,

(2) für alle $w \notin L$ und alle $\beta \in \{0, 1\}^*$ gilt: $Prob\,[\,V(w, \beta) = 1\,] \leq \frac{1}{2}$

PCP steht für *Probabilistic Checkable Proofs*.   □

Bemerkung 12.1. **a)** Äquivalent zu (2) ist, dass

$$\text{für alle } w \notin L \text{ und alle } \beta \in \{0, 1\}^* \text{ gilt: } Prob\,[\,V(w, \beta) = 0\,] \geq \frac{1}{2}$$

Das bedeutet, dass im Fall $w \notin L$ der Verifier V *jeden* Beweis mit einer Wahrscheinlichkeit $\geq \frac{1}{2}$ ablehnen muss.

b) In (2) kann $\frac{1}{2}$ durch jedes ϵ, $0 < \epsilon < 1$ ersetzt werden, weil aus (der Konstanten) ϵ und aus $\frac{1}{2}$ eine (konstante) Rundenzahl $\ell = \ell(\epsilon, \frac{1}{2})$ berechnet werden kann, so dass $\epsilon^\ell \leq \frac{1}{2}$ ist.

c) Die Länge der Zertifikate β kann eingeschränkt werden auf $|\beta| \leq q(n) \cdot 2^{r(n)}$. Denn es gibt $2^{r(n)}$ mögliche Bitfolgen der Länge $r(n)$, und mit $q(n)$ Zugriffen auf Bits von β sind insgesamt höchstens $q(n) \cdot 2^{r(n)}$ Bit-Zugriffe auf β möglich.   □

Durch geeignete Wahl der Schranken $r(n)$ und $q(n)$ erhalten wir bekannte Komplexitätsklassen.

Satz 12.12. Es gelten folgende Beziehungen:

a) $\mathsf{P} = \mathsf{PCP}(0, 0)$.

b) $\mathsf{NP} = \mathsf{PCP}(0, \text{poly}(n))$.

c) $\mathsf{coRP} = \mathsf{PCP}(\text{poly}(n), 0)$.

d) $\mathsf{PCP}(r(n), q(n)) \subseteq \mathsf{NTIME}(\text{poly}(n) \cdot 2^{O(r(n))} \cdot O(q(n)))$.

e) $\mathsf{PCP}(\log n, 1) \subseteq \mathsf{NTIME}(O(\text{poly}(n))) \subseteq \mathsf{NP}$.

Beweis a) Offensichtlich enthält P genau die Sprachen, die polynomiell ohne Randomisierung und ohne Zugriffe auf Zertifikate entschieden werden können.

b) Ein $(0, \text{poly}(n))$-beschränkter Verifier ist nichts anderes als ein Polynom-Verifizierer (siehe Abschnitt 11.4.2).

c) Es gibt keine Zugriffe auf Zertifikate; somit entspricht ein $(\text{poly}(n), 0)$-beschränkter Verifier einem coRP-Algorithmus.

d) Ein nicht deterministischer Turing-Entscheider kann den Verifier simulieren, indem er Beweiskandidaten β mit $|\beta| \leq q(n) \cdot 2^{r(n)}$ rät und dann mit allen Bitvektoren $\rho \in \{0, 1\}^{r(n)}$ testet, ob das Eingabewort akzeptiert wird.

e) Die erste Inklusion ist ein Spezialfall von d), die zweite ist offensichtlich. $\square$

Bemerkung 12.2. Mit Blick auf die Aussage a) des letzten Satzes kann noch festgestellt werden, dass weder die Nutzung von zufällig erzeugten Bitfolgen logarithmischer Länge noch eine logarithmische Anzahl von Zugriffen auf ein Zertifikat die Mächtigkeit der Klasse $\text{PCP}(0, 0)$ vergrößert, denn es gilt sowohl

$$P = \text{PCP}(O(\log n), 0)$$

als auch

$$P = \text{PCP}(0, O(\log n)).$$

Zum einen können alle Bitfolgen logarithmischer Länge von einem deterministischen Turingautomaten in polynomieller Zeit benutzt werden, und zum anderen kann ein Turingautomat ebenso alle Zertifikate logarithmischer Länge in polynomieller Zeit durchprobieren. $\square$

Der folgende PCP-Satz, den wir ohne Beweis angeben, besagt, dass auch die Umkehrung von Satz 12.12 e) gilt.

Satz 12.13. (PCP-Satz) Es gilt $NP = \text{PCP}(\log n, 1)$. $\square$

In Kapitel 12.3 haben wir ein interaktives Beweissystem zur Entscheidung der Sprache $\overline{GI}$ angegeben; im Folgenden stellen wir einen $(n \log n, 1)$-Verifier V für diese Sprache vor. Wir betrachten wieder Graphen mit Knotenmenge $K = \{1, \ldots, n\}$, $n \in \mathbb{N}$. Solche Graphen $G = (K, E)$ mit $E \subseteq K \times K$ können als $n \times n$-Adjazenzmatrizen $A_G = (a_{ij})$ mit

$$a_{ij} = \begin{cases} 1, & (i, j) \in E \\ 0, & (i, j) \notin E \end{cases}$$

dargestellt werden. Wenn wir die Zeilen einer solchen Matrix hintereinander schreiben, erhalten wir eine Dualzahl der Länge n^2; umgekehrt repräsentiert jede Binärdarstellung einer Zahl i zwischen 0 und $2^{n^2} - 1$ genau eine der 2^{n^2} möglichen $n \times n$-Matrizen und damit genau einen der möglichen Graphen mit n Knoten. Es sei $\mathcal{H}_n = \langle H_1, \ldots, H_{2^{n^2}} \rangle$ eine Liste dieser Graphen.

Die Eingaben für V sind ein Paar $\langle G_0, G_1 \rangle$ von Graphen mit n Knoten und ein Zertifikat $\beta \in \{0, 1\}^*$; β_i sei das i-te Bit von β. V arbeitet wie folgt:

(1) V bestimmt zufällig eine Permutation π der Knotenmenge $\{1, \ldots, n\}$;

(2) V wählt zufällig ein Bit $b \in \{0, 1\}$;

(3) V berechnet $H = \pi(G_b)$;

(4) V bestimmt den Index von $H \in \mathcal{H}_n$; dieser sei k, d.h. es ist $H = H_k \in \mathcal{H}_n$;

(5) V akzeptiert $\langle G_0, G_1 \rangle$ genau dann, wenn $\beta_k = b$ ist.

Ist $G_0 \cong G_1$, also $\langle G_0, G_1 \rangle \notin \overline{GI}$, dann gilt für alle Zertifikate $\beta \in \{0, 1\}$

$$Prob\left[V(\langle G_0, G_1 \rangle, \beta) = 1\right] = Prob\left[\beta_k = b\right] = \frac{1}{2},$$

denn es ist $Prob[b = 1] = Prob[b = 0] = \frac{1}{2}$, und

$$|\{\pi : K \to K \mid \pi \text{ Permutation mit } H_k = \pi(G_0)\}|$$
$$= |\{\pi : K \to K \mid \pi \text{ Permutation mit } H_k = \pi(G_1)\}|.$$

Ist $G_0 \not\cong G_1$, also $\langle G_0, G_1 \rangle \in \overline{GI}$, dann gibt es ein $\beta \in \{0, 1\}^*$ mit

$$\beta_k = \begin{cases} 0, & \text{falls } H_k \cong G_0 \\ 1, & \text{falls } H_k \cong G_1 \end{cases}$$

Für ein solches Zertifikat β gilt für jede Permutation π und jedes $b \in \{0, 1\}$: Für das k mit $H_k = \pi(G_b)$ ist auf jeden Fall $H_k \cong G_b$ und damit $\beta_k = b$. Also gilt: Für alle $\langle G_0, G_1 \rangle \in \overline{GI}$ gibt es ein Zertifikat $\beta \in \{0, 1\}^*$ mit

$$Prob\left[V(\langle G_0, G_1 \rangle, \beta) = 1\right] = 1.$$

V wählt in Schritt (3) zufällig ein Bit sowie in Schritt (2) eine zufällige Permutation der Knotenmenge $\{1, \ldots, n\}$. Jeder Knoten lässt sich durch $\log n$ Bits darstellen. Die Länge der Bitfolge, welche die (permutierte) Folge der Knoten darstellt, hat somit die Länge $O(n \log n)$; d.h. es ist $r(n) = n \log n$. Des Weiteren gilt, dass in jedem Fall nur ein Zugriff auf das Zertifikat β erfolgt, nämlich auf das Bit β_k. Es ist also $q(n) = 1$ für alle $n \in \mathbb{N}$. Schließlich kann man feststellen, dass die Laufzeit von V für jede Eingabe polynomiell ist.

Das PCP-Konzept ist ein sehr mächtiges Werkzeug zur Charakterisierung von Komplexitätsklassen für Entscheidungsprobleme. Im Abschnitt 12.1.1 haben wir einführend und beispielhaft betrachtet, wie Optimierungsprobleme, deren zugehörige Entscheidungsprobleme NP-vollständig sind, mithilfe von Approximationen effizient gelöst werden können. Allerdings können die Approximationen vom Optimum abweichen. Auf der Basis der Art der Abweichungen kann man die schwierigen Probleme klassifizieren, etwa in solche, die voll, partiell oder nicht ϵ-approximierbar sind. Es zeigt sich, dass auch bei diesen Klassifizierungen das PCP-Konzept hilfreich sein kann. Man kann nämlich mithilfe dieses Konzeptes zeigen, dass – natürlich unter der Annahme, dass P $\neq$ NP ist – bestimmte Optimierungsprobleme nicht partiell bzw. nicht ϵ-approximierbar sind.

12.6   Bemerkungen zur P-NP-Frage

Zum Abschluss wollen wir uns noch einmal der P-NP-Frage widmen, die ja bis heute nicht geklärt ist, obwohl es über vierzig Jahre hinweg, seit Cooks Beweis, dass SAT NP-vollständig ist, umfangreiche und tiefgehende Forschungsanstrengungen zur Lösung des Problems von unterschiedlichen Seiten gegeben hat. Eine Mehrheit derjenigen, die sich intensiv mit dieser Fragestellung beschäftigen, nimmt an, dass $P \neq NP$ ist. Aber es gibt auch eine nicht geringe Anzahl von renommierten Forschern auf diesem Gebiet, die hier zurückhaltend sind.

Zunächst wollen wir rekapitulieren, welche wesentlichen Eigenschaften die Probleme (Sprachen) haben, die zu diesen beiden Klassen gehören:

(1) Eine Sprache L gehört zu P genau dann, wenn es einen deterministischen Algorithmus A gibt, der in Polynomzeit berechnet, ob ein Wort $w \in \Sigma^*$ zu L gehört oder nicht. Das bedeutet, dass A die korrekte Antwort (ohne zusätzliche Information) aus der Eingabe w berechnet.

(2) Eine Sprache L gehört zu NP genau dann, wenn es einen Poynomzeit-Verifizierer V gibt, der mithilfe einer zusätzlichen Information (Beweis, Zertifikat) β in Polynomzeit überprüft, ob w zur Sprache gehört.

Was ist der wesentliche Unterschied? Der Unterschied ist, dass für die Entscheidung der Sprachen in P die *Entscheider* keiner Hilfe bedürfen, um die korrekte Antwort effizient, d.h. in polynomieller Zeit, zu berechnen. Ein *Verifizierer* hingegen berechnet die Antwort nicht alleine aus der Eingabe, sondern er überprüft (in polynomieller Zeit) die Zugehörigkeit eines Wortes zu einer Sprache und benutzt dabei die Hilfe einer außerhalb stehenden mächtigen Instanz, d.h. er ist nicht in der Lage, selbst das Problem effizient zu lösen. Man kann sagen, dass der Verifizierer zu dumm ist, zu wenig Ideen hat, nicht kreativ genug ist, um die Lösung zu bestimmen.

Wenn $P \neq NP$ wäre, dann benötigt man also offensichtlich Kreativität, um schwierige Probleme zu lösen oder Behauptungen zu beweisen. Algorithmen alleine sind dann nicht in der Lage, solche Probleme (in akzeptabler Zeit) zu lösen; sondern es bedarf einer kreativen Instanz, etwa menschlicher Intelligenz, um Lösungen zu erarbeiten. Das bedeutet im Umkehrschluss: Wenn $P = NP$ wäre, dann könnte das Programmieren und das Beweisen von Sätzen automatisiert werden. Die Kreativität, einen Beweis zu entdecken, würde nicht mehr benötigt, sondern Beweise könnten von Algorithmen erzeugt werden. Alles, was maschinell überprüft werden kann, könnte auch maschinell erschaffen werden. Diese Konsequenz wird von manchen Leuten sogar auf die Kunst ausgedehnt: Finde ich z.B. ein Musikstück schön, d.h. ich überprüfe quasi seine Schönheit, dann kann ich es auch erschaffen.

Wenn $P = NP$ wäre, dann wären natürlich viele praktische Probleme, von denen wir ja eine Reihe in diesem Buch, insbesondere in diesem Kapitel betrachtet haben, effizient lösbar, wie z.B. Scheduling-Probleme und Rundreise-Probleme, worüber sich viele Anwender freuen würden. Andererseits könnte aber die Schwierigkeit von Problemen nicht mehr benutzt werden, um bestimmte Eigenschaften zu sichern, wie etwa die Vertraulichkeit von Datenübertragungen mithilfe kryptografischer Protokolle, deren Sicherheit etwa auf der Existenz von Einwegfunktionen basiert, die es im Falle

P = NP nicht geben würde. In der Konsequenz wären wesentliche Internettechnologien unbrauchbar.

Im Hinblick auf die Schwierigkeit von Problemen kann man sich beim gegenwärtigen Stand der Erkenntnisse aber auch fragen, ob die Tatsache P $\neq$ NP in jedem Fall gravierende Nachteile haben müsste. Was wäre, wenn z.B. bewiesen würde, dass SAT mindestens von der Ordnung $n^{2^{2^{100}}}$ ist? Damit wäre P = NP gezeigt, das Clay Institute müsste das in Abschnitt 11.7 erwähnte Preisgeld auszahlen, und alle Bücher der Theoretischen Informatik müssten umgeschrieben werden, aber aus praktischen Gesichtspunkten hätte sich die Situation nicht geändert. Es könnte auch sein, dass jemand beweist, dass eine Konstante d existiert, so dass SAT höchsten von der Ordnung n^d ist, ohne d konkret angeben zu können. Das P-NP-Problem wäre gelöst, aber weiter nicht viel gewonnen. Es könnte aber auch sein, dass SAT mindestens so aufwändig ist wie 1.2^n oder gar nur 1.0001^n (der beste derzeit bekannte Entscheidungsalgorithmus für $3SAT$ hat eine Laufzeit von der Ordnung 1.30704^n), dann wäre P $\neq$ NP bewiesen, was aber für praktische Problemstellungen wenig relevant wäre (z.B. ist $1.2^{100} \approx 8.3 \cdot 10^7$). Möglich ist ebenso, dass SAT mindestens so aufwändig wie $n^{\log \log \log n}$ ist, die Laufzeit also superpolynomiell ist. Auch damit wäre P $\neq$ NP gezeigt, was auch in diesem Falle praktisch kaum von Bedeutung ist (z.B. für $n \leq 10^9$ ist $\log \log \log n < 2.3$). Prinzipiell wäre es auch möglich, dass SAT kein einheitliches Laufzeitverhalten hat: für eine unendliche Klasse von Formeln könnte die Laufzeit polynomiell, für eine andere Klasse exponentiell sein.

Unabhängig von diesen Spekulationen gibt es – wie in diesem Kapitel dargestellt – Möglichkeiten, schwierige Probleme zu lösen, z.B. mithilfe von Heuristiken und Randomisierung. Solche Ansätze werden heute schon weit verbreitet in der Praxis angewendet, denn diese kann nicht warten, bis das P-NP-Problem theoretisch gelöst ist, und obige Betrachtungen deuten an, das auch theoretische Lösungen praktisch nicht hilfreich sein müssen. Für einige Problemklassen liefern sogar deterministische Algorithmen in vielen Fällen in vertretbarer Zeit Lösungen. So wurden schon in den sechziger Jahren des vorigen Jahrhunderts SAT-Solver entwickelt, die das SAT-Problem in vielen Fällen effizient lösen. Mittlerweile sind in diesem Gebiet durch Weiterentwicklungen solcher Solver große Fortschritte erzielt worden. So findet jedes Jahr eine internationale SAT-Konferenz mit einem SAT-Solver-Wettbewerb statt (siehe z.B. `satcompetition.org`). Das Erfüllbarkeitsproblem von aussagenlogischen Formeln ist in wichtigen Anwendungsbereichen von wesentlicher Bedeutung, wie z.B. bei Schaltwerken in Prozessoren oder Steuerungen von Fahr- und Flugzeugen. Hier können durchaus Schaltungen mit mehreren Hundert Variablen vorkommen, deren 2^{100x} Belegungen nicht alle getestet werden können. Hier werden in jüngerer Zeit randomisierte Ansätze zum Finden von geeigneten Zertifikaten untersucht, mit denen mit hoher Wahrscheinlichkeit fehlerhafte Schaltungen entdeckt werden können.

Alles in allem kann am Ende dieses Buches zur Theoretischen Informatik festgehalten werden, dass die „klassische Theorie", die sich mit einer „Ja-/Nein-Entscheidung" der P-NP-Frage zufrieden gibt, für die praktischen Notwendigkeiten nicht mehr hinreichend ist. Es bedarf möglicherweise neuer Ansätze, um die Lücke zwischen Theorie und Praxis von Komplexität und Algorithmen zu schließen.

12.7 Zusammenfassung

Der seit vielen Jahren praktizierte Ansatz zum Umgang mit NP-vollständigen Problemen in praktischen Anwendungen ist der Entwurf bzw. der Einsatz von Heuristiken oder approximativen Algorithmen. Hierbei besteht naturgemäß ein hohes Interesse an solchen Verfahren, die effizient sind und mit beschränkter, idealerweise beliebig verkleinerbarer Fehlerrate arbeiten. Wir haben an Beispielen erläutert, dass dieses Ziel in manchen Fällen erreichbar ist, in anderen nicht. Prominentester Vertreter der zweiten Kategorie ist *TSP*, für das sich in der Praxis Heuristiken bewährt haben, die auf lokaler Verbesserung basieren; mit diesen lassen sich in vielen Fällen sogar optimale Rundreisen herstellen.

Ein anderer Ansatz, schwierige Probleme praktikabel zu lösen, sind probabilistische Algorithmen. Monte Carlo-Algorithmen sind polynomielle Algorithmen, die Eingaben mit einer bestimmten Wahrscheinlichkeit akzeptieren oder verwerfen. Je nach Art des Akzeptierens oder Verwerfens bzw. des falsch Akzeptierens oder falsch Verwerfens ergeben sich neue probabilistische Komplexitätsklassen, die in interessanten Zusammenhängen zu den „klassischen" Komplexitätsklassen stehen. Im Gegensatz zu Monte Carlo-Algorithmen liefern Las Vegas-Algorithmen niemals ein falsches Ergebnis. Allerdings können sie (innerhalb polynomieller Laufzeit) auch keine Entscheidung treffen; die Wahrscheinlichkeit dafür ist durch eine Fehlerfunktion nach oben beschränkt.

Es gibt eine Reihe von Anwendungen aktueller Informations- und Kommunikationstechnologien, die probabilistische Algorithmen verwenden, um sonst nicht in akzeptabler Zeit lösbare Probleme zufriedenstellend zu lösen. Dazu gehören z.B. probabilistische Primzahltests, die sehr effizient sind und mit beliebig hoher Wahrscheinlichkeit feststellen, ob eine Zahl prim ist. Andererseits gibt es Anwendungen, z.B. im Bereich der Informationssicherheit, bei denen die Schwierigkeit von Problemen ausgenutzt werden kann, um wünschenswerte Qualitäten, wie z.B. Vertraulichkeit, Integrität, Authentizität oder Verbindlichkeit von Informationen, zu sichern. Der Einsatz von Trap Door-Funktionen bei asymmetrischer Verschlüsselung und der Einsatz von interaktiven Beweisprotokollen mit Zero Knowledge-Eigenschaft sind Beispiele dafür. Sie sichern Vertraulichkeit bzw. Authentizität und basieren auf der Schwierigkeit des Faktorisierungsproblems oder auf der Schwierigkeit von Graphenproblemen.

Aus theoretischer Sicht ist interessant, dass die Klasse IP der Sprachen, die durch (polynomielle) interaktive Beweise entschieden werden können, genau mit der Klasse PSPACE der mit polynomiellen Platzbedarf entscheidbaren Sprachen zusammenfällt.

Ein sehr mächtiger Ansatz zur Beschreibung und Untersuchung von Komplexitätsklassen ist das Konzept der probabilistisch überprüfbaren Beweise. Um mithilfe eines Zertifikats zu entscheiden, ob ein Wort zu einer Sprache gehört, generiert der Beweiser zufällig eine Bitfolge, mit deren Hilfe er Zugriffe auf das Zertifikat steuert. Die Länge $r(n)$ der Bitfolge und die Anzahl $q(n)$ der Zugriffe legt Komplexitätsklassen $\mathsf{PCP}(r(n), q(n))$ fest. Interessant ist, dass sich für spezielle Kombinationen von $r(n)$ und $q(n)$ bekannte deterministische, nicht deterministische oder probabilistische Komplexitätsklassen ergeben. So gilt z.B.: $\mathsf{P} = \mathsf{PCP}(0, 0)$, $\mathsf{NP} = \mathsf{PCP}(\log n, 1)$ und $\mathsf{coRP} = \mathsf{PCP}(\mathrm{poly}(n), 0)$.

12.8   Bibliographische Hinweise und Ergänzungen

Unsere Darstellung in Abschnitt 12.1 folgt zum Teil Lewis und Papadimitriou (1998); eine Klassifikation von Approximierbarkeit findet man daneben z.B. bei Garey und Johnson (1979). Die Darstellung ist ferner angelehnt an Helsgaun (2000), wo der Leser eine detaillierte Darstellung der Lin-Kernighan-Heuristik für *TSP* findet; man vergleiche hierzu auch Papadimitriou (1992). Die Heuristik selbst geht auf Lin und Kernighan (1973) zurück; siehe auch Lin (1965). Der an algorithmischen Konzepten, die auch zum Entwurf von Heuristiken verwendet werden, interessierte Leser sei verwiesen auf Schöning (2008). Instanzen des Traveling Salesman Problems findet man in der Heidelberger TSPLIB-Bibliothek, die im Text bereits erwähnt wurde.

Zu approximierenden Algorithmen im Allgemeinen und Besonderen verweisen wir auf Garey und Johnson (1979) oder Papadimitriou (1994), insbesondere aber auf Hochbaum (1997) sowie Ausiello et al. (1995). In der letztgenannten Arbeit wird unter anderem die Klasse *APX* aller Probleme, die bis auf einen konstanten Faktor approximiert werden können, untersucht; hierzu siehe auch z.B. Papadimitriou und Yannakakis (1991). Das Interesse an Klassen approximierbarer Probleme ist unter anderem durch Arbeiten wie die von Arora (1998) sowie von Arora und Safra (1998) neu entfacht, in der die Klasse NP durch probabilistisch verifizierbare Beweise charakterisiert wird, man vergleiche hierzu auch Arora und Barak (2009) sowie Kapitel 10 in Hochbaum (1997).

Ein anderer Ansatz, Probleme, die nicht effizient optimal lösbar sind, zu approximieren, ist durch *Online-Algorithmen* gegeben. Dies sind Algorithmen, die Entscheidungen fällen bzw. Ausgaben erzeugen müssen, ohne die gesamte Eingabe der betreffenden Problemstellung zu kennen. Im Vergleich dazu werden Algorithmen, die stets auf der gesamten Eingabe ausgeführt werden, auch als *Offline-Algorithmen* bezeichnet; Beispiele für letztere sind z.B. Sortier-Algorithmen und Wegesuchalgorithmen in Graphen. Ein Beispiel für ein klassisches Problem, das sich mit Online-Algorithmen lösen lässt, ist Paging in Betriebssystemen (mittels der LRU- oder der FIFO-Regel[13]).

Online-Algorithmen haben insbesondere im Zusammenhang mit Web-Anwendungen hohe Popularität erreicht. Als Beispiel erwähnen wir das *Adwords-Problem*. Hierbei geht es um die folgende Fragestellung: Eine Suchmaschine, die ihr Geld mit Klicks auf Werbung, die sie neben Suchergebnisse platziert hat, verdient, muss bei Eintreffen einer Suchanfrage nicht nur diese schnell beantworten, sondern auch die Anzeigen bestimmen, die sie platzieren will. Hierbei wird unterstellt, dass Anbieter, die werben wollen, zuvor ihre Bereitschaft erklärt haben, für einen Klick auf ihre Anzeige einen bestimmten Betrag zu zahlen (der nicht selten per Auktion ermittelt wird); sie bieten dabei auf Suchbegriffe. Ferner hat jeder Bieter ein bestimmtes Budget, welches z.B. monatlich zur Verfügung steht. Die Suchmaschine muss also diejenigen Anzeigen finden, die zu einer aktuellen Suchanfrage passen und, falls es mehrere solche gibt, diese in eine bestimmte Reihenfolge bringen; dabei wird stets ihr Ziel sein, ihren eigenen Gewinn zu optimieren (sie wird also nicht nur die Höhe der Zahlungsbereitschaft eines Anbieters ins Kalkül ziehen, sondern auch die Häufigkeit, mit welcher dieser Anbie-

---

[13]Least Recently Used bzw. First In First Out

ter in der Vergangenheit geklickt wurde, also dessen sogenannte *Click-Through-Rate*). Das Problem besteht hier darin, dass die Suchmaschine in dem Moment, in dem sie eine solche Platzierungs-Entscheidung treffen muss, nicht weiss, welche Suchanfragen sie in Zukunft erhalten wird. Man kann leicht Beispiele dafür angeben, dass aufgrund dieses fehlenden Wissens, was unvollständigem Input entspricht, nur suboptimale Ergebnisse erzielbar sind, vergleiche z.B. Leskovec et al. (2014).

Online-Algorithmen wurden allerdings bereits lange vor der Entwicklung von Suchmaschinen diskutiert, siehe Karp (1992). Einführungen in das Thema sowie das hier übliche Qualitätsmaß der *Competitive Ratio*, mit welchem die von einem Online-Algorithmus erzeugte Lösung mit der eines optimalen Verfahrens verglichen wird, findet man z.B. bei Albers (2006) oder Borodin und El-Yaniv (2005).

Die Darstellungen in den Kapiteln 12.2 – 4 lehnen sich teilweise an die entsprechenden Abschnitte in Papadimitriou (1994) sowie die in Sipser (2006) an. Hier werden zudem genau wie in Moret (1998) und Wegener (2005a) die probabilistischen Ansätze aus theoretischer Sicht tiefer gehend behandelt sowie weitere Komplexitätsklassen, deren Bedeutung und Zusammenhänge beleuchtet. Fortnow (2013) liefert eine vergleichsweise leicht lesbare Einführung in die Problematik. Clementi et al. (1998) betrachten das Verhältnis der Klassen P und BPP detaillierter.

Der Originalbeweis für $\mathbb{P} \in \mathsf{P}$ stammt von Agrawal et al. (2002). In Dietzfelbinger (2004) werden die algebraischen und zahlentheoretischen Grundlagen für den Beweis sowie der Beweis selbst ausführlich dargestellt.

Wichtige Originalarbeiten zu randomisierten Primzahltests sind Adleman und Huang (1987), Adleman et al. (1983), Rabin (1980), Soloway und Strassen (1977). Ein umfassende Einführung in das Gebiet der parametrisierten Algorithmen, von denen die randomisierten ein Teilbegiet darstellen, geben Cygan et al. (2015); bei parametrisierten Algorithmen wird die Laufzeit statt nur in der Größe der Eingabe in Abhängigkeit mehrerer Parameter des Inputs ausgedrückt. Das erläuterte asymmetrische Verschlüsselungsverfahren geht auf Rivest, Shamir und Adleman (1978) zurück (die Anfangsbuchstaben RSA der Autoren sind ein gängiges Synonym für diese Verfahren); für ihre Arbeiten auf diesem Gebiet wurden sie im Jahr 2003 mit dem Turing Award der amerikanischen *Association for Computing Machinery* (ACM), einer Art „Nobel-Preis" der Informatik, ausgezeichnet. Umfassende Lehrbücher zu kryptografischen Themen sind Beutelspacher et al. (2015), Buchmann (2004), Goldreich (2001, 2004), Menezes et al. (1997) sowie Schneier (2001). Eine umfassende Übersicht über die Gebiete der Komplexität und der Kryptografie gibt Rothe (2002). Algebraische und zahlentheoretische Grundlagen für kryptografische Verfahren findet man bei Witt (2014).

Originäre Arbeiten bzw. Übersichten zu interaktiven Beweissystemen und Zero Knowledge-Verfahren sind Goldreich et al. (1986) und Goldreich (1988, 2001, 2004) sowie Goldwasser (1989) und Goldwasser et al. (1985). Satz 12.9 stammt von Shamir (1992); man vergleiche hierzu auch Arora und Barak (2009). Für eine „lesbare" Darstellung der Beweisidee vergleiche man Schöning (1995).

Eine historische Einordnung probabilistischer Komplexität und interaktiver Beweissysteme in die Komplexitätstheorie nehmen Fortnow und Homer (2003) vor; man vergleiche auch Fortnow (2013).

Einen Beweis dafür, dass das Graphenisomorphieproblem in quasi-polynomieller Laufzeit entschieden werden kann, wurde in jüngster Zeit von Babai (2015) vorgelegt; die Arbeit befindet sich noch in der Begutachtungsphase.

12.9 Übungen

12.1 Entwerfen Sie einen effizienten Algorithmus zur Bestimmung eines minimalen spannenden Baums für einen gegebenen bewerteten Graphen. Zeigen Sie insbesondere, dass diese Ausgabe in Zeit $O(n^2)$ lösbar ist, wobei n die Knotenzahl des betrachteten Graphen ist. Hinweis: Konsultieren Sie z.B. Baase und Van Gelder (2000).

12.2 Zeigen Sie, dass $\triangle GRAPH \in P$ gilt.

12.3 Überlegen Sie, was sich für das Akzeptieren von Wörtern sowie für die Klasse RP ändert, wenn in Definition 12.1 die Akzeptanz-Wahrscheinlickeit von $\frac{1}{2}$ in irgendeinen Wert p mit $0 < p < 1$ geändert wird. Beachten Sie dabei Satz 12.2.

12.4 Beweisen Sie Satz 12.8.

12.5 Zeigen Sie: ZPP $\subseteq$ NP $\cap$ coNP.

12.6 Zeigen Sie, dass die Klasse ZPP abgeschlossen ist gegenüber den gängigen Mengenoperationen: Seien $L, L' \in$ ZPP. Dann gilt auch (1) $\overline{L} \in$ ZPP, (2) $L \cup L' \in$ ZPP und (3) $L \cap L' \in$ ZPP.

12.7 Zeigen Sie, dass die Klasse BPP abgeschlossen ist gegenüber den gängigen Mengenoperationen: Seien $L, L' \in$ BPP. Dann gilt auch (1) $\overline{L} \in$ BPP, (2) $L \cup L' \in$ BPP und (3) $L \cap L' \in$ BPP.

12.8 Zeigen Sie, dass PCP(poly, 1) $\subseteq$ NEXPTIME gilt.[14]

---

[14]Es gilt auch hier die Umkehrung (deren Beweis allerdings aufwändig ist), d.h. es gilt PCP(poly, 1) $=$ NEXPTIME.

Literaturverzeichnis

Abiteboul, S., I. Manolescu, Ph. Rigaux, M.-Ch. Rousset, P. Senellart (2012): *Web Data Management*; Cambridge University Press, New York, NY

Abiteboul, S., V. Vianu, B. Fordham, Y. Yesha (2000): Relational transducers for electronic commerce. *Journal of Computer and System Sciences*, **61**, 236–269

Achenbach, J. (2015): Driverless cars are colliding with the creepy Trolley Problem; The Washington Post, 29.12.2015 (siehe
`https://www.washingtonpost.com/news/innovations/wp/2015`
`/12/29/will-self-driving-cars-ever-solve-the-famous-and-`
`creepy-trolley-problem/)`

Adleman, L., M. Huang (1987): Recognizing primes in random polynomial time. *Proc. 19th ACM Symposium on the Theory of Computing*, 462–470

Adleman, L., C. Pomerance, R.S. Rumely (1983): On distinguishing prime numbers from composite numbes. *Annals of Mathematics*, **117**, 173–206

Agrawal, M., N. Kayal, N. Saxena (2002): PRIMES is in P. *Indian Institute of Technology Kanpur Preprint*, www.cse.iitk.ac.in/news/primality.html

Aho, A.V., M.S. Lam, R. Sethi, J.D. Ullman (2014): *Compilers — Principles, Techniques, and Tools*, 2. Auflage; Harlow, UK: Pearson Education Ltd.

Albers, S. (2006): Online Algorithms. In D.Q. Goldin, S.A. Smolka, P. Wegner (eds.): *Interactive Computation: The New Paradigm*, Berlin: Springer-Verlag, 143–164

Alonso, G., F. Casati, H. Kuno, V. Machiraju (2011): *Web Services – Concepts, Architectures and Applications, 2. Auflage*. Berlin: Springer-Verlag

Arora, S. (1998): The approximability of NP-hard problems. In *Proc. 30th Annual ACM Symposium on Theory of Computing*, 337–348

Arora, S., B. Barak (2009): *Computational Complexity — A Modern Approach*. New York: Cambridge University Press

Arora, S., S. Safra (1998): Probabilistic checking of proofs: a new characterization of NP. *Journal of the ACM*, **45**, 70–122

Asteroth, A., C. Baier (2002): *Theoretische Informatik*. München: Pearson Studium

Ausiello, G., P. Crescenzi, M. Protasi (1995): Approximate solution of NP optimization problems. *Theoretical Computer Science*, **150**, 1–55

Baase, S., A. Van Gelder (2000): *Computer Algorithms – Introduction to Design & Analysis*. Reading, MA: Addison-Wesley

Babai, L. (2015): Graph Isomorphism in Quasipolynomial Time. `arXiv:1512.03547v1 [cs.DS] 11 Dec 2015`

Bainbridge, W.S. (2007): Computational Sociology; in Ritzer, G. (ed.): *Blackwell Encyclopedia of Sociology*. Blackwell Reference Online. doi:10.1111/b.9781405124331.2007.x

Beutelspacher, A., J. Schwenk, K.-D. Wolfenstetter (2015): *Moderne Verfahren der Kryptographie – Von RSA zu Zero Knowledge, 8. Auflage*. Wiesbaden: Springer Spektrum Verlag

Björklund, H., W. Martens, N. Scheikardt, Th. Schwentik (2010): Logik und Automaten: ein echtes Dreamteam; *Informatik-Spektrum*, **33**, 452–461

Borodin, A., R. El-Yaniv (2005): *Online Computation and Competitive Analysis*; New York: Cambridge University Press

Boyer, R.S., J.S. Moore (1977): A fast string searching algorithm. *Communications of the ACM*, **20**, 762–772

Brainerd, W.S., L.H. Landweber (1974): *Theory of Computation*. New York: J. Wiley & Sons

Buchmann, A. (2004): *Introduction to Cryptography, 2. Auflage*. Berlin: Springer-Verlag

Calude, C., J. Hromkovic (1997): Complexity: a language-theoretic point of view. In Rozenberg und Salomaa (1997), Vol. 2 *Linear Modeling: Background and Application*, 1–60

Chomsky, N. (1959): On Certain Formal Properties of Grammars; Information and Control 2, 137—167

Clementi, A.E.F., J.D.P. Rolim, L. Trevisan (1998): Recent advances towards proving P = BPP. *EATCS Bulletin* 64, 96–103

Cook, S.A. (1971): The complexity of theorem-proving procedures. In *Proc. 3rd Annual ACM Symposium on Theory of Computing*, 151–158

Cygan, M., F.V. Fomin, L. Kowalik, D. Lokshtanov, D. Marx, Marcin Pilipczuk, Michal Pilipczuk, S. Saurabh (2015): *Parametrized Algorithms*. New York: Springer-Verlag

Dewdney, A.K. (1988): Life in drei Dimensionen; *Spektrum der Wissenschaft: Computer-Kurzweil,* 178–185

Dietzfelbinger, M.(2004) *Primality Testing in Polynomial Time*. Berlin: Springer-Verlag

Eberbach, E., R. Wegner (2003): Beyond Turing Machines. *EATCS Bulletin*, **81**, 279–304

Englert, M., S. Siebert, M. Ziegler (2014): Logical Limitations to Machine Ethics—with Consequences to Lethal Autonomous Weapons; Computing Research Repository (CoRR), November 2014 (siehe `http://arxiv.org/abs/1411.2842`)

Erk, K., L. Priese (2009): *Theoretische Informatik — Eine umfassende Einführung, 3. Auflage*. Berlin: Springer-Verlag

Fagin, R. (1974): Generalized First-Order Spectra and Polynomial-Time Recognizable Sets; in R. Karp (ed.): *Complexity of Computation, SIAM-AMS Proceedings*, Vol. 7, 27-41

Fagin, R. (1993): Finite model theory - a personal perspective. *Theoretical Computer Science* 116, 3-31

Fawcett, J., L.R.E. Quin, D. Ayers (2012): *Beginning XML*, 5. Auflage; John Wiley & Sons, Indianapolis, IN

Fibich, G., R. Gibori, E. Muller (2010): A Comparison of Stochastic Cellular Automata Diffusion with the Bass Diffusion Model; online verfügbar vom Social Science Research Network unter `papers.ssrn.com/sol3/papers.cfm?abstract_id=1663544`

Floyd, R.W., R. Beigel (1996): *Die Sprache der Maschinen*. Bonn: International Thomson Publishing

Fortnow, L. (2009): The Status of the P versus NP Problem; Communications of the ACM 52 (9), 78–86

Fortnow, L. (2013): *The Golden Ticket: P, NP, and the Search for the Impossible*. Princeton: Princeton University Press

Fortnow, L., St. Homer (2003): A short history of computational complexity. *EATCS Bulletin*, **80**, 95–133

Garey, M.R., D.S. Johnson (1979): *Computers and Intractability – A Guide to the Theory of NP-Completeness*. San Francisco, CA: Freeman

Goldin, D., S. A. Smolka, P. Wegner, Hrsg. (2006): *Interactive Computation - The New Paradigm*. Berlin: Springer-Verlag

Goldreich, O. (1988): Randomness, interactive proofs, and zero-knowledge: a survey. in R. Herken (ed.): *the Universal Turing Machine: A Half-Century Survey*. Oxford: Oxford University Press

Goldreich, O. (2001): *Foundations of Cryptography: Volume 1, Basic Tools*. Boston, MA: Cambridge University Press

Goldreich, O. (2004): *Foundations of Cryptography: Volume 2, Basic Applications*. Boston, MA: Cambridge University Press

Goldreich, O., S. Micali, A. Widgerson (1986): Proofs that yield nothing but their validity or all languages in NP have zero-knowledge proof systems. *Proc. of 27th IEEE Symposium on the Foundations of Computer Science*, 174–187; in final form in *Journal of the ACM*, **38** (1991), 691–729

Goldwasser, S. (1989): Interactive proof systems. *Computational Complexity*, **38**, 108–128

Goldwasser, S., S. Micali, C. Rackoff (1985): The knowledge complexity of interactive proof systems. *Proc. 17th ACM Symposium on the Theory of Computing*, 291–304

Goyvaerts, J., St. Levithan (2012): *Regular Expressions Cookbook — Detailed Solutions in Eight Programming Languages*, 2. Auflage. Sebastopol, CA: O'Reilly Media

Grädel, E., W. Thomas, Th. Wilke (2002): Automata, logics, and infinite games. *Lecture Notes in Computer Science, Volume 2500*. Heidelberg: Springer-Verlag

Greenlaw, R., H.J. Hoover, W.L. Ruzzo (1995): *Limits to Parallel Computation – P-Completeness Theory*. New York: Oxford University Press

Greibach, S. (1965): A New Normal-Form Theorem for Context-Free Phrase Structure Grammars; Journal of the ACM 12 (1) 42–52

Guseo, R., M. Guidolin (2010): Cellular Automata with Network Incubation in Information Technology Diffusion; Physica A: Statistical Mechanics and its Applications 389, 2422-2433

Harel, D. (1987): Statecharts: a visual formalism for complex systems. *Science of Computer Programming*, **8**, 231–274

Harel, D. (2003): *Computers Ltd. – What They Really Can't Do, Second Edition*. Oxford, UK: Oxford University Press

Harel, D., A. Naamad (1996): The Statemate semantics of Statecharts. *ACM Transactions on Software Engineering and Methodology*, **5**, 293–333

Harold, E.R. (2004): *XML 1.1 Bible, Third Edition*. New York, NY: John Wiley & Sons

Hartmanis, J. (1995): Turing award lecture: on computational complexity and the nature of computer science. *ACM Computing Surveys*, **27**, 7–16

Hayes, B. (1988): Zellulare Automaten; *Spektrum der Wissenschaft: Computer-Kurzweil*, 192–197

Helsgaun, K. (2000): An effective implementation of the Lin-Kernighan traveling salesman heuristic. *European Journal of Operations Research*, **126**, 106–130

Hemaspaandra, L.A., M. Ogihara (2002): *The Complexity Theory Companion*. Heidelberg: Springer-Verlag

Hirvensalo, M. (1998). An introduction to quantum computing. *EATCS Bulletin 66*, 100–121

Hitz, M., G. Kappel, E. Kapsammer, W. Retschitzegger (2005): *UML@Work – Objektorientierte Modellierung mit der UML 2*. Heidelberg: dpunkt.Verlag

Hochbaum, D.S., Hrsg. (1997): *Approximation Algorithms for NP-Hard Problems*. Boston, MA: PWS Publishing

Hopcroft, J.E., R. Motwani, J.D. Ullman (2013): *Introduction to Automata Theory, Languages, and Computation, 3. Auflage*. Pearson International Edition

Hopcroft, J.E., J.D. Ullman (1979): *Introduction to Automata Theory, Languages, and Computation*. Reading, MA: Addison-Wesley

Hromkovic, J. (2014): *Theoretische Informatik — Formale Sprachen, Berechenbarkeit, Komplexitätstheorie, Algorithmik, Kommunikation und Kryptografie, 5. Auflage*. Wiesbaden: Springer Vieweg

Immerman, N. (1988): Nondeterministic space is closed under complementation. *SIAM Journal on Computing*, **17**, 935–938

Kari, L., G. Rozenberg, A. Salomaa (1997): L systems. Chapter 5 in Rozenberg und Salomaa (1997), Vol. 1 *Word, Language, Grammar*, 253–328

Karp, R. (1992): On-line algorithms versus off-line algorithms: How much is it worth to know the future? Proc. 12th IFIP World Computer Congress, 416-429

Kemper, A. (2006): Modeling network growth with network theory and cellular automata. Journal of Modelling in Management 1 (1), 75–84

Knuth, D., J. Morris, V. Pratt (1977): Fast pattern matching in strings. *SIAM Journal on Computing*, **6**, 323–350

Kozen, D.C. (1997): *Automata and Computability*. New York: Springer-Verlag

Leskovec, J., A. Rajaraman, J.D. Ullman (2014): *Mining of Massive Datasets, 2. Auflage*. Boston, MA: Cambridge University Press

Lewis, H.R., C.H. Papadimitriou (1998): *Elements of the Theory of Computation, 2. Auflage*. Upper Saddle River, NJ: Prentice-Hall

Lin, S. (1965): Computer solutions of the Traveling Salesman Problem. *Bell System Technical Journal*, **44**, 2245–2269

Lin, S., B. W. Kernighan (1973): An effective heuristic algorithm for the TSP. *Operations Research*, **21**, 498–516

Lipton, R.J., K.W. Regan (2014): *Quantum Algorithms via Linear Algebra*; Boston: MIT Press

Lobin, H. (2000): *Informationsmodellierung in XML und SGML*. Berlin: Springer-Verlag

Loui, M.C. (1997): Complexity theory. In Tucker, A.B., Hrsg., *The Computer Science and Engineering Handbook*. Boca Raton, FL: CRC Press, 250–276

Martens, W., F. Neven, M. Niewerth, Th. Schwentick (2015): BonXai: Combining the simplicity of DTD with the expressiveness of XML Schema; Proc. 34th ACM Symposium on Principles of Database Systems (PODS), 145–156

Martens, W., F. Neven, Th. Schwentick, G.J. Bex (2006): Expressiveness and complexity of XML Schema. *ACM Transactions on Database Systems*, **31**, 770–813

Marxen, H., J. Buntrock (1990): Attacking the Busy Beaver; Bulletin of the EATCS 40, 247–251

Menezes, A., P. van Oorschot, S. Vanstone (1997): *Handbook of Applied Cryptography*. Boca Raton, FL: CRC Press

Michel, P. (1992). A survey of space complexity. *Theoretical Computer Science*, **101**, 99–132

Mihalache, V., A. Salomaa (1997): Lindenmayer and DNA: Watson-Crick D0L systems. *EATCS Bulletin* 62, 160–175

Molina, A. (2015): Five motivations for theoretical computer science.
`https://egtheory.wordpress.com/2015/02/28/5-motivations/`,
zuletzt aufgerufen am 19.01.2016

Moret, B.M. (1998): *The Theory of Computation*. Reading, MA: Addison-Wesley

Neven, F. (1999): *Design and Analysis of Query Languages for Structured Documents – A Formal and Logical Approach*. Doctoraatsproefschrift, Faculteit Wetenschappen, Limburgs Universitair Centrum, Diepenbeek, Belgien

Neven, F. (2002): Automata theory for XML researchers. *ACM SIGMOD Record*, **31**(2)

Nielsen, M.A., I.L. Chuang (2010): *Quantum Computation and Quantum Information, 10th Anniversary Edition*. Cambridge, UK: Cambridge University Press

Oberschelp, W., G. Vossen (2006): *Rechneraufbau und Rechnerstrukturen*, 10. Auflage. München: Oldenbourg Verlag

Ogihara, M., A. Ray (1999): Biomolecular computing – recent theoretical and experimental advances. *ACM SIGACT News*, **30**(2), 22–30

Ogihara, M., A. Ray, K. Smith (1997): DNA computation – a shape of computating to come. *ACM SIGACT News*, **28**(3), 2–11

Ottmann, T., P. Widmayer (2011): *Algorithmen und Datenstrukturen, 5. Auflage*. Heidelberg: Spektrum Akademischer Verlag

Papadimitriou, C.H. (1992): The complexity of the Lin-Kernighan heuristic for the traveling salesman problem. *SIAM Journal on Computing*, **21**, 450–465

Papadimitriou, C.H. (1994): *Computational Complexity*. Reading, MA: Addison-Wesley

Papadimitriou, C.H., M. Yannakakis (1991). Optimization, approximation, and complexity classes. *Journal of Computer and System Sciences*, **43**, 425–440

Paun, G., G. Rozenberg, A. Salomaa (1998): *DNA Computing – New Computing Paradigms*. Berlin: Springer-Verlag

Paun, G., A. Salomaa (1997): Families generated by grammars and L systems. Chapter 12 in Rozenberg und Salomaa (1997), Vol. 1 *Word, Language, Grammar*, 811–861

Peterson, J.L. (1977): Petri Nets. *ACM Computing Surveys*, **9**, 223–252

Petri, C.A. (1962): *Kommunikation mit Automaten*. Schriften des Rheinisch-Westfälischen Instituts für Instrumentelle Mathematik an der Universität Bonn, Heft 2

Physics arXiv Blog, The (2014): Halting Problem Proves That A Lethal Robot Cannot Correctly Decide To Kill A Human; verfügbar unter
`https://medium.com/the-physics-arxiv-blog/halting-`
`problem-proves-that-a-lethal-robot-cannot-correctly-`
`decide-whether-to-kill-a-human-7c014623c13f#.fy6bdbt9f`

Pippenger, N. (1997): *Theories of Computability*. Cambridge, UK: Cambridge University Press

Pisanti, N. (1998): DNA computing: a survey. *EATCS Bulletin* 64, 188–216

Prasse, M., P. Rittgen (1998): Why Church's Thesis still holds. Some notes on Peter Wegner's tracts on interaction and computability. *Computer Journal* 6, 357–362

Rabin, M. (1980): Probabilistic algorithm for testing primality. *Journal of Number Theory*, **12**, 128–138

Radó, T. (1962): On Non-Computable Functions. Bell System Technical Journal 41 (3), 877–884

Reisig, W. (2010)]: *Petrinetze. Modellierungstechnik, Analysemethoden, Fallstudien*. Wiesbaden: Vieweg+Teubner Verlag

Rivest, R., A. Shamir, L. Adleman (1978): A method for obtaining digital signatures and public key cryptosystems. *Communications of the ACM*, **21**, 120–126

Rodger, S.H. (1999): Teaching automata theory with JFLAP. *ACM SIGACT News*, **30**(4), 53–56

Rogers, H., Jr. (1967): *The Theory of Recursive Functions and Effective Computability*. New York: McGraw-Hill

Rothe, J. (2002): Some facets of complexity theory and cryptography: a five-lecture tutorial. *ACM Computing Surveys*, **34**, 504–549

Rozenberg, G., A. Salomaa, Hrsg. (1997): *Handbook of Formal Languages*. Berlin: Springer-Verlag

Savage, J.E. (1998): *Models of Computation – Exploring the Power of Computing*. Reading, MA: Addison-Wesley

Schneier, B. (2001): *Applied Cryptography, 2nd Edition*. New York: J. Wiley & Sons

Schöning, U. (1995): *Perlen der Theoretischen Informatik*. Mannheim: BI Wissenschaftsverlag

Schöning, U. (2008): *Ideen der Informatik – Grundlegende Modelle und Konzepte der Theoretischen Informatik, 3. Auflage*. München: Oldenbourg Verlag

Schöning, U. (2009): *Theoretische Informatik kurzgefasst, 5. Auflage*. Heidelberg: Spektrum Akademischer Verlag

Schönthaler, F., G. Vossen, A. Oberweis, Th. Karle (2011): *Geschäftsprozesse für Business Communities: Modellierungssprachen, Methoden, Werkzeuge*; München: R. Oldenbourg Verlag

Shamir, A. (1992): IP = PSPACE. *Journal of ACM*, **39**, 869-877

Shor, P. (1997). Polynomial-time algorithms for prime factorization and discrete logarithms on a quantum computer. *SIAM Journal on Computing*, **26**, 1484–1509

Sipser, M. (2006): *Introduction to the Theory of Computation, Second Edition, International Edition*. Boston, MA: Thomson Course Technology

Skulschus, M., M. Wiederstein, S. Winterstone (2013): *XML Schema*, 3. Auflage; Berlin: Comelio Medien

Smith, A. (2007): Universality of Wolfram's 2,3 Turing Machine; Manuskript verfügbar unter
https://www.wolframscience.com/prizes/tm23/TM23Proof.pdf

Solovay R., V. Strassen (1977): A fast Monte-Carlo test for primality. *SIAM Journal of Computing*, **6**, 84–86

Steane, A.M., E.G. Rieffel (2000): Beyond bits: the future of quantum information processing. *IEEE Computer*, **33**(1), 38–45

Sudkamp, Th. (2006): *Languages and Machines – An Introduction to the Theory of Computer Science, 3rd Edition*. Reading, MA: Addison-Wesley

Szelepcsenyi, R. (1988): The method of forced enumeration for nondeterministic automata. *Acta Informatica*, **26**, 279–284

Teuscher, Ch., Hrsg. (2004): *Alan Turing: Life and Legacy of a Great Thinker*. Berlin: Springer-Verlag

Thomas, W. (1990): Automata on infinite objects. Chapter 4 in Van Leeuwen, J., Hrsg., *Handbook of Theoretical Computer Science Volume B: Formal Models and Semantics*. Amsterdam: Elsevier, 133–191

Thomas, W. (1997): Languages, automata, and logic. Chapter 7 in Rozenberg und Salomaa (1997), Vol. 3 *Beyond Words*, 389-455

Thomas, W. (1999): Die Logiken von Boole und Büchi-Elgot-Trakhtenbrot in der Beschreibung diskreter Systeme. In Horster, P. (Hrsg.), *Angewandte Mathematik, insbesondere Informatik*. Wiesbaden: Vieweg Verlag, 282–300

Thomas, W. (2002): Inifinite games and verification. *Proc. International Conference on Computer Aided Verification CAV'02, Lecture Notes in Computer Science, Volume 2404*. Heidelberg: Springer-Verlag, 58–64

Thomas, W. (2010): Theoretische Informatik – ein Kurzprofil; *Informatik-Spektrum*, **33**, 433–437

Vollmar, R. (1979): *Algorithmen in Zellularautomaten*. Stuttgart: Teubner-Verlag

Vollmer, H. (1999): *Introduction to Circuit Complexity*. Berlin: Springer-Verlag

Vossen, G. (2007): *Datenmodelle, Datenbanksprachen und Datenbankmanagement-Systeme, 5. Auflage*. München: Oldenbourg Verlag

Walmsley, P. (2012): *Defintive XML Schema*, 2. Auflage; Upper Saddle River, NJ: Prentice-Hall

Wegener, I. (2005a): *Complexity Theory*. Berlin: Springer Verlag

Wegener, I. (2005b): *Theoretische Informatik – eine algorithmische Einführung, 3. Auflage*. Stuttgart: Teubner-Verlag

Wegner, P. (1997): Why interaction is more powerful than algorithms. *Communications of the ACM*, **40**, 81–91

Weihrauch, K. (1987): *Computability*. Berlin: Springer-Verlag

Weske, M. (2012). *Business Process Management: Concepts, Languages, Architectures*, 2. Auflage; Berlin: Springer-Verlag

Weske, M., G. Vossen, F. Puhlmann (2006): *Workflow and Service Compositon Languages*. In: P. Bernus, K. Mertins, G. Schmidt (Hrsg.): *Handbook on Architectures of Information Systems* (Series *International Handbook on Information Systems, 2. Auflage*); Berlin: Springer-Verlag, 369–390

Witt, K.-U. (2013): *Lineare Algebra für die Informatik*; Wiesbaden: Springer Vieweg

Witt, K.-U. (2014): *Algebraische und zahlentheoretische Grundlagen für die Informatik*; Wiesbaden: Springer Vieweg

Wolfram, S. (1986): *Theory and Applications of Cellular Automata*. Singapur: World Scientific Publishing

Wolfram, S. (1994): *Cellular Automata and Complexity: Collected Papers*: Boulder, CO: Westview Press

Wolfram, S. (2002): *A New Kind of Science*; Wolfram Media, Inc., Champaign, Illinois

Yu, S. (1997): Regular languages. Chapter 2 in Rozenberg und Salomaa (1997), Vol. 1 *Word, Language, Grammar*, 41–110

Zimbres, R.A., E.P.Z. Brito, P.P.B. de Oliveira (2008): Cellular Automata Based Modeling of the Formation and Evolution of Social Networks: A Case in Dentistry; Proc. 10th International Conference on Enterprise Information Systems (ICEIS), Volume AIDSS, 333-339

Zimbres, R.A., P.P.B. de Oliveira (2009): Dynamics of Quality Perception in a Social Network: A Cellular Automaton Based Model in Aesthetics Services; Electronic Notes in Theoretical Computer Science 252, 157-180

Index

Printed in the United States
By Bookmasters